텐서플로우로 구현한 인공지능 실습

인텔리전트 어플리케이션을 구축하기 위한
기계학습과 딥러닝의 유용한 기술

Amir Ziai and Ankit Dixit 지음 | **박병준** 옮김

도서출판 홍릉

역자소개

박병준

옮긴이 박병준은 서울대학교에서 컴퓨터공학 학사, Univ. of Minnesota, Minneapolis에서 Computer Science 석사, Univ. of Illinois at Urbana-Champaign에서 Computer Science 박사를 취득하였다. 미국 US Army Construction Engineering Research Lab, Epic Systems, SPSS Inc 등에서 산업계경력을 쌓았으며 현재 광운대학교 소프트웨어학부 교수로 재직 중이다. 교육과 연구의 주관심 분야는 인공지능, 특히 강화학습과 딥러닝을 포함한 기계학습, 데이터마이닝 등이다.

텐서플로우로 구현한 인공지능 실습

Amir Ziai and Ankit Dixit 지음
박병준 옮김

인텔리전트 어플리케이션을 구축하기 위한 기계학습과 딥러닝의 유용한 기술

Packt
도서출판 홍릉

Hands-On Artificial Intelligence with TensorFlow

by Amir Ziai, Ankit Dixit

텐서플로우로 구현한 인공지능 실습

인 쇄 : 2020년 2월 17일 초판 1쇄
발 행 : 2020년 2월 28일 초판 1쇄

역자와의 협의하에 인지생략

역 자 : 박병준
발행인 : 송 준
발행처 : 도서출판 홍릉
주 소 : 01093 서울시 강북구 인수봉로 50길 10
등 록 : 1976년 10월 21일 제5-66호

전 화 : 02-999-2274~5
팩 스 : 02-905-6729
e-mail : hongpub@hongpub.co.kr
http://www.hongpub.co.kr
ISBN : 979-11-5600-735-7(93000)

정 가 : 45,000원

낙장 및 파본은 구입처나 본사에서 교환하여 드립니다.

역자 머리말

1950년대 인공지능AI이란 용어가 탄생하고 학문 분야로 성장한 지 이제 60년이 넘는다. 최근 인공지능 분야의 급속한 발전에 따라 인공지능은 요즈음 누구나 다 이야기하는 일상적인 용어가 되었다. 많은 사람들이 인공지능 분야에 학문적 관심을 많이 갖게 되었고 이 인공지능의 기본적 개념과 기술들에 대해 배우고자 하고 있다.

이 책은 인공지능, 특히 그 중에서도 딥러닝 중심의 기계학습 기법들이 매우 효과적으로 적용되고 있는 여러 가지 사례들을 위주로 인공지능의 개념들을 다루고 있다. 컴퓨터 과학이나 공학적인 배경 지식이 없이 인공지능 관련 서적을 처음 접하는 사람이라면 수학적인 지식이 필요한 이론 중심의 설명으로 되어 있는 책의 경우 이해하기 힘들 때가 많다. 이 책은 인공지능의 주요 개념이나 원리들을 설명하는 과정에서 가능한 한 수학적이고 이론적인 접근 방식은 배제하고 실제로 동작하는 코드를 중심으로 기술하고 있다. 이 책의 제목이 나타내듯이 실무적 관점에서 인공지능 분야의 주요한 개념과 알고리즘들을 직접 코드를 통해 구현해 보고 실험해 볼 수 있도록 내용이 작성되어 있다. 특히 최근 인공지능의 가장 중요한 이슈 중 하나인 딥러닝 기법들이 컴퓨터 비전, 자율주행, 자연어 처리, 강화 학습, 다중모드 학습 등에서의 여러 과제에 어떻게 사용이 되는지를 텐서플로우를 활용하여 구체적인 코드로 보여 준다.

또한 기본적인 인공지능 기술들을 바탕으로 의료분야나 금융 분야와 같은 영역에서 이들이 어떻게 응용될 수 있는지에 대해서도 설명하고 있다. 암 진단, 사용자 활동 모니터링, 알고리즘 거래, 암호화폐 가격 예측 등의 구체적 과제들에 대한 코드 구현을 제공함으로써 독자들이 실무적 문제를 해결하는데 도움을 줄 수 있다.

이 책은 다양한 문제들에 대해 인공지능 기법들이 어떻게 적용될 수 있는지, 이들을 텐서플로우를 이용하여 구현하고 실생활에 배치하려면 어떻게 해야 하는지 등에 대하여 학습하고자 하는 학생, 개발자, 공학인들을 위해 권장할 수 있는 책이며, 대학에서 인공지능 또는 딥러닝 교과목의 실습 교재 등으로 사용하기에도 적합할 것이라 생각된다.

영어 원서를 번역을 하는 과정에서 최대한 영어 원문의 내용에 충실하게 번역하려고 노력하였다. 원래의 영어 원문에 있는 내용 중 명백한 오타나 오류에 해당하는 내용은 적절히 수정하여 번역하였는데, 혹시 미처 발견하지 못하여 반영하지 못한 부분이 있거나 본 역서의 내용 중 오류가 있는 경우에 출판사나 역자에게 연락을 주기 바란다. 지속적으로 발전하여 인공지능이 이러한 종류의 오류도 인간을 대신하여 잘 식별하고 수정하는데 도움을 줄 수 있는 때가 빨리 오기를 기다리면서, 이 책의 독자들 중에 그러한 발전에 기여할 수 있는 사람이 많이 나오게 되기를 기대해 본다.

차례_Contents

chapter 1 인공지능 개요

chapter 04 컴퓨터 비전과 지능

chapter 05 자연어의 계산적 이해

chapter 06 강화 학습

chapter 07 생성적 대립망

chapter 08 다중모드 학습

chapter 10 텐서플로우 서빙

chapter 11 의료 분야 AI 응용

chapter 12 비즈니스에서의 AI 응용

01

인공지능 개요

2050년, 화성. NASA의 과학자들은 성공적으로 25번째 워크 스테이션을 화성의 동쪽에 설립했다. 이미 화성의 서쪽을 점령하고 있던 러시아는 점점 더 우려를 나타내고 있다. 중국은 같은 땅에서 세 번째 워크 스테이션을 가동하고 있다. 점차 고조되어 가는 긴장은 화성의 토양에서 벌어 질 수 있는 또 다른 세계 대전으로 향하고 있다. 그러나 아무도 화성 표면에 착륙하지는 않았다. 이 전쟁에서는 인간 사상자가 발생하지도 않고, 유혈 사태도 없을 것이다. 전쟁은 **인공지능**Artificial Intelligence, AI을 사용하는 휴머노이드 로봇들에 의해서만 수행될 것이다.

흥미로운 이야기 같은가? 이것은 기계가 궁극의 문명을 구축하는 판타지 기반 영화에서 영감을 얻었다. 이 문명은 거의 파괴할 수 없고, 엄청난 능력을 가진 영원한 물체들로 구성된다. 이러한 기계는 어떤 작업을 수행하도록 배치되고 프로그래밍될 수 있지만, 또한 스스로 결정을 내릴 수도 있는데 이는 의식을 가지고 있음을 의미한다. 이와 같은 주제에 기반한 많은 영화와 TV 시리즈가 제작되었다.

당신은 어떻게 생각하는가—이것이 가능할까? 우리는 인간으로서 미래에 그러한 기계를 만들 수 있을까? 기술 영역에서 점점 더 발전이 이루어지면서 일부는 현재 부분적으로 가능할 수도 있다; 나머지는 아직 미스테리이다.

이 장에서는 다음 주제를 자세히 살펴볼 것이다.

- 인공지능의 다양한 측면
- 인공지능의 진화
- 미래 기술에 대한 기대

인공지능

기계가 만들어진 이후로 기계의 업무 수행능력이 현저하게 증가했다. 요즘 컴퓨터는 거의 모든 분야에서 사용된다. 날이 갈수록 더 빨라지고 더 성능이 높아지고, 물리적인 크기는 점점 줄어들고 있다.

인공지능은 다양한 세부 분야, 기술 및 알고리즘으로 구성된 광범위한 분야이다. 과학자들은 기계가 인간처럼 똑똑할 수 있는 인공지능을 만들려고 노력하고 있는데, 솔직히 가능성 있는 이야기이다. 1956년에 수학과 컴퓨터 분야의 여러 석학들이 한 가지 공통된 목표를 가지고 다트머스 대학에 모였는데, 그들의 공통된 목표는 바로 컴퓨터를 인간과 같이 행동하기 시작할 수 있도록 프로그래밍하는 것이었다. 이때가 인공지능Artificial Intelligence, AI이 태동한 태어난 순간이었다.

인공지능이라는 용어를 사용한 최초의 컴퓨터 과학자는 인지 과학 분야의 전문가인 존 매카시John McCarthy였다. 그에 따르면 인공지능은 컴퓨터 또는 소프트웨어를 지능을 갖춘 인간과 비슷한 방식으로 지능적으로 사고할 수 있게 만드는 학문이다. 인공지능은 인간의 두뇌가 어떻게 생각하고, 어떻게 배우며, 어떻게 의사 결정을 내리는 지와 관련이 있다. 우리는 이 정보에 기반하여 지능형 소프트웨어 시스템을 개발할 수 있다.

인공지능에는 두 가지 주요 목표가 있다.

- **전문가 수준의 시스템 만들기**: 인간과 비슷한 행동을 하고 지능을 소유하는 시스템을 제작한다. 이를 통해 사용자를 학습하고, 사용자에게 보여주고, 설명하고 조언하는 데 도움이 된다.
- **기계에 인간 지능을 구현하는 것**: 인간처럼 이해하고 생각하고 배우고 행동 할 수 있는 시스템을 만드는 것이다.

이미 IBM 왓슨Watson과 같이 매우 지능적인 컴퓨터 소프트웨어가 있다. 비전, 텍스트 및 오디오와 같은 여러 소스의 정보를 통해 학습하는 인공지능 기반 컴퓨터 프로그램이다. 왓슨은 현재 법적 자문을 제공함으로써 사람들을 돕고 있으며 최근에는 암을 발견하는 데 있어서 의사를 능가하는 성과를 거두었다. 이것은 우리가 두 목표를 향해 성공적으로 가고 있음을 보여준다.

우리가 논의한 것처럼 인공지능 시스템은 행동을 학습할 수 있어야 한다. 다음 영역 중 하나 이상을 기반으로 해야 한다.

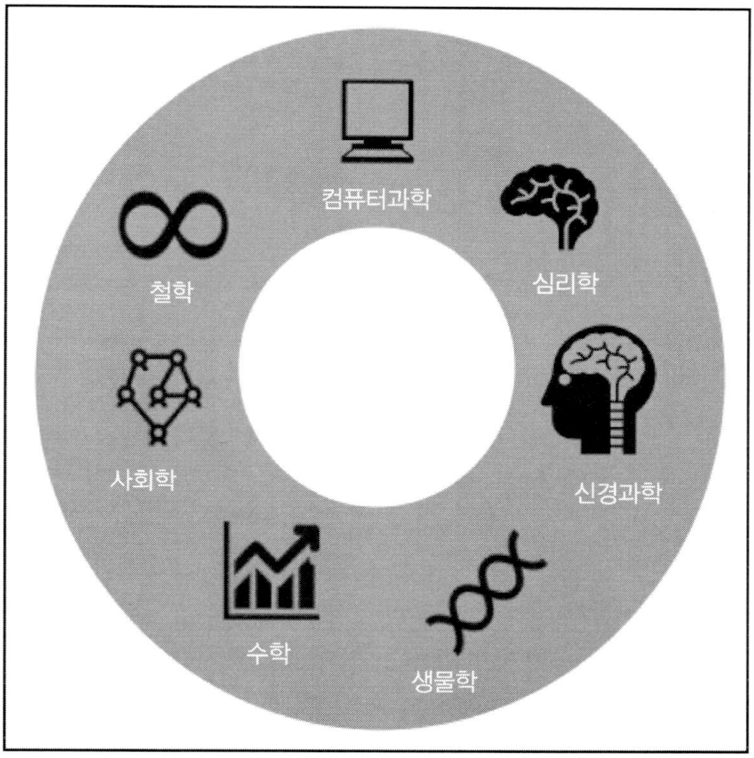

인공지능 알고리즘은 크게 6가지 부류로 나눌 수 있다. 인공지능 알고리즘을 더 많은 범주로 분류할 수도 있지만 다음 6가지가 대부분의 부류를 포함한다.

- **기계학습**: 이것은 인공지능의 한 분야로서 컴퓨터가 정확하게 프로그래밍되지 않고도 개념을 파악하고 학습하는 능력을 나타낸다.
- **검색 및 최적화**: 함수 최적화를 위한 알고리즘을 다룬다. 예를 들어 경사 하강

법은 로컬 최대값 또는 최소값을 재귀적으로 검색한다.

- **논리적 추론**: 논리적 추론의 예로 인간의 의사 결정 능력을 모방하는 능력을 가진 컴퓨터 시스템이 있다.
- **확률론적 추론**: 불확실성을 관리할 수 있는 확률론의 힘과 형식적인 논증의 구조를 이용하는 추론 논리의 힘을 결합시켜 추론하는 능력을 말한다. 결과적으로 광범위한 잠재적 응용 분야를 가진, 보다 생산적이고 표현력 있는 표현방식을 얻을 수 있다.
- **제어 이론**: 입증할 수 있는 특성을 가진 컨트롤러를 나타낸다. 일반적으로 로봇이나 항공기와 같은 물리적 시스템을 식별하는 데 도움이 되는 미분 방정식을 포함하는 시스템을 나타낸다.

인공지능의 간단한 역사

인공지능이 최근 몇 년 사이에 개발된 신기술이라고 생각한다면 오해다. 인공지능은 실제로 BC 400년으로 거슬러 올라가는 오랜 역사를 가지고 있다. 인공지능 기반 사고의 네 가지 기초는 철학, 수학, 신경 과학 및 경제학이었다. 물론 그 후에 인공지능은 컴퓨터 과학 영역에 포함되었다. 인공지능이 많은 분야의 파생물이라는 사실 때문에 흥미롭다. 진화의 짧은 일정표를 살펴보자.

- **기원전 400년**: 철학자들은 인간의 마음을 기계로 간주하기 시작했다. 그들은 지식을 잉태하고, 배우고, 인코딩할 수 있다고 믿었다.
- **기원전 250년**: 알렉산드리아의 크테시비우스Ctesibius가 물시계를 만들었다. 이것은 조절기의 도움을 받아 일정한 유속을 유지하는 데 사용되었다. 이 물시계는 최초의 자가제어 시스템일 가능성이 있다. 그 이전에는 시스템의 어떠한 변경도 사람이 수동적으로 수행해야 했기 때문에, 이는 중요한 발견으로 인정될 수 있을 것이다.
- **기원전 250년에서 18세기**: 이 동안은 인공지능의 관점에서 보면 꽤 조용한 시기였다. 이 기간 동안 다빈치는 계산기를 설계했다. 동시에 합리주의, 이원론, 유물론, 경험주의, 유도론, 확인 이론과 같은 새로운 단어가 사용되었다. 이러한 개념은 매우 중요했지만 당시에는 전통적인 생각에 어긋나는 것이었

다. 의사 결정 이론 및 게임 이론과 같은 개념은 훨씬 뒤에 나왔다. 의사 결정 이론은 다양한 위험과 이득 요인을 염두에 두고 최적의 의사 결정을 내리는데 도움이 되는 다양한 전략들을 연구한다. 같은 시기에 신경 과학이 등장했다.

- **19세기**: 심리학과 수학 모두 19세기에 진전을 이루기 시작했다. 이것은 인공지능의 역사에서 중요한 시기였다. 19세기에는 또한 철학 영역에서 비롯된 사고를 확고히 하기 위한 수학적 기능을 가리키는 부울 논리학Boolean logic이 개발되었다. 인공지능과 컴퓨터 과학은 이 발견으로 인해 훨씬 더 확고한 기반을 마련했다. 또 다른 중요한 발전은 인지 심리학cognitive psychology이라는 용어의 등장이었는데, 이 분야에서는 뇌를 정보 처리 장치로 간주한다.
- **20세기**: 1940년에 앨런 튜링과 그의 팀은 최초의 동작하는 컴퓨터를 만들었다. 이것은 독일어 메시지를 해독하기 위해 고안되었다. 1년 후, 최초의 프로그래밍 가능한 컴퓨터가 독일에서 만들어졌다. 비슷한 시기에 최초의 전자 컴퓨터가 만들어졌다. 이것은 인류 역사에서 특히 중요한 순간이지만 2차 세계대전의 발발로 인해 중단되었다. 40년대 후반에는 인공지능 기계에 대한 아이디어가 등장하게 되었다. 당시 많은 과학자들이 나중에 제어 이론으로 부르게 된 분야에서도 일하고 있었다. 초점은 전류 출력과 목표 출력의 차이를 이용하여 오류를 줄일 수 있는 시스템을 설계하는 것이었다. 결국 제어 이론과 인공지능 선구자들이 초기에 꽤 긴밀한 관계를 가졌음에도 불구하고 서로 갈라섰다.
- **1943–1955**: 이때까지, 함수는 연결된 뉴런으로 구성된 그래프나 네트워크에 의해 계산될 수 있었다. 뿐만 아니라, and나 or, 또는 not과 같은 논리 연산은 이들 네트워크를 이용하여 간단히 구현될 수 있었다. 1952년에 체커를 학습하는 프로그램이 등장했는데, 이것은 컴퓨터가 지시받은 대로 정확하게 하는 것 이상의 일을 할 수 있다는 간단한 사실을 증명했다.
- **1956–1966년 여름**: 1956년 여름, 다트머스 대학의 컴퓨터 과학자인 존 맥카시가 2개월짜리 워크숍을 개최하였다. 초대된 사람은 프린스턴Princeton 대학의 트렌카드 모어Trenchard More, MIT의 레이 솔로모노프Ray Solomonoff, 올리버 셀프리지Oliver Selfridge, IBM의 아서 새뮤얼Arthur Samuel, 나중에 Carnegie Mellon 대학이 된 Carnegie Tech의 앨런 뉴엘Allen Newell과 허버트 사이먼Herbert Simon, 그리

고 마빈 민스키Marvin Minsky, 클로드 샤논Claude Shannon 등 이었다. 회의 후 다트머스 연구진은 워크숍에서 논의된 몇 가지 아이디어를 발표하였고, 정부는 인공지능 연구를 촉진하기 위해 자금을 비축하기 시작했다.

맥컬로McCulloch와 피츠Pitts가 수행한 초기 신경망 실험은 개선되고 확장되어, 현대 인공지능의 기본 구성요소가 되었는데, 현재는 퍼셉트론(이진분류기)이라고 부른다.

- **1966–1973**: 인공지능은 1966년부터 1973년까지의 기간 동안 인공지능은 첫 번째 암흑기를 겪었다. 다중 입력 퍼셉트론에서 두 개의 입력이 다르다는 것을 인식하도록 훈련할 수 없다는 것이 알려졌다. 이 문제에 대한 대답은 매우 간단한데, 단지 더 많은 퍼셉트론을 추가하고 그것들을 재배열하기만 하면 되었다. 이러한 통찰은 1980년대에 와서야 등장하게 되었다.
- **1969–1980**: 인공지능을 사용하여 문제를 해결하려는 과거의 시도들은 범용적이고 작은 규모로 진행되는 경향이 있었다. 현실 세계의 문제는 어려웠고 인공지능 컴퓨터는 그것들을 해결하기에는 충분히 성숙하지 못했다. 이러한 접근법을 약한 방법weak methods이라고 한다.
- **1986 to present**: 이 기간 동안 역전파라는 기법이 개발되었다. 이는 다른 레이어(계층)에서 그레디언트를 계산하는 방법을 의미하며 오늘날에도 여전히 사용되고 있는 방법이다. 이 방법은 시스템이 보다 정확해지고 학습할 수 있도록 해 주었다. 사람들은 새로운 이론을 제안하는 것보다 기존 이론을 더 연구하기 시작했다. 인공지능은 문제를 해결하는 과학적 방법을 공식적으로 채택하여 연구자가 다른 사람들의 결과를 복제할 수 있게 했다. 일반적으로 이것은 재현가능한 새로운 접근법이 더 본격적으로 받아들여지기 때문에 좋은 것으로 보여 진다.

90년대에 이르러, 여러 과제들을 수행할 수 있는 끊임없이 개선되는 여러 인공지능 버전이 출시되었다. 연구자들은 자동차가 스스로 운전을 할 수 있도록 가르치기 시작했고, 지속적으로 자동차 자율주행 기술을 개선해 왔다. 추천 시스템은 고객 만족도를 측정하는 일반적인 방법이 되었고 봇bot이란 단어는 평상적인 용어가 되었다. 음성 인식도 개선되기 시작했고, 인공지능 시스템은 체스와 다른 게임도 학습을 할 수 있게 되었다.

빅 데이터의 중요성

인공지능이 까다로운 점은, 예를 들어 약 10,000개의 이미지를 가지고 모델을 훈련시키려고 하면 성능이 좋지 않은데, 10,000,000 개의 이미지를 사용하면 학습된 분류기의 성능이 인간보다 좋아질 수 있다는 것이다. 이것의 예로는 MNIST 숫자 분류 데이터 세트(http://yann.lecun.com/exdb/mnist/)가 있다. 이는 빅 데이터가 인공지능에 얼마나 중요한지를 보여준다.

이 그래프는 CBInsights Trends(https://www.cbinsights.com/pub/translation/)에서 작성했으며 기본적으로 특정 단어나 테마의 사용 경향을 보여준다. 인공지능 및 기계학습의 추세를 측정했는데, 인공지능이 2012년 말부터 광범위한 인식을 받기 시작했다는 것을 알 수 있다.

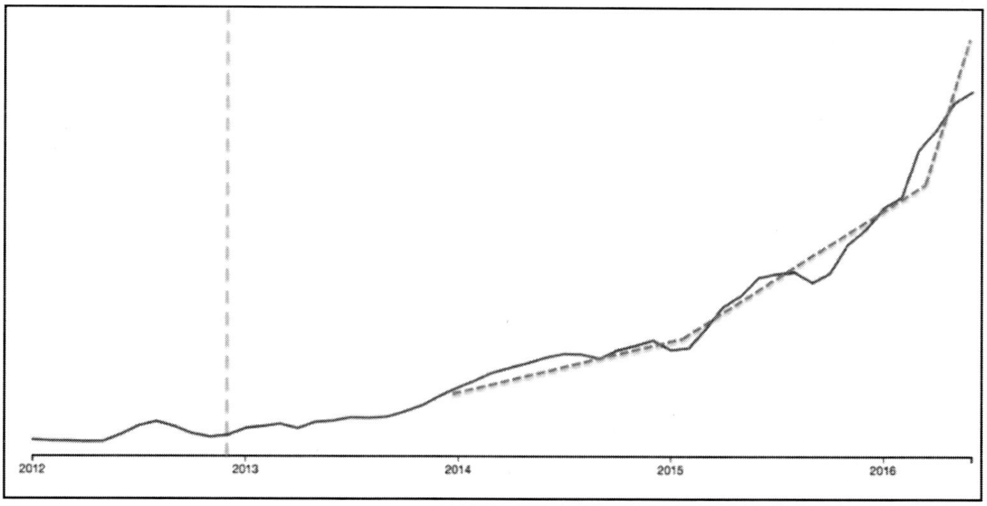

수직선은 2012년 12월 4일을 나타내는데 이 새로운 인공지능 시대의 시작을 알리는 시점이다. 한 연구 그룹이 신경정보 처리시스템NIPS 회의에서 완전히 새로운 신경망 구조를 발표하였다. 이 새로운 신경망 구조는 컨볼루션 신경망convolutional neural networks으로 ImageNet 분류 경진대회에서 우승을 했다(Krizhevsky et al., 2012). 그들의 연구는 분류 알고리즘을 획기적으로 개선했는데, 정확도가 72%에서 85%로 증가되었다. 이 시점부터, 신경망의 사용은 인공지능의 기본이 되었다.

2년 이내에 이 분야의 발전으로 인해 ImageNet 경진 대회에서 분류 알고리즘의 정확성이 대폭적으로 향상되었는데, 2014년의 96%를 정점으로 인간의 정확도인 약 95%보다 약간 낮은 정도이다.

기본 용어 및 개념

간단한 질문을 해보겠다: 비지도 기계학습 알고리즘이란 무엇인가? 당신은 아마도 이것이 인공지능과 어떤 관계가 있는지 물어볼 것이다. 당신은 또한 알고리즘이 무엇인지, 비지도가 무엇인지, 또는 기계학습이 무엇인지 물을 수도 있을 것이다. 이는 인공지능 분야의 모든 초보자에게 발생하는 일이다. 사람들은 서로 다른 용어를 혼동하여 섞어 써서 기술의 의미를 바꾸기도 한다. 여기서 인공지능의 주요 개념인 **기계학습**Machine Learning, ML, **딥러닝**Deep Learning, DL 및 **신경망**Neural Network, NN에 대해 살펴보겠다.

ML, DL 및 NN 이해

ML과 DL은 인공지능과 부분적으로 다르다. 다음 그림은 이러한 용어에 대해 보다 명확하게 설명한다.

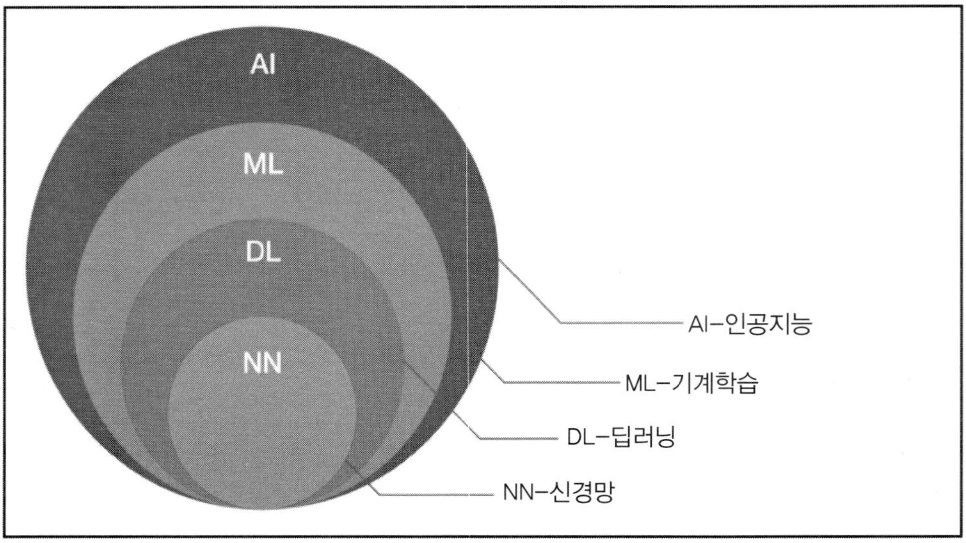

그림에서 ML(기계학습) 알고리즘은 AI(인공지능) 알고리즘의 하위 집합이다. 마찬가지로 DL(딥러닝) 알고리즘은 ML 알고리즘의 하위 집합이며 DL은 NN을 기반으로 한다. NN은 이 모든 용어의 핵심이며 영혼이다. 그들은 우리가 방금 이야기한 것을 그대로 수행한다: 즉 입력과 출력 간의 관계를 학습한다.

예를 들어, 누군가의 키와 몸무게가 농구를 할 수 있는 가능성과 어떻게 관련이 있는 지를 함수로 나타낼 수 있다. 입력과 출력을 구성하는 숫자는 숫자열인 벡터로 표현된다. 결론적으로, 인공지능은 ML과 DL과 다르지만 부분적으로만 다르다. 거의 모든 인공지능 응용 프로그램은 다른 종류의 NN을 사용한다.

알고리즘

인공지능이 알고리즘을 기반으로 구축되었다고 말하는 것은 절제된 표현이 아니다. 그럼, 알고리즘이란 정확하게 무엇일까하는 질문을 하게 된다.

알고리즘은 수학 공식 또는 프로그래밍 명령으로서 컴퓨터가 인공지능을 이용하여 문제를 해결하는 방법을 알아내는 것을 돕는다. 알고리즘은 우리가 컴퓨터에게 그들 스스로 여러 가지 것들을 알아내는 방법을 가르쳐주는 일련의 규칙일 뿐이다.

그것은 많은 숫자와 명령어처럼 보일 수도 있고, 사람들은 종종 관련된 많은 양의 수학과 결정 이론 알고리즘 때문에 배척하게 된다.

기계학습, 딥러닝, 신경망에 대해 간단히 논의해보자.

기계학습(ML)

기계학습은 인공지능의 중추다. 어떤 경우에는 인공지능이라는 용어와 기계학습이라는 용어를 서로 바꿔서 사용할 수 있다. 그들은 완전히 같지는 않지만, 깊이 연결되어 있다.

기계학습은 컴퓨터가 알고리즘을 사용하여 인공지능 기능을 수행하는 과정이다. 기본적으로 인공지능 시스템을 통해 서로 다른 결과를 만들기 위해 서로 다른 규칙을 적용한 결과다.

기계학습은 지도 학습 알고리즘, 비지도 학습 알고리즘, 준지도 학습 알고리즘, 강화 학습 알고리즘의 네 가지 주요 유형으로 구성된다. 이것들을 차례차례로 논의해 보자.

지도 학습(supervised learning)

지도 학습 방법을 사용하여 인공지능 모델을 훈련하는 것은 아이들에게 시험을 치라고 하지만 사전에 질문에 대한 모든 답을 주는 것과 같다. 우리는 그 기계에 정답을 제공한다. 이것은 기계가 질문과 그에 상응하는 답을 동시에 알고 있다는 것을 의미한다.

이것은 질문과 대답 사이의 패턴을 정의하기 때문에 시스템을 훈련시키는 일반적인 방법이다. 새로운 데이터가 답이 없을 때, 기계는 단지 이전에 매핑했던 유사한 질문과 가장 관련이 있는 대답을 매핑하려고 한다.

비지도 학습(unsupervised learning)

인공지능 연구의 무서운 부분은 기계가 학습이 가능하고 어떤 작업을 수행하기 위해 데이터 계층과 처리 능력을 계층별로 사용한다는 것이다. 비지도 학습의 경우에는, 우리는 시스템에게 답을 주지 않는다. 우리는 기계가 우리에게 답을 찾아 주기를 원한다. 예를 들어, 우리가 왜 어떤 사람이 다른 브랜드보다 한 브랜드를 선택했는지를 조사하려면, 우리는 그저 기계에 많은 데이터를 공급해서 그 데이터에 어떤 패턴이 있는지 찾을 수 있다.

반지도 학습(semi-supervised learning, SSL)

반지도 학습은 최근에 꽤 인기를 끈 또 다른 인공지능 기법이다. 개념적으로 반지도 학습은 지도 학습 모델과 비지도 학습 모델 사이의 중간점으로 간주될 수 있다. 반지도 학습 문제는 라벨이 부착된 일련의 데이터 포인트와 라벨을 알 수 없는 일부 데이터 포인트로 시작한다. 반지도 학습 모델의 목표는 라벨이 없는 데이터를 제공된 정보를 사용하여 분류하는 것이다.

강화 학습(Reinforcement Learning)

인공지능은 사람이 생각하는 것보다 인간과 더 닮았다. 인공지능은 인간과 비슷한 방식으로 학습한다. 기계를 가르치는 한 가지 방법은 강화 학습을 사용하는 것이다. 여기에는 인공지능에 효율성을 높이거나 문제의 해결책을 찾으라고 지시하는 등 특정 지표와 관련된 목표를 부여하는 작업이 포함된다. 하나의 특정한 답변을 찾는 대신에 인공지능은 여러 시나리오를 실행해 보고 다른 결과를 보고하면 인간이 올바른지 아닌지를 판단한다. 인공지능은 피드백을 취하고 다음 사이클을 조정하여 더 나은 결과를 얻는다.

신경망

인공지능을 개선하고자 할 때 신경망을 만들 수 있다. 이 네트워크들은 인간의 신경계나 뇌와 많은 유사점을 가지고 있다. 여러 단계의 학습을 통해 복잡한 문제를 여러 단계의 데이터로 세분화하여 해결할 수 있는 능력을 인공지능에 부여한다. 네트워크의 첫 번째 단계에서는 이미지의 몇 픽셀에만 관심이 있을 수 있다. 일단 초기 단계가 끝나면, 신경망은 수집된 정보를 다음 단계로 전달할 것이고, 다음 단계는 더 많은 픽셀을 이해하려고 할 것이고, 아마도 몇몇 내재된 구조들을 이해하려고 할 것이다. 이 과정은 신경망의 다른 단계에서 계속된다.

딥러닝

딥러닝은 신경망이 작동하기 시작할 때 일어나는 일이다. 일련의 데이터가 처리됨에 따라, 인공지능은 그 데이터에 대한 기본적인 이해를 얻게 된다. 예를 들어, 만약 인공지능 시스템을 고양이에 대해 이해하도록 가르치고 있다면, 그것은 그 일을 다른 하위 작업으로 나눌 수 있다. 네트워크의 어떤 부분은 고양이 발에 대해 배울 것이고, 또 다른 부분은 고양이들의 얼굴 특징에 대해 배울 것이다. 딥러닝은 또한 계층적 학습 방법으로 간주된다.

인공지능 영역이 상당히 넓기 때문에, 특히 더 발전된 개념을 다룰 때 사람들을 혼란스럽게 하는 용어들이 더 많이 있다. 이 용어들을 간략하게 다루어 보자.

자연어 처리(NLP)

인간의 언어를 이해하기 위해서는 첨단 신경망이 필요하다. 인공지능이 인간의 의사소통을 해석하는 훈련을 받을 때, 이 과정은 자연어 처리[NLP]로 알려져 있다. 이것은 챗봇과 번역 서비스에 매우 유용하지만 아마존의 알렉사, 애플의 시리 같은 인공지능 비서들에 의해서도 최첨단 기술로 적용되어 있다.

전이 학습

기계는 또한 전이 학습을 통해 배울 수 있다. 일단 인공지능 시스템이 어떤 이미지를 고양이인지 아닌지를 판단하는 것과 같은 무언가를 성공적으로 학습하게 되면, 그것은 반드시 고양이에 대한 것일 필요가 없는 기본적인 특징들에 대한 이해를 갖춘 셈이다. 이러한 특징은 일반화된 특징으로 알려져 있으며, 개 분류기와 같이 다른 분류기의 초기화에 사용할 수 있다. 이것은 개 분류기가 일반화된 특징들을 배울 필요가 없기 때문에 많은 훈련 시간을 절약할 수 있다.

블랙박스

다양한 규칙이 인공지능 시스템에 적용될 때, 그것은 많은 복잡한 수학들을 수행한다. 이것은 일반적으로 인간의 이해를 넘어선 것이지만, 얻어지는 산출물은 유용하다. 이런 일이 일어나면 블랙박스 학습이라고 한다. 우리는 기계가 어떻게 거기에 도달했는지 보다 그 결과에 더 관심이 있다.

자율

간단히 말해서, 자율성은 인공지능 시스템이 사람들의 도움을 필요로 하지 않는다는 것을 의미한다. 이 용어는 주로 운전자 없는 자동차의 개발에서 유래되었다. 자율성의 수준은 여러 가지가 있다. 기본적인 지능 시스템은 자율성 수준 1에서 3 사이에 있는 것으로 간주된다.

조향 휠이나 페달을 필요로 하지 않는 차량은 자율 수준 4로 분류된다. 이는 단순히 차량이 전적으로 차량을 제어하기 위해 사람을 필요로 하지 않는다는 것을 의미한다. 자율성 5단계는 차량이 서버나 GPS와 같은 외부 소스의 도움을 전혀 필요로 하지 않는 경우일 것이다.

그 이상의 것은 의식이 있는 깨어 있는 기계라고 불릴 것이다. 인공지능 분야의 큰 발전에도 불구하고 자각을 하게 된 인공지능 시스템을 설명하는 용어인 특이점singularity은 단순히 이론에 불과하다.

인공지능의 응용

현재, 인공지능은 대부분의 기술적 영역을 장악하고 있다. 애플의 시리, 마이크로소프트의 코타나, 구글의 구글 어시스턴트는 인공지능의 잘 알려진 응용 프로그램이다. 그 밖의 수많은 인공지능 응용들이 있는데, 그 중 몇 가지는 다음과 같다.

- **게임**: 인공지능은 체스, 포커, 틱택토와 같은 전략 게임과 관련하여 매우 중요한 역할을 한다.
- **자연어 처리**: 컴퓨터와 상호작용할 수 있는 가능성은 이제 인간이 사용하는 언어인 자연어를 이해하기 때문에 현실이 되었다.
- **전문가 시스템**: 애플리케이션은 다양한 영역에서 추론과 조언을 사용자에게 전달하기 위해 기계, 일부 소프트웨어 및 특정 정보를 통합할 수 있다.
- **비전 시스템**: 이러한 종류의 시스템은 컴퓨터의 시각적 입력을 이해하고 해석하는데 도움이 된다. 드론이 촬영한 영상부터 임상 전문가 진단까지 그 예가 될 수 있다.
- **음성 인식**: 또한 언어를 듣고 문장으로 바꿀 수 있는 지능적인 시스템도 있다. 이들은 인간의 의미를 이해할 수 있고, 억양, 은어, 배경의 어떤 소음, 감기로 인한 인간의 억양 변화 등을 해석할 수도 있다.
- **필기 인식**: 필기 인식 소프트웨어는 글자의 모양과 정렬을 인식하여 펜으로 종이에 쓰여진 문자나 스타일러스가 화면에 쓴 텍스트를 읽을 수 있도록 도와준다.
- **지능형 로봇**: 로봇은 인간이 명령한 여러 가지 일을 수행할 수 있다. 그들의 센서는 그들이 실제 세계의 물리적 데이터를 탐지할 수 있게 해준다. 그들은 또한 실수로부터 배울 수 있고 새로운 환경에 적응할 수 있다.
- **의료**: 인공지능은 이제 의료 분야에도 성공적으로 배치되었다. 그것은 의사들

이 암이나 다른 종양과 같은 질병을 식별하는 것을 도울 수 있다. 웨어러블 기기들은 또한 꽤 좋은 하드웨어 센서를 가지고 있으며, 개인의 건강 동반자로서 또는 칼로리 섭취를 조절하는 데 도움을 줄 수 있다.

- **핀테크**: 요즘 인공지능은 재정적 조언을 통해 사람들을 돕고 있다. 소프트웨어는 이제 여러 주가나 시장 동향을 예측하는 데 사용될 수 있다. 또 다른 흥미로운 부분은 사기 탐지인데, 여기서 인공지능은 신용카드 사기거래를 식별하는 데 사용된다. 위험관리는 인공지능이 유용할 수 있는 또 하나의 분야다.
- **차량**: 자율주행차인 스탠리는 2005년에 혼자서 132마일을 달렸다. 마찬가지로 자율주행차 업체인 OTTO도 인공지능을 기반으로 2016년 첫 번째 주문을 전달했다. 테슬라는 인공지능 기술을 성공적으로 활용한 대표적인 기업의 사례다. 그들은 최근 몇 개의 인공위성을 우주로 보낸 후 바다에 있는 딩기 위에 로켓을 착륙시켰다.
- **계획 및 스케줄링**: NASA는 2000년대 초에 우주선의 운항 스케줄을 통제할 수 있는 시스템을 구축했다. 마찬가지로 구글 어시스턴트도 다른 사람들과의 미팅 일정을 잡을 수 있도록 도와줄 수 있는 인공지능 지원 시스템의 한 예다.

이것들은 일부 인공지능 응용일 뿐이라는 것을 기억하라. 알고리즘을 사용하여 해결하려는 과업에 따라 사용할 수 있는 더 많은 사례가 있을 수 있다.

앞에서 논의한 바와 같이, 나열된 거의 모든 애플리케이션은 서로 다른 유형의 신경망을 기반으로 한다. 다음 절에서는 다양한 종류의 신경망에 대한 개요를 살펴보기로 한다. 우리는 여러 응용을 위해 이것들의 대부분을 향후 장에서 구현할 것이다.

인공지능의 최근 발전

인공지능은 점차 개념에서 성공적으로 운영되는 시스템으로 발전했다. 우리는 딥러닝 기술, 특히 2012년 컨볼루셔널 신경망의 도입 이후 이 분야에서 대부분의 진전이 이루어진 것을 보았다. 딥러닝이 소개된 이후 대부분의 후속 개발은 유사한 프레임워크에 기반을 두고 있다. 이번 절에서는 인공지능이 정말 게임 체인저가 된 몇 가지 중요한 연구 분야를 중점적으로 살펴보겠다. 우리는 다음 주제에 대해 논의할 것이다.

- 심층 강화 학습(DRL)
- RNN 및 LSTM
- DL 및 컨볼루셔널 신경망
- 자율주행

심층 강화 학습

심층 강화 학습Deep Reinforcement Learning, DRL은 현대 인공지능 연구의 흥미진진한 분야로, 많은 문제 영역에 적용할 수 있다는 점에서 특히 유용하다. 대부분의 과학자들은 DRL을 인공범용지능Artificial General Intelligence, AGI의 빌딩 블록으로 보고 있다. 탐험하고 환경으로부터 피드백을 받는 것과 같은 인간의 학습을 모방하는 능력으로 인해 잘 알려진 기술이 되었다. 최근 DRL 에이전트의 성공은 그들이 인간 비디오 게임 플레이어들과 대등한 경쟁을 하고 있다는 것을 의미한다. 딥마인드의 알파고에 바둑의 최고수들이 패배한 사건은 사람들을 정말 놀라게 했고, 시뮬레이션에서 걷는 법을 배우는 이족로봇들의 시연도 이 분야에 대한 대중적인 열광을 불러 일으켰다.

심층 강화 학습은 지도학습과는 다르다. 강화 학습에서는, 에이전트로 하여금 환경과 상호작용을 하게 하여 시스템을 훈련시킨다. 사용자의 기대에 맞게 동작하는 에이전트는 긍정적인 피드백을 받는다. 간단히 말해서, 연구자들은 그 에이전트의 올바른 행동을 강화한다.

다음 그림은 전형적인 강화 학습 시스템을 보여준다.

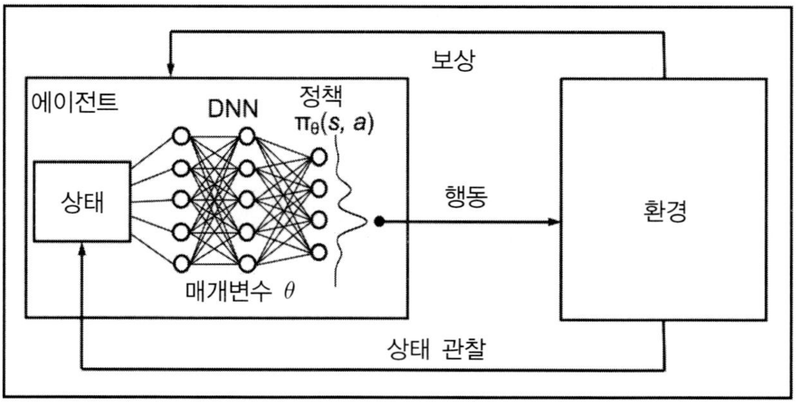

DRL을 실제 문제에 적용할 때 가장 중요한 과제는 보상 기능의 생성이다. 이것은 우리가 원치 않는 부작용을 일으키지 않고 원하는 행동을 장려하도록 만들어진다. 잘못된 보상 기능을 갖는 것은 규칙 위반과 부정 행위를 포함한 많은 부정적인 결과를 초래할 수 있다.

최근에는 DRL에 대한 관심이 고조되고 있다. 이로 인해 DRL 시스템 훈련을 위한 새로운 오픈 소스 툴킷 및 환경이 개발되었다. 이러한 프레임워크의 대부분은 특수 목적의 시뮬레이션 툴 또는 인터페이스다. DRL 애플리케이션을 개발하는 데 사용할 수 있는 몇 가지 툴킷을 자세히 살펴보기로 하자.

- **오픈AI 짐**OpenAI Gym: OpenAI Gym(https://gym.openAI.com/)은 RL 모델을 개발하고 비교하는 데 인기 있는 툴킷이다. 시뮬레이터 인터페이스는 고전적인 아타리 게임뿐만 아니라 MuJoCo와 DARPA가 후원하는 Gazebo 같은 로봇과 물리학 시뮬레이터를 포함한 다양한 환경을 지원한다. 다른 DRL 툴킷과 마찬가지로, 관찰과 보상을 에이전트에 피드백으로 제공하는 API를 제공한다.
- **딥마인드 랩**DeepMind Lab: 구글의 딥마인드랩(https://github.com/deepmind/lab)은 학습 에이전트을 위한 탐색과 퍼즐 풀기 작업을 제공하는 Quake III 1인칭 슈터 비디오 게임을 기반으로 한 3D 학습 환경이다. 딥마인드는 최근 새로운 수준의 집합체인 DMLab-30을 추가하였고, 새로운 분산 에이전트 훈련 아키텍처인 Impala(https://deepmind.com/blog/impala-scalable-deeprl-dmlab-30/)를 선보였다.
- **싸이크랩**Psychlab: 이것은 2018년 오픈소스화된 또 다른 딥마인드 툴킷이다. 싸이크랩(https://deepmind.com/blog/open-sourcing-psychlab/)은 예를 들어 일련의 항목 중 특정 대상을 검색하거나 변경사항을 탐지하는 등의 인지 심리학 실험을 지원하기 위해 DeepMind Lab 기능을 확장한 것이다. 연구자들이 이러한 임무에 대한 인간과 인공지능 에이전트의 성과를 비교하는 데에 있어서 유용하다.
- **하우스 3D**House3D: UC 버클리와 페이스북 인공지능 연구진이 협업한 결과다. 하우스 3D(https://github.com/facebookresearch/house3D)는 실제 룸과 가구 배치를 갖춘 45,000개 이상의 시뮬레이션 실내 장면을 제공한다. 개념-주도 내비게이션의 철학을 바탕으로 한 것으로, '부엌'과 같은 고급 설명자의 도움을

받아 집 안의 특정 방으로 길 찾기를 할 수 있는 에이전트를 훈련하는 것을 의미한다.

RNN과 LSTMs

순환 신경망 Recurrent neural networks, RNN은 기대되는 결과로 인하여 자연어 처리에 자주 사용되는 신경망이다. 언어 모델에서 RNN을 사용하기 위해 따를 수 있는 두 가지 주요 접근법이 있다. 첫 번째는 모델이 문장을 예측하게 하는 것이다. 두 번째는 자신만의 텍스트를 만들 수 있도록 특정 장르에 대한 모델을 교육하는 것이다.

LSTM 네트워크는 RNN의 확장형이다. 메모리는 LSTM 네트워크의 중요한 부분으로, 순서를 기억할 수 있게 한다. 따라서 시계열 분석이나 특히 텍스트 기반 데이터 세트와 같은 순차 데이터 세트 분야에서 LSTM이 상당히 인기가 있다.

다음 그림은 기본 RNN 단위를 보여준다.

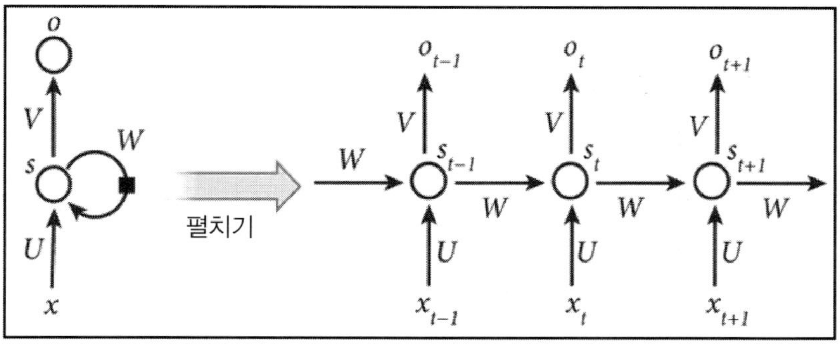

RNN은 순차적인 네트워크가 아니다. 대신에 이들의 구조는 피드백 루프를 포함하고 있다. 앞의 그림에서 다음과 같은 세 가지 상태를 가진 단일 RNN 유닛을 볼 수 있다.

- S_{t-1} : 이전 상태 또는 문장의 첫 번째 단어
- S_t : 문장의 현재 상태 또는 현재 단어
- S_{t+1} : 미래의 상태, 또는 문장의 다음 단어

동시에, 이 유닛은 이전과 현재에 대한 지식을 가지고 있다. 이 두 가지 상태를 근거로

다음 결과를 예측한다. W는 최적화 과정 동안 학습할 수 있는 훈련 가능한 매개변수다.

다음 목록은 RNN의 몇 가지 응용 분야를 보여준다.

- **언어 모델링 및 예측**: 언어 모델링과 예측에서는 문장에서 단어의 유사성을 고려한다. 다음 반복에서 단어는 특정 시간 단계에서의 확률을 사용하여 예측된다. 메모리는 순서를 저장하는 데 사용된다. 언어 모델링과 관련된 경우, 데이터에서 나오는 단어 순서는 입력으로 간주되고 모델에 의해 예측된 단어는 출력이 될 것이다. 훈련 과정 중, $x_{t+1} = o_t$, 즉 이전 시간 단계의 출력이 현재 시간 단계의 입력이 될 것이다.
- **음성 인식**: 음성 인식을 위해 음파는 스펙트로그램으로 표현된다. 시계열 데이터를 처리할 수 있고 순차 입력을 기억할 수 있는 인공신경망이 필요하다. 딥 스피치 인식 시스템을 사용하는 실제 제품으로는 구글 어시스턴트Google Assistant와 아마존 에코Amazon Echo 등이 있다.
- **기계 번역**: 기계 번역은 언어 번역을 다룬다. 신경망의 입력은 소스 언어이며 출력은 대상 언어로 된 것이다. 그것은 언어 모델링과 비슷하지만, 완전한 입력이 네트워크에 공급된 후에 기계 번역의 출력이 시작되기 때문에 약간 다르다.
- **이미지 인식 및 주석 생성**: RNN은 CNN과 협력하여 이미지를 인식하고 이에 대한 설명을 생성한다. 이러한 신경망의 조합은 다중모드의 학습으로 알려져 있으며 환상적인 결과를 낳는다. 또한 시각 분석과 텍스트 생성의 결합 모델을 사용하여 생성된 단어를 영상에서 찾은 형상에 정렬되어 나타나게 할 수 있다. 우리는 이 책의 뒷부분에서 이미지 캡션시스템을 개발할 것이다.

딥러닝 및 컨볼루션 신경망

컨볼루션 신경망은 복잡한 문제를 해결할 수 있는 능력 때문에 인기가 있다. 딥러닝은 깊이 구조화된 학습으로부터 유래되었고, 계층적 학습으로도 알려져 있다. 사람들은 흔히 딥러닝과 컨볼루션 신경망은 같은 것이라고 생각하지만 차이가 있다. 은닉층이 여러 개 있는 (보통 2개 이상인) 신경망은 심층 신경망Deep Neural Network, DNN으로 알려져 있으며, CNN은 다른 종류의 신경망 구조를 갖는 특정한 DNN이다. 다음 그림은 하나의 은닉층을 가진 간단한 신경망과 네 개의 은닉층을 가진 심층 신경망을 보여준다.

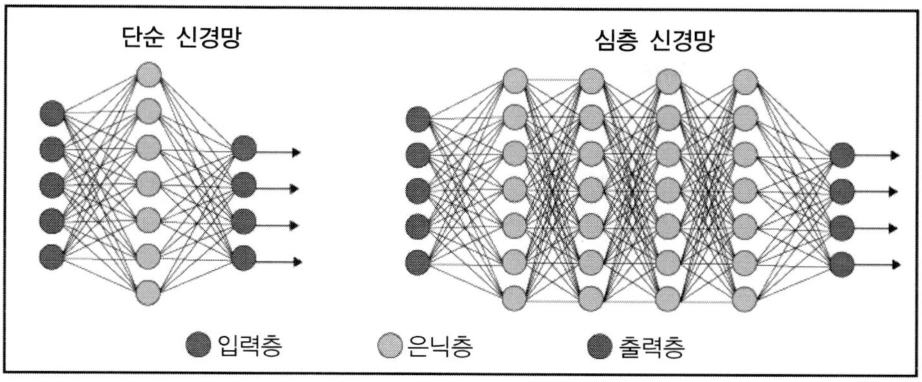

다음 그림은 CNN의 구조를 보여주는데, 컨볼루션 층, 풀링 층, 밀집된 또는 완전히 연결된 계층 등 다양한 종류의 계층이 존재한다. 나중에 이 책에서 이러한 네트워크에 대해 더 많이 알게 될 것이다.

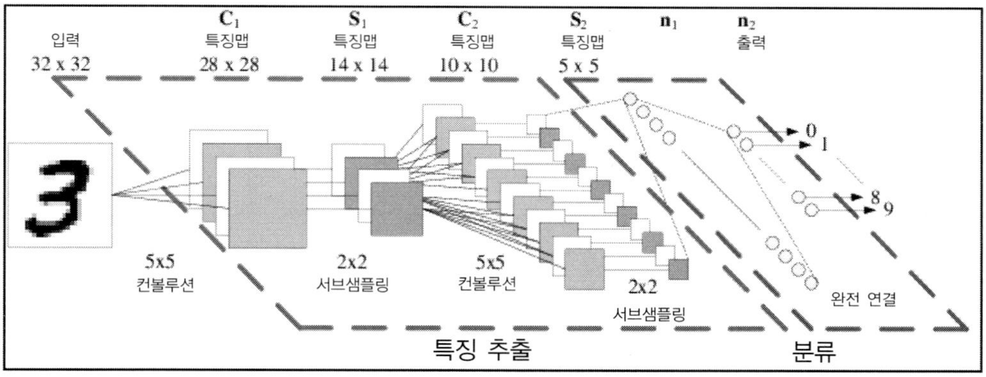

딥러닝은 왜 그렇게 중요한가? 딥러닝의 가장 중요한 측면은 '특징 공학feature engineering' 이다. 특징이란 분류기가 서로 다른 클래스 사이의 차이를 이해하는 데 도움이 되는 데이터 세트의 수치적 설명이다. 각 클래스마다 특징이 달라야 한다.

예를 들어 삼각형과 직사각형의 두 가지 기하학적 형상을 분류하려면 그 형상을 설명할 수 있는 특징은 물체가 가지고 있는 가장자리의 수, 물체가 가지고 있는 모서리의 수, 그리고 개체의 면적이나 둘레 등이다. 아주 간단하다.

이제 이것을 한번 생각해 보자: 벽돌의 표면과 풀의 표면의 구조적인 차이점은 색깔 외에 어떻게 설명할 수 있을까? 이 경우 두 구조를 구별할 수 있는 특징을 추출하는 것은 훨씬 더 어렵다. 바로 이런 곳이 딥러닝이 유용하게 쓰일 수 있는 곳이다.

딥러닝은 다른 은닉층에서 다양한 수준의 특징을 추출하는 기능을 가지고 있다. 예를 들어, 첫 번째 은닉층은 높은 경사 변화를 보여주는 특징을 추출한다. 다음 은닉층은 이러한 추출된 특징에 작용하여 이전 계층으로부터 더 많은 추상적인 특징들을 추출하려고 노력할 것이다. 이 구조는 현재 계층의 특징 추출이 이전 계층의 출력에 의존하는 계층 구조로 나타낼 수 있다. 이는 다음 그림에 나타나 있다.

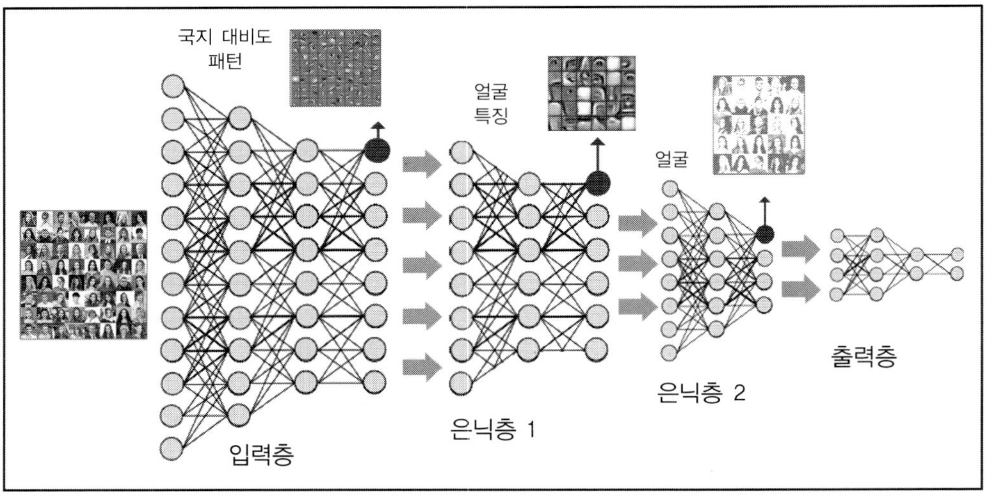

그림에서 보듯이, 각 층은 서로 다른 종류의 얼굴 특징들을 추출하는 역할을 한다. 이것이 CNN이 동작하는 방식이다. 이러한 종류의 신경망들을 나중에 책에서 구현할 것인데 그 때 이러한 신경망들이 어떻게 작동하는지 더 많은 정보를 얻게 될 것이다. 우선, 딥러닝의 몇 가지 적용 사례들을 살펴보자.

이미지 인식

아주 흥미로운 개념이라서, 이미지 인식도 많은 사람들의 눈길을 끌었다. 이 경우 이미지는 2-D 배열의 형태로 픽셀로 표현된다. RGB 채널로 되어 있거나 그레이스케일로 되어 있는 각 픽셀은 CNN에 직접 입력되고, 훈련에 사용된다. CNN은 컨볼루션, 풀링, 서브샘플링의 층이 번갈아 나타나는 구조로 되어 있다. 이미지 인식의 결과는 출력 계층에서 얻는 이미지에 대한 깊은 추상적 표현이다. 이로 인해 CNN은 이미지의 내용을 분류하는 데 있어 강력한 도구가 된다. 다음과 같은 애플리케이션들의 성공에는 이러한 신경망이 있다.

- **Google 포토**: Google 포토는 클라우드에 위치한 대규모 CNN에 의해 구동된다. 인셉션Inception(https://cloud.Google.com/tpu/docs/inception-v3-advanced)과 어느 정도 유사하며, 텐서 처리 장치TPU를 가진 매우 고성능의 구글 서버에서 실행된다. 구글 포토는 기본적으로 클라우드에서 백업된 이미지를 검색하고 태그를 지정한다. 이 프로세스는 자동화되어 있어 이러한 이미지를 쉽게 접근하고 검색할 수 있다.
- **Microsoft How-Old**: 마이크로소프트 How-Old(https:/www.how-old.net/) 애플리케이션은 사진을 기반으로 누군가의 나이가 얼마인지를 파악하려 한다. 물론 아주 정확하지 않을 수도 있지만, 사람들도 이 일을 어렵게 생각한다.
- **Clarifai**: 클라우드 기반 이미지 인식 서비스인 Clarifai(https://clearifai.com/)도 잘 알려져 있다.

자연어 처리(NLP)

자연어 처리는 두 가지 도전에 직면하고 있다.

- **자연어 이해**NLU: NLU는 단순히 언어를 단어로 매핑하는 것이 아니라 구어 또는 문어로부터 어떤 의미를 추출하는 쪽으로 기울기 때문에 어떤 면에서 언어 인식과 다르다. 우리는 NLU 시스템이 실제 인간처럼 주어진 어떤 대화나 문학에서 의미를 추출하기를 원한다.
- **NLG**Natural Language Generation: NLG는 언어를 생성하여 시스템이 다른 지능적인 에이전트나 사람에게 정중하게, 이해할 수 있게, 문맥적으로 올바른 방식으로 구두 또는 서면 입력에 응답할 수 있도록 하는 것이다. 그러나 응답하기 위해서 시스템은 효율적이고 효과적인 방법으로 훈련 단계에서 배운 지식을 사용해야 필요가 있다. 그리고 나서 반응을 만들어낼 수 있어야 한다. 그러면 실제 로봇 음성은 다른 생성 모델에 의해 생성될 수 있다. 구글의 딥마인드Deepmind 프로젝트는 웨이브넷WaveNet의 도움을 받아 이러한 과제들을 시연했다.

자율주행

최근의 발전으로 인해 자율주행은 그 어느 때보다도 현실에 가깝다. 더 이상 미래의 꿈이 아니다. 그래서 많은 새로운 회사들이 첨단 자율 자동차를 개발하고 출시하겠다는 계획을 발표했다.

자율주행은 지금 당장은 그리 흔한 일이 아니며 일부 사람들에게는 무섭게 보일 수도 있지만, 운전자 없는 차량의 장점을 부인하기는 어렵다. 우선, 도로가 혼잡하지 않고, 효율적인 운전으로 인한 가스배출량 감소, 보다 효율적인 주차, 낮은 교통비, 그리고 새로운 도로와 기반 시설 건설 비용 절감 등을 기대할 수 있을 것이다. 그것은 또한 노인들과 장애인들에게 매우 도움이 될 것이다.

인공지능 현재 상태의 한계

지금까지 논의된 대부분의 시스템이 대부분 수학적 최적화에 의존하고 있다는 것을 알아챘는가? 이러한 시스템은 라벨이 표시된 데이터 세트에서 학습한다. 그러나 시스템이 지능적이라고 하려면, 그것은 인간처럼 환경으로부터 배워야 한다. 강화 학습은 진정한 인공지능의 개념에 가깝지만, 대부분의 다른 기술들은 지도 학습에만 의존한다. 신경망은 기계가 여러 사례에서 배우도록 하기 위해 인간 두뇌의 작용을 대충 모방한다. 딥러닝은 얼굴 인식, 이미지 이해, 언어 이해 등과 같은 새로운 기능을 구현함으로써 구글과 애플과 같은 많은 기술 회사들이 그들의 제품을 경제적으로 개선하도록 도왔다. 그러나 이름에도 불구하고 딥러닝은 실제 지능이 아니다; 그것은 여전히 대부분 지도학습 알고리즘이다. 개체를 분류하거나 예측하는 것을 학습하기 위해 대규모 데이터 세트를 필요로 하는 기계학습 분야도 지도학습 방법에 기초한다. 이러한 시스템에는 다음과 같은 한계가 있다.

- 지도학습 방식의 기계학습 시스템의 생각은 항상 특정 영역에만 국한된다.
- 이런 종류의 시스템의 지능은 사용한 훈련 데이터 세트에 달려있다. 즉, 사람이 제어하는 것이지, 기계가 아니다.
- 이러한 시스템은 동적으로 변화하는 환경에서는 사용할 수 없다. 이 방법은 분

류 작업 또는 회귀 분석에만 사용할 수 있다. 제어 시스템 문제에는 사용할 수 없다.

- 이러한 방법들이 요구하는 거대한 데이터 세트를 얻는 것은 큰 문제이다.

지금쯤 우리는 신경망과 같은, 지도학습 시스템을 만드는 데 사용되는 여러 가지 기술에 꽤 익숙해져 있을 것이다. 대규모 데이터 세트가 있을 때, 지도 학습 시스템은 입력과 출력 사이의 매핑을 학습하는데, 이 방식으로 전에 보지 못한 입력 데이터에 대한 출력을 예측할 수 있다. 하지만 우리의 뇌는 이렇게 배우지 않는다: 우리는 래브라도 견종을 인식하기 위해 10,000개의 개 이미지를 필요로 하지 않는다. 그렇다면 진짜 인공지능은 무엇일까 하는 의문이 남는다.

인공범용지능(AGI)을 향하여

인공범용지능AGI은 현재 인공지능 인프라의 다음 단계로 꼽힌다. 앞 절에서 논의한 바와 같이, 우리는 현재 대부분 훈련만 받을 수 있는 지도 방식의 기계학습 시스템에 의존하고 있다. 이러한 기계들은 생각할 능력이 없다. AGI는 인간이 생각하는 것처럼 생각할 수 있는 기술을 말한다. 이와 같은 시스템은 과거의 경험을 이용하여 알려지지 않은 상황에서 결정을 내릴 수 있다. 이러한 종류의 기술의 예로는 강화 학습이 있다: 인공지능이 좋은 동작과 (오류를 초래하는) 나쁜 동작을 구분하고, 기술을 습득할 때까지 매번 접근 방식을 변경함으로써, 반복해서 어떤 일을 하는 방법을 스스로 가르치는 기술이다.

강화 학습을 통한 AGI

왜 사람들은 강화 학습에 그렇게 관심이 많은가? 2013년 말 독립 스타트업 딥마인드는 인공지능 시스템을 통해 스페이스 인베이더Spaec Invaders 등 22개의 Atari 2600 게임을 인간을 뛰어넘는 수준에서 플레이하도록 가르쳤다. 2016년 바둑의 고수 이세돌을 이긴 **알파고**AlphaGo는 강화 학습으로 훈련받은 인공지능 시스템이다. 그 후, 구글은 딥마인드를 인수했고, 2017년 12월에 알파제로AlphaZero를 출시했는데, 알파제로는 이전 알파고의 보다 일반화되고 더 강력한 버전이다. 바둑, 쇼기, 체스 3가지 게임을 마스터하기 위해 동일한 접근법을 사용하였다. 알파제로는 단지 4시간만에 게임 규칙을 사용하는 것만으로부터 시작하여 마스터 레벨에서 체스를 두는 법을 스스로 배웠다. 24시간 만에 첨단 인공지능 프로그램인 스톡피쉬, 엘모, 알파고 3일 버전 등 3개를 모두 물리칠 수 있었다. 컴퓨터 프로그램이 가장 복잡한 인간의 게임을 단 몇 시간 만에 세계적인 수준으로 스스로 가르치는 것을 보는 것은 당혹스러운 경험이다. 이것은 지능의 형태에 좀 더 가까이 와 있는 것으로 보인다.

전이 학습을 통한 AGI

연구자들은 전이 학습을 통한 AGI 사용에 대해 큰 기대를 갖고 있다. 전이 학습Transfer learning은 유사한 종류의 다른 작업에 대해 모델을 재교육할 수 있는 기계학습 기법이다. 앞에서 사용한 예는 신경망에 몇 가지 변화를 구현함으로써 개 분류기를 고양이 분류기로 변환하는 것이었다. 전이 학습을 통해 인공지능 시스템은 다른 관련 업무에서 처음부터 훈련해야 하는 새로운 신경망보다 더 나은 성능을 발휘하고, 더 빠르게 훈련하며, 라벨 된 데이터를 더 적게 필요로 한다.

전이 학습은 모두 다 라벨이 붙어 있지는 않은 데이터가 있거나 대형 신경망을 훈련시킬 수 없을 정도로 하드웨어 시스템이 부실할 경우 매우 유용하다. 인공지능 시스템이 점진적 일반화를 통해 전이 학습을 수행할 수 있다면 AGI에 접근할 수 있을 것이다.

전이 학습은 개 분류기를 고양이 분류기로 변환하는 것과 같이 본질적으로 비슷하거나 관련성이 있는 과제에 잘 작동한다. 분류기를 순차열 예측 변수로 변환하려는 것처럼, 그 이상의 경우에는 훨씬 복잡해진다. 이것이 인공지능 연구의 핵심 분야다. 구글 딥마인드는 신경망의 네트워크인 PathNet 프로젝트(https://ai.google/research/pubs/ pub45958)로 중요한 진전을 이루었다.

순회 피질 네트워크(Recursive cortical networks, RCN)

순회 피질 네트워크RCN는 AGI에 대한 또 다른 유망한 접근법이다. 실리콘밸리에서 창업한 Vicarious 사가 개발한 RCN은 최근 경쟁사보다 300배 적은 데이터를 이용해 상당히 높은 정확도로 텍스트 기반의 CAPTCHA를 해결하는 데 이용됐다.

최근의 기술 진보에 따라 더 많이 연구되고, 개발 또는 재조명되는 방법들이 있다. 이러한 예로는 제프리 힌튼Geoff Hinton의 캡슐 네트워크 또는 CapNets, 신경 집중 모델Neural Attention Model, NAM, 미분 신경 컴퓨터Differentiable Neural Computer, DCN, 원샷 학습, 진화 전략, 신경 진화 등이 있다. 그 목록은 계속되고 있으며, 폭발적인 인공지능 연구 정신의 증거로서 볼 수 있다.

인공지능과 신경과학의 융합

지금까지 논의된 모든 기법은 본질적으로 근본적으로 수학적이고 통계적이며, 성공을 달성하기 위해 하드웨어 성능과 데이터에 의존한다. 그러한 알고리즘을 만들고 개선하는 데 상당한 용기가 발휘되고 있지만, 이러한 방법들에 대해 흔히 제기되는 비판은 적어도 시작 단계에서는 인간의 개입이 필요하다는 것이고, 기계는 여전히 어디서부터 시작해야 할지 알 수 없다는 것이다. 예를 들어, 딥마인드의 알파제로는 그것이 게임을 하고 있는지, 심지어 게임이 무엇인지조차 알지 못한다.

이 장애를 극복하기 위해서, 우리는 인간의 뇌가 실제로 어떻게 작용하는지, 그리고 아이가 환경에 대해 어떻게 배우는지에 대해 생각해 볼 필요가 있다. 인공지능은 원래 인간의 뇌(**신경**이라는 말)에서 영감을 얻었지만, 신경망 분야는 생물학과 매우 일찍 분리가 되어 있어서, 예를 들어, 오류역전파와 같은 기법은 자연에서는 이와 동등한 것이 존재하지 않는다. 그러나 인공지능과 신경과학 분야의 진전은 시간이 갈수록 점차 성숙해지고 있다.

이제껏 AGI에 대해 논의를 했고, 한 가지 중요한 질문이 남았는데, 바로 특이점이 가까워 졌는가의 문제다.

특이점은 가까운가?

특이점singulariy은 서로 다른 맥락에서 여러 가지 의미를 갖는다. 우리의 목적을 위해서는 기계의 성능이 인간의 지능 수준에 도달할 인공초지능Artificial Super Intelligence, ASI과 직결된다. 이게 가능할 것 같은가? 여러 다른 사람들은 여러 다른 것들을 믿는다. 어떤 사람들은 우리가 기술적 특이점을 달성하는데 매우 가깝다고 믿는 반면, 다른 사람들은 그것이 곧 일어나지 않을 것이라고 믿는다.

특이점이 정확히 무엇인가?

기술적 특이점은 인공초지능의 생성에 기초한 이론적 개념이다. 그것은 오늘날 우리가 가지고 있는 좁은 인공지능과는 크게 다르다. 지금 당장은 인공지능이 한 가지 특정한 임무를 수행하는데 극히 능숙할 수도 있지만, 사람의 것과 같은 좀 더 일반화된 지능으로는 기능하지 못한다. 초지능은 우리 인간의 능력 이상의 능력을 갖게 될 것이다. 이것은 인간 사회에 엄청난 변화가 일어나는 일종의 티핑 포인트를 촉발할 수도 있다.

일부 전문가들은 기계가 튜링 테스트를 통과할 때 기계 시대의 도래를 공식적으로 선언할 수 있다고 믿는다.

튜링 테스트

많은 인공지능 전문가들은 인공지능의 미래에 대해 논의하거나 생각할 때 신중하다. 사람과 구별할 수 없는 로봇 개발에 가까워졌기 때문에 인류의 안전에 관한 의구심이 증가하고 있다. 이러한 우려는 컴퓨터 과학자 앨런 튜링Alan Turing이 공유하였다. 그는 1954년에 세상을 떠났지만, 그의 유산은 두 가지 남아 있다. 첫째, 그는 에니그마enigma를 이용하여 나치 코드를 해독하고 연합군이 제2차 세계대전에서 승리하도록 도운 공적으로 인정받고 있다. 둘째로, 그는 현대 컴퓨팅의 아버지로 여겨지고 튜링 테스트의 창시자로 여겨진다. 튜링 테스트는 텍스트 디스플레이를 통해서 인공지능과의 대화에 속아 넘어갈 수 있는지를 판단하는 방법이다. 인간을 속여서 실제 사람을 보거나 교류한다고 믿게 할 수 있는 인공지능 시스템의 대명사가 되었다.

언제 이런 일이 일어날까?

미래 주의자이자 특이점 열광자인 레이 커즈웨일Ray Kurzweil(http://www.kurzweilai.net/)은 인공지능이 유효한 튜링 테스트를 통과하고 인간의 지능 수준을 달성할 날짜로 2029

년을 특정하였다. 특이점은 2045년에 일어날 것이고, 그 때 우리는 우리가 만든 지능과 결합하여 우리의 효과적인 지능을 10억 배로 늘릴 것이라고 그는 덧붙였다. 다른 사람들은 이 두 가지 모두 지능을 구성하는 것에 대한 잘못된 이해에 바탕을 두고 있는 시기상조의 추정치라고 주장했다.

특이점이 인공지능에 관련한 우리의 유일한 관심사라고 생각하는가? 인공지능이 고용에 미치는 영향이나, 전쟁 중에 인공지능과 로봇을 사용하는 것과 같은, 초지능의 요구를 포함하지 않는 인공지능과 관련된 많은 다른 우려들이 있다. 즉, 인공지능에 관한 한, 특이점 말고도 고민해야 할 것 들이 많이 있다.

인공지능에 대해 더 많이 배울 수 있는 곳은 어디인가? 인공지능 기반 컨퍼런스들은 이 분야의 새로운 추세에 대해 배우는 가장 좋은 방법이다.

요약

이 장에서 우리는 인공지능에 대해 많은 것을 배웠다. 기원전 500년경부터 인공지능의 짧은 역사를 살펴보면서 인공지능의 최근 발전에 대해 이야기했다. 그 후 기술 특이성의 개념을 포함한 인공지능의 미래 확장 가능성에 대해 논의했다.

이 책에서 우리는 강화 학습, 딥러닝, CNN, RNN 및 LSTM, 생성적 대립망GAN, 이미지 분류, 이미지 캡션 생성 등 우리가 여기서 논의한 많은 기술에 대해 배울 것이다.

핀테크와 의료 분야에서의 인공지능의 응용에 대해서도 살펴보고 다른 애플리케이션을 개발하는 데 사용할 기계학습 라이브러리인 텐서플로우에 대해서도 배울 것이다.

이 소개가 당신이 이 책을 읽기 시작하여 끝까지 읽게 되도록 격려하는 글이 되었기를 희망한다.

02

인공지능을 위한 텐서플로우

TensorFlow

이 장에서는 텐서플로우TensorFlow를 다룰 수 있도록 준비해 준다. 먼저 계산 그래프Computation graph와 이를 정의하고 실행할 수 있게 하는 해당 API를 소개한다. 그런 다음 이 책의 나머지 부분에 걸쳐 사용될 딥러닝 구조에 대한 이해를 돕기 위해 퍼셉트론에 대한 상세한 설명을 할 것이다.

이 장에서는 다음 주제에 대해 배우게 된다.

- 계산 그래프
- 텐서
- 그래프
- 세션
- 플레이스홀더
- 변수
- 퍼셉트론
- 선형분리

텐서플로우의 기본

텐서플로우는 2005년 11월에 구글이 오픈소스로 제공한 인공지능 라이브러리이다. 이것은 대규모로 그리고 이기종 하드웨어에서 연산을 실행하기 위한 것이다. 텐서플로우의 아키텍처는 개발자들이 실행의 세부사항에 대해 크게 걱정하지 않고 계산을 정의할 수 있도록 한다. 계산 그래프의 실행은 단일 머신 또는 CPU 또는 GPU 클러스터에서도 수행될 수 있다. 이 라이브러리는 구글의 지원과 참여도 높은 커뮤니티의 결합으로 인해 널리 사용되고 있다.

텐서플로우는 구글Google에서도 내부적으로 딥러닝의 광범위한 응용을 위해 사용된다.

> 텐서플로우 개발의 동기와 설계 선택사항에 대한 자세한 내용은 Google Research의 https://research.google.com/pubs/pub45381.html을 참조하면 된다.

텐서플로우는 CPU 전용이나 GPU 지원으로 우분투Ubuntu, 맥운영체제macOS, 윈도우 등 다양한 운영체제에 설치할 수 있다. virtualenv, pip, Docker 또는 소스를 사용하여 텐서플로우를 설치할 수 있다.

> 텐서플로우는 너무 많은 설치 변형이 있어 이 책에 열거할 수 없을 정도로 빠르게 진화하는 라이브러리다. 운영체제에 텐서플로우를 설치하는 방법에 대한 자세한 내용은 https://www.tensorflow.org/install/를 참조하기 바란다.

텐서플로우는 계산을 표현하고 실행하기 위해 계산 그래프를 사용한다. 크게 보면 계산 그래프는 두 가지 요소로 구성된다.

- 텐서
- 연산

텐서

계산 그래프의 첫 번째 구성요소는 텐서tensor 형태로 나타낸 데이터다. 텐서는 스칼라에서 부터 임의의 차원 데이터에 이르는 수학적 개체를 포괄하기 때문에 유용한 추상화다. 텐서 표현을 사용하면 스칼라는 0차원 텐서이고 벡터는 1차원 텐서이고 행렬은 2차원 텐서가 된다. 더 높은 차원의 데이터는 단순히 n-텐서로 표현한다.

여기서 차원dimension, 랭크rank, 차수order 등의 용어는 서로 같은 의미로 사용된다는 점에 유의하자.

다음 표는 텐서에 대하여 요약하여 정리한 내용과 몇 가지 예를 보여준다.

차원/랭크/차수	형태	예
0	Scalar	1, -2.0, "a"
1	Vector	[1, 2, 3], [-2.0, -1.1], ["a", "b"]
2	Matrix	[[1, 2, 3], [4, 5, 6]]
3	3-tensor	[[[1, 2], [3, 4]], [[5, 6], [7, 8]]]
...	...	...

텐서는 내부적으로 기본 데이터 유형의 다차원 배열을 사용하여 표현된다. NumPy 배열과 텐서 사이에는 긴밀한 결합이 있다. 지원되는 데이터 유형에 대한 자세한 내용을 보려면 https:/www.tensorflow.org/guide/tensors를 참고하면 된다.

연산

계산 그래프의 두 번째 구성요소는 텐서에 대한 계산 또는 조작을 허용하는 연산Operation이다. TensorFlow라는 이름은 텐서들이 계산 그래프를 통해 지나가는 과정을 가리킨다. 텐서는 그래프의 가지edge, 연산은 그래프의 노드로 나타내어진다.

그래프

먼저 다음 그림과 같이 a와 b가 각각 5와 3의 상수 스칼라이고, 계산 a + b를 나타내는 간단한 그래프로 시작해 보자.

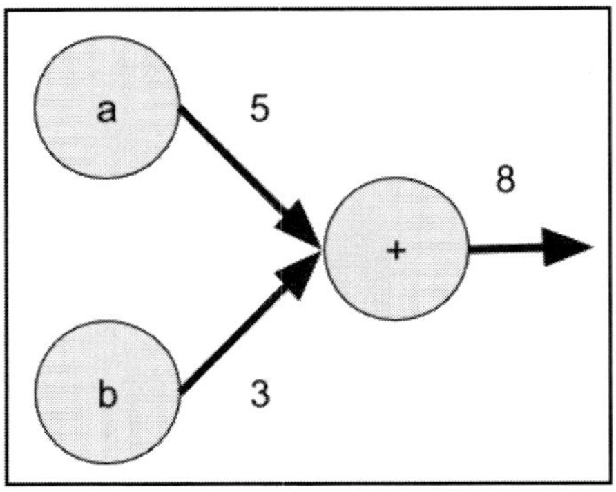

이 그래프를 명시하려면 TensorFlow를 가져온 후 Graph 개체를 정의하는 것으로 시작한다:

```
import tensorflow as tf
graph1 = tf.Graph()
```

이 그래프는 3개의 노드로 구성되어 있다. 다음 노드를 이 그래프의 맥락에서 정의해 보자.

```
with graph1.as_default():
    a = tf.constant(5, name='a')
    b = tf.constant(3, name='b')
    c = a + b
```

첫 번째 줄의 목적은 텐서플로우의 기본 그래프에 대하여 후속 노드를 graph1에 추가하는 것이다.

세션

앞서 논의한 바와 같이 텐서플로우는 그래프의 구성과 실행을 분리한다. 그래프를 만들었으니 이제 최종 출력을 내기 위해 텐서가 흘러가게 할 수 있다. 그래프를 실행하기 위해 세션Session을 정의해야 한다.

```
with tf.Session(graph=graph1) as sess:
```

```
output = sess.run(c)
print(output)
```

한 세션은 계산 자원을 할당하고 변수와 중간 결과의 값을 저장함으로써 계산 그래프를 실행하는 것을 책임진다. 이 예에서는 sess라는 세션 객체를 생성하여 graph1을 실행하고 sess.run(c)을 실행하여 c의 값을 가져오도록 요청한다. 나중에 알게 되겠지만 동일한 세션을 사용하여 여러 개의 텐서를 가져올 수 있다. 인쇄된 출력은 예상한 대로 5와 3을 더한 스칼라 8이다.

같은 계산을 2차원 텐서(즉, 벡터)로 해보자. 노드는 정확하게 동일하지만 2차원의 텐서가 더하기 작업을 통해 흐르게 하고 싶다.

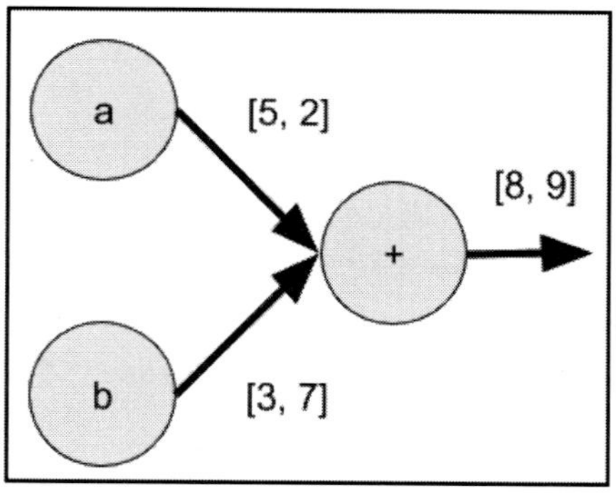

우리는 파이썬 리스트 [5, 2]와 [3, 7]을 tf.constant에 대한 인수로 전달함으로써 이러한 상수 텐서를 표현할 수 있다.

```
graph2 = tf.Graph()

with graph2.as_default():
    a = tf.constant([5, 2], name='a')
    b = tf.constant([3, 7], name='b')
    c = a + b
    with tf.Session() as sess:
        print('Output: {}'.format(sess.run(c)))
```

여기서 graph2라고 하는 새로운 그래프로 새로운 계산을 따로 하고 있다는 것에 주목하자. 또한 graph2 컨텍스트 관리자 내에서 세션 컨텍스트 관리자를 사용하고 있다는 점에 유의하자.

우리가 이미 graph2의 컨텍스트 안에 있기 때문에 이전 예에서와 같이 세션에 대한 인수로 graph2를 제공할 필요가 없다.

> 이 with 문장은 컨텍스트 관리자를 사용하여 코드 블록의 실행을 일괄한다. 별도의 그래프를 정의하거나 특정 세션으로 코드 블록을 실행하려는 경우 매우 편리하다. 컨텍스트 관리자는 더 나은 코드 구성을 허용하고 그래프 정의와 실행이 적절하게 격리되고 실행 후 세션이 닫히도록 보장한다.

이 계산의 출력으로는 a 및 b 벡터의 요소별 합으로서 [8, 9]가 나온다. 가져온 출력은 NumPy ndarray이다.

> TIP
>
> 주피터 노트북과 같은 대화형 환경에서 작업할 경우 각 계산에 대한 세션 정의는 매우 지루해질 수 있다. 대신 t 텐서로 t.val()을 실행할 수 있도록 sess = tf.InteractiveSession()을 사용할 수도 있다. 일반적으로 이 구문을 사용할 때 세션 인수를 eval 함수에 제공해야 하지만, 대화형 세션에서는 이런 인자를 제공할 필요가 없다. sess.close()를 사용하여 대화형 세션을 닫을 수 있다.

플레이스홀더(placeholder)

당신은 우리가 같은 계산에 대해 완전히 새로운 그래프를 생성했다는 것을 알아차렸을지도 모르겠다. 이상적으로는, 그래프를 다시 정의할 필요 없이 다른 데이터를 가진 동일한 계산 그래프를 사용하길 원한다. 이것은 tf.placeholder를 사용하여 달성할 수 있다.

```
graph3 = tf.Graph()

with graph3.as_default():
    a = tf.placeholder(tf.int32, name='a')
```

```
b = tf.placeholder(tf.int32, name='b')
c = a + b
```

이전 그래프와 비교했을 때 차이점은 미리 정의된 32비트 정수 tf.int32 데이터 유형을 가진 tf.placeholder를 사용한다는 것이다. 플레이스홀더 노드는 그래프 정의 시 값을 가지지 않으며 그래프를 실행할 때에 값이 제공되어야 한다.

a와 b의 입력을 받아 이들을 graph3에 공급하고, 출력을 반환하는 도우미 함수 run_graph를 정의해 보자.

```
def run_graph(input_a, input_b, graph):
    with tf.Session(graph=graph) as sess:
        output = sess.run(c, feed_dict={a: input_a,
                                        b: input_b})
        return output
```

이제 입력에 대해 다양한 차원으로 시도해 볼 수 있다. 예를 들어, graph1에서 했던 것처럼 그래프를 사용하여 두 개의 스칼라를 더할 수 있다.

```
run_graph(5, 3, graph3)
```

결과는 예상대로 스칼라 8이다. 이 그래프를 사용하여 A 및 B 행렬을 더해 보자.

$$A = \begin{bmatrix} 1 & 2 \\ 3 & 4 \end{bmatrix}, B = \begin{bmatrix} 5 & 6 \\ 7 & 8 \end{bmatrix}$$

```
import numpy as np
matrix_a = np.array([[1, 2], [3, 4]])
matrix_b = np.array([[5, 6], [7, 8]])
run_graph(matrix_a, matrix_b, graph3)
```

결과는 다음과 같은 행렬이다.

$$\begin{bmatrix} 6 & 8 \\ 10 & 12 \end{bmatrix}$$

이 함수에 대한 입력으로 NumPy 배열을 사용했다는 점에 유의하자. 일반적으로 NumPy 배열 또는 Python 리스트를 플레이스홀더에게 전달할 수 있다. 하지만, 나중에 뒤의 장에서 볼 수 있듯이, NumPy 배열은 더 낮은 메모리 사용과 더 높은 연산 효율 때문에 실제로 더 널리 사용되고 있다.

마지막으로 조금 더 복잡한 그래프를 정의해 보자. 이번에는 결과 텐서와 b의 요소별 곱셈을 하기 전에 텐서의 모든 요소를 1씩 증가시키기를 해보자.

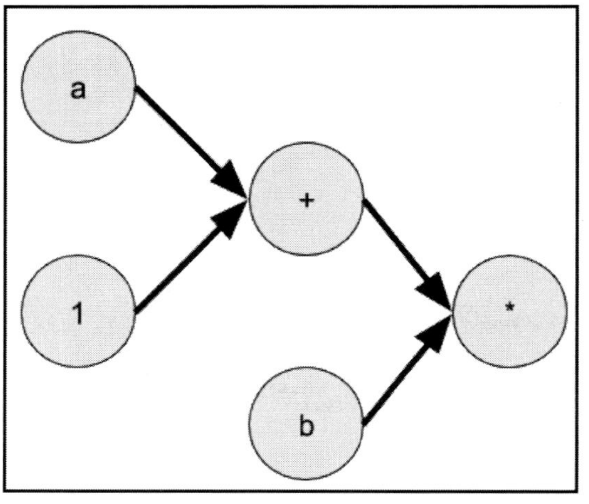

이 그래프를 graph4로 정의하자.

```
graph4 = tf.Graph()

with graph4.as_default():
    a = tf.placeholder(tf.int32, name='a')
    b = tf.placeholder(tf.int32, name='b')
    c = (1 + a) * b
```

이전과 마찬가지로, 동일한 도우미 함수인 run_graph를 사용하여 그래프를 통해 다양한 차원의 텐서를 가지고 실행할 수 있다. 예를 들어 run_graph(1, 2, graph4)는 4를, run_graph([1, 2], [3, 4], graph4)는 [6, 12]를 산출한다.

> **TIP** 지금까지 살펴본 계산 그래프는 텐서들이 그 그래프를 통해 단 한 번만 실행되도록 하였다. 그러나 많은 기계학습과 최적화 알고리즘은 반복적이며 실행들 사이에 어떤 상태를 유지해야 할 필요성이 있다.

변수(Variable)

고맙게도, 텐서플로우는 서로 다른 실행 간의 상태를 유지하게 하는 `tf.Variable`를 제공한다. 이를 설명하기 위해, 다음 코드 블록을 보자.

```
graph5 = tf.Graph()

with graph5.as_default():
    v = tf.Variable(0, name='v')
    with tf.Session() as sess:
        sess.run(v.initializer)
        for _ in range(3):
            v += 1
        print(sess.run(v))
```

다시 한번 우리의 계산을 정의하기 위해 새로운 그래프를 초기화하였다. 변수 v를 스칼라 0으로 초기화하고, 또한 변수를 명시적으로 초기화하는 `sess.run(v.initializer)` 라인을 잘 보자.

변수는 항상 사용하기 전에 초기화해야 한다. 이 예에서는 v만 초기화하고 있지만, 이 장 뒷부분에서는 그래프의 모든 변수를 초기화하는 방법을 살펴볼 것이다. 마지막으로 `for` 반복문에서는 v를 1씩 3회 증가시켜 v에 대한 최종 값을 3으로 산출한다.

퍼셉트론

이제 퍼셉트론이라고 불리는 매우 간단한 학습 알고리즘을 소개하는데 필요한 내용을 모두 다루었다. 이 알고리즘은 1957년 프랭크 로젠블라트Frank Rosenblatt에 의해 발명되어 당시 많은 흥분과 논쟁을 불러일으켰으나, 곧 이것을 이용하여 분류할 수 없는 많은 패턴이 있는 것으로 밝혀졌다. 그럼에도 불구하고, 퍼셉트론은 보다 복잡한 알고리즘을 위한 중요한 구성 요소인 만큼 이에 대해 확실히 이해를 하고 넘어가는 것이 매우 중요하다.

Boolean OR 연산 학습

간단한 예를 통해 퍼셉트론 학습 알고리즘의 어떻게 동작하는지 보자. 우리는 퍼셉트론이 데이터를 통해 부울 OR 연산, $y = x_1 \vee x_2$를 학습하도록 하고자 한다.

학습 데이터는 x_1 및 x_2의 두 가지 이진 변수에 대한 진리표로 구성된다.

x_1	x_2	y
0	0	-1
0	1	1
1	0	1
1	1	1

y 값은 x_1 또는 x_2 중 하나가 참일 때 참이고, 그렇지 않으면 거짓이다. 여기서 -1을 사용하여 y가 거짓임을 나타내는데, x_1 또는 x_2가 거짓인 경우의 사용한 값(0)과 일치하지 않는다. 이러한 표현 방법을 선택한 이유는 곧 명백해질 것이다.

기하학적으로 x_1과 x_2 차원으로 2차원 공간에 배치되어 있는 학습 데이터를 다음과 같이 생각할 수 있다.

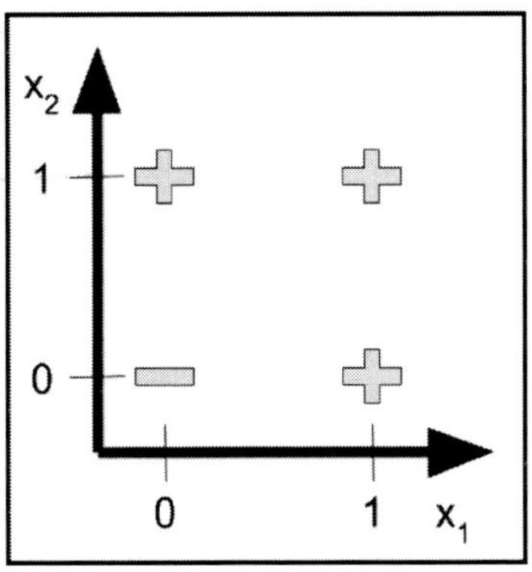

참인 경우는 +로 표시되고 거짓인 경우는 −로 표시되었다. 이러한 표현 관례는 기계학습계에 널리 퍼져 있는데, 두 종류의 데이터를 구별할 때 양과 음의 클래스로 나눈다.

> 이 작업은 지도 이진 분류로 알려져 있다. 각 학습 데이터 포인트에 양 또는 음 라벨을 명시적으로 부착하고 있기 때문에 '지도'되는 학습 방식이며, 구분할 클래스가 두 개 뿐이기 때문에 '이진'이다.

이진 분류 방식을 사용하여, 학습 알고리즘이 어떻게 이 두 클래스를 구별하는 것을 배울 수 있는지 생각해 보자. 우리의 접근방식은 클래스를 구분하는 라인을 찾는 것이다.

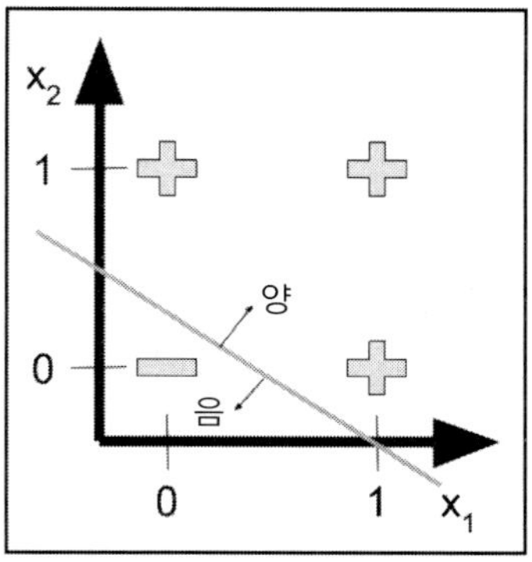

일단 이 분리선을 갖게 되면, 우리는 선 위쪽에 있는 데이터 포인트를 양으로, 아래의 데이터 포인트를 음으로 분류할 수 있다. 그런데, 이러한 직선은 하나만 존재하는 것이 아니라 무한히 많은 선을 찾을 수 있다. 다음 그림은 두 클래스를 완벽하게 구분하는 몇 개의 다른 라인을 보여 준다.

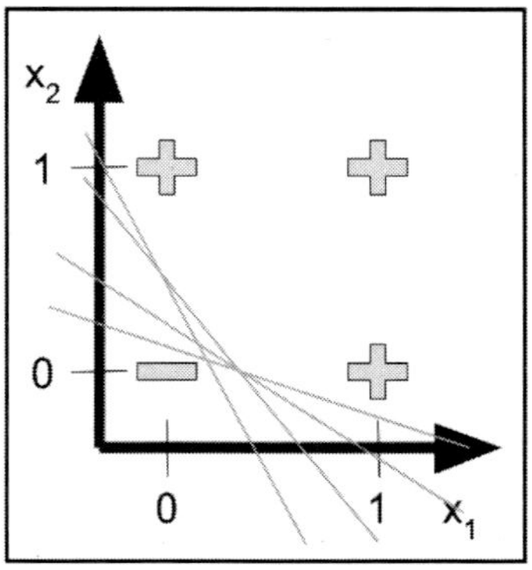

지금 당장은 이 모든 선들이 똑같이 유효하다고 생각될 수 있다. 나중에 이들 중 더 적절한 선을 선택하는 데 도움이 될 수 있는 다른 중요한 고려사항들이 있다는 것을 알게 될 것이다.

부호(sign) 함수 사용

분리선의 중요성에 대한 이해를 돕기 위해 분리선의 구체적인 하나의 예를 가지고 살펴보자. 우선 벡터 $\vec{x}$를 다음과 같이 정의한다.

$$\vec{x} = \begin{bmatrix} x_1 \\ x_2 \end{bmatrix}$$

이제 벡터를 이용해서 이 2차원 공간에 있는 점들을 참조할 수 있다. 예를 들어, 원점은 다음과 같이 표현된다.

$$\vec{x}_{origin} = \begin{bmatrix} 0 \\ 0 \end{bmatrix}$$

편의상 벡터의 전치를 사용하여 정의된 행 벡터를 사용한다.

$$\vec{x}^T = [x_1 \quad x_2]$$

$\vec{x_A}^T = [1 \quad 0]$ A점과 $\vec{x_B}^T = [0 \quad 1]$ B점을 통과하는 라인은 분리선으로 적절한 후보이다:

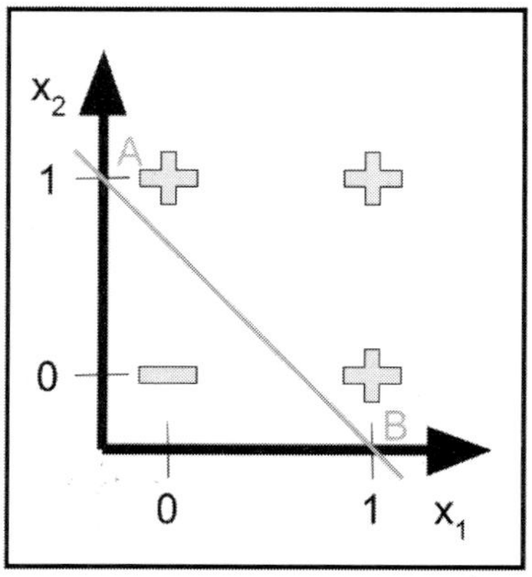

다음 공식을 사용하여 분리선에 대한 방정식을 도출할 수 있다.

$$x_2 - x_{2_A} = \frac{x_{2_B} - x_{2_A}}{x_{1_B} - x_{1_A}}(x_1 - x_{1_B})$$

이 방정식에서 A와 B의 값을 대입하면 다음 식을 얻는다.

$$x_2 - 0 = \frac{0-1}{1-0}(x_1 - 1)$$

각 항을 정리하여 다음과 같은 직선 방정식을 얻는다.

$$x_2 + x_1 - 1 = 0$$

이 직선은 어떤 면에서 유용할까? 이 선은 x_1과 x_2 값의 합이 정확히 1인 모든 점을 나타낸다. $x_1 + x_2 > 1$인 모든 점이 이 선 위에 있게 되고, 반대로 $x_1 + x_2 < 1$인 모든 점이 이 선 아래에 있게 된다.

$x_1 = 0$이고 $x_2 = 0$인 음인 예를 가지고 이를 검증할 수 있다. $0 + 0 < 1$로서 실제로 이 직선 아래에 있다. 다른 세 가지 사례에 대해서도 성립하는 것을 보이는 검증 문제는 연습문제로 남겨둔다.

여기서 보듯이, 분류 작업은 한 점이 선 위에 놓이는지 아래에 놓이는지를 결정하는 것으로 귀결된다. 이 비교 작업을 보통 입력값의 부호를 나타내는 부호 함수(보통 $sgn(x)$라고 표시)로 대체할 수 있다.

$$sgn(x) := \begin{cases} 1 & \text{if } x > 0 \\ 0 & \text{if } x = 0 \\ -1 & \text{if } x < 0 \end{cases}$$

또한, 기호 함수가 양의 값은 +1, 음의 값은 −1, 0의 값은 0으로 매핑하는 것을 그림으로 볼 수 있다.

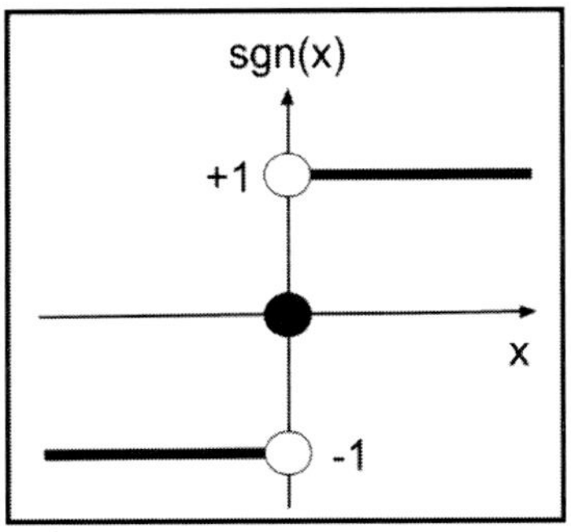

음의 클래스를 갖는 데이터 포인트에 대해 −1을 부여하는 것이 이제 더 일리가 있어 보일 것이다. 이렇게 값을 부여함으로써, 분리선 상에 놓이는 데이터 포인트와 아래에 있는 데이터 포인트를 명확히 구분할 수 있게 된다. 그런데 이 정의에 의하면 분리선 상에 정확히 놓이게 되는 점의 분류는 모호하다. 예를 들어, 앞서 분리선을 정의하기 위해 사용했던 데이터 포인트는 분류하기가 모호한 데이터 포인트다. 양의 부류에 속하는가, 음의 부류에 속하는가? 정답은 둘 다 아니다. 따라서 우리는 사실상 분류가 모호한 제3종류의 포인트를 만들어낸 셈이다.

부호sign 함수는 활성화 함수의 예다. 이 함수는 Heaviside step 함수라고도 한다. 활성화 함수에 대한 자세한 내용은 이 장의 뒷부분에서 더 알아볼 것이다.

분류기 소개

부호함수를 소개하였으니, 이제 보다 엄밀하게 분류 작업을 정의할 준비가 되었다:

$$\hat{y} = sgn(x_1 + x_2 - 1)$$

여기서, $\hat{y}$는 예측된 클래스class이다.

다음 분류기는 부울 OR 함수에 대한 양과 음의 데이터 포인트를 완벽하게 구분할 수 있다.

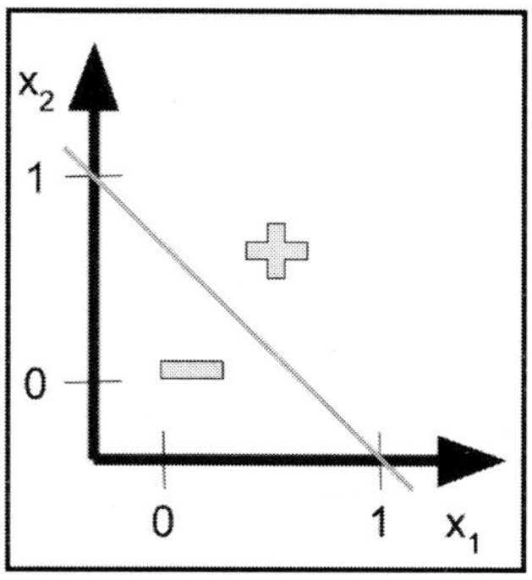

우리는 구분선을 사용하여 두 부류의 데이터 포인트를 완벽하게 구분하는 분류기를 찾아 낼 수 있었다. 그러나 이때 우리는 눈으로 살펴보고 이 선이 통과하는 점들을 수동으로 선택함으로써 이 직선을 발견했다. 이상적으로는 수동 개입 없이 분리선을 자동으로 찾을 수 있는 알고리즘이 있으면 좋을 것이다. 위의 예에서 분리선을 찾는 문제는 다음 라인에 대한 w_1, w_2 및 w_b값을 찾는 것으로 생각할 수 있다.

$$w_1x_1 + w_2x_2 + b = 0$$

여기서 w_1는 x_1의 계수, w_2는 x_2의 계수, b는 편향 항이다.

> 편향 항은 원점으로부터 분리선을 이동시키기 위해 필요하다. 이 항이 없다면 우리는 원점을 통과하는 선에만 국한될 것이다. 많은 경우에, 편향 항을 사용하지 않는다 라는 것은 우리가 그 두 클래스를 분리할 수 있는 선을 찾을 수 없다는 것을 의미한다. 실제로 방금 본 예에서는 원점을 통과하여 양과 음의 데이터 포인트를 구분하는 선은 존재하지 않는다.

우리는 계수 값과 편향 값을 찾거나 학습하기 위한 알고리즘을 원한다. 계수 벡터 $\vec{w}$를 다음과 같이 정의하는 것이 수학적으로 더 편리하다.

$$\vec{w} = \begin{bmatrix} w_1 \\ w_2 \\ b \end{bmatrix}$$

기본적으로, 우리는 계수의 벡터에 편향을 더하고 있다. 이와 함께, 우리는 입력 벡터에도 추가 항을 더할 필요가 있다.

$$\vec{x} = \begin{bmatrix} x_1 \\ x_2 \\ 1 \end{bmatrix}$$

여기서 항상 1의 값을 갖는 추가적인 입력을 효과적으로 추가한 셈이다. 이러한 벡터의 곱셈을 통하여 원래의 직선 방정식을 발견할 수 있다.

$$\vec{w}^T \vec{x} = [w_1 \quad w_2 \quad b] \begin{bmatrix} x_1 \\ x_2 \\ 1 \end{bmatrix} = w_1 x + w_2 x_2 + b = 0$$

우리가 특별히 새로운 것을 추가하지 않았고 수학적으로 조작하기 쉽도록 조금 더 간결한 표기법만 사용했다는 점이 중요하다.

퍼셉트론 학습 알고리즘

퍼셉트론 모델을 훈련시키는 퍼셉트론 학습 알고리즘을 개략적으로 설명해 보자.

1. 가중치 벡터를 초기화한다.
2. 정지 기준에 도달할 때까지 다음 단계를 반복한다.
    1. 학습 데이터 세트 $\left(\overrightarrow{x^{(1)}}, \overrightarrow{x^{(2)}}, \ldots, \overrightarrow{x^{(n)}}\right)$에 있는 각 데이터 포인트 $\overrightarrow{x^{(i)}}$에 대하여:
        1. $\vec{w}$의 현재 값을 사용하여 $\overrightarrow{x^{(i)}}$ 출력을 예측하고 $\hat{y}^{(i)}$로 나타낸다.
        2. 실제값과 예측값 사이의 오차인 $e^{(i)} = y^{(i)} - \hat{y}^{(i)}$을 이용하여 $\vec{w}$ 값을 업데이트한다.

데이터 집합에서 데이터 포인트의 위치를 나타내기 위해 위첨자를 쓰고, 벡터에서의 요소 위치를 나타내는 데는 아래 첨자를 사용하는 것이 관례이다. 예를 들어, $X_i(j)$는 j번째 학습 데이터 포인트의 i-번째 요소를 가리킨다.

퍼셉트론 모델은 가중치 벡터 $\vec{w}$를 이용하여 표현되며, 주어진 입력 벡터 $\overrightarrow{x^{(i)}}$에 대한 출력을 예측할 수 있다. 다음 그림은 k 크기의 입력을 가진 퍼셉트론을 나타낸다.

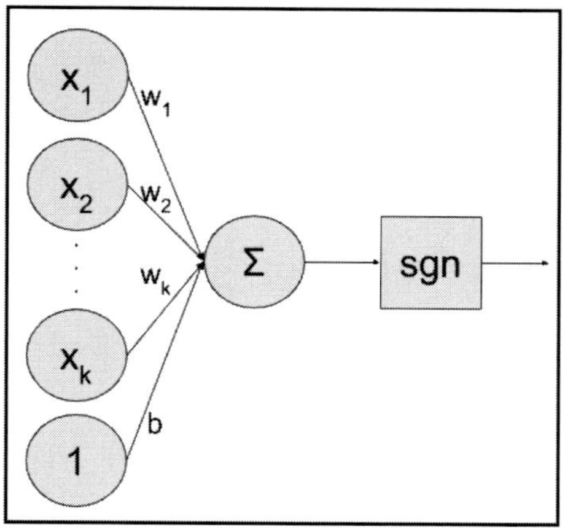

여기서, Σ는 들어오는 노드의 합을 나타낸다.

첫 번째 단계는 모델의 가중치를 초기화하는 것이다. 아마도 초기화를 위한 가장 간단한 선택은 모든 값을 0으로 설정하는 것이다.

$$\vec{w} = \begin{bmatrix} 0 \\ 0 \\ 0 \end{bmatrix}$$

이 경우, 이러한 가중치의 선택은 최대의 혼란을 초래한다. 입력과 상관없이 출력은 0이 될 것이고, 이는 "출력을 모른다"라고 하는 모델의 표현 방식이라 볼 수 있다. 직관적으로, 이것은 아직 어떤 데이터도 보지 못했기 때문에 모델에 있어서 좋은 출발점이다.

첫 번째 데이터 포인트 $\overrightarrow{x^{(1)}} = [0 \quad 0 \quad 1]^T$는 앞에서 보았던 진리표의 첫 번째 행에 해당한다. 이 벡터의 첫 번째 요소는 $x_1 = 0$, 두 번째 요소는 $x_2 = 0$, 그리고 세 번째 요소는 편향 항에 곱해지는 상수 1로서 모든 데이터 포인트에 대해 나타난다. 이 데이터 포인트의 출력을 예측해 보자.

$$\hat{y}^{(1)} = sgn(\vec{w}^T \overrightarrow{x^{(1)}}) = sgn\left(\begin{bmatrix} 0 & 0 & 0 \end{bmatrix} \begin{bmatrix} 0 \\ 0 \\ 1 \end{bmatrix} \right) = sgn(0) = 0$$

즉 우리의 예측은 분리선 상에 놓여 진다는 것이다.

우리의 예측이 실제 값으로 부터 얼마나 멀리 떨어져 있는지 아는 것은 유용하다. 직관적으로, 예측된 값이 실제 값에서 멀어질수록 가중치를 더 크게 변경해야 한다. 이 차이를 오차라고 부른다.

$$e^{(1)} = y^{(1)} - \hat{y}^{(1)} = -1 - 0 = -1$$

퍼셉트론 학습 규칙을 통해 다음과 같이 가중치 갱신의 크기를 결정할 수 있다.

$$\overrightarrow{\Delta w} = e^{(1)} \overrightarrow{x^{(1)}} = -1 \begin{bmatrix} 0 \\ 0 \\ 1 \end{bmatrix} = \begin{bmatrix} 0 \\ 0 \\ -1 \end{bmatrix}$$

새로운 가중치는 현재 가중치와 학습률을 곱한 가중치 업데이트 벡터의 합이며, 이 예제에서는 1로 설정하겠다.

$$\vec{w} \leftarrow \vec{w} + \alpha \overrightarrow{\Delta w} = \begin{bmatrix} 0 \\ 0 \\ 0 \end{bmatrix} + \begin{bmatrix} 0 \\ 0 \\ -1 \end{bmatrix} = \begin{bmatrix} 0 \\ 0 \\ -1 \end{bmatrix}$$

학습률 α는 $0 < \alpha \le 1$의 크기조절 매개변수로, 가중치 갱신 벡터의 크기를 조절해 주는 역할을 한다. 퍼셉트론 학습 규칙을 이용하면 α의 값에 관계없이 두 클래스가 선형적으로 분리가능한 경우 결국 두 클래스를 완벽하게 분리하는 가중치 벡터를 찾을 수 있다는 것을 증명할 수 있다. 곧 선형 분리성에 대해 더 살펴 볼 것이고, 다음 장에서는 학습률에 대하여 다시 다룰 것이다. 하지만 현재로서는 α 값의 올바른 선택이 알고리즘이 더 적은 반복으로 해답을 찾는데 도움이 될 수 있다는 것을 유념하자.

업데이트 규칙은 편향 값만 업데이트했을 뿐이다. 일반적으로 가중치 업데이트에는 0이 아닌 항목만 참여하며, 크기가 큰 항목에는 더 큰 변화가 나타난다. 모델은 입력과 상관없이 −1을 예측할 것이다. 직관적으로 봤을 때 모델은 −1의 클래스를 갖는 단 하나의 데이터 포인트만 본 것이다. 더 많은 훈련 데이터를 주지 않으면 현재로선 모든 데이터 포인트를 음의 클래스로 분류한다.

이제 두 번째 학습 데이터 포인트 $\overrightarrow{x^{(2)}} = [0 \quad 1 \quad 1]^T$를 모델에 제공해 보자.

$$\hat{y}^{(2)} = sgn(\vec{w}^T \overrightarrow{x^{(2)}}) = sgn\left([0 \quad 0 \quad -1] \begin{bmatrix} 0 \\ 1 \\ 1 \end{bmatrix} \right) = sgn(-1) = -1$$

우리가 예상했던 대로, 모델은 이 데이터 포인트를 음의 클래스로 예측한다. 오차를 계산해 보고 가중치를 갱신해 보자.

$$e^{(2)} = y^{(2)} - \hat{y}^{(2)} = 1 - (-1) = 2$$

$$\vec{w} \leftarrow \vec{w} + \overrightarrow{\Delta w} = \begin{bmatrix} 0 \\ 0 \\ -1 \end{bmatrix} + e^{(2)} \begin{bmatrix} 0 \\ 1 \\ 1 \end{bmatrix} = \begin{bmatrix} 0 \\ 2 \\ 1 \end{bmatrix}$$

이제 세 번째 학습 데이터 포인트 $\overrightarrow{x^{(3)}} = [1 \quad 0 \quad 1]^T$를 모델에 제공하자.

$$\hat{y}^{(3)} = sgn(\vec{w}^T \overrightarrow{x^{(3)}}) = sgn\left([0 \quad 2 \quad 1] \begin{bmatrix} 1 \\ 0 \\ 1 \end{bmatrix} \right) = sgn(1) = 1$$

모델이 이 데이터 포인트를 정확하게 예측했으므로 오차는 0이며 가중치 벡터에 대한 변경은 없다. $\overrightarrow{x^{(4)}} = [1 \quad 1 \quad 1]^T$에 대해서도 마찬가지다.

그럼 이제 이 모델을 훈련시키는 것을 끝냈다는 의미인가? 아니다. 사실, 많은 훈련 알고리즘은 더 이상 학습을 하지 않기 전에 동일한 데이터를 한 번 이상 볼 필요가 있다. 일반적으로 학습 알고리즘을 중단할지 여부를 결정하기 위해 해결해야 할 많은 질문들이 있다. 이러한 결정을 정지 기준 또는 수렴 기준이라고 한다. 이러한 기준은 알고리즘 유형, 계산 리소스의 가용성 및 원하는 평가 척도(예: 정확도)의 수준을 포함한 여러 요인에 따라 달라진다.

완벽한 분리

이 예제에서 우리는 완벽한 분리를 우리의 정지 기준으로 사용할 것이다. 즉, 모델이 모든 데이터 포인트를 완벽하게 분리할 수 있을 때까지 동일한 학습 데이터를 계속해서 모델에게 제공할 것이다. 완벽한 분리는 100% 분류 정확도에 해당한다.

한번 전체 데이터 세트를 모델에 제공하는 것을 에포크epoch라고 한다. $\overrightarrow{x^{(1)}} = [0 \quad 0 \quad 1]^T$으로 두 번째 학습 에포크를 시작해 보자.

$$\hat{y}^{(1)} = sgn(\vec{w}^T \overrightarrow{x^{(1)}}) = sgn\left([0 \quad 2 \quad 1]\begin{bmatrix}0\\0\\1\end{bmatrix}\right) = sgn(1) = 1$$

$$e^{(1)} = y^{(1)} - \hat{y}^{(1)} = -1 - 1 = -2$$

$$\vec{w} \leftarrow \vec{w} + \overrightarrow{\Delta w} = \begin{bmatrix}0\\2\\1\end{bmatrix} + e^{(2)}\begin{bmatrix}0\\0\\1\end{bmatrix} = \begin{bmatrix}0\\2\\-1\end{bmatrix}$$

이 가중치 갱신은 모델이 첫 번째 에포크 후 여전히 학습 중임을 입증한다. 두 번째 데이터 포인트에 대해서는 정확하게 예측하지만 세 번째 사례는 모델이 잘못 예측한 것이다.

$$\hat{y}^{(3)} = sgn(\vec{w}^T \overrightarrow{x^{(3)}}) = sgn\left([0 \quad 2 \quad -1]\begin{bmatrix}1\\0\\1\end{bmatrix}\right) = sgn(-1) = -1$$

$$e^{(3)} = y^{(3)} - \hat{y}^{(3)} = 1 - (-1) = 2$$

$$\vec{w} \leftarrow \vec{w} + \overrightarrow{\Delta w} = \begin{bmatrix}0\\2\\-1\end{bmatrix} + e^{(3)}\begin{bmatrix}1\\0\\1\end{bmatrix} = \begin{bmatrix}2\\2\\1\end{bmatrix}$$

마지막 데이터 포인트는 정확하게 예측되었지만 완벽한 분리에 이르지 못했으므로, 첫 번째 데이터 포인트부터 3차 에포크를 시작한다.

$$\hat{y}^{(1)} = sgn(\vec{w}^T \overrightarrow{x^{(1)}}) = sgn\left(\begin{bmatrix}2 & 2 & 1\end{bmatrix}\begin{bmatrix}0\\0\\1\end{bmatrix}\right) = sgn(1) = 1$$

$$e^{(1)} = y^{(1)} - \hat{y}^{(1)} = -1 - 1 = -2$$

$$\vec{w} \leftarrow \vec{w} + \overrightarrow{\Delta w} = \begin{bmatrix}2\\2\\1\end{bmatrix} + e^{(1)}\begin{bmatrix}0\\0\\1\end{bmatrix} = \begin{bmatrix}2\\2\\-1\end{bmatrix}$$

이 시점에서 우리의 모델은 완벽한 분리에 도달했고 알고리즘은 멈추게 된다. 가중치 벡터에 해당하는 분리선은 다음과 같다.

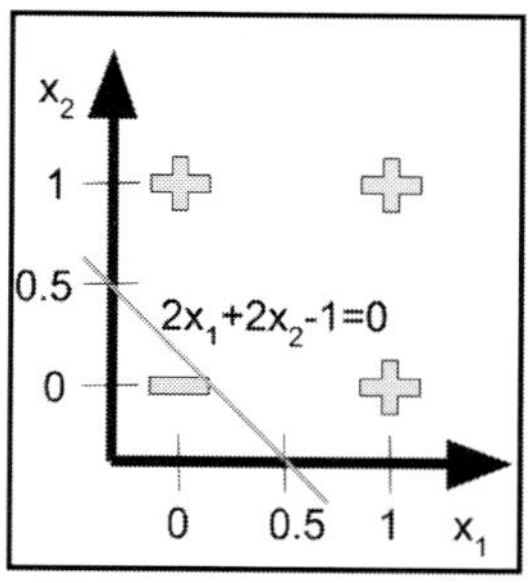

우리는 알고리즘이 두 클래스를 분리하는 분리선에 해당하는 가중치를 배울 수 있다는 것을 알았다. 이제 텐서플로우에서 이것을 코드화할 시간이다.

다음과 같이 학습 데이터를 표현해 보자.

```
x = np.array([[0, 0], [0, 1], [1, 0], [1, 1]], dtype=np.float32)
y = np.array([[-1], [1], [1], [1]], dtype=np.float32)
```

놀랄 것도 없이, x와 y는 각각 우리의 진리표에 해당하는 (4, 2)와 (4, 1) shape의 32비트 부동 소수점 NumPy ndarray이다.

퍼셉트론에 대한 계산 그래프는 다음과 같다.

```
graph = tf.Graph()

with graph.as_default():
    w_init = tf.zeros((3, 1))
    w = tf.Variable(w_init, dtype=tf.float32, name='w')
    x = tf.placeholder(tf.float32, name='x')
    y = tf.placeholder(tf.float32, name='y')
    y_hat = tf.sign(tf.matmul(w, x, transpose_a=True))
    e = y - y_hat
    delta_w = tf.matmul(x, e)
  w = tf.assign(w, w + delta_w)
```

이전처럼, 우리의 퍼셉트론을 담고 있는 새로운 그래프를 분리해서 사용하고 있다. 이 그래프에서 먼저 가중치 벡터 $\vec{w}$를 `tf.Variable`로 나타내고, `tf.zeros`를 사용하여 0으로 초기화한다. shape (3, 1)은 x_1과 x_2의 첫 번째 2개 요소값과 편향에 해당하는 마지막 3번째 요소를 갖는 벡터와 동일하다는 점에 유의하자.

다음 단계는 `tf.placeholder`를 사용하여 $\vec{x}$를 표현하는 것이다. 앞에서 보았듯이, 플레이스홀더들은 나중에 계산 그래프에 데이터를 제공할 수 있게 해준다. 변수와는 달리, 플레이스홀더를 위해 shape를 제공할 필요가 없다. shape는 실행시간에 추론해 낼 것이다.

그러나 형상을 명시적으로 또는 특정 차원의 크기만 제공하도록 선택할 수 있는데, 나중에 이것에 대해 더 많이 볼 것이다. 출력 y는 `tf.placeholder`를 사용하여 나타내기도 한다. 다음으로, $\hat{y}$을 다음 두 가지 연산의 결합으로 정의한다: 먼저 $\vec{w^T}$과 $\vec{x}$을 곱한 다음 sgn 연산자를 통해 전달한다.

`tf.matmul` 함수에서 `transpose_a` 인자는 곱셈을 하기 전에 첫 번째 인수(즉, w)를 단순히 전치transpose한다. 마지막으로 오차 `e`를 계산하고, `x`에 `e`를 곱하여 `delta_w`($\vec{\Delta w}$을 나타냄)를 얻고 `w + delta_w`를 할당하여 `w` 값을 갱신한다.

이제 그래프를 통해 학습 데이터를 실행할 준비가 되었다:

```
epochs = 3
learning_rate = 1

def _print_training_output(w, y_hat, e):
    y_hat_value = int(y_hat[0][0])
    e_value = int(e[0][0])
    w1 = int(w[0][0])
    w2 = int(w[1][0])
    b = int(w[2][0])
    format_string = 'y_hat: {:+d} , e= {:+d} , w: [{:+d}, {:+d}, {:+d}]'
    format_values = [y_hat_value, e_value, w1, w2, b]
    output = format_string.format(*format_values)
    print(output)

with tf.Session(graph=graph) as sess:
    init = tf.global_variables_initializer()
    sess.run(init)

    for epoch in range(epochs):
        if epoch > 0:
            print()
        print('Epoch {}'.format(epoch + 1))
        for x_, y_ in zip(xs, ys):
            x_ = np.append(x_, 1)[:, None]
            y_ = y_[:, None]
            output = sess.run([w, y_hat, e], feed_dict={x: x_, y: y_})
            _print_training_output(*output)
```

_print_training_output 유틸리티 함수는 결과를 보다 읽기 쉽게 인쇄하기 위해 사용된다. 우리는 먼저 변수를 초기화한 다음, 앞서 살펴본 바와 같이 클래스를 완벽하게 분리하는 데 필요한 에포크의 수인 3개의 에포크로 데이터를 훈련하고 있다.

다음 단계는 x_ 및 y_ 입력 및 출력 쌍을 반복하고 가중치를 갱신하는 것이다.

NumPy를 사용할 때, 겉보기에는 똑같아 보이는 두 사례의 차이 때문에 혼동이 발생하는 일이 가끔 있다. `a = np.array([1, 2])`와 `b = np.array([[2], [1]])`가 있다고 가정하자. 당신은 아마도 이 두 개의 ndarray가 동등할 것이라고 생각할 수 있다. 그러나 `a.shape ==(2,)`이고 `b.shape == (2, 1)`이다. 파이썬에서 단일원소 투플singleton tuple은 후행 콤마가 필요하며, 그렇지 않으면 괄호는 무시된다. 따라서 `(2,)`는 2라는 단일원소를 갖는 투플이며, `(2, 1)`과 같지 않다. `a[:, None]`을 사용하면 b와 같은 행태의 새로운 ndarray를 얻을 수 있다. 이 경우 `np.newaxis`의 별칭은 `none`이다.

여기서 출력은 다음과 같을 것이다:

```
Epoch 1
y_hat: +0 , e= -1 , w: [+0, +0, -1]
y_hat: -1 , e= +2 , w: [+0, +2, +1]
y_hat: +1 , e= +0 , w: [+0, +2, +1]
y_hat: +1 , e= +0 , w: [+0, +2, +1]

Epoch 2
y_hat: +1 , e= -2 , w: [+0, +2, -1]
y_hat: +1 , e= +0 , w: [+0, +2, -1]
y_hat: -1 , e= +2 , w: [+2, +2, +1]
y_hat: +1 , e= +0 , w: [+2, +2, +1]

Epoch 3
y_hat: +1 , e= -2 , w: [+2, +2, -1]
y_hat: +1 , e= +0 , w: [+2, +2, -1]
y_hat: +1 , e= +0 , w: [+2, +2, -1]
y_hat: +1 , e= +0 , w: [+2, +2, -1]
```

결과는 이전의 수동 계산과 동일하다. 이제 우리가 더 복잡한 학습 모델을 만들어 감에 따라, 이것처럼 간단한 예들을 통하여 알아보면서 직관을 얻는 것이 중요하다.

우리의 훈련 알고리즘은 한번에 하나의 훈련 데이터 포인트를 받아서, 가중치를 업데이트하는 데 사용했다. 이러한 훈련 방법을 온라인 학습이라고 한다. 다른 방법으로, 학습 데이터의 전부batch 또는 일부를 사용하여 가중치를 업데이트할 수도 있다. 다음 장에서 이에 대하여 더 살펴보겠다.

선형 분리성

우리는 퍼셉트론이 부울 OR 연산에 대해 양와 음의 클래스로 완벽하게 분리할 수 있다는 것을 보았다. 그러나 퍼셉트론이 모든 종류의 클래스를 분리할 것으로 기대할 수 있을까? XOR 연산 예제를 통하여 이 질문에 대하여 살펴보자. 두 개의 이진 변수의 경우 다음 진리표를 사용하여 XOR 연산을 나타낼 수 있다.

x_1	x_2	y
0	0	0
0	1	1
1	0	1
1	1	0

표에서 볼 수 있듯이, 이 문제는 마지막 행을 제외하고 OR과 매우 유사하다. 그림으로 XOR 연산은 다음과 같이 나타난다.

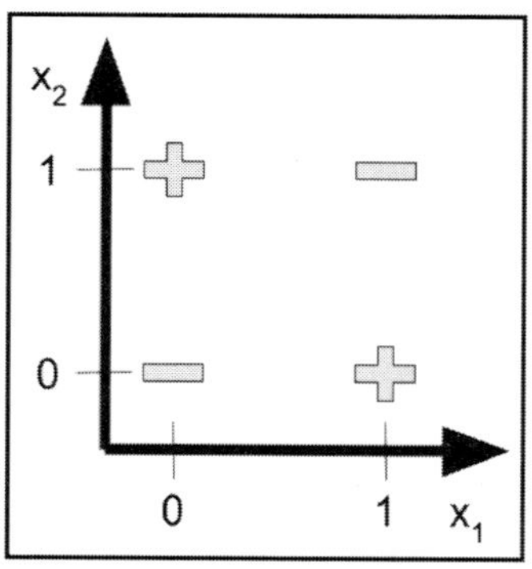

양(+)의 클래스와 음(−)의 클래스를 완벽하게 구분할 수 있는 선을 찾을 수 있을까? 아니다.

이전 절에서와 같이, 방정식을 가지고 수행하거나, 이전과 동일한 코드를 실행하되 y의 새로운 값을 사용하여 이것을 확인할 수 있다. 학습 알고리즘이 각 학습 데이터 포인트를 본 후 가중치를 계속 업데이트하지만 최종적으로 정착하는 계수 벡터를 찾지 못한다는 것을 알게 될 것이다. 이 순환 동작은 다음에서 입증된 바와 같이 두 번째 에포크에서부터 반복된다.

```
Epoch 1
y_hat: +0 , e= -1 , w: [+0, +0, -1]
y_hat: -1 , e= +2 , w: [+0, +2, +1]
y_hat: +1 , e= +0 , w: [+0, +2, +1]
y_hat: +1 , e= -2 , w: [-2, +0, -1]

Epoch 2
y_hat: -1 , e= +0 , w: [-2, +0, -1]
y_hat: -1 , e= +2 , w: [-2, +2, +1]
y_hat: -1 , e= +2 , w: [+0, +2, +3]
y_hat: +1 , e= -2 , w: [-2, +0, +1]

Epoch 3
y_hat: +1 , e= -2 , w: [-2, +0, -1]
y_hat: -1 , e= +2 , w: [-2, +2, +1]
y_hat: -1 , e= +2 , w: [+0, +2, +3]
y_hat: +1 , e= -2 , w: [-2, +0, +1]
```

여기서 우리가 고찰한 문제는 선형분리성이라고 부르는 것이다. 지금까지 본 사례와 같은 2차원에서는, 두 클래스를 완벽하게 분리할 수 있는 선을 찾을 수 있다면 선형분리성이 만족된다. 3차원에서는 평면을 찾아야 하고, 고차원 공간에서는 초평면hyperflane을 찾아야 한다.

퍼셉트론이 선형적으로 분리 가능한 데이터에 대해서만 제대로 작동한다는 사실은 실제 문제에 대한 적용가능성을 심각하게 제한한다. 하지만, 다음 장에서 보듯이, 퍼셉트론을 여러 층으로 쌓고 비선형 활성화 함수를 사용함으로써 이 문제를 해결하는 방법을 찾을 수 있다.

요약

이 장에서는 계산 그래프와 그것들을 정의하고 실행하는 방법을 소개하였다. 또한 딥러닝 알고리즘을 위한 빌딩 블록으로서 퍼셉트론과 퍼셉트론 학습 규칙을 소개했다. 여기서 수학적으로 상세하게 살펴본 예제들, 그리고 그에 맞게 작성한 텐서플로우 코드는 우리가 앞으로 학습 알고리즘의 복잡성을 증가시켜 나가기 시작할 때 필요한 견고한 기초가 될 것이다.

다음 장에서는 매우 중요한 주제들을 다룰 것이다. 세 가지 학습 패러다임, 비선형 모델, 신경망, 심층 네트워크 구성을 위한 고급 API, 심층 네트워크 훈련 및 튜닝 전략에 대하여 살펴 볼 것이다.

03 AI 해결을 위한 접근 방법

2장 인공지능을 위한 텐서플로우에서 퍼셉트론 알고리즘과 선형 분리성 개념을 보았다. 이 장에서는 그 간단한 사례로부터 우리가 얻은 직관을 이용해서 데이터로부터 학습하는 더 복잡한 학습 시스템을 만들 것이다. 다음 주제에 대해 배우게 된다.

- 지도 학습, 비지도 학습 및 강화 학습
- 다층 퍼셉트론
- 고급 API – Keras 및 Estimator
- 광폭 심층 학습
- 텐서보드
- 편향 및 분산 트레이드오프
- 아키텍처
- 튜링 신경망

학습 유형

학습 시스템에 대해 더 깊이 탐구하기 전에 학습 알고리즘에 대한 다음과 같은 분류를 설명하겠다.

- 지도 학습
- 비지도 학습
- 강화 학습

각 카테고리에 대해 간략하게 논의해 보자.

지도 학습

이 카테고리는 많은 문제의 자연스러운 출발점이다. 지도 학습의 아이디어는 보통 **독립변수** 또는 **특징**이라 불리는 변수들과 **종속변수** 또는 **목표**target**변수** 사이에 관계가 있다는 것이다. 이 설명을 좀 더 구체적으로 하기 위하여 예를 들어 보자.

한 학급에서 8명의 학생들의 성적에 대한 다음과 같은 자료가 있다고 상상해 보자.

GPA	Hours studied	Received A
3.5	6	No
3.5	7	Yes
3.8	5	Yes
3.0	8	No
3.0	9	Yes
4.0	2	Yes
3.8	4	No
4.0	1	No

다음 그래프는 이 데이터를 나타낸다.

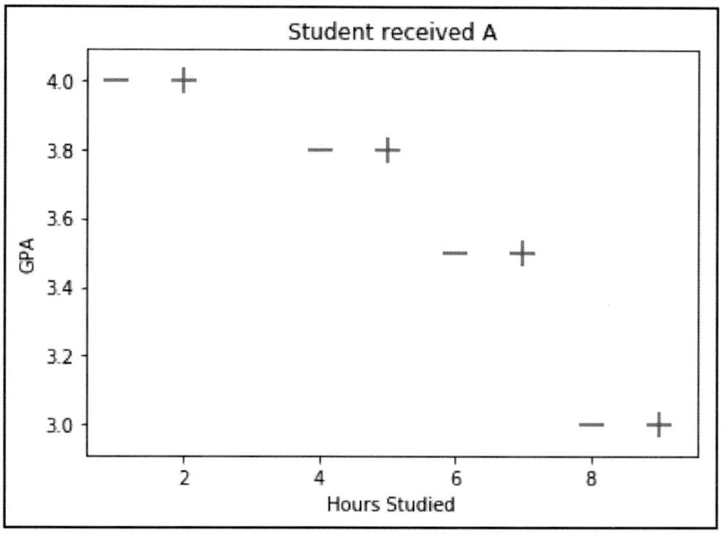

앞 장에서 보았듯이 학습 알고리즘을 사용하여 두 입력 특징, 즉 GPA와 Hours Studied, 그리고 출력 Received A 사이의 관계를 배울 수 있다. 이것은 일련의 입력 특징에 따라 결과를 예측할 수 있는 함수를 찾는 것을 목적으로 하며 **지도 학습**이라고 한다. 지도라는 것은 데이터의 각 인스턴스에 결과가 라벨되어 있기 때문이다. 곧 알게 되겠지만 이 라벨은 항상 이용가능한 것은 아니다.

비지도 학습

비지도 학습은 데이터에서 자연적으로 발생하는 구조를 찾는 것과 관련이 있다. 클러스터링은 아마도 감독되지 않은 학습의 가장 직접적인 적용일 것이다. 기말시험 공부 시간(H)와 중간고사 성적(M)의 두 가지 변수를 가진 데이터 집합이 다음과 같이 있다고 가정하자.

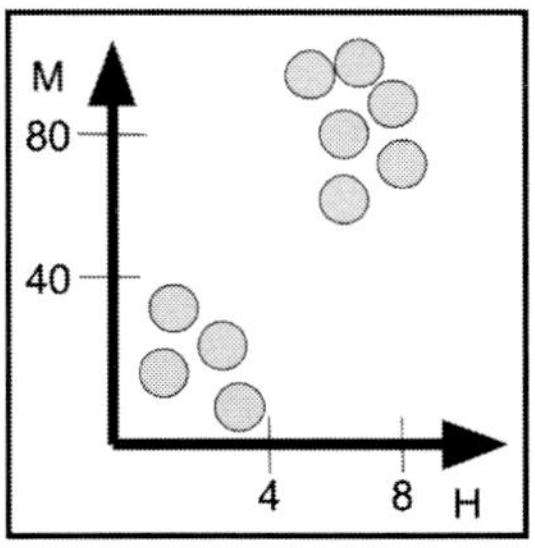

이 경우에는 라벨이 없지만 데이터가 두 개의 클러스터 중 하나에 속한다는 것을 분명히 알 수 있다. 사실, 이것은 가공의 예로서 현실의 데이터는 훨씬 더 높은 차원이고 이 예처럼 깔끔한 군집들로 명확하게 분리될 수 없지만, 직관은 훨씬 더 복잡한 예에서도 동일하다.

강화 학습

이러한 유형의 학습은 순차적 의사결정 상황에 가장 적합하다. 예를 들어, 시험을 보는 학생의 과제를 생각해 보자. 강화 학습의 언어로 이야기하자면, 학생은 환경(즉, 시험)에 행동(즉, 각 문제에 대해 참 또는 거짓으로 대답)을 취함으로써 상호작용하는 에이전트이고, 각 행동에 대한 보상(올바른 또는 잘못된 행동에 대해 +1 또는 −1의 즉각적인 보상이거나 또는 시험 종료 시 관찰되는 누적 성적의 형태로 되어있는 지연된 보상)을 받아 이후 새로운 상태(신규 질문)에 도달할 수 있다.

이 과정은 시험이 끝날 때까지 계속된다.

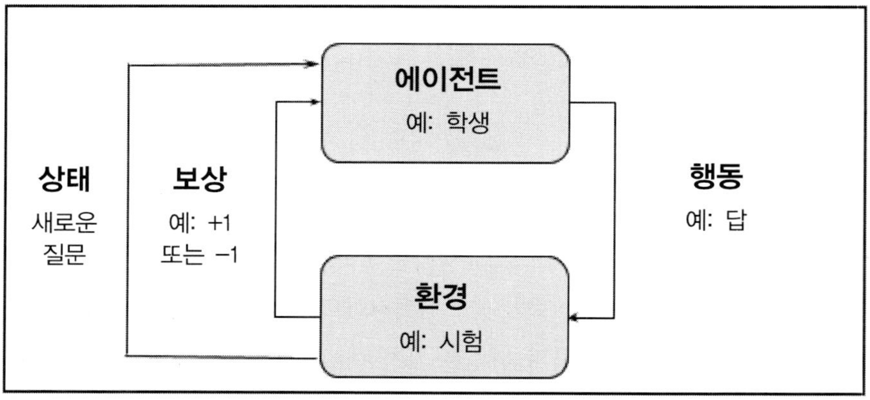

얼핏 보면 강화 학습은 비지도 학습과 지도 학습과는 공통점이 없다. 제8장 다중모드 학습에서는 지도학습의 기법들은 보통 강화 학습 알고리즘에 통합된다.

이러한 학습 유형은 상호 배타적이지 않다. 예를 들어 반지도 학습은 라벨이 없는 데이터에서 수집할 수 있는 구조를 사용하여 지도학습의 품질을 높이는 것을 목표로 한다.

다층 퍼셉트론

앞 장에서 보았듯이, 하나의 퍼셉트론은 비선형 분리 초평면을 찾을 수 없다. 이러한 간단한 연산 장치들을 더 복잡한 패턴을 감지할 수 있는 더 큰 단위로 결합하는 것이 가능할지 궁금할 것이다. 이 문제를 탐구하기 위해 앞서 살펴본 학생 성적 사례를 살펴보자.

먼저 특징 x 및 출력 y의 인코딩부터 시작하자:

```
x = np.array([
    [2, 5, 7, 9, 1, 4, 6, 8],
    [4, 3.8, 3.5, 3] * 2,
]).T
y = np.array([1] * 4 + [0] * 4)[:, None]
```

눈으로 확인하여도 두 클래스를 완벽하게 분리할 수 있는 직선을 찾는 것은 불가능하다는 것을 알 수 있다.

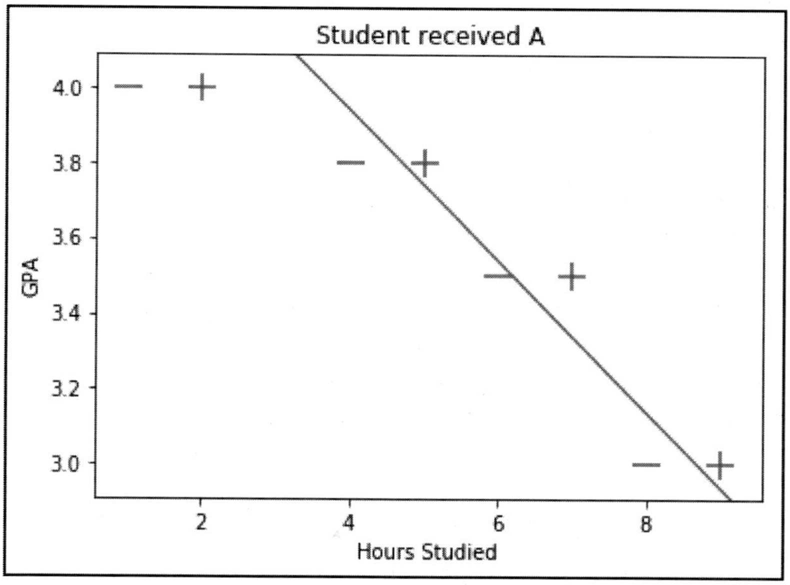

따라서 우리는 퍼셉트론이 수렴하지 않을 것이라고 예상한다. 2장에서 개발한 퍼셉트론 코드로 이것을 확인하는 것을 연습문제로 남겨 둔다.

이제, 우리는 이 데이터 세트를 분류하는 데 사용할 수 있는 퍼셉트론의 조합을 구현할 것이다. 이 예제는 나중에 좀 더 심도 있게 논의될 몇 가지 핵심 개념에 대한 동기부여 역할을 하는 사례가 될 것이다. 먼저, 몇 가지 변수를 정의해 보자.

```
n_classes = 2
n_features = 2
hidden_units = 256
```

2개의 클래스와 2개의 특징이 있고, 은닉 유닛을 256개로 선택하였다. 왜 이 유닛들을 은닉 유닛라고 부르는지 곧 알게 될 것이고, 또한 나중에 그 개수의 선택 문제에 대하여 다룰 것이다.

다음으로, 특징과 목표 변수에 대해 두 개의 플레이스홀더를 정의한다. 또한 `tf.random_normal`을 사용하여 랜덤 값으로 초기화되는 4개의 변수를 정의한다. 기본적으로 이 함수는 평균이 0이고 표준 편차가 1인 정규 분포에서 도출한 무작위 값을 생성한다.

나중에, 퍼셉트론에서 했던 것처럼, 이들 가중치를 0으로 설정할 수 없는 이유를 알게 될 것이다.

```
import tensorflow as tf

features = tf.placeholder("float", [None, n_features])
targets = tf.placeholder("float", [None, n_classes])

w_hidden = tf.Variable(tf.random_normal([n_features, hidden_units]))
w_out = tf.Variable(tf.random_normal([hidden_units, n_classes]))
b_hidden = tf.Variable(tf.random_normal([hidden_units]))
b_out = tf.Variable(tf.random_normal([n_classes]))
```

변수를 정의한 후에는 퍼셉트론을 만드는 데 사용한 것과 동일한 `tf.matmul` API를 사용하여 계층의 특징을 정의할 수 있다.

```
layer_hidden = tf.matmul(features, w_hidden) + b_hidden
layer_hidden = tf.nn.relu(layer_hidden)
```

```
logits = tf.matmul(layer_hidden, w_out) + b_out
loss_op =
tf.reduce_mean(tf.nn.sigmoid_cross_entropy_with_logits(logits=self.logits,
labels=self.targets))
```

그러나 특징과 w_hidden은 더 이상 벡터가 아니라 256개의 열을 가진 행렬이라는 점에 유의하자. 각 입력 벡터 $\vec{x}$에 대해, 2개의 행이 있는 경우, 다음 식을 얻는다.

$$output = \vec{x}^T W + \vec{b}$$

여기서 W는 2개의 행과 256개의 열을 가진 가중치의 행렬이고 $\vec{b}$은 256 차원의 벡터다.

이 공식은 256개의 모든 유닛에 대한 출력을 동시에 계산할 수 있게 해준다.

이 곱셈을 한 다음, **정류선형유닛(ReLU)** 활성화 함수인 tf.nn.relu를 사용한다. ReLU와 시그모이드 함수는 편리한 수학적 특성 때문에 흔히 사용되고 있다. 활성화 함수에 대해서는 나중에 더 자세히 살펴보도록 하겠다.

코드의 마지막 두 행은 다음 방정식을 사용하여 정의된 손실 평가함수 L을 계산하는 것이다.

$$L = -\frac{1}{m}\sum_{i=1}^{m} y_i \ln(p_i) + (1-y_i)\ln(1-p_i)$$

여기서 m은 데이터 인스턴스 수, y_i는 데이터 i의 목표값, p_i는 양의 클래스일 확률값이다.

이 특정 손실 함수를 **평균 교차 엔트로피**라고 한다. 잠시 이 함수에 대한 직관을 얻어 보자. $m=1$(우리는 단 하나의 데이터 포인트만 가지고 있음)이라고 가정하고 이 사례는 양의 클래스에 속한다고 가정한다. 더욱 구체적인 사례로 만들기 위해 이 데이터 포인트가 수강과목에서 A를 받은 메리를 나타낸다고 가정한다. 이제 세 가지 시나리오를 생각해 보자. 첫 번째 시나리오에서, 우리의 모델은 메리가 A를 받았을 확률을 1로 정확하게 예측했다. 이 경우, 그 결과 발생하는 손실은 다음과 같이 계산한다.

$$L = -(1\ln(1) - (1-0)\ln(0)) = 0$$

두 번째 시나리오에서 모델은 Mary에게 A를 받을 확률을 0.5로 할당했다. 따라서 손실은 다음과 같다.

$$L = -1\ln(0.5) = 0.69$$

세 번째 시나리오에서, 모델은 메리가 A를 받지 않을 것이라고 잘못 예측하고 0.01의 확률을 출력한다.

$$L = -1\ln(0.01) = 4.6$$

보다시피 모델이 1의 확률로 정확한 라벨을 예측하는 것에서 멀어질수록 손실이 커지고 있다. 이러한 값은 모든 데이터 포인트에 걸쳐 평균되어 총손실을 계산한다.

> **로짓**logit **함수**는 시그모이드sigmoid 함수의 역함수로 시그모이드의 스쿼싱 효과를 역행한다. 다시 말해, 로짓 함수는 확률을 $(-\infty, +\infty)$로 매핑한다. 텐서플로우와 더 넓게는 신경망 분야에서 사용되는 용어로, sigmoid 또는 softmax와 같은 활성화 함수를 이용하여 확률로 매핑되는 값을 강조하기 위해 사용된다.

학습 알고리즘의 목적은 이 손실을 최소화하는 것이다. 이상적으로 모든 데이터 포인트를 완벽하게 예측하는 모델은 손실 0을 받는다. 이제 손실 함수를 정의했으니 이를 최소화할 수 있다:

```
optimizer = tf.train.AdamOptimizer(learning_rate=0.1)
train_op = optimizer.minimize(self.loss_op)
```

이 두 줄의 코드는 Adam Optimizer를 호출하고 우리가 정의한 손실 함수를 최소화한다. 나중에 최적화기법 선택에 대해 더 자세히 살펴 볼 것이다. 현재로서는 앞서 정의한 256개 유닛의 가중치를 조정해 손실 함수를 최소화할 수 있는 절차를 확보한 것으로 생각할 수 있다. 이 과정은 예측 값과 실제 값 사이의 오차를 사용하여 가중치를 업데이트하는 퍼셉트론 학습 규칙과 개념적으로 매우 유사하다.

TIP

오류역전파Backpropagation는 신경망의 가중치를 업데이트하는 데 사용되는 알고리즘이다. 이 알고리즘을 처음부터 구현할 필요는 없겠지만, 알고리즘이 어떻게 작동하는지 직관적으로 잘 이해하는 것이 좋다. 이 이해는 당신이 더 복잡한 신경망을 훈련하기 시작할 때 매우 귀중한 것으로 판명될 것이다. 자세한 내용은 http://cs231n.github.io/optimization-2/와 https://medium.com/@karpathy/yes-you-should-understand-backprop-e2f06eab496b를 참고하자.

이제 걱정해야 할 마지막 세부사항이 하나 있다. 우리는 목표 변수를 이진 클래스의 원-핫 인코딩 매트릭스로 정의했다. 즉, 1차원 NumPy 배열[1, 1, 1, 1, 0, 0, 0]을 이 형식으로 변환해야 한다.

0	1
0	1
0	1
0	1
1	0
1	0
1	0
1	0

여기서 첫 번째 열은 음의 클래스를 나타내고 두 번째 열은 양의 클래스를 나타낸다. 이 인코딩은 범주형 변수를 수치 변수로 변환하는 데 매우 유용하며 기계학습과 딥러닝 커뮤니티에 널리 퍼져 있다.

이 변환을 수행하는 한 가지 방법은 다음과 같은 구문을 사용하는 것이다.

```
y_ohe = np.eye(2)[y.ravel()]
```

여기서 출력은 예상했듯이 다음과 같은 형태로 나온다.

```
array([[0., 1.],
       [0., 1.],
       [0., 1.],
```

```
        [0., 1.],
        [1., 0.],
        [1., 0.],
        [1., 0.],
        [1., 0.]])
```

> **TIP** 이 트릭은 우리가 y를 인덱스로 쓰고 있기 때문에 y의 값들이 정수일 때만 효과가 있다. ravel은 앞에서 정의한 (8, 1) ndarray의 내용의 평평한 1차원 배열을 반환한다.

드디어, 우리는 모델을 훈련시킬 준비가 되었다.

```
epochs = 250
output_string = 'Epoch: {:4d}, accuracy: {:6.3f}, cost: {:.2f}'

with tf.Session() as sess:
    init = tf.global_variables_initializer()
    sess.run(init)

    for epoch in range(epochs):
        _, loss = sess.run([self.train_op, self.loss_op],
                           feed_dict={self.features: x,
                                      self.targets: y})

        pred = tf.nn.sigmoid(self.logits)
        is_correct = tf.equal(tf.argmax(pred, 1), tf.argmax(self.targets, 1))
        accuracy_op = tf.reduce_mean(tf.cast(is_correct, "float"))
        accuracy = accuracy_op.eval({features: x, targets: y})

    print(output_string.format(epoch + 1, accuracy, loss))
```

출력은 다음과 비슷하게 나올 것이다.

```
Epoch: 1, accuracy: 0.500, cost: 39.87
Epoch: 2, accuracy: 0.500, cost: 26.07
Epoch: 3, accuracy: 0.500, cost: 15.83
```

```
Epoch: 4, accuracy: 0.500, cost: 12.12
Epoch: 5, accuracy: 0.625, cost: 16.91
...
Epoch: 248, accuracy: 1.000, cost: 0.12
Epoch: 249, accuracy: 1.000, cost: 0.12
Epoch: 250, accuracy: 1.000, cost: 0.11
```

다음 그래프는 에포크가 지남에 따라 손실을 보여준다.

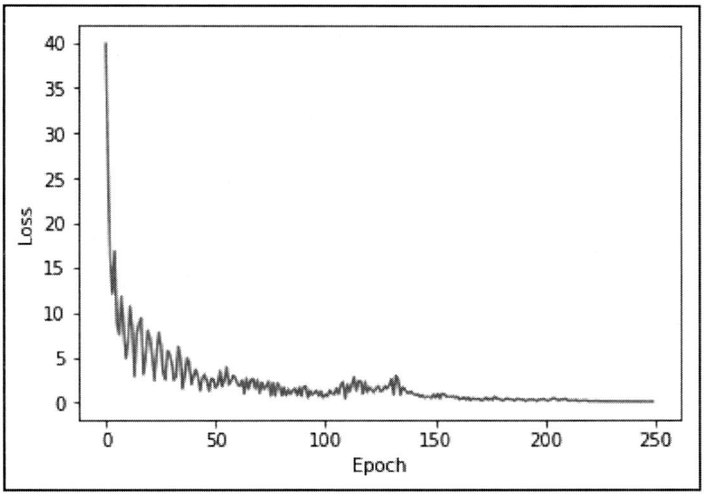

그리고 이 그래프는 에포크의 함수로서 정확도의 값을 보여준다.

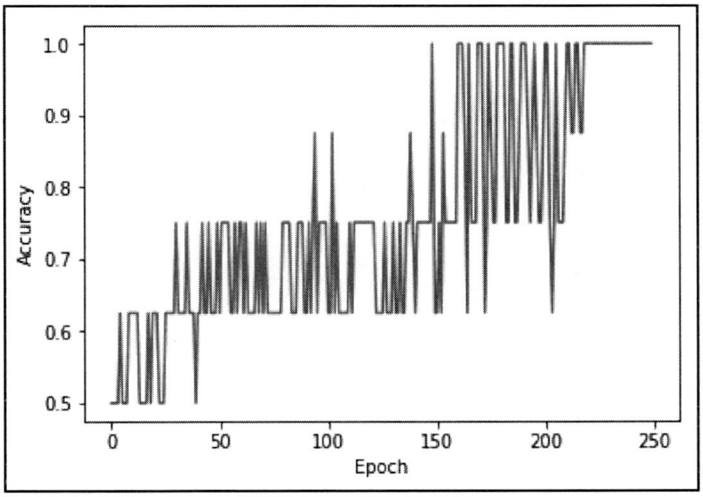

이러한 그래프에서 볼 수 있는 점은 시간이 지나면서 손실이 감소함에 따라 정확도도 또한 증가하게 되고 결국 100% 정확도에 도달하게 된다는 것이다. 경험적인 관점에서 우리는 ReLU 활성화를 갖는 하나의 은닉층을 사용하여 비선형 분리 가능한 클래스를 완벽하게 분리할 수 있다는 것을 보여주었다. 이것은 심오한 결과로서 신경망에 내재한 진정한 힘이라는 것을 알 수 있다.

단순 계산 단위와 비선형 활성화 함수를 결합함으로써 범용 함수 근사기universal function approximator를 얻는다. 즉, 단일 계층의 유닛들만으로도 비선형 은닉 장치가 적절한 개수만 있으면 주어진 어떤 함수도 근사하게 구할 수 있다.

하지만 곧 알게 되겠지만 우리는 종종 많은 뉴런을 가진 매우 넓은 한 개의 층을 사용하는 대신에 여러 층을 쌓고 싶어한다.

TIP

범용 함수 근사기 뒤에 있는 아이디어를 실제적인 관점에서 더 잘 이해하기 위해서 http://neuroworksanddeeplearning.com/chap4.html과 https://www.quora.com/is-a-single-layered-ReLu-still-auniversal-approximator/answer/Conner-Davis-2를 읽어 보기 바란다.

알고리즘이 무엇을 학습하고 있는지 시각화하는 것은 유익하다. 2장 인공지능을 위한 텐서플로우에서 우리는 퍼셉트론들이 분리 초평면을 찾을 수 있다는 것을 보았다. 우리가 비선형 활성화 함수를 사용하기 시작하면서, 네트워크는 더 복잡한 패턴을 배울 수 있다. 예를 들어, 방금 훈련한 신경망에 대한 의사결정 경계를 표시할 수 있다.

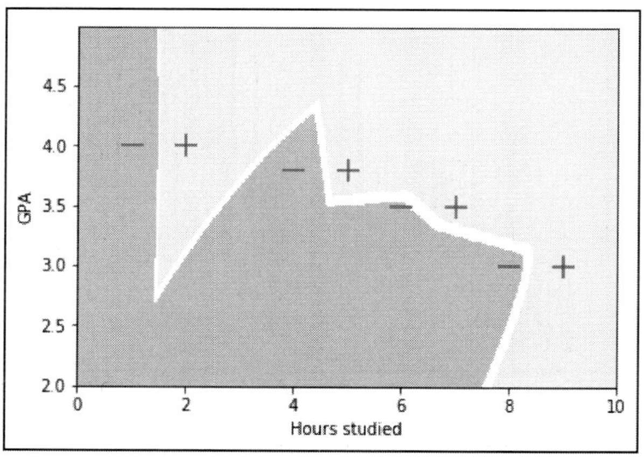

보다시피, 알고리즘은 이 두 클래스를 완벽하게 분리할 수 있는 가중치의 조합을 발견했다. 하지만 이 조합은 유일하지는 않다. 우리가 이제 알고 있는 것처럼, 신경망을 이용하여 어떤 함수도 대략적으로 파악할 수 있지만, 점점 더 복잡한 패턴을 포착할 수 있는 더 복잡한 신경망의 단점이 있을까? 이것은 기계학습의 근본적인 트레이드오프와 관련된 질문으로, 편향-분산 트레이드오프라고 불린다. 우리는 이 트레이드오프에 대하여 나중에 탐구해 볼 것이다.

> **TIP** 의사결정 경계와 신경 네트워크의 해당 계층에 대한 더 많은 직관을 얻으려면 이 대화형 도구인 https://cs.stanford.edu/people/karpathy/convnetjs/demo/classify2d.html을 참고하라.

고급 API

복잡한 네트워크를 구축하는 것은 매우 지루할 수 있다. 고맙게도, 더 높은 수준의 추상화를 위해 이용할 수 있는 많은 선택권이 있다.

케라스

케라스Keras는 우리가 텐서와 연산이 아닌 계층과 최적화기의 관점에서 생각할 수 있도록 많은 유용한 추상화를 제공하는 고급의 API이다. 케라스는 버전 1.4부터 TensorFlow 코어의 일부가 되었다.

케라스가 어떻게 동작하는지 보려면 이전 예제의 네트워크가 어떻게 표시되는지 확인해 보자.

```
from tensorflow import keras
from keras.models import Sequential
from keras.layers import Dense
model = Sequential()
model.add(Dense(256, input_dim=2, activation='relu'))
model.add(Dense(2, activation='sigmoid'))
```

Sequential을 통해 여러 종류의 계층을 추가하여 층을 쌓을 수 있다. 여기서 우리는 두 개의 층을 더하고 있는데, 둘 다 Dense이다. **완전연결층**이라고도 불리는 **밀집층**dense layer이 지금까지 우리가 사용해 온 것이다. 아이디어는 계층의 모든 유닛이 이전 계층의 모든 유닛에 연결되어 있다는 것이다. 다음 그림은 이 네트워크를 묘사한다.

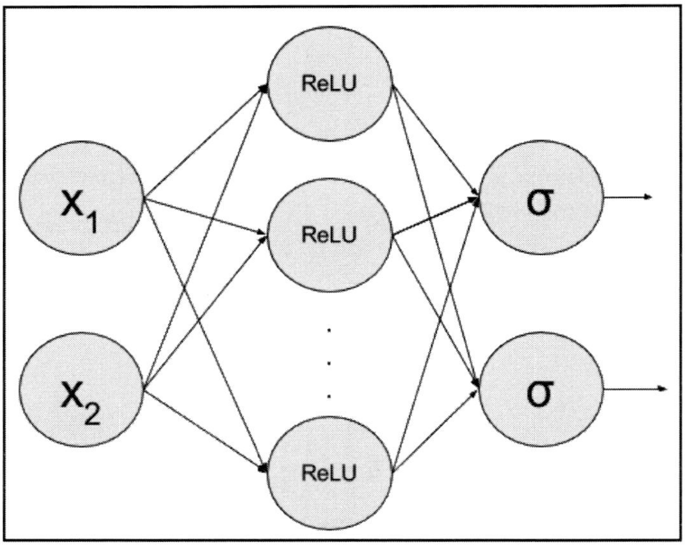

x_1과 x_2는 네트워크에 입력되며 은닉층의 모든 노드에 연결된다. 은닉층의 각 ReLU 유닛은 입력과 입력의 가중치 합을 계산한 다음 이 값을 ReLU 함수를 통해 전달한다. 출력층은 가중치 합을 계산하여 시그모이드 함수를 통해 최종값을 출력하는 2개의 시그모이드로 구성된다.

다음 단계는 이 모델을 컴파일하는 것이다. 컴파일하려면, 최적화기, 손실함수 및 보고 목적에 사용되는 척도 목록 등의 세 가지 입력이 필요하다.

```
self.model.compile(loss='binary_crossentropy', optimizer='adam',
metrics=['accuracy'])
```

binary_crossentropy는 앞에서 정의한 것과 동일한 교차 엔트로피 손실함수이다. adam을 전달하여 Adam 최적화기를 사용하고, 이전과 같이 정확도를 사용하여 모델이 데이터에 적합한지를 평가하고 있다. metrics는 리스트를 사용하고 여러 메트릭을 전달할 수 있다는 점에 유의하자. 케라스는 학습이 진행됨에 따라 제공된 모든 지표에 대해 보고한다.

일단 모델이 컴파일되면, 우리는 다음의 방법을 사용하여 모델 아키텍처의 요약을 볼 수 있다.

```
model.summary()
```

출력은 다음과 같다.

```
_________________________________________________________________
Layer (type) Output Shape Param #
=================================================================
dense_1 (Dense) (None, 256) 768
_________________________________________________________________
dense_2 (Dense) (None, 1) 257
=================================================================
Total params: 1,025
Trainable params: 1,025
Non-trainable params: 0
_________________________________________________________________
```

이 출력은 각 계층에서의 가중치 또는 매개변수의 수와 전체 매개변수 수의 총합으로 구분하여 보여주고 있다. 첫 번째 밀집층dense layer dense_1은 256개의 유닛이 있으며, 각각 2개의 입력과 편향을 가지고 있고, 따라서 256 * 3 = 768의 매개변수가 있다. 두 번째 층의 유닛의 경우, 이전 층 dense_1에 있는 유닛들로부터 256개의 입력을 받으며, 여기에 하나의 편향 매개변수가 있어서 dense_2는 256 * 1 + 1 = 257개의 파라미터를 가진다. 768 + 257 = 1,025인 이 두 숫자의 합은 모델의 총 매개변수 수이다. 이러한 매개변수는 모두 훈련 가능한 것으로 간주된다. 기본적으로 오류역전파 과정에서 손실을 최소화하기 위해 이러한 매개변수의 값을 조정한다. 뒤의 장에서 보겠지만, 때로는 어떤 매개변수들은 값을 고정하여 최적화기로 하여금 수정하는 것을 허용하지 않기를 원한다. 이러한 고정된 매개변수를 **비훈련** 매개변수라고 한다.

마지막으로, 데이터 세트를 사용하여 적합한 모델을 훈련시킬 수 있다.

```
history = model.fit(x, y, epochs=250)
```

이를 통해 250에포크 동안 모델을 훈련시키고 다음과 같은 결과를 얻을 수 있다.

```
Epoch 1/250
8/8 [==============================] - 0s - loss: 0.4919 - acc: 0.8125
Epoch 2/250
8/8 [==============================] - 0s - loss: 0.4920 - acc: 0.8750
Epoch 3/250
8/8 [==============================] - 0s - loss: 0.4908 - acc: 0.8125
Epoch 4/250
8/8 [==============================] - 0s - loss: 0.4909 - acc: 0.8750
Epoch 5/250
8/8 [==============================] - 0s - loss: 0.4900 - acc: 0.8750
...
Epoch 245/250
8/8 [==============================] - 0s - loss: 0.4447 - acc: 0.8750
Epoch 246/250
8/8 [==============================] - 0s - loss: 0.4439 - acc: 1.0000
Epoch 247/250
8/8 [==============================] - 0s - loss: 0.4451 - acc: 0.8750
Epoch 248/250
8/8 [==============================] - 0s - loss: 0.4450 - acc: 1.0000
Epoch 249/250
8/8 [==============================] - 0s - loss: 0.4442 - acc: 0.8750
Epoch 250/250
8/8 [==============================] - 0s - loss: 0.4435 - acc: 1.0000
```

> 파라미터의 무작위 초기화 때문에 결과가 다를 수 있다. 재현 가능한 결과를 얻으려면 `keras`를 가져오기 전에 `seed`가 정수인 `np.random.seed(seed)`를 실행하면 된다.

`history` 객체는 훈련 과정에 대한 풍부한 정보를 담고 있다. 예를 들어 `history.history['acc']`를 이용하여 `history.history` 사전에서 지정한 정확도 메트릭에 액세스할 수 있다. 이 리스트에는 각 에포크의 정확도들이 포함되어 있다.

이전과 같이, 우리는 손실이 에포크에 따라 감소한다는 것을 알 수 있다.

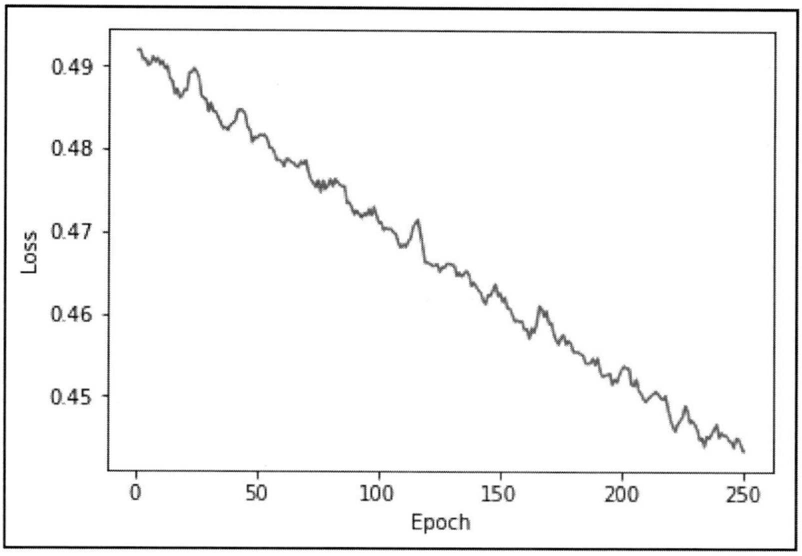

또한 정확도도 훈련이 계속됨에 따라 100%에 도달한다.

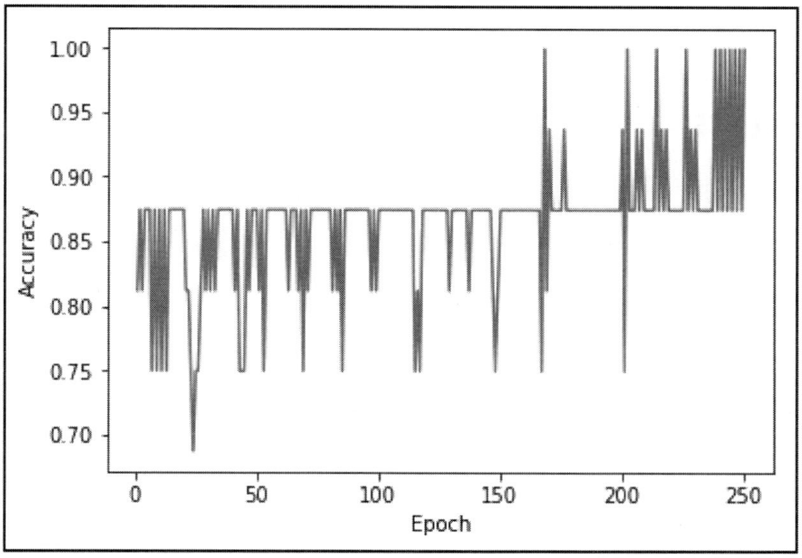

또한 모델 객체는 데이터에 대한 예측에 편리하게 사용될 수 있다. 우리가 해야 할 일은 `predict` 함수를 호출하는 것이다.

```
model.predict(x)
```

출력은 다음과 같다.

```
array([[0.8928234 ],
       [0.5906093 ],
       [0.60740346],
       [0.720845 ],
       [0.03663212],
       [0.3772439 ],
       [0.4841924 ],
       [0.4069071]], dtype=float32)
```

각 행은 데이터 포인트가 양의 클래스에 속할 확률에 해당한다. 보이듯이, 처음 4개의 데이터 포인트는 0.5개의 임계값을 사용할 경우 양의 클래스에 속할 것으로 예측된다.

케라스를 사용하면 신경망을 설계하고 훈련하는데 있어서 생산성 향상으로 이어질 수 있다.

Estimators

텐서플로우 모델을 정의하고 평가하는 것을 대폭 간소화할 수 있는 또 다른 고급 API 모델은 Estimators API이다.

다음은 세 개의 은닉층을 갖는 신경망을 정의하기 위한 동기 부여 예제이다.

```
estimator = tf.estimator.DNNClassifier(
    feature_columns=feature_columns,
    hidden_units=[1024, 512, 256],
    warm_start_from="/path/to/checkpoint/dir")
```

케라스의 Sequential API와 유사하게, 은닉층 1, 2, 3에서 각각 256, 1024, 512개의 은닉 유닛을 갖는 신경망을 정의했다. 숨겨진 은닉층의 수는 이 목록의 크기에서 추론한다. 우리는 또한 `features_columns`라고 부르는 특징들의 목록을 전달하고 있다. 다음 사례 연구에서 이러한 특징들이 어떻게 정의되는지 살펴보겠다.

사례 연구 – 광폭 심층 학습

Estimators API의 성능을 입증하기 위해, 우리는 광폭 심층 학습의 확장된 예를 살펴볼 것이다. 이러한 종류의 학습은 2016년 구글 리서치가 도입한 학습 유형이다. 구글은 구글 플레이에 대한 권고사항의 품질을 향상시키기 위해 이 아키텍처를 사용해 왔다. 이 방법의 전제는 광폭 신경망의 암기 강점과 심층 네트워크의 일반화 강점을 결합하는 것이다. 일반화는 몇 가지 예를 넘어서서 추론하는 방식이다.

예를 들어, 만약 당신이 몇 편의 코미디 영화를 구입했다면, 당신은 추천 시스템이 당신이 코미디에 관심이 있다는 것을 깨닫기를 원한다. **암기**는 더 많은 대상에게 일반화되지 않는 매우 구체적인 것들을 배우는 방식이다. 예를 들어, 만약 당신이 정말 코미디를 좋아하지만 코미디언 X를 매우 싫어한다면, 당신은 추천 시스템이 당신에게 X의 영화를 보여주는 것을 멈추기를 원할 것이다. 그러나 추천 시스템은 이것을 일반화하여 더 많은 사람들에게 X를 보여주지 않게 되면 안된다.

> TIP
>
> 우리의 목표는 Estimators API를 사용하여 정교한 네트워크 구축하는 것이 간단히 될 수 있다는 것을 강조하는 것이기 때문에 우리는 당분간 이 네트워크의 상세한 부분으로 파고 들진 않을 것이다. 광폭 및 심층 학습에 대한 자세한 내용은 https://research.googleblog.com/2016/06/wide-deeplearning-better-together-with.html을 참고하라.

우리가 사용할 데이터 세트는 중등교육에서 학생들의 성적을 담고 있다. 포르투갈 학교 두 곳에서 수집된 33개의 특징을 가진 649명의 학생들이 데이터 세트에 있다. 이러한 특징들은 인구통계학적 데이터, 3개 기간에 걸친 포르투갈어 과정에서의 성과, 설문지를 통해 수집된 많은 다른 유형의 사회경제적 정보를 포함한다. 3교시 어학 과목의 점수가 훈련과 평가를 위해 목표값으로 사용된다.

이 특징은 연속값이며 범위는 0에서 20이다. 이 과제를 분류로 바꾸기 위해 10의 임계값을 사용하여 이진화할 것이다. 따라서 3교시 점수가 10점 이상(G3 > 10점)인 학생은 모두 양의 클래스에 속하는 것으로 간주하고, 다른 학생은 음의 클래스에 속하는 것으로 간주한다.

다음 명령을 사용하여 데이터 세트를 다운로드할 수 있다.

```
wget
https://raw.githubusercontent.com/aiwithtf/aiwithtf/blob/master/chapter-03/
student-por.csv
```

먼저 데이터 세트를 훈련, 검증, 그리고 테스트 세트로 분할하자:

```
import pandas as pd
from sklearn.model_selection import train_test_split

path_orig = 'student-por.csv'
path_train = 'student_train.csv'
path_test = 'student_test.csv'
path_validation = 'student_validation.csv'
size_test = 0.1 # use 10% of the data for testing
size_validation = 0.2 # use 20% of the train + validation data for
validation
seed = 0

df = pd.read_csv(path_orig, delimiter=';') # data is semicolon separated
df['G3'] = np.where(df.G3 >= 10, 'pass', 'fail')
df_train_validation, df_test = train_test_split(df, test_size=size_test,
random_state=seed)
df_train, df_validation = train_test_split(df_train_validation,
test_size=size_validation, random_state=seed)

# write a given dataset to disk
# strip out the header and the Pandas index
def csv_write(df, path):
    df.to_csv(path, header=None, index=False)
csv_write(df_train, path_train)
csv_write(df_test, path_test)
csv_write(df_validation, path_validation)
```

이 장의 끝부분에서, 우리는 왜 이 분할이 필요하며 항상 기계학습 파이프라인의 일부가 되어야 하는지를 알게 될 것이다.

> **TIP** scikit-learn은 이 책 전체에서 사용할 유용한 유틸리티를 많이 제공하며 도구 상자의 일부가 되어야 한다. `train_test_split`은 데이터 분할, 교차 검증, 하이퍼 파라미터 최적화 및 모델 검증 등을 위한 다양한 유틸리티를 제공하는 `model_selection` 모듈의 일부이다. 자세한 내용은 http://scikitlearn.org/stable/modules/classes.html#modulesklearn을 참조하라.

열 이름들을 리스트로 지정하고 유형에 따라 열 기본값을 정의하겠다.

```
column_names = list(df.columns)
record_defaults = [[''] if dtype == object else [0] for dtype in df.dtypes]
```

두 번째 행은 숫자 값이 아닌 값(범주형 값)의 경우 ' ', 숫자 값의 경우 0의 기본값을 정의한다. 우리의 데이터 집합에는 누락된 값이 포함되어 있지 않지만, 우리는 어쨌든 이러한 기본값을 정의해야 한다. 왜냐하면 값들이 항상 존재할 것이라는 보장이 없고 텐서플로우는 그러한 경우에 무엇을 해야 하는지 알아야 하기 때문이다.

다음 함수는 광폭 신경망과 심층 신경망 모두에 적합한 함수를 생성한다.

```
from itertools import combinations

def build_model_columns():
    cat = [] # categorical features
    cat_indicator = [] # categorical indicator features
    num = [] # numeric features

    # iterate over all the columns in the dataset
    for column in df.columns:
        # for all columns except for G3 (target column)
        if column != 'G3':
            # if the column is categorical
            if df.dtypes[column] == object:
                # get the unique elements o
                col_cats = list(df[column].unique())
```

```
                tf_col =
tf.feature_column.categorical_column_with_vocabulary_list(column, col_cats)
                cat.append(tf_col)
cat_indicator.append(tf.feature_column.indicator_column(tf_col))
            else:
                tf_col = tf.feature_column.numeric_column(column)
                num.append(tf_col)

    crossed = [tf.feature_column.crossed_column([c1, c2],
                                               hash_bucket_size=1000) for
c1, c2 in combinations(cat, 2)]

    deep_columns = num + cat_indicator
    wide_columns = num + cat + crossed
    return wide_columns, deep_columns
```

이 함수에는 많은 일들이 일어나고 있고 그것은 정말로 이 예시의 핵심이다. 여기서 기본적으로 세 가지 유형의 특징을 정의하고 있다.

- 숫자형
- 범주형
- 상호작용 특징

숫자형 column은 다음을 사용하여 정의된다.

```
tf.feature_column.numeric_column(column)
```

여기서 column은 숫자형 열의 이름이다.

이 시점에서는 이러한 특징을 정의만 하고 있다는 점에 유의하자. 우리는 이 정의들이 어떻게 작용하는지 곧 알게 될 것이다.

범주형 열은 다음을 사용하여 정의한다.

```
tf_col = tf.feature_column.categorical_column_with_vocabulary_list(column,
col_cats)
```

여기서 column은 열의 문자열 이름이고 col_cats는 열이 취할 수 있는 값의 유일한 리스트이다. 이 기능은 광폭 신경망에 적합한 특징 유형을 생성한다. 동일한 범주형 특징을 심층 신경망에서 사용할 수 있도록 하려면 다음과 같은 지표 변수를 생성해야 한다.

```
tf.feature_column.indicator_column(tf_col)
```

여기서 tf_col은 이전에 생성한 범주형 열 변수다. 지표 특징은 앞에서 본 원-핫 인코딩one-hot encoding된 특징과 같다.

마지막으로 생성하는 특징 유형은 상호 작용 또는 교차 특징이다.

```
crossed = [tf.feature_column.crossed_column([c1, c2],
hash_bucket_size=1000) for c1, c2 in combinations(cat, 2)]
```

여기서 cross_column([c1, c2], hash_bucket_size=1000)은 categorical_column_with_demand_list를 사용하여 만든 두개의 범주형 특징 c1 및 c2를 취하여 이들의 외적cross product을 구한다. 각각 N과 M개의 값을 갖는 특징 c1 및 c2의 외적은 $N \times M$ 원소의 집합이다. 예를 들어 보자:

```
c1 = ['a', 'b', 'c']
c2 = ['d', 'e', 'f', 'g']
list(product(c1, c2))
```

이렇게 하면 12개의 요소가 포함된 컬렉션이 반환된다.

```
[('a', 'd'),
 ('a', 'e'),
 ('a', 'f'),
 ('a', 'g'),
 ('b', 'd'),
 ('b', 'e'),
 ('b', 'f'),
 ('b', 'g'),
```

```
('c', 'd'),
('c', 'e'),
('c', 'f'),
('c', 'g')]
```

각 특징에 대한 고유한 값의 수가 증가함에 따라 이러한 교차 값의 수가 폭발적으로 증가하므로, 텐서플로우는 이러한 값을 해싱하여 1,000개의 버킷 중 하나에 할당한다. 이러한 버킷의 수는 설정할 수 있는 매개 변수로서 메모리 사용량을 제한하는 데 도움이 된다.

> **TIP** itertools를 사용하여 리스트들의 조합이나 순열을 구하거나, 외적을 계산하는 일들을 할 수 있다. 예를 들어, `itertools.combinations([1, 2, 3], 2)`는 `[(1, 2), (1, 3), (2, 3)]`를 반환하고 `list(permutations([1, 2, 3], 2))`은 `[(1, 2), (1, 3), (2, 1), (2, 3), (3, 1), (3, 2)]`을 반환한다. 여기서 전자에서는 원소의 순서가 중요하지 않지만 후자에서는 중요하다. itertools에 대한 자세한 내용은 https://docs.python.org/2/library/itertools.html를 참조하라.

마지막으로, 방금 정의한 특징을 사용하여 비교할 세 가지 모델을 정의할 수 있다. 넓은 특징과 깊은 특징들 모두 사용하는 광폭 심층 분류기, 넓은 특징들만 사용하는 선형 분류기, 그리고 깊은 특징들만 사용하는 심층 분류기 등이다:

```
wide_columns, deep_columns = build_model_columns()
hidden_units = [100, 75, 50, 25]

model_wide_deep = tf.estimator.DNNLinearCombinedClassifier(
        model_dir='student_model_wd/',
        linear_feature_columns=wide_columns,
        dnn_feature_columns=deep_columns,
        dnn_hidden_units=hidden_units)

model_wide = tf.estimator.LinearClassifier(
        model_dir='student_model_w/',
        feature_columns=wide_columns)
```

```
model_deep = tf.estimator.DNNClassifier(
        model_dir='student_model_d/',
        feature_columns=deep_columns,
        hidden_units=hidden_units)
```

이렇게 모델을 정의할 때, 텐서플로우에게 CSV 파일에서 어떻게 데이터를 읽고 이를 훈련하고 평가하는데 사용하는지를 알려 주어야 한다.

```
def input_fn(data_file, num_epochs, shuffle, batch_size):
    def parse_csv(value):
        columns = tf.decode_csv(value, record_defaults=record_defaults)
        features = dict(zip(column_names, columns))
        # Use G3 as the target/label column
        labels = features.pop('G3')
        # Define the positive class as G3 == 'pass'
        return features, tf.equal(labels, 'pass')

    dataset = tf.data.TextLineDataset(data_file)

    if shuffle:
        # if shuffling the dataset use this buffer size
        # to select the next item uniformly randomly
        # from a buffer of size 5
        dataset = dataset.shuffle(buffer_size=5)

    dataset = dataset.map(parse_csv) # parse each record using parse_csv
    dataset = dataset.repeat(num_epochs) # allow num_epochs iterations
    dataset = dataset.batch(batch_size) # process the dataset in batches
of batch_size
    return dataset
```

학습 매개변수를 정의하고 세 가지 모델을 실행할 수 있다.

```
epochs_per_eval = 10
batch_size = 50
train_epochs = 100

models = {
```

```
    'wide': model_wide,
    'deep': model_deep,
    'wd': model_wide_deep
}
stats = {}

for name, model in models.items():
    print('Model type: {}'.format(name))
    for n in range(train_epochs // epochs_per_eval):
        # train
        model.train(input_fn=lambda: input_fn(
            path_train, epochs_per_eval, True, batch_size))

        # validate
        results = model.evaluate(input_fn=lambda: input_fn(
            path_validation, 1, False, batch_size))

        # Display evaluation metrics
        print('Results at epoch', (n + 1) * epochs_per_eval)
        print('-' * 60)

        for key in sorted(results):
            print('%s: %s' % (key, results[key]))
    stats[name] = results
    print('=' * 10)
```

이 루프는 작동하는데 시간이 좀 걸릴 것이다. 훈련 진행 시 다음 결과를 확인해 보기 바란다.

```
Model type: deep
INFO:tensorflow:Create CheckpointSaverHook.
INFO:tensorflow:Saving checkpoints for 1 into student_model_d/model.ckpt.
INFO:tensorflow:step = 1, loss = 79.48335
INFO:tensorflow:Saving checkpoints for 94 into student_model_d/model.ckpt.
INFO:tensorflow:Loss for final step: 1.1417179.
Parsing student_validation.csv
INFO:tensorflow:Starting evaluation at 2018-02-27-17:06:47
INFO:tensorflow:Restoring parameters from student_model_d/model.ckpt-94
INFO:tensorflow:Finished evaluation at 2018-02-27-17:06:49
```

```
INFO:tensorflow:Saving dict for global step 94: accuracy = 0.8803419,
accuracy_baseline = 0.8119658, auc = 0.952153, auc_precision_recall =
0.98904717, average_loss = 0.28919327, global_step = 94, label/mean =
0.8119658, loss = 11.278538, prediction/mean = 0.8940519
Results at epoch 10
--------------------------------------------------------------
accuracy: 0.8803419
accuracy_baseline: 0.8119658
auc: 0.952153
auc_precision_recall: 0.98904717
average_loss: 0.28919327
global_step: 94
label/mean: 0.8119658
loss: 11.278538
prediction/mean: 0.8940519
...
```

우리는 Estimators API를 사용하여 매우 복잡한 심층 학습 파이프라인을 정의하고, 훈련시키고, 평가하였다. 나중에 다시 다루게 될 많은 세부 사항들을 간단히 살펴보았다.

> TIP
> Estimator API에 대하여 더 자세한 사항은 https://www.tensorflow.org/programmers_guide/estimators.을 참조하라.

텐서보드

일단 적은 수의 특징을 가진 데이터 세트를 넘어서고, 신경망의 은닉층 유닛과 층의 수를 증가시키면 학습 과정에 대해 추론하는 것은 점점 더 어려워진다. 이제 더 이상 데이터와 그에 상응하는 3차원 이상 차원의 의사결정 경계를 단순하게 표시할 수 없으며, 정확도나 손실 함수와 같은 평가 척도값을 관찰하는 것만으로는 학습 과정이 어떻게 진행되고 있는지 평가하기에 충분하지 않을 수 있다. 많은 경우 학습은 뚜렷한 개선 없이 진행되며 근본적인 이유가 무엇인지 평가하기 어렵다.

우리는 이 문제들을 어떻게 극복할지 나중에 살펴 볼 것이다. 그러나 우리가 거기에 이르기 전에, 학습 진행과 연산 그래프를 시각화하기 위한 귀중한 도구인 텐서보드Tensor-Board를 소개하자. 다행히도 케라스는 텐서보드와 쉽게 인터페이스할 수 있다. 먼저 케라스 콜백을 지정해야 한다.

```
from keras.callbacks import TensorBoard

tensorboard = TensorBoard(log_dir="logs/keras-model", histogram_freq=10)
```

케라스는 일련의 콜백을 제공하며, 이는 훈련 과정에서 특정 단계에 적용되는 함수이다. 이러한 콜백은 주로 로깅, 체크포인트(특정 에포크 주기로 모델 상태를 저장) 및 학습 과정 제어(조건이 충족될 경우 학습 중지)에 사용된다. 그러나 LambdaCallback을 사용하여 사용자 정의 콜백을 지정할 수도 있다.

이 예에서 TensorBoard 콜백은 logs/keras-model 디렉토리에 로깅하고 있다. 활성화 출력 및 매개변수 값(가중치)은 10초마다 기록된다. 이러한 값은 훈련 기간 동안 이러한 매개변수 값의 분포를 시각화하기 위한 히스토그램을 생성하는 데 사용된다.

텐서보드 사용에 대한 결과를 기록하려면 이 콜백을 모델에 적합한 방법으로 전달해야 한다.

```
model.fit(x, y, epochs=250, callbacks=[tensorboard], validation_data=(x, y))
```

일부 시각화가 생성될 수 있도록 검증 데이터 집합을 전달해야 한다는 점에 유의하자. 나중에 알게 되겠지만, 우리는 결코 훈련 데이터를 모델을 검증하기 위해 사용하고 싶지 않으며 이것은 텐서보드의 기능을 입증하는 데만 사용된다.

이제 커맨드 라인에서 텐서보드를 시작해 보자:

```
tensorboard --logdir=logs/
```

http://localhost:6006/에서 브라우저에서 액세스할 수 있는 웹 서버가 시작된다.

scalars 탭에서 손실함수 값과 정확도 그림을 에포크의 함수로 볼 수 있을 것이다. 히스토그램 탭에는 250에 걸친 분포를 보여주는 `dense1/kernel_0`이라는 유사한 그래프가 표시되어야 한다.

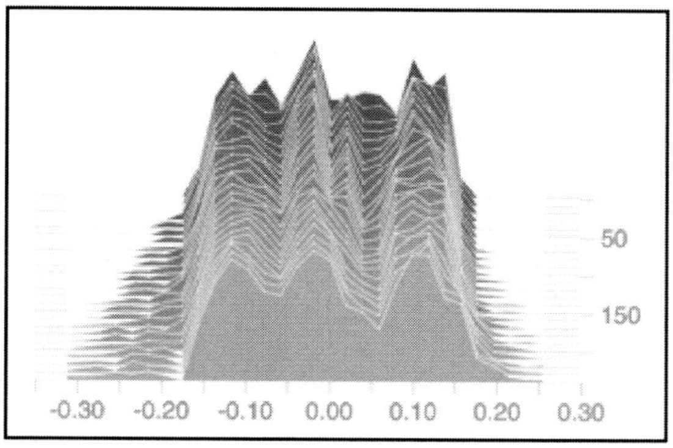

이 히스토그램은 대부분의 가중치가 −0.3 ~ 0.3 범위에 있음을 나타낸다. 이러한 값들은 다음 방법을 사용하여 알아낼 수 있는 가중치의 집합이다.

```
model.get_weights()
```

그래프 탭은 케라스에 의해 생성된, 이 모델의 텐서플로우 그래프를 시각화한다. 다음은 전체 그래프의 일부에 불과하다.

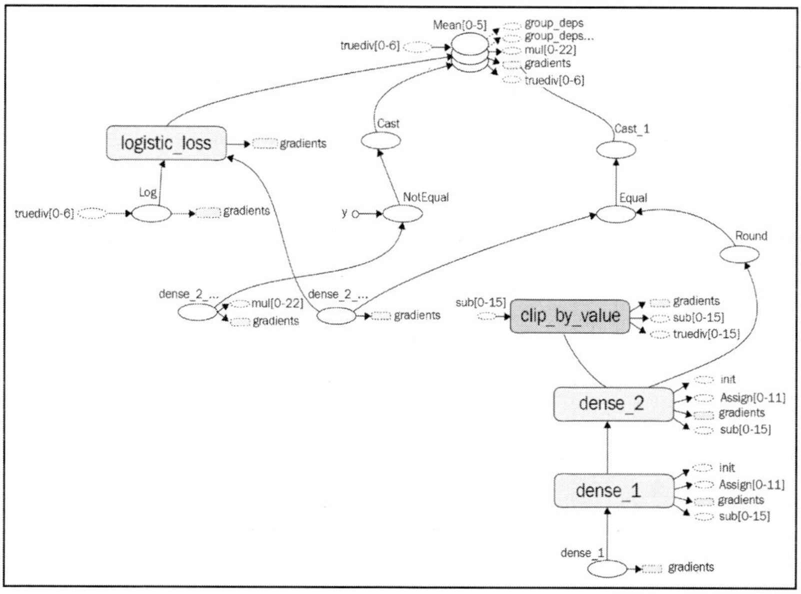

이 그래프는 지금까지 정의하고 실행한 그래프에 비해 믿을 수 없을 정도로 복잡하다는 것을 알 수 있다. 이것은 케라스가 고급의 API로서 많은 복잡성을 숨기고 있다는 것을 강조한다. 모델을 구성하고 컴파일할 때 케라스 인자값 선택을 통해 이 그래프를 어느 정도 제어할 수 있지만, 이러한 그래프를 처음부터 정의함으로써 전체 제어를 가장 잘 수행할 수 있다.

또는 다음을 사용하여 고급 그래프를 볼 수 있다.

```
from keras.utils import plot_model

plot_model(model, to_file='model.png')
```

이렇게 하면 모델의 다음 그래프 표현으로 model.png 파일이 저장된다.

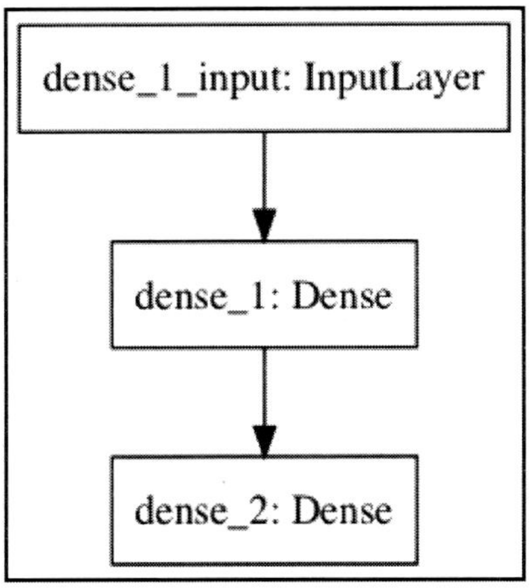

Plot_model 기능을 사용하려면 pydot, pydot-ng 및 graphviz 라이브러리를 설치해야 한다. 주피터 노트북에서 작업하는 경우 다른 유틸리티 기능인 model_to_dot을 사용하여 노트북 내부의 그래프를 직접 볼 수 있어 편리하다.

```
from keras.utils.vis_utils import model_to_dot
from IPython.display import SVG

SVG(model_to_dot(model).create(prog='dot', format='svg'))
```

편향-분산 트레이드오프

앞에서 보았듯이, 우리는 신경망에 더 많은 표현력이나 용량을 제공하기 위해 은닉 유닛의 수와 층 수를 늘릴 수 있다. 네트워크의 복잡성이 증가함에 따라 모든 데이터 포인트를 완벽하게 분리할 수 있는 복잡한 패턴을 찾을 가능성이 증가한다. 그러나 많은 데이터 세트에 잡음이 존재하며 우리는 보통 결과를 예측하는 데 사용할 수 있는 올바른 특징 집합을 항상 관찰하지는 않는다. 이러한 상황에서 데이터 세트에 완벽하게 맞추려고 하면 새로운 데이터 포인트로 일반화되지 않을 수 있는 지나치게 복잡한 의사결정 경계가 발생한다.

256개의 숨겨진 단위가 있는 단일 은닉층으로 구성된 신경망으로 우리가 도달한 결정 경계를 상기해 보자. 직관적으로 우리는 다음과 같이 평점GPA과 학생이 공부한 시간Hours studied의 관계가 비선형 곡선을 따른다고 상상할 수 있다.

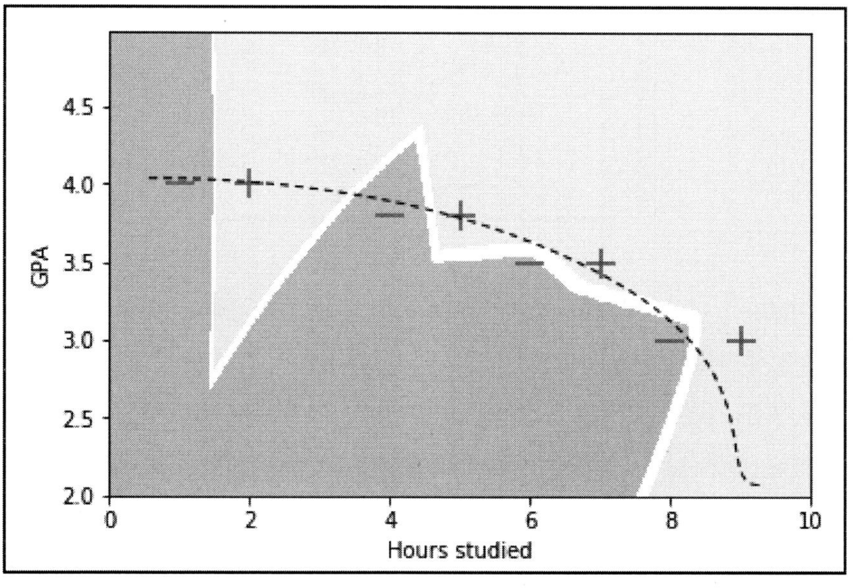

이 곡선을 앞에서 찾은 복잡한 결정 경계와 대조해 보자. 앞의 그래프에서 파선을 나타내는 분류기는 2시간을 공부하고 평점이 2.5인 학생은 A를 받지 못할 것이라고 예측한다. 그러나 우리가 훈련시킨 신경망은 긍정적인 결과를 예측한다. 모델에 너무 많은 표현력을 부여함으로써, 우리는 모델의 일반화 능력에 관계 없이 데이터에 지나치게 **과적합**overfit하도록 허용했다.

이것은 기계학습에서 흔히 볼 수 있는 현상이다. 순수 최적화는 데이터에 가장 잘 맞는 모델에 관심이 있을 뿐이지만, 기계학습의 경우는 추가적인 관심을 가지고 있는데, 찾은 패턴이 얼마나 일반적인가 하는 것이다. 모델의 일반성을 평가하기 위해서 독립된 데이터 세트에 대한 성능을 평가할 필요가 있다. 이것은 모델이 훈련을 받지 않은 별도의 데이터 집합이며, 모델이 이전에 본 적이 없는 데이터에 대해 얼마나 잘 할 것인지에 대한 보다 객관적인 추정이다. 다음 그래프는 훈련 및 검증 오류의 일반적인 동작을 모델 복잡성의 함수로 나타낸다.

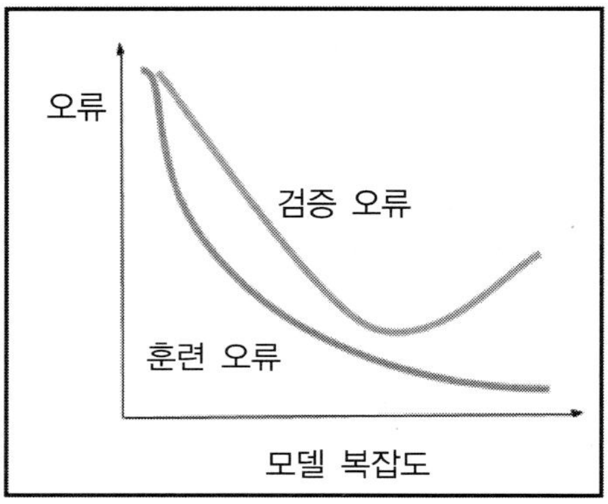

모델의 복잡도(즉, 은닉 장치의 수)를 증가시키면 결국 과적합이 발생하게 되고, 그 결과 검증 오류가 증가하게 된다. 데이터에서 대부분의 분산을 과적합 없이 잡을 수 있는 올바른 모델 복잡도를 찾는 것은 경험적인 연습이다. 우리는 나중에 모델의 복잡도를 체계적으로 증가시키면서 과적합하지 않고 적절한 모델 복잡도를 찾는 프레임워크를 도입할 것이다.

아주 작은 복잡도로는 우리의 모델이 파악하고 설명할 수 있는 것이 많지 않다. 이런 경우, 우리는 모델이 매우 편향적이라는 것을 보았다. 예를 들어, 학점만 보고 3.5점 이상의 학점을 가진 학생이 A를 받게 될 것이라고 예측하는 모델은 상위권 학생보다 두 배나 많은 시간을 공부한 3.4점 이상의 학점을 가진 우수한 학생을 제대로 설명하지 않는다. 반면, 훈련 데이터 집합에서만 결과와 상관될 수 있는 관련 없는 정보를 사용하는 모델은 높은 분산을 가질 것이다. 예를 들어, 우리의 데이터 세트에도 눈 색깔이 포함되어 있고 마침 파란 눈을 가진 모든 학생들이 이 제한된 데이터 세트에서 A를 받았다고 상상해 보자. 분산도가 높은 모델은 눈의 색이 결과에 대한 예측력이 있다고 학습하게 되어 이 정보에 과적합하게 될 것인데, 이는 일반적인 패턴이 아니다.

편향과 분산의 트레이드오프는 기계학습에 매우 기초적인 것이며, 당신은 AI의 전문가로서 반복적으로 직면하게 될 것이다. 다음으로 이 개념을 좀 더 깊이 있게 탐구하는 구체적인 예를 살펴보기로 하겠다.

다음 함수를 고려해 보자.

$$y = x^3$$

이 3차 함수는 [0,10] 사이에서 0.2씩 증가하는 x값에 대하여 다음과 같은 모양을 가지고 있다.

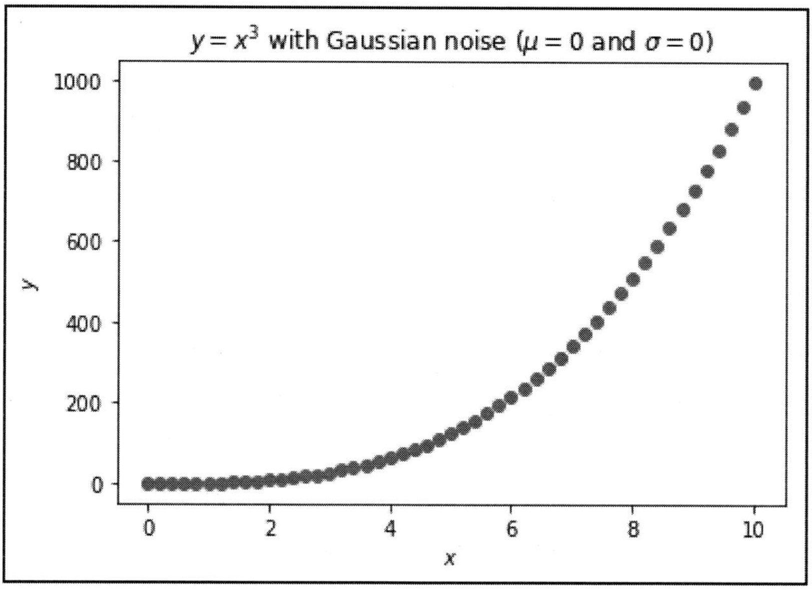

조만간 이 함수에 가우스 노이즈를 추가하기 시작할 것이지만, 현재로서는 잡음이 없는 버전을 유지하자.

다음과 같은 특징 벡터가 있는 데이터 세트가 있다고 가정해 보자.

$$\vec{x} = [x \quad x^2 \quad x^4 \quad x^5 \quad x^6 \quad x^7 \quad \sin(x) \quad \cos(x)]^T$$

우리에겐 제공된 예시 데이터 세트를 사용하여 $y = x^3$의 근사치를 계산하는 과제가 주어져 있다.

데이터 세트를 정의해 보자.

```
x = np.arange(0, 10.2, 0.2) # x = [0, 0.2, 0.4, ..., 10.0]
xs = np.array([x, x ** 2, x ** 4, x ** 5, x ** 6, x ** 7, np.sin(x),
np.cos(x)])
xs = xs.T
y = x ** 3
```

훈련 및 검증 세트를 얻기 위해 데이터 세트를 두 개의 파티션으로 분할하는 scikit-learn의 `train_test_split`을 사용할 수 있다.

```
from sklearn.model_selection import train_test_split

train_x, test_x, train_y, test_y = train_test_split(xs, y, random_state=0)
```

기본적으로 데이터의 75%는 훈련을 위해 할당되고 25%는 시험을 위해 할당된다. 나중에 테스트 데이터 세트와 검증 데이터 세트의 차이점에 대해 설명하겠지만, 지금 scikit-learn과 용어 일관성을 유지하기 위해 검증 데이터를 참조하기 위해 '테스트' 데이터 세트라는 용어를 사용할 것이다. `train_size` 인수를 전달하여 훈련에 사용할 데이터 집합의 비율을 명시적으로 지정할 수 있다. `train_size=0.75`로 기본값을 정한다. 또한 데이터 세트가 분할되기 전에 무작위로 섞여지며 실험을 재현할 수 있도록 `random_state` 인자를 전달한다는 점에 유의해야 한다.

다음 그래프는 무작위 분할을 나타낸다.

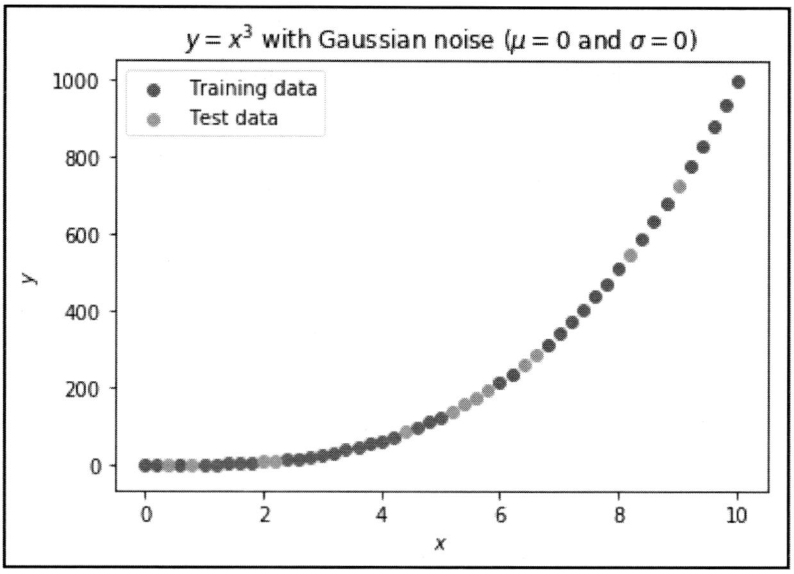

다음으로 케라스를 이용한 간단한 신경망을 구축한다.

```
from tensorflow import keras
from keras.models import Sequential
from keras.layers import Dense
from keras.wrappers.scikit_learn import KerasRegressor

def build_fn():
    model = Sequential()
    model.add(Dense(1, input_dim=8, kernel_initializer='normal',
activation='relu'))
    model.add(Dense(1, kernel_initializer='normal'))
    model.compile(loss='mean_squared_error', optimizer='adam')
    return model

model = KerasRegressor(build_fn=build_fn, epochs=20000, verbose=1)
```

`KerasRecessor`는 순차적Sequential 모델을 scikit-learn 모델처럼 처리하기 위한 랩퍼이다. 이것은 Scikit-learn이 우리에게 많은 유틸리티 기능을 제공하고 있고, 케라스 모델을 더 큰 Scikit-learn 파이프라인의 일부로 매끄럽게 통합할 수 있기 때문에 매우 편리

하다. 케라스 모델을 구성하고, 컴파일하여 반환하는 build_fn을 전달하고, 이 모델을 20,000에포크만큼 실행하도록 지정한다.

우리가 사용하고 있는 모델은 하나의 유닛이 있는 입력 계층이 있어서 출력 계층에 연결되는 ReLU 활성화 함수를 갖고 있다. **평균 제곱 오차**MSE는 회귀 작업을 수행할 때 실수 값의 출력을 생성하고자 하기 때문에 사용된다. MSE는 다음 식을 사용하여 계산한다.

$$MSE = \frac{1}{N}\sum_{i=1}^{N}(y_i - \hat{y}_i)^2$$

여기서 N은 데이터 포인트의 수이며, y_i는 데이터 포인트 i의 결과값의 실제 값이며, $\hat{y}_i$는 동일한 데이터 포인트에 대한 예측값이다.

눈치챘겠지만, 우리는 단일 유닛으로 구성된 아주 간단한 모델을 사용하고 있다. 이 모델은 2만 에포크의 훈련을 거쳤을 때 어떻게 작동될 것으로 예상하는가? 모델을 훈련한 후 평가해 보자.

```
def report_stats(model):
    score_train = model.score(train_x, train_y)
    score_test = model.score(test_x, test_y)
    print('Train : {}'.format(score_train))
    print('Test : {}'.format(score_test))
model.fit(train_x, train_y)
report_stats(model)
```

결과는 다음과 같다.

```
Train  : 152988.10361842104
Test   : 71509.2421875
```

또한 이러한 값에 대해 더 나은 평가를 얻기 위해 예측값에 대한 실제값을 표시해 보자.

```
def plot(x, y, model, title):
    fig, ax = plt.subplots()
    plt.scatter(x[:, 0], y, label='Actual')
    plt.scatter(x[:, 0], model.predict(x), label='Predicted')
    ax.legend()
    plt.xlabel('$x$')
    plt.ylabel('$y$')
    plt.title('{} data'.format(title))
    plt.show()
plot(train_x, train_y, model, 'Train')
plot(test_x, test_y, model, 'Test')
```

다음의 결과를 얻는다.

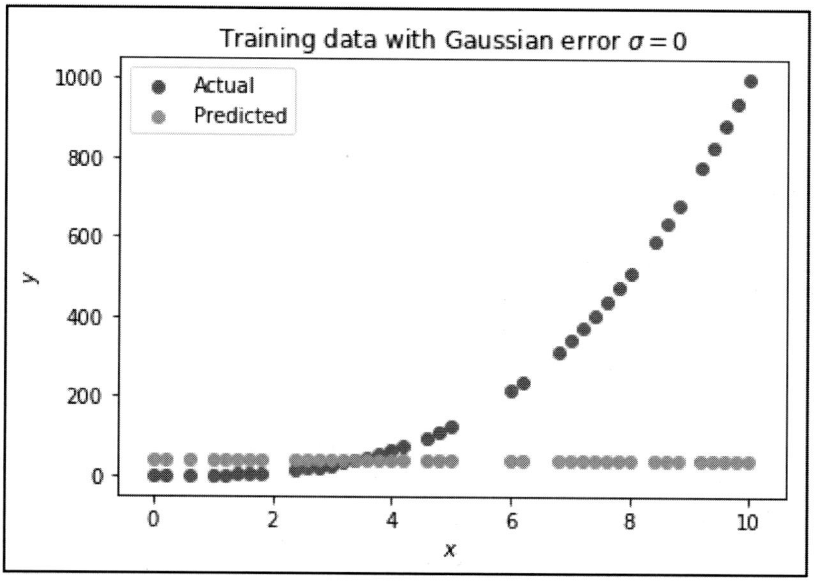

평가 지표에서 볼 수 있듯이, 또한 그래프를 통해 더욱 명확하게 볼 수 있듯이, 우리의 모델이 매우 편향적이어서 입방체의 추세를 포착할 수 없다는 것이다.

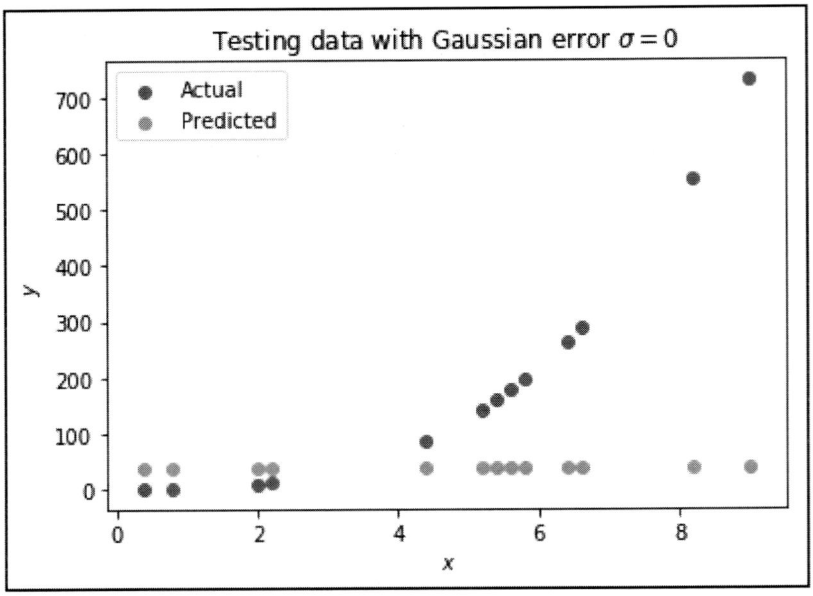

은닉 유닛을 늘리면 어떻게 될까? 좀 더 복잡한 모델을 사용해 보자.

```
from functools import partial

def create_model(units, layers):
    model = Sequential()
    model.add(Dense(units, input_dim=8, kernel_initializer='normal', activation='relu'))
    for _ in range(layers):
        model.add(Dense(units, kernel_initializer='normal', activation=activation))
    model.add(Dense(1, kernel_initializer='normal'))
    model.compile(loss='mean_squared_error', optimizer='adam')
    return model

for layers in [0, 1]:
    for units in [10, 100]:
        build_fn = partial(create_model, units=units, layers=layers)
        model = KerasRegressor(build_fn=build_fn, epochs=20000, verbose=1)
        report_stats(model)
        plot(train_x, train_y, model, 'Train')
        plot(test_x, test_y, model, 'Test')
```

partial의 사용을 주목하자. 함수를 부분적으로 적용함으로써 우리는 이미 일부 인자를 적용한 새로운 함수를 만들 수 있다. 예를 들어 다음 함수를 고려해 보자.

```
def f(x, scalar):
    return scalar * x
```

partial을 사용하여, 우리는 다른 스칼라 값을 가진 새로운 함수를 만들 수 있다. 예를 들어 f_2 = partial(f, scalar=2)은 이제 더 이상 scalar 인자를 취하지 않는, 단일 인자를 갖는 함수다. f_2(2)의 값은 4가 된다.

이제 build_fn = partial(create_model, units=units, layers=layers) 라인이 더 일리가 있어 보인다. create_model 함수는 함수를 부분적으로 적용하여 제공하고 있는 2개의 인자를 받아 더 이상 어떤 인자도 받지 않고 KerasRegressor로 전달하기에 적합한 새로운 build_fn 함수로 된다.

100개의 은닉유닛이 있으면 훈련 데이터를 거의 완벽하게 맞출 수 있으며, 이는 테스트 데이터에서도 MSE가 매우 낮다는 것을 의미한다.

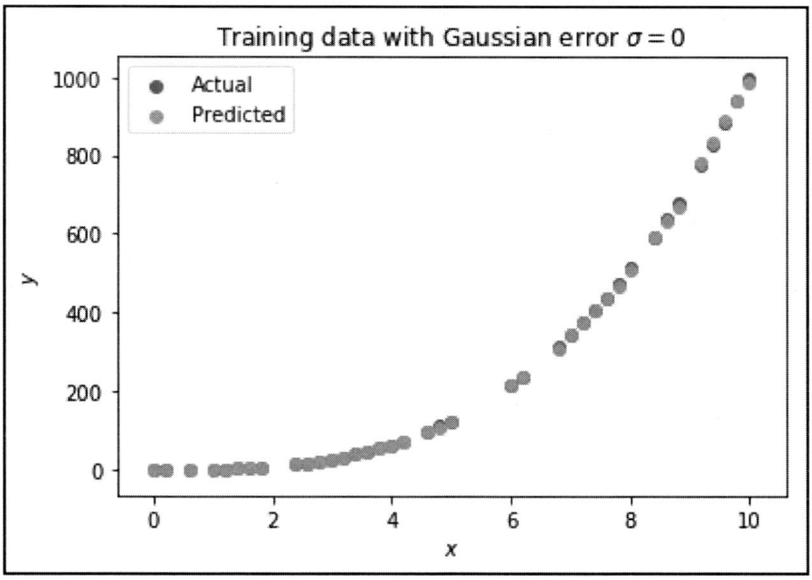

편향-분산 트레이드오프에 대한 이론적 논의를 하고 난 후에는 이 결과는 놀랄 일이 아니다.

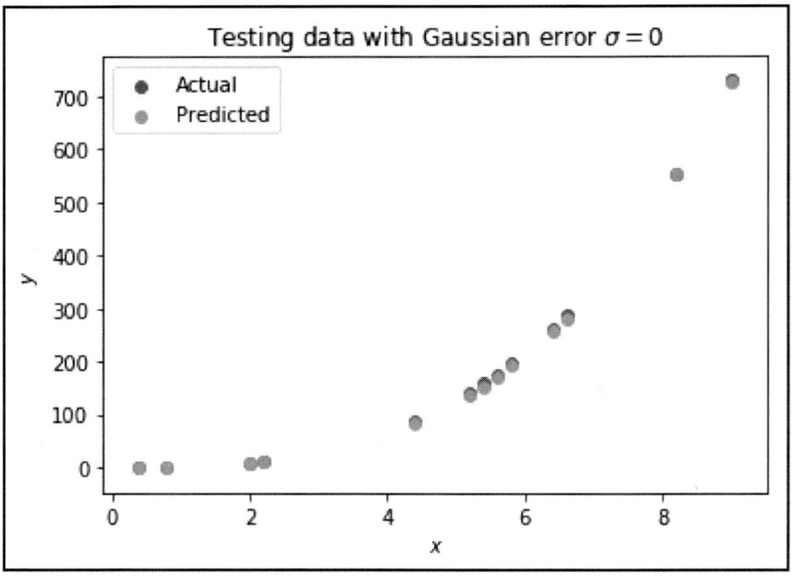

데이터 세트가 노이즈가 없으므로 모델의 복잡도를 계속 증가시키고 모델이 과적합되도록 할 수 있다. 다음은 은닉층이 없거나 단일 은닉층으로 훈련된 모델의 복잡도 곡선이다.

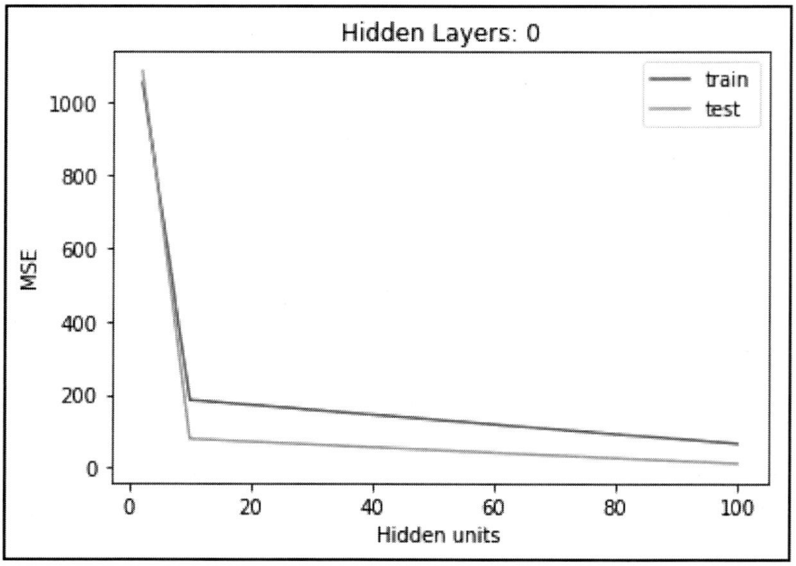

은닉 유닛 및 은닉층의 수는 x축에 있는 모델의 복잡도를 나타내며, 복잡도가 증가함에 따라 훈련 및 테스트 오류를 감소시키고 있다.

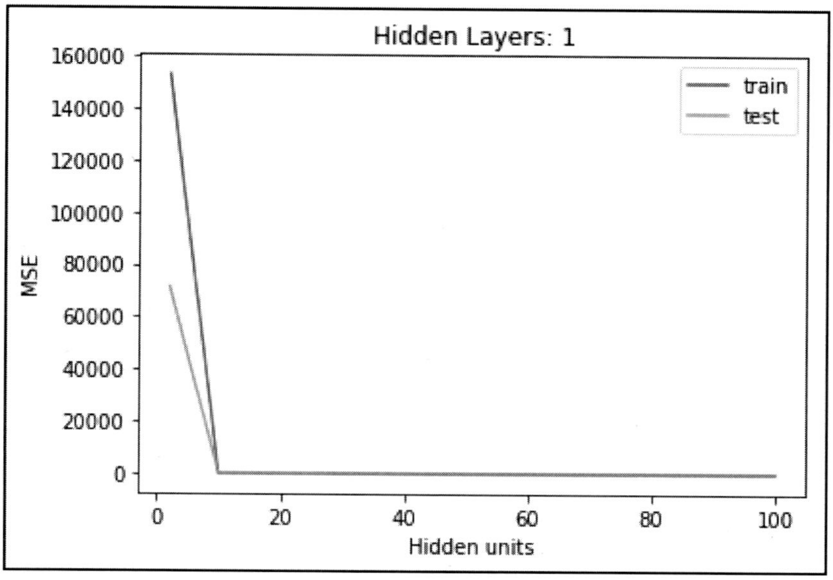

그러나 실제 데이터는 노이즈가 섞여 있고 복잡도를 증가시키는 것은 일정 복잡도 수준을 지나면 역효과를 낼 것이라는 점을 명심하여야 한다. 다음에 이러한 행동의 예를 보자.

이 부분에서, 입방 함수에 평균 0과 표준 편차 25의 가우스 노이즈를 추가한다.

```
y = x ** 3 + np.random.normal(loc=0, scale=25, size=x.shape)
```

`np.random.normal`을 사용하여 평균 `loc`와 표준 편차 `scale`을 갖는 가우스(정규) 분포의 표본으로 채워진 NumPy `ndarray`를 생성한다. 자세한 내용은 https://docs.scipy.org/doc/numpy/reference/generated/numpy.random.normal.html를 참조하라.

이전과 같이 이 새로운 데이터 세트를 훈련 및 테스트 세트로 나눌 수 있다.

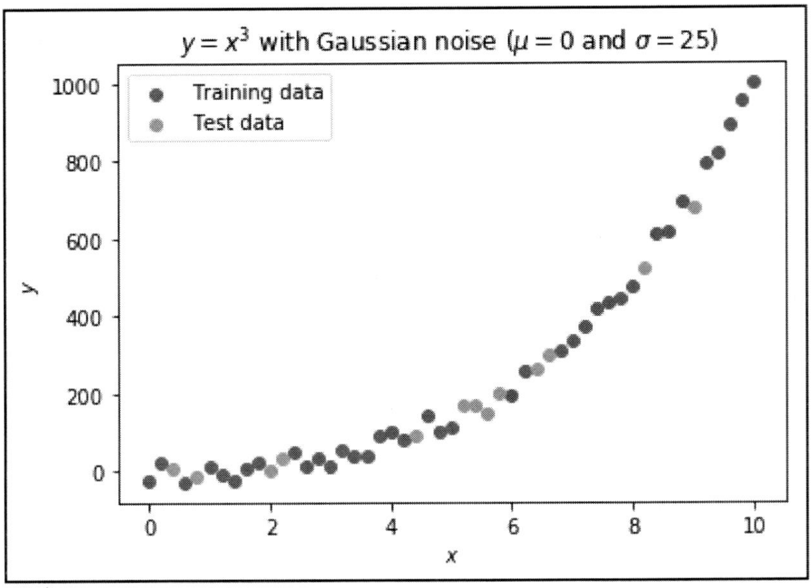

새로운 훈련 및 테스트 세트와 함께 노이즈 없는 경우에 대해 동일한 단계를 반복하면 다음과 같은 복잡도 곡선에 도달한다.

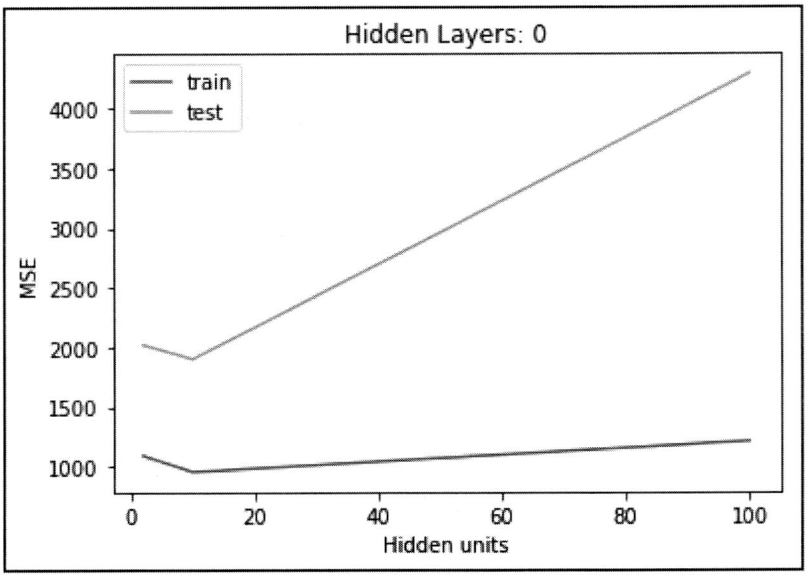

훈련 오류와 테스트 오류 모두에 대해 더 이상 좋은 하향 추세를 볼 수 없다.

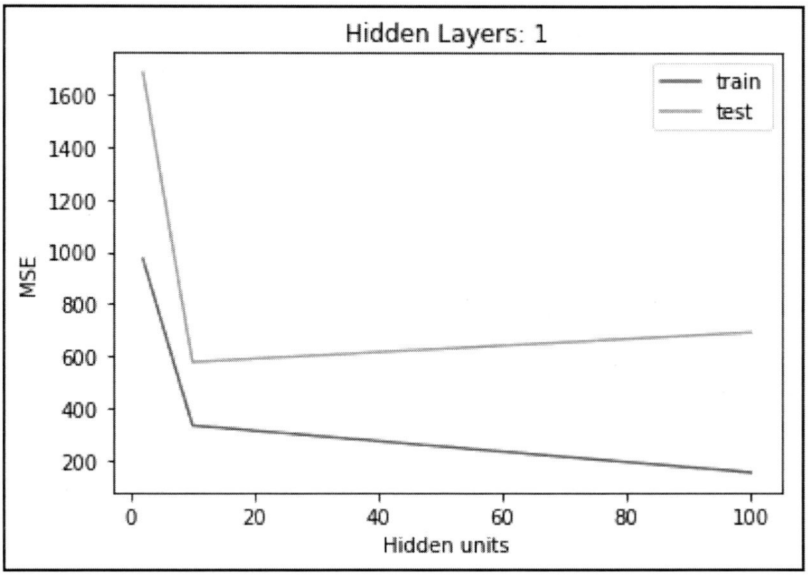

특히, 은닉 유닛 수가 20이 넘도록 증가시키면 유닛수에 따라 테스트 MSE는 증가한다는 점에 유의하자. 또 다른 실질적인 참고점은 위 그림에서 보듯이 복잡도를 증가시킴에 따라 훈련 오류가 줄어드는 것이 보장되지 않는다는 것이다. 앞에서 제시한 이론적 복잡도 곡선은 전형적인 행동을 묘사하지만, 실제로 보다 다양한 미묘한 행동을 볼 수 있다는 것을 깨닫는 것이 중요하다. 이러한 행동에 대한 자세한 내용은 튜닝 절에서 살펴보겠다.

이 점을 더욱 강조하기 위해 가우스 노이즈의 표준 편차를 두 배로 늘리겠다.

```
y = x ** 3 + np.random.normal(loc=0, scale=50, size=x.shape)
```

무작위로 데이터를 분할한 후 다음과 같은 훈련 및 테스트 세트를 얻는다.

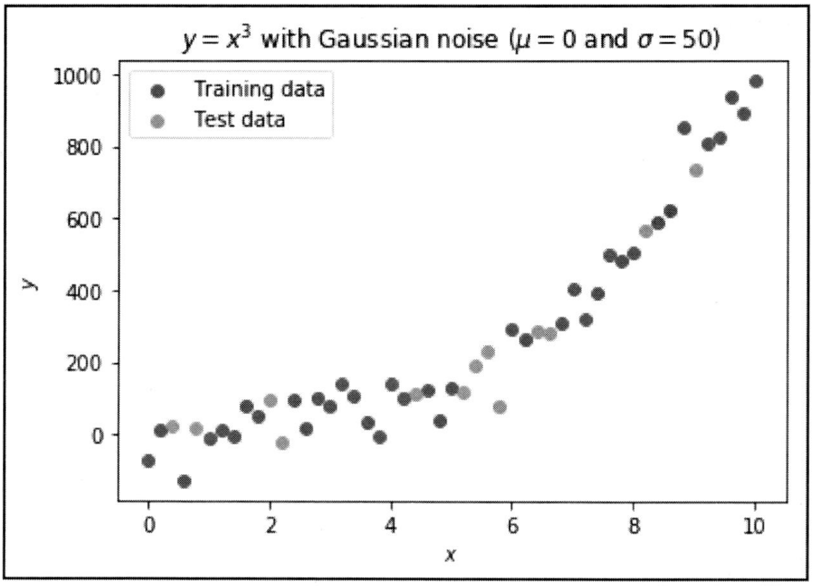

먼저 두 개의 유닛(`units=2` 및 `layers=0`)으로 모델을 훈련할 것이다.

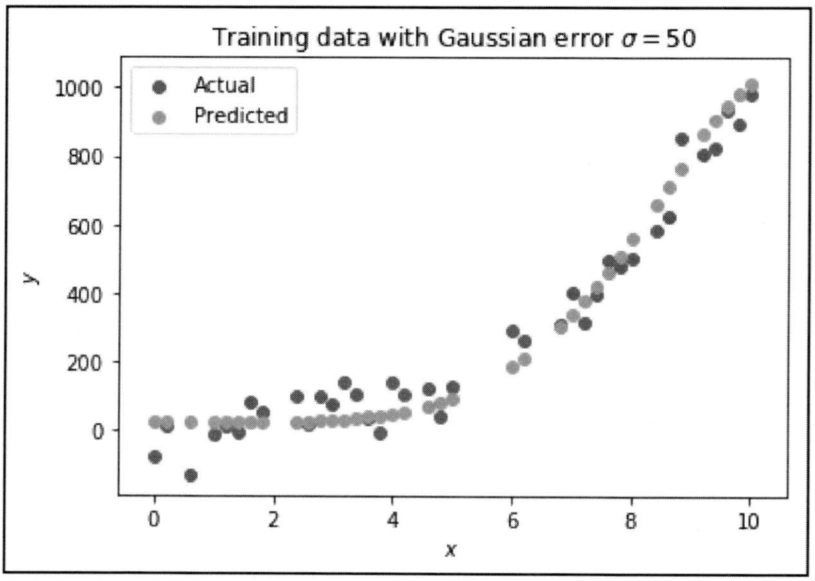

가우스 오류($\sigma = 50$)가 있는 데이터 테스트:

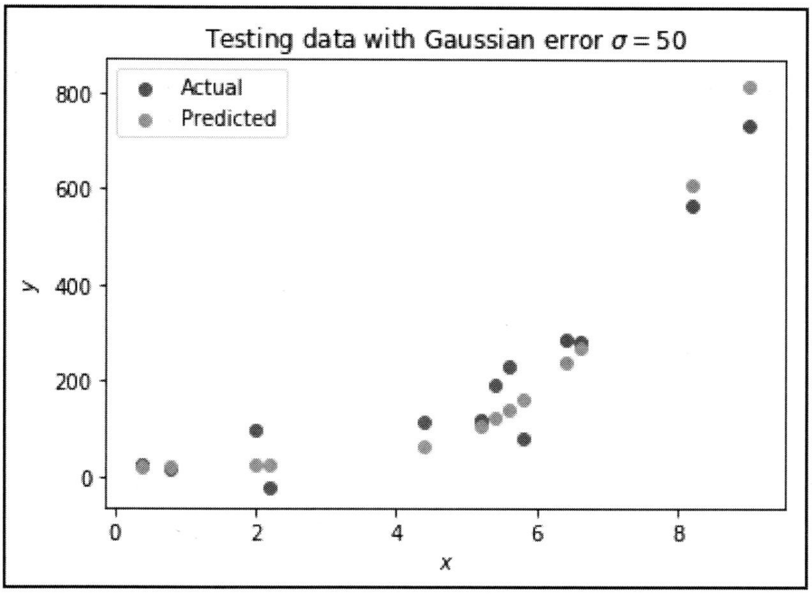

보다시피 이 모델은 단일 데이터 포인트에 과도하게 의존하지 않고 트렌드를 포착하고 있다. 해당 테스트 성능은 앞과 유사한 방식으로 동작한다. 성능은 확실히 이상적이지는 않지만, 같은 이유로 우리는 어떤 터무니없는 값을 예측하지도 않고 있다.

이제 100개의 유닛(`units=100` 및 `layers=0`)으로 더욱 복잡한 모델을 훈련시키자.

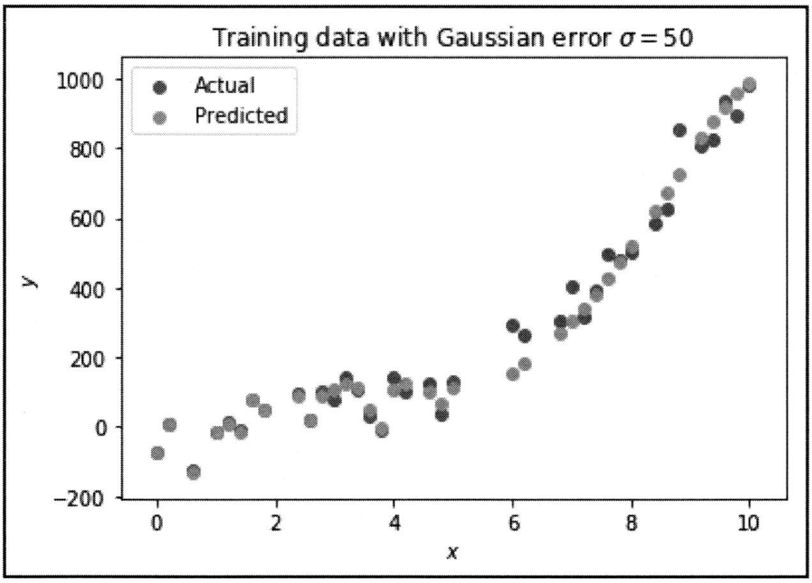

다음은 해당 모델의 테스트 데이터에 대한 성능이다.

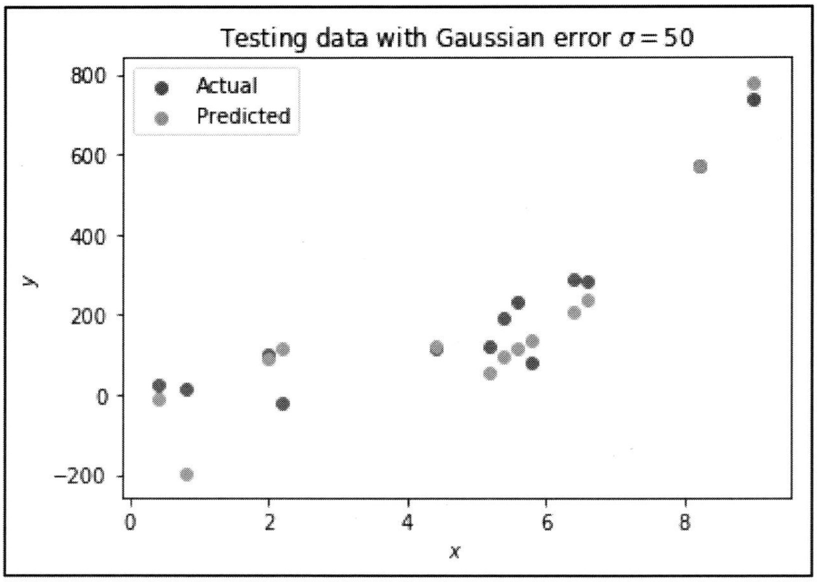

추가 복잡도로 인해 모델이 훈련 그래프에서 볼 수 있듯이 더 많은 노이즈를 포착할 수 있었다는 점에 유의하자. 추세를 잃는 비용으로 노이즈에 완벽하게 부합할 수 있는 훨씬 더 복잡한 모델을 사용할 수 있지만, 이렇게 중간 수준의 복잡도에서도 테스트 오류가 증가했음을 알 수 있다.

은닉 유닛 수	훈련 MSE	테스트 MSE
2	4105	3133
100	1673	5726

우리는 이 절에서 많은 세부 사항들을 다루었다. 활성화 함수의 선택이 복잡도 곡선에 어떤 영향을 미치는가? 은닉층의 수는 어떤가? 어떻게 가중치를 초기화하고 어떤 최적화 알고리즘을 선택해야 하는가? 이것들은 우리가 체계적으로 대답해야 할 매우 중요한 질문들이다. 그러나 이 문제에 착수하기 전에, 우선 또 하나의 측면을 살펴보자: 신경망의 아키텍처.

아키텍처

우리는 은닉층과 은닉 유닛의 수를 증가시킴으로써 데이터 세트의 복잡한 패턴을 포착할 수 있는 더 큰 신경망을 얻을 수 있다는 것을 알아냈다. 그런데, 많은 문제들은 고유한 구조를 가지고 있어서 문제 유형에 적합한 전문화된 구조를 설계하는데 도움을 줄 수 있다. 예를 들어, 다음 사진을 생각해 보자.

이 이미지 내의 어떤 픽셀을 선택하면 이웃 픽셀에 대해 많은 것을 알 수 있다. 즉, 각 픽셀의 색상은 인접 픽셀에 국지적으로 의존한다. 다음 장에서 볼 수 있듯이, 우리는 이 사실을 이용하기 위해 컨볼루션 층convolutional layers을 사용할 수 있다.

또 다른 예로는 언어이다. 말을 받아쓰기할 때 불완전한 문장의 다음 단어를 예측하려 하는 것을 생각해보자. 어떤 단어는 문장의 처음에 다른 단어보다 많이 사용되지만, 일반적으로 문장의 진행에 따라 다음 단어의 목록이 줄어 든다. 예를 들어, 'how'로 시작하는 문장에서 다음 단어가 무엇인지 추측하려 한다고 상상해보자.

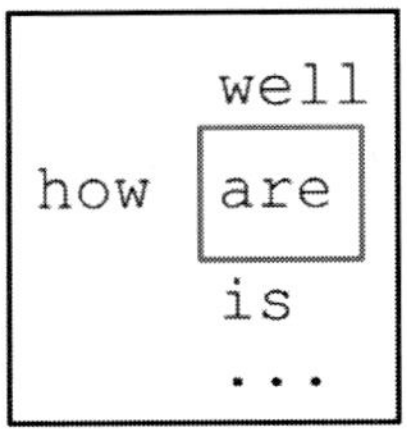

다음 단어는 많이 있을 수 있지만, 'how are'로 시작하는 문장은 어떨까?

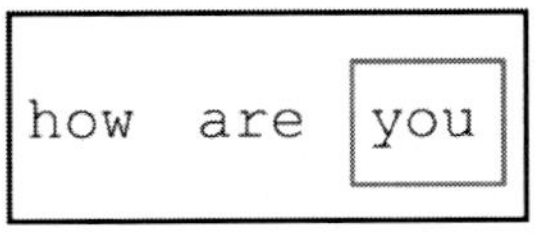

가능한 선택의 수가 현저히 줄어들게 될 것이다. 잠재적으로 이전 문장뿐만 아니라 이전 단어들을 아는 것이 예측에 매우 중요할 수 있다는 것은 분명하다. 우리는 자연어 구조를 포착하는데 매우 성공한 순환 층의 예를 보게 될 것이다.

전통적으로 이러한 문제는 도메인별 특징을 사용하여 해결된다. 특정 기본 구조를 이용하는 공학적인 특징에 의해, 우리는 학습 알고리즘이 감지할 수 없거나 학습하는 데 훨씬 더 오래 걸릴 수 있는 패턴을 탐지하도록 도울 수 있다. 그러나 이러한 기능은 매우 세심하게 설계되고 조정되어야 하며, 또한 많은 도메인 지식을 필요로 한다. 심층 학습은 일부 문제에서 특징 공학의 과정을 효과적으로 자동화한다. 이것은 우리가 데이터의 기초 구조를 더 쉽게 이용할 수 있는 아키텍처로 시작할 때 특히 사실이다.

시작하기 전에 딥러닝 커뮤니티에서 일반적으로 사용되는 계층과 유닛에 대한 규약을 지적하는 것이 중요하다. 다음 도표는 많은 아키텍처를 캡슐화하는 일반적인 표현을 나타낸다.

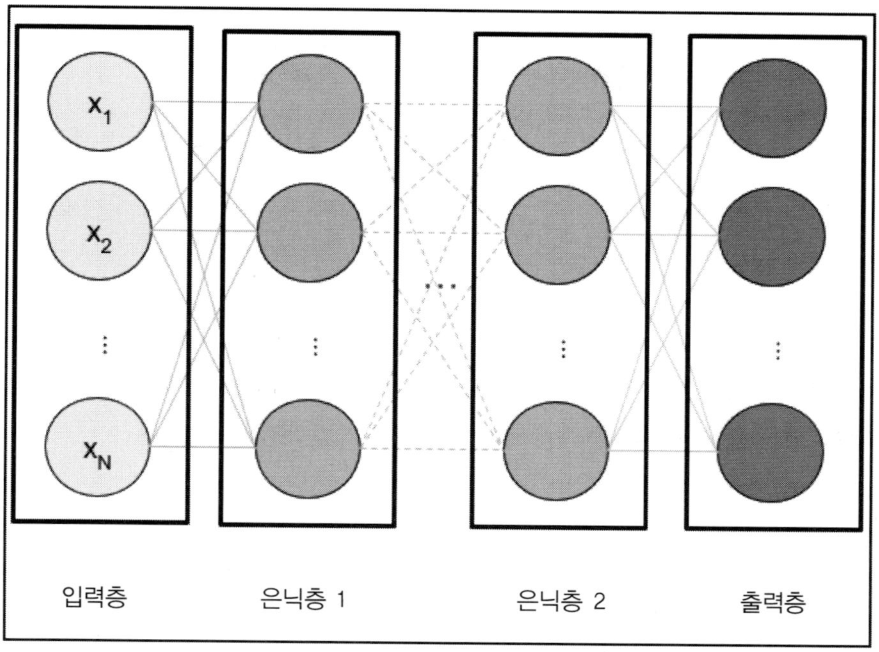

입력층은 입력의 N차원 벡터에 불과하다. 모든 네트워크에는 적어도 하나의 은닉층이 있으며, 이 계층의 모든 은닉 유닛은 이전 계층에서 가중치를 부여한 값을 집계한 후 활성화 함수를 적용한다. 예를 들어, 첫 번째 계층의 첫 번째 은닉 유닛은 다음을 계산하고 있다.

$$a_1^{[1]} = f(\vec{w}_1^{[1]T}\vec{x} + b_1^{[1]})$$

여기서 $\vec{w}_1^{[1]T}$은 이 유닛과 관련된 가중치의 전치벡터다. 윗첨자 [1]은 벡터가 첫 번째 은닉층과 연관되어 있음을 알려준다. f는 시그모이드Sigmoid 함수, 쌍곡선 탄젠트 또는 ReLU와 같은 활성화 함수다. 은닉 유닛의 출력, $a_1^{[1]}$은 스칼라scalar이며 일반적으로 활성화activation라고 한다. 계층 l의 활성화값은 계층 $l+1$에 대한 입력이다. 첫 번째 계층의 특별한 경우(즉 $l=1$)에서는 입력 벡터를 이전 계층으로부터의 활성화(입력)로 간단하게 생각하면 이 관례적인 표현방식을 범용적인 것으로 만들 수 있다.

보다 일반적으로, 우리는 다음과 같은 방정식을 쓸 수 있다.

$$a_i^{[l]} = f(\vec{w}_i^{[l]T}\vec{a}_{l-1} + b_i^{[l]})$$

여기서 $a_i^{[l]}$ 은 l 번째 계층의 i 번째 유닛의 활성화, $\vec{w}_i^{[l]T}$ 은 l 번째 계층의 i 번째 유닛의 전치된 가중치 벡터, $\vec{a}_{l-1}$ 은 이전 $l-1$ 계층의 활성화 벡터, 그리고 $b_i^{[l]}$ 은 l 번째 계층 i 번째 유닛의 편향bias이다.

출력층은 은닉층과 매우 유사하다. 차이점은 이 계층에서의 활성화는 네트워크의 출력이라는 것이다. 은닉층은 서로 다른 수의 은닉 유닛을 가질 수 있다는 점에 주목하자. 출력층의 유닛 수는 학습 과제에 따라 벡터 또는 스칼라일 수 있다.

예를 들어, 실수 값 출력(즉, 회귀)을 학습하는 데 사용되는 네트워크는 편향-분산 트레이드오프 예에서 살펴본 것과 같이 출력 계층에 하나의 유닛을 가지고 있거나 각 클래스에 해당하는 정규화된 점수를 나타내는 벡터가 될 수 있다. 또 다른 하나의 표기법은 촘촘하거나 완전히 연결된 층의 아이디어인데, 이는 해당 계층 내의 모든 노드와 이전 계층 사이에 에지가 존재함을 나타낸다. 그러나 앞으로 알게 되겠지만, 반드시 그렇지는 않으며, 일부 계층은 완전히 연결된 계층에 비해 더 많거나 더 적은 수의 연결을 가질 수 있다.

> 관례에 따르면, 네트워크의 깊이는 숨겨진 계층의 수 더하기 1이다. 2개 이상의 숨겨진 계층을 가진 네트워크는 심층 네트워크로 간주된다.

이 정보들을 가졌으니 우리는 이제 여러 널리 알려진 딥러닝 아키텍처를 소개할 준비가 되어 있다. 이 목록은 결코 완전한 것이 아니며, 오직 당신에게 사용 가능한 폭 넓은 선택들을 제시하기 위한 것이다. 이러한 아키텍처들 중 많은 것들을 다음 장에서 더 자세히 살펴 볼 것이다.

> TIP
> 원본 논문들에 대한 참조가 있는 딥러닝 아키텍처의 더 자세한 카탈로그를 보려면 신경 네트워크 동물원 http://www.asimovinstitute.org/neuralnetwork-zoo/을 방문하면 된다. 텐서플로우의 구현은 https://github.com/tensorflow/models에서 확인할 수 있다.

순방향 신경망

지금까지 우리가 본 모든 예는 순방향 신경망feedforward neural network으로도 알려져 있는 다층 퍼셉트론의 범주에 속한다. 이러한 네트워크의 계층들은 대개 완전히 연결되고, 어떤 수의 은닉과 은닉 유닛이나 어떤 활성화 함수도 사용할 수 있어 무한히 많은 수의 구성을 할 수 있다. 두 개 또는 그 이상의 은닉층을 가진 순방향 신경망을 **심층 순방향 신경망**deep feedforward network이라고 한다. 순방향 신경망에서 정보는 입력 계층에서 출력 계층으로 네트워크를 통해 흐른다.

이 과정을 때로는 순방향 전파라고 하는데, 이는 현재 계층에 대한 입력으로 이전 계층의 출력을 사용함으로써 수행되며, 각 계층을 정의하는 일련의 함수를 구성하는 효과를 얻는다. 예를 들어, 2계층 네트워크는 은닉층을 나타내는 g_1과, 입력 $\vec{x}$이 주어졌을 때 $y = g_2(g_1(\vec{x}))$을 이용하여 출력 y를 계산하는 g_2의 두 가지 함수의 구성으로 생각할 수 있다. 이것은 정보를 이전 계층으로 다시 공급할 수 있게 하는 순환 네트워크recurrent network와는 대조적이다.

사용되는 계층의 종류와 수의 관점에서 아키텍처를 표현하는 것은 유용하다. 다음 다이어그램은 일반적인 순방향 신경망을 나타낸다.

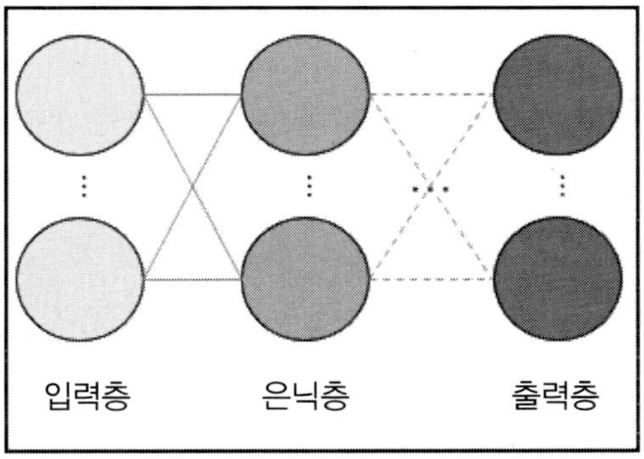

주목할 점은 퍼셉트론과 단층 퍼셉트론들을 이 아키텍처의 특별한 경우로서 구성할 수 있다는 것이다. 이 아키텍처 또한 다음에 볼 컨볼루션층과 같은 전문화된 은닉층을 사용할 수 있으며, 네트워크는 여전히 순방향 신경망이 될 것이다. 전문화된 계층이 없는 순방향 신경망은 일반적으로 표 형태의 데이터를 모델링하는 데 사용된다.

> **TIP**
>
> **그레디언트 부스팅**gradient boosting과 같은 앙상블 방식은 표 형태의 데이터에 아주 성공적이었다. 데이터에 이미지, 비디오, 오디오 또는 텍스트가 포함되어 있지 않으면 이러한 방법들도 시도해 보라. **XGBoost**라는 그레디언트 부스팅 모델들을 훈련하는데 매우 인기 있고 효율적인 라이브러리에 대한 자세한 내용은 http://xgboost.readthedocs.io/en/latest/을 방문하여 보기 바란다. 또한 알고리즘에 대한 자세한 내용은 https://arxiv.org/abs/1603.02754에서 원본 XGBoost 논문을 읽는 것을 고려해 보라.

우리는 이 장에서 순방향 신경망의 충분한 예를 보았다. 이전의 도표를 케라스 순차 모델로 쉽게 변환할 수 있다.

```
model = Sequential()
# First hidden layer with a d-dimensional input vector, u_1 hidden nodes,
and a_1 activation
model.add(Dense(u_1, input_dim=d, activation=a_1))
...
# l-th hidden layer (optional)
model.add(Dense(u_l, activation=a_l)

# Output layer with u_o units and a_o activation
model.add(Dense(u_o, activation=a_o))
```

`u_1`개의 유닛, `d` 입력 차원, `a_1` 활성화로 첫 번째 계층을 정의해야 한다. 우리는 지금까지 보아온 `linear`, `sigmoid`, `ReLU`를 포함하여 어떤 활성화 함수도 선택할 수 있다. `u_l`개의 유닛과 `a_l`개의 활성화가 있는 은닉층을 몇 개든지 선택할 수 있다. 이러한 값은 각 계층마다 다를 수 있다. 마지막으로 `u_o`개의 유닛과 `a_o`개의 활성화로 출력 계층을 정의해야 한다. 유닛 수와 활성화 함수의 선택은 손실 메트릭과 우리가 관심 있는 것이 2진 분류인지, 다중 클래스 분류인지 또는 회귀 분석인지에 밀접하게 연관되어 있다. 우리는 튜닝 절에서 이것에 대해 더 논의할 것이다.

컨볼루션 신경망

ConvNets라고도 알려진 **컨볼루션 신경망**Convolutional neural network은 특수한 종류의 순방향 신경망이다. CNN의 일반적인 도표는 다음과 같다.

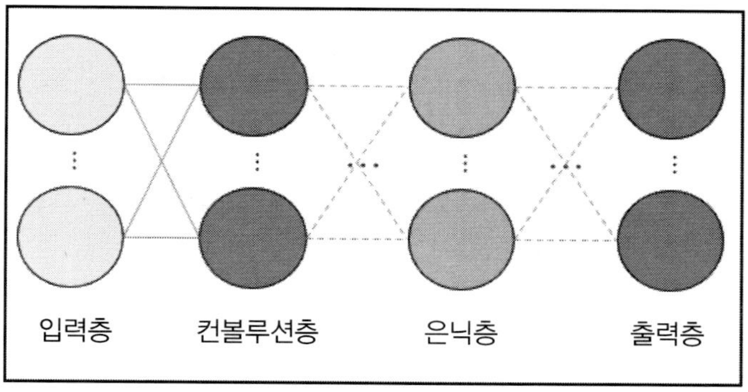

시간적 또는 공간적 특징을 포착하는 데 유용한 특수 계층으로, 따라서 시계열과 컴퓨터-비전 학습 과제에서 일반적으로 사용된다. 컨볼루션 층 안을 들여다보면, 보통 다음과 같은 일련의 작업을 볼 수 있다.

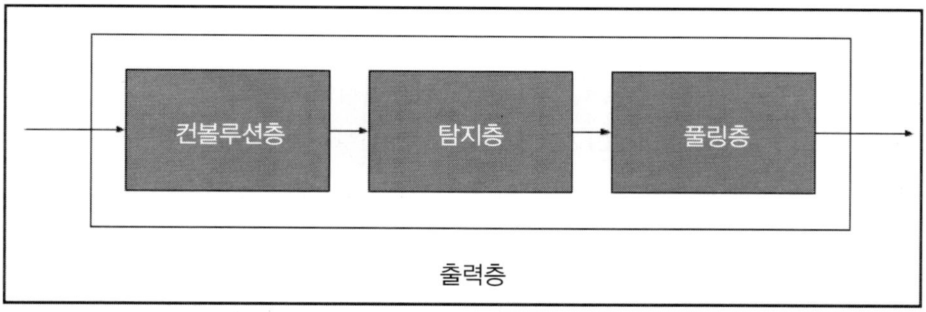

높은 수준에서, 컨볼루션 층 뒤의 직관은 이전 계층에서 현재 계층까지 모든 유닛을 조밀하게 연결하는 대신, 단지 유닛들을 이전 계층의 일부 지역(이미지의 한 영역)에만 연결시킬 수 있다는 것이다. 이렇게 연결성이 희박하면 이미지와 같은 고차원 데이터에서는 불가능해질 수 있었던 통계적 효율이 향상되고 파라미터의 수가 줄어들게 된다. 탐지층은 보통 ReLU와 같은 비선형 활성화이다. 풀링 층은 한 지역에서의 최대값(최대 풀링)과 같은 요약 통계를 계산하며, 이는 작은 국지적 이동에 불변성을 도입하는 데 도움이 된다. 즉, 해당 영역의 요약 통계는 대체로 변경되지 않으므로 작은 이동이나 회전과 관계없이 이미지에서 동일한 물체를 감지할 수 있다.

다음은 케라스를 사용하여 정의된 28×28 입력 이미지를 받아들이는 두 개의 2차원 컨볼루션층과 그 다음에 최대 풀링층이 하나 있는 ConvNet이다.

```
from keras.layers import Dropout, Conv2D, MaxPooling2D

model = Sequential()
model.add(Conv2D(32, (3, 3), activation='relu', input_shape=(1,28,28)))
model.add(Conv2D(32, (3, 3), activation='relu'))
model.add(MaxPooling2D(pool_size=(2,2)))
model.add(Dropout(0.5))
model.add(Flatten())
model.add(Dense(128, activation='relu'))
model.add(Dropout(0.5))
model.add(Dense(10, activation='softmax'))
```

Keras `Conv2D` 클래스는 앞의 다이어그램에서 처음 두 블록(즉, 컨볼루션 및 탐지기)에 해당한다. 첫 번째 인자(32)는 계층 출력의 차원을 지정한다. 두 번째 인자는 컨볼루션 창의 크기를 결정하는데, 이 경우 3×3이다. ReLU 활성화를 사용하고 있으며 입력 이미지는 28×28 픽셀의 단일 채널(그레이스케일) 이미지이다. 다음으로 2×2 창과 함께 `MaxPooling2D`를 사용한다. `Dropout`은 과적합을 방지하기 위해 사용하는 정규화 기법인데, 나중에 자세히 알아볼 것이다. 마지막으로 `Flatten`은 2-D 텐서를 벡터로 납작하게 만들고 있다.

많은 ConvNets는 이 예에서 본 것과 동일한 구성 요소를 사용한다. 우리는 다음 장에서 CNN에 대해 더 깊이 탐구할 것이다.

순환 신경망

순환 신경망 Recurrent neural networks, RNN는 입력 사이의 정보를 유지하는 유닛을 가진 또 다른 특수한 형태의 순방향 신경망 유형이다. 지금까지 우리가 학습 알고리즘에 제공하는 훈련 데이터는 시간 의존성이 없다고 가정해 왔다. 예를 들어, 우리가 살펴본 학생 수행 예제는 학생 A의 바로 뒤에 나타나는 학생 B의 정보에 아무런 의미가 없다고 암묵적으로 가정한다. 많은 경우에, 이것은 데이터 포인트의 순서가 임의적이며 기본 구조를 나타내지 않기 때문에 안전한 가정이다. 그러나 음성 및 텍스트와 같은 시계열 및 순차열 데이터 세트의 순서는 매우 유익하므로 고려해야 한다. 예를 들어 지난 한 달 동안 주가가 꾸준히 올랐다는 사실을 안다는 것은 다음날 주가를 결정하는 강력한 신호일 수 있다.

RNN은 출력 계산을 위하여 입력뿐만 아니라 유닛의 출력 이력을 사용함으로써 데이터의 순차적 특성을 활용한다. 우리는 다음 수식을 사용하여 이것을 수학적으로 쓸 수 있다.

$$h^{(t)} = f(h^{(t-1)}, x^{(t)}; \theta)$$

여기서 $h^{(t)}$는 한 은닉 유닛의 시간 t에서의 상태이고, $x^{(t)}$는 그 시점의 입력, f는 전이 함수, 그리고 θ는 매개변수의 집합이다. CNN과 유사하게, 이러한 수식의 장점은 시간 단계 전반에 걸쳐 동일한 전이 함수와 매개변수를 공유할 수 있다는 것이다. 우리는 6장 강화 학습에서 이 기본적인 직관을 바탕으로 전개해 나갈 것이다.

그림으로는 단일의 순환 유닛을 다음과 같이 나타낼 수 있다.

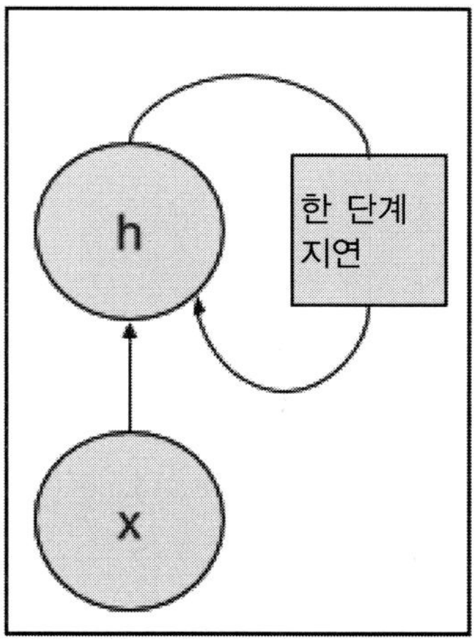

다음 다이어그램을 사용하여 일반 RNN 아키텍처를 나타낼 수 있다.

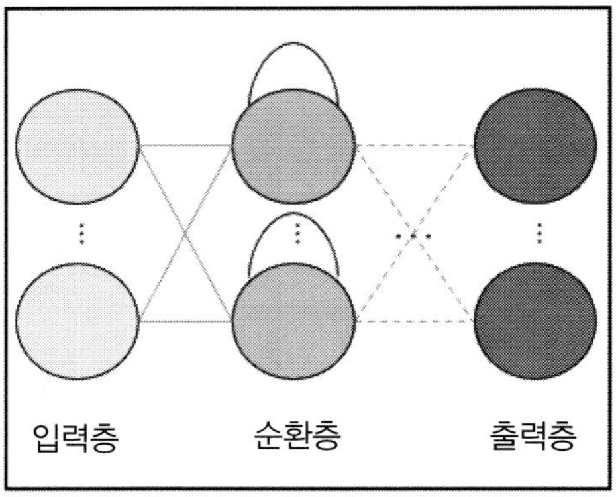

우리는 5장 언어에 대한 컴퓨터적 이해를 향하여 에서 RNN을 더 탐구할 것이다.

RNN에 대한 자세한 내용과 RNN이 효과적인 이유에 대한 자세한 내용은 http://karpathy.github.io/2015/05/21/rnn-effectiveness/을 참조하라.

신경망 튜닝

우리는 이제 신경망을 구축하는데 무한히 많은 선택을 할 수 있다는 것을 알게 되었다. 어떻게 하면 이 가능성의 공간을 체계적으로 탐색할 수 있을까? 이 질문에 답하기 위해서는 가능한 한 빠르고 체계적으로 반복할 수 있는 종단간 파이프라인end-to-end pipeline을 개발해야 할 것이다.

파이프라인

이 절에 설명된 파이프라인은 모델을 튜닝하기 위한 청사진으로서 역할을 한다. 실제로, 이것은 선형 과정이 아니며 당신은 보통 단계들 사이에서 점프하게 될 것이다.

탐색적 데이터 분석

시작하기 전에 데이터 세트와 그것을 생성하는 과정을 이해하는 것이 중요하다. 탐색적 데이터 분석은 필수 단계다. 특히 변수와 잠재적 특이값의 분포에 각별히 유의해야 한다. 이러한 특이값들이 제대로 된 값들인가 아니면 단지 데이터 수집 상의 유물인가? 또한 누락된 값이 있는지 여부와 어떻게 분포되는지 주의하여야 한다. 시스템적으로 값들이 누락되어 있는가?

많은 경우 모델링을 시작하기 전에 해결해야 할 문제를 식별할 수 있으며 그렇지 않으면 결과를 무효화할 수 있다. 탐색적 데이터 분석은 이 책의 범위를 벗어나는 것이지만, 이 단계가 모델링 작업의 성공 또는 실패에 있어서 중요하기 때문에 활용해야 할 많은 견고한 리소스들이 있다.

> https://www.datacamp.com/community/tutorials/exploratorydata-analysis-python에 탐색적 데이터 분석에 대한 기본지식들이 있다.

전처리

만약 당신의 특징들이 아주 다른 스케일을 가지고 있다면, 신경망 훈련은 방해 받을 수 있다. 예를 들어, 1과 10,000 사이의 값을 갖는 특징 x_1과 0과 0.001 사이의 값을 갖는 또 다른 특징 x_2가 있다면, 최적화 알고리즘이 x_1의 방향으로 훨씬 더 늘어나 있는 비용 함수를 탐색하는 것이 더욱 어려울 것이며, 심지어 수렴하지 않는 결과를 초래할 수도 있다. 이 문제는 평균을 빼서 각 특징값의 분산으로 나누어 방지할 수 있다.

$$x_i \leftarrow x_i - \mu_i$$

$$x_i \leftarrow x_i / \sigma_i^2$$

여기서 x_i는 i번째 특징값이고, μ_i는 i번째 특징값의 평균이며, σ_i^2는 i번째 특징값의 분산이다.

> 특징값 정규화의 중요성에 대한 직관적인 설명을 보려면 https://www.coursera.org/learn/deep-neural-network/lecture/lXv6U/normalizing-inputs.을 보라.

이 단계에서는 누락된 값에 대해서도 결정을 내려야 한다. 이것은 사소한 일이 아니며 좀 고려할 것들이 있다. 단순히 데이터가 누락된 인스턴스를 제거하는 것은 편향을 증가시킬 수 있다. 예를 들어, 학생 성과 데이터 세트를 수집한 사람이 남학생의 GPA를 수동으로 입력하는 것을 잊었다고 가정해 보자.

GPA가 누락된 모든 인스턴스를 제거하면 데이터 세트에서 모든 남성을 제거하게 되고, 모집단에 일반화되지 않는 모델을 배우게 된다. 누락된 값을 현재 값의 평균 또는 중위수로 대체하는 것도 일반적으로 사용되는 또 다른 전략이다. 그러나 이 경우, 예를 들어, 당신은 누락된 평점을 가진 사람들이 평균 평점을 가지고 있다고 가정함으로써 또 다른 형태의 편향을 도입하고 있다. 또 다른 전략은 당신의 특징의 실제값의 범위를 벗어난 값을 사용하는 것이다. 범주형 특성의 경우 법적 가치 목록에 N/A 값을 명시적으로 추가할 수 있다.

궁극적으로 어떤 전가 전략도 완벽하지 않으며, 특정 특징이 누락된 정확한 이유를 알지 못하는 한 그리고 값의 결여가 무작위로 발생한 것인지 체계적으로 발생하는지 정확히 알지 못하는 한 조정을 해야 할 또 다른 하이퍼 파라미터로 전가 전략을 취급해야 한다.

> https://machinelearningmastery.com/handle-missing-data-python/과 http://scikit-learn.org/stable/modules/preprocessing.html#imputation-of-missing-values를 방문하여 파이썬에서 누락된 데이터와 대치 전략에 대해 자세히 알아볼 수 있다.

훈련, 테스트, 검증 집합

우리는 기계학습에 있어 과적합이 주요 관심사라는 것을 반복해서 보아 왔다. 과적합과의 싸움의 첫 번째 단계는 모델 훈련에 사용하지 않을 데이터의 일부를 따로 설정하는 것이다. 이 데이터 세트를 **테스트 세트**라고 한다. 테스트 세트는 모델을 훈련하는 데 사용하는 데이터에서 분리해야 한다.

예를 들어, 데이터 세트에 중복된 기록이 있는 경우, 데이터를 두 세트로 분할하기만 하면 동일한 기록이 테스트 세트로 유출될 수 있다. 관측치가 독립적일 경우 데이터 세트를 섞는 것도 고려해야 한다. 시계열이나 순차 데이터의 경우에는 독립적이 아닐 수 있으며, 그러한 경우 데이터가 섞여서는 안된다는 것을 알고 있다. 시계열 데이터가 있는 경우 훈련 데이터에 대비하여 시점 상 미래에 있는 데이터를 따로 분리해 놓아야 하며, 시간적으로 데이터가 빠지지 않도록 주의해야 한다. 마지막으로, 분류를 위해 데이터 세트를 사용하는 경우, 분할 후 클래스의 비율이 유지되는지 확인해야 한다. 예를 들어, 10개의 인스턴스가 있는 데이터 세트에 대해 다음 무작위 분할을 고려해 보자.

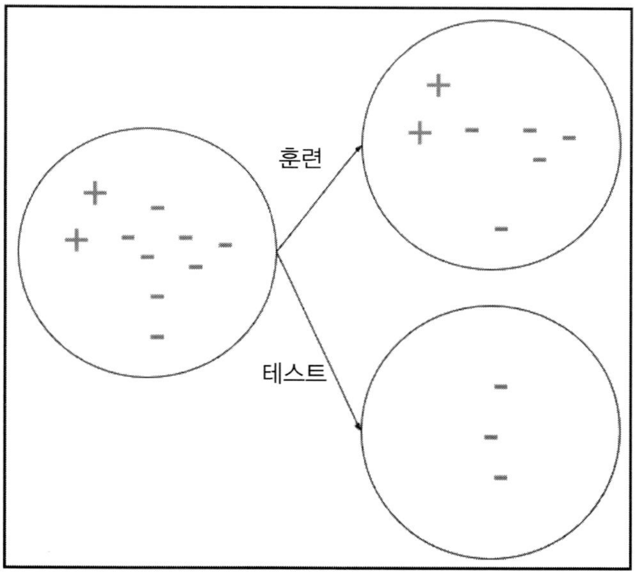

원래 데이터 세트에서 양의 인스턴스는 데이터 세트의 20%였으나, 훈련 및 테스트 데이터 세트에서는 28.6%와 0%이다. 이 문제에 대한 가장 극단적인 경우는 훈련 세트가 두 클래스 중 한 클래스만 포함하여, 모델은 배울 다른 클래스의 예가 없을 때 발생한다. Scikit-learn은 이 문제를 방지하기 위해 기본적으로 계층화된 샘플링을 사용한다.

테스트 세트는 조정된 모델을 실전에 배치하기 전에 모델의 성능을 편향되지 않게 추정하는 데 한 번만 사용해야 한다. 일반적인 실수는 테스트 세트를 사용하여 모델을 튜닝하는 것이다. 이 접근방식의 문제는 동일한 테스트 데이터에 대해 새로운 하이퍼 파라미터 세트의 결과를 반복적으로 평가함으로써 모델을 해당 데이터 세트에 효과적으로 튜닝하여 테스트 세트를 튜닝 프로세스에 누출시키는 것이다.

훈련 및 테스트 세트를 확보하고 나면, 두 가지 선택사항이 있다.

- 훈련 세트를 훈련 세트와 검증 세트로 분리
- 교차 검증 사용

첫 번째 옵션은 더 간단하며 각 훈련 과정이 오랜 시간이 걸리는 경우 사용해야 한다. 두 번째 옵션은 훈련 시간이 더 필요하지만 하나의 추정치 대신 평가 지표의 분포를 생성하는 이점이 있다. 교차 검증은 데이터 세트를 k개의 파티션(일반적으로 폴드fold라고 불림)으로 분할하고 다음 단계를 k번 반복하여 매번 다른 k 파티션을 선택하는 과정이다.

- 나머지 k-1 파티션으로 모델 훈련
- k 파티션으로 모델 평가

이 절차에서는 평균, 표준 편차 및 중위수와 같은 요약 통계를 계산할 수 있는 평가 지표들을 k번 생성한다.

평가 지표

모델 평가를 위해 올바른 평가 지표를 선택하는 것은 파이프라인에서 중요한 단계다. 평가 지표는 정의상 손실적이며 당신의 모델이 어떻게 하고 있는지에 대한 전체 이야기를 말해줄 수 없다는 것을 깨닫는 것이 중요하다. 예를 들어, 모델의 정확도가 80%라고 안다고 해서 모델이 어떤 종류의 오류를 행하고 있는지에 대해 아무것도 알 수 없다. 앞에서 본 학생 성적 예제에서 모델의 정확도를 안다는 것이 모델이 더 많은 거짓 긍정 또는 거짓 부정을 만들고 있는지 여부를 알려주지 않는다.

다음은 혼동 행렬이라고 하는데, 이는 이진 분류기의 모든 예측을 4가지 범주 중 하나로 묶는다.

	실제 긍정	실제 부정
예측 긍정	참 긍정	거짓 긍정
예측 부정	거짓 부정	참 부정

이 경우, 거짓 긍정이란, 모델이 학생이 실제로 그렇지 않을 때(부정) 그 과정을 통과할 것(긍정)이라고 예측하는 것이다. 정밀도precision와 같은 측정 지표는 다음과 같은 모든 예측 긍정의 수 대비 참 긍정의 비율을 알려줄 수 있다.

$$P = \frac{TP}{TP + FP}$$

정밀도가 100%인 모델은 거짓 긍정 예측을 하지 않는다. 재현률 또는 리콜recall이라고 불리는 또 다른 측정 지표는 실제 긍정의 백분율로 참 긍정의 비율을 알려줄 수 있다.

$$R = \frac{TP}{TP + FN}$$

정밀도와 재현율 사이에는 본질적인 트레이드오프가 있으며, 보통 하나를 늘리면 다른 하나를 희생한다. 일부 응용 프로그램에서는, 거짓 긍정과 거짓 부정의 비용이 매우 다르다. 예를 들어, 신용 카드 사기 분류기가 보수적으로 합법적인 거래를 사기(거짓 긍정)로 태그함으로써 사람에 의해 확인할 수 있도록 하는 것이 사기를 못 탐지하는 것(거짓 부정) 보다는 더 이치에 맞을 수 있다.

F_1 점수와 같은 평가지표는 정밀도와 리콜을 모두 고려하여 이 트레이드오프를 포착한다.

$$f_1 = \frac{2.P.R}{P + R}$$

> 혼동 행렬에서 계산할 수 있는 포괄적인 평가 지표 목록을 보려면 https://en.wikipedia.org/wiki/Configuration_matrix를 방문해 확인해 보자.

실수값을 갖는 특징의 값을 예측하는 회귀 문제의 경우 MSE가 일반적으로 사용된다. 다른 선택으로는 **평균 절대 오차**MAE와 결정 계수가 있다. 가능한 한 많은 관련 평가지표를 계산하고 비교해 보자.

각 평가지표가 포착하기에 적합한 것이 무엇인지 이해하고 서로 다른 평가지표가 충돌하는 스토리를 알려주는 경우 특히 주의해야 한다.

> http://scikit-learn.org/stable/modules/model_evaluation.html에서 분류 및 회귀 평가 지표에 대해 자세히 알아 볼 수 있다. https://www.tensorflow.org/api_docs/python/ tf/metrics에서는 텐서플로우에서 사용할 수 있는 평가 지표 목록을 찾을 수 있다. 모든 패키지에 모든 평가 지표가 포함되어 있는 것은 아니라는 점에 유의하자.

기준 설정

우리의 편향-분산 트레이드오프 논의에서 아주 단순한 선형 모델이 대부분의 경우 너무 편향되어 있을 수 있다는 것을 상기하라. 하지만, 이것은 대개 이야기의 일부분에 불과하다. 일부 응용 프로그램에서는 90% 정확하지만 훈련하는 데 몇 초가 걸리는 선형 모델이 95% 정확하지만 훈련하는 데 많은 시간이 걸리는 고도로 복잡한 심층 학습 모델보다 선호될 수 있다.

이것은 모델의 품질(정확도)만이 우리가 항상 신경 쓰는 평가지표가 아니라는 것을 말한다. 아주 자주 간과되는 또 다른 차원은 훈련의 복잡성과 대개는 해석하기 어려운 고도로 복잡한 모델을 유지하는 것이다. 복잡성과 밀접하게 결합되어 있는 해석성의 부족은 대개 모델을 디버그하고 감사auditing하는 것을 훨씬 더 어렵게 만든다.

이런 관점에서, 주어진 예산에서 품질에 대한 목표를 세우는 것이 중요하다. 상용 애플리케이션에서 이 목표는 기존 시스템의 품질(또는 부족)에 대한 분석과 함께 할당된 예산에 의해 정당화되는 점진적 가치를 제공하기 위해 모델이 얼마나 개선되어야 하는지에 대한 세심한 분석을 통해 설정되어야 한다. 예를 들어 카드사가 이미 80% 정도 정밀도를 가진 사기 탐지 시스템을 갖추고 있고 비용이 x 달러인 경우, 정확도는 81%로 개선하면서도 비용은 10배 정도 들어가는 시스템을 개발하는 것이 정말 말이 되는가?

> 이 프레임워크는 상용 애플리케이션에만 국한되지 않으며 다른 환경에서도 적용할 수 있다. 이 골격의 긍정적인 부작용은 기대되는 노력 수준에 기반하여 노력의 우선순위를 정할 수 있도록 하고, 더 간단한 방법으로 원하는 품질에 도달하도록 장려한다는 것이다.

명시적 기준선에 관계없이 모든 경우에 적용되는 암묵적 기준선은 무작위 또는 과반수 분류기를 이기는 것이다. 예를 들어 사기 행위가 데이터 세트의 1%에 불과한 경우, 그러면 항상 거래를 합법적으로 예측하는 모델(대부분의 사례)은 평균 99% 정확할 것이다. 이 경우 원하는 평가지표는 99%보다 높거나, 아니면 수신기 작동특성 곡선 아래의 영역AUROC과 같은 평가지표를 사용해야 한다.

보다 직관적으로 클래스 수의 측면에서 균등하게 균형을 이룬 데이터 집합이 있다면, 무작위로 양과 음의 라벨을 생성하는 무작위 분류기는 약 50%의 정확도를 달성할 것으로 예상할 수 있으며, 따라서 당신이 이겨야 할 또 다른 암묵적 기준선이다. 즉, 기계학습은 우리가 무작위보다 더 잘 할 수 있고 과반수 라벨 분류와 같은 단순한 휴리스틱을 이길 수 있을 경우에만 타당하다.

회귀 문제의 경우 유사한 기준선은 항상 데이터 평균을 예측하는 상수 예측변수다. 사실 결정 계수 R^2는 모델이 이 상수 예측변수에 비해 얼마나 효과적인지를 측정한다. $R^2 = 0$일 때 우리의 모델은 이 예측 변수보다 더 좋은 성능을 발휘하고 있고, $R^2 < 0$일 때 우리는 더 나쁘게 일을 하고 있는 것인데, 이것은 경보의 원인이 되어야 한다.

> TIP http://fastml.com/what-you-wanted-to-know와 https://towardsdatascience.com/what-metrics-should-we-use-on-imbalanced-data-set-precision-recall-roc-e2e79252aeba은 ROC에 대한 자세한 정보를 담고 있다.

파이프라인을 설정하고 측정지표를 선택한 후 첫 번째 단계는 최소한의 복잡도로 달성할 수 있는 것에 대한 기준을 설정하는 것이다. 예를 들어, 추가 튜닝이나 특징 공학 없이 로지스틱 회귀 모델을 사용하여 애플리케이션에 대해 85% 정밀도의 명시된 품질 목표를 달성할 수 있다면, 우리는 우리의 일을 한 셈이다. 이 모델은 생산에 투입하는 것이 비교적 간단할 것이며, 더 복잡한 방법에 비해 훈련하고 유지하는 데 필요한 자원이 줄어들 것이다. 우리는 이 프레임워크를 오캄의 면도칼Occam's razor의 인스턴트화라고 생각할 수 있다: 두 개의 동일한 유효 모델을 고려할 때, 가장 빈약한 모델(최소한으로 복잡한 모델)을 선택한다.

진단하기

이전 단계에서 우연히 자신의 모든 요구사항을 만족시키는 모델을 발견했더라도, 훈련시킨 모델을 더 자세히 조사하는 것이 득이 된다. 이 단계는 다음에 무엇을 해야 할지 아는 데 매우 유익할 수 있다.

오류 분석은 유용한 진단 도구다. 먼저 모델이 실수를 범하는 몇 가지 사례를 점찍어 점검하는 것부터 시작한다. 어떤 패턴이라도 탐지할 수 있는가? 예를 들어, 학생 성적 모델에서, 학생이 남성일 때 그 모델은 대부분 실수를 저지르고 있으며, 추가 조사를 해 보니, 대부분의 남학생들이 예측에 매우 중요한 특징으로 밝혀진 그들의 학점을 보고하지 않았다는 것을 깨닫게 될 수도 있다. 이것은 이제 탐색적 데이터 분석 도구 상자를 활용하여 보다 체계적으로 수행되어야 한다: 데이터를 정확하고 부정확한 파티션으로 분할하고, 분포, 누락된 값의 만연 및 특이치 등을 비교하는 작업을 수행해야 한다. 이 단계에서는 처음에 탐구 분석을 수행할 때 포착하기가 더 어려웠으나 이제 이러한 패턴을 더 쉽게 탐지할 수 있는 분류기를 갖게 됨으로써 더 쉽게 알 수 있게 된 데이터 품질 및 일관성에 대한 이슈들이 노출될 수 있다.

또한 훈련에 사용되는 훈련 데이터의 양에 대한 함수로 훈련 및 검증 평가지표를 그려보는 것도 고려해야 한다. 이러한 곡선은 집합적으로 **학습 곡선**이라고 하며, 더 많은 데이터를 포함하는 한계 편익의 추정치를 제공한다.

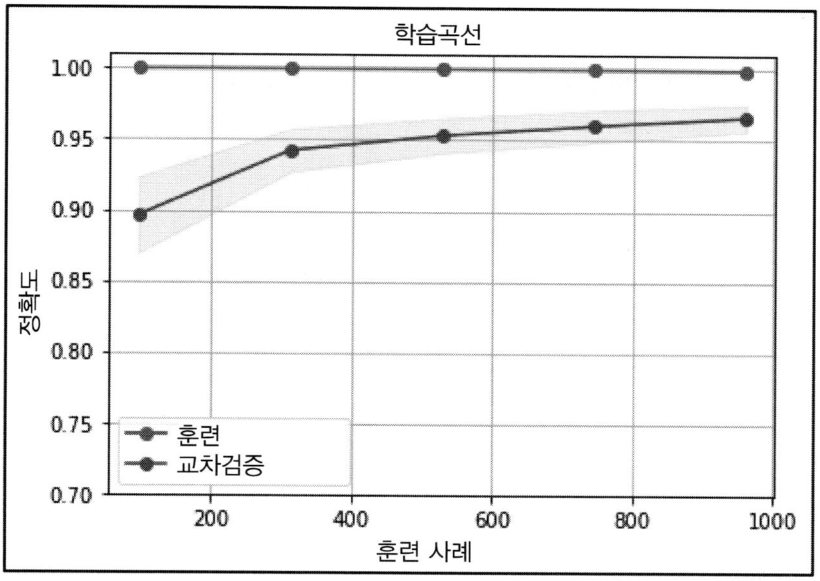

이 예에서는 교차 검증된 정확도가 300개의 예제까지 가장 큰 향상을 보이고 있음을 알 수 있다. 300가지 예제 후에, 정확도 상승은 지속되지만 더 낮은 속도로 지속된다(수술적 의학 검사 등과 같이). 더 많은 데이터를 수집하는 것이 비용이 많이 들고, 번거롭거나 위험한 응용에서, 우리는 더 많은 데이터를 수집하는 것이 정당한지에 대한 우리의 결정을 이끌기 위해 이 그림을 참조할 수 있다.

하이퍼 파라미터 최적화

이 단계에서는 유효 용량을 조정하기 위해 모델의 하이퍼 파라미터를 조정하려고 한다. 모델의 유효 용량은 모델 훈련에 사용되는 최적화 알고리즘의 효과뿐만 아니라 우리가 선택한 표현의 함수이다. 표현은 기본적으로 아키텍처인데, 이는 다시 여러 계층, 계층의 유형, 활성화 함수의 유형, 정규화, 은닉 유닛 수의 함수다.

하이퍼 파라미터는 독립적이지 않으며 예기치 않은 방식으로 상호 작용할 수 있다는 점에 유의하자. 데이터 세트에 가장 적합한 기본 아키텍처부터 시작하는 것이 가장 좋을 것이다. 앞에서 살펴본 것처럼 CNN은 일반적으로 이미지에, RNN은 텍스트나 음성 등의 순차열 데이터에, 간단한 순방향 신경망은 표 데이터에 사용된다. 이것은 당신이 이러한 구조들을 그들의 장점을 이용하기 위해 흥미로운 방법으로 결합할 수 없다는 것을 말하는 것이 아니다. 그러나 오캄의 면도칼을 고수하면서, 우리의 과제는 최소한의 복잡성으로 시작해서 정당화될 때에만 그것을 증가시키는 것이다. 몇 개의 은닉 유닛이 있는 하나의 은닉층이 좋은 출발점이다. 기준선이 기본 로지스틱 회귀 모델이라는 것을 기억하라. 그리고 우리는 과적합하지 않고 데이터를 설명할 수 있는 최소의 복잡도를 가진 모델을 찾기 위해 점진적으로 복잡도를 추가하고 있다. 이것은 실제 행하는 것보다 말하는 게 더 쉽다. 이상적으로는 복잡도 곡선의 오른쪽으로 이동하기를 원하지만, 이것은 하이퍼 파라미터 사이의 상호 작용에 의해 복잡해진다. 계층의 수, 계층에서 은닉층의 수, 최적화기의 학습 속도는 튜닝해야 할 하이퍼 파라미터 중 가장 영향력 있는 것 중 하나이다.

격자 검색

모델의 하이퍼 파라미터에 대한 검색 공간은 조합적으로 거대하다. 하지만, 작은 범위 내의 하이퍼 파라미터의 부분집합을 식별하여 전수 검색을 수행할 수 있다. 이러한 유형의 검색은 격자 검색이라고 하며, 모든 하이퍼 파라미터 값 조합을 검색하는 것을 포함한다. 예를 들어 {2, 3, 4}개 집합에서 선택한 유닛 수와 {50, 100, 200} 집합에서 선택한 유닛 수에 대해 그리드 검색을 수행할 수 있다. 이 검색에는 9개 이상의 구성이 포함된다.

랜덤화 검색

하이퍼 파라미터에 대해 전수 검색을 수행하는 대신, 각 하이퍼 파라미터에 대한 분포를 정의하고 각 반복 시 해당 분포에서 무작위로 샘플을 추출하여 하이퍼 파라미터 구성을 만들 수 있다. 시간 제한에 도달하면 숫자를 지정하거나 제약을 제공하고 검색을 중지함으로써 샘플링된 구성의 수를 제한할 수 있다.

실제로 랜덤화된 검색은 그리드 검색보다 효율적이며, 하이퍼 파라미터 공간을 더 잘 탐색할 수 있다.

> http://www.jmlr.org/papers/volume13/bergstra12a/bergstra12a.pdf 을 방문하여 그리드 및 랜덤화 검색의 이론적이고 경험적인 비교를 볼 수 있다.

자동ML

격자 검색이나 랜덤화 검색은 가이드된 검색을 수행하지 않는다. 예를 들어 {1, 2, 3}에 속하는 은닉층의 수와 2~2,000 사이의 정수에서 선택한 은닉 유닛의 수를 가진 모델들에 대해 검색하고 있다고 가정해 보자. 그리고 랜덤화 검색을 사용하여 30개의 구성을 검색하고자 한다. 총 20개의 구성을 관찰하여, 그 중 10개는 하나의 은닉층에 해당하고 나머지 10개는 20 또는 30 층에 해당하고, 1개의 단일 계층이 있는 사례에 대한 검증 품질이 지속적으로 더 높다면, 우리는 이 지식을 이용하여 단일 숨겨진 계층 모델에 더 많은 검색을 집중하고 이상적인 숫자의 은닉 유닛에 집중하도록 노력해야 한다. 그러나 랜덤화 검색은 이러한 정보에 맹목적이며 동일한 분포에서 균일하게 끌어낼 것이다.

가이드된 하이퍼 파라미터 검색을 수행하는 데 베이시안 및 강화 학습 방법이 성공적으로 사용되어 왔다. **자동기계학습**Automated machine learning, AutoML은 활발한 연구 분야이다.

> AutoML에 대한 자세한 내용은 https://research.googleblog.com/2017/05/using- machine-learning-to-dearning.html을 참조하라. 여기에서는 신경망 아키텍처를 탐색하기 위해 강화 학습을 사용한다. 우리는 6장, 생성 대립망에서 강화 학습에 대해 탐구할 것이다.

요약

본 장에서는 지도 학습, 비지도 학습, 강화 학습을 학습의 세 가지 큰 범주로 소개했다. 그리고 나서 우리는 전 장에서 퍼셉트론에 대하여 쌓은 직관을 확장하여 비선형 분리 데이터에 적용할 수 있는 다층 퍼셉트론 및 비선형 활성화 함수를 소개하였다. 신경망의 표현력을 설명하기 위한 이론적 기초로서 보편적 근사정리를 도입했다.

그런 다음 심층 신경망을 정의하고 훈련하고 평가하는 과정을 상당히 단순화하는 케라스나 추정기Estimator와 같은 높은 수준의 API를 도입하고, 심층 학습의 여러 측면을 시각화하는 진단 도구로 텐서보드TensorBoard를 제시했다. 마지막으로, 우리는 가능한 아키텍처의 공간을 탐색하고 모델의 하이퍼 파라미터를 조정하기 위한 프레임워크로서 편향-분산 트레이드오프를 도입했다.

다음 두 장에서는 이미지와 순차열 데이터 세트의 고유 구조를 이용할 수 있는 전문화된 신경망 아키텍처를 살펴보기로 한다.

04

컴퓨터 비전과 지능

현재 컴퓨터 비전 과학자로 일하며 자율주행차 기술 연구에 전념하고 있는 내 동료 중 한 명은 어떻게 카메라와 적외선 기술 같은 여러 센서를 사용하여 차를 제어하는 것이 가능한지, 그리고 지능형 시스템이 운전자의 행동을 어떻게 배우고 나서 그들이 운전하는 것을 도울 수 있는지 말해 주었다. 이를 듣고 내 스스로 자율주행차를 만들 수 있는 가능성에 대해 생각해 보게 되었지만, 나는 곧 이것이 엄청난 비용이 드는 투자가 될 것이라는 것을 깨달았다. 그리고 나서 나는 가상의 자율주행차를 만드는 아이디어, 즉 시스템이 스로틀, 브레이크, 우회전 또는 좌회전 등 운전의 여러 측면을 제어하는 자동차 게임을 할 수 있는 프레임워크를 생각해 냈다.

이 장에서는 다음 주제에 대해 살펴보기로 한다.

- 컴퓨터 비전
- 신경망과 컨볼루션 신경망을 이용한 이미지 분류
- CNN을 이용한 MNIST 숫자 분류
- 자율주행차 가상모델 개발
- 가상 모델 테스트 및 훈련

컴퓨터 비전

이 장에서 우리는 컴퓨터 비전과 지능에 대해 이야기할 것이다. 이미 컴퓨터를 사용하고 있을 것이므로, 여기서 **컴퓨터**에 대해 이야기할 필요는 없을 것 같다(9장 'GPU에서 양자 컴퓨팅까지-AI 하드웨어'에서 컴퓨터를 좀 더 자세히 살펴보겠다).

비전은 디지털 카메라를 사용하여 무언가를 시각화하거나 보는 것과 직접적으로 관련이 있으며, **지능**은 학습된 지식을 이해하고 적용하는 능력, 즉 간단히 기계학습을 말한다.

이 세 단어가 합쳐지면 컴퓨터 비전의 개념을 얻게 되는데, 이것은 알고리즘을 이용하여 이미지를 분석하는 컴퓨터 과학의 영역을 가리킨다. 이러한 분석 작업은 이미지에서 물체를 감지하거나 이미지를 균일한 영역으로 분할하는 것과 관련이 있다. 컴퓨터 비전은 영상 복원, 노이즈 감소 및 조영 증강과 같은 이미지 증강 작업도 다룬다.

이러한 작업은 다양한 종류의 이미지 필터를 사용하여 수행할 수 있지만, 이것들은 흔히 볼 수 있는 인스타그램 필터가 아니다. 예를 들어, 당신이 Adobe Photoshop을 사용해 본 적이 있다면, 이 소프트웨어는 고급 컴퓨터 비전 알고리즘을 사용하여 이미지를 처리한다.

컴퓨터와 비전, 지능의 결합에 대해 생각해 보자. 종이에 전화번호가 적혀 있고 컴퓨터 비전 시스템을 통해 읽고 싶다면 이미지를 획득하기 위한 카메라, 이미지로부터 다른 숫자들을 구분하기 위한 처리 시스템, 숫자가 나타내는 것을 인식하는 알고리즘이 있어야 한다.

이것은 컴퓨터 비전 영역 내에서 나온 하나의 예일 뿐이다. 컴퓨터 비전 분석을 이용하는 애플리케이션은 많다. 현대 컴퓨터 과학에서 딥러닝 알고리즘은 가장 중요한 성과 중 하나이다. 그들은 컴퓨터 비전 작업을 매우 쉽고 정확하게 만든다.

자율주행차로의 한 걸음

어떻게 컴퓨터 비전이 자율주행차를 만들 수 있을까? 차를 운전하려면 시각 정보를 바탕으로 결정을 내려야 한다. 우리는 가상 자동차에도 비슷한 것을 할 수 있다: 우리는 이미지 분류를 이용하여 이러한 결정을 내리도록 시도해 볼 것이다. 우리는 게임 화면을 분류기의 입력으로 삼아 다음에 무엇을 해야 하는지—예를 들어 앞으로 나아가거나, 뒤로 가거나, 왼쪽이나 오른쪽으로 가거나—알려주게 할 수 있다. 자율주행차 방향으로 나아가려면 우선 이미지 분류를 이해해야 한다.

이미지 분류

이미지 분류는 전형적인 컴퓨터 비전 문제다. 이것은 이미지 콘텐츠를 바탕으로 이미지를 범주로 분류하는 것을 말한다. 여기서 콘텐츠는 이미지에 있는 개체, 색의 변화, 또는 풀이나 나무와 같은 다른 텍스처를 갖는 영역들 일 수 있다. 우선, 이미지에서 여러 이미지 처리 필터를 사용하여 이미지의 다양한 색상과 텍스처 특성을 묘사할 수 있는 특징들을 추출하여야 한다. 그런 다음, 지도 또는 비지도 기계학습 알고리즘을 적용하여 이미지를 다른 부류들로 분류해야 한다.

다음 다이어그램은 고전적인 이미지 분류 기법의 과정을 보여준다.

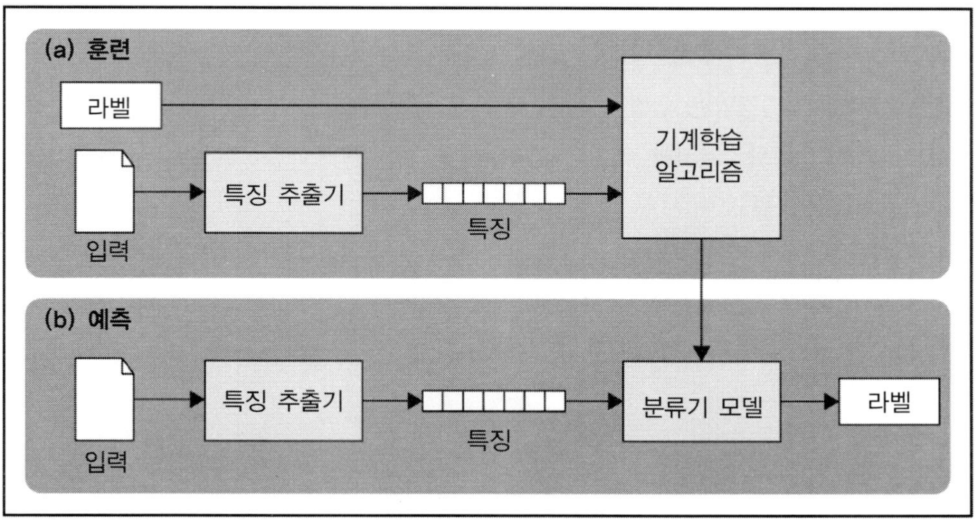

2012년 후반까지, 모든 사람들은 비슷한 종류의 프레임워크를 따랐다. 그러나 컴퓨터 과학자 알렉스 크리즈헵스키Alex Krizhvesky가 ImageNet의 Large Scale Visual Recognition Challenge(ILSVRC)에서 CNN 기반의 이미지 분류 체계를 소개하면서 이 모든 것이

바뀌었다. 이 네트워크는 이전의 모든 특징 기반 인식 알고리즘을 능가했고 후에 알렉스넷AlexNet으로 이름이 바뀌었다. 얀 르쿤의 LeNet의 원리에 따라 구축되었지만, 훨씬 더 크고, 훈련해야 할 매개변수가 더 많았다.

CNN은 실제로 데이터로서 수동으로 가공한 특징들을 필요로 하지 않는다. 그들은 스스로 데이터에서 중요한 특징들을 추출할 수 있다. 즉, 데이터 세트에서 의미 있는 특징을 추출하기 위해 서로 다른 필터를 조정하느라 시간을 낭비할 필요가 없다.

알렉스넷이 이룬 큰 성공 이후 CNN에 기반을 둔 이미지 분류 프레임워크가 더 많이 존재하게 되었다. 여기에는 옥스포드 대학의 VGGNet, 구글의 Inception Network, 마이크로소프트의 ResNet 등을 포함한 많은 것들이 있다. CNN은 그 후 이미지 분류 작업에서 인간의 정확성을 능가했다. 이제 컨볼루셔널 신경망이 무엇인지, 어떻게 구현해야 하는지 살펴보기로 하자.

신경망

신경망이라는 용어는 뇌세포의 뉴런에서 유래되었다. 신경학자들은 뉴런이 뇌의 의사결정 과정을 책임지고 있다고 믿는다. 하나의 뉴런은 전기 신호를 사용하여 다른 뉴런과 통신할 수 있다. 신경망은 인간의 뇌를 모방하도록 설계되어 있다. 여기서 뉴런은 수학 계산의 형태로 정보를 처리하는 수학적 함수로 볼 수 있다. 다음 그림은 퍼셉트론이라고 알려진 인공 뉴런을 보여준다.

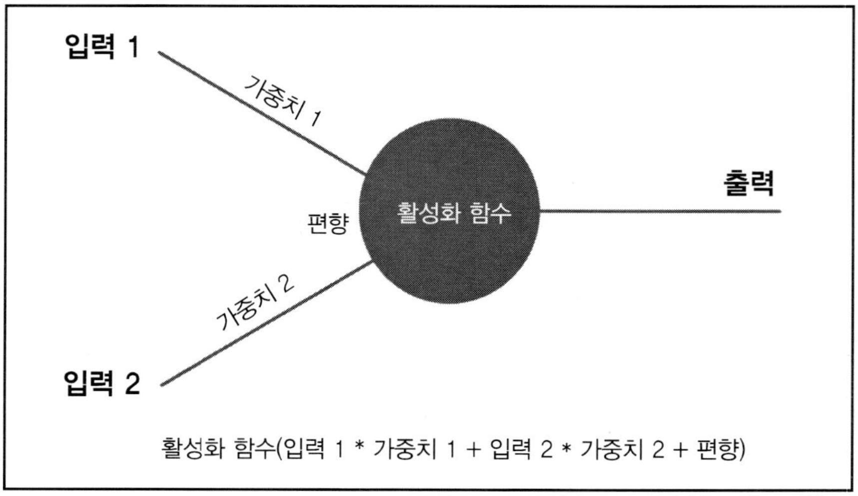

퍼셉트론은 하나의 뉴런으로 이해될 수 있다. 퍼셉트론은 입력값을 받아서 그것들을 연결 가중치로 곱하고, 활성화 함수를 적용하고, 그 결과들을 출력으로 보낸다. 이는 다음과 같은 방정식에 나타나 있다.

$$y = W * X + b$$

여기서 X는 입력신호, W는 입력에 연결된 가중치, b는 편향, y는 출력이다. 이러한 뉴런의 네트워크를 생성하기 위해 다음 그림과 같이 계층적 단계별로 연결한다.

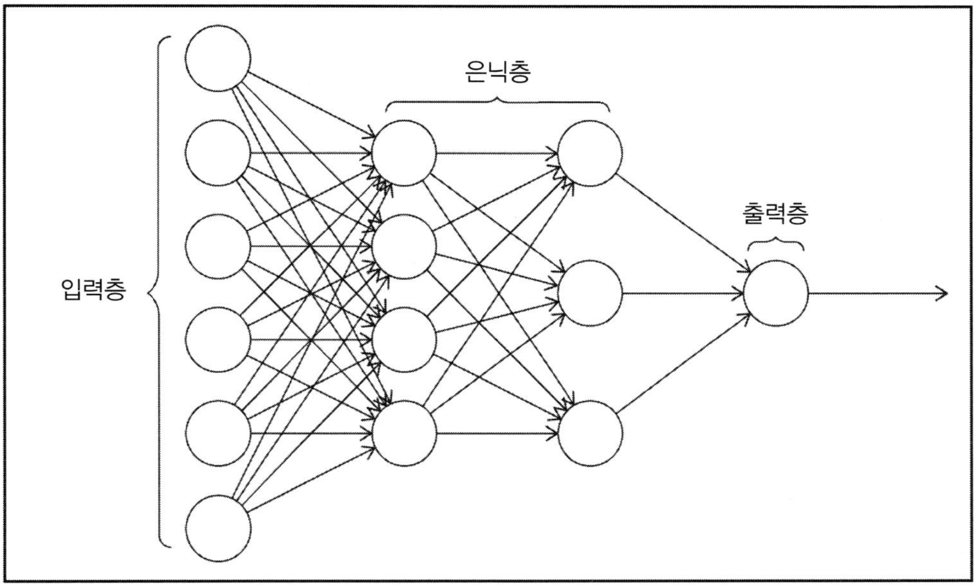

그림에서 보듯이, 각 단계에서 여러 뉴런들이 연결되어 있다. 이 단계들은 **계층**이라고 알려져 있다. 입력층은 신경망에 입력 신호를 공급하는 역할을 한다. 입력과 출력 사이에 존재하는 모든 계층을 은닉층이라고 한다. 앞의 그림은 두 개의 은닉층을 포함하는 네 개의 층으로 이루어진 신경망을 보여준다. 이러한 신경망은 **순방향 신경망**Feedforward neural network이라고 부른다. 2개 이상의 숨겨진 층으로 구성된 신경망은 **심층 신경망**DNN, Deep Neural Network으로 간주된다.

다음 방정식을 사용하여 신경망의 각 뉴런에 의해 생성되는 출력을 일반화할 수 있다.

$$H_{jl} = activation\left(\sum X_{il-1} * W_{kl}\right)$$

여기, i와 j는 각각 $(l-1)$층과 l층의 i번째와 j번째의 뉴런이고, k는 $(l-1)$층과 l층의 k번째 가중치이며, H_{jl}은 i번째 층의 j번째 뉴런의 출력이다. 우리는 이 방정식을 이용하여 어떤 뉴런의 출력을 추정할 수 있다. 볼 수 있듯이, 우리는 방정식에서도 활성화 함수를 사용했다. 좀 더 자세히 살펴보자.

만약 우리가 어떤 곱셈의 합을 신경망의 어떤 뉴런의 출력으로 사용하기로 한다면, 그것은 매우 많은 수의 숫자를 생산할 수 있고, 시스템의 불안정성을 야기할 수 있다. 정의된 범위 내에서 숫자값을 유지하기 위해, 우리는 활성화 함수를 사용하는데, 뉴런의 출력을 정의된 범위 내로 변환하는 기능을 한다. 우리가 사용할 수 있는 많은 종류의 활성화 함수들이 있다. Sigmoid, tanh, ReLU(Rectified Linear Units)는 가장 일반적으로 사용되는 활성화 함수이다.

앞의 방정식에서 X는 입력이고 Y는 출력이다. W와 b의 값은 어떻게 구할까? 여기에서 미적분의 힘을 이용한다. 역전파를 이용한 **확률적 경사 하강**stochastic gradient descent, SGD 알고리즘을 사용하여 가중치와 편향의 최적의 값을 찾을 것이다. 이것이 신경망을 훈련시킨다는 것이다. 우리는 여기에서 SGD와 역전파에 대해 너무 자세하게 논하지는 않을 것이다.

1D 데이터 예측에는 순방향 신경망이 가장 선호된다. 이것은 순방향 신경망의 각 층에 있는 뉴런들이 같은 층의 뉴런들과 상호 작용하지 않아서 정보 공유가 이루어지지 않기 때문이다. 이것은 같은 층에 있는 각각의 뉴런을 서로 독립적으로 만든다. 그것들은 이전 층의 뉴런과 다음 층의 뉴런에만 의존한다. 그러나 2D 데이터 처리의 경우 상황 정보가 중요하다. 왜 그런지 생각해 보자.

이미지에 사람 얼굴이 있는지 없는지 여부를 확인할 필요가 있다고 가정하자. 일반적인 순방향 신경망으로 작업하고 있으므로 먼저 다음 이미지와 같이 2D 이미지 데이터를 1D 배열로 변환해야 한다.

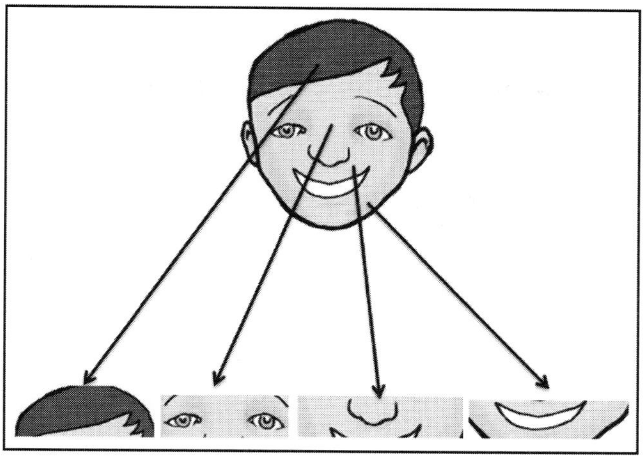

이제, 우리가 이 정보를 신경망에 전달할 때, 그것은 문맥상의 지식도 없이 정보를 처리할 것이다. 얼굴의 다른 부분들 사이에서 있는 어떤 관계도 정립하지 않겠다는 뜻이다. 눈이 항상 코와 입술 위에 위치해야 하는지, 머리카락이 눈 위에 위치해야 하는지 등등을 알 수 없을 것이다. 이렇게 하면 네트워크의 검출 정확도가 저하된다.

이 문제에 대해 가능한 하나의 해결책은 이미지의 특정 부분만 처리하는 하위 네트워크를 여러 개 사용하는 것이다. 최종적으로 모든 하위 네트워크의 예측을 병합하여 결론에 도달한다. 이러한 종류의 모델의 가능한 구조는 다음과 같이 보일 것이다.

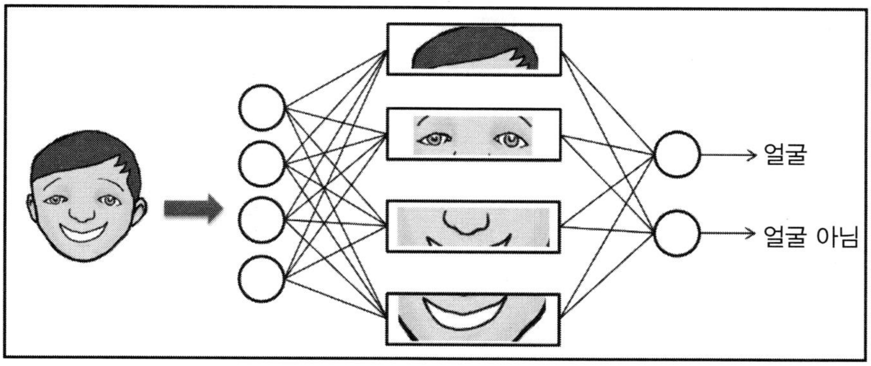

보시다시피, 이전 도표에는 4개의 다른 서브 네트워크가 있으며, 각각은 이미지의 특정 부분을 처리한다. 우리는 여기에서 더 높은 분류 정확도로 이어지는 상황 정보를 쉽게 유지할 수 있다.

컨볼루션 신경망

컨볼루션 신경망CNN은 2D 데이터 처리가 필요한 컴퓨터 시각 문제를 해결하기 위해 설계된 특정 신경망 구조다. CNN의 가장 중요한 특성 중 하나는 공간적, 맥락적 정보를 이용해 예측을 한다는 것이다. 그것은 앞의 예에서 본 바와 같이 이미지의 중요한 측면인 위치 정보를 간직하고 있다. CNN 아키텍처는 계층적으로 작동하며, 각 계층은 다른 종류의 특징에 대해 배울 책임이 있다. 예를 들어 얼굴 감지 문제에서 네트워크의 일부 계층은 눈의 특징을 배우고, 어떤 계층은 입술의 여러 변형을 배우며, 다른 계층은 코 구조의 다양한 변형을 배우게 된다. 결국 이 모든 정보는 최종 계층으로 전달될 것이며, 이 계층들을 결합하여 각 클래스에 대한 확률을 예측하게 될 것이다.

다음 도표는 CNN의 작동을 보여준다.

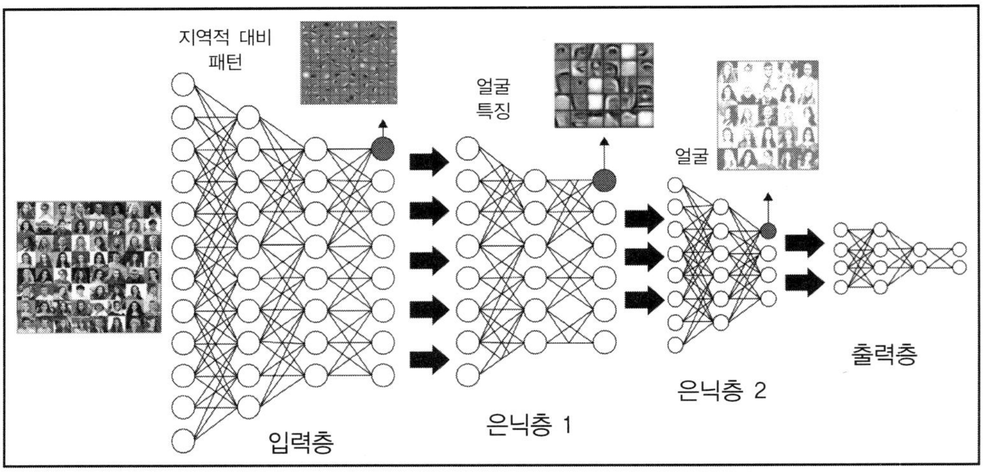

보다시피 네트워크의 모든 계층은 다른 특징들을 배운다. 초기 계층들은 가장자리나 코너와 같은 매우 일반화된 특징들을 배울 수 있고, 2차 계층들은 다양한 중요한 모양과 같은 더 복잡한 구조들을 배울 수 있으며, 나중의 계층들은 이러한 특징들을 결합하여 얼굴 전체와 같은 더 추상적인 특징들을 만들어낼 것이다. 이것이 어떻게 작동하는지 한번 보자.

컨볼루션 신경망은 컴퓨터 비전 애플리케이션에 적합한 세 가지 주요 개념을 가지고 있다.

- 지역 수용장local receptive fields
- 가중치 및 편향 공유

- 풀링층

이 용어 각각에 대해 간단히 논의해 보자.

지역 수용장

지역 수용장local receptive field은 이미지에 존재하는 영역에 대한 정보를 탐지하는 데 도움이 된다. 이미지가 이미지 영역의 집단에 불과하듯이 이미지의 영역도 비슷한 픽셀의 집단에 불과하다. CNN과 협력할 때, 우리의 네트워크는 영역 기반의 정보를 꽤 잘 배울 수 있다. 우선, 우리는 이미지의 입력 픽셀들을 신경망의 한 은닉층에 연결시킬 것이다. 이 은닉층의 뉴런들은 **필터**로도 알려져 있다. 하지만 우리가 하나의 픽셀을 하나의 은닉 뉴런에 연결하지는 않을 것이라는 것을 명심하라. 대신에 우리는 작은 영역에 있는 픽셀 그룹을 하나의 은닉 뉴런에 연결시킬 것이다.

이것은 숨겨진 계층의 모든 뉴런이 입력 픽셀들의 작은 영역이나 지역 장local field에 연결되어 있음을 직접적으로 암시한다. 25입력 픽셀에 해당하는 5×5 영역을 생각해 보자. 특정 은닉 뉴런의 경우, 다음과 같이 보이는 연결이 있을 수 있다.

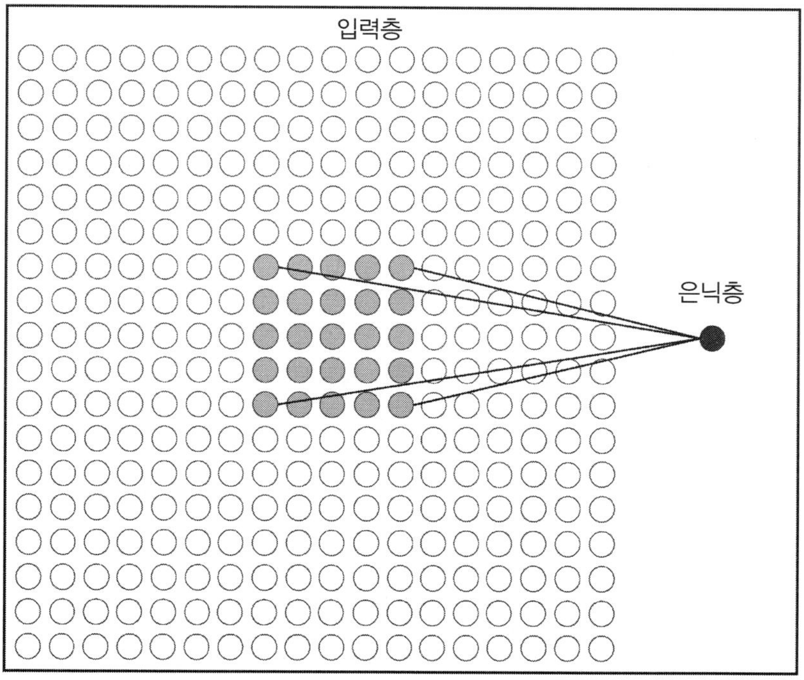

이미지에서 강조 표시된 영역은 특정 은닉 뉴런에 대한 지역 수용장으로 알려져 있다. 우리가 볼 수 있듯이, 그것은 이미지 픽셀들에 있는 작은 창이다. 네트워크의 모든 연결은 가중치와 편향값을 배운다.

이 지역 수용장은 전체 이미지에 걸쳐 미끄러져 지나갈 수 있다. 각각의 지역 수용장은 은닉층에 있는 서로 다른 은닉 뉴런을 가질 것이다. 이 개념을 설명하기 위해 다음 도표와 같이 왼쪽 상단 모서리에 있는 지역 수용장부터 시작하겠다.

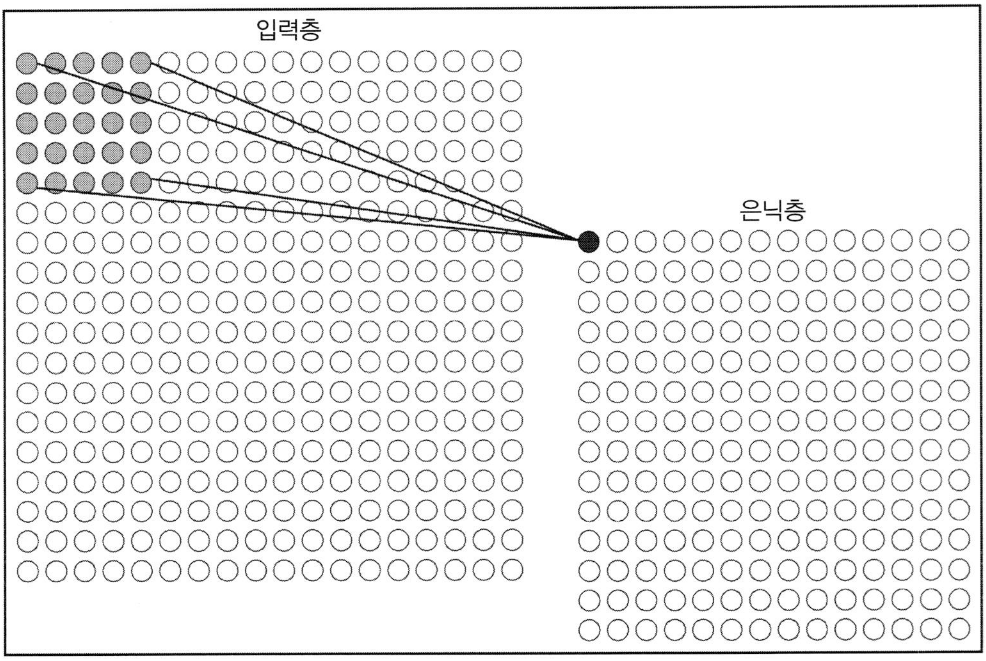

우리는 이 지역 수용장을 어떤 화소수 만큼도 이동시킬 수 있다. 이것을 **보폭**stride이라고 한다. 수용장을 한 번에 한 픽셀 씩 이동할 때, 이것은 하나의 보폭 크기로 간주된다. 요건에 따라 보폭 크기를 변경할 수 있다. 여기서 중요한 것은 보폭 크기가 처리된 데이터의 출력 크기에 직접적인 영향을 미친다는 점이다. 수용장을 한 보폭 씩 이동하면 어떻게 되는지 보자.

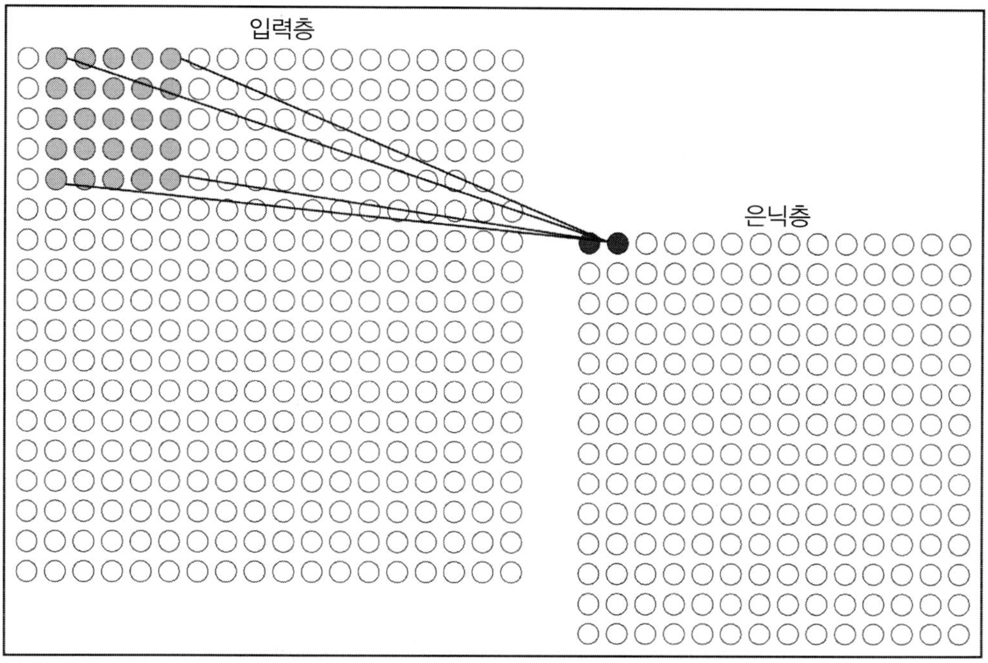

보다시피, 우리는 5×5 크기의 수용장을 가지고 있는 반면, 이미지는 18×18의 크기를 가지고 있다. 처음 5×5 픽셀 수용장을 만들 때, 수용장이 25픽셀을 모두 처리할 수 있도록 이미지의 첫 픽셀에서 두 픽셀 떨어져 있는 수용장의 중심을 선택할 필요가 있다. 이 경우 수용장의 중심은 가장자리 2개씩의 행과 열에는 놓일 수 없으므로 우리는 18×18이 아닌 14×14의 출력을 얻을 것이다. 보폭 크기를 2로 설정하면 이미지의 행과 열의 절반만 처리되므로 출력 크기가 절반으로 줄어든다. 다른 보폭 크기를 사용함으로써 우리는 출력 이미지의 크기를 제어한다. 수용장의 크기로 인해 크기가 줄어드는 것을 피하기 위해 입력 이미지에 값이 0인 행과 열을 추가할 수 있다. 이것은 제로 패딩이라고 한다. 수용장에 **필터**가 대응된다.

공유 가중치 및 편향

공유된 가중치와 편향의 개념은 우리가 논의했던 작업에서 찾을 수 있다. 앞에서 본 것처럼, 하나의 필터가 전체 이미지에 걸쳐 적용되어 출력을 생성한다. 이 과정을 **가중치**와 **편향값의 공유**라고 한다. 여기서는 일반적인 순방향 신경망과 달리 모든 필터 매트릭스는 동일한 픽셀 정보를 공유한다.

이것은 실제로 무엇을 의미하는가? 첫 번째 계층의 필터를 특정 위치에서 수평의 가장자리 탐지에 사용할 수 있다고 가정하자. 동일한 필터를 사용하여 이미지의 서로 다른 위치에서 유사한 에지 특징을 계산할 수 있다. 이러한 정보 공유는 필터를 재사용하는 데 도움이 되며, 이는 계산적으로 효율적인 해결책으로 이어진다. 이 정보 공유 능력은 또한 변환 불변성을 달성하는데 컨볼루션 신경망을 돕는다. 즉, 이미지의 어느 곳에나 얼굴의 이미지가 있다면, 분류기는 여전히 그것을 얼굴로 분류할 수 있다는 것이다.

우리의 네트워크는 이미지의 다른 위치에 있는 다른 종류의 특징들을 탐지하려고 한다. 즉, 각 수용장은 우리가 **특징맵**이라고 부르는 자체 출력을 갖게 된다는 것이다. 이미지 분류 문제의 해결책을 얻기 위해서는 네트워크의 각 단계나 계층에서 더 많은 추상적인 특징들을 감지할 수 있는 많은 필터가 필요하다. 나중에 이 장에서 배울 몇 가지 필터를 살짝 들여다보자. 다음 이미지는 LeNet-5가 학습한 필터를 묘사한다.

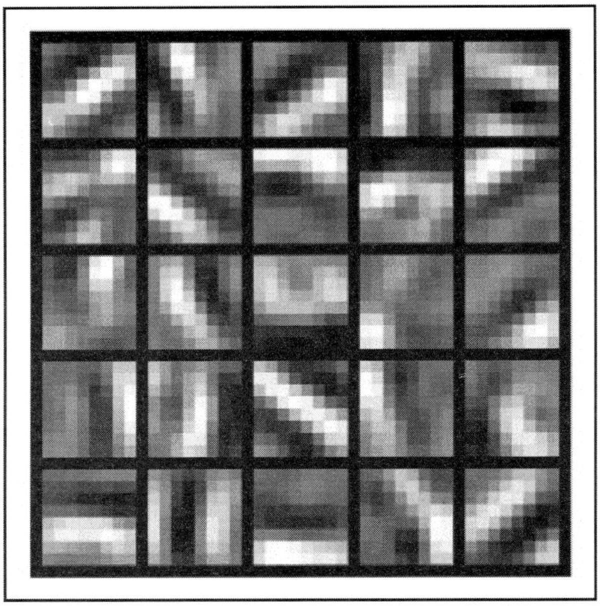

이 다이어그램은 LeNet 아키텍처에 대해 훈련된 첫 번째 계층의 필터를 보여준다. 보다시피, 이 25개의 특징은 입력 이미지에서 다양한 종류의 가장자리를 감지할 수 있는 가장자리 검출기처럼 보인다.

이미지에 필터를 적용하는 이 과정을 **컨볼루션**convolution이라고도 하며, 이러한 신경망에는 컨볼루션신경망convolutional neural network, CNN이라는 명칭을 부여한다. 이 필터들은 **컨볼루션 필터**convolution filter로 알려져 있다.

다음 방정식에 표시된 것처럼 5×5 필터를 사용하여 컨볼루션 연산을 요약할 수 있다.

$$\sigma\left(b+\sum_{l=0}^{4}\sum_{m=0}^{4} w_{l,m} * a_{j+l,k+m}\right)$$

여기서, $w_{l,m}$은 가중치 행렬의 요소(이것들은 2D 필터임을 기억하라), $a_{j+l,k+m}$은 입력 픽셀, b는 편향, σ는 출력에 적용되는 활성화 함수이다.

풀링층

풀링은 CNN 아키텍처의 또 다른 중요한 측면이다. 다양한 종류의 풀링 작업을 선택하여 하위 계층의 잡음있는 활성화를 줄이는 데 도움이 된다. 풀링층은 밀집된 예측들을 압축하고 입력 크기를 줄인다. 이 연산은 보폭이 있는 컨볼루션과는 다르다. 풀링에서는 학습 가능한 파라미터가 없으므로 가중치 행렬이 없다. 특정 인덱스에서 이전 계층의 활성화를 선택하고 압축된 출력을 생성한다. 다음 다이어그램은 풀링 작업에 대해 더 잘 이해할 수 있도록 해 준다.

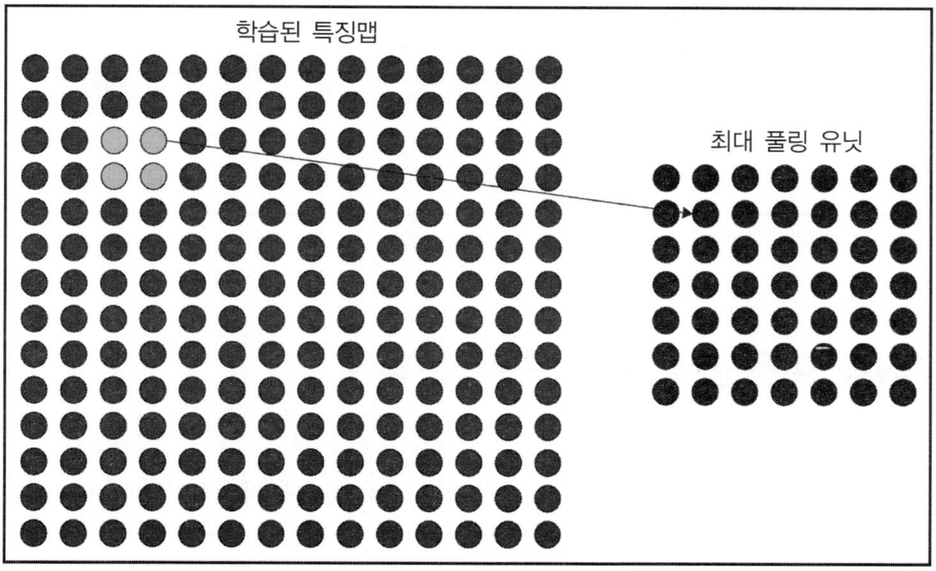

이 그림은 학습된 특징맵에서 2×2 최대 풀링 연산을 보여준다. 보다시피 풀링층은 입력 특징맵의 2×2 픽셀 영역을 생성하고 영역의 최대값을 선택한 다음 출력 맵에 배치한다. 또한 영역의 최소값 또는 평균값을 출력값으로 선택할 수도 있다. 14×14 영역에 최대 풀링을 적용하면 출력은 7×7 픽셀이 된다. 영역의 최대값 또는 평균값을 선택하여 영역 경계의 일부일 가능성이 가장 높은 가장 강력한 활성화만 선택한다. 또 다른 유형의 풀링 연산은 L2 풀링인데, 이 풀링에서는 해당 영역의 제곱 합에 대한 제곱근을 취한다. 실제로, 최대 풀링과 L2 풀링은 가장 일반적으로 사용되는 풀링 연산 유형이다.

모든 것을 하나로 결합하기

CNN을 만드는 데 사용된 중요한 아이디어와 계층들을 살펴보았으니, 우리는 CNN을 만들 준비가 되었다. 이제 CNN의 구현을 이용하여 MNIST의 손으로 쓴 숫자 이미지 분류 문제를 해결해 보려고 한다. 다음 도표는 CNN의 기본 구조를 보여준다.

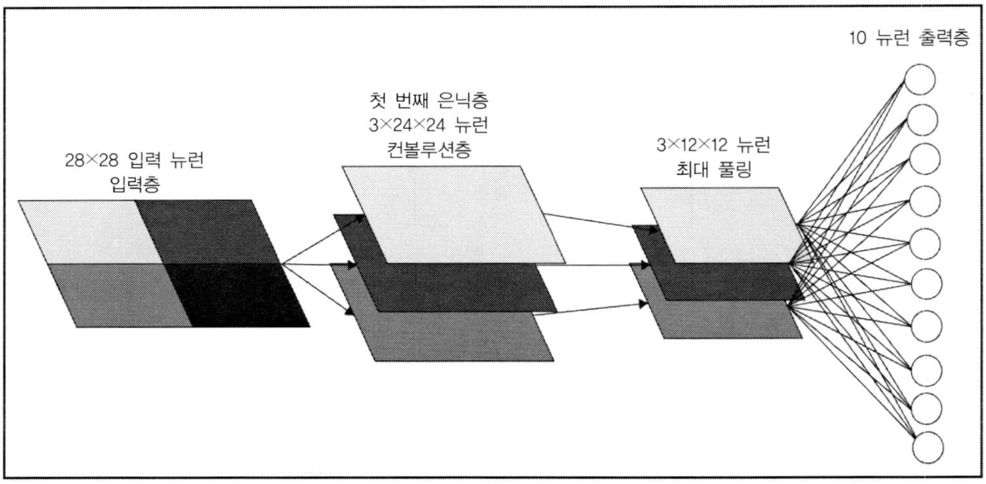

CNN을 이용한 MNIST 숫자 분류

이미 살펴본 바와 같이, 우리는 활성화 함수와 풀링층을 가진 컨볼루션으로 CNN 모델을 설계할 수 있다. 이 절에서는 손으로 쓴 숫자 인식 문제를 해결하기 위해 CNN 모델을 제작하고 훈련시킬 것이다. 이 데이터 세트는 케라스 또는 텐서플로우 라이브러리 기능을 사용하여 쉽게 다운로드할 수 있다. 6만 건의 훈련 사례와 1만 건의 시험 사례를 담고 있다. 다음 이미지는 데이터 세트의 샘플 이미지를 보여준다.

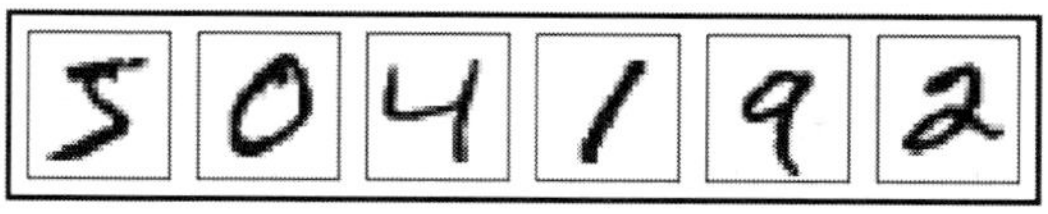

CNN 아키텍처는 활성화 함수와 함께 컨볼루션 및 최대 풀링층을 한 세트 이상 포함한다.

MNIST 숫자 분류 문제에 대한 CNN이 어떻게 작동하는지 이해해보기 위해 CNN을 하나 만들어 보자. 이 문제는 신경망 영역의 *Hello World!* 문제라고도 한다. 그것은 얀 르쿤[Yann LeCun]의 르넷[LeNet] 모델을 각색했기 때문에 우리는 CNN 아키텍처의 이름을 르넷이라고 지을 것이다.

우리의 모델은 두 세트의 컨볼루션층과 최대 풀링층을 포함할 것이다. 우리는 활성화 함수로 ReLU를 사용할 것이다. 추출한 특징 맵의 분류를 위한 밀집층 1개도 추가한다.

CNN을 구성하기 위한 정의를 만들어 보자.

```
#Import the necessary packages for building our CNN
from keras.models import Sequential
#We will need convolutional layers for feature maps and max pooling layers
#Flatten layer will convert 2D images into 1D arrays for last layer
computations
from keras.layers import Conv2D,MaxPool2D,\
Activation,Flatten,Dense
# Imports for array-handling and plotting
from keras.callbacks
import ModelCheckpoint
from keras.datasets import mnist
from keras.utils import np_utils
import matplotlib.pyplot as plt
import numpy as np
```

모델 정의는 다음과 같이 작성할 수 있다.

```
#Here is our Network definition
def LeNet(width, height, depth, classes, weightsPath=None):
    #Initialize model
    model = Sequential()
    #Convolution => Activation(ReLu)=> pooling(Max Pooling)
    model.add(Conv2D(20,(5,5),padding='same',input_shape=(depth,height,width)))
    model.add(Activation("relu"))
    model.add(MaxPool2D(pool_size=(2,2),strides=(2,2)))
    #Convolution => Activation(ReLu) => pooling(Max Pooling)
    model.add(Conv2D(50,(5,5),padding="same"))
    model.add(Activation("relu"))
    model.add(MaxPool2D(pool_size=(2,2),strides=(2,2)))

    #Fully connected Layer FC ==> ReLu
    model.add(Flatten())
    model.add(Dense(500))
    model.add(Activation("relu"))
    model.add(Dense(classes))
    model.add(Activation("softmax"))

    # If a pre-trained model is supplied
    if weightsPath is not None:
        model.load_weights(weightsPath)

    #return the constructed model
    return model
```

앞의 모델의 아키텍처는 다음과 같다:

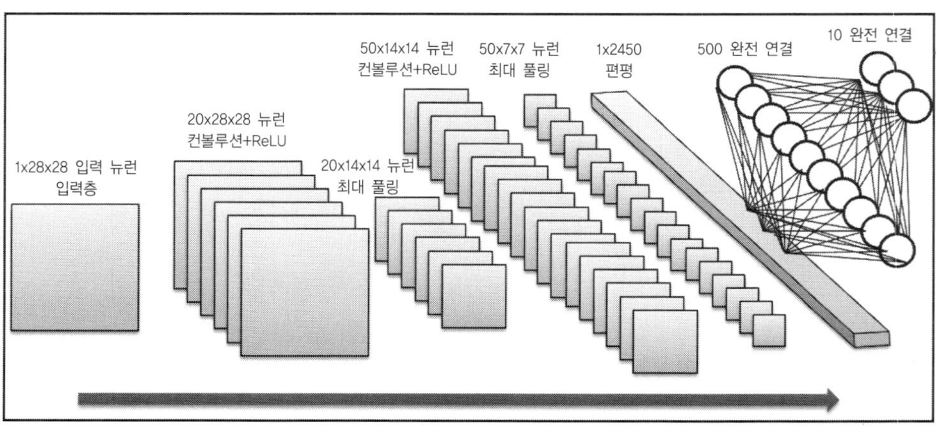

과정은 다음과 같다.

- 첫 번째 층에 5×5 크기의 20개의 컨볼루션 필터를 둔다. 컨볼루션 후에 같은 사이즈를 유지하기 위해 제로 패딩을 사용한다.
- 그런 다음 ReLU를 활성화 함수로 적용한다. 이것은 출력에서 항상 양의 숫자를 가질 수 있도록 출력 범위를 0에서 무한으로 유지한다.
- 다음으로 특징맵의 크기를 절반(14×14) 줄이는 최대 풀링 작업을 적용한다.
- 이번에는 필터 50개를 이용하여 한번 더 3개의 층을 반복한다.
- 컨볼루션 층이 끝나면 완전히 연결된(밀집) 계층을 하나 더 추가해야 한다. 이 계층은 일반적인 순방향 신경망과 유사한 방식으로 작동한다. 이 계층에 대한 입력은 1D 배열이 될 것이다. `Flatten()`을 사용하여 2D 이미지 배열을 1D로 변환할 것이다. 이 계층은 다시 활성화 함수로 ReLU를 가질 것이다.
- 마지막으로, 우리는 완전히 연결된 다른 층을 사용할 것이다. 이번에는 0과 1의 범위에서 출력을 얻을 수 있도록 시그모이드 함수를 사용할 것이다. 이를 위해 라벨 배열을 범주형 배열로 변환해야 한다.

이제 다음 코드와 같이 데이터 세트를 로드하고 그 차원을 분석할 것이다.

```
#Keras imports for the dataset and building our neural network
#Let's start by loading our dataset
(X_train, y_train), (X_test, y_test) = mnist.load_data()
X_train = X_train.reshape(X_train.shape[0], 1, 28, 28).astype('float32')
X_test = X_test.reshape(X_test.shape[0], 1, 28, 28).astype('float32')
#Print the shape before we reshape and normalize
print("X_train shape", X_train.shape)
print("y_train shape", y_train.shape)
print("X_test shape", X_test.shape)
print("y_test shape", y_test.shape)
X_train shape (60000, 1, 28, 28)
y_train shape (60000,)
X_test shape (10000, 1, 28, 28)
y_test shape (10000,)
```

이제 더 진행해 보자: 충분한 훈련 및 시험 데이터가 있다. 훈련을 시작하기 전에 먼저 모든 픽셀 값이 0에서 1 사이의 범위에 오도록 데이터 세트를 정규화할 것이다.

```
X_train = X_train.astype('float32')
X_test = X_test.astype('float32')
# Normalizing the data to between 0 and 1 to help with the training
X_train /= 255
X_test /= 255
```

보는 것처럼 출력은 0에서 9 사이여서 총 10개의 클래스가 있는데, 이것을 범주형의 배열로 바꿀 필요가 있다. 여기에 원-핫 인코딩one-hot encoding으로 알려진 프로세스를 적용하는데 각 라벨에 대해 9개의 0과 1개의 1을 갖는 배열을 사용할 것이다. 라벨 2와 3의 경우, 원-핫 인코딩된 배열은 다음과 같다.

```
0  0  1  0  0  0  0  0  0  0
0  0  0  1  0  0  0  0  0  0
```

우리는 다음과 같은 코드 라인으로 이것을 수행할 것이다:

```
#One-hot encoding using keras' numpy-related utilities
n_classes = 10
# print("Shape before one-hot encoding: ", y_train.shape)
Y_train = np_utils.to_categorical(y_train, n_classes)
Y_test = np_utils.to_categorical(y_test, n_classes)
print("Shape after one-hot encoding: ", Y_train.shape)
Shape after one-hot encoding: (60000, 10)
```

다음의 몇 라인에서 모델의 그래프를 작성하고 컴파일 방법을 사용하여 초기화한다. 또한 모델 체크포인트를 생성하여 모델을 저장할 조건을 정의한다.

```
# Now let's define a path to store the model
path2save = '/keras_mnist_lenet.h5'
#Build the model structure
model = LeNet(28, 28, 1, 10)
```

```
#We will only store the best model with the highest validation accuracy
modelCheck = ModelCheckpoint(path2save, monitor='val_acc',
                             verbose=0,
                             save_best_only=True,
                             save_weights_only=True,
                             mode='auto')
#Optimizer will be adaptive momentum with categorical loss
model.compile(optimizer="Adam",
              loss = "categorical_crossentropy",
              metrics=["accuracy"])
```

우리는 검증 손실을 확인할 필요가 있다. 만약 그것이 이전의 에포크 보다 작다면, 그 모델을 저장할 것이다. 우리는 적응적 모멘텀ADAM 기반의 확률적 경사 하강SGD을 사용하여 모델을 훈련할 것이고, 로그 비용 함수를 최적화하도록 노력할 것이다.

다음 코드를 사용하여 모델 훈련을 시작해 보자.

```
# Start training the model and save the metrics in the history
history = model.fit(X_train, Y_train,
          batch_size=128, epochs=20,
          verbose=2,
          validation_data=(X_test, Y_test),
          callbacks= [modelCheck])
# Saving the model on disk
model.save(path2save)
print('Saved trained model at %s ' % path2save)
```

우리는 이 모델을 20에포크로 훈련시킬 것이다. 즉, 모델은 데이터를 20번 보게 될 것이다. 우리는 128의 배치 크기를 이용하여 모델을 훈련시킬 것인데, 이는 128개 샘플마다 가중치가 업데이트된다는 것을 의미한다.

훈련이 완료된 후 모델 성능을 살펴보자.

```
# Plotting the metrics
fig = plt.figure()
plt.subplot(2,1,1)
```

```
plt.plot(history.history['acc'])
plt.plot(history.history['val_acc'])
plt.title('model accuracy')
plt.ylabel('accuracy')
plt.xlabel('epoch')
plt.legend(['train', 'test'], loc='lower right')
plt.subplot(2,1,2)
plt.plot(history.history['loss'])
plt.plot(history.history['val_loss'])
plt.title('model loss')
plt.ylabel('loss')
plt.xlabel('epoch')
plt.legend(['train', 'test'], loc='upper right')
plt.tight_layout()
plt.show()
```

이러한 코드 라인을 실행하면, 성능이 아래 그래프에 나타난 것처럼 표시된다:

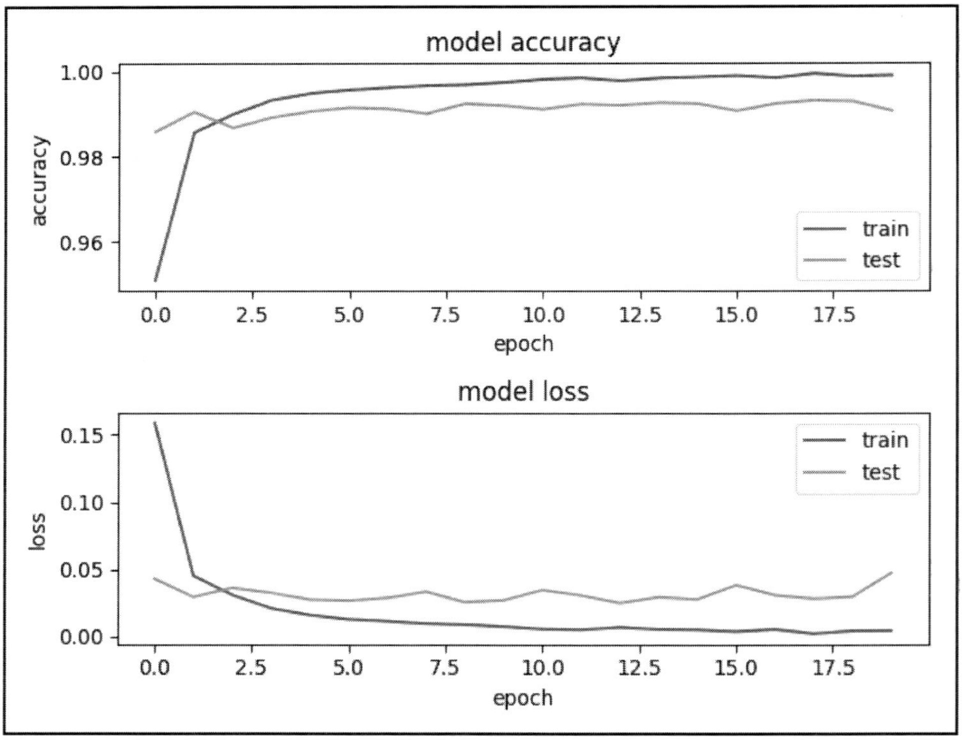

우리의 훈련 정확도와 검증 정확도는 상당히 유사하다. 이것은 우리의 모델이 훈련 데이터에 과적합되어 있지 않음을 보여준다. 이미지에서 숫자를 정확하게 예측할 수 있는지 빨리 확인해보자.

숫자를 올바르게 분류한 9개의 예측과 9개의 잘못된 예측을 볼 수 있다.

```
# plot 9 correct predictions
for i, correct in enumerate(correct_indices[:9]):
    plt.subplot(6,3,i+1)
    plt.imshow(X_test[correct].reshape(28,28),
               cmap='gray', interpolation='none')
    plt.title("Predicted: {}, Truth: {}".format(
                          predicted_classes[correct],
                           y_test[correct]))
    plt.xticks([])
    plt.yticks([])
# plot 9 incorrect predictions
for i, incorrect in enumerate(incorrect_indices[:9]):
    plt.subplot(6,3,i+10)
    plt.imshow(X_test[incorrect].reshape(28,28),
               cmap='gray', interpolation='none')
    plt.title("Predicted {}, Truth: {}".format(
                      predicted_classes[incorrect],
                      y_test[incorrect]))
    plt.xticks([])
    plt.yticks([])
```

이러한 코드 실행한 후에는 다음과 같은 것을 얻게 된다.

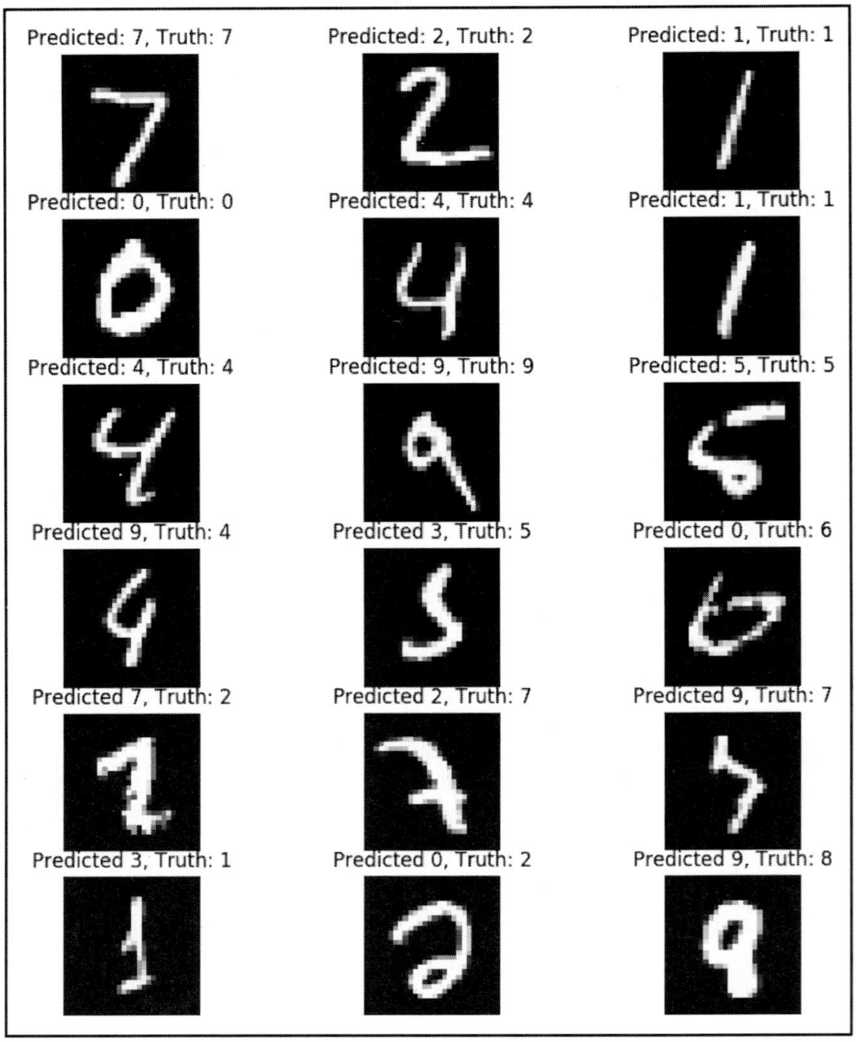

앞의 도표에서 보듯이, 우리 모델은 인간이 정확한 숫자를 거의 예측할 수 없는 경우에 실패하고 있다.

나는 우리가 얻은 결과가 꽤 만족스럽다고 생각한다. 이렇게 정확하게 첫 번째 이미지 분류기를 구현한 것을 축하한다! 이제 이 장의 원래 도전인 '자율주행차 만들기'로 넘어가 보자.

자율주행차

자율주행차는 최근 몇 년간 개발된 가장 인기 있는 기술적 발전 중 하나다. 우리는 이제 고급의 컴퓨팅 능력을 가진 자동차를 생산할 수 있게 되었고, 업계에서는 자율주행차에 대한 수요가 높다. 내가 스스로 기계학습 모델을 만들기 위해서는 차가 필요했을 것이다. 그러던 어느 날 조카가 전적으로 자동차 경주에 관한 게임인 NFS(Need For Speed) 컴퓨터 게임을 하는 것을 보았다. 여기서, 당신은 실제 차를 조종할 수 있는 것과 똑 같은 방법으로 차를 조종할 수 있다. 첨단 그래픽 기술 덕분에 현대 게임의 도로와 건물은 실제와 똑같이 생겼고, 자율주행 게임카를 만들 수 있다는 생각이 들었다.

나는 우리의 운전 프레임워크를 만들기 위해 많은 자동차 게임을 검색했고, 브라우저에서 자동차 게임을 할 수 있는 온라인 게임 플랫폼(https://www.crazygames.com/game/3d-car-simulator)을 찾았다. 사용자는 고성능 게임 컴퓨터를 가질 필요가 없다. 단지 모든 경험을 해 보기 위해 인터넷 브라우저만 있으면 된다.

우리는 장면 인식을 이용하여 가상 자동차를 운전할 것이다. 이를 위해 입력에서 장면 사진을 받아 수행될 동작(스로틀, 브레이크, 또는 왼쪽 또는 오른쪽으로 이동)을 예측하는 이미지 분류기를 훈련한다. 운전을 하면서 게임의 스크린샷을 분류기에 전달하고, 이것은 다음 행동을 예측하게 될 것이다.

우리는 프레임워크를 두 부분으로 나눌 것이다.

- 훈련 단계
- 테스트 단계(차량 주행)

먼저 훈련 단계부터 보자.

훈련 단계

분류기를 훈련시키려면, 우리는 게임 화면과 그 장면에 대한 액션을 분류기에게 전달해야 한다. 다음이 필요할 것이다.

- 게임 화면의 연속 스크린샷을 찍을 수 있는 기능

- 자동차나 도로와 같은 유용한 정보만 처리할 수 있도록 스크린샷을 자를 수 있는 기능
- 키보드에서 입력을 받아 이미지와 동작을 결합할 수 있는 기능
- 훈련시킬 이미지 분류 모델

이 프로세스는 다음 다이어그램에 나와 있다.

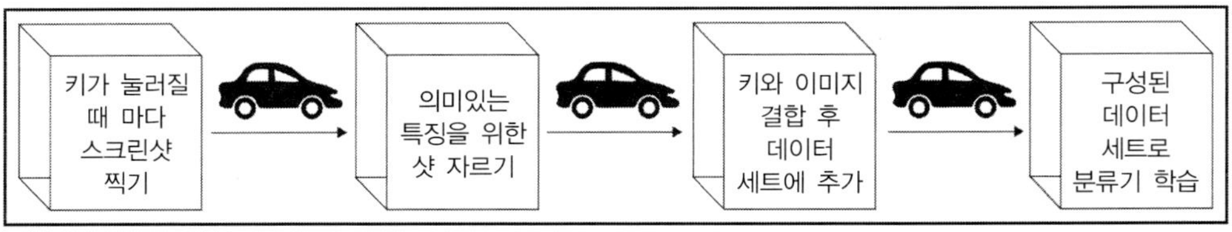

먼저 게임의 스크린샷을 찍어야 하는 부분부터 보자. 이것을 하기 위해 파이썬 함수인 takeScreenShots.py를 작성할 것인데, 우선 유용한 패키지를 가져오는 일부터 하자:

```
# We will use pyautogui to grab the screenshot
import pyautogui
# OpenCv will be used to preprocess the image and write it on the disk
import cv2
# Pynput will help us to take key inputs
from pynput import keyboard
# Numpy for array related operations
import numpy as np
```

우리는 스크린샷을 찍기 위해 pyautogui 라이브러리를 이용할 것이다. 이렇게 하면 컴퓨터 화면이 잡히고, numpy 배열로 쉽게 변환할 수 있는 PIL 이미지가 반환된다. PIL은 이미지 처리를 위한 파이썬 라이브러리다. pynput은 눌러진 키를 지속적으로 찾을 것이다. 사용자가 키를 누를 때마다 pynput.keyboard는 키 코드를 반환하는데, 이는 키를 누른 후 캡처한 스크린샷의 클래스 라벨로 사용할 수 있다.

이미지와 그에 관련된 반응을 저장하기 위해, 우리는 두 개의 글로벌 변수를 만들 것이다. 세션 중에 생성된 데이터 포인트의 수를 유지하기 위해 변수를 하나 더 생성하자.

```
# Let's create some global variables which we will use during
# The image capturing
# I -- as a counter
# RESPONSE -- will be the key binding
# IMAGES -- will store the screenshots in a list
global i,response,images
# Initialize the global variables
i = 0
images = []
response = []
```

앞에서 논의한 바와 같이, pyautogui는 스크린 전체를 돌려줄 것이며, 이 화면에는 쓸모 없는 정보가 많이 들어 있을 것이다. 우리는 마지막에 게임창만 포함되도록 스크린샷을 잘라야 할 것이다.

화면 해상도가 1366×768인 노트북에 데이터 세트를 만들겠다. 그러므로 라이브러리가 반환하는 스크린샷은 크기가 비슷할 것이다. 어느 정도 분석을 해 본 결과, 이미지의 행 320번과 열 240번에서 시작하는 380×650 크기의 영역으로 이미지를 자르면 게임 화면의 의미 있는 영역을 얻을 수 있다는 것을 알게 되었다. 이 좌표는 내 화면의 해상도에 기반하여 만들어 진 것이기 때문에 동일한 자르기 절차를 재현하려면 시스템의 화면 해상도를 내 해상도와 일치하도록 변환하거나 스크린샷 크기를 1366×768로 조정해야 할 것이다. 다음 라인에서 이 작업을 위한 변수를 정의하겠다.

```
# Here we define the bounding box coordinates to crop the screenshot
cords = [320,240]
h,w = 380,650
```

이제 이전 정보를 사용하여 캡처된 화면을 자르는 함수를 작성할 수 있다.

```
# Function for cropping the images
def crop(im):
    cropped = im[cords[0]:(cords[0]+h),cords[1]:(cords[1]+w)]
    # We will store the cropped image with the defined size
    cropped = cv2.resize(cropped,(96,64))
    return cropped
```

보다시피 먼저 정의된 좌표를 사용하여 이미지를 자른 다음 96×64의 크기로 변환하였다. 분류기 훈련에 사용될 영역은 상당히 작을 것이다.

우리는 이제 쉽게 스크린샷을 얻고 자를 수 있다. 사용자가 키를 누를 때마다 스크린샷을 찍어 이전 기능을 이용해 영역을 자른다. 우리는 이제 핵심 반응을 숫자 클래스로 전환해서 그것이 분류기로 보내질 수 있도록 해야 한다. 이에 대한 조회 표를 다음과 같이 작성할 것이다.

```
# A look up will convert the key response into numerical classes
def key_lookup(key):
    if key==keyboard.Key.up:key_code = 0
    elif key==keyboard.Key.left:key_code = 1
    elif key==keyboard.Key.right:key_code = 2
    elif key==keyboard.Key.down:key_code = 3
    elif key==keyboard.Key.esc:key_code = 4
    else: key_code = -1
    return key_code
```

우리는 네 가지 다른 종류의 키 입력을 받을 수 있다. 이것들은 우리가 차의 속도와 방향을 조절할 화살표 키들이다. 보다시피 직진은 0, 좌회전 1, 우회전 2, 브레이크 3, 종료 4로 키코드를 정했다. esc 키는 세션 종료의 신호로 사용될 것이다. 데이터 세트를 생성하는 동안 오류가 발생하지 않도록 다른 키를 누르면 -1을 반환할 것이다.

우리는 pynput.keyboard 클래스를 사용할 것이다. 이를 위해 두 가지 다른 함수를 정의해야 한다. 하나는 키를 누를 때마다 실행되어야 하는 것이고 다른 하나는 시스템에 언제 세션을 종료하고 다음 키를 기다리는 작업을 중지해야 하는지 알려야 하는 것이다.

키를 누를 때마다 우리 프로그램은 키 코드를 읽을 것이다. 키가 esc가 아닌 경우, 다음 함수를 실행한다.

```
# Now whenever a key is pressed by the user, the following
# program will execute
def on_press(key):
     # Initialize the global variables
    global I
```

```
    global response
    global images
    key_code = key_lookup(key)
    if key_code!= -1:
        print(key_code)
# Increase the counter
i = i+1
# Take a screenshot of the game window
pic = pyautogui.screenshot()
# convert it into a numpy array
im = np.array(pic)
# As images return by pyautogui are in BGR format
# we need to convert them into RGB format to store them.
im = cv2.cvtColor(im,cv2.COLOR_BGR2RGB)
# Crop the meaningful area from the image
im = crop(im)
# Append the image and the associated key for that image into
# different lists
images.append(im)
response.append(key_code)
# Store the cropped image on the disk
cv2.imwrite('/TrainingScreens/'+str(i)+'.png',im)
```

앞의 함수를 보면 우리가 하는 일을 쉽게 이해할 수 있다. 사용자가 키를 누르면 다음과 같은 작업이 수행된다.

1. 글로벌 변수를 초기화한다.
2. `pyautogui.screenshot()`를 사용하여 스크린샷을 찍는다.
3. PIL 이미지를 numpy 배열로 변환한다.
4. 이미지를 BGR에서 RGB 형식으로 변환한다.
5. 이미지를 자르고 전역 이미지 리스트에 추가한다.
6. 키 응답을 숫자 번호로 변환하여 전역 응답 리스트에 추가한다.
7. 잘라낸 이미지를 디스크에 기록하여 나중에 사용할 수 있도록 한다.

사용자가 esc 키를 누르면 다음과 같은 기능이 실행되어 세션을 종료하고 수집된 데이터를 디스크에 저장한다:

```
# When the user ends the process, the following function will be executed
        def on_release(key):
    # When the user presses the 'esc' key, data collection will end
    # and a list of Images and key responses will be stored to the disk
    if key == keyboard.Key.esc:
        print('screenshot Stopped...')
        np.save('/response.npy',response)
        np.save('/Images.npy',images)
        return False
```

데이터 준비를 위해 스크린샷을 찍으려면 다음 코드 라인을 사용하여 키가 눌러 졌는지 계속 물어보는 작업을 시작해야 한다.

```
# Here we will look for key pressing
with keyboard.Listener(
        on_press=on_press,
        on_release=on_release) as listener:
    listener.join()
```

세션을 시작하기 위해, 먼저 인터넷 브라우저를 열자. 구글 크롬Google Chrome은 pynput에 문제가 있을 수 있으므로 모질라 파이어폭스Mozilla Firefox로 이동하여 https://www.crazygames.com/game/3d-cars-simulator에서 게임을 열자. Start를 클릭하면, 차를 운전할 3개의 다른 지도가 나타날 것이다. 나는 훈련 데이터를 준비하기 위해 첫 번째 지도를 선택했다. 게임 화면의 샘플 스크린샷은 다음과 같다:

보다시피 분류 훈련에 유용하지 않은 넓은 지역이 있다. 이 스크린샷을 저장하려면 Microsoft 그림판을 열고 스크린샷에 게임 창만 포함되도록 이미지를 자르는 데 필요한 좌표를 식별하여야 한다. 자른 화면은 다음과 같이 보여야 한다.

이미지를 자를 때마다 이미지에 도로 차선이 들어가도록 하여 분류기가 이를 상수의 특징으로 학습할 수 있도록 해야 한다. 내 개인적인 의견으로는 이것이 차를 도로 한복판에 두는 데 도움이 된다는 것이다. 코드의 도움으로 스크린샷을 생성하고 데이터 세트를 만들 수 있다. 나는 약 45분 동안 게임에서 차를 운전했고 훈련 데이터를 위해 약 3800개의 이미지를 만들었다. 당신은 이것보다 더 많은 것이 필요할 것이다; 나는 당신이 우리 차를 운전할 수 있는 강력한 분류기를 만들기 위해 적어도 20,000개의 잘라진 이미지를 만들 것을 추천한다.

이미지가 충분하면, esc를 눌러라. 이렇게 하면 세션이 종료되고 이미지와 그 반응이 올바른 위치에 저장된다. 우리는 이제 데이터를 분류기에 공급하기 전에 약간의 전처리를 할 준비가 되었다.

데이터 전처리

우리는 모든 클래스의 분포를 분석하는 것으로 이 단계를 시작할 것이다. 분류기가 특정 클래스에 과적합하지 않도록 데이터 세트에 균등하게 분포된 클래스를 가지고 있어야 한다. 여러분이 알아차렸을지도 모르지만, 훈련 데이터를 준비하는 동안, 차를 움직여 가기 위해 다른 어떤 키보다도 UP 키를 눌러야 하는데 이로 인해 데이터 세트에 심각한 클래스 불균형이 발생할 수 있기 때문에 이 점검은 필요하다. 우리는 또한 평균 감산법을 사용하여 데이터를 정규화하고 원-핫 인코딩을 사용하여 숫자 라벨을 범주형 배열로 변환할 것이다.

데이터 세트를 분석하기 위해 파이썬 모듈 prepareDataset.py를 만들어 보자. 필요한 모든 패키지를 가져오는 것부터 시작하자.

```
# We will use pandas to visualize class distribution
# and apply some pre-processing on the dataset
import pandas as pd
# Matplotlib will help us to plot the class distribution
import matplotlib.pyplot as plt
# Numpy for calculating the mean of the dataset
import numpy as np
```

이제 전처리를 행한 후 데이터를 로드하고 저장할 모든 경로를 정의하겠다.

```
# Let's first define the path of the labels and
# Images along with the path to save processed data.
path2data = '/Images.npy'
path2label = '/response.npy'
path2save = '/TrainingScreens/'
```

라벨을 로드하고 클래스 분포를 시각화하자.

```
# Let's load the label data first
labels = np.load(path2label)
# Remove the last index (belongs to 'esc' key)
labels = labels[0:-1]
# We will create a Pandas DataFrame for labels
df = pd.DataFrame(labels,columns=['Action'])
# Let's plot the histogram for the class distribution
# for 4 classes
df = pd.DataFrame(labels)
df.hist(bins=4)
plt.show()
```

이러한 라인들을 실행하면, 다음과 같은 것을 얻게 된다:

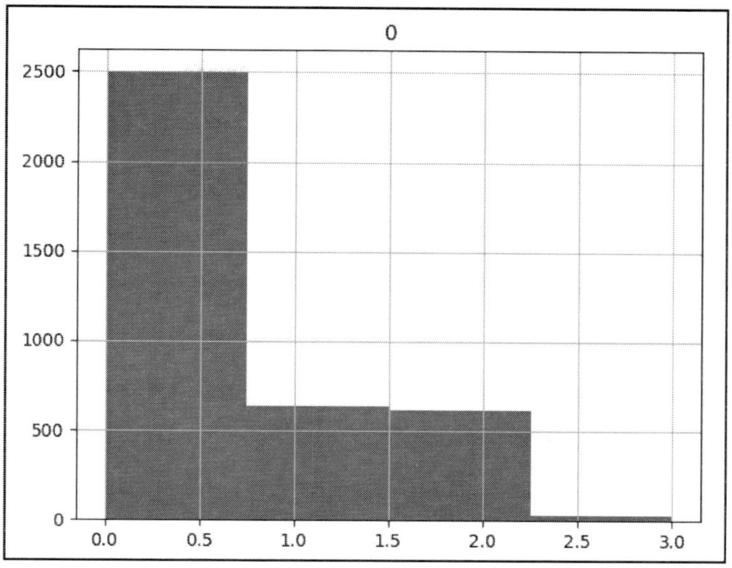

볼 수 있듯이, 그 차이는 엄청나다. 이 문제를 해결하려면 클래스 0의 데이터 집합에서 거의 60%의 인스턴스를 제거해야 한다. 또한 우리는 클래스 3에 대한 예가 거의 없기 때문에 클래스 3도 없애야 한다. 우리는 제거할 인스턴스를 무작위로 선택할 것이다. Pandas는 우리가 이걸 할 수 있도록 도와줄 것이다. 먼저 다음 코드를 사용하여 제거할 인스턴스 리스트를 얻을 것이다.

```
# We need to remove at least 60% of samples from class 0
# to balance the dataset. The following lines will give us
# the indices to be removed, which will be selected randomly
idx_up = df.query('Action == 0').sample(frac=.6).index
# We need to remove all the instances for class 3
# as their occurrence is very rare in the dataset
idx_down = df.query('Action == 3').sample(frac=1.0).index
# We will convert the indices into a list
# and merge the indices to be removed from both the classes
list_index_up = idx_up._data.tolist()
list_index_down = idx_down._data.tolist()
list_index = list_index_up + list_index_down
# Convert the labels to a list from the DataFrame
labels = df['Action'].tolist()
```

이제 데이터 세트에서 이미지와 해당 라벨을 제거하고 새 데이터 세트를 생성하겠다.

```
# Load the images which are required to be removed
images = np.load(path2data)
images = images[0:-1] # Remove last ('esc') index
# We will create two new lists for the updated indices
new_labels = []
new_images = []
# In the following loop, we will remove the images and labels
for i in range(len(labels)):
 if i not in (list_index):
 new_labels.append(labels[i])
 new_images.append(images[i])
# Convert the list into a numpy array
images = np.array(new_images)
labels = np.array(new_labels)
```

업데이트된 데이터 집합을 살펴보자.

```
# Let's visualize the updated labels
df = pd.DataFrame(labels)
df.hist(bins=3)
plt.show()
```

이전 코드를 실행한 후 다음과 같은 처리된 클래스 분포를 얻는다.

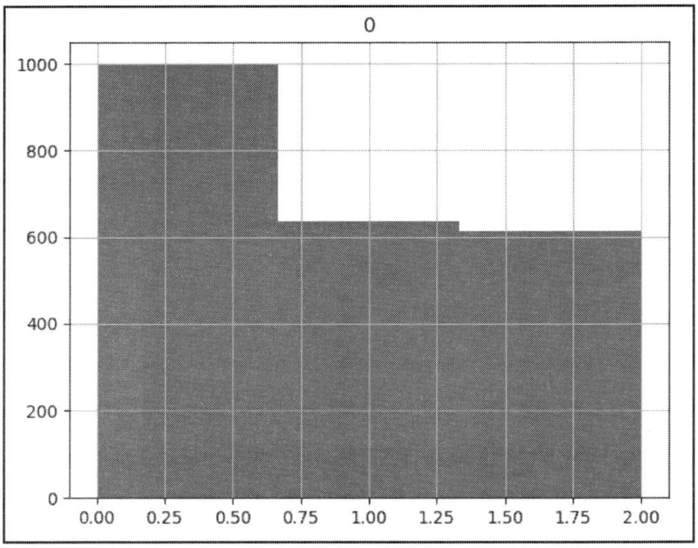

우리는 평균 감산법을 사용하여 이미지를 정규화할 수 있다. 이렇게 하면 평균을 중심으로 데이터 집합이 집중화되고 분류기가 신속하게 수렴하는 데 도움이 된다.

```
# Calculate data mean
im_mean_all = np.mean(images,0)
im_mean = [np.mean(np.mean(im_mean_all[:,:,0])),
           np.mean(np.mean(im_mean_all[:,:,1])),
           np.mean(np.mean(im_mean_all[:,:,2]))]
# Subtract the mean from the images to normalize the data
image_data = images - im_mean
# Reshape the image data so it is in NX3X64X96 form
image_data = np.transpose(image_data,[0,3,1,2])
```

우리는 이제 라벨을 범주형 배열로 변환할 필요가 있다. 이를 위해 다음과 같이 작은 함수를 작성한다.

```
# The following function will create the categorical dataset
    def create_labels(labels,num_classes):
    cat_labels = np.zeros((len(labels),
                          num_classes),dtype="uint8")
    for i in range(len(labels)):
        cat_labels[i,labels[i]] = 1
    return cat_labels
```

이제 라벨을 생성하고 전처리된 데이터를 디스크에 저장해 두자.

```
# Here, we will convert labels into a one hot encoded array
cat_labels = create_labels(labels,3)
# Store the pre processed data on the disk along with the mean
np.save(path2save+'data.npy',np.array(image_data))
np.save(path2save+'labels.npy',np.array(cat_labels))
np.save(path2save+'mean.npy',np.array(im_mean))
```

우리는 이제 업데이트된 데이터와 라벨을 모두 가지고 있기 때문에 분류기를 만들 준비가 되었다. 이제 시작하자.

자율주행망–CNN

우리의 응용을 이미지 분류 과제로 고려하고 있는 만큼, CNN을 구현할 예정이다. 하지만 이번에는 여러 컨볼루션 층과 필터를 갖춘 대형 CNN을 만들 것이다. `SelfDriveNet.py` 이라는 별도의 파이썬 모듈을 만들고, 그 안에 `Network`이라고 부르는 함수를 만들 것이다:

```
# Import different Keras layers to create the network
from keras.layers import Conv2D,MaxPool2D,Dense,Flatten,Dropout
# We will build a Sequential model without feedback
from keras.models import Sequential
```

이제 네트워크 개체를 생성하고 다음과 같이 여러 개의 컨볼루션 및 풀링 계층을 추가할 것이다.

```
# Here goes our network function
def Network(height,width,depth,weights=None):
    # Height: Image Height
    # Width: Image Width
    # Depth: Image Depth
    # Weights: learned weights
    # we will create this network with 3 classes
    classes = 3
    # Let's create the network
    model = Sequential()
    # Add 2 Convolution layers with 'relu' activations
    # We will add one max pooling layer
    model.add(Conv2D(64,kernel_size=(3,3),
                     activation='relu',
                     padding='same',
                     input_shape=(depth,height,width)))
    model.add(Conv2D(64,kernel_size=(3,3),
                     activation='relu',padding='same'))
    model.add(MaxPool2D(pool_size=(2,2)))
    # Add 4 more Convolution layers with one max pool
    model.add(Conv2D(128,kernel_size=(3,3),
                     activation='relu',padding='same'))
```

```
    model.add(Conv2D(128,kernel_size=(3,3),
                     activation='relu',padding='same'))
    model.add(Conv2D(128,kernel_size=(3,3),
                     activation='relu',padding='same'))
    model.add(Conv2D(128,kernel_size=(3,3),
                     activation='relu',padding='same'))
    model.add(MaxPool2D(2,2))
    # Add 4 More Convolution layers with another max pool
    model.add(Conv2D(256,kernel_size=(3,3),
                     activation='relu',padding='same'))
    model.add(Conv2D(256,kernel_size=(3,3),
                     activation='relu',padding='same'))
    model.add(Conv2D(256,kernel_size=(3,3),
                     activation='relu',padding='same'))
    model.add(Conv2D(256,kernel_size=(3,3),
                     activation='relu',padding='same'))
    model.add(MaxPool2D(2,2))
    # Here we will convert the 2D feature maps to 1D
    model.add(Flatten())
    # Add a fully connected Layer with 50% drop-out
model.add(Dense(1024,activation='relu'))
    model.add(Dropout(0.50))
    # One more fully connected layer goes here
    model.add(Dense(1024,activation='relu'))
    model.add(Dropout(0.50))
    # The final layer has 3 outputs
    model.add(Dense(classes,activation='softmax'))
    # If learned weights are provided, load them into the network

    if weights is not None:
        model.load_weights(weights)
    return model
```

네트워크를 자세히 살펴보자.

- 우리는 10개의 컨볼루션 층을 세 세트로 사용했다.
- 처음의 두 개의 컨볼루션 층은 64개의 필터를 가지고 있다. 다음 네 개는 128개의 필터를 가지고 있고, 마지막 네 개는 256개의 필터를 가지고 있다.
- 모든 컨볼루션 층에는 3×3 크기의 필터가 있다.

- 각 컨볼루션 층 다음에는 하나의 최대 풀링 층이 있다. 총 3개의 최대 풀링 층이 있다.
- 각 컨볼루션 층은 제로 패딩을 쓰고, ReLU 활성 함수를 사용한다.
- 열 번째 컨볼루션 층 다음에 완전히 연결된 층을 적용할 수 있도록 특징 맵을 평평하게 할 것이다.
- 완전히 연결된 세 개의 층이 있다. 처음 두 개의 층은 1,024개의 뉴런을 가지고 있으며, 활성화 함수로 ReLU를 사용한다. 마지막 층에는 출력에서 클래스 확률을 생성하기 위한 활성화 함수로 소프트맥스를 가진 세 개의 뉴런이 있다.
- 또한 네트워크의 과적합을 방지하기 위해 드롭아웃 확률을 50%로 하는 드롭아웃 층을 사용했다.
- 우리의 자율 주행 네트워크에는 총 19개의 계층이 있다.

보다시피, 우리는 게임 스크린샷을 세 가지 다른 액션 범주로 분류할 수 있는 거대한 신경망을 가지고 있다. 이제 네트워크를 훈련시킬 준비가 되었다.

자율주행망 훈련

이제 이미지 분류기를 훈련시킬 시간이다. 별도의 파이썬 모듈을 생성하자.

```
# Import numpy for matrix algebra
import numpy as np
# Import optimizer for cost function optimization
from keras.optimizers import adam
# Import our network file
from SelfDrivingCar import SelfDriveNet
# Import model checkpoint to store model with conditions
from keras.callbacks import ModelCheckpoint
```

다음으로, 데이터 및 라벨을 로드하고 훈련된 모델을 저장하는 경로도 정의한다.

```
# Import data and label array from the disk
path2data = 'Data/data.npy'
path2labels = 'Data/labels.npy'
# Path to store the model on the disk
```

```
path2save = 'Data/SelfDriveCar.h5'
# Path to store the model performance
model_performance = 'Data/History.npy'
# Let's load the data and label from the disk
data = np.load(path2data)
labels = np.load(path2labels)
```

모델 아키텍처를 구축해 보자.

```
# Define size
height = 64
width = 96
depth = 3
# Call the network file
model = SelfDriveNet.Network(height,width,depth)
```

모델을 로드하였으니, 이제 컴파일하고 훈련시킬 준비가 되었다:

```
# Create a model check point
# We will monitor the validation accuracy and store
# the model for the highest accuracy
call_back = ModelCheckpoint(path2save, monitor='val_acc',
                            save_best_only=True,
                            save_weights_only=True,mode='auto')
# Here we will use an ADAM optimizer with a starting learning rate
opt = adam(lr=1e-5)
# Compile the model with defined optimizer
# we will use log based cost function
model.compile(optimizer=opt,loss='categorical_crossentropy',
              sample_weight_mode='auto',metrics=['accuracy'])
# Now let's start training the network
history = model.fit(data, labels,
          batch_size=32, epochs=100,
          verbose=2, callbacks=[call_back],
          validation_split=0.2)
# Store the model performance on the disk
np.save(model_performance,history.history)
print('Model Stored Successfully')
```

우리는 32의 배치 크기로 100에포크 만큼 모델을 훈련할 것이다. 모델의 성능을 살펴보자.

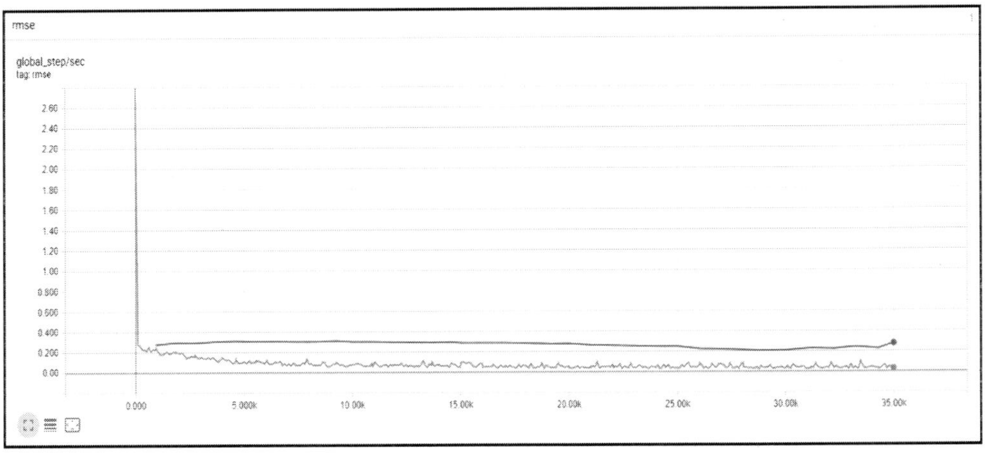

우리는 검증 세트에서 80% 정도의 높은 정확도를 얻고 있다. 이것은 이 크기의 데이터 집합에 비해 훌륭하다. 우리는 데이터 세트에 훈련 샘플을 더 추가함으로써 정확도를 더 높일 수 있어야 한다. 나는 당신이 분류기를 훈련시키기 위해 거대한 데이터 세트를 만들기를 권장한다.

자율주행망 – 테스트

테스트 중에는 데이터 세트를 생성할 때와 거의 동일한 프레임워크를 따를 것이다. 우리는 데이터 준비 과정에서 했던 것처럼 스크린샷을 캡처하여 자를 것이다. 그런 다음 이미지를 분류기에게 공급하고, 분류기의 예측을 바탕으로 자동차를 운전하는 동작을 선택한다. 다음 다이어그램은 네트워크 배치 과정을 보여준다.

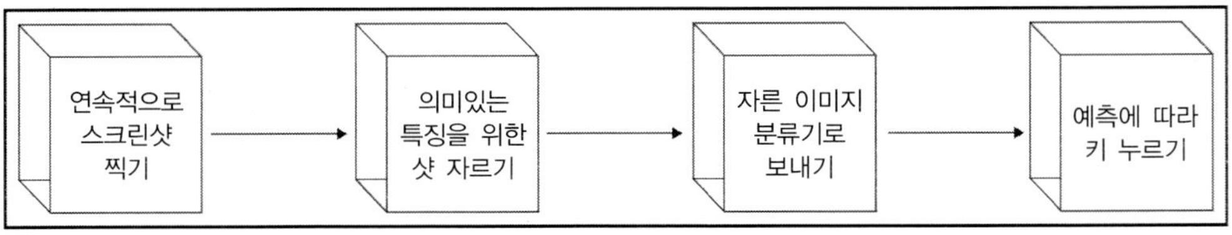

자동차를 운전할 수 있는 키를 누를 수 있는 최적의 시간을 알아내는 것은 흥미롭다. 우리는 차를 운전하기 위해 세 가지 작은 함수를 작성할 것이다. 두 가지 함수는 차를 왼쪽이나 오른쪽으로 돌리며, 하나는 직진하는 데 사용될 것이다. 우리는 키를 누르는 타이밍을 이용하여 차의 속도를 조절할 것이다. 다음 함수를 작성하자.

```
# Turn Left
def left():
    print('left')
    con.press(keyboard.Key.left)
    time.sleep(0.1)
    con.press(keyboard.Key.up)
    time.sleep(0.009)
    con.release(keyboard.Key.up)
    con.release(keyboard.Key.left)
# Turn Right
def right():
    print('right')
    con.press(keyboard.Key.right)
    time.sleep(0.1)
    con.press(keyboard.Key.up)
    time.sleep(0.009)
    con.release(keyboard.Key.up)
    con.release(keyboard.Key.right)
# Move forward
def up():
    con.press(keyboard.Key.up)
    print('up')
    time.sleep(0.07)
    con.release(keyboard.Key.up)
```

다시, 우리는 키보드를 제어하기 위해 pynput을 사용할 것이다. 여기서, 키를 누르는 타이밍을 제어하는 time.sleep()을 사용하고 있다. 이 코드는 정해진 기간 동안 스크린샷을 캡처하는 것을 멈출 것이다. 보는 것처럼 회전 함수에서는 UP, Left, Right 키를 함께 사용해야 한다. 이 함수를 포함하지 않으면 당신의 차는 왼쪽이나 오른쪽으로 돌지만 원하는 방향으로 움직이지 않는다.

이제 자율주행차를 제어하기 위해 모듈 전체를 작성할 때가 되었다. 먼저 필요한 모든 패키지를 가져 오자.

```
# Import pyautogui to grab the screenshot
import pyautogui
# Import time to control the key press
import time
# Open Cv will help us in image processing
import cv2
# Pynput will be used to control the keyboard
from pynput import keyboard
con = keyboard.Controller()
# numpy for array operations
import numpy as np
# Import our network
from SelfDrivingCar import CropImages, SelfDriveNet
```

우리는 이제 운전할 준비가 되었다. 다음 함수를 사용하여 이 작업을 수행할 것이다.

```
# Here is the drive function
def drive():
    # Load the model here
    model_path = 'Data/SelfDriveCar.h5'
    drive_net = SelfDriveNet.Network(64,96,3,model_path)
    # Load data mean
    im_mean = np.load('Data/mean.npy')
    # Now we will run a continuous loop to drive the car
    while(1):
        # Grab the screenshot
        pic = pyautogui.screenshot()
        # Convert it into an array and convert the color space
        im = np.array(pic)
        im = cv2.cvtColor(im,cv2.COLOR_BGR2RGB)
        # Crop the image to get the game screen
        crop = CropImages.crop(im)
        # Subtract the mean from the image
        crop = crop.astype("float32")-im_mean
        temp = []
        temp.append(np.rollaxis(crop, axis=2))
```

```
# Send the image to the network and get probabilities
probs = drive_net.predict(np.array(temp))
# Get the class using max probability index
prediction = np.argmax(probs,axis=1)
# Take action
if prediction==0:up()
if prediction==1:left()
if prediction==2:right()
```

이전 함수를 이용해 스크린샷을 지속적으로 포착해 먼저 처리한 후 분류하고 있다. 출력 클래스에 근거하여, 우리는 차를 운전하기 위한 행동을 취한다.

프로그램이 스크린샷을 찍기 전에, 당신은 게임 창에 도달해서 처리를 위한 정확한 이미지를 얻을 수 있어야 한다. 스크린에 있는 자동차가 차례로, 스스로 움직이는 것을 보는 것은 환상적이다.

이 예제는 기계가 어떻게 장면을 시각화하고 이해함으로써 자동차를 운전할 수 있는지를 보여 주었다. 1장 인공지능 개요에서 자율주행차에 대해 논의했는데, 여기서 운전자 없는 자동차의 다양한 수준의 지능을 살펴봤다.

실제 자동차는 카메라 이미지에만 의존하지 않는다. 그들은 또한 환경에 대한 더 많은 정보를 얻기 위해 첨단 기술 센서를 갖추고 있다. 이 예에서는 단지 CNN의 힘을 이해할 수 있도록 어떤 것들이 가능한 일인지를 잠깐 보여주었다. 이 책을 통해서, 우리는 다른 종류의 신경망의 많은 다른 응용들을 보게 될 것이다.

요약

이번 장에서는 이미지 분류기를 이용해 제어할 수 있는 자율주행차를 개발했다. 수용장, 공유 가중치, 풀링 등 CNN의 기본 개념을 살펴보는 것부터 출발했다. 그런 다음 이러한 블록들을 조합하여 99% 이상의 정확도로 데이터를 분류할 수 있는 완벽히 동작하는 이미지 분류기를 만드는 방법을 살펴보았다.

그리고 나서 우리는 이 장의 실제 목표인 자율주행차를 개발하는 과정을 살펴보았다. 이미지를 자르고 키보드 입력을 이미지 라벨로 하여 스크린샷을 포착하고 데이터 세트를 준비하는 방법을 살펴보았다. 나중에 우리는 자료를 전처리하고 거대한 CNN을 훈련시켰다. 이것은 매우 작은 데이터 세트에 대해 훈련받았음에도 불구하고 75% 이상의 예측 정확도를 나타내었다. 그리고 나서 우리는 차가 달리는 동안 제어하는 기능을 개발했다.

다음 장에서는 전문화된 아키텍처를 사용하여 데이터에 내재한 구조를 활용하는 방법을 살펴보기로 한다.

05

자연어의 계산적 이해

TensorFlow

앞 장에서는, 영상 처리를 위한 특수 유닛으로서, 컨볼루션 층을 이용했다. 이 장에서는 전문화된 아키텍처를 이용하여 데이터 내의 구조를 이용하는 동일한 주제를 계속 다룰 것이다. 우리는 순환 유닛, 1차원 컨볼루션 층, 그리고 인코더-디코더 구조의 사용에 대해 더 깊이 연구할 것이다.

우리는 이 장에서 다음 주제를 다룰 것이다.

- 순차 데이터의 특별한 점은?
- NLP용 전처리 파이프라인
- 단어 가방 모델
- NLP에 기존의 기계학습 사용
- 임베딩
- NLP에 RNN 사용
- 순차열 대 순차열 모델을 사용한 신경망 기계 번역

순차열 데이터

순차열 데이터sequence data의 구별되는 특징은 시간 의존성이다. 순차열에서 현재 값은 이전 값의 함수인 경우도 있다. 이 구조는 시계열 모델링에서 일반적으로 순차열에서 다음 값을 예측하기 위해 이용된다. 제품 판매량과 주가는 미래의 값을 예측하기 위해 모델링할 수 있는 시계열 데이터의 예다.

자연어는 순차열 데이터의 또 다른 예다. 이 장에서는 하나의 데이터 유형으로서 그리고 이를 이용하여 만들어진 수많은 애플리케이션으로 인해 자연어에 대해서만 초점을 맞출 것이다. 그러나 이 장에서 논의된 많은 개념은 순차열 데이터에 광범위하게 적용된다.

표현

자연어 처리NLP와 관련된 하나의 도전은 기계가 텍스트를 이해하지 못한다는 사실에서 비롯된다. 우리는 텍스트를 숫자로 표시해야 한다. 이것은 기계가 이해하고 조작할 수 있는 표현이다. 불행하게도, 이 매핑은 단순하지 않으며 고려해야 할 부분이 많은 전처리 파이프라인이 필요하다.

용어

이 변환에 대해 본격적으로 다루기 전에 몇 가지 용어를 도입해야 한다. 많은 NLP 작업에서 분석의 단위는 문서이다. 예를 들어, 다음 텍스트는 영화 후기에 대한 정서 분류 작업에서 문서로 간주된다.

```
영화는 굉장했다. 꼭 봐야 할 것
```

문서가 트윗, 리뷰, 블로그 게시물, 포럼의 논평, 기사 또는 심지어 책일 수도 있고, 따라서 한 단어(또는 이모지)에서 많은 장과 단락이 있는 천 페이지짜리 책에 이르기까지 다양할 수 있다는 것을 주목하는 것이 중요하다. 무엇을 문서로 볼 것인지 선택하는 것은 과제에 달려 있다. 예를 들어, **인터넷 영화 데이터베이스**IMDb에서 영화 리뷰의 정서를 분류하는 데 관심이 있다면, 각 리뷰를 문서로 취급할 수 있다. 단, IMDb에서 각 사용자의 전체적인 정서를 분류하는 것에 관심이 있는 경우, 각 사용자 포스트들 전체를 하나로 묶은 것을 하나의 문서로 취급할 수 있다.

문서들의 모음은 **말뭉치**라고 한다. 예를 들어, 다음 세 가지 문서가 말뭉치를 구성한다.

```
Document 1 - 영화는 굉장했다. 반드시 봐야 할 것
Document 2 - 전혀 감명을 받지 않았다
Document 3 - 그 영화는 전혀 좋지 않았고, 그것은 시간 낭비였다.
```

> 일반적으로 사용되는 NLP 용어 목록은 다음을 참조하라.
> https://www.kdnuggets.com/2017/02/natural-language-processing-key-terms-explained.html.
> 다음 두 가지 리소스는 보다 포괄적인 용어집이다.
> - http://wwwcse.unsw.edu.au/~billw/nlpdict.
> - http://wwwcs.bham.ac.uk/~pxc/nlp/nlpgloss.html

사전 처리 파이프라인

자연어는 표현에 대한 독특한 도전 과제를 제시한다. 이 절에서는 자연어를 학습 모델에 의해 소비될 수 있는 표현으로 변환하는 과정의 몇 가지 측면을 살펴보기로 한다.

분할

문서는 보통 단어, 구두점, 숫자 및 이모지의 모음이다. 영어를 포함한 많은 언어에서 공백은 이러한 의미 단위를 구분하는데 사용된다. 하지만, 이것은 모든 언어에서 다 그런 것은 아니다. 공백의 존재는 영어의 단어 분할에 큰 도움이 된다. 단어 분할과 관련된 어려움에 대한 이해를 돕기 위해 다음과 같은 가상 해시태그를 생각해 보자.

```
#nlpainteasy
```

영어권 사용자들이 이 해시태그를 보고 공백이 있어야 할 곳에 공백을 넣는 것은 비교적 간단하다: NLP aint easy.(자연어 처리는 쉽지 않다). 우리가 머리 속에서 이 세분화

를 할 때, 우리는 가능성들의 목록을 훑어보고 그들에게 가능성을 할당한다. 예를 들어, 다음의 후보들이 있을 수 있을 것이다.

- 후보 1: NL paint easy
- 후보 2: NLP ain teasy
- 후보 3: NL pain teasy
- 후보 4: NLP ain't easy

올바른 분할은 NLP가 **자연어 처리의 약어**라는 점, 해시 태그를 구성할 때 아포스트로피 apostrophe 부분이 떨어진 점, easy가 영어 단어라는 점을 이해할 때 이루어진다. 영어를 제대로 구사할 줄 아는 독자들은 이러한 지식의 대부분을 소유하고 있고, 훈련된 추측을 할 수 있을 것이다. 그러나 영어에 대한 완벽한 지식이 있어도 저자의 의도에는 다소 모호한 점이 있을 수 있다. 예를 들어 다음 해시태그를 생각해 보자.

```
#improbablycorrect
```

가능성 있는 두 후보는 다음과 같다:

- 후보 1: I'm probably correct(내가 아마도 맞을 것이다)
- 후보 2: improbably correct(아마도 정확하지 않을 것 같다)

저자가 어떤 후보를 의도했는지를 판단하기 위해서는 이 해시태그의 맥락을 참고할 필요가 있을 것이다. 이 예는 NLP에서 발생하는 어려움과 모호함을 설명하기 위한 것이다. 이러한 도전과제의 대부분은 언어별로 다르며, 따라서 사전 처리 파이프라인도 언어별로 다르다. 이 장에서는 영어에 초점을 맞추겠지만 다른 언어에도 유사한 파이프라인과 라이브러리를 사용할 수 있다.

> 단어 분할에 대한 자세한 내용은 http://norvig.com/ngrams/ch14.pdf을 참고하라. Peter Norvig의 다음 Jupyter 노트북은 단어 분할에 대한 확률론적 모델을 탐구한다. http://nbviewer.jupyter.org/url/norvig.com/ipython/How%20to%20do%20Things%20with%20Words.ipynb.

토큰화

토큰화는 언어 단위를 생성하는 과정이며 분할과 밀접하게 결합되어 있다. 예를 들어, 다음 문장을 생각해 보자.

```
I've been living in San Francisco for less than a month now
```

만일 우리가 문장을 공백으로 나누는 간단한 분할 규칙을 따른다면, 우리는 다음과 같은 토큰 세트를 얻게 된다.

```
{I've been, living in, San, Francisco, for, less, than, a, month, now}
```

San과 Franscisco는 독립적으로 의미 있는 단위지만, 그것들은 샌프란시스코 시를 가리키는 단일한 단위로서의 의미를 지닌다. 그러나 공백으로 구분하는 우리의 단순한 규칙은 이러한 구별을 할 수 없다. 이 토큰화의 또 다른 문제는 I've 토큰이 I have 토큰과 전혀 다른 토큰과 표현으로 취급된다는 것이다. 이상적으로, 우리는 같은 것을 동일하거나 매우 유사하게 언급하는 토큰을 원한다. 동일한 언어적 실체에 대한 표현의 차이는 텍스트에서 잘못된 철자에 의해 더욱 악화될 수 있다. 예를 들어, 우리는 잘못된 철자 San Fransisco가 정확한 철자와 같은 것을 나타내는지 확인해야 한다.

이러한 개념들을 좀 더 구체적으로 만들기 위해, 우리가 고안한 영화 리뷰 말뭉치를 문자열 목록으로 표현해 보자.

```
corpus = [
    "movie was awesome, a must see",
    "wasn't overly impressed with the movie at all",
    "the movie was not good at all, it was a waste of time",
]
```

공백 기반의 분할을 단순화하여 다음과 같은 토큰화를 적용해보자.

```
[document.split() for document in corpus]
```

결과는 다음과 같다.

```
[['movie', 'was', 'awesome,', 'a', 'must', 'see'],
 ["wasn't", 'overly', 'impressed', 'with', 'the', 'movie', 'at', 'all'],
 ['the',
  'movie',
  'was',
  'not',
  'good',
  'at',
  'all,',
  'it',
  'was',
  'a',
  'waste',
  'of',
  'time']]
```

우리는 이 토큰화에서 앞에서 다루었던 이슈들을 볼 수 있다. 또한 구두점으로 인해 같은 단어에 대해 두 개의 상이한 토큰을 만드는 결과를 낳았다는 것을 주목하라: `all`.

> 토큰화에 대한 자세한 내용은 https://nlp.stanford.edu/IR-book/html/htmledition/tokeniztokeni-1.html을 참조하라.

이러한 문제를 해결하기 위해, 우리는 무엇이 유효한 토큰을 구성하는지를 더 자세히 설명하기 위해 정규식을 사용할 수 있다. 예를 들어 다음과 같은 정규식을 생각해 보자.

```
Import re

token_pattern = r"\b\w\w+\b"
```

이 정규식은 우리의 말뭉치에 있는 첫 번째 문서에 매우 효과적일 수 있다.

```
re.findall(token_pattern, corpus[0])
```

이것은 다음과 같이 토큰화한다.

```
['movie', 'was', 'awesome', 'must', 'see']
```

그러나, 다른 예를 보자.

```
re.findall(token_pattern , "do u? i don't :(")
```

다음의 결과를 얻는다:

```
['do', 'don']
```

이 패턴은 특정 토큰을 제거하는 것에 있어서 지나치게 공격적이다. 예를 들어, 이 패턴은 이모티콘을 버리고, 단문자 토큰을 제거하고, 구두점으로 토큰을 나누게 될 것이다.

말뭉치의 종류에 따라 보다 세심하게 구성된 정규식을 사용하여 유용한 토큰을 보존할 수 있다. 예를 들어, 트윗의 말뭉치에는 관련성이 높은 해시태그와 이모티콘이 많이 포함될 가능성이 높지만, 뉴욕 타임즈의 기사 말뭉치는 아마도 그러한 토큰을 많이 포함할 가능성이 낮을 것이다. 토큰화는 언어와 말뭉치 특유의 것으로, 유용한 정보를 포함할 수 있는 토큰을 최대한 많이 보유하는 것과 동일한 의미 단위를 나타낼 수 있는 고유한 토큰의 수를 폭증시키지 않는 것 사이에서 항상 절충점을 찾아야 한다.

> https://regex101.com을 방문하여 파이썬을 포함한 몇 개의 언어로 대화식으로 정규 표현식을 구성하고 분해해 볼 수 있다.

토큰 열

토큰을 간단히 표현하려면 말뭉치에 토큰의 어휘를 만들고 각각의 토큰에 고유한 ID를 할당하면 된다. 이 집합 개념을 이용하여 말뭉치의 모든 토큰에 대해 반복하여 고유한 토큰 집합을 생성할 수 있다.

```
vocab = {
    token
    for sentence in corpus
    for token in sentence.split()
}
```

이 어휘를 가지고 각 토큰을 고유 ID에 연결하고, 이 변환을 사전으로 캡처할 수 있다.

```
token_to_index = dict(zip(vocab, range(len(vocab))))
```

이렇게 하면 다음과 같은 사전이 나온다.

```
{'with': 0,
 'the': 1,
 'good': 2,
 'at': 3,
 'not': 4,
 'waste': 5,
 'of': 6,
 'impressed': 7,
 'a': 8,
 "wasn't": 9,
 'it': 10,
 'overly': 11,
 'awesome,': 12,
 'time': 13,
 'was': 14,
 'all': 15,
 'movie': 16,
 'see': 17,
 'must': 18,
 'all,': 19}
```

보다시피, 토큰 15와 19는 별도의 단위로 취급된다. 우리는 이러한 문제들을 다루기 위한 전략에 대해 곧 살펴볼 것이지만, 그러기 전에 이러한 ID를 학습 모델에 공급할 수 있도록 구체적인 표현으로 변환하기 위한 전략을 먼저 논의할 필요가 있다.

일단 우리가 말뭉치에 있는 모든 개별 토큰을 ID에 매핑하는 어휘를 만들었을 때, 간단한 전략은 각 문서를 토큰 ID의 목록으로 표현하는 것이다. 다음 코드를 고려해 보자.

```
[
    [token_to_index[token] for token in sentence.split()]
    for sentence in corpus
]
```

어휘에서 각 토큰을 찾아 token_to_index로부터 해당 토큰 ID를 얻고, 다음과 같이 토큰 목록을 생성한다.

```
[ [16, 14, 12, 8, 18, 17],
  [9, 11, 7, 0, 1, 16, 3, 15],
  [1, 16, 14, 4, 2, 3, 19, 10, 14, 8, 5, 6, 13] ]
```

이 표현은 토큰의 순서를 보존하는 장점을 가지고 있으며, 학습 모델들이 이 순서에 의존하고 그것을 이용하도록 할 것이다. 그러나 각 문서는 이제 가변 크기의 목록으로 표현된다. 문서 크기는 각각 6, 8, 13 토큰이다. 이 표현은 많은 학습 모델이 기대하는 표 형식이나 행렬 형식과 호환되지 않으므로 수정해야 한다.

아마도 가장 간단히 수정하는 방법은 문서를 가장 작은 문서 크기로 자르는 것이다. 이 예에서는 각 문서를 잘라 처음 6개의 토큰만 포함할 수 있다.

```
[ [16, 14, 12, 8, 18, 17],
  [9, 11, 7, 0, 1, 16],
  [1, 16, 14, 4, 2, 3]
```

그러나 짐작하겠지만 우리는 아주 중요한 정보를 버리고 있는지도 모른다. 또 문서의 시작, 중간, 끝도 포함해야 되지 않을까? 이러한 질문은 명확히 선험적으로 대답할 수 없으며, 잘라내는 선택은 특정 작업에 매우 해로운 정보 손실을 초래할 수 있다. 이 접근방식의 또 다른 문제는 최소 문서 크기를 선택하는데 있다. 만약 가장 작은 문서에 단어 하나만 있거나 이모티콘이 있다면?

다른 방법으로는, 더 짧은 문서를 패딩하는 것을 고려해 볼 수 있다. 이 접근법에서는 빈 토큰이나 필러 토큰을 지정하는데 -1의 ID로 나타낼 수 있다. 말뭉치에 패딩을 적용하고 나면 다음과 같이 보일 것이다.

```
[ [16, 14, 12, 8, 18, 17, -1, -1, -1, -1, -1, -1, -1],
  [9, 11, 7, 0, 1, 16, 3, 15, -1, -1, -1, -1, -1],
  [1, 16, 14, 4, 2, 3, 19, 10, 14, 8, 5, 6, 13] ]
```

종료가 아닌 토큰열 시작 부분에 빈 토큰을 포함시켜 목록의 사전 패딩을 하는 것도 가능하다.

```
[ [-1, -1, -1, -1, -1, -1, -1, 16, 14, 12, 8, 18, 17],
  [-1, -1, -1, -1, -1, 9, 11, 7, 0, 1, 16, 3, 15],
  [1, 16, 14, 4, 2, 3, 19, 10, 14, 8, 5, 6, 13] ]
```

우리는 이제 3행과 13열의 행렬로 데이터를 가지고 있다. 그러나 이 표현에서 유념해야 할 문제가 아직 두 가지 남아 있다.

첫 번째 문제를 설명하기 위해, 말뭉치에 10,000개 이상의 토큰을 가진 하나의 예외적인 문서를 가지고 있고 다른 모든 문서는 10개 미만의 토큰을 가지고 있다고 상상해보자. 이 경우 우리는 모든 문서를 10000 토큰으로 패딩하여 매우 희소한 행렬을 만들거나 미리 정해진 토큰 수로 임의로 큰 문서를 잘라내야 한다. 예를 들어, 우리는 100의 문서 크기를 선택하여 이 예외적인 문서를 잘라낼 수 있는데, 이는 정보의 손실로 이어질 수 있다.

두 번째 문제는 토큰에 ID를 할당함으로써 어휘에 대한 순서를 도입한 효과를 얻었다는 것이다. 예를 들어 `with`는 인덱스 0에 할당되고, `the`는 인덱스 1에, `good`은 인덱스 2에 할당된다. 토큰 사이에 내재된 순서가 없는 명목nominal 데이터 유형을 서수order 데이터 유형으로 변환한 셈이다. 다시 말해서, 이는 학습 알고리즘에 어떤 척도에서 `good`은 `the`보다 2배의 값을 갖는 것으로 신호를 보낼 것인데, 분명히 그것은 아니다.

이 장 후반부에 이 접근법을 다시 살펴보겠지만, 현재로서는 비록 비용이 들더라도 이러한 문제들 중 일부를 다루는 모델을 소개할 것이다.

단어 가방 모델

우리는 순서가 텍스트 데이터를 정의하는 특성이며 학습 모델들이 이 특성을 이용할 수 있다고 말했다. 하지만 텍스트의 순서를 무시하면 어떻게 될까? 단어 가방Bag of Words, BoW 모델은 문서에 토큰의 존재 여부에만 관심을 갖는 표현이다.

예를 들어보자.

```
from collections import Counter

pd.DataFrame([
    Counter(sentence.split())
    for sentence in corpus
]).fillna(0)
```

이 코드 조각은 말뭉치에 있는 각 문서에 있는 각 토큰의 발생 횟수를 세고 다음과 같은 결과를 내놓는다(테이블이 잘려 있음):

awesome	good	impressed	movie	not	was	waste	...
1	0	0	1	0	1	0	...
0	0	1	1	0	0	0	...
0	1	0	1	1	2	1	...

보다시피, 이제 각 문서는 어휘에 있는 각 토큰의 발생횟수로 표현된다. 이러한 접근 방식의 부작용으로서, 이 표만으로서는 토큰의 원래 순서로 원문서를 재구성할 수 없다. 이 표는 우리 어휘의 20개의 토큰에 해당하는 20개의 열을 가지고 있다. 간결성을 위해 여기에 열들의 부분 집합만 표시했다는 점에 유의하자.

단어가방 접근방식은 이전 절에서 제기했던 두 가지 문제를 다룬다. 첫 번째 장점은 더 이상 토큰열을 자르거나 패딩할 필요가 없다는 것이다. 두 번째 장점은 행렬의 값이 ID와는 달리 의미 있는 숫자 값인 횟수를 나타낸다는 것이다.

이 모델의 단점은 토큰의 순서를 무시하는 데 크게 기인한다. 예를 들어, 우리는 세 번째 문서의 not 토큰이 awesome, good, impressed, 또는 waste 전에 나타났는지 전혀 알지 못한다. 이 지식은 문장의 정서가 긍정적이냐 부정적이냐에 예측하는 데 있어서 매우 중요하지만 우리는 이 정보를 잃어버렸다. 그럼에도 불구하고 단어가방 모델은 매우 강력하며 곧 보게 될 것처럼 N-gram을 사용하여 국지적인 순서를 유지하기 위해 확장될 수 있다.

정규화

많은 표현 방식들에서 일반적으로 나타나는 문제는 토큰화 과정에서 생성될 수 있는 고유 토큰 수의 급증이다. 우리는 이 어휘의 급증을 통제하기 위해 어느 정도 정보를 잃더라도 정규식 표현regular expression을 사용할 수 있다는 것을 알았다. 그러나 표준 영어단어도 수십만 개에 이르며, 새로운 단어와 속어가 정기적으로 어휘에 추가된다.

많은 경우에, 두 가지 이유로 더 일반적인 형태의 토큰을 찾는 것이 유리하다. 첫 번째 이유는 우리가 계산적 비용의 이유로 어휘의 크기를 조절하고 싶기 때문이다. 많은 알고리즘이 특징의 수에 대하여 선형적으로 또는 초선형적으로 측정된다. 두 번째 관련 이유는, 어떤 형태의 단어들은 덜 자주 사용될 수 있어서 충분히 일반화할 수 있을 만큼의 통계적 지원이 부족하기 때문이다.

예를 들어, forbid라는 단어는 forbids, forbidding, forbade, forbidden 등의 형태를 가진다. forbade는 일부 말뭉치에서는 발생 빈도가 매우 낮을 수 있으며 결과적으로 아주 유용한 특징이 되지 못할 수 있다. 정규화는 이러한 형태들을 공통의 기본형태로 변환하여 어휘의 크기를 줄이고 보다 나은 일반화의 기회를 제공하는 과정이다.

정규화에는 두 가지 접근방식이 있다. 첫 번째 접근방식은 **어간화**stemming라고 불리는데, 일반적인 형태를 생성하고자 하는 희망에서 간단한 규칙 집합을 적용하는 방법이다. 우리는 파이썬의 **NLTK**Natural Language Toolkit를 사용하겠다.

```
from nltk.stem import PorterStemmer

words = ['forbid', 'forbidden', 'forbade', 'forbids']
porter = PorterStemmer()
[
    porter.stem(word)
```

```
    for word in words
]
```

다음과 같은 결과를 생성한다.

```
['forbid', 'forbidden', 'forbade', 'forbed']
```

좋은 소식은 어간화 알고리즘이 단어 끝에서 s나 ing를 없애거나 하는 것과 같은 단순한 규칙에 의존하기 때문에 상대적으로 빠르며 **POS**Part-of-Speech 태그가 필요하지 않다는 것이다. 이것은 또한 나쁜 소식이기도 하다. marketing과 같은 단어는 market로 어간화되지만, 둘은 분명히 같은 것이 아니다.

> https://tartarus.org/martin/PorterStemmer/을 방문하면 Porter 어간화 알고리즘에 대한 자세한 정보를 알 수 있다. http://www.nltk.org/api/nltk.stem.html에서 NLTK의 어간화 API 설명서를 확인해 보라. 그리고 다음의 대화형 도구를 사용하여 어간화 도구들의 차이점을 살펴볼 수 있다: NLTK: http://text-processing.com/demo/stem/.

두 번째 접근방식은 어휘의 사전 형태를 반환하려고 노력하는 **사전단어화**lemmatization이다. NLTK는 WordNet lemmatizer를 제공하는데 먼저 다운로드 받아야 한다.

```
nltk.download('wordnet')
```

WordNet은 영어의 어휘 데이터베이스다. WordNet lemmatizer는 달리 명시되지 않은 한 제공된 토큰이 명사라고 가정한다. 예를 들어, 우리는 더 이상 'marketing' 토큰에서 본 문제를 가지고 있지 않다:

```
wordnetlemmatizer = WordNetLemmatizer()
wordnetlemmatizer.lemmatize('marketing')
```

이것은 단지 marketing을 되돌려준다.

https://wordnet.princeton.edu을 방문하여 WordNet에 대한 자세한 정보를 알 수 있다.

그러나, POS 태그를 제공하지 않으면 토큰은 명사로 간주되어 수정 없이 WordNet lemmatizer를 통과한다.

```
wordnetlemmatizer.lemmatize('forbade')
```

이것은 `forbade`를 반환한다.

이 동사의 적절한 형태를 얻으려면, 우리는 POS 태그를 WordNet lemmatizer에 전달해야 한다. 이를 위해 먼저 태거를 다운로드해야 한다:

```
nltk.download('averaged_perceptron_tagger')
```

POS 태깅을 설명하는 다음 문장을 생각해 보자:

```
sentence = 'i forbade him from getting involved in the marketing scheme'
```

우리는 다음과 같이 POS 태그를 얻을 수 있다.

```
pos_tags = nltk.pos_tag(sentence.split())
```

이것은 tuple 목록을 반환하며, tuple의 첫 번째 요소는 토큰이고 두 번째 요소는 POS 태그이다:

```
[('i', 'NN'),
 ('forbade', 'VBD'),
 ('him', 'PRP'),
 ('from', 'IN'),
 ('getting', 'VBG'),
```

```
('involved', 'VBN'),
('in', 'IN'),
('the', 'DT'),
('marketing', 'NN'),
('scheme', 'NN')]
```

Forbade는 과거형 동사로서 정확히 태그되었다.

> https://cs.nyu.edu/grishman/jet/guide/PennPOS.html에 POS 태그의 목록이 있다.

WordNet lemmatizer에 이 정보를 전달할 수 있다:

```
wordnetlemmatizer.lemmatize('forbade', 'v')
```

이것은 올바른 사전단어인 forbid를 반환할 것이다.

> POS 태깅에 대한 자세한 설명은 이 책의 범위를 벗어난다. POS 태깅에 대해 좀 더 알고 싶으면 https://www.cs.umd.edu/~nau/cmsc421/part-of-speech-tagging.pdf(전반적인 개요)나 https://web.stanford.edu/~jurafsky/slp3/10.pdf(좀 더 자세한 설명)를 보기 바란다.

정규화는 손실이 있는 변환이라는 점에 유의해야 한다. 어떤 경우에는 계산을 절약하고 더 높은 일반화를 얻는 것이 사실이지만, 정규화는 특정 과제에는 부적절한 선택으로 판명될 수 있다. 우리는 정규화를 포함한 어떤 전처리 단계를 실험할 가치가 있는 경험상의 의사결정 지점으로 다루어야 한다.

> 어간화 및 사전단어화에 대한 자세한 내용은 https://nlp.stanford.edu/IR-book/html/htmledition/systemming-andlemmatization-1.html을 참고하라.

하나로 묶기

앞 절에서 보았듯이, 전처리 파이프라인은 많은 요소들을 포함한다. 고맙게도 이러한 단계를 추상화할 수 있는 많은 고급 API가 있다.

CountVectorizer

Scikit-learn은 CountVectorizer라고 하는 텍스트 벡터화(텍스트를 숫자 텐서로 변환)를 위한 고급 유틸리티를 제공한다.

```
from sklearn.feature_extraction.text import CountVectorizer

cv = CountVectorizer()
a = cv.fit_transform(corpus)
pd.DataFrame(a.todense(), columns=cv.get_feature_names())
```

이것은 이전에 생성한 단어가방 행렬과 매우 유사한 출력을 생성한다.

fit_transform 함수는 우선 어휘를 구성하여 한번의 패스로 고급의 통계를 계산한 다음, 제공된 말뭉치를 두 번째 패스에서 scipy.sparse.csr.csr_matrix 유형의 희소행렬로 변환한다. todense 함수는 이 희소행렬을 밀집행렬로 변환한다. 마지막으로 get_feature_names 함수는 새로 변환된 밀집행렬의 열 인덱스에 맞추어진 토큰 이름 리스트를 반환한다.

기본적으로 토큰화기는 모든 구두점을 삭제한다. 이 API는 확장성이 매우 뛰어나다. 예를 들어 stop_words='english'를 전달하여 영어 불용어[stop word]를 무시할 수 있다.

awesome	good	impressed	movie	overly	time	wasn	waste
1	0	0	0	0	0	0	0
0	0	0	1	1	0	1	0
0	1	1	1	0	1	0	1

불용어를 제거하는 것은 어휘의 크기를 줄이는 효과적인 방법이다. 불용어는 언어에 많이 있으며, 대개 의미를 전달하는 데 도움이 되지 않으므로 많은 NLP 작업에서 안전하

게 제거될 수 있다. 그러나 not 토큰이 제거된 것을 알아 차렸는지 모르겠는데, 이는 아마도 리뷰의 정서를 결정하는 데 있어서 도움이 되지 않을 것이다. 그러나 이것은 NLP 전처리에 관한 한 은탄환이 없다는 것을 강조한다.

> 여기에 어휘 구성 단계에서 무시되는 영어 불용어 목록이 있다:
> https://github.com/scikit-learn/scikit-learn/blob/master/sklearn/feature_extraction/stop_words.py.

또 다른 유용한 매개변수는 앞에서 언급한 N-그램 범위이다. 여태까지 우리는 단일 토큰이나 유니그램unigram을 보았다. 우리는 토큰 위에 크기 2의 창을 연속적으로 이동해 감으로써 바이그램bigram을 만들 수 있다.

예를 들어, 말뭉치의 첫 번째 문서를 토큰화하기 위해 앞에서 사용한 정규식 토큰화기를 고려해 보자.

```
unigrams = re.findall(token_pattern, corpus[0])
```

다음과 같은 토큰 목록이 나온다.

```
['movie', 'was', 'awesome', 'must', 'see']
```

이제 크기 2의 슬라이딩 창을 이 목록 위에 적용할 수 있다.

```
[
    ' '.join(unigrams[i:i+2])
    for i in range(len(unigrams) - 1)
]
```

다음과 같은 바이그램을 만들어 준다.

```
['movie was', 'was awesome', 'awesome must', 'must see']
```

CountVectorizer의 ngram_range 매개 변수를 통해 여러 N-gram들을 한번에 적용할 수 있다. 예를 들어 ngram_range=(1, 3)은 유니그램, 바이그램, 트라이그램을 생성한다. N은 연속된 토큰을 추출하기 위해 적용되는 슬라이딩 윈도우의 크기를 말한다.

예를 들어, 우리는 ngram_range=(2, 2)를 전달하여 말뭉치의 바이그램을 추출할 수 있는데, 이는 다음과 같은 행렬을 낳게 된다.

good waste	impressed movie	movie awesome	movie good	overly impressed	wasn overly	waste time
0	0	1	0	0	0	0
0	1	0	0	1	1	0
1	0	0	1	0	0	1

N-그램은 데이터에서 국지적 의존성을 포착하여 단어가방 모델을 강화할 수 있다.

다른 유용한 매개변수의 예로는 max_features, min_df, max_df 등이 있다. max_features는 가장 높은 빈도를 가진 max_features 개의 토큰만 어휘에 포함되도록 하여 어휘의 크기를 한정하는 데 유용하다. min_df와 max_df는 각각 매우 드물거나 지나치게 흔한 단어들이 어휘에 포함되지 않도록 보장한다. min_df는 최소 문서 빈도를 의미하며 정수 또는 실수로 표현할 수 있고, 어떤 단어가 어휘에 포함되기 위해서 나타나야 하는 문서의 최소한의 빈도를 나타낸다. 예를 들어, 철자를 잘못 쓴 특정 단어가 하나의 문서에서만 나타날 수 있는데, min_df=2로 설정하여 이 토큰을 어휘에서 삭제할 수 있다.

> scikit-learn 설명서는 CountVectorizer 사용자 정의에 사용할 수 있는 매개 변수에 대한 자세한 정보를 제공한다. 다음을 참고하라:
> http://scikit-learn.org/stable/modules/generated/sklearn.feature_extraction.text.CountVectorizer.html

TfidfVectorizer

우리는 min_df, max_df, stop_words 매개 변수를 사용하여 어휘에 토큰을 넣을지 여부를 제어할 수 있음을 보았다. 그러나 토큰을 완전히 제거하는 것은 어떤 경우에는 너무 정밀하지 못한 것으로 판명될 수 있다. 예를 들어, 우리는 앞에서 *not* 토큰을 불용어로 삭제하는 것이 리뷰에서 부정적인 정서를 전달하는 데 해로울 수 있음을 보았다. 우리는 여전히 어휘에 이 토큰들을 포착하여 말뭉치에 과대하거나 과소 대표되는 적절한 가중치를 부여하고 싶을 것이다. 또 다른 복잡한 요인은 토큰 발생 횟수를 단순히 세는 것이 의도치 않게 더 긴 문서에 유리하게 될 수 있다는 것이다. 긴 문서는 더 많은 토큰을 가질 것이고 용어들의 개수가 더 클 가능성이 높을 것이며, 이것은 학습 알고리즘을 오도할 수 있다.

이러한 문제를 설명하기 위해, 우리는 scikit-learn의 `TfidfVectorizer`에서 구현되어 있는 **용어빈도 역 문서빈도**Term Frequency Inverse Document Frequency, TF-IDF라는 가중치 체계를 사용할 수 있다. 용어 빈도는 단순히 주어진 문서에 있는 용어의 빈도 또는 클래스 생성자에 `sublinear_tf=True`라는 매개변수값이 전달된 경우에는 그 빈도의 로그값이다. IDF는 다음 방정식을 사용하여 계산한다:

$$\mathrm{idf}(t) = \log \frac{1+N}{1+\mathrm{df}(t)} + 1$$

여기서 t는 해당 용어, N은 말뭉치에 있는 문서의 총 수, $\mathrm{df}(t)$는 t라는 용어를 포함하는 문서의 수, log는 자연 로그다.

왜 이것이 작동하는지 알기 위해 IDF 계산을 해 보자. 앞의 방정식의 구현은 다음과 같다.

```
def idf(docs, df, normalize=True):
    normalizer = 1 if normalize else 0
    return np.log((docs + normalizer) / (df + normalizer)) + 1
```

문서 빈도가 0인 용어의 경우 0으로 나누기하지 않도록 정규화기normalizer가 존재한다.

이제, 이 함수를 이용하여, 3개의 문서로 구성된 말뭉치에서 하나의 문서에 나타나는 용어의 IDF는 다음과 같다.

```
idf(3, 1)
```

이것은 1.69 값을 반환한다.

10개의 문서가 있는 말뭉치에서 하나의 문서에 나타나는 용어는 어떨까?

```
idf(10, 1)
```

결과 IDF는 2.70이다.

일반적으로 말뭉치의 크기가 커짐에 따라 적은 수의 문서에 나타나는 용어는 점점 더 구별되게 되어 구분력 있는 특징으로 사용될 수 있다. IDF는 이러한 직관을 포착하기 위한 것이다.

이를 더욱 명확하게 하기 위해 10, 100, 200 크기의 말뭉치들을 살펴보자.

```
for docs in [10, 100, 200]:
    docs_range = range(0, docs + 1)
    plt.plot(docs_range, [idf(docs, d) for d in docs_range], label='Docs
{}'.format(docs))
plt.xlabel('Number of appearances')
plt.ylabel('Inverse Document Frequency (IDF)')
plt.legend();
```

다음은 해당 그래프이다:

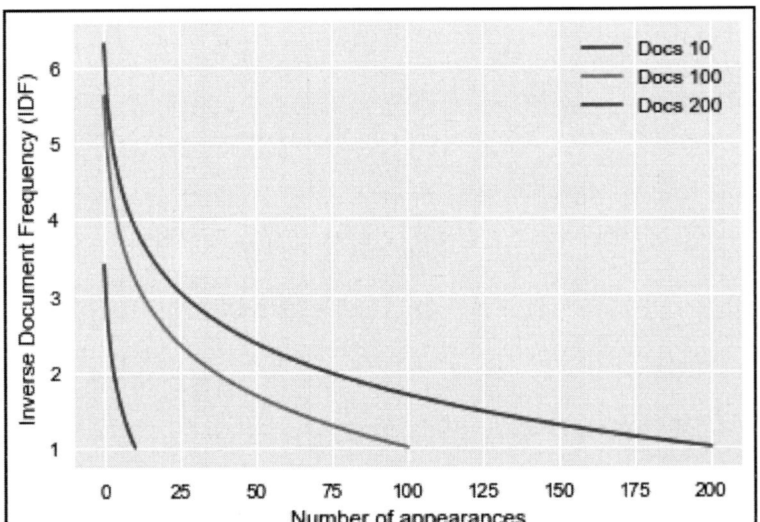

IDF는 용어의 희소성에 대한 배수로 생각할 수 있다. 만약 우리가 매우 큰 말뭉치를 가지고 있고 주어진 용어가 이 문서들 중 적은 수에만 나타난다면, 우리는 그것을 더 높은 배수로 할당한다. 많은 문서에 나타나는 용어들에는 기하급수적인 하락이 있는데, 결국 모든 문서에 나타나는 용어의 경우 1에 정착한다.

기본적으로 이 값은 IDF의 유클리드 놈norm에 의해 정규화하는 과정을 거친다. 예를 들어, 첫 번째 문서에 대한 IDF 값은 다음과 같다.

```
idfs = np.array([1 * idf(3, 3), # movie
                 1 * idf(3, 2), # was
                 1 * idf(3, 1), # awesome
                 1 * idf(3, 1), # must
                 1 * idf(3, 1) # see
                ])
```

다음을 사용하여 이 NumPy 배열을 정규화할 수 있다.

```
idfs / np.linalg.norm(idfs)
```

이것은 다음과 같은 NumPy 배열을 생성한다.

```
array(0.29803159, 0.3837693, 0.50461134, 0.50461134, 0.50461134])
```

마지막으로, 우리는 훨씬 더 편리한 방법인 `TfidfVectorizer`로 같은 결과를 재현할 수 있다.

```
tfidf = TfidfVectorizer()
a = tfidf.fit_transform(corpus)
pd.DataFrame(a.todense(), columns=tfidf.get_feature_names())
```

다음은 생성된 매트릭스의 일부이다(단순하게 열의 일부만 표시함).

movie	was	awesome	must	see	not
0.3	0.4	0.5	0.5	0.5	0.0
0.2	0.0	0.0	0.0	0.0	0.0
0.2	0.5	0.0	0.0	0.0	0.3

이 말뭉치는 상대적 값의 차이를 강조하기 위한 용도로 매우 작지만, 여기에서도 TF-IDF 값의 측면에서 단일 문서에서만 사용되는 용어가 압도하고 있음을 알 수 있다.

> http://scikit-learn.org/related/module/generated/sklearn.feature_extraction.text.TfidfVectorizer.html에서 `TfidfVectorizer`의 사용자 정의에 대한 자세한 내용을 확인할 수 있다. scikit-learn의 TF-IDF 구현에 대한 자세한 내용은 http://scikit-learn.org/stable/modules/feature_extraction.html#tfidf-term-weighting을 참조하라.

spaCy

spaCy는 NLP 사전 처리를 상당히 단순화할 수 있는 빠른 다용도 라이브러리로서, 딥러닝 모델과의 간편한 통합을 제공한다.

이 절에서는 spaCy를 사용한 간단한 토큰화tokenization와 사전단어화lemmatization 과정을 설명하고자 한다.

이를 위해 먼저 앞에서의 간단한 예를 들어 보기로 하자.

```
from spacy.lang.en import English

sentence = 'i forbade him from getting involved in the marketing scheme'
nlp = English()
[w.lemma_ for w in nlp(sentence)]
```

결과 리스트에서 보듯이, spaCy가 드러나지 않게 POS 태깅과 적절한 사전단어화를 수행하고 있음을 알 수 있다.

```
['i',
 'forbid',
 'him',
 'from',
 'get',
 'involve',
 'in',
 'the',
 'market',
 'scheme']
```

우리는 spaCy의 힘을 활용하여 더 나은 토큰생성기를 만들 수 있다.

```
from nltk.corpus import stopwords
import string

def tokenizer(doc):
    parser = English()
    tokens = parser(doc)
    # remove
    stop_words = set(stopwords.words('english'))
    punctuation = set(string.punctuation)
    stop = stop_words.union(punctuation)

    tokens = [token.lemma_.lower().strip()
              for token in tokens]
    return [token for token in tokens if token not in stop]

cv = CountVectorizer(tokenizer=tokenizer)
a = cv.fit_transform(corpus)
pd.DataFrame(a.todense(), columns=cv.get_feature_names())
```

이 토큰화 함수는 사전단어화된 토큰으로 구성된 훨씬 명료한 집합을 만든다.

awesome	good	impress	movie	must	overly	see	time	waste
1	0	0	1	1	0	1	0	0
0	0	1	1	0	1	0	0	0
0	1	0	1	0	0	0	1	1

spaCy에 대한 추가 정보는 https://spacy.io/에서 확인할 수 있다.

이 절을 마무리하기 전에, 더 정교한 파이프 라인이 추가적인 계산 비용을 필요로 하며 항상 추가적 노력을 기울일 가치가 있는 것은 아니라는 점을 강조하고 싶다. Scikit-learn 또는 다른 라이브러리에 있는 HashingVectorizer를 통한 해싱 트릭과 같은 방법을 사용하여 전처리 파이프 라인을 대규모화할 수 있다.

http://scikitlearn.org/stable/modules/generated/sklearn.feature_extraction.text.HashingVectorizer.html.에서 `HashingVectorizer`에 대한 자세한 내용을 참조하라.

모델링

우리는 훈련 모델에 적용할 수 있는 표현에 대해 탐구했다. 이 절에서는 이러한 표현으로 해결할 수 있는 작업의 예로서 정서 분류를 살펴볼 것이다.

전통적인 기계학습

3장 AI를 해결하기 위한 접근법에서 우리는 요구되는 수준의 품질을 달성할 수 있는 가장 단순한 모델을 선택하는 측면에서 항상 잘못을 저지르는 것을 보았다. 그러므로 우리는 간단한 베이스 라인을 훈련하고 점진적으로 복잡성을 증가시키는 것으로 시작할 것이다.

이 과정을 시작하기 전에 로지스틱 회귀 모델을 사용하여 직관을 개발해 보자.

먼저 훈련 데이터를 준비하자.

```
# doc1 (pos): movie was awesome, a must see
# doc2 (neg): wasn't overly impressed with the movie at all
# doc3 (neg): the movie was not good at all, it was a waste of time
tfidf = TfidfVectorizer()
x = tfidf.fit_transform(corpus).toarray()
y = [1, 0, 0]
```

우리는 첫 번째 문서에 긍정적인 라벨을, 다른 두 문서에 부정적인 라벨을 할당했다.

결과적인 훈련 행렬인 x는 말뭉치에 18개의 토큰을 나타내는 3개의 행과 18개의 열을 가지고 있다.

이제 다음을 사용하여 기본 매개변수로 로지스틱 회귀 모형을 훈련할 수 있다.

```
lr = LogisticRegression()
lr.fit(x, y)
lr.predict(x)
```

반환되는 항목은 다음과 같다:

```
array([1,0,0])
```

> 로지스틱 회귀의 사용가능한 파라미터들에 대해서는 http://scikitlearn.org/stable/modules/generated/sklearn.linear_model.LogisticRegression.html을 참조하라.

즉, 우리는 훈련 데이터에 완벽하게 들어맞게 만들었다. 이제 이 도우미 함수를 사용하여 각 토큰에 대해 학습된 계수를 살펴보자.

```
def plot_lr_coefficients(tfidf, corpus, y):
    a = tfidf.fit_transform(corpus)
    x = tfidf.transform(corpus).toarray()
    lr = LogisticRegression()
```

```
    lr.fit(x, y)
    df = pd.DataFrame({'Token': tfidf.get_feature_names(), 'Coefficient':lr.coef_[0]})
    df['Positive'] = df.Coefficient > 0
    colors = df.Positive.map({True: 'b', False: 'r'})
    df.set_index('Token').plot(kind='barh', color=[colors], legend=False, figsize=(8, 6))
    plt.xlabel('Coefficient')
```

이것은 TF-IDF 개체, 말뭉치 및 목표값 벡터를 받아서, 토큰 계수에 대한 시각화를 생성한다.

예를 들어, 여기서는 동일한 TF-IDF 벡터생성기를 전달하고 있다.

```
plot_lr_coefficients(TfidfVectorizer()), corpus, y)
```

이렇게 하면 다음과 같은 그림이 나온다.

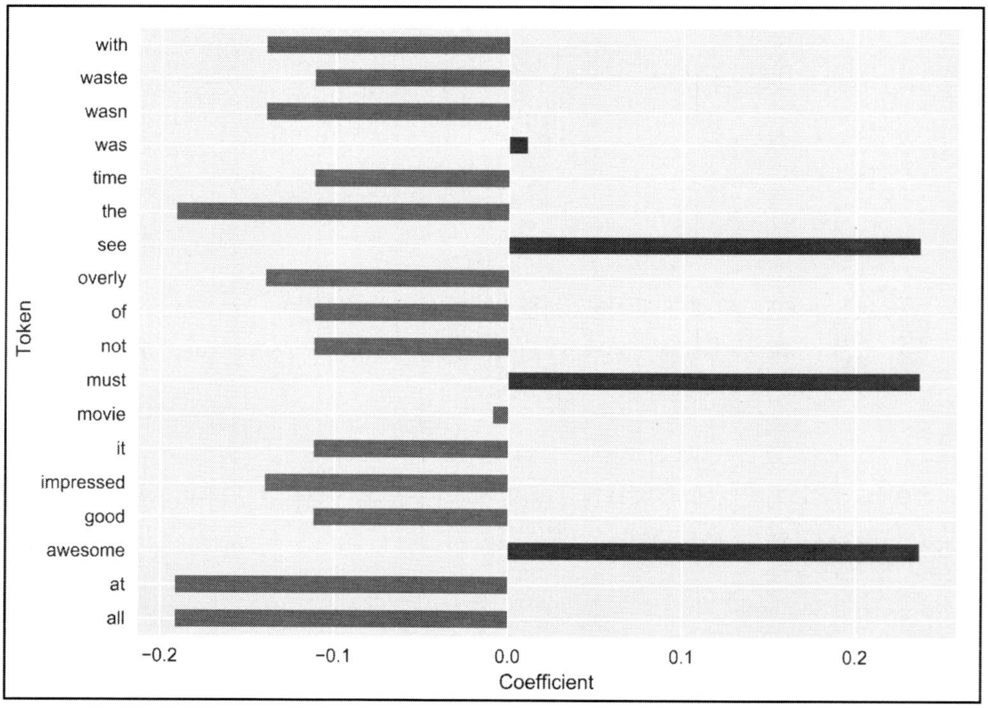

놀랄 것도 없이, 그 모델은 아주 작은 말뭉치에 과적합되었다. 첫 번째 문서는 **awesome**, **must**, 그리고 **see** 단어가 나타나는데 이들은 다른 문서에는 나타나지 않고, 모델은 자연스럽게 이러한 토큰들이 긍정적인 정서의 강한 지표라고 가정하고 있다. **was**란 토큰은 양의 문서와 음의 문서에 모두 나타나므로 계수는 **awesome**과 같은 토큰에 비해 작다.

유니그램과 바이그램을 가지고 동일한 과정을 반복할 수 있다.

```
plot_lr_coefficients(TfidfVectorizer(ngram_range=(1, 2)), corpus, y)
```

다음과 같은 그림을 얻는다.

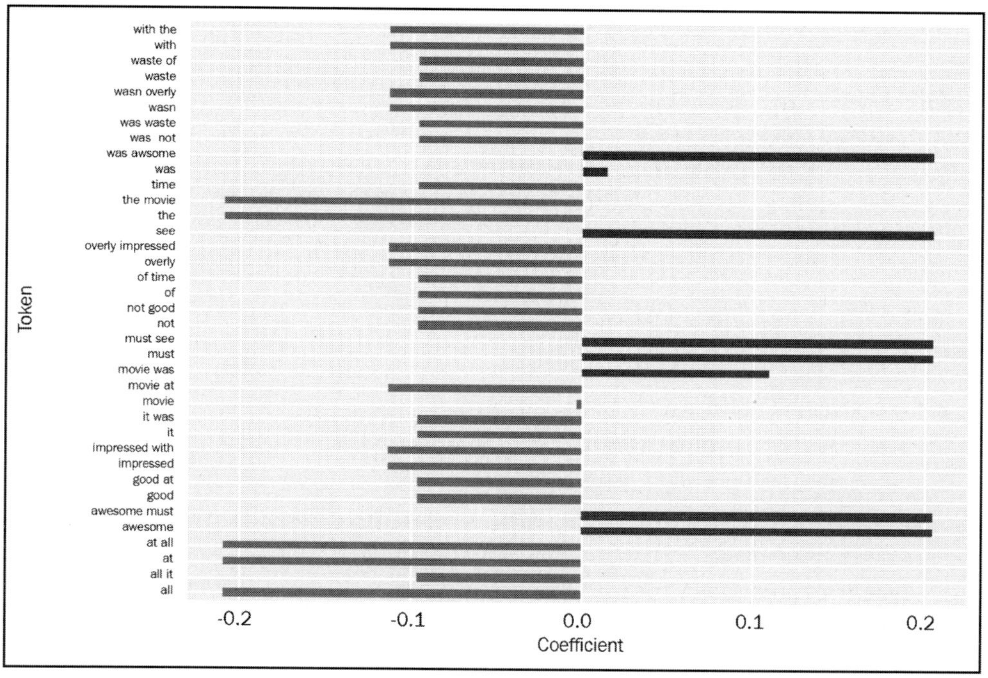

그림에 **must see**나 **not good** 등의 바이그램들이 보이는데, 이것들로 긍정적인 정서와 부정적인 정서를 예측할 수 있을 것으로 기대한다. 그러나 **impressed with**나 **overly impressed** 등의 바이그램은 작은 데이터 말뭉치 크기로 인하여 부정적인 계수를 갖는다.

인정하건대, 우리의 3개의 문서로 구성된 말뭉치는 매우 인위적이고 지나치게 많이 사용했다. IMDb의 실제 동영상 리뷰를 갖고 작업해 보자.

시작하려면 다음 웹 사이트를 방문하여 Large Movie Review Dataset v1.0을 다운로드하자: http://ai.stanford.edu/~amaas/data/sentiment/~amaas/data/sentiment/

대신에 ! 마법(예: !wget ...)을 이용한 Jupyter Notebook이나 또는 그냥 터미널에서 다음 세 가지 명령을 실행할 수 있다.

```
wget http://ai.stanford.edu/~amaas/data/sentiment/aclImdb_v1.tar.gz
tar -xzf aclImdb_v1.tar.gz
rm aclImdb_v1.tar.gz
```

파일을 다운로드하여 추출한 후 다음 두 개의 도우미 함수를 사용하여 리뷰를 메모리에 읽어 들인다.

```
import glob

def get_reviews(data_partition, class_label):
    path = 'aclImdb/{}/{}/*.txt'.format(data_partition, class_label)
    return [
        open(f).read()
        for f in glob.glob(path)
    ]

def get_dataset(data_partition):
    pos = get_reviews(data_partition, 'pos')
    neg = get_reviews(data_partition, 'neg')
    print('Found {} positive and {} negative examples'.format(len(pos), len(neg)))
    data = pos + neg
    labels = np.array([1 for _ in range(len(pos))] + [0 for _ in range(len(neg))])
    return data, labels

data_train, y_train = get_dataset('train')
data_test, y_test = get_dataset('test')
```

출력은 다음과 같이 나올 것이다.

```
Found 12500 positive and 12500 negative examples
Found 12500 positive and 12500 negative examples
```

데이터 세트는 총 50,000개의 리뷰를 제공하며, 이는 훈련 및 테스트 세트로 균등하게 분할된다. 각 세트는 똑같이 12500개의 양의 사례와 12500개의 음의 사례로 나뉜다. 따라서 데이터 세트는 완벽하게 균형을 이루고 있으며 우리는 정확도를 평가를 위한 품질 지표로 사용할 수 있다.

첫 번째 긍정적인 리뷰를 보자.

```
data_train[0]
```

반환되는 항목은 다음과 같다:

```
'Bromwell High is a cartoon comedy. It ran at the same time as some other
programs about school life, such as "Teachers". My 35 years in the teaching
profession lead me to believe that Bromwell High\'s satire is much closer
to reality than is "Teachers". The scramble to survive financially, the
insightful students who can see right through their pathetic teachers\'
pomp, the pettiness of the whole situation, all remind me of the schools I
knew and their students. When I saw the episode in which a student
repeatedly tried to burn down the school, I immediately recalled .........
at .......... High. A classic line: INSPECTOR: I\'m here to sack one of
your teachers. STUDENT: Welcome to Bromwell High. I expect that many adults
of my age think that Bromwell High is far fetched. What a pity that it
isn\'t!'
```

그리고 여기 부정적인 예가 있다.

```
data_train[12505]
```

출력은 다음과 같다:

```
'I had been looking forward to seeing this film for a long time, after
seeing "Return to Paradise," which I found to be gritty. I was so
disappointed. The most realistic thing about it was the unpredictable
ending which I think was partly stolen from "Return to Paradise." <br /><br
/>Maybe I was expecting too much. <br /><br />On the positive side Danes,
```

```
Beckinsale and Pullman were fantastic in their roles. Although I didnt like
Danes\'s character and first and found her very annoying. <br /><br />I
couldnt see anything realistic about the film. It could of been done so
much better, for example there could of been more emphasis on the prison
conditions and the sheer horror. It was too cheery a movie to be realistic.
There could also of been more action and tension<br /><br />The best thing
about this film is the "tragic" ending. I couldnt of predicted that. But by
that time I really didnt care what happened to them.<br /><br />3/10'
```

보다시피 실세계에서 수집된 실제 텍스트는 매우 지저분할 수 있다. 먼저 TF-IDF를 사용하여 훈련 데이터를 벡터화해 보자.

```
vec = TfidfVectorizer(stop_words='english', ngram_range=(1, 1), max_df=0.8,
min_df=2)
x_train = vec.fit_transform(data_train)
```

영문 불용어를 버리고, 단일 문서에만 나타나는 토큰은 물론 문서의 80% 이상에 나타나는 용어도 폐기하고 있다.

우리가 얼마나 많은 토큰을 생성했을까? 알아보자:

```
len(vec.vocabulary_)
```

답은 44,490이다. 어휘를 검사하기 전에 5-폴드 교차 검증을 사용하여 기본적 로지스틱 회귀 모델을 평가해 보자.

```
from sklearn.model_selection import cross_val_score

cross_val_score(LogisticRegression(), x_train, y_train, cv=5)
```

5개의 폴드를 통해 측정된 정확도는 다음과 같다.

```
배열([0.8924, 0.88776, 0.8902, 0.876, 0.8892])
```

평균 정확도는 88.7%이고 표준 편차는 0.6%이다. 우리는 최소한의 노력으로 비교적 정확한 모델을 얻을 수 있다는 것을 확인했다. 우리가 추가하는 모든 복잡성은 이 기준선의 맥락에서 정당화되어야 한다.

벡터화기능 및 학습자를 가지고 신속하게 실험할 수 있는 도우미 함수를 소개한다.

```
def traditional_ml(vec_class, model_object,
                   stop_words, ngram_range, max_df, min_df, cv, n=10):
    vec = vec_class(stop_words=stop_words,
                   ngram_range=ngram_range,
                   max_df=max_df, min_df=min_df)
    x_train = vec.fit_transform(data_train)
    print('Vocabulary size: {}'.format(len(vec.vocabulary_)))
    scores = cross_val_score(model_object, x_train, y_train, cv=cv)
    scores_mean = scores.mean()
    scores_std = scores.std()
    print('Cross-validation scores mean: {:.2f}%, std:
{:.2f}%'.format(scores_mean * 100, scores_std * 100))
    # Visualize the importance of tokens
    if model_object.__class__ == LogisticRegression:
        lr = model_object
        lr.fit(x_train, y_train)
        coefs = pd.DataFrame({'coef': lr.coef_[0]},
        index=vec.get_feature_names()).sort_values(by='coef', ascending=False)
        coefs_topn = pd.concat([coefs[:n], coefs[-n:]])
        positive = coefs_topn.coef >= 0
        colors = positive.map({True: 'b', False: 'r'})
        colors
        coefs_topn.plot(kind='barh', color=[colors], legend=False, figsize=(8, 6))
        plt.xlabel('Coefficient')
    elif model_object.__class__ == RandomForestClassifier:
        rf = model_object
        rf.fit(x_train, y_train)
        importances = zip(vec.get_feature_names(), rf.feature_importances_)
        importances_series = pd.Series(dict(importances))
        importances_sorted =
        importances_series.sort_values(ascending=False)
        importance_sorted_topn = importances_sorted[:n][::-1]
        importance_sorted_topn.plot(kind='barh', color='k')
        plt.xlabel('Gini importance (higher means more important)')
```

```
    plt.ylabel('Token')
    plt.show()
```

이 도우미 함수를 사용하여 이전과 동일한 결과를 얻을 수 있다.

```
traditional_ml(vec_class=CountVectorizer,
               model_object=LogisticRegression(),
               stop_words='english',
               ngram_range=(1, 1),
               max_df=0.8,
               min_df=2,
               cv=5)
```

다음 그래프는 이 도우미 함수에 의해 생성되었는데, 상위 10개의 긍정 및 부정 토큰을 나타낸다.

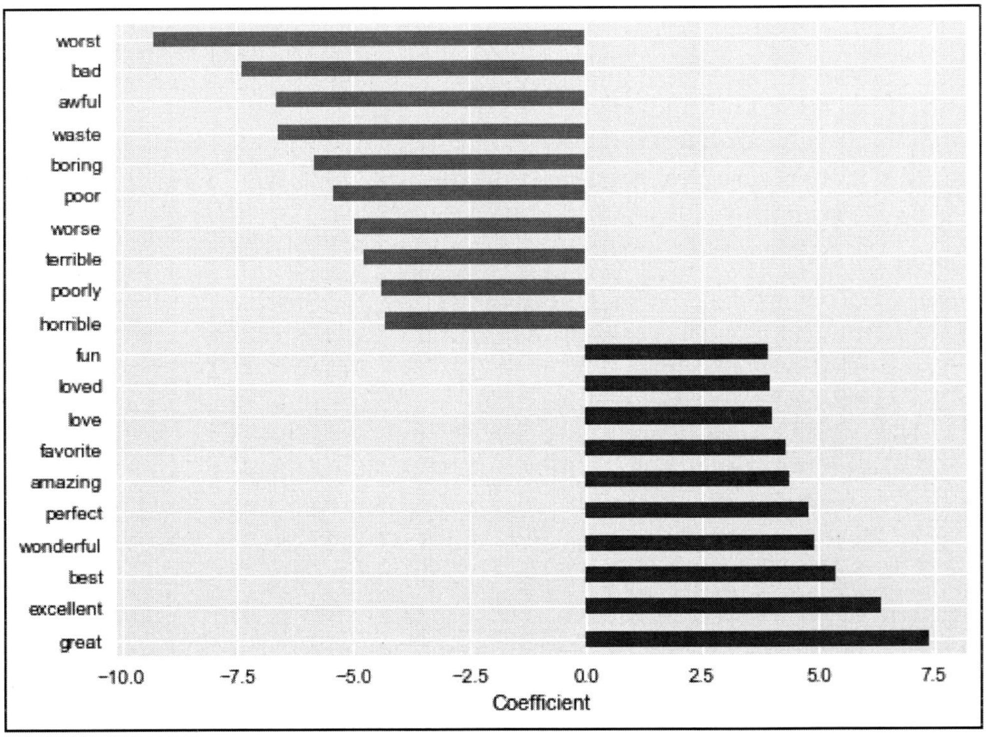

이제 이 함수를 몇 가지 수정하여 호출해 보자.

- ngram_range=(1, 2)을 전달하여 바이그램 뿐만 아니라 유니그램도 사용한다.
- min_df=10을 전달하여 단어 증가를 억제하기 위해 최소 10개 문서에 나타나는 토큰만 고려한다.
- 의미 있는 바이그램이 불용어를 포함할 수도 있으므로 stop_words=None을 전달하여 불용어 제거를 하지 않는다.

함수 호출은 다음과 같다:

```
traditional_ml(vec_class=CountVectorizer,
               model_object=LogisticRegression(),
               stop_words=None,
               ngram_range=(1, 2),
               max_df=0.8,
               min_df=10,
               cv=5)
```

함수에 의해 다음과 같은 내용이 출력된다.

```
Vocabulary size: 80865
Cross-validation scores mean: 89.26%, std: 0.46%
```

어휘 크기는 44,490 토큰에서 80,865 토큰으로 두 배 가까이 늘었다. 또한, 평균 정확도는 약간 증가했다.

다음은 상위 긍정 및 부정 토큰 목록이다.

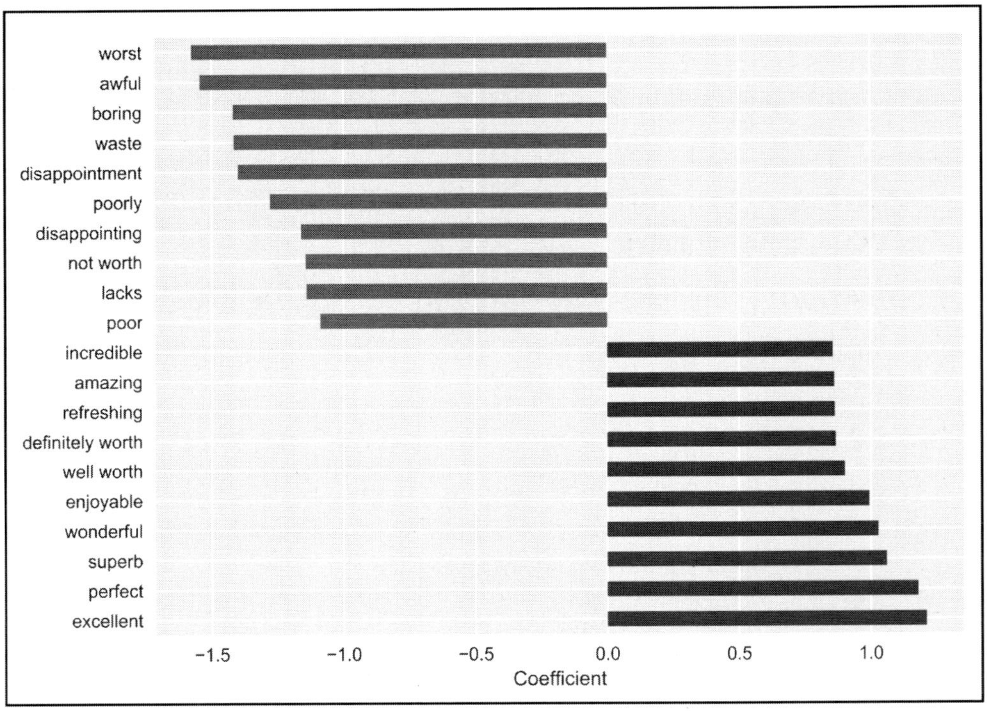

상위 토큰 리스트에 **not worth**와 **well worth** 바이그램이 나타나는 것을 볼 수 있다.

이 프레임워크를 사용하여 여러 벡터생성기(예: `TfidfVectorizer`, `CountVectorizer`, `HashingVectorizer`), 학습기(예: `RandomForestClassifier`, `LogisticRegression`) 및 하이퍼 파라미터(예: `RandomForestClassifier`에서의 트리 수)를 탐색하여 최적의 성능을 얻을 수 있는 모델을 선택할 수 있다.

예를 들어, TF-IDF 벡터생성기와 함께 랜덤 포레스트 분류기를 사용해보자.

```
traditional_ml(vec_class=TfidfVectorizer,
               model_object=RandomForestClassifier(),
               stop_words='english',
               ngram_range=(1, 1),
               max_df=0.8,
               min_df=2,
               cv=5)
```

출력은 다음과 같다.

```
Vocabulary size: 44490
Cross-validation scores mean: 76.68%, std: 0.31%
```

이 경우에 사용되는 기본적인 랜덤-포레스트 분류기는 10개의 트리와 분할의 품질을 측정하기 위한 지니 기준을 사용한다.

> `RandomForestClassifier`에 대한 자세한 내용은 http://scikit-learn.org/stable/modules/generated/sklearn.ensemble.RandomForestClassifier.html을 참고하라.

여기 정서 분류를 위한 10가지 중요한 토큰이 있다.

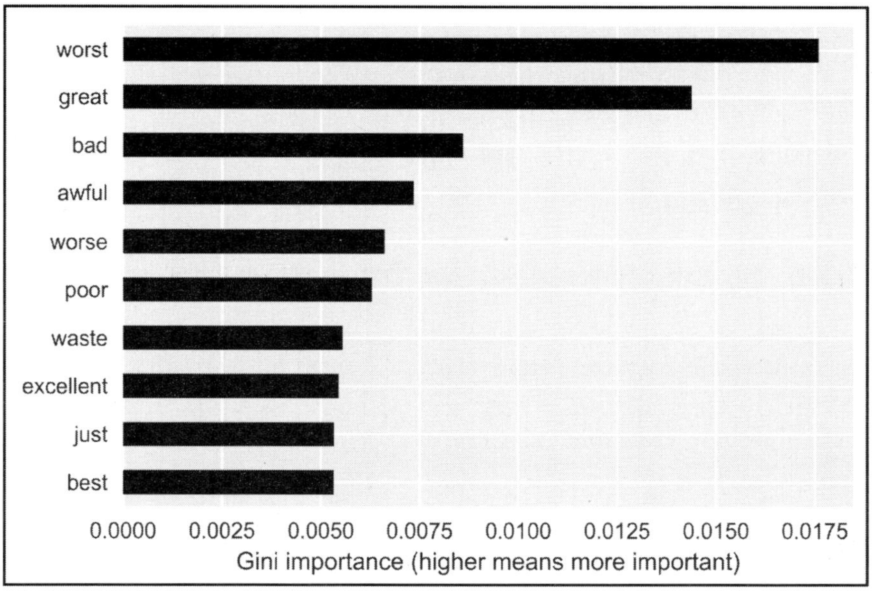

로지스틱 회귀 계수와 달리, 이 그래프에 표시된 지니 중요도는 토큰이 긍정적 또는 부정적 문서인지 예측하는 데 유용한지 여부를 알려주지 않는다. 이 그래프를 보면, 문서를 부정(음) 클래스와 긍정(양) 클래스로 분할하는데 있어서 **excellent**에 비해 **bad**이 더 중요하다는 것을 알 수 있다. 크게 볼 때 이 중요도는 토큰을 포함하는 노드들에서의 전체 불순도 감소량과 그러한 노드에 도달할 확률의 함수이다.

> https://www.researchgate.net/publication/264046801_Understanding_variable_importances_in_Forests_of_randomized_trees에서 Gini 중요도에 대하여 더 알아 볼 수 있다.

우리의 제한된 실험을 바탕으로, 기본 매개변수를 가진 랜덤 포레스트가 이 분류 작업에 대한 기본 로지스틱 회귀 학습모델만큼 잘 수행되지는 않는 것을 보았다. 하이퍼 파라미터 튜닝이 이 상황을 역전시킬 수도 있다는 것은 전적으로 가능하다. 하지만 우리는 기본 로지스틱 회귀 분석을 기준으로 삼아 앞으로 나아갈 것이다.

순방향 신경망

우리는 특수화된 아키텍처가 구조를 가진 데이터 세트에 매우 효과적일 수 있다는 것을 보았다. 컴퓨터 비전Computer vision은 앞 장에서 탐구한 고도로 구조화된 작업의 한 예다. 이 장에서는 자연어를 위한 특수 아키텍처의 사용에 대해 살펴본다. 그러나 우선 순방향 신경망이 IMDb 정서 분류 작업에 대해 확립한 기준인 로지스틱 회귀보다 우위를 제공할 수 있는지 살펴보자.

우선 다음과 같이 말뭉치를 벡터화하기 위해 TF-IDF 벡터생성기를 사용할 것이다:

```
vec = TfidfVectorizer(stop_words='english', ngram_range=(1, 1), max_df=0.8,
min_df=2)
x_train = vec.fit_transform(data_train)
```

벡터화된 출력은 44,490 토큰을 가진 희소 행렬이다. 앞에서 살펴본 것처럼 TF-IDF 문서 벡터가 정규화돼 있어 순방향 신경망에 큰 도움이 될 수 있다.

> 신경망 훈련을 실시하기 전에 특징을 정규화하거나 표준화하는 것은 좋은 관행으로 간주된다. ftp://ftp.sas.com/pub/neural/illcond/illcond.html와 http://www.faqs.org/faqs/ai-faq/ neural-nets/part2/을 참고하라.

그런 다음 하나의 은닉층을 갖는 순방향 신경망을 생성한다.

```
from keras.layers import Dense, Flatten, Activation, Dropout
from keras.models import Sequential

model = Sequential()
model.add(Dense(16,
                input_dim=x_train.shape[1],
                activation='relu'))
model.add(Dropout(0.5))
model.add(Dense(16, activation='relu'))
model.add(Dropout(0.5))
model.add(Dense(1, activation='sigmoid'))

model.compile(loss='binary_crossentropy',
              optimizer='adam',
              metrics=['accuracy'])
model.summary()
```

계층 수, 은닉 유닛, 최적화 함수 및 활성화 함수의 선택은 대체로 임의적이며, 대부분 앞에서 본 기본적인(즉, 튜닝되지 않은) 전통적 기계학습 모델과 동등한 역할을 하기 위한 것이다. 이 작업에 더 적합한 더 나은 출발점 아키텍처에 대한 주장이 제기될 수 있다. 하지만, 보다 실증적인 접근법을 취하고, 충분한 용량을 가진 모델부터 시작하겠다.

여기 모델의 요약이 있다:

```
_________________________________________________________________
Layer (type) Output Shape Param #
=================================================================
dense_22 (Dense) (None, 16) 711856
_________________________________________________________________
dropout_15 (Dropout) (None, 16) 0
_________________________________________________________________
dense_23 (Dense) (None, 16) 272
_________________________________________________________________
dropout_16 (Dropout) (None, 16) 0
_________________________________________________________________
dense_24 (Dense) (None, 1) 17
```

```
=================================================================
Total params: 712,145
Trainable params: 712,145
Non-trainable params: 0
_________________________________________________________________
```

상대적으로 얕고(즉, 은닉층의 수가 적고)과 좁음(은닉 유닛의 수가 많지 않음)에도 불구하고, 이 신경망은 70만 개 이상의 훈련 가능한 매개변수를 가지고 있는데, 이는 해당 로지스틱 회귀 모델보다 규모가 훨씬 크다.

이제 10에포크 동안 모델을 훈련하고 25%의 데이터에 대해 샘플 정확도를 검증해 보자.

```
history = model.fit(x_train.toarray(), y_train,
          epochs=10, batch_size=128,
          validation_split=0.25);
```

이제 10에포크 동안의 진행상황을 그려 보자.

```
def plot_history(history,
                 show_accuracy=True,
                 show_loss=True):
    better_name = {
        'val_loss': 'Validation loss',
        'val_acc': 'Validation accuracy',
        'loss': 'Training loss',
        'acc': 'Training accuracy'
    }
    history_df = pd.DataFrame(history.history)
    history_df.columns = [better_name[c] for c in history_df.columns]
    history_df.index += 1
    if show_accuracy:
        history_df[['Training accuracy',
                    'Validation accuracy']].plot()
        plt.ylim([0, 1.1])
        plt.xlabel('Epoch')
```

```
    plt.ylabel('Accuracy (higher is better)')
    plt.show()
if show_loss:
    loss = history_df[['Training loss',
                       'Validation loss']]
    loss.plot()
    plt.xlabel('Epoch')
    plt.ylabel('Loss (lower is better)')
    plt.ylim([0, max(loss.max())])
    plt.show()
```

결과 정확도 그래프는 다음과 같다.

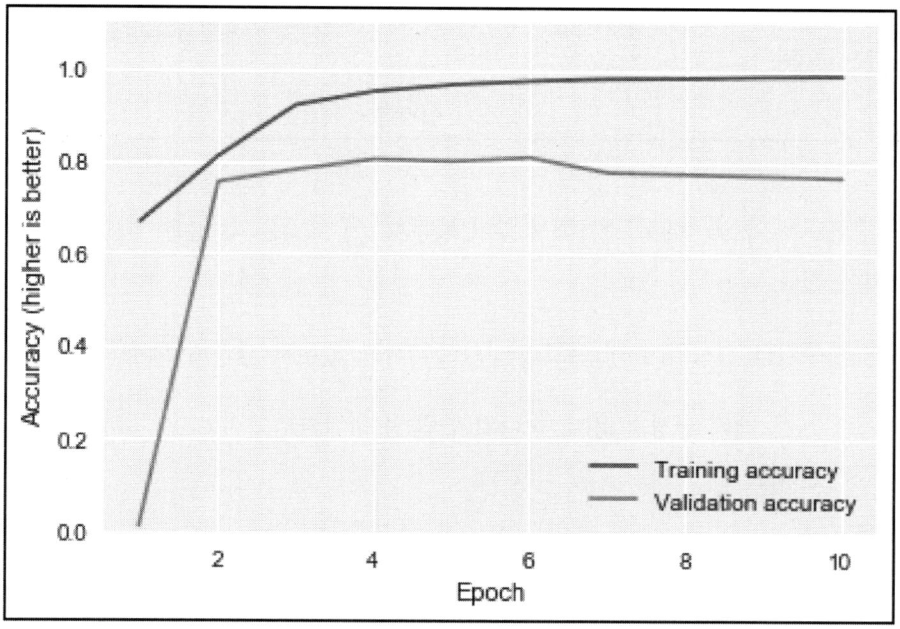

그리고 여기 손실 그래프가 있다.

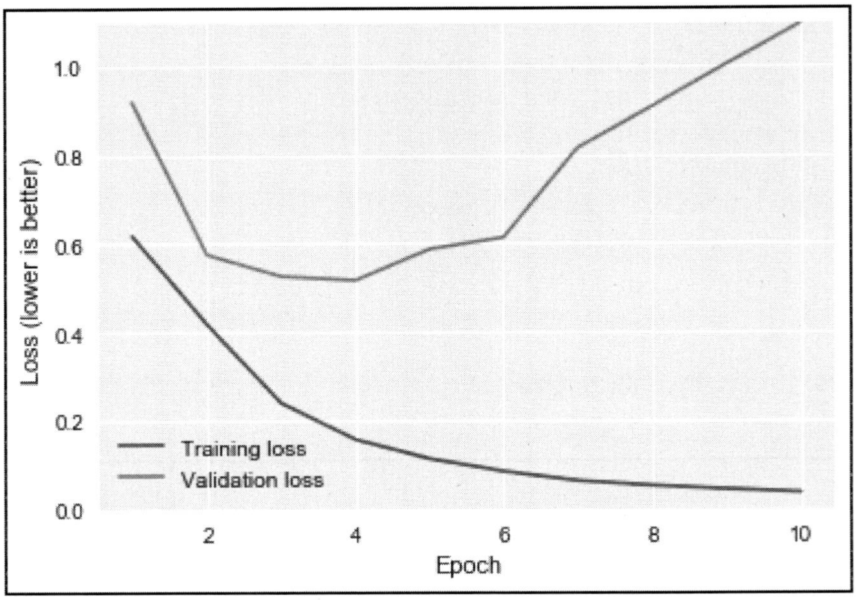

검증 정확도가 약 80%에서 증가하지 않기 때문에, 이 모델은 더 많은 에포크에 따라 과적합되어 진다.

학습된 가중치를 검사하여 네트워크가 무엇을 하고 있는지 파악해 보자.

다음 목록은 두 개의 긍정적 용어, 하나의 중립 용어(영화), 그리고 두 개의 부정적인 용어로 구성된다.

```
terms = ['excellent', 'great', 'movie', 'terrible', 'worst']
```

이 목록은 우리에게 다양한 정서를 제공하기 위한 것이다. 어휘에서 이 용어의 인덱스를 추출해 보자.

```
# get the index associated with each term in the vectorizer
term_indices = list(map(vec.get_feature_names().index, terms))
```

이러한 인덱스를 확보하여 이제 16개의 입력 계층 유닛 각각에 해당하는 가중치를 얻을 수 있다.

```
model.get_weights()[0][term_indices]
```

이렇게 하면 예상대로 5개의 행과 16개의 열이 있는 NumPy ndarray가 출력된다.

마지막으로 열 지도heat map를 사용하여 이 값들을 시각화할 수 있다.

```
weights = pd.DataFrame(model.get_weights()[0][term_indices])
weights.index = terms
# blue to red diverging palette
cmap = sns.diverging_palette(10, 240, sep=20, as_cmap=True)
sns.heatmap(weights, cmap=cmap)
plt.xlabel('Input layer hidden unit index')
plt.ylabel('Token')
plt.show()
```

결과는 다음과 같다.

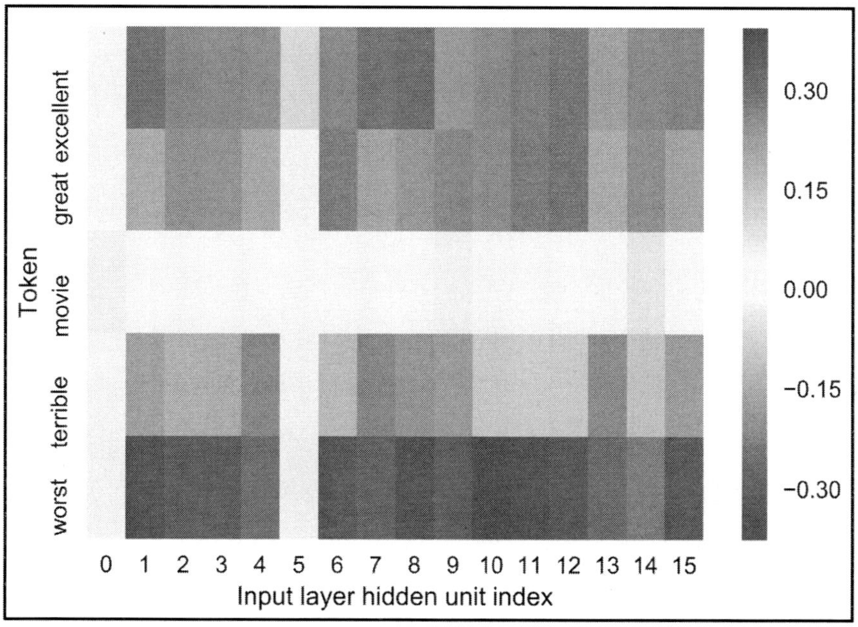

우리는 이 그림으로부터 몇 가지 흥미로운 정보를 얻을 수 있다. movie 토큰은 모든 은닉 뉴런에 대해 0 또는 매우 작은 음의 가중치를 가진다. 이것은 이 토큰과 관련된 은닉 뉴런이 활성화되지 않고 정서 분류에서 대체로 중요하지 않다는 것을 나타낸다. 그러나 나머지 네 단어에 대해서는 그 반대다. 대부분의 뉴런에 대해 가중치가 상대적으로 더 크고 같은 은닉 뉴런에 대해 부호가 긍정과 부정의 단어 사이에서 뒤집힌다는 것을 알 수 있다.

마지막으로, 각각의 토큰이 그것의 정서에 해당하는 양 또는 음의 가중치를 가지고 있던 로지스틱 회귀와는 달리, 우리는 긍정의 단어에 대해서도 양과 음의 가중치를 얻을 수 있다는 것을 알 수 있다. 네트워크의 상위 계층들은 보통 하위 계층들을 비선형적인 방법으로 일반화에 도움을 줄 수 있는 상위 수준의 개념으로 결합한다. 그러므로 긍정적인 용어에 대한 모든 뉴런 가중치가 양의 값이 아닌 것은 놀라운 일이 아니다. 왜 이런 일이 일어날 수 있는지에 대한 명료한 예는 우리가 어휘를 유니그램으로 제한하고 있고, 신경망은 감정을 포착할 수 있는 상위 N그램으로 토큰을 효과적으로 결합하는 것을 배우고 있다는 것이다. 예를 들어, not excellent는 excellent 토큰의 정서를 부정하는데, excellent와 연관되어 있고 음의 가중치를 가진 특정 뉴런들에 의해 수용될 수 있다.

우리는 단순히 전통적인 기계학습에서 딥러닝으로 바꾸는 것이 모든 경우에 만병통치약은 아니라는 것을 보았다. 기준이 되는 학습모델에 비해서 우리가 선택한 아키텍처와 관련된 추가적인 복잡성이 모델 성능의 이득으로 전환되지는 않으며 따라서 이 작업에 대해 정당화되지 않는다.

임베딩

지금까지, 우리는 훈련 데이터에서 추출한 어휘에서 인덱스를 사용하여 표현한 이산 토큰을 가지고 작업했다. 우리는 가장 높은 빈도로 나타나고 가장 차별적인 정보(즉, 모든 문서에 나타나지 않음)를 담고 있는 토큰만 사용하여 이 어휘의 크기를 조절하는 방법을 탐구했다. 그러나 성공적이고 널리 채택된 또다른 접근법으로 이러한 이산적이고 매우 고차원적인 토큰을 더 낮은 차원의 연속 공간으로 매핑하는 것이 있다. 단어를 실수 값 벡터로 변환하는 모델을 **벡터 공간 모델**Vector Space Model, VSM이라고 한다. 이 모델들은 단어를 의미적으로 유사한 토큰들이 기하학적으로 더 가까운 공간으로 변환시키거나 내장화한다.

https://www.ideals.illinois.edu/bitstream/handle/2142/1697/Dubin748764.pdf?sequence=2을 방문하여 VSM의 진화에 대한 역사적 고찰을 참조하라.

VSM의 이론적 기반은 분포 가설이며, 이는 유사한 분포가 대규모의 말뭉치에서 단어 사이의 의미적 유사성으로 해석될 수 있음을 시사한다. 다시 말하면, 같은 맥락에서 나타나는 경향이 있는 단어들은 의미적으로 유사해야 한다.

VSM은 두 가지 종류가 있다. 첫 번째 종류는 카운트 기반이고 두 번째 종류는 예측 방법에 기초한다.

예측 모델 대비 누적 기반 모델에 대한 자세한 내용은 http://clic.cimec.unitn.it/marco/publications/acl2014/baroni-etal-countpredict-acl2014.pdf를 참조하라. 신경망 언어 모델에 대한 자세한 내용은 http://www.scholarpedia.org/article/Neural_net_language_models를 참조하라.

임베딩의 두 가지 주요 이점이 있다. 첫 번째 이점은 훨씬 차원이 낮고 밀도가 높은 특징 공간으로 매우 고차원적이고 희박한 특징 공간을 나타낼 수 있다는 것이다. 이러한 임베딩의 결과로, 우리는 의미적으로 유사한 단어들을 서로 더 가깝게 매핑하는 경향이 있는데, 이것은 또한 일반화에 도움이 된다. 게다가, 임베딩은 하나의 말뭉치에 대해 훈련될 수 있고 많은 다른 작업들에 걸쳐 사용될 수 있다. 또는 의미적으로 유사한 단어들이 유사한 맥락에서 나타나는 경향이 충분이 많이 있을 정도로 큰 말뭉치가 있다면 우리는 특정 작업에 대한 임베딩들을 공동으로 배울 수 있다.

다음 표는 단어에 대한 개별적인 원핫 인코딩 표현을 단어 임베딩에 비교한다.

속성	원핫 인코딩	단어 임베딩
벡터 종류	부울	실수 값
차원	매우 높음(~10^5-10^7)	낮음(~10^2)
밀집 또는 희소	희소	밀집
주변의 점들	의미 없음	의미 유사
훈련	어휘로부터 파생	데이터로 부터 훈련

임베딩의 동작을 보기위해 앞 장에서 본 것처럼 문서들을 일련의 토큰으로 표현하기로 돌아가야 한다.

한정된 CountVectorizer로 시작하자.

```
max_features = 40000
vec = CountVectorizer(binary=True, max_features=max_features)
vec.fit(data_train)
```

우리는 빈도에 따라 정렬된 상위 4만 개의 토큰에만 관심이 있다.

벡터생성기와 동일한 토큰생성기를 사용하고 있는지 확인하기 위해 다음을 수행할 수 있다.

```
tokenizer = vec.build_analyzer()
```

이 tokenizer를 문자열에 대해 호출하여 일련의 토큰을 생성할 수 있다.

```
tokenizer(data_train[0])[:10]
```

첫 번째 긍정 리뷰의 첫 10개 토큰이 반환된다:

```
['for',
 'movie',
 'that',
 'gets',
 'no',
 'respect',
 'there',
 'sure',
 'are',
 'lot']
```

벡터생성기와 토큰생성기를 가지고 말뭉치를 토큰의 목록으로 변환하는 함수를 작성할 수 있다.

```
def sequence_builder(vec, corpus):
    # get the tokenizer associated with the vectorizer
    tokenizer = vec.build_analyzer()
    # return a sequence of tokens that appear in the
    # vocabulary for each document
    # ignores tokens that are not found in the vocabulary
    # may return an empty list if no tokens are found
    # in the dictionary
    return np.array([
        [vec.vocabulary_[token]
         for token in tokenizer(doc)
         if token in vec.vocabulary_
        ]
        for doc in data_train
    ])
```

우리는 훈련 및 테스트 세트를 변환하기 위해 이 함수와 이전에 훈련된 벡터생성기 vec을 사용한다.

```
x_train_sequence = sequence_builder(vec, data_train)
x_test_sequence = sequence_builder(vec, data_test)
```

문서에는 다양한 수의 토큰이 있으며, 말뭉치 전체에 걸쳐 일관된 토큰 수를 유지하기 위해 문서를 자르거나 패딩할 필요가 있다는 것을 우리는 이전의 논의를 통해 알고 있다.

문서 길이의 분포를 살펴보자.

```
seq_lens = pd.Series([len(x) for x in x_train_sequence])
seq_lens.hist()
plt.xlabel('Number of tokens in document (sequence length)')
plt.ylabel('Frequency')
plt.show()
```

다음 히스토그램이 생성된다.

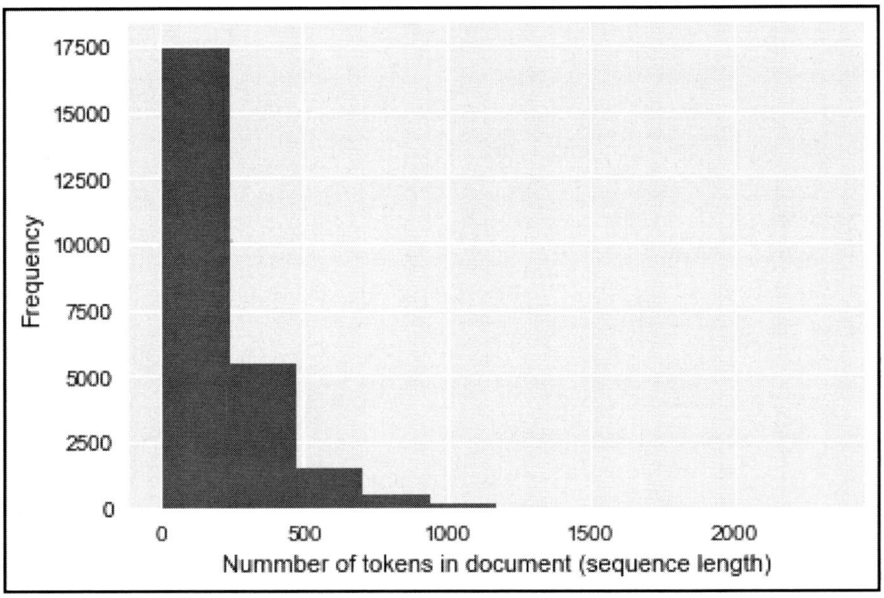

의심했겠지만, 대부분의 문서에는 1,000개 미만의 토큰이 있다. 실제로 문서의 75%는 토큰이 300개 미만인데, 요약 통계를 보면 다음과 같이 알 수 있다.

```
seq_lens.describe()
```

이러한 출력이 나온다.

```
count 25000.000000
mean 225.362560
std 168.574272
min 9.000000
25% 121.000000
50% 167.000000
75% 274.000000
max 2336.000000
dtype: float64
```

이 정보로 무장한 우리는 케라스의 pad_sequence 유틸리티 함수를 사용하여 250개 미만의 토큰을 0으로 사전 패딩할 수 있다.

```
from keras.preprocessing.sequence import pad_sequences

maxlen = 250
x_train_sequence_padded = pad_sequences(x_train_sequence, maxlen=maxlen)
x_test_sequence_padded = pad_sequences(x_test_sequence, maxlen)
```

토큰만 250개 이상이 되는 것들은 마지막 250개만 유지된다.

> pad_sequences 기본 동작 변경에 대한 정보를 보려면 https://www.tensorflow.org/api_docs/python/tf/keras/preprocessing/sequence/pad_sequences를 참조하라.

우리는 이제 우리가 공동으로 정서 분류를 위해 훈련할 임베딩 층을 가진 모델을 만들 준비가 되었다.

```
embedding_dim = 300
    def create_model():
    model = Sequential()
    model.add(Embedding(max_features,
                        embedding_dim,
                        input_length=maxlen))
    model.add(Flatten())
    model.add(Dense(16, activation='relu'))
    model.add(Dropout(0.5))
    model.add(Dense(16, activation='relu'))
    model.add(Dropout(0.5))
    model.add(Dense(1, activation='sigmoid'))
    model.compile(loss='binary_crossentropy',
                  optimizer='adam',
                  metrics=['accuracy'])
    return model

create_model().summary()
```

모델의 요약은 다음과 같다.

```
Layer (type) Output Shape Param #
=================================================================
embedding_1 (Embedding) (None, 250, 300) 12000000
_________________________________________________________________
flatten_1 (Flatten) (None, 75000) 0
_________________________________________________________________
dense_28 (Dense) (None, 16) 1200016
_________________________________________________________________
dropout_19 (Dropout) (None, 16) 0
_________________________________________________________________
dense_29 (Dense) (None, 16) 272
_________________________________________________________________
dropout_20 (Dropout) (None, 16) 0
_________________________________________________________________
dense_30 (Dense) (None, 1) 17
=================================================================
Total params: 13,200,305
Trainable params: 13,200,305
Non-trainable params: 0
_________________________________________________________________
```

우리가 볼 수 있듯이, 내장층 자체가 12,000,000개의 훈련 가능한 매개변수를 가지고 있다. 4만 단어의 어휘에 각 단어에 해당하는 300차원의 단일 매개변수가 있다. 앞에서 지적한 바와 같이, 매우 많은 수의 매개변수는 충분한 지원을 제공할 수 있도록 말뭉치에 훨씬 더 많은 수의 문서를 필요로 한다. 따라서 일반적으로 과적합과 열악한 일반화 우려로 인해 소규모 말뭉치에 대해 임베딩 층을 한꺼번에 훈련하는 것은 바람직하지 않다.

이 장 앞부분에서 보았던 `cross_val_score` 뿐만 아니라 `KerasClassifier` 유틸리티를 사용하여 3-폴드 교차 검증 정확도를 계산할 것이다.

```
from keras.wrappers.scikit_learn import KerasClassifier

def run_cross_val(create_model,
                  epochs=5, batch_size=128, cv=3, verbose=1):
    # create model
```

```
    model = KerasClassifier(build_fn=create_model,
                            epochs=epochs,
                            batch_size=batch_size,
                            verbose=verbose)


    results = cross_val_score(model, x_train_sequence_padded, y_train, cv=cv)
    results_mean = results.mean()
    results_std = results.std()
    results_string = 'Results: {}, mean: {:.2f}, std: {:.2f}'
    print(results_string.format(results, results_mean, results_std))

run_cross_val(create_model)
```

각 폴드의 정확도와 요약 통계는 다음과 같다.

```
Results: [0.7049436 0.87171487 0.72878915], mean: 0.77, std: 0.07
```

우리는 좀 더 간결한 표현을 사용했음에도 불구하고 이 경우에 예측의 질을 향상시키지 못했다. 이것의 잠재적인 이유는 단순히 말뭉치가 임베딩 층과 관련된 방대한 수의 매개변수를 학습하기에 충분하지 않기 때문일 수 있다. 이러한 가능성을 살펴보기 위해 전체 훈련 데이터 세트에서 동일한 아키텍처를 훈련시켜 보자.

```
model = create_model()
model.fit(x_train_sequence_padded, y_train, epochs=5)
```

훈련 이력은 모델이 훈련 데이터 세트에 거의 완벽하게 들어맞았음을 나타낸다.

```
Epoch 1/5
25000/25000 [==============================] - 138s 6ms/step - loss: 0.5838 - acc: 0.6591
Epoch 2/5
25000/25000 [==============================] - 147s 6ms/step - loss: 0.2878 - acc: 0.8954
Epoch 3/5
25000/25000 [==============================] - 143s 6ms/step - loss: 0.1167 - acc: 0.9627
Epoch 4/5
25000/25000 [==============================] - 151s 6ms/step - loss: 0.0440 - acc: 0.9862
Epoch 5/5
25000/25000 [==============================] - 149s 6ms/step - loss: 0.0312 - acc: 0.9900
```

임베딩 가중치를 구해 보자:

```
weights = model.get_weights()[0]
```

다음으로 벡터 단어 사이의 유클리드 공간 관점에서 주어진 단어에 가장 가까운 상위 n 개 단어를 찾는 유틸리티 함수를 정의한다.

```
def most_similar(weights, query_word, n=5):
    # get the word vector for the provided word
    get_weights = lambda w: weights[vec.vocabulary_[w]]
    # calculates the Euclidean distance between two vectors
    euclidean_dist = lambda x, y: np.linalg.norm(x - y)
    # get the query word weights
    query_word_weights = get_weights(query_word)
    # calculate distance between all words in the vocabulary
    # and the query word
    distances = ((euclidean_dist(query_word_weights,
                                 get_weights(word)), word)
                 for word in vec.vocabulary_)
    # sort the output by distance in ascending order and
    # take the top n
    closest_n = sorted(distances, key=lambda x: x[0])[:n]
    return closest_n
```

이제 이 함수를 이용하여 유사한 단어를 찾아보자:

```
most_similar(weights, 'waste')
```

이것은 다음 목록을 반환한다.

```
[(0.0, 'waste'),
 (1.6038712, 'worst'),
 (1.7018473, 'terrible'),
 (1.713828, 'mess'),
 (1.7219851, 'pointless'),
```

```
 (1.7603508, 'lacks'),
 (1.7982241, 'fails'),
 (1.8001578, 'worse'),
 (1.8053883, 'boring'),
 (1.8066409, 'disappointment')]
```

투플의 첫 번째 요소는 거리, 두 번째 요소는 우리의 임베딩에 따른 유사한 단어다. 놀랄 것도 없이 어떤 벡터에서 자신까지의 거리는 0이다. 근처의 다른 단어들은 정서 분류의 맥락에서 많은 의미가 있다. 우리가 정서 분류의 과제를 위해 특별히 이 임베딩을 훈련시켰다는 것에 주목하는 것이 중요하며, 유사성은 그 맥락에서 해석되어야 하며, 더 넓은 의미적 유사성에서 해석되어서는 안 된다.

여기 또 다른 예가 있다.

```
most_similar(weights, 'excellent')
```

출력은 다음과 같다.

```
[(0.0, 'excellent'),
 (1.3448552, 'amazing'),
 (1.4411327, 'excellently'),
 (1.4792386, 'flawless'),
 (1.490075, 'edie'),
 (1.4923619, 'ramones'),
 (1.4968675, 'mcintire'),
 (1.4999555, 'delightfully'),
 (1.5005722, 'victoria'),
 (1.5198689, 'friendship')]
```

이 예는 단어 임베딩의 과업별 특성을 보다 명확히 보여준다. excellent라는 단어는 긍정적인 정서 사례(영화 리뷰)에서 흔히 등장하는 배우 이름 뿐 아니라 같은 의미론적 의미를 전달하는 단어들과 유사하다.

이 점을 강조하기 위해, `movie`와 같은 중립적 단어를 살펴보자:

```
most_similar(weights, 'movie')

[(0.0, 'movie'),
 (0.8663221, '00'),
 (0.9154326, 'victimize'),
 (0.9188335, 'aubuchon'),
 (0.9227289, 'meting'),
 (0.9274821, 'arvanitis'),
 (0.9300187, 'unbalance'),
 (0.93212825, 'ithaca'),
 (0.934246, 'svea'),
 (0.9349057, 'clonkers')]
```

비슷한 말들은 더 이상 의미가 없다.

우리는 더 큰 말뭉치에 대해 훈련된 단어 임베딩을 사용함으로써 이 문제를 극복할 수 있을까?

이 질문에 답하기 위해, 우리는 2014년부터 위키피디아 말뭉치와 펜실베니아 대학의 English Gigaword를 결합한 것에 대해 훈련시킨 **Global Vectors(GloVe)**를 고려해 보자. GloVe는 비지도학습 방식으로 집단적, 전역적, 단어-단어 동시발생 통계에 대한 훈련을 받는다.

> GloVe에 대한 자세한 내용은 https://nlp.stanford.edu/project/glove/를 참조하라.

다음과 같이, 스탠포드대학교 NLP 웹 사이트에서 `glove.6B.zip`을 다운로드하여, 압축 해제하고 터미널에서나 주피터 노트북의 ! 매직을 사용하여 300차원 단어 벡터를 제외한 모든 것을 제거한다.

```
!wget http://nlp.stanford.edu/data/glove.6B.zip
```

```
!unzip glove.6B.zip
!rm glove.6B.zip
!rm glove.6B.50d.txt
!rm glove.6B.100d.txt
!rm glove.6B.200d.txt
```

glove.6B.300d.txt 파일의 각 라인은 토큰으로 시작하고, 그 다음에 하나의 공백과 300개의 공백으로 구분된 부동 소수점 값들의 집합으로 시작한다.

이제 사전 훈련된 벡터를 우리의 어휘에 해당하는 행이 있는 매트릭스로 읽을 수 있다:

```
def load_embedding(path, vec, embedding_dim):
    embedding = {}
    for line in open(path):
        word, *values = line.split()
        embedding[word] = np.asarray(values)
    embedding_matrix = np.random.randn(len(vec.vocabulary_), embedding_dim)
    no_tokens = len(vec.vocabulary_)
    found = 0
    for word_index, word in enumerate(vec.get_feature_names()):
        if word in embedding:
            found += 1
            embedding_matrix[word_index] = embedding[word]
    report_string = 'Found {}/{} ({:.2f}%) of tokens in the embedding'
    pct = 100 * found / no_tokens
    print(report_string.format(found, no_tokens, pct))
    return embedding_matrix

embedding_glove300d = load_embedding('glove.6B.300d.txt', vec, 300)
```

다음은 이 함수 호출의 출력이다:

```
Found 38592/40000 (96.48%) of tokens in the embedding
```

대부분의 토큰이 GloVe에서 발견되었지만 1,408개의 토큰이 발견되지 않았다.

이제 다음과 같은 사전 훈련된 가중치를 이용하여 가장 유사한 단어를 비교해보자.

```
most_similar(embedding_glove300d, 'waste')

[(0.0, 'waste'),
 (4.9500698594374155, 'wastes'),
 (5.392397398609603, 'disposal'),
 (5.430392490554037, 'recycling'),
 (5.532842868201304, 'garbage'),
 (5.690792676079204, 'dump'),
 (5.942087728603073, 'trash'),
 (6.026556199784952, 'sewage'),
 (6.159765951790217, 'landfill'),
 (6.168820450252348, 'toxic')]
```

이제 가장 비슷한 단어들은 유사한 맥락에서 동시에 나타나는 경향이 있으며 어떤 특정한 학습 과제에 얽매이지 않는 단어들이다.

영화의 결과는 더 이상 상관없는 것이 아니라 의미적으로 비슷한 것이다.

```
most_similar(embedding_glove300d, 'movie')

[(0.0, 'movie'),
 (3.632431241088511, 'movies'),
 (3.6684420774405804, 'film'),
 (4.39624693123189, 'films'),
 (5.262785903275571, 'sequel'),
 (5.266326368283497, 'hollywood'),
 (5.442663627031183, 'remake'),
 (5.522284491843334, 'starring'),
 (5.661980645848911, 'starred'),
 (5.696968597382557, 'comedy')]
```

이제 이전과 동일하나 사전훈련된 GloVe 임베딩 계층을 갖는 아키텍처를 사용하자:

```
def create_model():
    model = Sequential()
```

```
    model.add(Embedding(max_features, embedding_dim, input_length=maxlen))
    model.add(Flatten())
    model.add(Dense(16, activation='relu'))
    model.add(Dropout(0.5))
    model.add(Dense(16, activation='relu'))
    model.add(Dropout(0.5))
    model.add(Dense(1, activation='sigmoid'))
    # set the weights
    model.layers[0].set_weights([embedding_glove300d])
    model.layers[0].trainable = False
    model.compile(loss='binary_crossentropy',
                  optimizer='adam',
                  metrics=['accuracy'])
    return model

create_model().summary()
```

모델 아키텍처 요약은 이렇다:

```
_________________________________________________________________________
Layer (type) Output Shape Param #
=========================================================================
embedding_9 (Embedding) (None, 250, 300) 12000000
_________________________________________________________________________
flatten_9 (Flatten) (None, 75000) 0
_________________________________________________________________________
dense_52 (Dense) (None, 16) 1200016
_________________________________________________________________________
dropout_35 (Dropout) (None, 16) 0
_________________________________________________________________________
dense_53 (Dense) (None, 16) 272
_________________________________________________________________________
dropout_36 (Dropout) (None, 16) 0
_________________________________________________________________________
dense_54 (Dense) (None, 1) 17
=========================================================================
Total params: 13,200,305
Trainable params: 1,200,305
```

```
Non-trainable params: 12,000,000
________________________________________________________________
```

임베딩 층의 매개변수들은 동결(즉, 더 이상 훈련할 수 없음)된 것임을 주의하자.

이제 세 번의 실행 각각에 대해 다섯 에포크의 훈련을 하고 3 폴드 교차 검증을 수행할 것이다.

```
run_cross_val(create_model)
```

출력은 다음과 같다.

```
Results: [0. 0.50066003 0. ], mean: 0.17, std: 0.24
```

이 결과는 이 모델이 학습을 할 수 없다는 것을 보여준다. 5에포크의 반복에서 훈련 및 검증 손실의 진화가 다음에 나타나 있다:

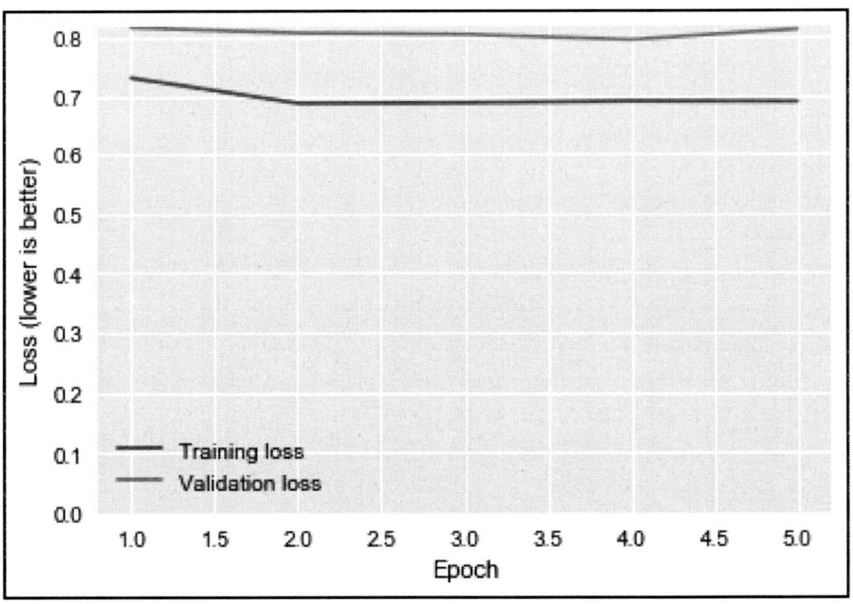

우리가 볼 수 있듯이, 그 손실은 대체로 일정하며, 역전파에 의해 작아지지 않는다. 이 결과는 사전 훈련된 단어 벡터 또는 순방향 신경망의 문제로 오해되어서는 안 된다. 그러나 우리가 고정 계층을 미리 결정하고 고쳤기 때문에, 이 아키텍처를 가지고 학습하는 것은 시작하는데 어려움을 겪고 있고, 지역 최소 속에 갇혀 있다. 이러한 문제는 일반적으로 다른 초기화 기법을 사용하거나 활성화 함수, 은닉 유닛의 수 및 은닉 계층 수를 조정하여 해결할 수 있다.

> https://blog.slavv.com/37-reasons-why-your-neural-networkis-not-working-4020854bd607을 방문하면 네트워크의 학습을 방해할 수 있는 잠재적인 문제의 목록을 참조할 수 있다.

예를 들어, 드롭아웃 계층을 삭제하면 최적화를 막지 않는 것으로 보인다.

```
def create_model():
    model = Sequential()
    model.add(Embedding(max_features, embedding_dim, input_length=maxlen))
    model.add(Flatten())
    model.add(Dense(16, activation='relu'))
    model.add(Dense(16, activation='relu'))
    model.add(Dense(1, activation='sigmoid'))
    # set the weights
    model.layers[0].set_weights([embedding_glove300d])
    model.layers[0].trainable = False
    model.compile(loss='binary_crossentropy',
                  optimizer='rmsprop',
                  metrics=['accuracy'])
    return model

create_model().summary()
run_cross_val(create_model, epochs=5)
```

결과는 이전에 시도했던 공동 학습 임베딩과 다르다.

```
Results: [0.19714423 0.57686307 0.15096604], mean: 0.31, std: 0.19
```

다음 절에서 전문화된 아키텍처에 대해 탐구하면서 계속해서 임베딩을 사용할 것이다.

> 임베딩 계층 및 NLP 작업에 널리 사용되는 Word2Vec 모델에 대한 자세한 내용은 https://www.tensorflow.org/tutorials/word2vec과 http://ruder.io/word-embedings-1/를 참조하라.

순환 신경망(Recurrent neural networks)

3장에서 본 것과 같이 순환 신경망RNN은 시간 전체에 걸쳐 상태를 보존할 수 있다. 이것은 자연어, 오디오, 비디오와 같은 순차 데이터와 관련된 작업을 위한 RNN의 매우 중요한 기능이다.

순서 보존의 중요성을 일깨우기 위해, 다음의 네 가지 가상 영화 리뷰를 살펴보자.

- Movie is good and not a waste
- Movie is a waste and not good
- Movie is not a waste and good
- Movie is not good and a waste

이 예는 리뷰들의 유일한 차이점이 단어의 순서이도록 구성되었다. 이 문서들은 단어가방 표현 방식을 쓰면 동일해 보일 것이다. 우리는 이러한 리뷰들을 토큰의 순서를 보존하기 위한 순차열로 나타낼 수 있다는 것을 보아 왔다. 여기 샘플 리뷰와 그에 상응하는 정서(하던대로 1은 양, 0은 음의 정서)가 있다:

```
sentences_order_matters = [
    'movie is good and not a waste',
    'movie is a waste and not good',
    'movie is not a waste and good',
    'movie is not good and a waste'
]
sentiments = [1, 0, 1, 0]
```

이제 어휘를 만들 수 있다.

```
vec_order_matters = CountVectorizer()
vec_order_matters.fit(sentences_order_matters) # build the vocabulary

vec_order_matters.vocabulary_
```

다음과 같은 토큰들이 생성된다.

```
{'movie': 3, 'is': 2, 'good': 1, 'and': 0, 'not': 4, 'waste': 5}
```

벡터생성기가 a라는 단어는 제외한 것을 알 수 있다.

이제 다음 문장을 어휘에서 토큰의 인덱스에 해당하는 정수의 배열로 바꿀 수 있다.

```
sequence_order_matters = sequence_builder(vec_order_matters,
                                          sentences_order_matters)
sequence_order_matters
```

출력은 다음과 같다.

```
array([[3, 2, 1, 0, 4, 5],
       [3, 2, 5, 0, 4, 1],
       [3, 2, 4, 5, 0, 1],
       [3, 2, 4, 1, 0, 5]])
```

RNN을 적용해보자.

```
model = Sequential()
model.add(Embedding(len(vec_order_matters.vocabulary_),
                    embedding_dim,
                    input_length=len(sequence_order_matters[0])))
model.add(SimpleRNN(5))
model.add(Dense(1, activation='sigmoid'))
```

```
model.compile(loss='binary_crossentropy',
              optimizer='adam',
              metrics=['accuracy'])
model.summary()
model.fit(sequence_order_matters, np.array(sentiments), epochs=20)
```

모델 요약은 다음과 같다.

```
Layer (type) Output Shape Param #
=============================================================================
embedding_149 (Embedding) (None, 6, 300) 1800
_____________________________________________________________________________
simple_rnn_24 (SimpleRNN) (None, 5) 1530
_____________________________________________________________________________
dense_323 (Dense) (None, 1) 6
=============================================================================
Total params: 3,336
Trainable params: 3,336
Non-trainable params: 0
_____________________________________________________________________________
```

그리고 다음은 훈련 과정에서의 출력의 일부이다.

```
Epoch 1/20
4/4 [==============================] - 4s 956ms/step - loss: 0.6912 - acc:
0.2500
Epoch 2/20
4/4 [==============================] - 0s 2ms/step - loss: 0.6782 - acc:
0.7500
...
Epoch 19/20
4/4 [==============================] - 0s 2ms/step - loss: 0.5009 - acc:
1.0000
Epoch 20/20
4/4 [==============================] - 0s 1ms/step - loss: 0.4933 - acc:
1.0000
```

우리는 5개의 은닉 유닛을 가진 SimpleRNN이라는 새로운 유형의 계층을 사용해 왔다. 곧 이 계층이 무엇을 하는지 살펴볼 것인데, 먼저 두 가지 관찰을 할 것이다. 첫 번째 관찰은 모든 문서에서 동일한 특징을 가지고 있고 네트워크가 토큰의 순서를 고려함에도 불구하고 데이터를 완벽하게 맞출 수 있다는 것이다(즉, 정확도는 100%이다). 왜 이것이 단어 가방 모델의 문제인지 알아보기 위해, 특징 표현을 살펴보도록 하자.

```
x = pd.DataFrame({token: [1] * len(sentences_order_matters)
                  for token in vec_order_matters.vocabulary_})
```

이것은 다음의 결과를 산출한다.

movie	is	good	and	not	waste
1	1	1	1	1	1
1	1	1	1	1	1
1	1	1	1	1	1
1	1	1	1	1	1

랜덤 포레스트random forest 분류기를 적용해 보자.

```
rf = RandomForestClassifier()
rf.fit(x, sentiments)
print('Accuracy: {:.2f}%'.format(100 * rf.score(u, sentiments)))
```

이것은 50%의 정확도를 나타낸다. 이것은 사소한 것일 수도 있는데, 학습모델들은 동일한 특징이지만 다른 목표 값을 가진 훈련 행의 출력을 종합할 수밖에 없다는 것을 이해하는 것이 중요하다.

두 번째 관찰은 네트워크가 이제 이러한 결과를 보지 못한 리뷰들로 일반화할 수 있다는 것이다.

```
new_review = 'a waste and is not a good movie'
new_review_seq = [vec_order_matters.vocabulary_[token]
                  for token in new_review.split()
                  if token in vec_order_matters.vocabulary_
                 ]
model.predict(np.array([new_review_seq]))
```

출력은 0.37로, 모델이 리뷰에 부정적인 정서가 있다고 정확하게 예측하고 있음을 의미한다.

인정하건대, 이것은 매우 인위적된 예이다. 학습 알고리즘이 잘 일반화되기에는 네 가지 사례로는 충분하지 않으며, 유닛 수, 계층 및 에포크의 수, 또는 다른 매개변수에 대해 약간만 조정해도 다른 결과를 초래할 수 있다. 더욱 악조건은 우리가 공동으로 임베딩 계층을 학습하고 있고 총 매개변수 수가 3,000개라는 사실이다! 또한 순방향 신경망이 동일한 데이터 세트에 완벽하게 적합할 수 있다는 것도 주목할 만하다. 그러나 상태없는 순방향 신경망은 리뷰에 나타나는 토큰의 위치에 지나치게 과적합하게 될 수밖에 없다. 예를 들어, not 토큰이 순차열에서 세 번째 요소로 나타나지만 good은 마지막 요소로 나타나지 않을 때마다 우리는 0을 예측할 수 있다는 것을 잘못 배울 수 있다. 이 간단한 규칙은 작은 장난감 데이터 세트에 완벽하게 맞도록 해줄 것이지만, 분명히 일반화되지는 않는다.

RNN이 제기한 내용에 대한 높은 수준의 개념적인 이해로 무장한 상태에서, 첫 번째 문서에서 이 아키텍처가 어떻게 보이는지 살펴보자.

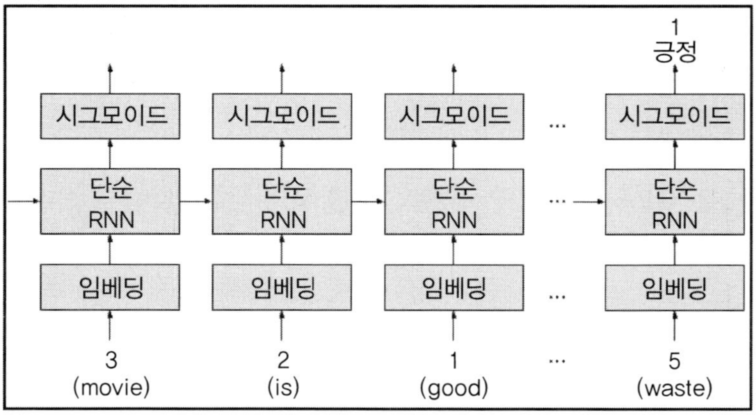

각 토큰은 먼저 임베딩에 제공되며, 임베딩은 모든 단계에서 공유된다. 그런 다음 임베딩된 토큰은 5개의 은닉 유닛으로 되어있는 RNN 셀로 전달된다. RNN 셀은 임베딩된 토큰과 이전 단계의 상태(즉, 메모리)를 사용한다. 첫 번째 단계에서는 상태가 0으로 초기화된다.

중요한 개념은 전개된 RNN 셀 간에 공유되는 파라미터 세트가 단 한 개뿐이라는 것이다. 그래서 마치 같은 블록을 순차열에 있는 여러 요소들에 펼쳐 놓은 것 같다. 보다 일반적으로 RNN 셀은 다음과 같다.

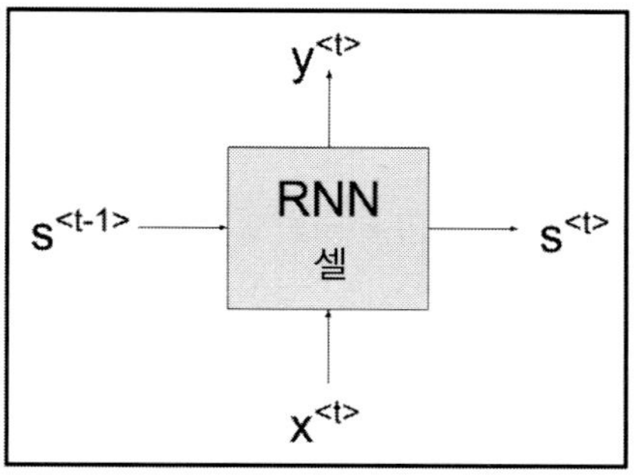

RNN에 대한 자세한 설명은 http://www.wildml.com/2015/09/recurrent-neural-networks-tutorial-part-1-introductionto-rnns/와 http://suriyadeepan.github.io/2017-01-07-unfoldingrnn/를 참조하라. 만약 당신이 RNN에 대한 더 깊은 이해에 관심이 있다면, 아마도 처음부터 RNN을 구현하는 것이 가치가 있을 것이다. 또한 **시간적 오류역전파**backpropagation through time, BPTT를 접하게 될 것이다. https://github.com/pangolulu/rnn-from-scratch를 방문하면 순수한 NumPy로 구현한 것을 볼 수 있다.

이제 RNN 계층을 활용하여 IMDb 데이터 세트에 대한 분류 모델을 훈련하고 평가할 수 있다.

```
from keras.layers import SimpleRNN

def create_model():
    model = Sequential()
    model.add(Embedding(max_features, embedding_dim, input_length=maxlen))
```

```
    model.add(Dropout(0.5))
    model.add(SimpleRNN(32))
    model.add(Dropout(0.5))
    model.add(Dense(1, activation='sigmoid'))
    model.compile(loss='binary_crossentropy',
                  optimizer='adam',
                  metrics=['accuracy'])
    return model

run_cross_val(create_model)
```

교차 검증 결과는 다음과 같다.

```
Results: [0.70206383 0.84339374 0.62666507], mean: 0.72, std: 0.09
```

우리의 단순 RNN 계층은 순방향 신경망이나 단어 가방으로 훈련된 기본 로지스틱 회귀 모델에 비해 우수한 결과를 얻지 못하고 있다.

기본적 RNN의 일반적인 문제는 BPTT의 경사 소멸 또는 폭발이다. 시간 단계 수(250에포크)를 늘리면 네트워크를 통해 흐르는 경사 정보가 곱셈의 여러 단계를 거치면서 작은 값의 반복적인 곱셈의 경우 종종 소멸되거나, 혹은 아주 크지 않은 숫자들이라도 반복적으로 곱셈을 할 때 폭발한다.

경사 폭발 문제를 해결하기 위해 특정 값보다 높은 경사도를 자르면 되지만, 경사가 소멸되는 것은 막기 어렵다. 경사가 사라지면 네트워크는 장기 의존성을 추적하는 데 어려움을 겪을 것이다. 이 문제는 보통 이 장의 뒷부분에서 우리가 볼 수 있는 **질문 답변**[QA]과 같은 다른 유형의 NLP 과제에서 더 뚜렷하게 나타난다. 그럼에도 불구하고, 우리는 이 문제를 해결하려고 시도하는 다른 종류의 RNN 셀들을 탐구할 것이다.

> https://deeplearning4j.org/lstm.html and http:// proceedings.mlr.press/v28/pascanu13.pdf?spm=5176.100239.blogcont292826.13.57KVN0file=pascanu13.pdf에서 경사 소멸 및 폭발 문제에 대한 보다 심층적인 설명을 볼 수 있다.

LSTM

Long short-term memory[LSTM]는 긴 시간 단계에서 정보를 유지하도록 설계되었다. LSTM은 업데이트, 출력 및 망각 게이트로 조작할 수 있는 단기 또는 장기 상태 또는 메모리를 가지고 있다. 다음은 LSTM에 대한 매우 단순화된 다이어그램이다:

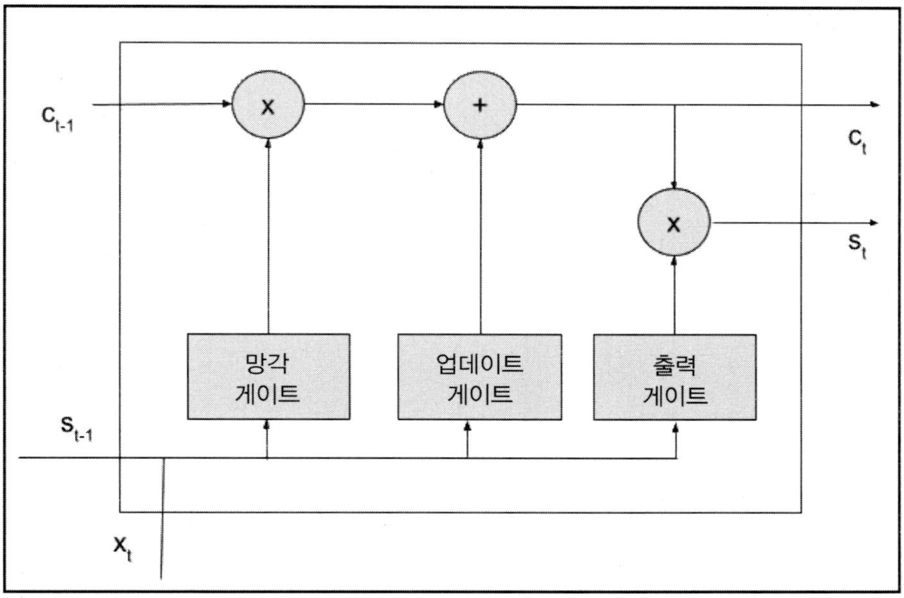

망각 게이트는 이전 시간 단계인 c_{t-1}에서 전해진 기억을 잊어야 하는지를 결정짓는다. **업데이트 게이트**는 이전 상태의 정보와 현재 입력의 정보를 메모리에 저장해야 하는지 여부를 결정하고, **출력 게이트**는 현재 상태의 계산에 현재 상태를 사용해야 하는지를 결정한다. 우리는 LSTM의 작동 방법과 관련된 많은 중요한 세부 사항들을 그냥 넘어갔고 이러한 작업을 가능하게 하는 더 많은 요소들이 있는데 다른 자원들에서 잘 다루고 있다.

http://colah.github.io/posts/2015-08-Understanding-LSTMs/에서 LSTM의 자세한 동작에 대하여 알 수 있다.

LSTM을 적용해 보자:

```
from keras.layers import LSTM

def create_model():
    model = Sequential()
    model.add(Embedding(max_features, embedding_dim, input_length=maxlen))
    model.add(Dropout(0.5))
    model.add(LSTM(32))
    model.add(Dropout(0.5))
    model.add(Dense(1, activation='sigmoid'))
    model.compile(loss='binary_crossentropy', optimizer='adam', metrics=['accuracy'])
    return model

run_cross_val(create_model)
```

모델 아키텍처는 다음과 같다.

```
_________________________________________________________________
Layer (type) Output Shape Param #
=================================================================
embedding_183 (Embedding) (None, 250, 300) 12000000
_________________________________________________________________
dropout_227 (Dropout) (None, 250, 300) 0
_________________________________________________________________
lstm_28 (LSTM) (None, 32) 42624
_________________________________________________________________
dropout_228 (Dropout) (None, 32) 0
_________________________________________________________________
dense_357 (Dense) (None, 1) 33
=================================================================
Total params: 12,042,657
Trainable params: 12,042,657
Non-trainable params: 0
_________________________________________________________________
```

교차 검증 결과는 다음과 같다.

```
Results: [0.74958003 0.85539422 0.70310812], mean: 0.77, std: 0.06
```

LSTM 계층은 앞에서 시도했던 단순한 RNN 계층보다 개선된 모습을 보이고 있다.

양방향 LSTM

RNN 계층을 효과적으로 확장하는 방법으로 양방향 RNN 계층을 사용하는 것이 있다. 양방향 계층 아이디어는 순차열의 시작부터 끝까지 상태를 선형적으로 포착하는 것 외에, 또한 역방향으로 상태를 포착할 수 있다는 것이다. 이 아이디어는 음성 인식의 맥락에서 처음 탐구되었는데, 여기서 오디오 신호의 미래 상태를 아는 것이 더 정확한 예측에 유용할 수 있다. 분명히, 이 방법은 우리가 미래의 정보에 접근할 수 없는 진정한 온라인 환경에서는 가능하지 않다. 그러나 많은 애플리케이션의 경우, 우리는 이미 데이터를 기록해 놓고 있으며, 앞뒤로 동시에 처리할 수 있다.

> https://maxwell.ict.griffith.edu.au/spl/publications/publications/paper/ieeesp97_schuster.pdf를 방문하면 양방향 RNN 뒤에 숨겨진 원래의 동기에 대한 자세한 정보를 볼 수 있다.

이를 달성하기 위해 우리는 두 개의 나란한 층을 사용한다. 하나는 순차열을 통해 전진하고 다른 하나는 (순차열의 마지막에서 출발하여) 모든 단계에서 뒤로 움직인다.

다음 다이어그램은 가상 영화 리뷰를 위한 양방향 LSTM을 보여준다.

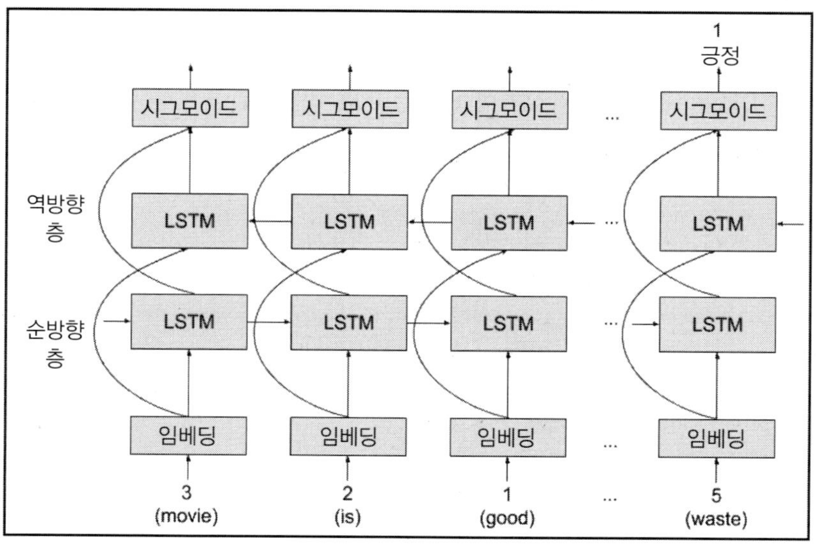

순방향 LSTM 계층은 평소와 같이 작동한다. 역방향 계층은 0으로 초기화되며 마지막 단어인 **waste**를 시작으로 한다. 상태들은 순방향 계층의 경우와 같이 다음 셀 대신에 이전 셀에 공급된다.

우리는 또한 더 깊은 네트워크를 얻기 위해 RNN 계층을 쌓을 수 있다는 것에 주목해야 한다. 이 두 가지 아이디어를 결합한 아키텍처는 다음과 같다.

```
def create_model():
    model = Sequential()
    model.add(Embedding(max_features, embedding_dim, input_length=maxlen))
    model.add(Dropout(0.5))
    model.add(Bidirectional(LSTM(32, return_sequences=True)))
    model.add(Dropout(0.5))
    model.add(Bidirectional(LSTM(32)))
    model.add(Dropout(0.5))
    model.add(Dense(1, activation='sigmoid'))
    model.compile(loss='binary_crossentropy', optimizer='adam', metrics=['accuracy'])
    return model

run_cross_val(create_model, epochs=5)
```

세 개의 폴드에 걸친 결과는 다음과 같다.

```
Results: [0.65298776 0.86403456 0.63854554], mean: 0.72, std: 0.10
```

이 더 깊은 LSTM 네트워크는 이전의 단층 LSTM 네트워크만큼 성능이 우수하지 않다. 이 모델은 아키텍처 요약에서 알 수 있듯이 더 많은 수의 매개변수를 가지고 있다.

```
_________________________________________________________________________
Layer (type) Output Shape Param #
=========================================================================
embedding_182 (Embedding) (None, 250, 300) 12000000
_________________________________________________________________________
dropout_224 (Dropout) (None, 250, 300) 0
```

```
_________________________________________________________________
bidirectional_15 (Bidirectio (None, 250, 64) 85248
_________________________________________________________________
dropout_225 (Dropout) (None, 250, 64) 0
_________________________________________________________________
bidirectional_16 (Bidirectio (None, 64) 24832
_________________________________________________________________
dropout_226 (Dropout) (None, 64) 0
_________________________________________________________________
dense_356 (Dense) (None, 1) 65
=================================================================
Total params: 12,110,145
Trainable params: 12,110,145
Non-trainable params: 0
_________________________________________________________________
```

임베딩 계층은 대부분의 매개변수를 포괄한다는 점에 유의하자. 그러나 임베딩 계층을 무시하면 첫 번째 양방향 LSTM 계층이 기본 LSTM에 비하여 매개변수의 수를 정확히 두 배로 증가시킨다는 것을 알 수 있다.

데이터 세트의 90%에 세 모델을 맞춤으로써 시간 경과에 따른 훈련 과정을 시각화해 보자.

```
history = create_model().fit(x_train_sequence_padded,
                             y_train,
                             epochs=5,
                             validation_split=0.1)
plot_history(history)
```

다음 그래프는 훈련과 검증 정확도 모두 지속적으로 개선되고 있음을 시사한다.

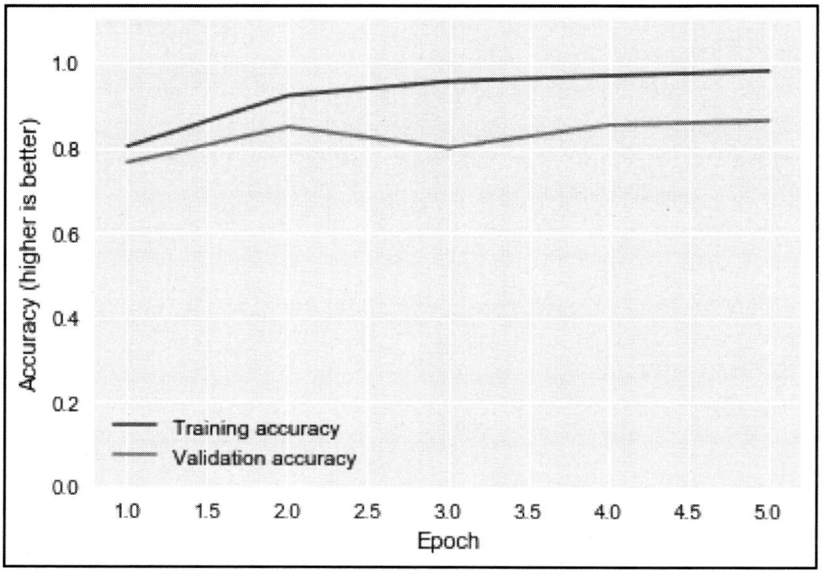

손실 그래프는 학습이 고원에 도달하지 않았다는 생각을 강화한다.

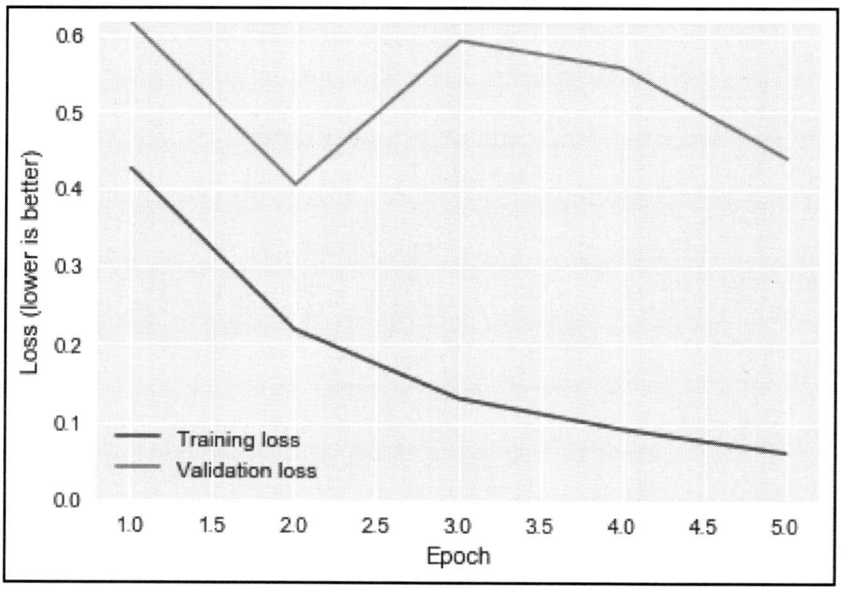

이러한 그림은 네트워크가 아마도 더 많은 에포크의 훈련을 필요로 할 것이라는 것을 시사하는데, 이는 매개변수의 증가된 깊이와 개수를 생각한다면 놀라운 일이 아니다.

> **TIP** 최종 RNN 또는 LSTM 셀을 제외한 모든 중간 RNN 또는 LSTM 셀은 `return_sequences` 매개 변수를 `True`로 설정해야 한다. 이렇게 하면 다음 층이 올바른 모양의 텐서를 얻을 수 있다. 3장 AI 해결 접근방식에서 보았듯이, 얕은 네트워크와 비교할 때 딥 네트워크는 기하급수적으로 더 효율적인 표현이 될 수 있으며, 따라서 일부 애플리케이션에서는 RNN 계층을 쌓는 것이 타당하다. https://arxiv.org/pdf/1312.6026.pdf를 보면 심층 순환신경망과 관련된 이 아이디어를 보다 철저하게 탐구할 수 있다.

우리는 다양한 종류의 RNN이 순차 데이터를 처리하는데 효과적인 옵션이 될 수 있다고 말했다. 우리가 이 절에서 사용했던 RNN 아키텍처들은 어떤 하이퍼 파라미터 튜닝도 없이는 정서 분류 작업에 지나치게 과잉대응한 것으로 보인다. RNN을 사용하는 것의 단점은 추가 계산 비용이다. 우리는 다음 절에서 익숙한 대안을 탐구할 것이다.

> **TIP** Gated recurrent unit[GRU]은 NLP 작업에 대해 실험해 볼 수 있는 LSTM의 효율적인 대안이다. 케라스 층 `keras.layers.GRU`는 `RNN`, `SimpleRN` 또는 `LSTM` 셀 대신 사용할 수 있다. Keras `GRU` 셀에 대한 자세한 내용은 https://keras.io/layers/recurrent/#gru.을 방문하여 보라. https://arxiv.org/pdf/1412.3555v1pdf에서는 GRU와 LSTM을 비교한 경험적 연구를 다루고 있다.

RNN의 대안

우리는 이전 장에서 **컨볼루션널 신경망**[CNN] 또는 **ConvNets**에 대해 배웠다. ConvNets는 많은 NLP 작업에서 성공적으로 사용되었으며 계산에 더 효율적이라는 추가적인 이점을 갖고 있어 RNN의 강력한 경쟁자이다.

1D ConvNets

ConvNets는 위치에 구애받지 않는 특징을 추출하는 데 능숙하다. 1차원 ConvNet을 사용하여 부분순차열으로부터 특징을 추출할 수 있다.

```
from keras.layers import Conv1D, MaxPooling1D, GlobalMaxPooling1D

def create_model():
    model = Sequential()
    model.add(Embedding(max_features, embedding_dim, input_length=maxlen))
    model.add(Dropout(0.5))
    model.add(Conv1D(32, 7, activation='relu'))
    model.add(MaxPooling1D(5))
    model.add(Conv1D(32, 7, activation='relu'))
    model.add(GlobalMaxPooling1D())
    model.add(Dropout(0.5))
    model.add(Dense(1, activation='sigmoid'))
    model.compile(loss='binary_crossentropy', optimizer='adam', metrics=['accuracy'])
    return model

create_model().summary()
cv_report(create_model)
```

다음은 아키텍처 요약이다:

```
_________________________________________________________________
Layer (type) Output Shape Param #
=================================================================
embedding_172 (Embedding) (None, 250, 300) 12000000
_________________________________________________________________
dropout_203 (Dropout) (None, 250, 300) 0
_________________________________________________________________
conv1d_41 (Conv1D) (None, 244, 32) 67232
_________________________________________________________________
max_pooling1d_29 (MaxPooling (None, 48, 32) 0
_________________________________________________________________
conv1d_42 (Conv1D) (None, 42, 32) 7200
_________________________________________________________________
global_max_pooling1d_12 (Glo (None, 32) 0
_________________________________________________________________
dropout_204 (Dropout) (None, 32) 0
_________________________________________________________________
dense_346 (Dense) (None, 1) 33
=================================================================
Total params: 12,074,465
```

```
Trainable params: 12,074,465
Non-trainable params: 0
```

우리는 7크기의 컨볼루션 윈도우를 사용하고 다음에 최대 풀링 층이 오는 32개의 필터가 있는 1차원 ConvNets의 두 층을 사용했다. 컨볼루션 계층 및 CNN 아키텍처에 대해 다시 보려면 4장 '컴퓨터 비전 및 지능'을 참조하라.

결과는 다음과 같다.

```
데이터 결과: [0.72294216 0.84994 0.72062883], 평균: 0.76, std: 0.06
```

네트워크는 앞에서 살펴본 단층 LSTM 네트워크와 대등한 성능을 발휘하고 있다.

> http://www.wildml.com/2015/11/understanding-convolutionalneural-networks-for-nlp/은 컨볼루션 계층에 대한 소개와 NLP 작업에 사용할 수 있는 방법에 대하여 다루고 있다. 또한 https://arxiv.org/pdf/1702.01923.pdf에 있는 CNN과 RNN을 비교한 경험적 연구를 참조하라.

두 세계의 최상의 결합

두 아키텍처의 장점을 모두 누릴 수 있는 창의적인 방법으로 ConvNets와 RNN을 결합할 수 있다.

RNN+1D Convnets

예를 들어, 다음 아키텍처는 앞에서 시도했던 것과 동일한 컨볼루션 계층과 그 다음 LSTM 계층으로 구성된다.

```
def create_model():
    model = Sequential()
    model.add(Embedding(max_features, embedding_dim, input_length=maxlen))
    model.add(Dropout(0.5))
```

```
    model.add(Conv1D(32, 7, activation='relu'))
    model.add(MaxPooling1D(5))
    model.add(Conv1D(32, 7, activation='relu'))
    model.add(LSTM(32))
    model.add(Dropout(0.5))
    model.add(Dense(1, activation='sigmoid'))
    model.compile(loss='binary_crossentropy',
                  optimizer='adam',
                  metrics=['accuracy'])
    return model

run_cross_val(create_model)
```

교차 검증 결과는 다음과 같다:

```
Results: [0.72978162 0.86187448 0.79347174], mean: 0.80, std: 0.05
```

결과는 LSTM과 ConvNets 모두에 대해 고무적인 개선이다.

우리는 NLP의 정서 분류 과제를 위한 다양한 아키텍처를 탐구해 왔다. 동일한 종류의 아키텍처를 다른 NLP 태스크에도 사용할 수 있다. 다양한 계층 유형을 순차열 데이터의 특수 특성을 이용하기 위해 창의적인 방법으로 결합할 수 있다. 다음 절에서는 지금까지 다룬 개념과 구성 요소를 다른 종류의 NLP 작업에 적용할 것이다.

순차열 대 순차열 모델

우리가 탐구해 온 정서 분류 작업은 다대일 RNN 구조의 한 예다. 우리의 RNN은 입력으로 많은 토큰을 받았고 각 문서 끝에 하나의 출력(즉, 정서)을 생산했다.

일부 NLP 과업은 우리가 많은 입력으로부터 많은 출력물을 생산하도록 요구한다. 예를 들어, 문장을 영어에서 스페인어로 번역하는 것은 다른 토큰 세트가 있는 영어 문장에서 스페인어로 많은 토큰을 만들어 내는 것을 필요로 한다. 입력과 출력 토큰의 수가 반드시 같은 것은 아니다. 예를 들어, 내가 영어로 *I am sorry* 라는 것은 스페인어로 *lo siento*로 번역되는 것이다. 음성 인식, 텍스트 요약, 이미지 캡션과 같은 다른 작업에서도 마찬가지다.

순차열 대 순차열sequence-to-sequence, seq2seq은 이러한 작업을 수용할 수 있는 일반적인 프레임워크다. Seq2seq는 인코더 구성요소를 사용하여 소스 순차열을 중간 표현으로 변환하는데, 이 중간표현을 흔히 **의미** 또는 **사상** 벡터라고도 한다. 디코더 구성요소는 이후 이 중간 표현을 사용하여 원하는 결과를 도출한다.

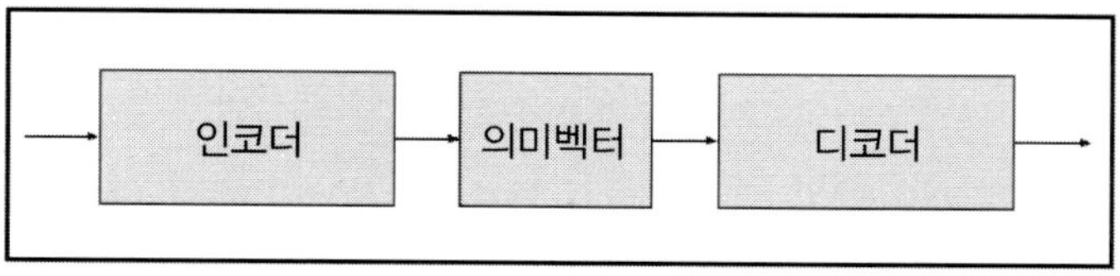

우리는 기계번역을 위해 seq2seq 프레임워크를 사용할 것이다.

> https://google.github.io/seq2seq/, https://www.tensorflow.org/versions/r1.0/tutorials/ seq2seq, https://papers.nips.cc/paper/5346-sequence-to-sequence-learning-with-neural-networks.pdf를 방문하여 seq2seq에 대한 자세한 정보를 볼 수 있다.

기계 번역

이 절에서는 seq2seq 프레임워크를 사용하여 영어-스페인어 번역기를 만들 것이다. 지금까지 우리는 단어 수준의 토큰화를 하여 작업했다. 대신 문자 수준에서 토큰화를 할 수 있고 디코더가 단어 대신 문자를 발산하도록 할 수 있는데, 이것이 우리가 여기서 추구할 전략이다.

먼저 다음과 같이 영어(소스) - 스페인어(대상) 문장 쌍 데이터 세트를 다운로드하는 것으로 시작하겠다.

```
!wget http://www.manythings.org/anki/spa-eng.zip
!unzip spa-eng.zip
!rm spa-eng.zip
```

여기 10만 개 이상의 문장 쌍이 들어 있는 spa.txt 파일의 처음 5개 라인이 있다:

```
Go. Ve.
Go. Vete.
Go. Vaya.
Go. Váyase.
Hi. Hola.
...
```

http://www.manythings.org/anki/를 방문하면 기계 번역에 사용할 수 있는 풍부한 2개 국어 문장 쌍 세트를 구할 수 있다.

이제 탭으로 구분된 문장 쌍을 구문 분석할 수 있다.

```
sources = []
targets = []
chars_source = set()
chars_target = set()
max_source = 0
max_target = 0
path = 'spa.txt'

for line in open(path):
    source, target = line.strip().split('\t')
    # the special token `\t` marks the beginning
    # and `\n` marks the end of a sequence
    target = '\t{}\n'.format(target)
    sources.append(source)
    targets.append(target)

    max_source = max(max_source, len(source))
    max_target = max(max_target, len(target))
    for c in source:
        chars_source.add(c)
    for c in target:
        chars_target.add(c)
```

다음으로, 다음과 같이 소스 및 대상에 대해 문자를 인덱스에 매핑하는 사전을 만들 것이다.

```
tokens_encoder = len(chars_source)
tokens_decoder = len(chars_target)
# create source and target dictionaries mapping characters to an index
source_dict = dict(zip(chars_source, range(len(chars_source))))
target_dict = dict(zip(chars_target, range(len(chars_target))))
# and the reverse mapping
target_dict_reverse = dict((i, char) for char, i in source_dict.items())
source_dict_reverse = dict((i, char) for char, i in target_dict.items())

print('# of unique source characters: {}'.format(len(source_dict)))
print('# of unique target characters: {}'.format(len(target_dict)))
```

이것은 90개의 소스 문자와 110개의 타겟 문자를 생산한다. 하한 및 대문자는 별도로 표시된다는 점에 유의하자.

이제 다음과 같이 인코더의 입력과 디코더의 입력과 출력을 구성할 수 있다.

```
encoder_in = np.zeros((len(sources), max_source, len(chars_source)))
decoder_in = np.zeros((len(sources), max_target, len(chars_target)))
decoder_out = np.zeros((len(sources), max_target, len(chars_target)))

for i, (source, target) in enumerate(zip(sources, targets)):
    for t, c in enumerate(source):
        encoder_in[i, t, source_dict[c]] = 1
    for t, c in enumerate(target):
        decoder_in[i, t, target_dict[c]] = 1
        if t > 0:
            decoder_out[i, t - 1, target_dict[c]] = 1
```

이러한 NumPy N차원 배열을 적절한 원-핫-인코딩 표현 방식으로 채워 넣었다. 예를 들어 첫 번째 소스 문장(즉, `source[0]`)은 세 문자를 포함하는 `Go.`이다. 문자 o와 연관된 인덱스가 83이라고 가정하면 `encoder_in[0, 1, 83] == 1.0`이다. 즉, 첫 번째 문장과 그 문장에서의 두 번째 문자의 경우, 인덱스 83이 1인 90개의 요소를 가진 원-

핫 벡터가 있다. 또한 디코더 입력과 출력이 인덱스 1만큼 차이 난다는 점에 유의하라.

인코더-디코더 아키텍처를 구축하자.

```
from keras.models import Model
from keras.layers import Input, LSTM, Dense

batch_size = 64
epochs = 2
hidden_units = 256
num_samples = 100train on.
num_inference_examples = 10

# Encoder
encoder_inputs = Input(shape=(None, tokens_encoder))
# return_state=True ensures that the states are returned
encoder = LSTM(hidden_units, return_state=True)
# capture the encoder state which will be used for decoder
# the encoder output is not used
_, state_h, state_c = encoder(encoder_inputs)
encoder_states = [state_h, state_c]

# Decoder
decoder_inputs = Input(shape=(None, tokens_decoder))
# use the encoder states as initial state for the decoder
decoder_lstm = LSTM(hidden_units, return_sequences=True, return_state=True)
decoder_outputs, _, _ = decoder_lstm(decoder_inputs,
initial_state=encoder_states)
decoder_dense = Dense(tokens_decoder, activation='softmax')
decoder_outputs = decoder_dense(decoder_outputs)

# Model
model = Model([encoder_inputs, decoder_inputs], decoder_outputs)

# Train
model.compile(optimizer='adam', loss='categorical_crossentropy')
```

이 모델은 100에포크 동안 훈련을 실시하기 때문에 상위 10,000개의 훈련 예제만을 사용한다. 우리는 여전히 이 만큼의 사례들을 가지고도 합리적인 결과를 얻을 것이다. 물론 전체 데이터 세트를 100에포크 동안 사용하는 것이 훨씬 더 오래 걸릴 것이며, 이 모델을 사용해 보는 것은 환영할 일이다. 우리는 인코더와 디코더 LSTM에 256개의 은닉 유닛을 사용할 것이다.

> **TIP** Keras 함수 API를 사용하여 더 복잡한 아키텍처를 정의해 보라. API 설명서는 https://keras.io/getting-started/functional-api-guide/에서 찾을 수 있다.

모델 아키텍처는 다음과 같다.

```
________________________________________________________________________________
______________________________
Layer (type) Output Shape Param # Connected to
================================================================================
=============================
input_31 (InputLayer) (None, None, 90) 0
________________________________________________________________________________
______________________________
input_32 (InputLayer) (None, None, 111) 0
________________________________________________________________________________
______________________________
lstm_45 (LSTM) [(None, 256), (None, 355328 input_31[0][0]
________________________________________________________________________________
______________________________
lstm_46 (LSTM) [(None, None, 256), 376832 input_32[0][0]
lstm_45[0][1]
lstm_45[0][2]
________________________________________________________________________________
______________________________
dense_366 (Dense) (None, None, 111) 28527 lstm_46[0][0]
================================================================================
=============================
Total params: 760,687
Trainable params: 760,687
Non-trainable params: 0
________________________________________________________________________________
______________________________
```

이 아키텍처는 지금까지 본 것에 비해 더 복잡하다. 인코더의 내부 상태는 디코더에 초기 상태로 전달되며 Model 클래스는 일반적인 하나의 입력 대신 두 세트의 입력을 취한다. 은닉 유닛의 수는 변경할 수 있지만, RNN 유형을 변경(예를 들어 LSTM을 GRU로 변경)하려면 해당 상태를 인코더에서 캡처하여 초기 상태로 디코더에 전달해야 한다.

이제 모델을 정의했으니, 훈련을 시작할 수 있다.

```
model.fit([encoder_in[:num_samples], decoder_in[:num_samples]],
decoder_out[:num_samples],
          batch_size=batch_size, epochs=epochs, validation_split=0.2)
```

다음은 훈련 과정 출력의 일부이다.

```
Train on 8000 samples, validate on 2000 samples
Epoch 1/100
8000/8000 [==============================] - 21s 3ms/step - loss: 1.1372 -
val_loss: 1.2104
Epoch 2/100
8000/8000 [==============================] - 23s 3ms/step - loss: 0.9464 -
val_loss: 1.0098
...
Epoch 99/100
8000/8000 [==============================] - 21s 3ms/step - loss: 0.0651 -
val_loss: 1.0759
Epoch 100/100
8000/8000 [==============================] - 20s 3ms/step - loss: 0.0640 -
val_loss: 1.0860
```

이 모델을 이용하여, 한번에 문자 한 개씩을 샘플링하여 주어진 영어 문장에 대한 스페인어 번역을 생성할 수 있다.

```
# inference encoder
encoder_model = Model(encoder_inputs, encoder_states)

# inference decoder
decoder_state_input_h = Input(shape=(hidden_units,))
```

```
decoder_state_input_c = Input(shape=(hidden_units,))
decoder_states_inputs = [decoder_state_input_h, decoder_state_input_c]
decoder_outputs, state_h, state_c = decoder_lstm(decoder_inputs,
initial_state=decoder_states_inputs)
decoder_states = [state_h, state_c]
decoder_outputs = decoder_dense(decoder_outputs)
decoder_model = Model([decoder_inputs] + decoder_states_inputs,
[decoder_outputs] + decoder_states)

def decode_sequence(english_sentence):
    # encode the input sentence
    states_value = encoder_model.predict(english_sentence)
    # target sequence to fill in
    target_seq = np.zeros((1, 1, tokens_decoder))
    # the first target character is `\t` by design
    target_seq[0, 0, target_dict['\t']] = 1
    # the spanish translation to build by sampling
    spanish_sentence = ''

    while True:
        output_tokens, h, c = decoder_model.predict([target_seq] + states_value)
        # sample a token index
        sampled_token_index = np.argmax(output_tokens[0, -1, :])
        # reverse lookup the index to get the corresponding character
        sampled_char = source_dict_reverse[sampled_token_index]
        # concatenate the sampled character to the spanish sentence
        spanish_sentence += sampled_char
        # reset the target sequence
        target_seq = np.zeros((1, 1, tokens_decoder))
        # insert the current sampled token index for the next decoder
        prediction
        target_seq[0, 0, sampled_token_index] = 1

        # we're done if either reached the max length or
        # the end of sequence `\n` indicator
        if sampled_char == '\n' or len(spanish_sentence) > max_target:
            break

        # Update states
        states_value = [h, c]

    return spanish_sentence
```

마지막으로, 우리는 이전에 정의된 디코더 함수를 호출하는 이 유틸리티 함수를 사용하여 영어 문장에 대한 스페인어 번역을 생성할 수 있다.

```
def show_translation(index):
    decoded_sentence = decode_sequence(encoder_in[index: index + 1])
    print('English sentence:', sources[index])
    print('Spanish sentence:', decoded_sentence)
```

예를 들어, `Hi` 문장을 가리키는 인덱스 4로 이 함수를 호출하고, 올바른 번역 `Hola`를 받을 수 있다. 불충분한 에포크 수나 또는 더 적은 수의 샘플로 아키텍처를 훈련하는 것은 보통 의미없는 번역을 초래한다. 극단적인 예로 상위 100개의 샘플만을 사용하고 2 에포크로 훈련한다면, 같은 문장에 대한 출력번역은 `estoy esto`인데, 이는 잘못된 것이다. 사실 모델은 항상 이 정도의 훈련 수준에서 이 문장을 예측한다.

> https://ai.googleblog.com/2016/09/a-neural-network-formachine.html, https://arxiv.org/pdf/1703.03906.pdf 또는 https://github.com/lmthang/thesis을 방문하여 신경망 기계번역에 대해 더 알아볼 수 있다. 이 절에서 사용한 예는 https://github.com/keras-team/keras/blob/master/examples/lstm_seq2seq.py를 참고한 것이다.

요약

이 장에서는 순차 데이터가 제공하는 특별한 도전과 기회를 다루었다. 우리는 기계학습에 편리한 형식으로 텍스트 데이터를 표현할 수 있는 토큰을 생성하기 위한 사전 처리 파이프라인을 탐구했다. 그런 다음 정서 분류의 예를 사용하여 RNN, LSTM, 양방향 LSTM 및 1차원 ConvNets를 포함하는 아키텍처를 탐구했다. 마지막으로 기계번역을 위한 인코더 디코더 아키텍처를 살펴보았다. 본 장에서 다룬 개념과 사례는 다양한 NLP 작업에 적용 가능성이 매우 높다.

다음 장에서는 강화 학습이라는 학습 패러다임을 탐구할 것이다. 이러한 유형의 학습은 순차적 의사결정에서 발생하는 문제를 다룬다.

06

강화 학습

TensorFlow

제3장 AI 해결을 위한 접근 방법에서는 3가지 유형의 기계학습, 즉 지도, 비지도, 강화 학습을 소개했다. 지금까지, 우리는 입력 데이터와 그에 상응하는 라벨을 모두 가지고 있는 지도 학습에 초점을 맞추어 왔다. 이 장에서는 지도 학습의 몇 가지 단점을 탐구함으로써 새로운 학습 패러다임의 필요성을 확립할 것이다. 그런 지식으로 무장하고 나서 우리는 불확실한 상황에서 최적의 결정을 내릴 수 있도록 다완 도적multi-armed bandits을 소개할 것이다. 그리고 관찰된 상태를 고려하기 위해 이 최적의 순차적 의사결정을 확장하는 **마르코프 의사결정 프로세스**MDP를 살펴보기로 한다. 우리는 MDP를 해결하기 위한 방법들을 조사하고 달 착륙선을 조종하기 위한 깊은 신경망을 사용하는 것으로 끝마치게 될 것이다.

이 장에서 배우게 될 내용은 다음과 같다.

- 지연되고 희소한 피드백에 대한 처리
- 탐험-활용 딜레마
- 마르코프 의사결정 과정
- 기여도 할당 문제
- Q-학습
- 딥 Q-러닝

또 다른 학습 패러다임의 필요성

간단한 문제를 고려해보자. 당신이 탐험해보고자 관심이 있는 새로운 환경에 있다고 상상해보라. 현실 세계에는 이 문제와 많은 유사한 것들이 있다. 예를 들어, 당신은 돌아다녀보고 싶은 새로운 도시에 관광객으로 방금 착륙했을지도 모른다. 또 다른 예는 화성을 탐사하는 임무를 맡고 있는 화성 탐사선이다. 어디부터 먼저 갈 것인가?

우리의 예시 환경은 에이전트가 탐색하기를 원하는 3×3 그리드로 구성된다. 에이전트는 왼쪽 아래 셀에서 시작할 것이다 매 단계마다 에이전트는 위 또는 오른쪽으로 이동할 수 있다(현재로서는 왼쪽과 아래를 이동할 수 없다). 그리드의 바깥쪽 가장자리는 에이전트가 통과할 수 없는 벽이며, 그렇게 하려고 하면 단순히 제자리에 머물 것이다. 출발 시점에 에이전트에게 알려지지 않은 다른 벽이나 항목이 있을 수 있다. 탐색을 시작할 때의 에이전트의 상태는 다음과 같다.

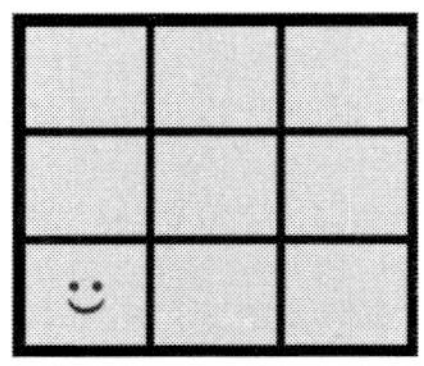

환경에 대한 사전 지식이 없는 경우, 에이전트는 오른쪽으로 가는 것과 올라가는 것 중 하나를 무작위로 선택하는 것이 나을 것이다. 올라가기로 결정했다고 하자.

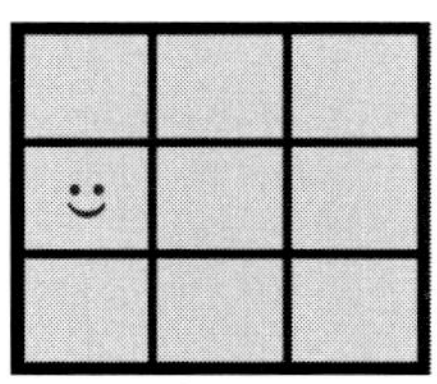

에이전트는 새로운 셀에 들어갔고 아무 일도 일어나지 않았다. 이제 어떻게 할까? 여전히 오른쪽으로 가느냐 위로 올라가느냐를 선택할 수 있다. 오른쪽으로 가기로 결정하고, 중간 셀에 도달하고, 아무 일도 일어나지 않는다고 해보자. 한 번 더 오른쪽으로 가보자.

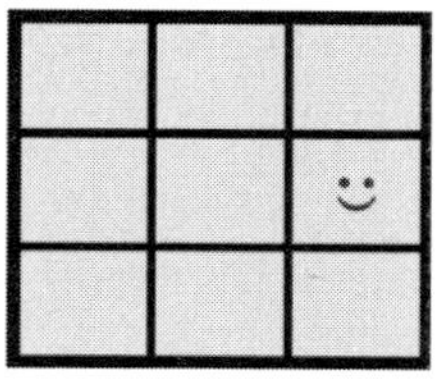

이번에는 오른쪽으로 가기로 했으나 벽에 부딪쳐 같은 셀에 머물게 된다. 그럼, 올라가 보자.

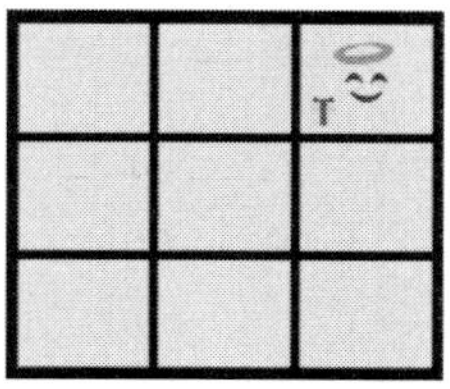

우리 에이전트는 방금 +1의 보상을 받았다. 보상은 우리가 극대화하고 싶은 하나의 신호다. 우리의 관광 사례에서, 그것은 먹을 수 있는 훌륭한 식당을 찾는 것일 수도 있다. 또 다른 예로, 당신이 주식시장에 투자하고 있으며 그 보상은 단순히 당신이 쌓고 있는 이익이라고 하자. 긍정적인 보상이 있는 곳에는 대개 우리가 피하고 싶은 부정적인 보상도 있다. 예를 들어 형편없는 식당에서 식사를 하거나 거래에서 돈을 잃는 것이다.

탐험-활용 딜레마

그렇다면 지금까지 우리가 알고 있는 것은 무엇일까? 보상을 받으러 가는 길에 방문한 셀에는 보상이 없다는 것을 우리는 알고 있다. 이제 에이전트가 하단 셀로 초기화되어 또 다른 탐험의 에피소드를 시작할 수 있다고 상상해 보자. 에이전트는 이제 딜레마를 안고 있다. 즉, 이전 에피소드와 똑같은 경로를 따라 보상을 받거나, 가보지 않은 셀을 탐험해 본다. 만약 우리가 계속 탐험을 하는데 다른 보상이 없다면? 우리는 기회비용 측면에서 이 문제를 생각할 수 있다. +1 보상을 수집하는 확실한 방법이 있지만 더 탐험해 보는 것은 보상이 되지 않거나 심지어 부정적인 보상이 될 수도 있다. 하지만, 만약 우리가 탐험하지 않은 이 그리드 어딘가 훨씬 더 큰 보상이 있다면? 이것을 탐험-활용 딜레마라고 한다. 더 많은 정보가 없다면, 우리는 단지 우리가 알려진 보상을 계속 활용해야 하는지, 아니면 잠재적으로 아무것도 찾지 못하는 기회비용을 부담하면서 더 나은 보상을 찾기를 바라는 희망으로 탐험해야 할지를 알 수 없다.

이 개념을 좀 더 구체화시키기 위해, 에이전트는 단 두 개의 에피소드로 제한되어 있고, 한 에피소드 후에 +1 보상을 발견했다고 상상해보라. 2번째 에피소드에서 이 발견을 이용(활용)한다면, 에이전트는 +2의 누적 보상으로 끝나게 될 것이다. 만약 그가 두 번째 에피소드에서 탐험하기로 결정했고 발견될 보상금이 −1밖에 없다면 보상은 0으로 사라질 것이다. 만약 +2의 보상이 있다면, 그것은 총 +3의 보상으로 끝날 것이다.

우리 에이전트가 아직 가보지 않은 셀들을 탐험하도록 해보자. 에이전트는 각 셀을 방문했음, 방문하지 않았음, 또는 보상을 포함함 등으로 표시함으로써 이전 에피소드에서 알고 있는 내용을 이용할 수 있다.

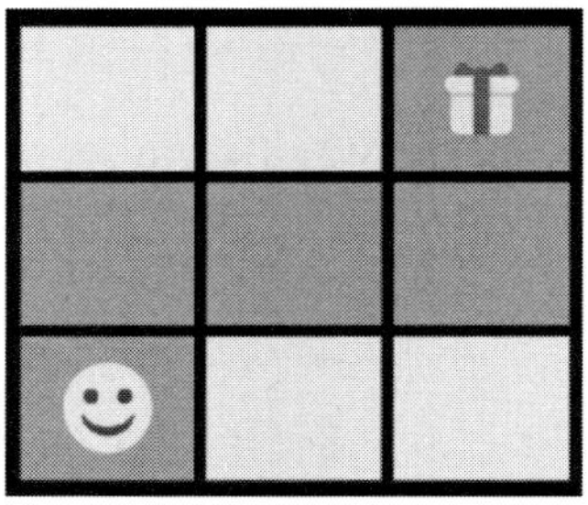

이제, 선택은 위로 올라가거나 오른쪽으로 가는 것이다. 먼저 오른쪽 셀을 탐험해 보자. 에이전트가 오른쪽으로 움직이면 아무 보상도 없다. 그리고 다시 오른쪽으로 이동하면 −1의 보상을 받는다.

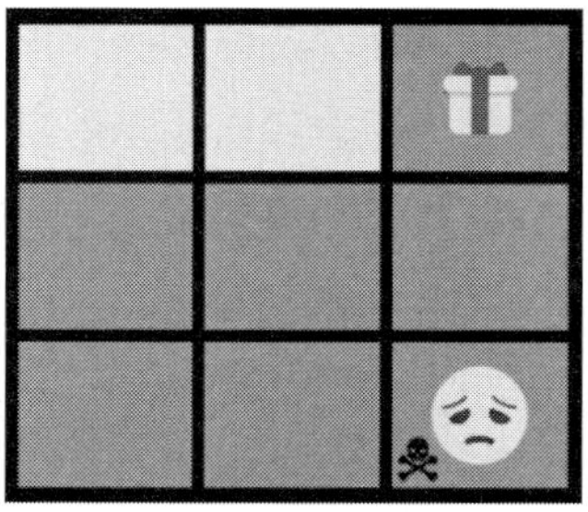

이 에피소드는 오른쪽 아래 셀의 가치를 확실히 알게 되었다는 이유로 −1의 일회성 비

용을 지불하는 것과 같았다. 만약 에이전트가 100회 동안 탐험을 할 수 있게 된다면, 이 1회 비용은 단 두 회에 비해 더 정당화된다. 이것을 보기 위해 마지막 남은 셀을 탐험해 보자. 그러나 그렇게 하기 전에 지금까지 에이전트가 알고 있는 것을 정리해 보면 다음 그림과 같다.

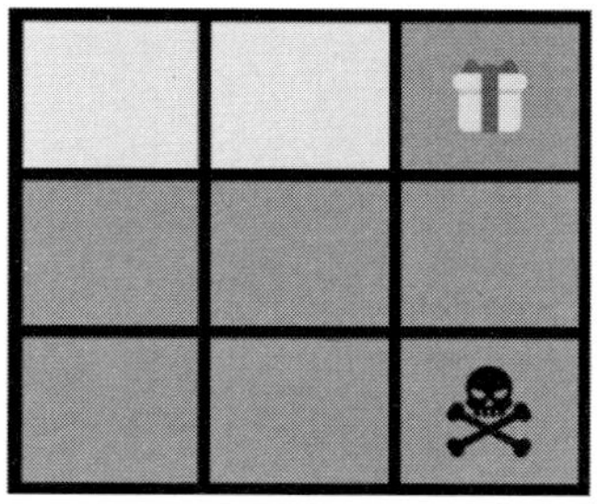

마침내 에이전트는 두 번 위로 가서 왼쪽 상단 셀에 도달할 수 있다. 아무 일도 일어나지 않는다. 오른쪽으로 한 걸음 더 나아가 +2의 보상을 받는다.

이 시점에서 에이전트는 이 환경에 대해 알아야 할 모든 것을 알고 있다. 사후적인 상태 파악과 탐험비용을 지불한 이점으로, 이제 +2의 보상으로 계속 셀을 이용할 수 있다. 이 환경에 대한 에이전트의 최종 지식은 다음과 같이 요약된다.

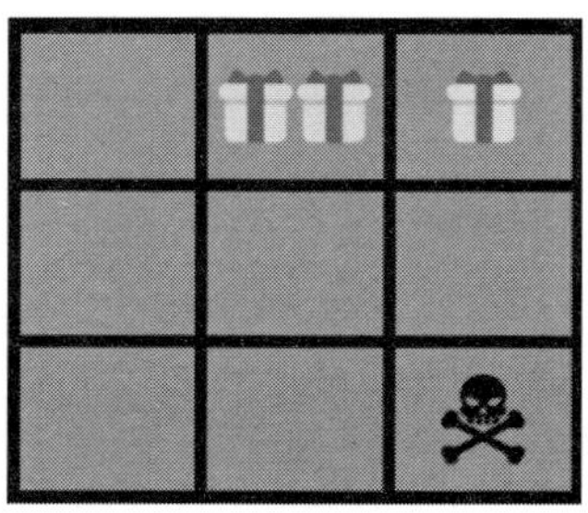

아까부터 다시 요점으로 돌아가면 100회 이상의 누적 보상은 1 + (−1) + 2 + ... + 2 = 196인 반면, 만약 우리가 첫 번째 에피소드 이후에 단지 활용하기로 결정했다면 우리는 1 + 1 * 99 = 100을 받았을 것이다. 허용 가능한 에피소드 수는 크면 클수록 에이전트가 비용이 많이 드는 탐험에서 회복할 수 있는 더 많은 기회를 제공하기 때문에 관련이 있다. 허용 가능한 에피소드 수가 두 개였다면, 활용함으로써 +2의 누적 보상을 받는 것에 비해, 오른쪽 아래 셀을 탐험함으로써 0의 보상을 받았을 것이다. 탐험비용도 자원에 의해 결정된다. 예를 들어 주식시장에 투자하는 경우, 우리는 모든 종류의 거래에 대한 투자를 탐험할 무제한의 자금이 없으며 잠재적으로 많은 돈을 잃을 수 있다. 화성 탐사선 예의 경우, 특정 탐험 경로는 복구하는데 매우 많은 비용과 시간이 소요되는 탐사선의 손상으로 이어질 수 있다.

지도 학습의 단점

이 문제를 소개하였으니, 기계학습의 문제로 공식화하는 것에 대해 생각해 보자. 우리가 제시한 환경에서는 에이전트의 행동과 보상에 대한 위치가 결정론적이다. 즉, 에이전트가 (다음 셀이 존재하고 위쪽이 벽이 아니라면) 다음 셀로 올라가기로 결정하고 움직였을 경우 거기에 도달했을 확률은 1이다. 그런데 환경이 미끄러워 그 확률이 1 미만일 수도 있다. 이 경우, 각 셀(즉, 상태)에서 택할 수 있는 최선의 대응 행동에 대한 결정론적 매핑이 없으며, 확률론적 의사결정에 의존해야 한다. 지도학습 방식으로 공식화할 수 있는 한 가지 아이디어는 데이터 포인트로 (셀, 행동) 쌍과 라벨로 상응하는 보상을 수집하며, 환경을 탐색할 때 회귀 분석을 사용하여 매핑의 모델을 학습하는 것이다.

각 단계에서 이 공식화를 사용하여, 우리는 최대한의 보상을 생성하는 행동을 찾고 그 행동을 따를 수 있다. 그러나 많은 상태에서 어떤 조치를 취해도 보상은 0이다. 예를 들어 다음 환경을 고려해 보자.

진한 색 셀은 에이전트가 통과할 수 없는 사실상 벽이다. 따라서 우리는 오른쪽으로 두 번 가서 −1을 얻을 수도 있고, 위로 두 번 가서 +1을 얻을 수도 있다. 그러나 왼쪽 아래 상태를 고려해 보자. 앞서의 지도학습 방식으로 보면, 오른쪽이나 위쪽은 똑같이 보인다. 둘 다 0의 보상이 발생하기 때문이다. 이 방식은 첫 번째 단계(가능한 유일한 상태) 이후 다음 상태의 가치를 고려하지 못했다. 우리는 그것에 대한 올바른 답을 두 단계 지나야만 알게 될 것이다. 이러한 희소한 보상과 지연된 피드백은 전통적인 지도 학습을 이 종류의 문제에 대한 덜 이상적인 해결책으로 만든다. 이 예는 기여도 할당 문제의 매우 단순화된 버전이다. 이 경우 +1 보상을 받는 것에 대한 공은 시작 상태에서 위로 가는 행동을 취하는 것에 돌아가며, −1 보상을 받는 것에 대한 책임은 동일 셀에서 오른쪽으로 이동하는 행동을 취하는 것에 돌아가는 것을 쉽게 알 수 있다. 일단 에이전트가 오른쪽으로 가기로 결정하면, 그것이 진로를 바로잡아 +1 보상을 받을 수 있는 방법이 없다. 에이전트는 위로 가서 벽에 부딪히기를 무한히 하여 −1의 보상을 지연시키기로 결정할 수 있지만, 환경의 제약으로 볼 때 그 에피소드에 대해 +1의 보상은 불가능하다.

> https://scholarworks.umass.edu/dissertations/AAI8410337/과 http://www.pnas.org/content/113/24/679를 방문하여 강화 학습에서 기여도 할당 문제에 대해 자세히 알아 볼 수 있다.

보상의 시간가치

이 논의에서 또 다른 유용한 개념은 화폐(또는 보상)의 시간가치이다. 내가 당신의 휴대폰에 100만 달러를 주기로 제안했다고 하자. 괜찮아 보이는 거래인가? 글쎄, 상황에 따라 다르다. 당장 100만 달러를 준다면 대단한 일이지만, 1000년 후에 그 돈을 주거나 100만 년 동안 매년 1달러를 준다면 그리 큰 액수는 아니다. 직관적으로 이것은 많은 의미가 있다. 이 직관을 계량화할 수 있을까?

이를 위한 한 가지 방법은 물가 상승으로 인해 매년 얼마나 많은 구매력을 잃게 되는지를 고려하는 것이다. 물가상승률이 향후 100년간 지속적으로 5%라고 하자. 그렇다면 1년 후에 100만 달러는 다음의 가치가 있다.

$$\frac{\$1,000,000}{1+0.05} = \$952,380.95$$

1000년 후에는 어떨까? 음, 우리는 계속해서 그 결과의 가치를 할인하거나 단지 대수적으로 다음과 같이 단순화할 수 있다.

$$\$1,000,000 \times (1+0.05)^{-1} \times (1+0.05)^{-1} \times \ldots = \$1,000,000 \times (1+0.05)^{-1000} \approx 0$$

할인 인수는 아주 작은 숫자여서 연간 5%의 할인율로 할인하면 1,000년 후의 100만 달러의 현재가치는 약 0이다.

1년에 1달러씩 100만년 동안 받는 건 어떤가? 동일한 할인율을 사용하여 계산해 보자.

```
discount = 0.05
payment = 1
horizon = 1000000

sum([
    (1 + discount) ** -i
    for i in range(1, horizon + 1)
]) * payment
```

출력값은 대략 20달러이다. 따라서 1,000년 안에 100만 달러와 다음 100만년 동안 매년 1달러 사이에서 선택할 수 있다면 현재가치가 더 높기 때문에 후자를 선택하는 것이 더 낫다.

우리는 할인 요인을 미래가 안고 있는 불확실성, 즉 위험에 대한 우리의 믿음으로 생각할 수 있다. 만약 당신이 매우 신뢰할 수 있는 사람이고 내가 약속된 대로 당신에게 돈을 지불할 것이라고 확신한다면, 당신은 신뢰할 수 없는 사람을 고려하는 것과는 반대로 더 작은 할인율을 적용하기로 결정할 수도 있다. 극단적인 경우, 여러분은 0의 할인율을 적용할 수 있고 앞으로 1,000년 동안 잘못될 수 있는 것은 전혀 없다고 결과적으로 가정할 수 있다! 그러나 현실적으로 생각하여, 당신은 관련된 모든 요소들의 불확실성과 100년 이후의 돈에 대한 많은 용도가 없다는 사실을 반영하는 숫자를 선택한다.

이 주제는 강화 학습과 어떻게 관련이 있는가? 먼 훗날 돈보다 눈앞의 돈이 낫듯이, 눈

앞의 보상이 더 바람직하다고 주장할 수 있다. 특히 우리의 환경이 결정론적이지 않다면, 무언가가 잘못되어 더 멀리 있는 보상을 수집할 수 없을 가능성이 점점 더 높아진다. 예를 들어, 만약 +1의 보상이 한 걸음 떨어져 있지만 +2의 또 다른 보상이 1,000보나 떨어져 있고, 그 과정에서 에이전트가 −1000 보상에 빠져들 가능성이 크다면, 더 긴 경로를 추구할 위험은 아마도 정당화되지 않을 것이다. 우리는 환경의 위험성과 즉각적인 보상 대비 미래 보상에 대하여 우리가 느끼는 가치에 대한 이러한 가정들이 다음 절에서 어떻게 인코딩될 수 있는지 볼 것이다.

다완 도적(multi-armed bandits)

이제 탐험-활용 딜레마에 대처하기 위한 전략을 모색하기 시작할 것이다. 여러분이 카지노에서 두 개의 슬롯머신으로 게임을 할 수 있다고 상상해 보자.

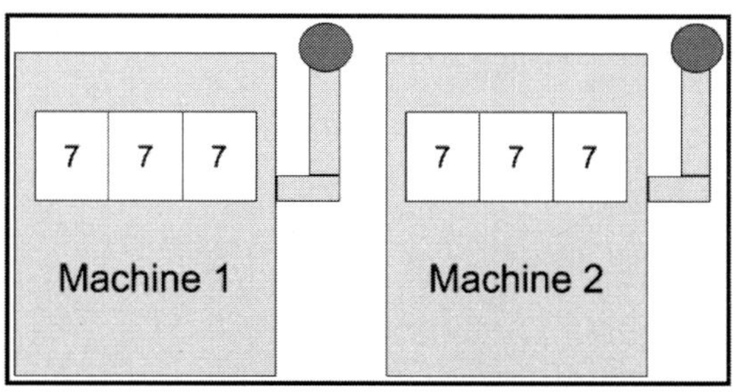

각 기계에는 당길 수 있는 손잡이가 하나 있고(한팔 도적single-armed bandit이라고 함) 가변 보상을 반환한다. 이 기계들 중 하나가 장기적으로 평균적으로 더 많은 보상을 발생시킨다고 믿을 만한 이유가 있다고 더 상상해 보자. 이것에 대해 생각하는 한 가지 방법은 각 기계가 (μ_i, σ_i) (i는 1 또는 2) 정규 분포에서 도출된 보상을 발생시킨다고 가정하는 것이다.

처음에 우리는 한 기계가 다른 기계보다 더 높은 누적 보상을 한다는 증거를 가지고 있지 않다. 따라서 기계 중 하나를 무작위로 골라 손잡이를 당길 수 있다. 첫 번째 기계를 고르고 13.5의 보상을 받는다고 하자. 그리고 나서 우리는 두 번째 기계를 선택하고 14.7의 보상을 관찰한다. 결정론적인 기계였으면 이 시점에서 끝났을 것이다. 우리는 각

자가 앞으로 무엇을 생산할지 알고 있으며 누적 수익률을 극대화하기 위해 **기계 2**의 손잡이를 계속 잡아당길 수 있을 것이다. 그러나 보상은 확률적이고 첫 번째 기계가 실제로 더 나은 것일 수 있다. 우리는 계속해서 더 많은 증거를 조사하고 축적할 필요가 있다.

이제 작은 비밀을 하나 알려주겠다. 실제로 각 기계들은 다음과 같은 매개변수를 가진 정규 분포를 사용하여 모델링된다.

$$\mu_1 = 10, \sigma_1 = 2, \mu_2 = 12, \sigma_2 = 5$$

그러나 이 정보는 우리의 에이전트에게 알려져 있지 않으며 우리는 누적된 장기 보상을 최대화하는 결정을 내릴 전략을 설계하는 데 관심이 있다.

named tuple을 사용하여 이 정보를 인코딩하고, 인덱스 0의 기계가 손잡이 1에 해당하고, 인덱스 1의 기계가 손잡이 2에 해당하는 기계 목록을 만들 것이다.

```
from collections import namedtuple
import numpy as np
import pandas as pd
import matplotlib.pyplot as plt

np.random.seed(0)

Arm = namedtuple('Arm', ['mu', 'std'])

arms = [Arm(mu=10, std=2), Arm(mu=12, std=5)]
```

이 기계들에서 발생하는 보상에 대한 직관을 얻자.

```
def get_rewards(arms, n):
    return np.clip(np.array([
        np.random.normal(loc=arm.mu, scale=arm.std, size=n)
        for arm in arms
    ]), 0, 100)

rewards = get_rewards(arms, 1000)
```

rewards 변수는 (2, 1000) 형태의 NumPy 배열이다. 우리는 100보다 높거나 0보다 낮은 보상이 100과 0으로 잘려진다고 가정하고 있다. 즉, 기계는 해당 분포에 의해 정해지는 0과 100 사이의 보상을 생산한다.

처음 네 가지 표본에 대한 누적 보상에 대해 살펴보자.

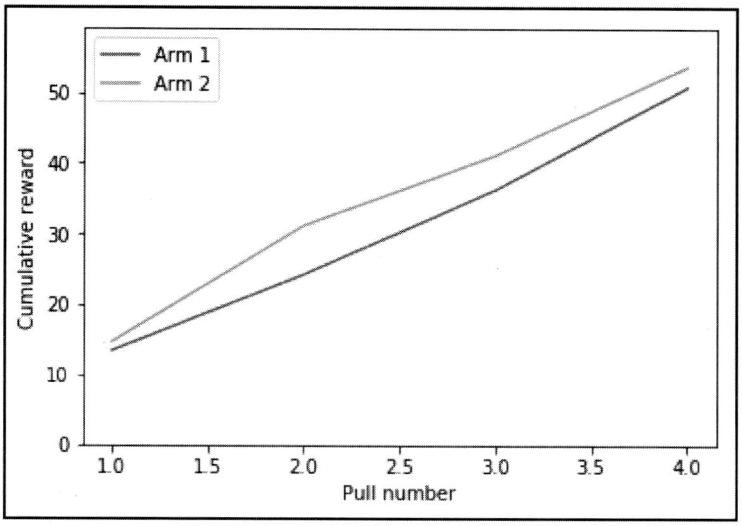

보다시피, 누적 보상의 경우 손잡이 1이 손잡이 2에 비해 더 작은 평균값을 갖는 초기 징후가 있다. 하지만, 개개의 경우에는, 손잡이 1이 더 높은 보상을 주는 것은 가능하지만, 전체적으로 볼 때, 그것은 뒤쳐질 것이다.

이제 이 그래프를 1,000개 샘플로 확장해 보자.

```
df = pd.DataFrame({
    'Arm 1': np.cumsum(rewards[0, :]),
    'Arm 2': np.cumsum(rewards[1, :]),
    'Best': np.cumsum(np.max(rewards, axis=0))
})
df.index += 1
df.plot()
plt.xlabel('Pull number')
_ = plt.ylabel('Cumulative reward')
```

결과 그래프는 다음과 같다.

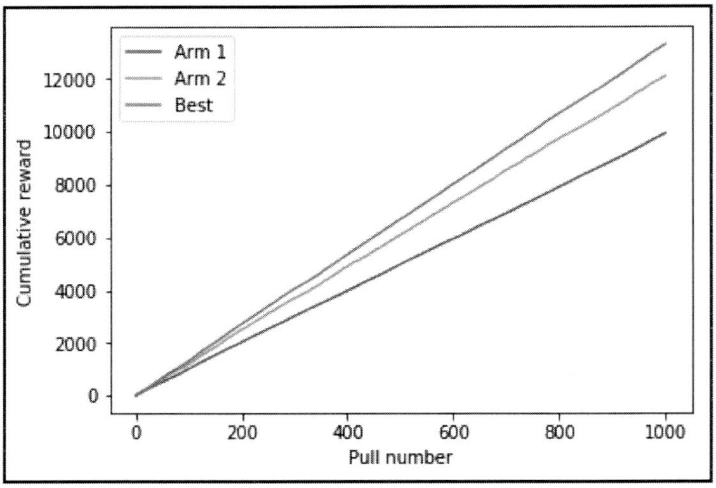

각 당김에서 손잡이 1, 2, 또는 둘 중 최고를 당기는 경우 누적 보상

놀랄 것도 없이, 같은 추세가 계속되고 있다. 우리는 또한 가상의 최선의 전략의 누적 수익률을 포함시키고 있다. 이 전략은 발생하기 전에 각각 당겼을 때의 결과를 알고 있으며, 손잡이 2가 더 좋은 것이라고 판단했더라도 가장 높은 값을 갖는 기계를 선택할 수 있다. 이 값은 이론적인 상한으로 작용하며 정규 분포를 사용하여 손잡이를 모델링하는 현재의 가정으로는 달성할 수 없다.

무작위 전략

앞에서 언급한 바와 같이 이 모든 것이 우리의 에이전트에게는 알려져 있지 않으며 우리는 누적된 장기 보상을 최대화하기 위한 전략을 개발하고자 한다.

당신이 고려할 첫 번째 전략은 단지 무작위로 당길 손잡이를 선택하는 것이다. 물론, 이것은 축적된 증거를 하나도 사용하지 않고, 한 손잡이에 비해 다른 손잡이를 당겨야 할 증거가 압도적이더라도 같은 일을 계속하기 때문에 끔찍한 전략이다. 이 전략은 기본 프로세스가 정말로 무작위적이며 더 많은 정보를 갖는 것이 미래의 결정을 하는데 도움이 되지 않는 경우에 가능한 최선의 전략일 수 있지만, 우리는 이미 에이전트가 배우고 행동할 수 있는 어떤 정보가 존재한다는 것을 들었다.

다음은 전략으로서 이미 생성된 보상 중에서 무작위로 선택하는 방법이다.

```
# randomly select row 0 or 1 (arm 1 or 2)
# for all 1,000 examples
random_row = np.random.randint(0, 2, 1000)
rewards_random = rewards[random_row, np.arange(rewards.shape[1])]

df = pd.DataFrame({
    'Arm 1': np.cumsum(rewards[0, :]),
    'Arm 2': np.cumsum(rewards[1, :]),
    'Best': np.cumsum(np.max(rewards, axis=0)),
    'Random strategy': np.cumsum(rewards_random)
})
df.index += 1
df.plot()
plt.xlabel('Pull number')
_ = plt.ylabel('Cumulative reward')
```

결과는 다음과 같다.

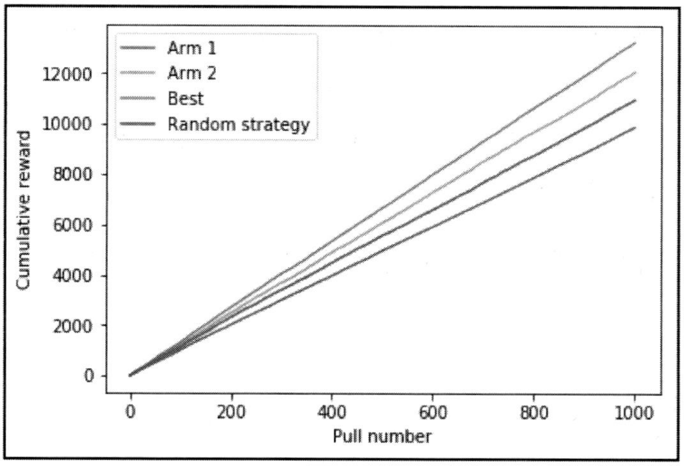

볼 수 있듯이, 무작위 전략은 항상 가장 좋은 손잡이를 선택하는 것만큼 효과가 없지만, 사실 가장 나쁜 손잡이를 계속해서 선택하는 것보다는 더 낫다. 따라서 우리는 무작위적인 것 보다 더 잘하려고 노력할 것이다. 이것은 항상 어떤 모델링 과제에서도 넘어야 할 최소의 기준이 된다.

엡실론 탐욕 전략

무작위 전략에 대한 우리의 불평은 그것이 배운 어떤 정보도 사용하고 있지 않다는 것이었다. N번을 당긴 후 우리가 아는 정보는 무엇인가? 우리는 각 손잡이에 대한 보상을 관찰했고 이 표본들에 대한 평균을 계산할 수 있다. 표본 평균은 손잡이 1과 손잡이 2에 대하여 각각 $\bar{x}_1$과 $\bar{x}_2$라고 하자.

우리는 단순히 더 높은 표본 평균을 가진 손잡이를 선택할 수 있다. 그러나 우리는 첫 N번의 관측에서 운이 나빠서 다음과 같은 것을 관찰했을 수도 있다.

$$\bar{x}_1 > \bar{x}_2$$

만약 우리가 손잡이 1이 더 좋은 손잡이라고 가정하여 이 시점부터 계속 이용한다면, 우리는 최적이 아닌 누적 보상을 생성하게 될 것이다. 그렇다면, 우리가 할 수 있는 일은 또 무엇이 있을까?

엡실론 탐욕 전략은 이 질문에 대한 대답이다. 손잡이를 당기기 전에, 먼저 0과 1 사이의 무작위 숫자 r을 생성할 것이다. 그리고 나서, 역시 0과 1 사이의 값을 갖는 엡실론 ϵ보다 r이 작으면 임의로 손잡이를 선택한다(탐험). 만약, $r \geq \epsilon$이면 우리는 가장 높은 표본 평균을 가진 손잡이를 당길 것이다(활용). 만약 $\epsilon = 1$이라면, 우리는 항상 무작위로 선택하고, 0이라면, 우리는 결코 탐험하지 않고 가장 높이 관측된 평균을 가진 손잡이를 활용하기를 고수하게 될 것이다.

이 전략을 구현하기 위해서, 우선 우리를 위해 관리를 담당할 수 있는 부모 클래스를 구현해 보자.

```
class Strategy:
    def __init__(self, rewards):
        self.rewards = rewards
        # number of arms
        self.arms = rewards.shape[0]
        self.pulls = rewards.shape[1]
        # initialize the cumulative reward
        # for each arm
        self.vals = [0] * self.arms
```

```
        self.counts = [0] * self.arms
        # used for keeping tracking of
        # reward indices for arms
        self.indices = [0] * self.arms
        self.selections = []
        self.rewards_total = 0
        self.reward_by_step = []
        # random strategy for comparison
        random_row = np.random.randint(0, self.arms, self.pulls)
        rewards_random = rewards[random_row, np.arange(self.pulls)]
        self.random_strategy = np.cumsum(rewards_random)
```

이 클래스는 각 당김 후에 에이전트에 보상을 부여할 뿐 아니라 무작위 전략 벤치마크를 계산할 목적으로 NumPy N-차원 배열을 받아들인다. 그러나 에이전트는 이 정보에 관여하지 않고 스스로 관찰의 이력을 쌓아야 한다. 또한 두 손잡이 모두에 대해 보상이 미리 생성된다는 점에 유의해야 한다.

전략이 어떤 단계에서 한 손잡이를 선택하게 되면 다른 손잡이에 대해서는 그 단계에서의 보상은 건너뛰게 된다. 그러나 이러한 보상은 독립적으로 발생하므로, 우리는 이 세부사항에 대해 걱정하지 않을 것이다.

엡실론-탐욕 구현은 다음과 같다.

```
class EpsilonGreedy(Strategy):
    def __init__(self, rewards, epsilon, init_vals=0):
        super().__init__(rewards)
        self.epsilon = epsilon
        self.vals = [init_vals] * self.arms
        self.title = 'Epsilon greedy with eps'
    def _pick_arm(self, _):
        explore = np.random.rand() <= self.epsilon
        if explore:
            # randomly pick an arm index
            return np.random.choice(range(self.arms))
        else:
            return np.argmax(self.vals)
    def _calc_val(self, arm, reward_new):
```

```
        count = self.counts[arm]
        val = self.vals[arm]
        return (count * val + reward_new) / (count + 1)
    def pull_n_times(self, n, verbose=True):
        assert n <= self.pulls, "Select n <= {}".format(self.pulls)
        for t in range(n):
            arm = self._pick_arm(t)
            self.selections.append(arm)
            arm_index = self.indices[arm]
            reward = self.rewards[arm, arm_index]
            self.indices[arm] += 1
            self.vals[arm] = self._calc_val(arm, reward)
            self.counts[arm] += 1
            self.rewards_total += reward
            self.reward_by_step.append(reward)
        best_arm = np.argmax(np.sum(self.rewards, axis=1))
        best_arm_reward = np.sum(self.rewards[best_arm, :n])
        regret = best_arm_reward - self.rewards_total
        if verbose:
            print('Cumulative reward : {:.1f}'.format(self.rewards_total))
            print('Best arm reward : {:.1f}'.format(best_arm_reward))
            print('Regret : {:.1f}'.format(regret))
            title = '{}={}'.format(self.title, self.epsilon)

            df = pd.DataFrame({
                title: np.cumsum(self.reward_by_step),
                'Best arm (arm index {})'.format(best_arm):
                np.cumsum(self.rewards[best_arm, :n]),
                'Random strategy': self.random_strategy
            })
            df.index += 1
            df.plot()
            plt.xlabel('Pull number')
            plt.ylabel('Cumulative reward')
        return self.rewards_total, best_arm_reward, regret
```

이제 엡실론-탐욕 전략을 $\epsilon = 0.1$로 하여 실행해 보자.

```
eps = EpsilonGreedy(rewards, 0.1)
_ = eps.pull_n_times(1000)
```

출력은 다음과 같다.

```
Cumulative reward : 12009.6
Best arm reward   : 12076.5
Regret            : 67.0
```

Regret(후회)값은 전략의 누적 보상과 우리가 최적의 손잡이가 손잡이 2라는 것을 미리 알았다면 그 최적 손잡이의 누적 수익값의 차이로 계산한다. 좋은 전략은 이미 최적이 아닌 것으로 여겨지는 손잡이를 탐색하는 데 시간을 낭비하지 않기 때문에 후회를 최소화한다.

후회(regret)에 대한 자세한 내용은 https://blogs.princeton.edu/imabandit/2016/05/11/bandit-theory-part-i/와 https:// arxiv.org/pdf/1204.5721.pdf.를 참조하라.

이 전략의 결과 그래프는 다음과 같다.

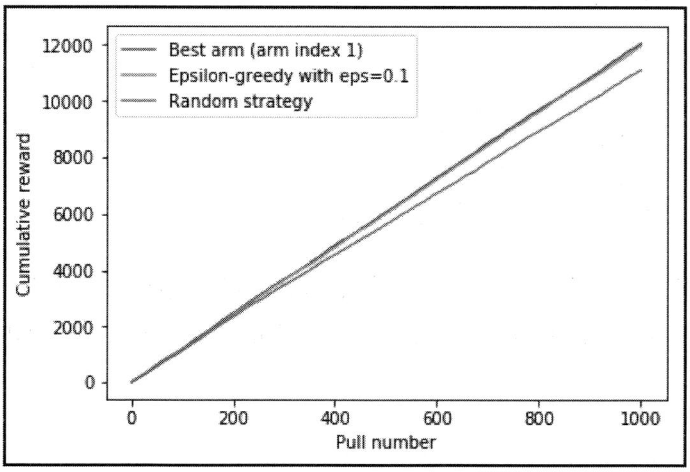

엡실론 탐욕 전략은 무작위 전략보다 일관되게 최선의 팔을 선택하는 데 훨씬 가깝다는 것을 알 수 있다.

당연히 $\epsilon = 1$과 같이 설정하면 전략이 무작위 전략으로 변질될 것이다.

```
eps = EpsilonGreedy(rewards, 1)
_ = eps.pull_n_times(1000)
```

다음 그래프는 무작위 전략과 엡실론 탐욕 전략은 거의 동일함을 보여준다.

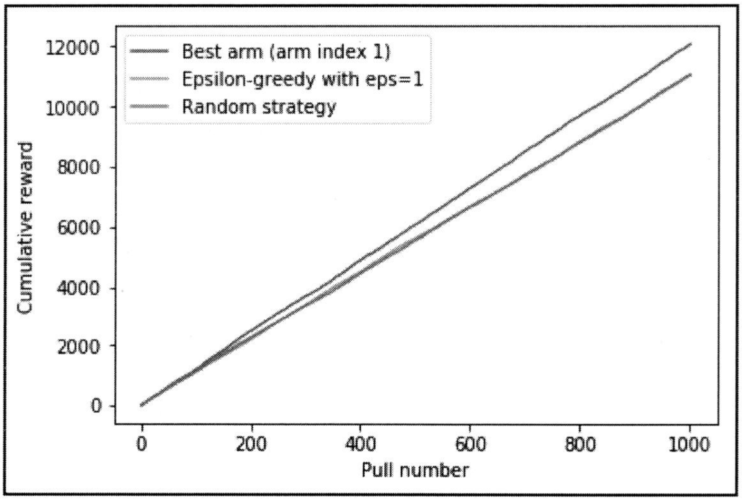

또한, $\epsilon = 0$과 같이 설정함으로써 활용exploit만 이용할 때 이 전략은 최적이 아니다는 것은 놀라운 일이 아니다.

```
eps = EpsilonGreedy(rewards, 0)
_ = eps.pull_n_times(1000)
```

이 경우 전략은 결코 탐험을 한 적이 없으며 NumPy의 argmax에 의해 첫 번째 손잡이를 선택하게 된다. 즉, NumPy는 모든 값이 동일한 경우 배열의 첫 번째 항목을 선택한다.

결과 출력은 다음과 같다:

```
Cumulative reward  : 9909.5
Best arm reward    : 12076.5
Regret             : 2167.0
```

다음 그래프는 보상을 나타낸다.

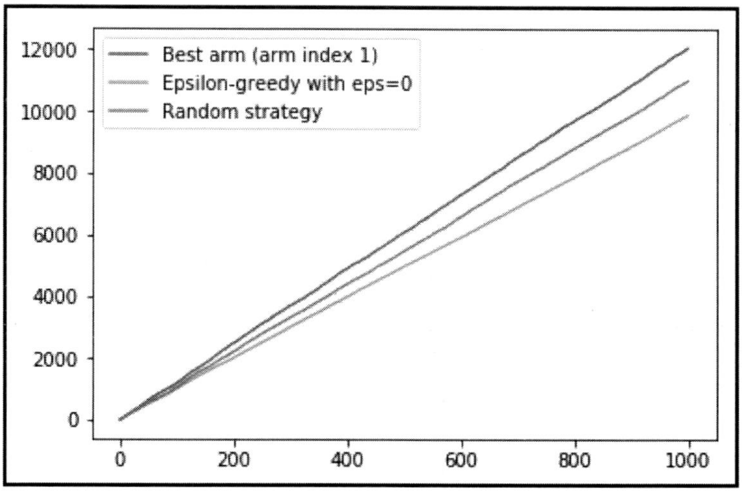

그렇다면, ϵ의 가장 좋은 값은 무엇인가? 우리는 0과 1이 이상적이지 않다는 것을 안다. 이 대답은 문제에 크게 의존적이다. 손잡이의 가변성이 매우 낮다면, 작은 ϵ이 더 낫다. 하지만, 우리는 보통 이런 정보를 문제에 넣지 않는다.

우리는 엡실론에 대한 후회값을 0.1 간격으로 그려볼 수 있다.

```
pd.Series({
    epsilon: EpsilonGreedy(rewards, epsilon).pull_n_times(1000,
verbose=False)[2]
    for epsilon in np.arange(0, 1 + 0.1, 0.1)
}).plot()
plt.xlabel('Epsilon')
plt.ylabel('Regret')
plt.show()
```

우리가 볼 수 있는 것처럼, 최소값으로 떨어뜨리고 나서 계속 올라간다.

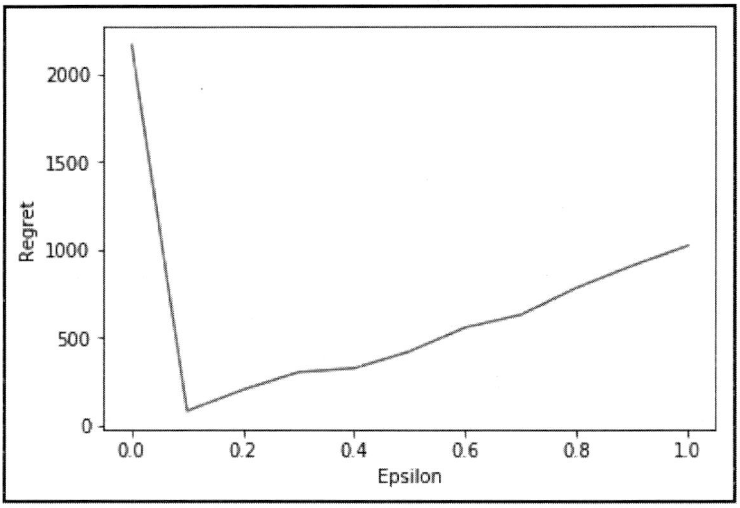

만약 옵션에 대한 증거가 압도적이 된다면 우리가 초기에 가지고 있는 것과 같은 비율로 계속 탐험하는 것은 낭비일 수 있다. 후회값을 떨어뜨리기 위해 시간이 지남에 따라 ϵ의 값을 떨어뜨릴 수 있는지도 살펴보겠다.

낙관적인 초기값

엡실론-탐욕 전략에서 우리의 가정을 약간 수정하면 엄청난 도움이 될 수 있다. 우리는 시작하기 전에 평균 관측값이 0이라고 가정했다. 이것은 매우 합리적인 출발점이다. 하지만, 우리가 시작하기 전에 두 손잡이 모두 높은 관측 평균을 가지고 있다고 가정한다면 어떨까? 이것은 불확실한 상황에서의 낙관론으로 알려진 휴리스틱이다.

> 불확실한 상황에서의 낙관론에 대한 더 많은 논의를 보려면 https://jeremykun.com/2013/10/28/optimism-in-the-face-ofuncertainty-the-ucb1-algorithm/이나 http://incompleteideas.net/book/bookdraft2018jan1.pdf를 참조하라.

작은 엡실론값 0.01로 초기값을 100으로 설정하자.

```
eps = EpsilonGreedy(rewards, 0.01, init_vals=100)
_ = eps.pull_n_times(1000)
```

결과는 다음과 같다.

```
Cumulative reward  : 12071.7
Best arm reward    : 12076.5
Regret             : 4.9
```

다음 그래프는 연속적으로 손잡이를 당길 때 누적 보상을 비교한다.

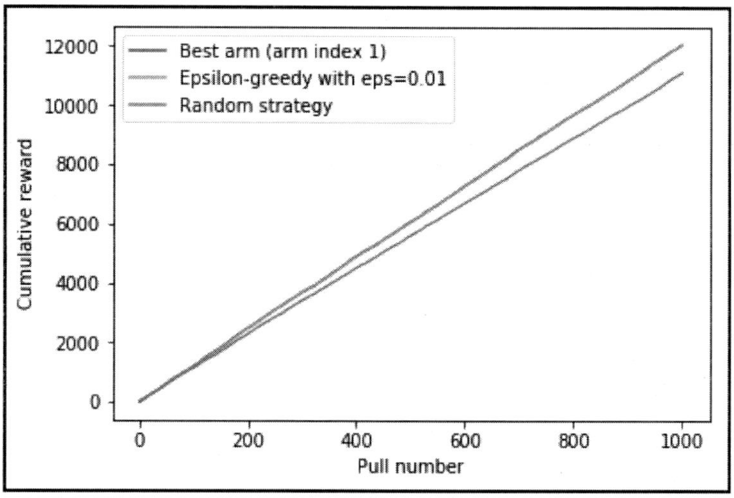

높은 초기값이 어떻게 후회값을 낮출까? 결과적으로 보면, 우리가 하고 있는 일은 우리가 여러 번 잘못되었다고 증명될 때까지 각 손잡이가 창출할 수 있는 보상에 대해 매우 낙관적인 것이다. 엡실론은 매우 낮기 때문에, 대부분의 시간을 활용에 소비한다. 첫 번째 손잡이를 탐험할 때 샘플 평균을 조정하면 다음 번 당길 때 두 번째 손잡이를 이용(활용)하게 된다. 두 번째 손잡이를 두 번째 당기면 평균은 아마도 손잡이 1보다 낮은 값으로 조정된다. 이는 두 손잡이를 충분히 탐험하게 하여 초기 사전확률이 방정식에서 도출되고 보다 대표적인 평균 추정치를 얻을 수 있도록 한다.

이 조정을 채택함으로써, 우리는 전략이 활용할 가치가 있는 손잡이에 정착하기 전에 손잡이들을 훨씬 더 많이 탐험하도록 강제한 것이다.

엡실론 뿐만 아니라 초기 값의 효과를 시각화하자.

```
for init_val in [0, 10, 100]:
    pd.Series({
        epsilon: EpsilonGreedy(rewards, epsilon,
init_vals=init_val).pull_n_times(1000, verbose=False)[2]
        for epsilon in np.arange(0, 1 + 0.1, 0.1)
    }).plot(label='Initial value = {}'.format(init_val))
    plt.xlabel('Epsilon')
    plt.ylabel('Regret')
plt.legend()
plt.show()
```

이것은 다음 그래프를 산출한다.

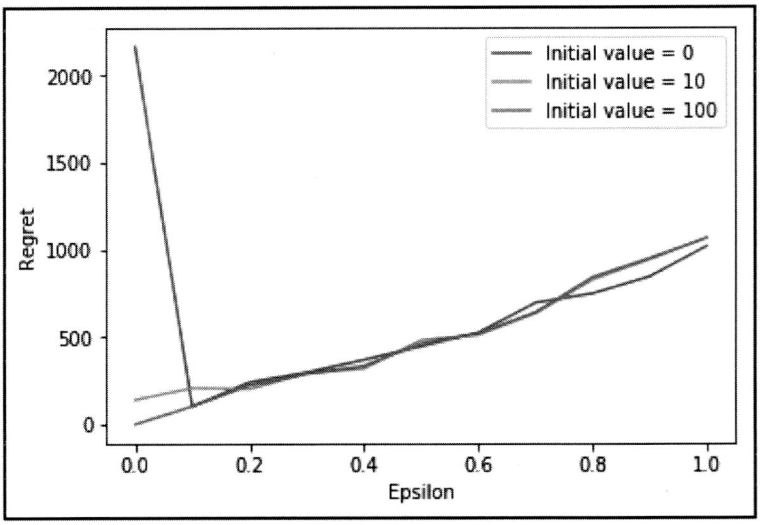

엡실론이 매우 낮을 때에도 낙관적인 초기값을 설정하는 것이 더 많은 탐험의 효과를 가져올 수 있다는 것을 알 수 있다.

신뢰도 상한

지금까지 제시한 사항에서, 우리는 각 손잡이마다 얼마나 많은 관측을 했는지에 대해 명시적으로 다루지는 않았다. 낙관적인 초기값은 초기 가정을 재정의하는 더 많은 증거를 계속 수집하기 때문에 이를 암묵적으로 고려한다. 그러나 실제 공식은 덜 자주 당겨진 손잡이에 유리하지 않은 점 추정치에만 관심이 있다.

신뢰도 상한 Upper Confidence Bound 알고리즘은 많이 방문 되지 않은 손잡이 탐색을 명시적으로 권장하는 방법론이다. 각 손잡이 i에 대해 다음 수량 x_i를 계산한다.

$$x_i = v_i + c \times \sqrt{\frac{\log t}{n_i}}$$

여기서 v_i는 손잡이 i의 평균 보상, t는 모든 손잡이에서의 총 당김 수, c는 스케일링 파라미터, n_i는 손잡이 i가 당겨진 횟수이다.

다음 구현을 통해 UCB를 살펴보자.

```
class UCB(EpsilonGreedy):
    def __init__(self, rewards, c):
        super().__init__(rewards, epsilon=0, init_vals=0)
        self.c = c
        self.epsilon = c
        self.title = 'UCB with c'
    def _pick_arm(self, t):
        # if all of the arms have been pulled at least once
        if np.count_nonzero(self.counts) == len(self.counts):
            augmented = self.vals + self.c * np.sqrt(np.log(t) /self.counts)
            return np.argmax(augmented)
        else:
            return np.argmax(np.array(self.counts) == 0)
```

손잡이를 1,000번 당기고 c=0.05로 설정해 보자:

```
ucb = UCB(rewards, c=0.05)
_ = ucb.pull_n_times(1000)
```

결과는 다음과 같다.

```
Cumulative reward   : 12074.2
Best arm reward     : 12076.5
Regret              : 2.3
```

다음 그래프는 시간 경과에 따른 누적 보상을 보여준다.

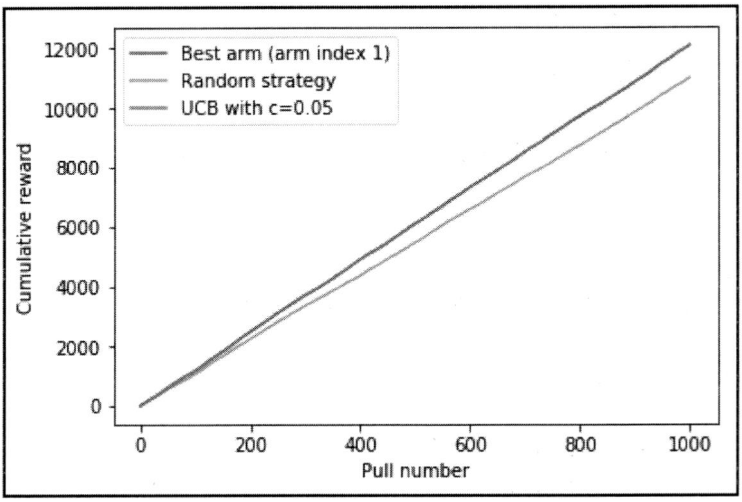

우리가 볼 수 있듯이, 매우 작은 후회값을 얻고 있다.

C 매개변수에 대한 직관을 구축해 보자.

```
pd.Series({
    c: UCB(rewards, c).pull_n_times(1000, verbose=False)[2]
    for c in np.arange(0, 1 + 0.1, 0.1)
}).plot()
```

```
plt.xlabel('c')
plt.ylabel('Regret')
plt.show()
```

결과 그래프는 다음과 같다:

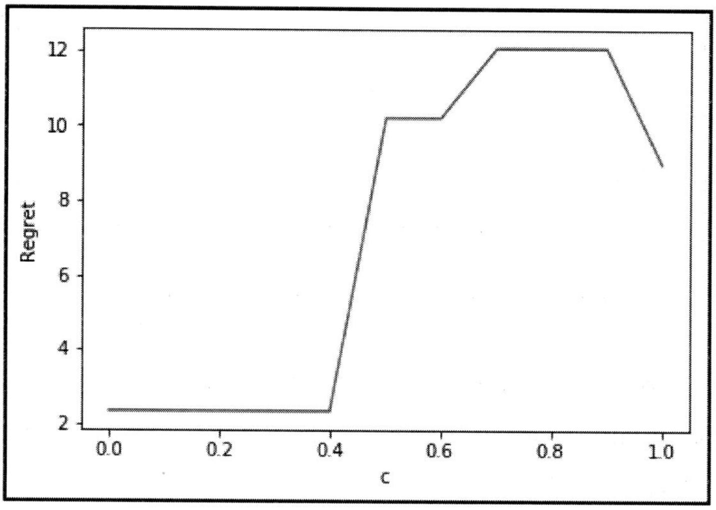

이 알고리즘과 관련된 무작위성은 없으며, 탐험은 앞에서 본 바와 같이 전적으로 x_i의 값을 조정함으로써 추진된다. 우리는 이 예에서 후회값이 C의 함수로서 증가하는 것처럼 보이지만 선형적으로 나타나는 것은 아니라는 것을 관찰할 수 있다. 이 매개 변수에 대해 더 넓은 범위를 살펴보자.

```
pd.Series({
    c: UCB(rewards, c).pull_n_times(1000, verbose=False)[2]
    for c in np.arange(0, 10 + 0.1, 0.1)
}).plot()
plt.xlabel('c')
plt.ylabel('Regret')
plt.show()
```

그래프에서 보면 C값을 증가시키면 후회값이 증가되는 것이 명백하다.

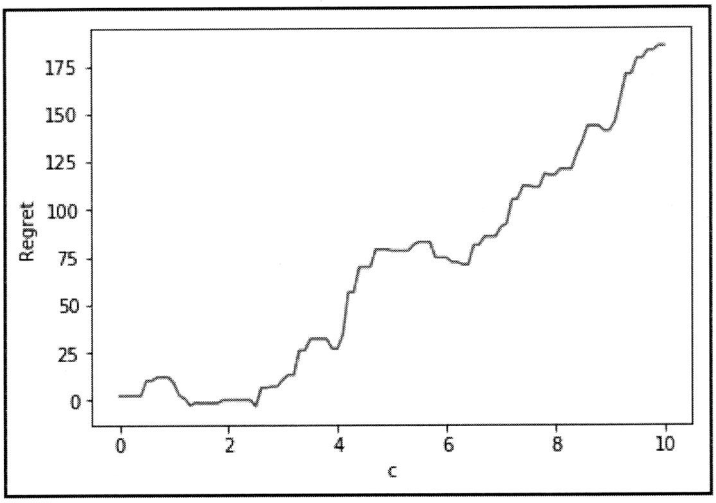

왜 이럴까? 우리가 C를 증가시킬수록, 우리는 손잡이 i에 대한 당김 대비 전체 당김 비율의 제곱근을 더 많이 강조(더 큰 스칼라 값)함으로써 알고리즘을 더 많이 탐험하도록 효과적으로 강요하고 있다.

이 아이디어를 좀 더 탐구해 보자. 다음 그래프는 수량 $\sqrt{\log t / n_i}$을 시각화하며, 이 수량은 C로 조정된다.

```
ts = range(1, 100 + 1)

df = pd.DataFrame({'t': ts})
for pct in [.01, 0.1, 0.25, .5, .75, 0.9, 1]:
    vals = [np.sqrt(np.log(t) / (pct * t)) for t in ts]
    df['Percentage: {:.2f}%'.format(pct * 100)] = vals
df.set_index('t').plot()
_ = plt.ylabel('Quantity')
```

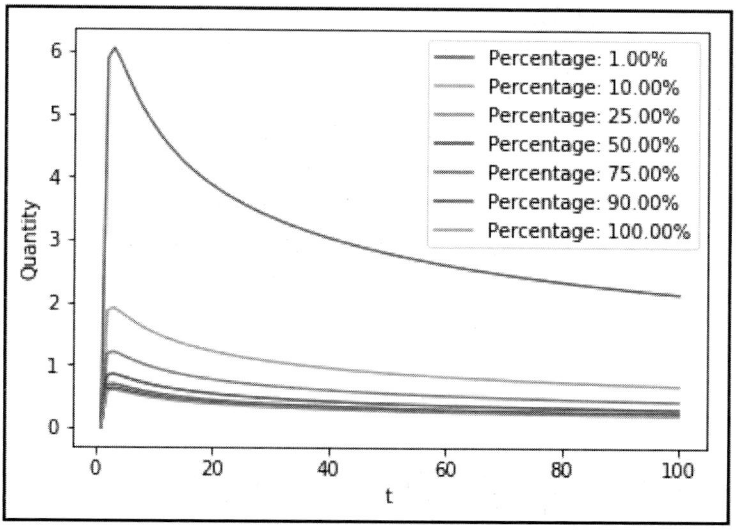

t에 대한 비율로서 n_i 값이 작을수록 이 값은 더 크다는 것을 알 수 있다. 직관적으로, 이것은 말이 된다. 우리가 가장 적게 탐험된 손잡이를 선택하고 싶기 때문이다. 그래서 우리는 덜 탐험된 손잡이에 대한 현재의 추정치를 상향 조정해 볼 것이다.

우리가 각 손잡이에 대한 더 많은 관측을 수집함에 따라, 이 비율은 감소하고 우리는 현재 관측된 보상 평균에 기초한 손잡이를 선택하는 것으로 되돌아가고, 따라서 활용은 더 높은 우선순위가 된다.

우리는 탐험-활용 딜레마를 다루기 위한 많은 알고리즘을 보아 왔다. 다완 도적 공식은 우리의 행동들이 바꿀 수 없는 하나의 상태가 있는 문제에 적합하다. 즉, 한쪽 손잡이를 당기기로 결정함으로써 우리는 손잡이의 지불 특성이 바뀌는 새로운 상태에 있지 않다는 것이다.

이것을 우리의 에이전트가 그리드를 탐색해야 했던 예시와 비교해 보자. 그 예에서, 가장 좋은 행동은 우리가 어떤 셀에 있는가에 달려있다. 다음 절에서는 상태 정보를 통합할 수 있는 새로운 공식을 소개할 것이다.

https://lilianweng.github.io/lil-log/2018/01/23/the-multi-armed-bandit-problem-proflicts-the-multi-mand-bandit-problem=and-its-solutions.html에서 다완 도적에 대해 자세히 알아볼 수 있다. 좀더 수학적인 공식화에 대해서는 https://web.stanford.edu/class/cs229t/Lectures/bandits.pdf와 http://slivkins.com/work/MAB-book.pdf을 참고하라. 상황별 도적은 상황 정보를 통합할 수 있는 중간적 공식이지만, 상황정보는 과거의 행위와는 무관하다. 상황별 도적에 대한 자세한 내용은 https://arxiv.org/pdf/1003.0146.pdf.를 참조하라.

마르코프 의사결정 프로세스(MDP)

그리드 예제로 돌아가서 구체적인 예를 통해 몇 가지 표기법을 소개하기로 하자.

<table>
<tr><td>상태: (0, 0)
보상: 0</td><td>상태: (0, 1)
보상: 0</td><td>상태: (0, 2)
보상: +1</td></tr>
<tr><td>상태: (1, 0)
보상: 0</td><td>상태: (1, 1)
보상: 0</td><td>상태: (1, 2)
보상: 0</td></tr>
<tr><td>상태: (2, 0)
보상: 0</td><td>상태: (2, 1)
보상: −1</td><td>상태: (2, 2)
보상: 0</td></tr>
</table>

각 상태는 이제 상태 s 그리고 보상 r로 표시된다. 보상은 이 장의 시작 부분에서 본 것과 동일한 값이며, 상태는 왼쪽 상단 셀에서 시작하는 (행 인덱스, 열 인덱스)의 투플을 사용하여 나타낸다.

S를 상태 집합으로 정의하자.

$$S = \{(0,0), (0,1), (0,2), (1,0), (1,1), (1,2), (2,0), (2,1), (2,2)\}$$

또한 A를 허용 가능한 행동의 집합으로 정의하자.

$$A = \{UP, DOWN, LEFT, RIGHT\}$$

또한 R을 상태와 값 $r(r \in \mathbb{R})$ 사이의 매핑으로 정의하며, 이러한 매핑은 다음과 같다.

$$R(s) = r$$

여기서 $s \in S$이다.

마지막으로 전이 함수 T를 도입하자.

$$T(s_{t+1}|s_t, a_t) \in [0, 1]$$

이 함수는 에이전트가 s_t 상태에서 행동 a_t를 취했을 때 다음 시간 단계에 s_{t+1}에 도달할 확률을 나타낸다. 에이전트가 좌상단(0, 0)에 있고 위로 올라가기로 결정한다고 하자. 에이전트가 최종적으로 우하단 상태(2, 2)로 끝날 확률은 얼마인가? 우리의 정의에 의하면 확률은 0이다. 우리는 에이전트가 한 번에 한 개의 셀을 통과할 수 있고, 벽을 통과할 수 없으며, 특정 셀이 벽 역할을 한다고 말했다.

전이 함수는 환경의 역학과 규칙을 포착하기 위한 것이다. 전이 함수는 0에서 1 사이의 숫자를 생성할 수 있으므로, 우리는 그것을 확률적 환경의 역학을 인코딩하는 데 사용할 수 있다. 예를 들어, 에이전트가 현재 상태(1, 0)이고, 오른쪽으로 가기로 결정했지만, 미끄러져 (0, 0) 또는 (2, 0)으로 옆으로 이동할 가능성이 있다고 가정하자.

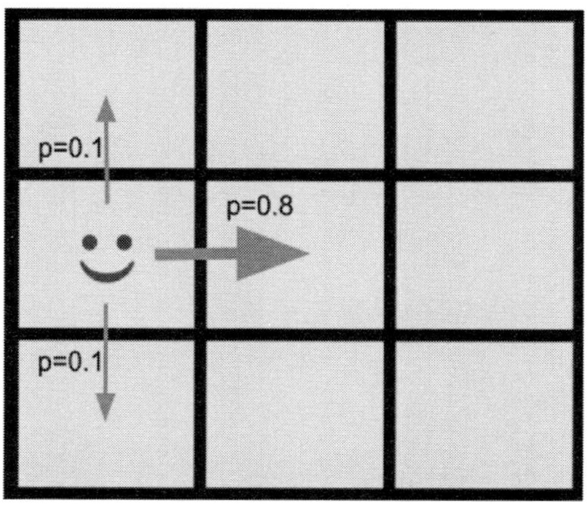

다음과 같은 값을 지정하여 이러한 불확실성을 포착할 수 있다.

$$T((1,1)|(1,0), RIGHT) = 0.8$$

$$T((0,0)|(1,0), RIGHT) = 0.1$$

$$T((2,0)|(1,0), RIGHT) = 0.1$$

따라서 에이전트의 오른쪽으로 이동하고자 하는 바램은 80%로 받아 들여지고, 옆으로 미끄러지는 것은 20%에 해당된다.

전이함수에 대한 마지막 관찰: 다음에 도달하는 곳은 이전 상태와 당신이 취하는 행동의 함수일 뿐이다. 우리는 에이전트가 지금까지 어디에 있었고 무엇을 했는지는 중요하지 않다고 효과적으로 말하고 있다. 우리가 알 필요가 있는 것은 지금 현재 어디에 있느냐이다. 이것은 마르코프 성질이라고 한다.

> 우리는 이 주제에 대해 더 이상 깊이 파고들지 않을 것이다. 자세한 내용은 https://web.archive.org/web/20100612061750/http://probability.ca:80/MT/을 참조하라.

이제 표기법을 도입하였고, 전이함수 및 보상함수를 다른 매개변수로 인코딩하는 데 사용할 몇 가지 도우미 함수를 소개하고자 한다.

```
actions = 4
rows = 3
cols = 3
states = rows * cols

class Action:
    UP = 0
    RIGHT = 1
    DOWN = 2
    LEFT = 3

# lookup table for special states
special = {
```

```
    (0, 1): 'wall',
    (0, 2): 'prize',1
    (2, 1): 'death',
    (2, 2): 'wall'
}

def get_T_and_R(actions,
                states,
                p_slip,
                reward_good,
                reward_bad):
    T = np.zeros((actions, states, states))
    R = np.zeros((actions, states, states))
    assert 0 <= p_slip <= 0.5

    T[0, 0, 0] = 1.0
    T[1, 0, 0] = 1.0 - p_slip
    T[1, 0, 3] = p_slip
    T[2, 0, 0] = p_slip * 2
    T[2, 0, 3] = 1.0 - 2 * p_slip
    T[3, 0, 0] = 1.0 - p_slip
    T[3, 0, 3] = p_slip

    # State 1
    T[:, 1, 1] = 1

    # State 2
    T[:, 2, 2] = 1

    # State 3
    T[0, 3, 0] = 1.0 - 2 * p_slip
    T[0, 3, 3] = p_slip
    T[0, 3, 4] = p_slip
    T[1, 3, 0] = p_slip
    T[1, 3, 4] = 1.0 - 2 * p_slip
    T[1, 3, 6] = p_slip
    T[2, 3, 3] = p_slip
    T[2, 3, 4] = p_slip
    T[2, 3, 6] = 1.0 - 2 * p_slip
    T[3, 3, 3] = 1.0 - 2 * p_slip
    T[3, 3, 0] = p_slip
```

```
T[3, 3, 6] = p_slip

# State 4
T[0, 4, 4] = 1.0 - 2 * p_slip
T[0, 4, 3] = p_slip
T[0, 4, 5] = p_slip
T[1, 4, 4] = p_slip
T[1, 4, 7] = p_slip
T[1, 4, 5] = 1.0 - 2 * p_slip
T[2, 4, 3] = p_slip
T[2, 4, 5] = p_slip
T[2, 4, 7] = 1.0 - 2 * p_slip
T[3, 4, 4] = p_slip
T[3, 4, 3] = 1.0 - 2 * p_slip
T[3, 4, 7] = p_slip

# State 5
T[0, 5, 5] = p_slip
T[0, 5, 2] = 1.0 - 2 * p_slip
T[0, 5, 4] = p_slip
T[1, 5, 5] = 1.0 - p_slip
T[1, 5, 2] = p_slip
T[2, 5, 5] = 1.0 - p_slip
T[2, 5, 4] = p_slip
T[3, 5, 5] = p_slip
T[3, 5, 4] = 1.0 - 2 * p_slip
T[3, 5, 2] = p_slip

# State 6
T[0, 6, 6] = p_slip
T[0, 6, 3] = 1.0 - 2 * p_slip
T[0, 6, 7] = p_slip
T[1, 6, 6] = p_slip
T[1, 6, 3] = p_slip
T[1, 6, 7] = 1.0 - 2 * p_slip
T[2, 6, 6] = 1.0 - p_slip
T[2, 6, 7] = p_slip
T[3, 6, 6] = 1.0 - p_slip
T[3, 6, 3] = p_slip
```

```
    # State 7
    T[:, 7, 7] = 1

    # State 8
    T[:, 8, 8] = 1

    assert np.all([
        T[a, s, :].sum() == 1
        for a in range(actions)
        for s in range(states)
    ])

    R[:, 4, 7] = reward_bad
    R[0, 4, 7] = 0

    R[:, 6, 7] = reward_bad
    R[3, 6, 7] = 0

    R[:, 5, 2] = reward_good
    R[2, 5, 2] = 0
    return T, R
```

이 코드를 이용하여 미끄러짐이 없고 에이전트의 소망이 충실하게 이행되는 결정론적 세계를 만들어 보자.

```
T, R = get_T_and_R(actions, states,
                   p_slip=0,
                   reward_good=+1,
                   reward_bad=-1)
```

이 예에서 T와 R은 모두 (4, 9, 9) shape의 numpy.nadarray 타입이다. 첫 번째 차원은 네 가지 행동 중 하나에 해당하고, 두 번째 차원은 s_t에, 마지막 차원은 s_{t+1}에 해당한다.

동작은 다음과 같이 인코딩된다.

행동	인덱스
UP	0
RIGHT	1
DOWN	2
LEFT	3

상태는 다음과 같이 인코딩된다.

상태	인덱스
(0, 0)	0
(0, 1)	1
(0, 2)	2
(1, 0)	3
(1, 1)	4
(1, 2)	5
(2, 0)	6
(2, 1)	7
(2, 2)	8

예를 들어 T[0, 0, 0]는 다음과 같다.

$$T((0,0)|(0,0),UP) = 1.0$$

우리의 예를 10%의 확률로 옆의 셀로 미끄러지는 것으로 다시 만들어 보자.

```
T, R = get_T_and_R(actions, states,
                   p_slip=0.1,
                   reward_good=+1,
                   reward_bad=-1)
T[1, 3, :]
```

다음은 (1,0) 상태에서 `right` 행동을 취했을 때 9개 상태에 대한 확률 분포이다.

```
[0.1, 0. , 0. , 0. , 0.8, 0. , 0.1, 0. , 0. ]
```

이러한 값은 앞에서 설명한 예와 일치한다. 현재 상태에서 행동을 취할 때 모든 다음 단계에 대한 확률의 합계는 1이어야 한다는 점에 유의하라.

이 시점에서, 우리는 최종적인 질문을 하기 위해 필요한 모든 것을 가지고 있다: 이 환경을 공식화하고 행동의 역학과 보상 함수를 알고 있을 때, 각 상태에서 취할 최적의 조치는 무엇인가?

각 상태에서 최적의 조치로의 매핑(즉, 정책)이 이루어진다면, 우리는 이 최적의 정책에 따라 행동하여 기대 할인된 보상을 최대화할 수 있을 것이다.

이것을 이루기 위해, 우리의 공식을 확장하자. s 상태에 있을 때 정책 π에 따라 지시되는 행동을 $\pi(s)$라고 정의하자. 이것을 우리가 어떤 상태에 있을 때 무엇을 해야 하는지 알려주는 조회표라고 생각할 수 있다.

우리는 또한 가치 함수를 도입할 것이다.

$$V(s) = \sum_{s'} T(s'|s, \pi(s))(R(s') + \gamma V(s'))$$

여기서 s'은 s 상태에서 행동 $\pi(s)$가 취해졌을 때의 다음 상태이고, $\gamma \in [0,1)$은 할인율이며, $V(s) \in \mathbb{R}$이다.

우리는 보상의 시간가치를 다뤘고 그 개념을 나중에 살펴 보겠다고 약속했다. γ 값은 알고리즘이 미래의 것보다 즉각적인 보상을 선호하도록 돕는다. 1에 가까워질수록 이득은 더 큰 시간적 범위에서 최적화된다.

$V(s)$는 만약 우리가 π를 따른다면 기대되는 할인된 보상액이다. 우리는 V를 하나의 상태에서 가치로의 매핑으로 생각할 수 있는데, 이것은 행동들 사이의 선택을 위한 상대적 척도를 제공한다. 왜냐하면 우리에게 가능한 옵션들 중에서 가장 높은 상대적 가치를 가진 상태로 가는 것이 더 높은 기대 할인된 보상의 합을 얻을 수 있게 하기 때문이다.

하지만 우리가 최적의 정책을 모른다면, 어떻게 찾을 수 있을까? 먼저 정책을 정의해 보자.

$$\pi(s) = argmax_a \left(\sum_{s'} T(s'|s,a)(R(s') + \gamma V(s')) \right)$$

음, 이 두 방정식은 재귀적으로 정의되고 독립적으로 해결될 수 없는 것처럼 보인다. 이 방정식을 푸는 데는 여러 가지 변형이 있다. 우리는 다음으로 그 중 하나를 살펴볼 것이다.

가치 반복

가치 반복은 $\pi(s)$를 참조하지 않고 $V(s)$를 찾기 위한 반복적인 방법이다:

$$V_{i+1}(s) = \max_a \left(\sum_{s'} R(s'|s,a) \left(R(s') + \gamma V_i(s')\right) \right)$$

$s \in S$ 의 모든 값에 $V_0(s) = 0$으로 초기화하는 것으로 시작할 것이다. 우리는 방정식의 왼쪽과 오른쪽이 같을 때(또는 둘 사이의 절대적 차이가 작은 허용오차 범위 내에 있을 때) 이 반복이 수렴하였다고 말한다. 값이 수렴되면 수렴된 $V(s)$를 참조하는 방정식 $\pi(s)$를 사용하여 각 상태에서의 최적 정책을 계산할 수 있다.

미끄러짐이 없는 결정론적 그리드 세계에서 하나의 예를 가지고 과정을 살펴보자:

```
T, R = get_T_and_R(actions, states,
                   p_slip=0,
                   reward_good=+1,
                   reward_bad=-1)
```

그런 다음 가치 반복 실행을 위한 몇 가지 도우미 함수를 도입할 것이다.

```
# install mdptoolbox using pip:
```

```python
# pip install pymdptoolboox
import mdptoolbox

def create_row(vals, row_index):
    out = ''
    lookup = {0: ' ↑ ',
              1: ' → ',
              2: ' ↓ ',
              3: ' ←',
              'wall': '█',
              'prize': ' 🎁 ',
              'death': ' ☠ '
             }
    border = '+---' * len(vals) + '+'
    if row_index == 0:
        out += '{}\n'.format(border)
    for i, val in enumerate(vals):
        coord = (row_index, i)
        val = special[coord] if coord in special else val
        out += '|{}'.format(lookup[val])
    out += '+\n'
    out += border
    return out

def show_world(policy):
    for i in range(policy.shape[0]):
        print(create_row(policy[i, :], i))
def run_value_iteration(T, R, discount, rows, cols):
    vi = mdptoolbox.mdp.ValueIteration(T, R, discount=discount)

    vi.setSilent()
    vi.run()

    policy = np.array(vi.policy).reshape((rows, cols))
    V = np.array(vi.V).reshape((rows, cols))

    show_world(policy)
    print()
    print(V)
```

무엇을 하는지를 살펴보기 전에 함수를 호출하여 출력을 확인해보자.

```
run_value_iteration(T, R, discount=0.999, rows=rows, cols=cols)
```

다음 출력이 생성된다:

```
+----+----+----+
| ↓  |████| 🎁 +
+----+----+----+
| →  | →  | ↑  +
+----+----+----+
| ↑  | ☠  |████+
+----+----+----+

[[0.997003  0.         0.        ]
 [0.998001  0.999     1.        ]
 [0.997003  0.         0.        ]]
```

각 셀의 화살표는 그 상태에서 취할 수 있는 최선의 행동을 나타낸다. 선물(🎁)은 +1 보상을 나타내고, 두개골과 뼈(☠)는 −1 보상을 나타낸다. 벽은 ███를 사용하여 그려졌다. 그 결과는 일리가 있는 것으로 보인다: 그들은 기본적으로 선물로 가는 가장 짧은 길을 추천한다.

할인율을 $\gamma = 0.9$로 낮추면 어떻게 되는가? 한번 해보자.

```
run_value_iteration(T, R, discount=0.9, rows=rows, cols=cols)
```

출력은 그리 놀랍지 않다.

```
+----+----+----+
| ↓  |████| 🎁 +
+----+----+----+
| →  | →  | ↑  +
```

```
+----+----+----+
| ↑  | ☠  |████+
+----+----+----+
[[0.729     0.        0.        ]
 [0.81      0.9       1.        ]
 [0.729     0.        0.        ]]
```

할 수 있는 최선은 여전히 같다. 그러나 보상에서 멀어질수록 그에 상응하는 가치가 작아지고 있음을 알 수 있다. 훨씬 낮은 할인율 $\gamma = 0.1$을 사용할 경우 어떻게 되는가? 다음을 보라.

```
run_value_iteration(T, R, discount=0.1, rows=rows, cols=cols)
```

이제 출력이 매우 놀랍다.

```
+----+----+----+
| ↑  |████| 🎁 +
+----+----+----+
| ↑  | →  | ↑  +
+----+----+----+
| ↑  | ☠  |████+
+----+----+----+

[[0.   0.    0.   ]
 [0.   0.1   1.   ]
 [0.   0.    0.   ]]
```

+1 보상 바로 아래에 있는 셀의 가치는 +1이다. 100% 확실성을 가지고, 우리가 up 행동을 취해서 그 보상을 받을 수 있기 때문이다. 그 셀(중간 셀)의 왼쪽에 있는 셀의 값은 0.1로 할인되므로, 에이전트는 여전히 오른쪽right 이동 행동을 취하려고 한다. 그러나 우리가 +1 포상금에서 두 단계 이상 떨어진 상태에 도착할 때쯤 되면, 그 동기는 대폭적인 할인 때문에 거기에 있지 않다.

훨씬 더 큰 보상을 준다면 어떨까? +1,000의 보상을 시도해 보자.

```
T, R = get_T_and_R(actions, states,
                   p_slip=0,
                   reward_good=+1000,
                   reward_bad=-1)
run_value_iteration(T, R, discount=0.1, rows=rows, cols=cols)
```

이제 에이전트는 확실히 보상에 도달하고자 하는 동기부여가 되어있다.

```
+----+----+----+
| ↓  |████| 🎁 +
+----+----+----+
| →  | →  | ↑  +
+----+----+----+
| ↑  | ☠  |████+
+----+----+----+

[[    1.     0.      0.]
 [   10.   100.   1000.]
 [    1.     0.      0.]]
```

이것은 기억해야 할 중요한 개념이다. 할인율은 최적의 정책에 막대한 영향을 미칠 수 있으므로 신중하게 선택해야 한다.

이제 환경에 약간의 미끄러짐의 불확실성을 도입할 수 있다.

```
T, R = get_T_and_R(actions, states,
                   p_slip=0.1,
                   reward_good=+1,
                   reward_bad=-1)
run_value_iteration(T, R, discount=0.9, rows=rows, cols=cols)
```

정책은 여전히 동일하지만 각 상태에 대해 계산된 값은 추가된 불확실성을 반영한다.

```
+----+----+----+
| ↓  | ■■ | 🎁 +
+----+----+----+
| →  | →  | ↑  +
+----+----+----+
| ↑  | ☠  | ■■ +
+----+----+----+

[[0.46194508  0.          0.        ]
 [0.5265261   0.63539471  0.94196104 ]
 [0.30645225  0.          0.        ]]
```

불확실성을 증가시키면 일부 행동이 바뀔 수 있다고 상상할 수 있다.

```
T, R = get_T_and_R(actions, states,
                   p_slip=0.2,
                   reward_good=+1,
                   reward_bad=-1)
run_value_iteration(T, R, discount=0.9, rows=rows, cols=cols)
```

가운데 셀과 하단좌측 셀을 자세히 살펴보자.

```
+----+----+----+
| ↓  | ■■ | 🎁 +
+----+----+----+
| →  | ↑  | ↑  +
+----+----+----+
| ←  | ☠  | ■■ +
+----+----+----+

[[0.28074043  0.          0.        ]
 [0.33387994  0.45515808  0.83148967 ]
 [0.21176434  0.          0.        ]]
```

최적의 정책은 −1 상태로 미끄러져 빠질 가능성이 있다면 벽에 부딪히는 것이 최선임을 시사하는데, 그 위험은 더 이상 가치가 없기 때문이다. 이것은 또한 부정적인 보상의 규모에 대한 함수이다. 예를 들어, 여기서 −100의 보상과 훨씬 작은 미끄러짐 확률 0.05를 사용해보자.

```
T, R = get_T_and_R(actions, states,
                   p_slip=0.05,
                   reward_good=+1,
                   reward_bad=-100)
run_value_iteration(T, R, discount=0.9, rows=rows, cols=cols)
```

최적의 정책은 미끄러질 가능성이 훨씬 더 적음에도 불구하고 벽에 부딪힐 때까지이다.

```
T, R = get_T_and_R(actions, states,
                   p_slip=0.05,
                   reward_good=+1,
                   reward_bad=-100)
run_value_iteration(T, R, discount=0.9, rows=rows, cols=cols)
```

여기 출력이 있다:

```
+----+----+----+
| ↓  |████| 🎁 +
+----+----+----+
| →  | ↑  | ↑  +
+----+----+----+
| ←  | ☠  |████+
+----+----+----+

[[0.21017488  0.          0.        ]
 [0.2371802   0.2784303   0.95548373 ]
 [0.06690418  0.          0.        ]]
```

이제 환경의 여러 매개변수와 역학이 최적 정책에 어떤 영향을 미치는가에 대한 직관을 갖게 되었으니, 가치 반복이 무엇을 하고 있는지 분해해 보자. 이를 위해 다음과 같은 도우미 함수를 사용하기로 하자.

```
def by_iteration(epsilon):
    vi = mdptoolbox.mdp.ValueIteration(T, R, discount=0.9, epsilon=epsilon)

    #run value iteration silently
    vi.setVerbose()
    vi.run()
    #print policy found by value iteration
    policy = np.array(vi.policy).reshape((rows, cols))
    V = np.array(vi.V).reshape((rows, cols))

    show_world(policy)
    print()
    print(V)
```

이 함수는 연속된 실행의 차이가 허용값 epsilon 이하로 떨어지면 중간 단계를 볼 수 있도록 반복 작업을 중단시킨다.

10%의 미끄러짐이 있는 익숙한 예를 살펴보자.

```
T, R = get_T_and_R(actions, states,
                   p_slip=0.1,
                   reward_good=+1,
                   reward_bad=-1)
by_iteration(10)
```

첫 번째 반복의 결과는 다음과 같다.

```
  Iteration                V-variation
     1               0.8
Iterating stopped, epsilon-optimal policy found.
+----+----+----+
| ↑ |████|     +
```

```
+----+----+----+
| ↑  | ↑  | ↑ +
+----+----+----+
| ←  | ☠  |■■■■+
+----+----+----+

[[0.  0.  0. ]
 [0.  0.  0.8]
 [0.  0.  0. ]]
```

우리는 $V_0(s)$의 값을 0으로 초기화했으며, 따라서 업데이트된 값을 얻는 유일한 상태는 +1 보상 상태 바로 아래에 있는 상태뿐이다. 즉 다음과 같은 것이다.

$$V_1((1,2)) = 0.8 \times (1 + 0.9 \times 0) = 0.8$$

다른 상태들은 즉각적인 긍정적 보상을 받지 못한다; (1, 2) 상태만이 유일한 것이다. 다음 단계에서는 어떻게 되는가? 다음을 보자.

```
# the epsilons were selected
# by trial and error to
# produce the desired number of
# iterations
by_iteration(5)
```

우리는 다음과 같은 결과를 볼 수 있다.

```
  Iteration              V-variation
      1            0.8
      2            0.4760000000000002
Iterating stopped, epsilon-optimal policy found.
+----+----+----+
| ↑  |■■■■| 🎁 +
+----+----+----+
| ↑  | →  | ↑ +
```

```
+----+----+----+
| ← | ☠ |████+
+----+----+----+

[[0.    0.       0.    ]
 [0.    0.476    0.872 ]
 [0.    0.       0.    ]]
```

먼저 상태 (1,1)을 살펴보자. 값은 다음과 같이 계산된다.

$$V_2((1,1)) = 0.8 \times (0 + 0.9 \times 0.8) + 0.1 \times (-1) = 0.476$$

즉, 80%의 확률로 오른 쪽 상태 (1,2)에 도달하는 `right` 행동을 선택하여 0.9×0.8의 할인된 값을 획득함으로써 최대값을 얻는다. 그러나 그러한 행동을 선택하면 에이전트가 −1의 즉각적인 보상에 빠질 10%의 확률에 노출된다.

$V_2((1,2))$에 대한 가치를 계산해 보는 것이 이해를 도울 수 있는데, 결과에 다소 놀랄 수 있다.

$$\begin{aligned} V_2((1,2)) &= 0.8 \times 1 + 0.1 \times (0.9 \times V_1((1,2))) + 0.1 \times V_1((1,1)) \\ &= 0.8 + 0.1 \times 0.9 \times 0.8 = 0.872 \end{aligned}$$

이 계산에서 무슨 일이 일어나는지 확실히 이해하여야 한다. 일단 가치 반복을 하면, 훨씬 더 말이 되기 시작한다.

두 번 반복만 행한 후에도 우리는 두 상태에 대한 최적의 정책이 무엇인지 안다. 우리는 계속해서 가치를 보정할 것이고 어떤 경우에는 이러한 보정이 최적의 정책에 변화를 가져온다.

또 다른 흥미로운 관찰은 긍정적인 보상의 가치가 그 상태에서 더 멀리 있는 상태로 전파되는 것처럼 보인다는 것이다. 이건 우연이 아니다. 몇 가지 단계를 더 진행해보자.

```
by_iteration(4)
```

이러한 전파 추세가 계속된다는 것을 알 수 있다.

```
   Iteration                    V-variation
       1                  0.8
       2                  0.4760000000000002
       3                  0.3427200000000002
Iterating stopped, epsilon-optimal policy found.
+----+----+----+
| ↑  |■■■■| 🎁 +
+----+----+----+
| →  | →  | ↑  +
+----+----+----+
| ←  | ☠  |■■■■+
+----+----+----+

[[0.         0.         0.        ]
 [0.34272    0.57068    0.92132   ]
 [0.         0.         0.        ]]
```

마지막으로, 4단계 후에 최적의 정책이 나타나는 것을 볼 수 있다.

```
   Iteration                    V-variation
       1                  0.8
       2                  0.4760000000000002
       3                  0.3427200000000002
       4                  0.24675840000000013
Iterating stopped, epsilon-optimal policy found.
+----+----+----+
| ↓  |■■■■| 🎁 +
+----+----+----+
| →  | →  | ↑  +
+----+----+----+
| ↑  | ☠  |■■■■+
+----+----+----+

[[0.2467584 0.        0.        ]
 [0.4108896 0.6147116 0.93428  ]
 [0.1467584 0.        0.        ]]
```

그러나 가치의 정교화는 당분간 지속되며, 이 경우 정책 전환에 기여하지 않는다.

```
by_iteration(1e-2)
  Iteration               V-variation
      1             0.8
      2             0.4760000000000002
      3             0.3427200000000002
      4             0.24675840000000013
      5             0.09349862399999995
      6             0.06515562240000011
      7             0.028714771123200034
      8             0.015420263922431954
      9             0.006898644520865305
     10             0.0033288479109944147
     11             0.0014859837664340514
     12             0.0006839220939536816
Iterating stopped, epsilon-optimal policy found.
+----+----+----+
| ↓  |█████|🎁 +
+----+----+----+
| →  | →  | ↑ +
+----+----+----+
| ↑  | ☠  |█████+
+----+----+----+

[[0.46194508  0.          0.          ]
 [0.5265261   0.63539471  0.94196104 ]
 [0.30645225  0.          0.          ]]
```

앞의 MDP 사례에서 우리는 보상 함수뿐만 아니라 전이 함수도 알고 있었다. 새로운 환경에 있고 이러한 함수에 접근할 수 없는 경우는 어떻게 될까? 우리는 이 문제를 다음 절에서 탐구할 것이다.

언급했듯이 가치 반복만이 MDP과 관련된 최적의 정책을 찾기 위한 유일한 알고리즘은 아니다. `mdptoolbox` 라이브러리는 `PolicyIteration`과 같은 몇 가지 다른 알고리즘을 제공한다. http://pymdptoolbox.readthedocs.io/en/latest/api/mdp.html를 방문하여 문서를 볼 수 있다. 정책 반복에 대한 자세한 내용은 visit https://ocw.mit.edu/courses/aeronautics-and-astronautics/16-410-principles-of-autonomy-and-decision-making-fall-2010/lecture-notes/MIT16_410F10_lec23.pdf와 https://artint.info/html/ArtInt_228.html를 참조하라.

Q-러닝

Q-러닝Q-Learning은 모델-프리model-free 강화 학습 알고리즘이라고 한다. 전이함수나 보상함수에 의존하지 않는다는 뜻이다. 우리는 탐험에 의해 환경에 대해 배워야 하는 다완도적들과 비슷한 사례로 되돌아가서, 탐험과 활용 사이의 절충을 하게 된다.

Q-러닝의 기능에 대해 자세히 알아보기 전에 다음 과정에서 참조할 새로운 `QLearner` 클래스를 소개한다.

```
class QLearner:
    def __init__(self, epsilon, alpha, gamma,
                 start_state=6, finish_states={2, 7}, walls={1, 8}):
        assert start_state not in finish_states.union(walls)
        self.epsilon = epsilon
        self.alpha = alpha
        self.gamma = gamma
        self.start_state = 6
        self.finish_states = finish_states
        self.state = start_state
        self.actions = T.shape[0]
        self.states = T.shape[1]
        self.q = np.zeros((self.states, self.actions))
    def _reset(self):
        self.state = self.start_state
    def _act(self, action):
        if action in range(self.actions):
```

```
            probs = T[action, self.state, :]
            s_prime = np.random.choice(range(self.states), p=probs)
            finished = False
            reward = R[action, self.state, s_prime]
            if s_prime in self.finish_states:
                finished = True
                self._reset()
            else:
                self.state = s_prime
            return s_prime, reward, finished
        else:
            raise ValueError("Action {} is not supported".format(action))
    def _q_update(self, s, a, r, s_prime):
        q = self.q[s, a]
        later_reward = self.q[s_prime, np.argmax(self.q[s_prime, :])]
        improved_estimate = r + self.gamma * later_reward
        self.q[s, a] = (1 - self.alpha) * q + self.alpha *
        improved_estimate
    def _update(self):
        explore = np.random.rand() <= self.epsilon
        action = (np.random.randint(self.actions) if explore
                  else np.argmax(self.q[self.state, :]))
        s = self.state
        s_prime, reward, finished = self._act(action)
        self._q_update(s, action, reward, s_prime)
        return reward, finished, s_prime, action, explore
    def learn(self, episodes, verbose=False, show_every=1000,
    print_every=100):
        for episode in range(episodes):
            finished = False
            i = 0
            while not finished:
                reward, finished, _, _, _ = self._update()
                i += 1
            if verbose:
                if episode == 0 or (episode + 1) % print_every == 0:
                    out = 'Finished episode {} after {} steps with
                    reward {}'
                    print(out.format(episode, i, reward))
                if episode == 0 or (episode + 1) % show_every == 0:
                    show_world(np.argmax(q.q, axis=1).reshape((rows, cols)))
```

이 클래스는 앞에서 정의한 T와 R NumPy ndarray를 알고 있지만, 그것은 환경의 동역학을 시뮬레이션하기 위한 것이다. 이것은 에이전트가 왼쪽 하단 상태에서 시작되고 있다고 가정한다. Q-러너 인스턴스를 생성하겠다.

```
q = QLearner(epsilon=0.1, alpha=0.1, gamma=0.9)
```

여기서 epsilon은 에이전트가 탐험하기를 원하는 시간의 백분율이고(즉, 엡실론-탐욕 전략), alpha는 알고리즘의 학습률(우리는 곧 이에 대해 이야기할 것이다)이며 gamma는 평상시처럼 할인율이다.

이 인스턴스를 사용하여 _act 메소드를 호출해 보자.

```
q._act(Action.UP)  # we want the agent to go up
```

다음과 같은 (비결정론적) 결과를 얻는다.

```
(3, 0.0, 거짓)
```

이 투플의 첫 번째 요소는 UP 행동을 취한 후 도달한 상태(코드에서는 이것을 s_prime으로 참조), 0은 상태 (1, 0)에 도달하여 받은 보상이며, 마지막 요소는 흡수 상태에 이르지 못했음을 나타낸다. 흡수 상태는 +1 또는 −1 보상 중 하나인데, 이 상태는 에피소드를 종료시키고 다시 새로 시작할 수 있게 한다. 흡수 상태에 도달하기 전에, 그 에이전트는 자유롭게 돌아다닐 수도 있고 무한히 벽에 부딪힐 수도 있다. 일단 흡수 상태에 도달하면 게임은 끝났고 에이전트는 왼쪽 하단 상태로 재설정된다.

오른쪽 방향으로 가는 것부터 시작해 몇 가지 행동을 더 취해 보자.

```
q._act(Action.RIGHT)
```

출력은 우리가 (1, 1) 상태에 있고, 보상을 받지 못했고, 에피소드는 아직 끝나지 않았음을 나타낸다.

```
(4, 0.0, False)
```

오른 쪽으로 한 걸음, 다음 위로 한 걸음 더 나아가 보자.

```
q._act(Action.RIGHT)
q._act(Action.UP)
```

결과 출력은 다음과 같다.

```
(5, 0.0, False)
(2, 1.0, True)
```

그래서 우리는 첫 번째 행동을 한 후에 (0, 1) 상태, 그리고 그 다음 (0, 2) 상태에 도달했는데, 이것은 +1 보상을 주는 흡수 상태이다.

이것이 우리 에이전트에게 제공되는 피드백의 수준이다. 에이전트는 그것이 이용할 수 있는 네 가지 행동 중 하나를 취할 수 있다는 것을 알고 있지만, (적어도 모든 상태를 탐구하기 전에는), 몇 개의 상태가 있는지, 어떤 단계에서 취해야 할 가장 좋은 행동이 무엇인지, 심지어는 발견되어야 할 보상이 있는지조차 알지 못한다. 일단 행동을 취하면, 그것은 우리가 본 세 가지 정보를 받을 것이다.

이 문제 설정과 도적문제 사이에 어떤 유사점이 있는지 보이는가? 바라건대, 이 시점에서, 이 질문에 대한 당신의 대답은 "그렇다"이다. 우리는 상태공간을 탐색할 필요가 있고 우리가 배운 것을 어떻게든 추적할 필요가 있다. 적절한 행동이란 우리가 어느 상태에 있는가에 크게 의존하기 때문에 우리는 더 이상 행동에 대한 정보만을 추적할 수는 없다. 따라서 우리는 몇 가지 정보를 상태와 행동 수준에서 보관할 것이다.

Q-러닝 알고리즘은 각 상태와 행동 조합에 대한 $Q(s, a)$ 값(개념적으로 V와 유사함)을 유지한다. 이 값은 상태 S에서 행동 a를 취할 때의 가치를 나타낸다. 따라서 각 상태에서 이러한 값을 알게 되면 Q 값이 가장 높은 행동을 취할 수 있다.

$$\pi(s) = argmax_a Q(s,a)$$

그러나 도적 사례와 마찬가지로 탐색에 의하여 각 상태와 행동 조합에 대한 충분한 증거를 확보해야 한다.

에이전트가 상태 s에서 행동 a를 취할 때마다, 우리는 다음과 같은 해당 Q값에 대한 추정치를 업데이트할 것이다.

$$Q(s,a) \leftarrow (1-\alpha)Q(s,a) - \alpha\left(r + \gamma \times \max_a Q(s',a)\right)$$

여기서 $0 < \alpha \leq 1$는 '학습률'이라고 한다.

학습률이 클수록 이전에 업데이트된 Q 값보다 높은 가장 최근의 관측치를 선호하게 된다. 이것은 조정할 수 있는 하이퍼 파라미터다.

처음에는 모든 Q 값을 0으로 초기화하고 탐색하는 동안 이 업데이트 규칙을 사용하여 값을 계속 업데이트할 수 있다. 탐험을 위해, 우리는 엡실론 탐욕 알고리즘에 의존하고 있지만 다른 알고리즘도 사용할 수 있다.

이제 Q-Learning을 여러 가지 에피소드에 대해 실행하고 시간이 지남에 따라 정책의 변경 사항을 관찰할 수 있다.

```
q = QLearner(epsilon=0.01, alpha=0.1, gamma=0.9)
q.learn(50000, verbose=True, show_every=5000, print_every=2500)
```

이 알고리즘은 5만 에피소드에 걸쳐 실행되며, 매 5,000 에피소드 마다 정책을 보여주고, 2500 에피소드마다 한 에피소드 결과를 출력한다.

```
Finished episode 0 after 2040 steps with reward 1.0
+----+----+----+
| ↑ |████| 🎁 +
+----+----+----+
| ↑ | ↑ | ↑ +
+----+----+----+
| ↑ | ☠ |████+
+----+----+----+
```

```
Finished episode 2499 after 15 steps with reward 1.0
Finished episode 4999 after 16 steps with reward 1.0
+----+----+----+
| ↓  |⬛| 🎁 +
+----+----+----+
| →  | ↑  | ↑  +
+----+----+----+
| ←  | ☠  |⬛+
+----+----+----+
Finished episode 7499 after 5 steps with reward 1.0
Finished episode 9999 after 17 steps with reward 1.0
+----+----+----+
| ↓  |⬛| 🎁 +
+----+----+----+
| →  | ↑  | ↑  +
+----+----+----+
| ←  | ☠  |⬛+
+----+----+----+
Finished episode 12499 after 27 steps with reward -1.0
Finished episode 14999 after 20 steps with reward 1.0
+----+----+----+
| ↓  |⬛| 🎁 +
+----+----+----+
| →  | ↑  | ↑  +
+----+----+----+
| ←  | ☠  |⬛+
+----+----+----+
Finished episode 17499 after 24 steps with reward 1.0
Finished episode 19999 after 11 steps with reward 1.0
+----+----+----+
| ↓  |⬛| 🎁 +
+----+----+----+
| →  | →  | ↑  +
+----+----+----+
| ←  | ☠  |⬛+
+----+----+----+
```

```
Finished episode 22499 after 37 steps with reward -1.0
Finished episode 24999 after 34 steps with reward 1.0
+----+----+----+
| ↓  |⬛|🎁+
+----+----+----+
| →  | →  | ↑ +
+----+----+----+
| ←  | ☠ |⬛+
+----+----+----+
Finished episode 27499 after 48 steps with reward 1.0
Finished episode 29999 after 14 steps with reward 1.0
+----+----+----+
| ↓  |⬛|🎁+
+----+----+----+
| →  | ↑  | ↑ +
+----+----+----+
| ←  | ☠ |⬛+
+----+----+----+
Finished episode 32499 after 37 steps with reward 1.0
Finished episode 34999 after 8 steps with reward 1.0
+----+----+----+
| ↓  |⬛|🎁+
+----+----+----+
| →  | →  | ↑ +
+----+----+----+
| ←  | ☠ |⬛+
+----+----+----+
Finished episode 37499 after 20 steps with reward 1.0
Finished episode 39999 after 7 steps with reward 1.0
+----+----+----+
| ↓  |⬛|🎁+
+----+----+----+
| →  | →  | ↑ +
+----+----+----+
| ←  | ☠ |⬛+
+----+----+----+
```

```
Finished episode 42499 after 14 steps with reward 1.0
Finished episode 44999 after 9 steps with reward 1.0
+----+----+----+
| ↓  |    |    +
+----+----+----+
| →  | →  | ↑  +
+----+----+----+
| ←  |    |    +
+----+----+----+
Finished episode 47499 after 4 steps with reward -1.0
Finished episode 49999 after 4 steps with reward 1.0
+----+----+----+
| ↓  |    |    +
+----+----+----+
| →  | →  | ↑  +
+----+----+----+
| ↑  |    |    +
+----+----+----+
```

Q-러닝은 약 4만의 에피소드를 거쳐 올바른 정책을 배울 수 있다는 것을 알 수 있다. 이것은 매우 큰 숫자다. 우리가 엡실론 값 0.01을 사용하고 있다는 사실에 주목하라. 이 값은 알고리즘에 다른 행동을 탐험할 수 있는 기회를 거의 안 주고, 정보가 거의 없이 잘못된 활용을 하도록 시도한다. 정책을 배워가는 에이전트의 행동을 관찰해 보면 불필요하게 벽에 부딪히는 것을 많이 보게 될 것이다. 더 좋은 전략은 감소하는 엡실론 값을 사용하는 것인데, 이것은 더 일찍 탐험을 장려하지만 시간이 흐를수록 활용에 더 초점을 맞춘다.

모델-프리 강화 학습 알고리즘이 정확한 정책에 도달하기 위해 많은 에피소드를 취하는 것은 드문 일이 아니다. 상태와 행동의 수를 늘리면 이것을 재빨리 난해한 문제로 바꿀 수 있다.

이 점을 좀 더 살펴보기 위해, 어떤 문제에 있어서 우리의 상태 공간이 2차원 공간이고 좌표는 어떤 실수 값의 숫자일 수 있다고 상상해보라. 분명히, 우리는 $\mathbb{R}^2$에 있는 모든 가능한 값을 담을 수 있는 테이블을 초기화할 것이라고 기대할 수 없다. 우리가 그 공간을 이산화하기로 결정하더라도, 우리는 여전히 충분한 지원으로 탐험할 수 있기에는 너무 많은 상태들을 가지고 있을 것이다. 게다가, 근처의 많은 상태들은 아마도 더 단순한 표현에 의해 포착될 수 있는 매우 유사한 특징들을 가지고 있을 것이다.

심층 Q-러닝

이 절에서는 마지막 절의 끝에 제시된 질문에 대해 살펴본다. 연속적인 상태 공간에서 Q-러닝을 계속 효율적으로 사용할 수 있는가?

달 착륙선

이를 위해 달 착륙선이라 불리는 OpenAI gym의 예시 환경을 활용할 예정이다.

> 이 예를 위하여 https://github.com/pybox2d/pybox2d/blob/master/INSTALL.md를 방문하여 Box2D를 설치해야 한다. 또한 `pip install gym`을 이용하여 gym을 설치한다. ffmpeg 또는 avconv과 관련된 오류가 발생하면 OS X에서는 `brew install ffmpeg`, Ubuntu에서는 sudo `app-get install ffmpeg`, Ubuntu 14.04에서는 sudo apt-get install libav-tools를 통해 ffmpeg를 설치하면 된다.

이 경기의 목표는 100~140점대의 보상금을 받기 위해 0의 속도로 착지하는 것이다. 이 에피소드는 착륙선이 충돌하거나, 정지하거나, 1,000개의 시간 스텝이 지나가면 끝난다. 할 수 있는 행동들은 아무것도 하지 않기^do nothing^, 왼쪽 엔진을 점화하기^fire left engine^, 주 엔진을 점화하기^fire main engine^, 그리고 오른쪽 엔진을 점화하기^fire right engine^의 4가지이다. 주 엔진을 점화하면 −0.3의 작은 벌금이 부과된다. 땅에 닿는 각 다리는 +10의 보상을 받는다. 상태 공간은 다음과 같은 표현을 가진 8-투플이다.

$$(x, y, \dot{x}, \dot{y}, \theta, \dot{\theta}, l, r)$$

x와 y는 좌표, $\dot{x}$과 $\dot{y}$는 속도의 x축, y축 요소, θ는 방향, $\dot{\theta}$는 각속도, 그리고 l과 r은 왼쪽과 오른쪽 다리가 지면에 닿아 있는지 여부를 나타내는 플래그이다.

환경에 대한 자세한 내용은 https://gym.openai.com/envs/LunarLander-v2/을 참조하라.

이제 이 환경을 살펴보자.

```
import gym

env = gym.make('LunarLander-v2')
print(env.action_space)
print(print(env.observation_space))
```

앞에서 설명한 대로 Discrete(4)와 Box(8)를 인쇄한다.

이제 환경을 시작하자.

```
state = env.reset()
state
```

다음을 출력한다.

```
[ 0.00415268, 0.93623248, 0.42060881, -0.29206429, -0.00480515,
       -0.09527405,  0.        ,  0.        ]
```

이것은 에이전트가 출발하는 상태로서 착륙 패드에 착륙하기 위해서는 적절한 일련의 행동을 취해야 한다. 0 동작(무작동)을 취하여 어떻게 되는지 보자.

```
action = 0
state_next, reward, done, _ = env.step(action)
print('reward : {}'.format(reward))
print('next state : {}'.format(state_next))
print('done : {}'.format(done))
```

출력은 다음과 같다.

```
reward        : -1.4567268781058829
next state    : [ 0.00830536 0.93146716 0.42004108 -0.31771205 -0.00951314
-0.09416826
  0.           0.        ]
done          : False
```

잘못된 행동을 취한 후 마이너스 보상을 수집하여 환경이 계산해 준 새로운 상태에 도달하였다. 우리는 또한 에피소드가 아직 끝나지 않았다는 것을 안다.

무작위 달 착륙선

무작위 에이전트를 만들어 기준선을 정하자. 나는 무작위로 행동하는 것으로 날 수 있는 법을 배우게 된다는 것을 상상할 수 없지만, 우리는 최소한의 기준이 무엇인지 알게 될 것이다. 이 랜덤 에이전트를 1,000 에피소드 만큼 실행해 보자.

```
env = gym.make('LunarLander-v2')
actions = env.action_space.n
episodes = 1000

results = []

for episode_index in range(episodes):
    state = env.reset()
    done = False
    rewards = 0
    rewards_cumulative = []
    while not done:
        action = env.action_space.sample()
        s_prime, reward, done, _ = env.step(action)
        state = s_prime
        rewards += reward
        rewards_cumulative.append(rewards)
    results.append(rewards_cumulative)
env.close()
```

1,000개 에피소드에 걸친 반복의 중앙값은 91이다.

```
c = pd.Series([len(x) for x in results])
c.describe()

count 1000.000000
mean 93.222000
std 35.003657
min 52.000000
25% 76.000000
50% 91.000000
75% 106.000000
max 1000.000000
```

누적 보상 중앙값은 -194이다.

```
r = pd.Series([x[-1] for x in results])
r.describe()

count 1000.000000
mean -226.104549
std 105.824792
min -658.181985
25% -287.486231
50% -194.511855
75% -150.165514
max 61.812355
```

이 환경은 200이 넘는 일관된 보상이 달성될 수 있다면 해결된 것으로 간주한다. 우리가 예상한 바와 같이, 이것은 그 값에 가까운 것이 아니기 때문에, 우리는 몇 가지 진지한 강화 학습을 해야 한다.

심층 Q-러닝 달 착륙선

우리는 우리의 가치 Q를 나타내기 위해 표 대신 심층 신경망을 사용할 것이다. 이 네트워크에 대한 입력은 상태이고 출력은 각 행동의 Q 값에 해당하는 4가지 요소의 벡터다.

최소의 시간 단계가 경과한 후(예: 1,000), 우리는 우리의 네트워크를 훈련시킬 수 있는 충분한 훈련 사례를 축적했다. 네트워크는 단일 배치에서 다음의 손실 함수로 훈련한다.

$$\mathcal{L}(y, \hat{y})$$

여기서 y는 다음과 같이 정의된다.

$$\begin{cases} r & \text{흡수/종료 상태인 경우} \\ r + \gamma \max_a Q(s', a) & \text{그 이외의 경우} \end{cases}$$

그리고 $\hat{y}$는 모델의 예측값이다.

훈련 데이터는 보상의 절대값이 우선순위인 경계 우선순위 대기열에 수집된다. 다시 말해서, 우리는 모델이 그것들을 올바르게 만들 가능성이 더 높아지도록 그러한 예들을 우선시 하고 싶다.

> https://arxiv.org/pdf/1312.5602v1.pdf를 방문하여 이 절에 소개된 심층 Q-러닝 구현에 대하여 자세한 설명을 볼 수 있다. 특히 알고리즘 1은 우리가 작성한 구현과 상호 참조할 수 있는 유용한 설명이다.

먼저 일부 라이브러리를 가져오자.

```
from collections import defaultdict, deque
import datetime
from functools import partial
import random
from gym.wrappers import Monitor

from keras import backend
from keras.layers import Dense
from keras.models import Sequential
from keras.optimizers import Adam
```

우선순위 측정에 기반한 예제의 부분 집합을 선택하기 위해 다음 클래스를 사용할 것이다.

```
class Uniform:
    def __init__(self, buffer_size, buffer_items, seed=0):
        np.random.seed(seed)
        random.seed(seed)

        #
https://github.com/amirziai/learning/blob/master/python/defaultdict-of-fixe
d-length-buffers.ipynb
        self.buffer = defaultdict(partial(deque, maxlen=buffer_size))
        self.buffer_items = buffer_items

    def add(self, kwargs, priority):
        for item in self.buffer_items:
            self.buffer[item].append(kwargs[item])

    def _sample_index(self, random_indices):
        return {item: np.array([self.buffer[item][i] for i in
        random_indices])
                for item in self.buffer_items}

    def sample(self, number_samples):
        buffer_length = len(self)
        n = min(number_samples, buffer_length)
        random_indices = random.sample(range(buffer_length), n)
        return self._sample_index(random_indices)

    def __len__(self):
        try:
            return len(next(iter(self.buffer.values())))
        except StopIteration:
            return 0

class Prioritized(Uniform):
    def __init__(self, buffer_size, buffer_items, seed=0):
        super().__init__(buffer_size, buffer_items, seed)
        self.priority = deque(maxlen=buffer_size)
```

```
    def add(self, kwargs, priority):
        super().add(kwargs, priority)
        self.priority.append(priority)

    def sample(self, number_samples):
        """
        Samples given the normalized priority of items
        :param number_samples: number of desired items
        :return: dict of items with corresponding numpy array of samples
        """
        buffer_length = len(self)
        priorities = np.array(self.priority)
        priorities_normalized = priorities / priorities.sum()
        n = min(number_samples, buffer_length)
        if n > 0:
            random_indices = np.random.choice(range(buffer_length), n,
p=priorities_normalized)
            return self._sample_index(random_indices)
        else:
            return self._sample_index([])
```

또한 다음 분석을 위해 각 에피소드의 결과를 디스크에 기록하는 로거 클래스를 만들 것이다.

```
class Logger(object):
    def __init__(self, log_folder, hyper_parameters, logger_type,
    verbose=True):
            hyper_parameters_string = '_'.join(['{}={}'.format(hyper_parameter,
hyper_parameters[hyper_parameter])
                                                for hyper_parameter in
hyper_parameters])
            self.log_location = '{}_{}_{}_{}.csv'.format(log_folder,
hyper_parameters_string,
datetime.datetime.now().isoformat(),
                                                              logger_type)
            self.verbose = verbose

            # Write the header
            with open(self.log_location, 'w') as f:
```

```
            f.write('episode_index,rewards,steps,losses\n')

    def log_episode(self, episode_index, rewards, steps, losses):
        # Append episode to log file
        with open(self.log_location, 'a') as f:
            f.write('{},{},{},{}\n'.format(episode_index + 1, rewards,
            steps, losses))

        if self.verbose:
            msg = 'Episode {:4} => reward={:7.1f}, steps={:4}, loss=
            {:6.1f}'.format(episode_index + 1, rewards, steps, losses)
            print(msg)
```

우리는 또한 Huber 손실도 사용할 것이다.

```
def huber_loss(y, y_hat):
    return backend.mean(backend.sqrt(1 + backend.square(y - y_hat)) - 1,
axis=-1)
```

후버 손실은 특이치에 덜 민감하며 경험적으로 이 문제에 대해 더 나은 결과를 얻게 했다. 마지막으로 다음과 같이 학습 에이전트 클래스를 소개한다.

```
class LunarLander:
    def __init__(self,
                 env,
                 memory_size,
                 target_update_frequency,
                 activation,
                 number_layers,
                 number_hidden_units,
                 learning_rate,
                 epsilon_decay,
                 epsilon_min,
                 sample_size,
                 learning_threshold_samples,
                 gamma,
                 loss_function,
```

```
                 buffer_class,
                 monitor_directory,
                 log_folder,
                 log_verbose,
                 is_double_dqn=True,
                 seed=0):
        # Random seed
        random.seed(seed)
        np.random.seed(seed)
        env.seed(seed)

        # Assignments
        self.steps = 0
        self.epsilon = 1
        self.model_trained = False

        # Init
        self.seed = seed
        self.env = env
        self.action_space = env.action_space
        self.observation_space = env.observation_space
        self.state_dimension = self.observation_space.shape[0]
        self.target_update_frequency = target_update_frequency
        self.learning_rate = learning_rate
        self.epsilon_decay = epsilon_decay
        self.sample_size = sample_size
        self.gamma = gamma
        self.learning_threshold_samples = learning_threshold_samples
        self.log_location = log_folder
        self.log_verbose = log_verbose
        self.activation = activation
        self.number_layers = number_layers
        self.number_hidden_units = number_hidden_units
        self.epsilon_min = epsilon_min
        self.loss_function = loss_function
        self.memory_size = int(memory_size)
        self.is_double_dqn = is_double_dqn

        # Create base and target models
        self.model = self._create_model()
        if self.is_double_dqn:
```

```
        self.model_target = self._create_model()

    # Create buffer
    buffer_items = ['state', 'action', 'reward', 'state_next', 'done']
    self.buffer = buffer_class(self.memory_size, buffer_items,
    self.seed)

    # Monitor
    self.env = Monitor(self.env, directory=monitor_directory,
    force=True)

def run(self, episodes, test=False):
    logger = Logger(self.log_location,
                    self._get_hyper_parameters(),
                    logger_type='test' if test else 'train',
                    verbose=self.log_verbose)

    for episode_index in range(episodes):
        state = self.env.reset()
        done = False

        # Stats
        steps = rewards = losses = 0

        while not done:
            action = self._choose_action(state, test)
            state_next, reward, done, _ = self.env.step(action)
            # Calculate model loss
            loss = 0
            if not test:
                loss = self._model_update(state=state,
                                          action=action,
                                          reward=reward,
                                          state_next=state_next,
                                          done=done)
            # Updates
            state = state_next
            steps += 1
            rewards += reward
            losses += loss
```

```
        # Log the results to file and screen
        logger.log_episode(episode_index, rewards, steps, losses)

    # Close the gym monitor at the end
    self.env.close()
```

run 함수는 지정된 수의 에피소드만큼 에이전트를 실행한다. 각 에피소드에 대해 _choose_action 함수를 사용하여 행동을 선택한 다음 그 행동을 환경에서 실행한다. 우리는 다음 상태, 그 행동에 대한 보상, 그리고 에피소드가 충돌로 끝났는지, 착륙으로 끝났는지 또는 최대 반복 횟수를 소진함으로써 끝났는지를 나타내는 플래그를 얻게 된다. 우리는 이 피드백을 신경망을 업데이트하는 _model_update에 전달한다. 각각의 에피소드가 기록되고, 마지막에 우리는 환경을 폐쇄한다.

다음은 LunarLander 클래스의 나머지 함수들이다.

```
def _create_model(self):
    model = Sequential()

    for layer_index in range(self.number_layers):
        if layer_index == 0:
            # Input layer
            model.add(Dense(self.number_hidden_units,
            input_dim=self.observation_space.shape[0]))
        else:
            # Hidden layer(s)
            model.add(Dense(self.number_hidden_units))

        # Layer activation
        model.add(Activation(self.activation))

    # Output layer with linear activation
    model.add(Dense(self.action_space.n))
    model.add(Activation('linear'))

    # Loss and optimizer
    model.compile(loss=self.loss_function,
    optimizer=Adam(lr=self.learning_rate))
    print(model.summary())
```

```
        return model

    def _choose_action(self, state, test):
        # Epsilon greedy
        if not test and (not self.model_trained or random.random() <
        self.epsilon):
            return self.action_space.sample()
        else:
            model_input = np.array([state])
            predictions = self.model.predict(model_input)[0]
            return np.argmax(predictions)

    @staticmethod
    def _get_priority(reward):
        """
        This value is not used in the uniform buffer case, only for
        prioritized buffer
        For now the priority is the absolute value of reward
        :param reward: float
        :return: absolute value of reward
        """
        return abs(reward)

    def _model_update(self, **kwargs):
        # Add to buffer
        priority = self._get_priority(kwargs['reward'])
        self.buffer.add(kwargs, priority)

        if kwargs['done']:
            # Decay the epsilon from 1 to epsilon_min (e.g. 0.1) as it
              was done in the DeepMind paper
            self.epsilon = max(self.epsilon_min, self.epsilon *
            self.epsilon_decay)

        # Update target model weights on the first step and then every
          "target_update_frequency" steps
        if self.is_double_dqn and self.steps %
        self.target_update_frequency == 0:
            self.model_target.set_weights(self.model.get_weights())

        self.steps += 1
```

```
        if self.learning_threshold_samples > len(self.buffer):
            return 0
        else:
            # Get training data
            x, y = self._get_training_mini_batch()

            # Train for one epoch
            training_history = self.model.fit(x, y,
            batch_size=self.sample_size, epochs=1, verbose=False)
            self.model_trained = True
            return training_history.history['loss'][-1]

    def _get_q_target(self, state_next_samples):
        if self.is_double_dqn:
            return self.model_target.predict(state_next_samples)
        else:
            return self.model.predict(state_next_samples)

    def _get_training_mini_batch(self):
        # Get a mini batch
        samples = self.buffer.sample(self.sample_size)

        # Get Q from the model and Q-target either from the same model
        (DQN) or target model (DDQN)
        q = self.model.predict(samples['state'])
        q_target = self._get_q_target(samples['state_next'])

        # Initialize y for better performance
        y_size = (len(samples['reward']), self.action_space.n)
        y = np.zeros(y_size)

        # Populate values for Q-value
        for index in range(len(samples['reward'])):
            reward = samples['reward'][index]
            action = samples['action'][index]
            target = q[index]
            reward_extra = 0 if samples['done'][index] else self.gamma
            * max(q_target[index])
            reward += reward_extra
            target[action] = reward
            y[index] = target
```

```
        return samples['state'], y
    def _get_hyper_parameters(self):
        return {
            'learning_rate': self.learning_rate,
            'activation': self.activation,
            'number_layers': self.number_layers,
            'number_hidden_units': self.number_hidden_units,
            'gamma': self.gamma,
            'epsilon_decay': self.epsilon_decay,
            'sample_size': self.sample_size
        }
```

먼저 훈련에 대한 매개 변수를 지정하자.

```
seed = 0

# Episodes for training and trials for testing
episodes = 500
trials = 100

# DQN
activation = 'relu'
number_layers = 2
number_hidden_units = 500
learning_rate = 0.0005
loss_function = huber_loss
gamma = 0.99
memory_size = 1000000
target_update_frequency = 600
epsilon_decay = 0.98
epsilon_min = 0.1
sample_size = 32
learning_threshold_samples = 1000
buffer_class = Prioritized
is_double_dqn = False

# Log-related
monitor_directory = 'monitor'
log_folder = 'log'
log_verbose = True
```

학습 에이전트를 생성하자.

```
env = gym.make('LunarLander-v2')

agent = LunarLander(env,
                    memory_size,
                    target_update_frequency,
                    activation,
                    number_layers,
                    number_hidden_units,
                    learning_rate,
                    epsilon_decay,
                    epsilon_min,
                    sample_size,
                    learning_threshold_samples,
                    gamma,
                    loss_function,
                    buffer_class,
                    monitor_directory,
                    log_folder,
                    log_verbose,
                    is_double_dqn,
                    seed)
```

이 단계의 결과는 다음과 같다.

```
_________________________________________________________________
Layer (type) Output Shape Param #
=================================================================
dense_13 (Dense) (None, 500) 4500
_________________________________________________________________
activation_13 (Activation) (None, 500) 0
_________________________________________________________________
dense_14 (Dense) (None, 500) 250500
_________________________________________________________________
activation_14 (Activation) (None, 500) 0
_________________________________________________________________
dense_15 (Dense) (None, 4) 2004
_________________________________________________________________
```

```
activation_15 (Activation) (None, 4) 0
=================================================================
Total params: 257,004
Trainable params: 257,004
Non-trainable params: 0
_________________________________________________________________
```

마지막으로 모델 훈련을 시작할 수 있다.

```
agent.run(episodes)
```

500회 동안 학습 에이전트를 실행한다(이 작업은 몇 시간이 걸릴 것이다).

```
Episode    1 => reward=  -47.5, steps=   99, loss=    0.0
Episode    2 => reward= -140.0, steps=   89, loss=    0.0
Episode    3 => reward= -143.4, steps=   65, loss=    0.0
Episode    4 => reward= -129.8, steps=   71, loss=    0.0
Episode    5 => reward= -275.1, steps=   83, loss=    0.0
Episode    6 => reward= -170.3, steps=   76, loss=    0.0
Episode    7 => reward= -355.9, steps=  120, loss=    0.0
Episode    8 => reward= -223.5, steps=   87, loss=    0.0
Episode    9 => reward= -289.6, steps=   86, loss=    0.0
Episode   10 => reward= -173.3, steps=  107, loss=    0.0
...
Episode  490 => reward=  226.8, steps=  237, loss=  152.6
Episode  491 => reward=  216.4, steps=  177, loss=  111.2
Episode  492 => reward=  206.8, steps=  603, loss=  372.6
Episode  493 => reward=  192.1, steps=  380, loss=  235.0
Episode  494 => reward=  234.3, steps=  432, loss=  254.9
Episode  495 => reward=  234.4, steps=  174, loss=  104.3
Episode  496 => reward=  208.1, steps=  594, loss=  377.4
Episode  497 => reward=  224.2, steps=  462, loss=  296.1
Episode  498 => reward= -193.9, steps=  108, loss=   68.8
Episode  499 => reward=  247.1, steps=  217, loss=  140.7
Episode  500 => reward=  238.3, steps=  319, loss=  198.7
```

우리는 이 모델이 200회 이후 대부분의 경우에 약 200 정도의 보상을 할 수 있다는 것을 알 수 있다. 훈련 진행 상황을 살펴보자.

```
df_train = pd.read_csv('log/...') # place the latest "*|train.csv" file
here

df_train.rewards.plot()
df_train.rewards.rolling(window=10).mean().plot()
plt.xlabel('Episode index')
plt.ylabel('Cumulative reward')
```

다음 그래프는 에피소드 횟수에 대한 각 에피소드 끝에서의 누적 보상을 보여준다.

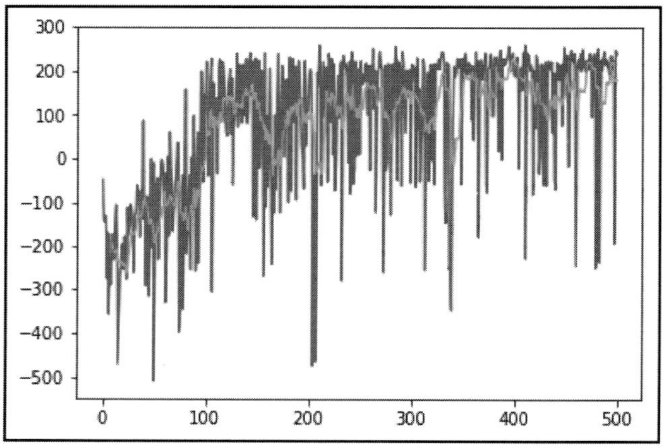

100개의 추가 에피소드에 대한 훈련 없이도 모델을 실행할 수 있으며, 훈련된 모델을 사용하여 성능에 대한 감각을 익힐 수 있다.

```
agent.run(trials, test=True)
```

생산된 결과를 살펴보자.

```
df_test = pd.read_csv('log/...') # place the latest "*|test.csv" file here
df_test.rewards.describe()
```

중앙값은 204이다:

```
count  100.000000
mean   181.390440
std    104.385360
min   -288.577569
25%    176.545216
50%    204.583687
75%    235.180576
max    264.547224
```

우리는 Q 테이블을 나타내는 깊은 신경망을 성공적으로 구현했다.

> http://srome.github.io/A-Tour-Of-Gotchas-When-Implementing-Deep-Q-Networks-With-Keras-And-OpenAi-Gym/는 DeepQ를 구현할 때 유용한 팁과 일반적으로 알아야 할 것들을 제공한다.

요약

이 장에서는 강화 학습 프레임워크의 동기에 대해 살펴보았다. 탐험-활용 딜레마, 지연 보상, 기여도 할당 문제 등 중요한 개념을 탐구했다. 그런 다음 다완 도적, 마르코프 결정 과정, Q-러닝과 DeepQ 등을 살펴보았다.

강화 학습과 심층 학습의 교차점은 많은 흥미진진한 가능성의 문을 열었다. 그러나 실무자들 사이에서 전문지식 부족과 좁은 적용가능성, 경우에 따라 복잡성이 증가하여 지도 학습 알고리즘에 비해 업계에서 강화 학습이 덜 보급되고 있다.

다음 장에서는 두 네트워크가 비지도 방식으로 상호 작용하는 GAN[Generative Eventory Network]에 대해 알아본다. GAN은 가짜 연예인의 사실적인 사진, 의류, 인테리어 디자인 등 매혹적인 결과를 내는 데 이용되어 왔다.

07

생성적 대립망

이 장은 **생성적 대립망**Generative Adversary Network, GAN의 개념을 이해하는 데 도움이 될 것이다. 기본적인 개념을 이해하기 위해서, 우리는 색다른 예를 사용하려고 한다. 좋은 소식과 나쁜 소식이 있다고 가정해 보자. 좋은 소식은, 오늘밤 우리 동네에서 비밀 파티가 있다는 것이다. 나쁜 소식은 이 파티에 들어가는 것이 제한되어 있다는 것이다. 운 좋게도, 나는 당신에게 입장권을 줄 수 있는 속임수를 가지고 있다.

입장권은 어떻게 얻을까? 답은 간단하다. 가짜를 만들어 줄 것이다. 하지만, 경비원들은 아마도 이것이 가짜 출입증이라는 것을 인식할 것이다. 그럼 나한테 돌아와서 엉망진창인 출입증 때문이라고 날 질책할 것이다. 그럼 또 하나 만들어줄 것이다. 이번엔 경비원의 피드백에 근거할 것이다. 만약 경비원들이 여전히 이것이 가짜라는 것을 인식할 수 있다면, 나는 당신이 경비원들로부터 받는 피드백을 토대로 계속해서 입장권을 만들 것이다. 일정 기간이 지나면, 나는 원래의 입장권의 정확한 복제품을 만들 수 있을 것이라고 보장한다.

이 장에서는 다음 주제에 대해 설명하겠다.

- GAN은 무엇인가?
- GAN은 어떻게 작동하는가?
- GAN은 어디에 사용될 수 있는가?
- 어떻게 하면 GAN을 구현할 수 있을까?

우리는 GAN의 일반적인 소개로 시작해서 GAN의 1D와 2D 변형을 구현함으로써 기술의 개념에 대해 배울 것이다.

GAN의 실질적인 구현을 위해, 우리는 GitHub 저장소(https://github.com/PacktPublishing/Hands-on-Artificial-Intelligence-with-TensorFlow-Book/tree/master/Chapter_7)에서 이 장의 코드를 다운로드해야 한다. 이 링크는 코드의 디렉토리로 바로 연결해 줄 것이다. 이 코드 조각들을 실행하기 위해서 당신의 컴퓨터에 파이썬과 텐서플로우가 설치되어 있어야 할 것이다.

GAN

앞의 예는 GAN의 전형적인 경우다. 이것은 가짜 데이터 **생성기**(나, 예에서), 가짜 데이터(가짜 입장권), 진품 데이터(실제 입장권), **판별기**(경비원)를 갖춘 논리적인 아키텍처다. GAN의 아키텍처가 어떻게 생겼는지 보자.

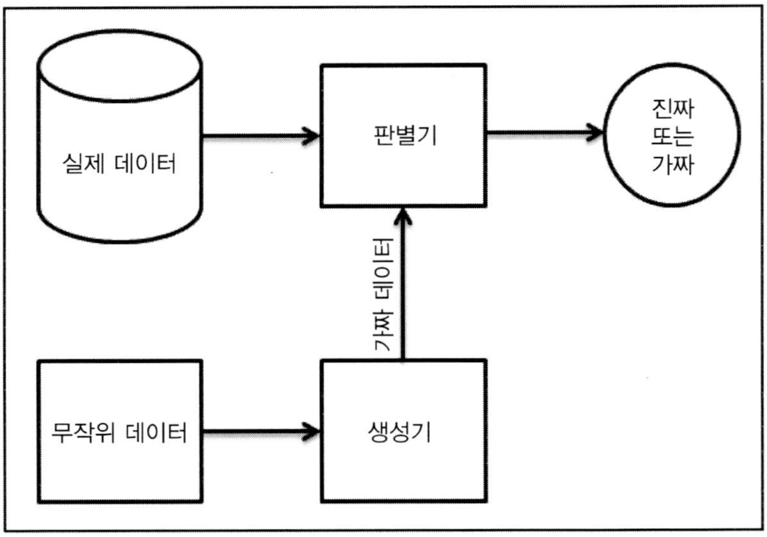

GAN는 2014년 Goodfellow 등이 고안한 생성 모델이다. GAN 설정은 이 게임의 틀 안에 있는 개별 신경망(대부분의 경우)으로 표현되는 두 개의 다른 미분가능 함수로 구성된다. 두 선수(생성기와 판별기)는 이 틀 안에서 서로 다른 역할을 한다.

생성기는 확률 분포에서 나오는 데이터를 생성하려고 한다. 이것은 (앞의 예시의 우화를 계속하자면) 파티 티켓을 복제하려는 것이다.

판별기는 판사의 역할을 한다. 그것은 입력이 생성기에서 나오는 것인지 아니면 실제 훈련 세트에서 나오는 것인지 결정한다. 이들은 당신의 디자인에서 결점을 찾기 위해 가짜 티켓과 진짜 티켓을 비교하는 파티의 경비원들이다.

요컨대 게임은 다음과 같다.

- 생성기는 판별기가 자신의 입력을 진품으로 착각하게 할 확률을 극대화하려고 노력한다.
- 판별기는 생성기가 보다 실제 같은 이미지를 생성하도록 유도한다.

완벽한 평형상태에서는, 생성기는 일반적인 훈련 데이터의 분포를 포착할 것이다. 결과적으로, 판별기는 항상 입력이 진짜인지 아닌지 확실하지 않을 것이다.

지금까지, GAN은 주로 자연 이미지 모델링에 적용되어 왔다. 이들은 현재 최대 우도 훈련 목표를 기반으로 한 다른 선도적인 생성 기법을 사용하여 훈련된 이미지보다 훨씬 더 선명한 이미지를 생성하는 등 이미지 생성 작업에서 우수한 결과를 내고 있다. 다음은 GAN이 생성한 필기 숫자 이미지의 몇 가지 예다.

GAN은 다음 이미지와 같이 광도intensity 이미지(흑백 이미지)를 컬러 이미지로 변환하는 데도 사용할 수 있다.

이러한 예들은 GAN의 사용 사례와 그들이 나타내는 힘을 보여 준다. 다음 절에서는 1D 데이터 생성을 위한 간단한 GAN 구현에 대해 설명한다. 모든 네트워크를 구현하기 위해 텐서플로우를 사용할 것이다. 이 장 후반부에서 우리는 GAN의 보다 직관적인 응용들을 보게 될 것이다. GAN이 어떻게 실제로 구현되는 지부터 살펴보자.

GAN의 구현

GAN의 기본 개념을 더욱 이해하기 위해, 우리는 먼저 1D 데이터 근사치를 위한 간단한 GAN 아키텍처를 구현할 것이다. 그러고 나서 이미지와 같은 2D 데이터에 대한 네트워크의 능력을 향상시키는 쪽으로 나아갈 것이다. 이 예에서, 우리는 GAN 아키텍처를 통해 가우스 분포를 맞추려고 노력할 것이다. 이 가우스 분포는 사용자가 정의한 평균 및 시그마 값을 가질 것이다. 우리는 평균값이 0이고 시그마 값이 1인 분포를 고려할 것이다.

다음과 같은 요소가 필요하다:

- 실제 데이터 생성기

- 생성기망을 위한 무작위 데이터(입력) 생성
- 선형 계층
- 가짜 데이터 생성을 위한 생성기 네트워크
- 가짜와 진짜 데이터 구분을 위한 판별기 네트워크
- 생성기와 판별기를 훈련시키기 위한 최적화기

선형 계층은 생성기와 판별기 모델을 만드는 데 사용될 것이다.

GAN을 생성하기 위한 작업 과정은 다음과 같다.

1. 먼저 판별기 네트워크가 실제 데이터는 어떻게 보이는지 학습하도록 분포 P_d 로부터 실제 데이터 샘플 x들을 생성하는 것부터 시작한다.
2. 균등 분포 P_z로부터 무작위 데이터 z를 생성한다. 이것은 생성기 네트워크 G 뿐만 아니라 판별기 D에 대한 입력이 된다. 이것으로부터 판별기는 가짜 데이터와 실제 데이터를 구별하는 것을 배울 것이다.
3. 우리는 D_1과 D_2 두 개의 판별기 네트워크를 만들 것이다. 하나는 실제 데이터를 다룰 것이고 다른 하나는 생성기에 의해 생성된 가짜 데이터를 다룰 것이다. 그 후, 우리는 두 네트워크를 결합 손실로 훈련시킬 것이다. 여기서 중요한 것은 두 네트워크가 동일한 매개변수를 공유한다는 것이다.
4. D_1과 D_2는 D의 복사본이다(동일한 매개변수를 공유하므로 $D_1(x) = D_2(x)$임). D_1에 대한 입력은 진짜 데이터 분포의 단일 샘플 ($x \sim P_d$)이므로, 판별기를 최적화할 때는 $D_1(x)$의 값을 최대화하기를 원한다. D_2는 입력 x'(G가 생성한 가짜 데이터)을 받아들이기 때문에 D를 최적화할 때 $D_2(x')$를 최소화하기를 원한다. D 함수는 $\log(D_1(x)) + \log(1 - D_2(G(z)))$로 표시될 수 있다.
5. 보다시피, 우리는 D_1과 D_2 두 개의 사본을 만들었다. 왜냐하면 텐서플로우에서는 입력 x를 처리하기 위한 D의 사본 하나와 입력 $G(z)$를 처리하기 위한 다른 사본이 필요하다. 계산 그래프의 동일한 부분은 다른 입력에 재사용할 수 없다. G를 최적화할 때, 우리는 (D를 성공적으로 속이기 위해) $D_2(x')$의 크기를 최대화하기를 원한다. G의 함수는 $\log(D_2(G(z)))$이다.

6. 일단 손실 함수를 정의하고 나면, 우리의 다음 과제는 우리의 네트워크가 기저의 분포를 배울 수 있도록 이 손실을 최적화하는 것이다. 최적화를 위해 적응형 모멘텀 알고리즘이 적용된 확률적 경사 하강 알고리즘을 사용할 것이다.

우리는 이제 우리의 첫 GAN 모델을 구현할 준비가 되었다. 우리는 텐서플로우 라이브러리를 사용하여 네트워크 그래프를 만들고 그것들을 훈련시킬 파이썬 파일을 만들 것이다. 우리는 또한 출력 시각화 뿐만 아니라 대수적 연산을 위한 몇 가지 지원 라이브러리를 사용할 것이다.

다음 라이브러리가 본 코드에 사용된다:

- NumPy: 행렬 대수 및 단순 숫자 계산의 경우
- TensorFlow: 네트워크 구축, 훈련 및 테스트의 경우
- Matplotlib :플롯을 그려 데이터를 시각화하기 위해

GAN_1D.py이라는 이름으로 파이썬 파일을 생성하고 앞에서 설명한 필수 패키지를 가져오는 것으로 시작할 것이다.

```
import numpy as np
import tensorflow as tf
import matplotlib.pyplot as plt
import os
os.environ["CUDA_VISIBLE_DEVICES"]="0"
```

CUDA 장치 변수를 설정하기 위한 import os가 있으며, 이는 보드에 GPU가 여러 개 있는 경우에만 해당된다. 다음 절에서는 무작위 번호 생성기를 초기화하여 NumPy와 텐서플로우에서 결과를 재현할 수 있도록 할 것이다.

```
seed = 42
np.random.seed(seed)
tf.set_random_seed(seed)
```

이제 이러한 기능을 구현하여 데이터를 생성한다.

실제 데이터 발생기

이 모듈은 평균 0과 시그마 값(표준 편차) 1의 실제 가우스 분포 데이터를 생성하는 데 도움이 될 것이다. 이 모듈은 다음과 같다.

```
def RealInput(N,mu=0,sigma=1):
    p = np.random.normal(mu,sigma,N)
    return np.sort(p)
```

이 클래스를 호출할 때마다 정의된 평균과 분산의 가우스 분포에서 샘플 포인트를 생성한다. 테스트해 보자.

```
# Create a main() function to call our defined method
def main():
    #We will generate a Gaussian distribution with 10000 points
    npoints = 10000
    #Let's call our real data generator
    x = RealInput(npoints)
    #Once we get the sample points we will calculate the histogram of the sample
    #space;
    #this is also known as the probability distribution function. It will require
    #a number of
    #bins in which we want to distribute our sample points.
    #We will evaluate our histogram for 100 bins in the range of -10 to 10
    nbins = 100
    nrange = 10
    #Linspace from numpy will help us to create linear spacing between the points
    bins = np.linspace(-nrange, nrange, nbins)
    #We will use numpy's histogram function for creating a PDF for the desired
    #bins
    pd, _ = np.histogram(x, bins=bins, density=True)
    p_x = np.linspace(-nrange, nrange, len(pd))
    #Following lines will help us out in the visualization of histogram
    plt.plot(p_x, pd, label='real data')
    plt.legend()
    plt.show()
```

이 작업이 완료되면, 우리는 main() 함수를 호출하고 다음 코드 라인을 사용하여 생성된 데이터 분포를 테스트할 것이다.

```
if __name__ == '__main__':
    main()
```

함수의 출력은 다음과 같이 보인다.

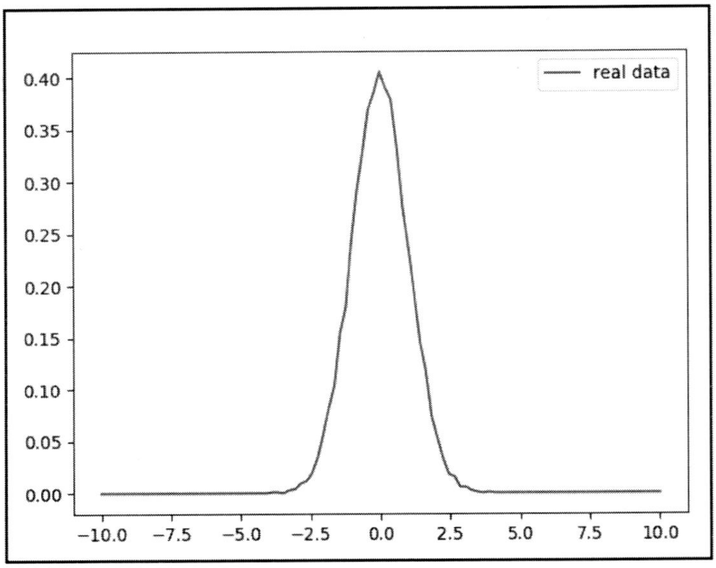

입력 데이터를 생성하였으니, 우리의 프레임워크에 무작위 데이터 생성기를 추가할 시간이다.

무작위 데이터 생성기

무작위 데이터 생성을 위해 코드에 다음 함수를 추가할 것이다. 이것은 균일한 분포로부터 샘플을 생성한다. 이러한 샘플은 다음과 같이 사용자 정의 범위에서 단순한 선형 간격을 사용하여 생성된다.

```
def RandomInput(nrange,N):
    return np.linspace(-nrange, nrange, N)+np.random.random(N)
```

앞의 함수에서 nrange는 샘플 포인트가 들어가 있기를 원하는 범위로 정의되고 N은 샘플 수를 나타낸다.

앞의 코드에서 볼 수 있듯이, 우리는 데이터에 약간의 무작위 노이즈를 추가했다. 이것은 우리 샘플에 약간의 변화를 주는 데 도움이 될 것이다. 이게 어떻게 작동하는지 지켜보자.

우리는 실제 샘플 생성에 사용한 것과 동일한 `main()` 파일에 수정을 하나 하여 사용할 것이다. 이 경우 실제 입력함수 라인을 `RandomInput()`으로 교체한다. 표본수(10,000개)와 빈수(100개)로 분포를 그리겠다.

잡음을 추가한 경우와 추가하지 않은 경우 샘플의 분포를 시각화해 보자. 이렇게 보여야 한다.

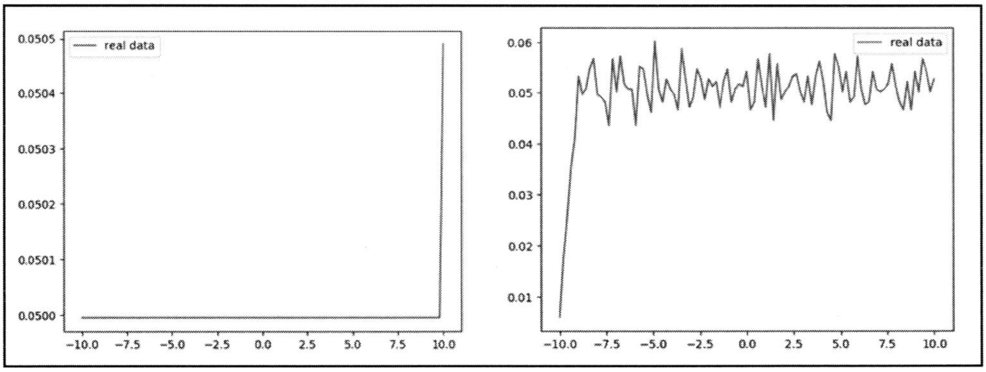

앞의 도표에서 볼 수 있듯이, 무작위 신호의 추가는 우리가 가변 샘플을 얻는 데 도움을 준다. 이런 종류의 샘플링은 **층화 추출법**stratified sampling으로도 알려져 있다. 일반적으로 전체 훈련 공간의 대표성을 높이기 위해 사용된다. 즉 변동성을 높인다. 두 신호를 모두 하나의 그림에 표시하면 다음과 같이 차이를 알 수 있다.

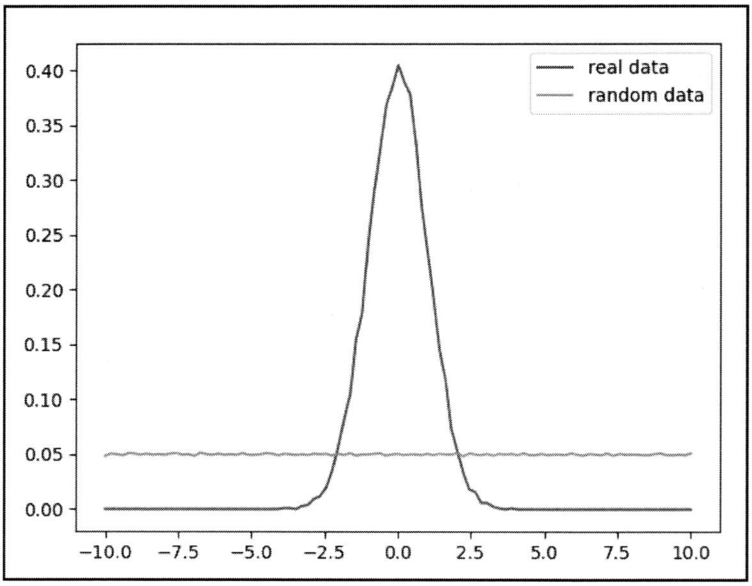

이제 두 개의 데이터 샘플 생성기를 가지고 있다. 우리 아키텍처의 다음 빌딩 블록은 선형층을 만드는 것이다.

선형층

생성기와 판별기는 단지 다층 퍼셉트론 모델에 지나지 않기 때문에(제4장 컴퓨터 비전 및 지능에서 퍼셉트론에 대해 논의하였다), 이들은 가중치와 편향을 선형적으로 조합하여 이루어진 층을 쌓아 놓았다. 생성기 또는 판별기 네트워크를 구현하기 전에, 우리는 단층 퍼셉트론에 대한 함수를 작성한 다음, 다음 계층을 결합하여 생성기 또는 판별기 아키텍처를 만들 것이다.

```
#The following function is an implementation of a Perceptron layer
def Layer(inp,out_dim,scope,stddev=1.0):

#This function will have the input sample INP;
#The user needs to mention the dimension of the output;
#STDDEV will be used to initialize the weight variable.
```

```
with tf.variable_scope(scope or 'Layer'):

 #First we will create a tensorflow variable for weights.
 #Its dimension will be calculated on the basis of INP and OUT_DIM
 #We will initialize the weights using a gaussian distribution
 w = tf.get_variable('w',
     [inp.get_shape()[1],out_dim],
                                initializer=
                                tf.random_normal_initializer(stddev=stddev))
       #Then we will create a tf variable for bias.
       b = tf.get_variable('b',[out_dim],
                               initializer=tf.constant_initializer(0.0))
       #Finally we will multiply thr weight matrix by the INP and add the bias Term.
       return tf.matmul(inp,w)+b
```

우리는 이제 여러 개의 선형 계층을 직렬로 연결하여 생성기 네트워크를 만들 것이다. 이러한 층을 단순히 하나씩 배치하여 이전 층의 출력이 다음 층의 입력이 되도록 할 것이다. 최적화(훈련) 시, 모든 계층에 대해 가중치와 편향 파라미터를 동시에 갱신한다.

생성기

우리의 생성기와 판별기 네트워크는 매우 간단하다. 생성기는 비선형성(소프트 플러스 함수)을 통과하는 선형 변환이며, 그 다음에 또 다른 선형 변환이 있다.

생성 모델은 입력 데이터와 라벨의 결합 확률, 즉 $P(x,y)$를 학습하려고 한다. 이것은 베이즈 규칙(https://en.wikipedia.org/wiki/Bayes%27_theorem)을 사용하여 분류를 위해 $P(y|x)$로 변환할 수 있다. 모델의 생성 능력은 가능한 새로운 (x, y) 표본을 생성하는 것과 같은 다른 목적으로도 사용될 수 있다.

다음 그림은 생성 모델의 내부 구조를 보여준다.

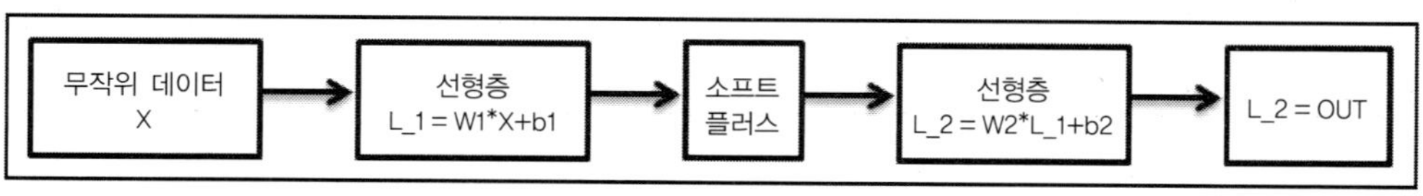

Generator()라는 이름의 다음 함수를 추가하여 생성기 모델을 만들 것이다.

```
#This is our fake sample generator
def Generator(inp,out_dim):

    #Input to this network are samples generated by RandomInput function.
    #This function will create a two layer generator model.
    #We will add a Linear layer, the output of which will
    #be to send a soft-plus function to create non-linearity
    L_0 = tf.nn.softplus(Layer(inp, out_dim, 'G_L_0'))
    #At the output end we will just add a linear layer without
    #any transformation function.
    out = Layer(L_0, 1,'G_L_1')
    return out
```

이제 우리의 아키텍처에 판별 네트워크를 추가할 시간이다.

판별기

우리의 판별기 모델은 분류기 모델이기 때문에 생성기 모델보다 더 많은 선형층을 가질 것이고, 그래서 생성기 모델보다 더 복잡하다. 4개의 선형층(데이터 세트의 복잡성에 따라 이렇게 계층 수를 설정할 수 있음)을 우리의 판별기에 추가한다. 변환 함수는 출력을 제외한 모든 계층에 대해 ReLU이다. 우리는 마지막 층에서 시그모이드 함수를 사용할 것이다.

판별기 모델은 입력 데이터(x)를 원하는 출력 클래스 라벨(y)에 매핑하는 함수를 배운다. 확률론적 용어로, 그들은 조건부 분포 $P(y|x)$를 직접 배운다.

다음 다이어그램은 판별기를 위해 우리가 만들 아키텍처를 보여준다.

생성기를 만드는 함수는 다음과 같다:

```
#Following function is implementation of discriminator
def Discriminator(inp,hlayer_dim):
    #INP is input to the function
    #HLAYER_DIM is number of weights required in the layer
    #This is our first linear layer with the ReLU transformation
    L_0 = tf.nn.relu(Layer(inp, hlayer_dim, 'D_L_0'))
    #Second layer
    L_1 = tf.nn.relu(Layer(L_0, hlayer_dim,'D_L_1'))
    #Third layer
    L_2 = tf.nn.relu(Layer(L_1, hlayer_dim,'D_L_2'))
    #Final layer of the network will have a Sigmoid transformation
    #we have used Sigmoid to limit our output in the range of 0 and 1
    out = tf.sigmoid(Layer(L_2, 1,'D_L_3'))
    #Finally function will return the output of the final layer
    return out
```

GAN 아키텍처의 개별 블록 생성은 마쳤다. 이제 이것들을 모두 결합해 보자.

GAN

우리가 이미 논의한 바와 같이, GAN 뒤에 있는 주요 아이디어는 두 개의 경쟁적인 신경망 모델을 갖는 것이다. 첫 번째 모델인 생성기는 잡음을 입력으로 간주하고 샘플을 생성한다. 다른 모델인 판별기는 생성기와 훈련 데이터에서 모두 샘플을 받고 두 소스를 구별할 수 있어야 한다.

이 두 네트워크는 연속적인 게임을 하는데, 생성기는 점점 더 사실적인 샘플을 생산하는 법을 배우고, 판별기는 생성된 데이터와 실제 데이터를 더 정확하게 구별하는 법을 배우고 있다. 이 두 네트워크는 경쟁이 생성된 샘플을 실제 데이터와 구별할 수 없게 만들 것이라는 희망으로 동시에 훈련된다.

GAN에 유의해야 할 중요한 것은 판별기에서 생성기 네트워크로 그레디언트 정보를 역전파할 수 있다는 것이다. 이는 생성기가 판별기를 속일 수 있는 출력 데이터를 생산하기 위해 매개변수를 조정하는 방법을 알고 있다는 것을 의미한다.

다음 다이어그램은 분포를 학습하는 데 사용할 전체 GAN 모델의 아키텍처를 보여준다.

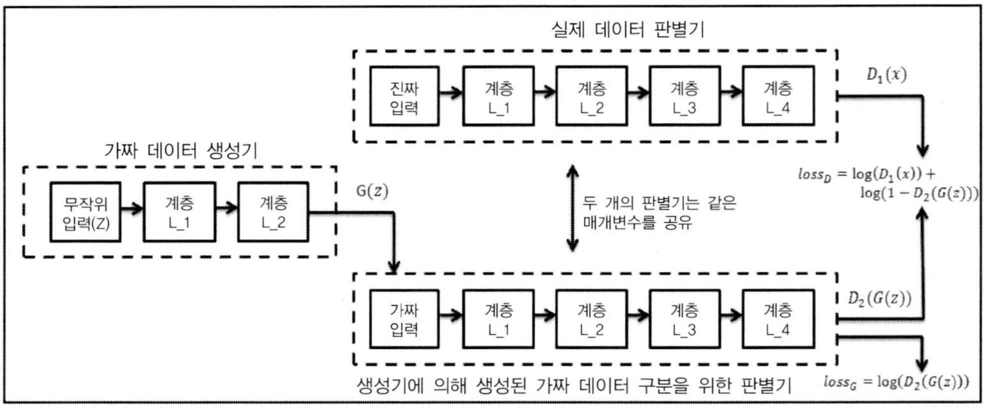

앞의 도표에서 볼 수 있듯이, 우리는 두 개의 판별기를 만들었고, 두 판별기는 동일한 매개변수를 공유한다. 우리는 텐서플로우의 프로그래밍 한계 때문에 이 두 개의 복사본을 만들었다. 우리는 동시에 다른 입력으로 동일한 네트워크를 단순히 재사용할 수 없다. 최적화를 하는 동안, 두 판별기가 공통적인 매개변수를 가지고 있기 때문에, 우리는 그것들을 함께 최적화할 것이다.

그런 다음 우리는 판별기뿐 아니라 생성기의 손실 계산에 판별기 D2의 출력을 사용한다. 이렇게 해서 생성기는 다음 반복에서 판별기가 보기에 실제같이 보이는 샘플을 더 많이 생성하는 방법을 배운다.

우리는 다음 함수를 사용하여 이러한 개념을 구현할 것이다.

```
#The following is the class written to create a GAN
class GAN():
    #We will write a class for GAN for simplicity
    #in variable management
    #You can also write a simple function for the task.
    #Currently we will put a default batch size of 8 samples.
    def __init__(self,inp_size=8):
        #We will create two place holders to store Real samples
        #and random samples with the input size defined by the user.
        self.z = tf.placeholder(tf.float32, shape=(inp_size, 1))
```

```
self.x = tf.placeholder(tf.float32, shape=(inp_size, 1))
#Whenever we are working with a generator,
#we want all the parameters to
#have same prefix 'G' so that we can identify them.
with tf.variable_scope('G'):
    #Here we will create our Generator with the number of
    #hidden weights defined by user.
    self.G = Generator(self.z, 4)
#Whenever we are working with a discriminator,
#we want all the parameters, have same prefix 'D'
#so that we can identify them.
with tf.variable_scope('D'):
    #Here we will create our Discriminator 1 with number of
    #hidden weights defined by user,
    #it will handle the real data samples.
    self.D_1 = Discriminator(self.x, 4)
#Here we will set flag reuse=True, it will help us to use same
#parameters from Discriminator 1
with tf.variable_scope('D',reuse=True):
    #Here we will create our Discriminator 2
    #with number of hidden weights
    #defined by user, it will handle the
    #output of generator(Fake data).
    self.D_2 = Discriminator(self.G, 4)
#Once we got outputs from both the discriminator we will use loss,
#function for checking the performance of our classifiers
#First we will check combined performance to update Discriminator.
self.loss_d = tf.reduce_mean(-log(self.D_1)-log(1-self.D_2))
#Then we will measure the loss for Generator optimization.
self.loss_g = tf.reduce_mean(-log(self.D_2))
#Here we will create a list of all
#trainable parameters from discriminator
#as well as generator
var = tf.trainable_variables()
#Here is the reason we have defined different variable scopes,
#for generator and discriminator, we will separate the
#parameters of both the networks to optimize them individually
self.d_params = [v for v in var if v.name.startswith('D/')]
self.g_params = [v for v in var if v.name.startswith('G/')]
#Here our optimization will take place
```

```
        self.opt_d = optimizer(self.loss_d, self.d_params)
        self.opt_g = optimizer(self.loss_g, self.g_params)
```

우리는 손실 계산을 위해 **로그 손실**을 사용해 왔다. 코드에 있는 텐서로 작업하고 있기 때문에 NumPy의 로그 함수는 사용할 수 없고, 따라서 간단한 함수를 작성하여 텐서의 로그값을 얻을 필요가 있다. 이것은 다음과 같이 쓸 수 있다.

```
#This function will return logarithmic of tensor
def log(x):
    #We will use tensorflow's log function for our task
    return tf.log(tf.maximum(x,1e-5))
```

GAN 클래스를 보여주는 이전의 코드 조각들을 돌아보면, 우리는 함수의 마지막 두 줄에 optimizer 함수를 이용했다. 이 최적기는 실제로 우리의 마지막 빌딩 블록이다. 그것은 네트워크의 가중치를 조정하여 두 네트워크가 가능한 한 가장 낮은 손실을 달성할 수 있도록 돕는다.

우리는 네트워크를 최적화하기 위해 확률적 경사 하강법[SGD]을 사용할 것이다. 또한 SGD 알고리즘을 위한 최적의 하이퍼 파라미터에 대해 걱정할 필요가 없도록 적응 모멘텀 방법을 사용할 것이다.

```
#Following is the function for optimizers
from tensorflow.train import AdamOptimizer
def optimizer(loss,var_list):
    #We will use initial learning rate as lr
    lr = 0.001
    #Update the weights after each iteration
    step = tf.Variable(0, trainable=False)
    #We will use adaptive momentum to tune the weights
    #It will change the learning rate according to speed
    #of convergence of the loss function.
    optimizer = AdamOptimizer(learning_rate=lr).minimize(loss,
                                                         global_step=step,
                                                         var_list=var_list)
    return optimizer
```

다 되었다. 우리는 모든 빌딩 블록을 결합하여 이제 작동하는 GAN 아키텍처를 갖게 되었다. 하지만, 몇 가지 질문에 답해야 할 필요가 있다. 작동하는 아키텍처는? 어떻게 테스트하지? 모델을 어떻게 훈련시키는가? 작동하는지 아닌지 어떻게 알지?

침착하게 GAN 훈련시키기

이제 우리는 가우스 분포에 대해 배울 수 있도록 우리의 첫 GAN 모델을 훈련시킬 수 있다. 다음 단계를 사용하여 훈련 모듈을 작성할 것이다.

1. 네트워크 훈련을 위한 샘플 크기(배치 크기)를 정의한다. 배치 크기는 한 번의 반복에서 네트워크에 전달되는 훈련 샘플 수이다.
2. 텐서플로우 세션을 생성하고 모든 지역 및 전역 변수를 초기화한다.
3. 각각 가우스 분포 및 균등 분포에서 매번 반복할 때마다 실제 및 무작위 샘플을 생성한다.
4. 실제 및 가짜 데이터 포인트의 결합 손실을 사용하여 판별기의 가중치를 최적화한다.
5. 판별기 2는 생성기에 의해 생성된 가짜 데이터를 처리하기 때문에 판별기 2에 의해 발생한 손실을 사용하여 생성기에 대한 가중치를 최적화한다.
6. 이 절차를 정의된 횟수만큼 반복한다.

이제 이 모든 것들을 우리를 위해 할 수 있는 함수를 추가해 보자. 그러나 그러기 전에 GAN 클래스의 객체를 만들어 훈련 모듈에 전달할 필요가 있다. 이것은 다음과 같이 작성할 수 있다.

```
#Create a main() function to call our defined method
def main():
    #Create object of GAN class
    model = GAN()
    #Train out networks for 5000 iteration
    train(model, 5000)
```

다음은 모델을 훈련하는 데 사용할 함수이다:

```
def train(model,steps):
    #Let's choose a sample size of 8 samples per batch
    N = 8
    #We will start with creating a tensorflow session
    with tf.Session() as sess:
        #Initialize all local and global variables
        tf.local_variables_initializer().run()
        tf.global_variables_initializer().run()
        #Start training for user defined number of iterations
        for step in range(steps):
            #Get real samples
            x = RealInput(N)
            #Get random samples
            z = RandomInput(N,N)
            #Start training for both the discriminators
            loss_d,_, = sess.run([model.loss_d,model.opt_d],
                                  {model.x: np.reshape(x, (N,1)),
                                   model.z: np.reshape(z, (N,1))})
            #Start training for Generator for random sample inputs
            z = RandomInput(N,N)
            loss_g,_, = sess.run([model.loss_g,model.opt_g],
                                  {model.z: np.reshape(z, (N,1))})
            #Here we will print the loss values for each iteration
            print('{}: {:.4f}\t{:.4f}'.format(step, loss_d, loss_g))
```

우리 모델의 훈련이 완료되면, 우리는 훈련된 생성기의 출력을 시각화할 필요가 있다. 이를 위해 생성기의 성능을 확인할 수 있는 함수를 작성해야 한다.

```
def visualize(npoints,session,model):
    #NPOINTS are the number of sample points
    #SESSION is tensorflow session
    #MODEL of Generator
    #Generate real samples for reference
    x = RealInput(npoints)
    #Generate Random samples to input the generator in range of -8 to 8
    z = RandomInput(8, npoints)
```

```
#We will process 8 points in one pass
batch_size = 8
#We will create a histogram with hundred bins in range of -8 to 8
nbins = 100
bins = np.linspace(-8, 8, nbins)
#First create the histogram for real data points
pd, _ = np.histogram(x, bins=bins, density=True)
#In following loop we will calculate generator's response
#for each batch of 8 points.
#Initialize a variable for store the response
g = np.zeros((npoints, 1))
#Following loop will run for number of batches
for i in range(npoints // batch_size):
    #Here we will calculate the response of G for each batch
    g[batch_size * i:batch_size * (i + 1)] = session.run(
        model.G,
        {
            model.z: np.reshape(
                z[batch_size * i:batch_size * (i + 1)],
                (batch_size, 1)
            )
        }
    )
#Once we got the response of G for all sample points
#create the histogram for generators output
pg, _ = np.histogram(g, bins=bins, density=True)
#Following lines will plot the Real distribution and fake
#distribution on the same plot.
p_x = np.linspace(-8, 8, len(pd))
f, ax = plt.subplots(1)
ax.set_ylim(0, 1)
plt.plot(p_x, pd, label='real data')
plt.plot(p_x, pg, label='generated data')
plt.title('1D Generative Adversarial Network')
plt.xlabel('Data values')
plt.ylabel('Probability density')
plt.legend()
plt.show()
```

이제 생성기가 5,000번의 반복에 대해 훈련된 후 무작위 데이터 세트를 어떻게 처리하는지 보자. 우리는 선형 간격 입력 데이터 집합을 교란하기 위해 1%의 무작위 노이즈를 선택할 것이다.

우리는 생성기뿐만 아니라 판별기를 위한 네 개의 뉴런을 선택할 것이다. 훈련 후, 다음과 같이 생성기에서 생성된 데이터를 실제 데이터 분포와 비교하는 결과를 얻는다.

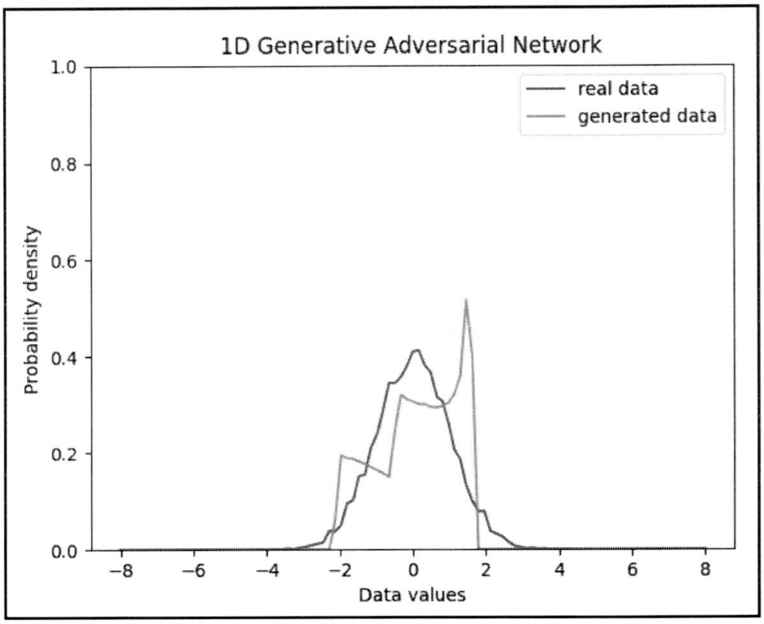

생성기에 대한 우리의 입력은 거의 직선이었고 우리는 앞서 나온 결과를 얻었는데, 이것은 우리의 판별기와 생성기가 꽤 잘 배우고 있다는 것을 분명히 보여준다. 비록 우리는 (단 두 개의 층으로 이루어진) 매우 작은 생성기 네트워크를 가지고 있지만, 결과는 희망적이다. 우리는 올바른 방향으로 가고 있다고 결론지을 수 있다.

몇 개의 계층을 사용하여 매우 적은 점(단 8개)을 사용하여 1D 신호 분포를 재생하는 간단한 GAN 아키텍처를 만드는 방법을 배웠다. 이제, 우리는 2D 샘플에 대한 분포를 배우기 위해 GAN 아키텍처의 힘을 향상시키는 작업을 할 수 있다.

다음 절에서는 이미지 샘플을 재현하기 위한 GAN을 구축할 것이다.

2차원 데이터 생성을 위한 GAN

앞으로 진행하기 위해, 가짜 티켓 생성의 예를 다시 들어보자. 우리는 아직도 응용을 만드는 데 전혀 가까이 있지 않다. 당신은 GAN를 사용하여 그러한 데이터를 생성하는 것이 정말로 가능한지 궁금할 것이다. 나는 당신이 이런 의심을 가지고 있다고 비난하지 않을 것이다; 기계학습 분야는 처음에는 꽤 강한 약속을 했지만, 실용적인 응용에 있어서는 그것들을 지키지 못했다.

이 절에서, 우리의 GAN 아키텍처가 실제와 같은 가짜 이미지를 생성하도록 작업해 나갈 것이다. 이렇게 하면 우리가 파티에 참석할 수 있게 그 파티 티켓을 생성하도록 이끌 수 있다. 시작하자.

앞 절에서는, 기본 생성기 및 판별기 모델의 도움을 받아 1D 데이터를 성공적으로 생성했다. 이제 GAN의 좀 더 복잡한 측면으로 나아가야 할 때다. 이 절에서는 이미지 등 보다 복잡한 데이터 생성을 위한 GAN의 구현에 대해 설명하기로 한다.

우리는 손으로 쓴 숫자를 생성하기 위한 매우 기본적인 GAN 아키텍처로 시작할 것이다. 이 데이터 세트는 원래 실험 목적으로 만들어졌지만, 후에 기계학습 알고리즘의 벤치마크 테스트가 되었다. 그 이유는 꽤 명백하다. 이 데이터 세트는 훈련과 시험 세트를 합친 약 60,000개의 샘플을 가지고 있다. 거대한 범위의 변수가 있으며, 가장 중요한 것은 표본 크기가 매우 크다. 그것은 28×28 픽셀 크기의 샘플 이미지를 가지고 있기 때문에, 누구든지 어떤 종류의 기계학습 모델을 매우 기본적인 컴퓨터에서 훈련시킬 수 있다. 이 때문에 숫자 인식 문제부터 논의를 시작하겠다.

MNIST 숫자 데이터 세트

이 데이터는 분류 프레임워크의 성능을 확인하는 데 주로 사용되어 왔기 때문에 이미지 인식 프레임워크 벤치마킹에 널리 사용되어 왔다. 이미지 인식 문제에 적합한 샘플 크기(28×28)를 가지고 있다. 이 데이터 세트는 http://yann.lecun.com/exdb/mnist/에서 찾을 수 있다.

다음 이미지는 데이터 세트의 일부 이미지를 보여준다.

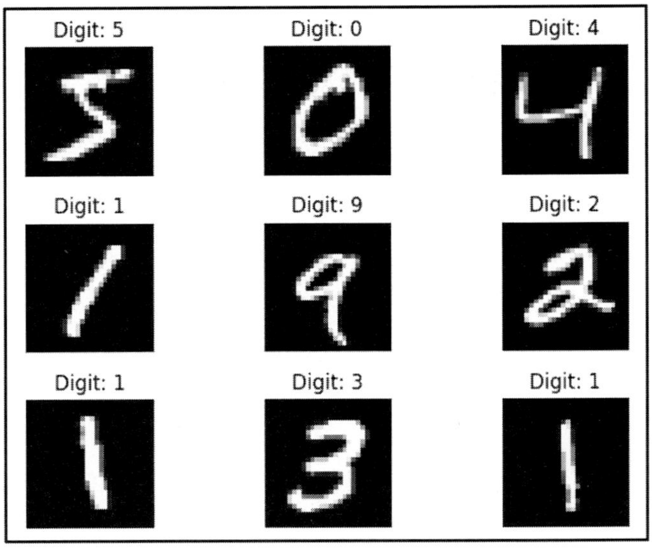

우리는 입력 노이즈 신호로부터 이러한 이미지를 재현하기 위해 GAN 모델을 구현할 것이다. 네트워크를 구현하기 전에 이전 아키텍처에 어떤 문제가 발생하는지 살펴보자.

- 이 데이터 세트에는 2D 이미지 샘플이 포함되어 있다.
- 표본 크기가 상당히 크기 때문에(784 픽셀), 기본 네트워크로는 처리하기 어렵다.
- 이것은 이미지 데이터이기 때문에 일반 신경망으로는 처리하기 매우 어려운 동변적 가변성translational variability이 존재할 것이다.

이러한 문제를 해결하기 위해 우리는 GAN 설계자에게 몇 가지 심각한 변화를 줄 필요가 있다. 이번에 우리는 **DCGAN 아키텍처**로도 알려진 심층 컨볼루션 GAN을 사용할 것이다. 우리는 제4장 컴퓨터 비전 및 지능에서 이미지 분류/인식을 위한 컨볼루션 신경망(CNN)의 능력을 보았기 때문에, CNN은 이미지를 가지고 작업할 수 있는 명백한 선택이다. 이제 우리의 첫 번째 DCGAN을 구현할 시간이다.

DCGAN

우리가 이미 논의한 바와 같이 CNN은 공간적 맥락 학습(가중치 공유 등) 때문에 일반 신경망보다 이미지 데이터를 훨씬 더 잘 다룰 수 있다. 우리는 이미지 재구성 관련 작업을 위한 DCGAN을 만들기 위해 이러한 동일한 기본 요소를 통합하려고 노력할 것이다. GAN 모델의 아키텍처는 1D 데이터 생성에서 사용한 것과 유사할 것이며 다음과 같이 보일 것이다.

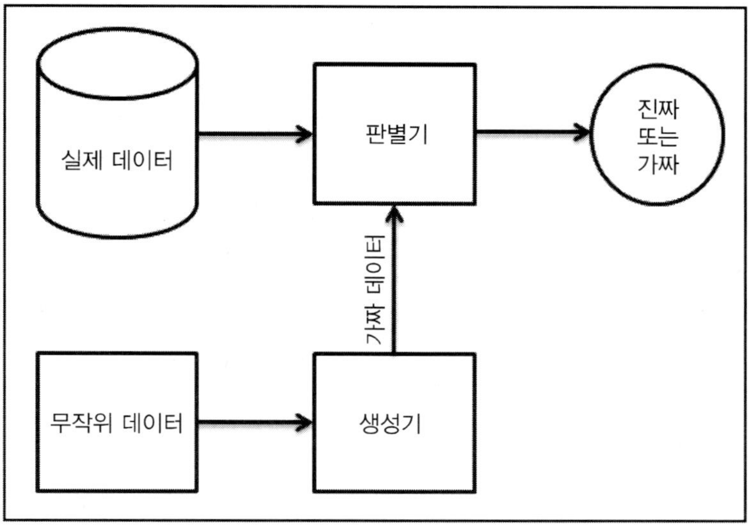

주요 구조적 변화는 생성기와 판별기 네트워크에서 발생할 것이다. 우리는 (양쪽 네트워크에서) 일반 선형층을 컨볼루션 층으로 교체할 것이며, 여기서 우리는 공유된 가중치와 편향을 사용할 것이다.

DCGAN 모델을 훈련시키는 절차는 앞에서 논의한 것과 같을 것이다. 실제 데이터로 판별기를 훈련하고 실제 데이터와 생성기가 생성한 가짜 데이터 모두에 대해 시험해 보겠다. 그런 다음 우리는 판별기와 생성기의 가중치를 최적화하기 위해 판별기에 의해 발생한 오차(로그 손실)를 피드백으로 사용할 것이다.

이미 논의한 바와 같이 우리의 판별기는 입력이 진짜인지 가짜인지 분류하기 위한 이진 분류 네트워크에 지나지 않는다. 그러므로 우리 판별기들의 구조는 전형적인 CNN 모델과 비슷할 것이다.

판별기

우리의 모델은 활성화 함수와 하나의 풀링 층을 가진 몇 세트의 (다른 수의 필터를 가진) 컨볼루션층을 가질 것이다. 네트워크의 끝에는, 클래스 확률을 얻기 위한 시그모이드 층이 있을 것이다. 다음 다이어그램은 CNN 분류 네트워크의 아키텍처를 보여준다.

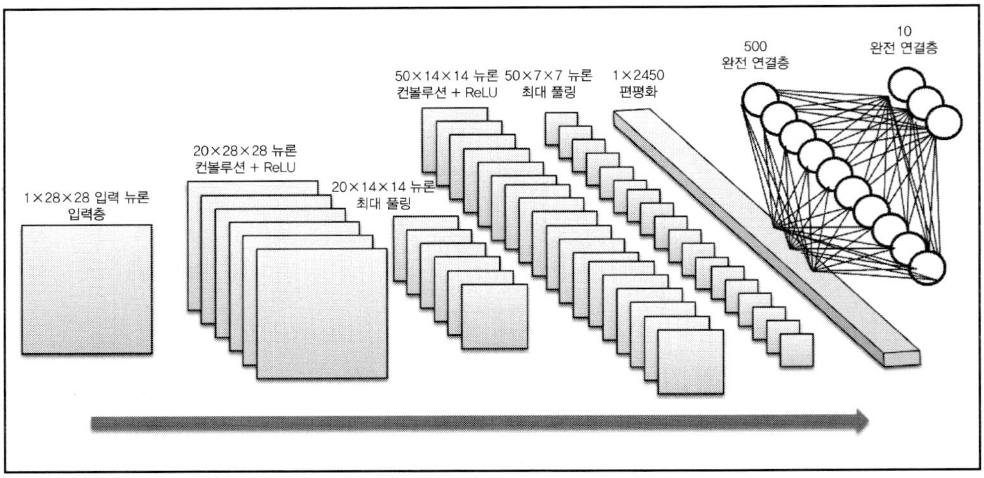

앞의 도표에서 볼 수 있듯이, 제4장 컴퓨터 비전 및 지능에서 본 것과 같은 종류의 아키텍처이다. 단일 채널 이미지로 입력을 시작한다. 각 서브 세트(컨볼루션 층, 활성화 및 풀링)에서 필터 수를 늘린다. 마지막 층에는 납작하고 밀집된 층이 있다.

우선 파이썬에서 우리의 판별기 모델을 구현하는 것부터 시작하자. 우리는 `GAN_MNIST.py`이라는 파이썬 파일을 만들고 이 문제에 대한 모든 클래스와 기능을 하나의 파일에 넣을 것이다.

우리는 텐서플로우의 핵심 함수들을 이용하여 컨볼루션 및 최대 풀링 층을 만들되, 자체적인 활성화 층을 구현할 것이다. 이것은 보통의 **ReLU**를 사용하고 싶지 않기 때문이다. 우리는 ReLU 대신 다른 변형인 Leaky ReLU를 사용할 것이다. 왜냐하면 ReLU는 항상 음이 아닌(>= 0)의 산출물을 생성하기 때문에 훈련 중에 연약해지고 높은 학습률에 대처할 수 없기 때문이다.

다음 도표는 두 가지 방법의 차이를 보여준다.

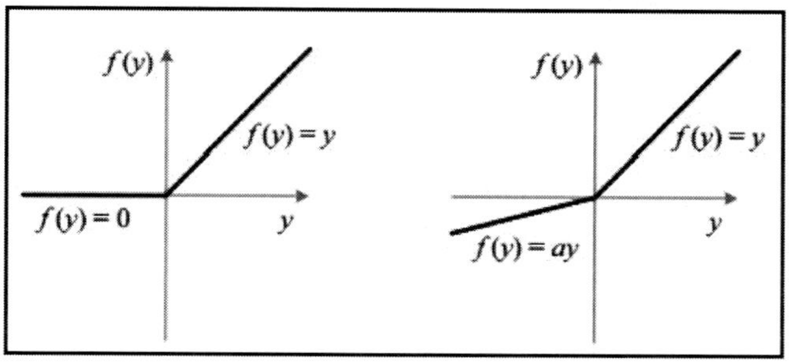

도표의 왼쪽은 보통의 ReLU를 나타내며, 여기서 함수 $f(y)$의 값은 0보다 작은 모든 값에 대해 0이다. 다이어그램의 오른쪽에는 음수 값이 있다. 여기서, 우리는 음수의 한계에 대해 결정할 필요가 있다. 우리는 그 값에 계수를 곱해서 이것을 성취할 것이다. leaky ReLU에 대한 방정식은 다음과 같다.

$$f(\alpha, x) = \begin{cases} \alpha x & \text{for} \quad x < 0 \\ x & \text{for} \quad x \geq 0 \end{cases} \quad [1]$$

그래서 판별기을 구현하기 전에 Leaky ReLU 활성화를 위한 작은 함수를 구현할 것이다. 코드 조각은 다음과 같다.

```
#Following function is for leaky-ReLU
def LeakyRelu(x,alpha=0.2):
    #X: is input tensor
    #ALPHA: is leaky value
    #We need to just multiply the alpha value to input tensor
    value = tf.multiply(x, alpha)
    #Return the maximum of two values
    return tf.maximum(x, value)
```

이제 판별기 망을 위한 함수를 구현할 준비가 되었다. 우리가 이미 논의한 바와 같이, 그것은 컨볼루션 층과 ReLU를 포함하는 세트를 여러 개 가진 CNN이 될 것이다. 우리는 여기서 풀링 층을 사용하지 않을 것이다. 대신에 우리는 스트라이드 컨볼루션을 사용할 것이다. 이렇게 하면 입력 이미지의 크기를 줄일 수 있다.

다음은 판별기 네트워크의 코드 조각이다.

```
def Discriminator(img_in, reuse=None, prob=keep_prob,ksize = 5):
    #IMG_IN: is input image tensor.
    #REUSE: is for reusing same variables, as we need to create-
    #two copies of discriminator network it will necessary to define.
    #PROB: is drop-out probability.
    #KSIZE: is convolution kernel size we will choose 5X5 this time.
    #We will start with defining activation function for our model
    activation = LeakyRelu
    #We will set the variable scope for the discriminator network.
    with tf.variable_scope("discriminator", reuse=reuse):
        #We will start reshaping our input data into 1X28X28 from 28X28X1
        x = tf.reshape(img_in, shape=[-1, 28, 28, 1])
        #Here we will add first Convolution + ReLU with 64 filters,
        #kernel size will be 5X5 and a stride of 2,
        #it will reduce the size of image by half of its original size.
        #we will use 'same' padding which will retain the size after
        #convolution
        x = tf.layers.conv2d(x,kernel_size=ksize, filters=64, strides=2,
                    padding='same', activation=activation)
        #Now add some drop-out to the next layer
        #It will randomly remove some neurons from the training in each
        #epoch
        x = tf.layers.dropout(x, prob)
        #It will be our second Conv+ReLU again with the same configuration
        #as first
        #here we will not use strides so size of image will not reduce
        x = tf.layers.conv2d(x,kernel_size=ksize, filters=64, strides=1,
                             padding='same', activation=activation)
        #Again add some drop-outs
        x = tf.layers.dropout(x, prob)
        #This is our third Conv+ReLU with same configuration as previous
        #layer
```

```
    x = tf.layers.conv2d(x,kernel_size=ksize, filters=64, strides=1,
                         padding='same', activation=activation)
    #Some more drop-outs
    x = tf.layers.dropout(x, prob)
    #Now we will convert 2D data into 1D tensor.
    x = tf.contrib.layers.flatten(x)
    #Here we will implement first dens layer with 128 neurons
    x = tf.layers.dense(x,units=128, activation=activation)
    #It will be our second dens layer with 1 neuron as it is a binary
    #classifier, we will use sigmoid activation function here.
    x = tf.layers.dense(x,units=1, activation=tf.nn.sigmoid)
    #Return the model
    return x
```

우리의 아키텍처는 다음과 같다:

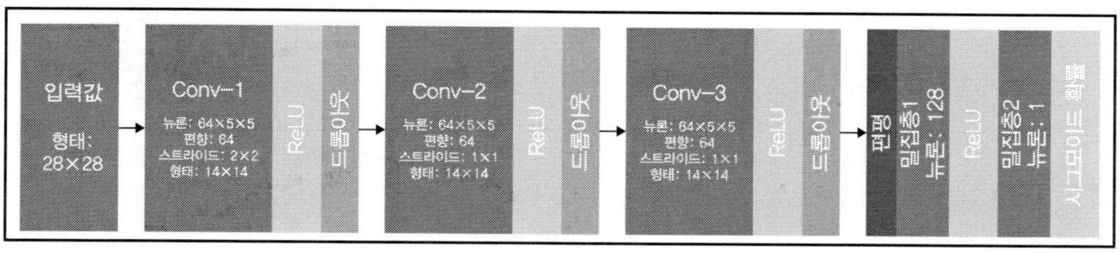

우리 아키텍처에 대해 좀 이야기해보자. 다음 작업이 수행된다:

1. 우리는 입력 계층으로 시작할 것이고, 입력 크기는 28×28이다.
2. 컨볼루션 층에서는 각각 5×5 크기를 가진 64개의 필터를 사용할 것이며, 스트라이드 크기 2를 사용할 것이다. 즉, 컨볼루션 과정에서 필터가 픽셀 2개마다 컨볼루션 작업을 수행하게 된다. 따라서 전체 화소의 절반에 대해서만 화소 컨볼루션을 실시한다. 이것은 이미지의 크기를 절반으로 줄이며, 우리가 같은 패딩을 사용하고 있기 때문에 이미지의 크기에 어떠한 영향도 미치지 않을 것이다. 따라서 이미지 텐서의 출력 크기는 14×14×64가 될 것이다. 여기에 Leaky ReLU를 적용하고, 그 다음에 드롭아웃 계층을 붙일 것이다. 드롭아웃 확률은 20%로, 현 에포크에서 훈련 과정 중 픽셀의 20%가 임의로 떨어지게 된다. 드롭아웃은 모든 에포크에서 특징을 학습하기 위해 뉴런을 제한(제거)

하여 네트워크의 중복성을 방지한다.

3. 두 번째 컨볼루션 층에서는 보폭 크기를 제외하고 이전 계층과 동일한 구성을 사용할 것이다. 여기서는 보폭을 1로 하여 이미지 텐서의 크기에 변화가 없을 것이다. 이는 출력 텐서 크기가 14×14×64가 된다는 것을 의미한다. 또한번 우리는 이전 계층과 동일한 활성화 및 드롭아웃 확률을 사용할 것이다.
4. 세 번째 컨볼루션 계층은 이전 계층의 정확한 복제 계층이므로, 하이퍼 파라미터에는 변화가 없으며, 출력 텐서 크기는 14×14×64에 머무르고 영향을 받지 않는 상태로 유지된다.
5. 우리는 이제 편평한 층을 사용하여 14×14×64 크기의 입력을 12,544까지 평탄하게 할 것이다. 이것은 우리가 완전히 연결된 밀집된 층을 만드는 데 도움이 된다. 여기에는 훈련 가능한 매개변수가 사용되지 않는다.
6. 첫 번째 밀집층은 128개의 뉴런으로 이루어져 있다. 그것은 완전히 연결된 층으로 각 뉴런은 각 입력 요소에 연결될 것이다. 우리는 Leaky ReLU를 다시 사용할 것이다. 여기서는 드롭아웃이 사용되지 않는다.
7. 마지막으로, 우리는 하나의 뉴런만 있는 최종 밀집층 또는 출력층을 사용할 것이다. 시그모이드 활성화 함수를 가지고 있어서 0과 1 사이의 출력 확률을 생성한다. 이상적으로는 실제 입력 샘플의 경우 1에 가깝고, 생성기 네트워크에서 생성된 샘플의 경우 0에 가까워야 한다.

이제 생성기 네트워크에 대해 이야기할 시간이다.

생성기

우리의 생성기 네트워크를 설계하기 위해, 우리는 본질적으로 판별기에 사용되는 네트워크와 반대되는 컨볼루션 네트워크를 사용할 것이다. 우리는 먼저 밀집 층에 대한 몇 개의 무작위 입력 샘플들로 시작하고, 이 무작위 순차열을 전치 컨볼루션을 이용하여 디지털 이미지로 재구성해 볼 것이다.

이러한 종류의 네트워크는 **디코더 네트워크**로도 알려져 있으며, CNN에서 픽셀 기반의 예측(**분할**)에 널리 사용되고 있다. 디코더와 생성기의 차이점은 디코더가 인코더로부터 그 입력을 받는다는 것인데, 그것은 다시 우리의 판별기와 같은 컨볼루션 네트워크다.

반면에 우리의 생성기는 인코더를 가지고 있지 않다; 대신에, 그것은 무작위 입력 샘플을 이미지로 재구성하려고 한다. 우리는 디코더 네트워크에서 생성기의 아키텍처를 조정할 것이다.

다음 다이어그램은 디코더의 일반적인 아키텍처를 보여준다.

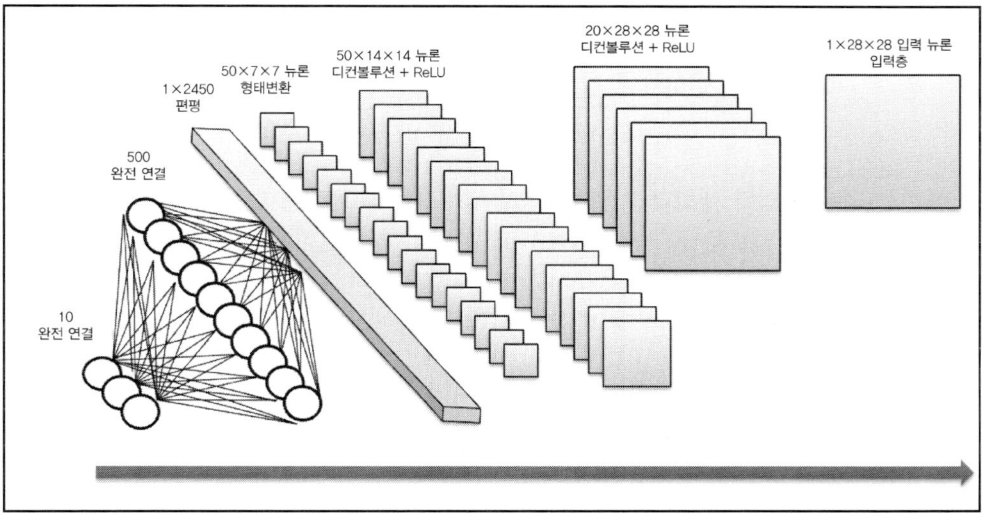

앞의 다이어그램은 전형적인 디코더 모델을 보여주고 있는데, 이 모델은 우리가 컨볼루션 층에 완전히 연결되어 있는 밀집층으로 시작한다. 그러나 이러한 컨볼루션 층은 전치 컨볼루션 층이나 디컨볼루션 층과 같은 종류다. 우리는 이것에 대해 다음 절에서 이야기할 것이다.

전치 컨볼루션(Transposed convolution, TC)

일부 문헌에서는 **디컨볼루션**이라고도 한다. TC는 컨볼루션 계층과 유사한 작동을 가지지만 출력 측면에서는 다르다. 먼저, 컨볼루션이 어떻게 일어나는지 보자.

이것을 이해하기 위해 간단한 예를 들어보자. 우리가 4×4 행렬을 가지고 있고 3×3 커널, 패딩없이 보폭stride이 1인 컨볼루션 연산을 적용한다고 가정하자. 다음 도표와 같이 출력은 2×2 행렬이 된다.

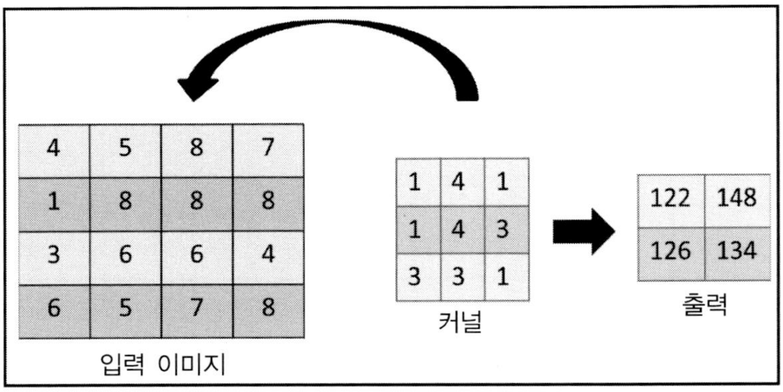

컨볼루션 연산은 입력 행렬과 커널 행렬 사이의 요소별 곱셈의 합계를 계산한다. 패딩도 없고 보폭도 1이니까 이 연산을 4번만 행한다. 따라서 출력 행렬은 2×2이다.

이제 이 연산을 바라보는 시각을 바꿔보자. 입력 이미지 위로 이러한 컨볼루션 커널 패스를 여러 번 수행하기를 원치 않는다고 가정해 보자. 그 경우, 우리는 이 컨볼루션 연산을 단순한 행렬 곱셈 연산으로 전환할 수 있다. 이를 위해 컨볼루션 연산을 면밀히 관찰할 필요가 있다. 앞에서 논한 컨볼루션 예를 보자.

여기서는 패딩을 사용하지 않기 때문에, 커널이 이웃과 완전히 겹칠 수 없게 되고 따라서 우리의 컨볼루션은 첫 번째 이미지 좌표에서 시작되지 않을 것이다. 이 곳에서 다음 다섯 가지 작업이 수행될 것이다.

- 처음에 커널은 다음 도표에 표시된 박스 부분과 겹치게 되며, 곱셈의 합계의 결과는 출력 행렬의 첫 번째 요소가 될 것이다. 이 프로세스를 이해하기 위해, 2D 데카르트 좌표가 아닌 행렬 요소의 선형 인덱스를 사용하여 이 연산을 시각화해 보자.

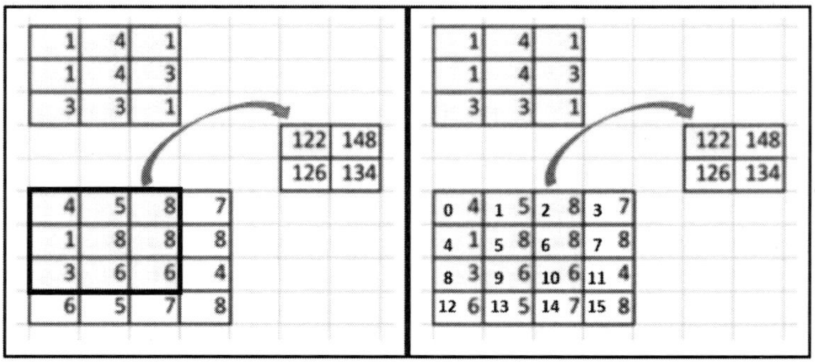

- 이제 이 첫 번째 연산을 행렬 곱셈 형식으로 변환하려면 두 행렬을 모두 1D 배열 형식으로 변환하면 된다. 커널 행렬을 16개 요소의 1D 배열로 변환하여 중복된 인덱스에서는 0이 아닌 값을 가지도록 하고, 그렇지 않으면 0이 되도록 한다. 이 경우 지수 3, 7, 11, 12, 13, 14, 15에서 0 값을 가진다. 우리의 1D 배열은 다음과 같이 보일 것이다.

0	1	2	3	4	5	6	7	8	9	10	11	12	13	14	15
1	4	1	0	1	4	3	0	3	3	1	0	0	0	0	0

- 앞의 도표에서, 커널 값과 중복되는 모든 인덱스에 대한 커널 값을 가지고 있고, 겹치지 않는 인덱스에 대해서는 0을 가지고 있음을 알 수 있다. 이 배열을 입력 이미지로 곱하면 출력 행렬의 첫 번째 요소가 된다. 다음 도표는 첫 번째 요소의 곱셈 연산을 보여준다.

0	1	2	3	4	5	6	7	8	9	10	11	12	13	14	15
1	4	1	0	1	4	3	0	3	3	1	0	0	0	0	0
X	X	X	X	X	X	X	X	X	X	X	X	X	X	X	X
4	5	8	7	1	8	8	8	3	6	6	4	6	5	7	8
4	20	8	0	1	32	24	0	9	18	6	0	0	0	0	0
122															

- 마찬가지로 다른 모든 요소에 대해 이 곱셈을 수행할 수 있으며, 이 곱셈은 다른 세 가지 출력 값을 제공한다.

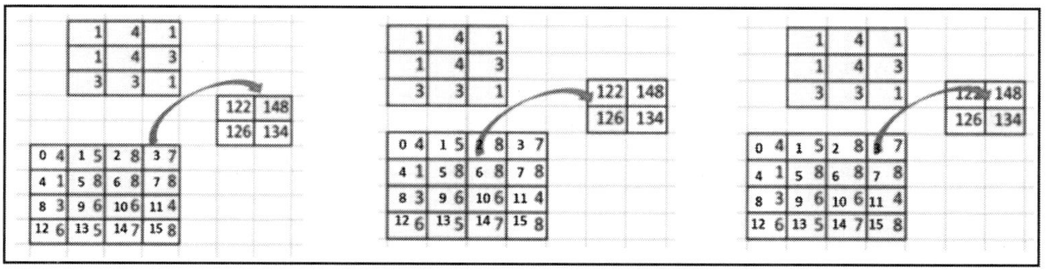

- 행렬의 곱셈 형태로는 다음과 같이 쓸 수 있다.

0	1	2	3	4	5	6	7	8	9	10	11	12	13	14	15
1	4	1	0	1	4	3	0	3	3	1	0	0	0	0	0
0	1	4	1	0	1	4	3	0	3	3	1	0	0	0	0
0	0	0	0	1	4	1	0	1	4	3	0	3	3	1	0
0	0	0	0	0	1	4	1	0	1	4	3	0	3	3	1

컨볼루션 커널: 4×16

$\otimes$

4	5	8	7	4	8	8	8	3	6	6	4	6	5	7	8

T

입력 이미지: 16×1

=

122	**148**	**126**	**134**

T

출력 이미지: 4×1

앞의 도표에서, 첨자 T는 행 벡터를 열 벡터로 전치함을 나타낸다. 보다시피, 4행 16열의 커널 행렬이 있는데, 이 행렬의 각 행은 16개의 입력과의 개별 곱셈을 보여준다. 행렬 대수학으로 보면, 우리는 4×16 크기의 커널 행렬과 16×1 크기의 입력 이미지를 가지고 있다. 두 행렬을 곱하면 4×1의 출력 행렬을 얻게 되는데, 이 행렬은 컨볼루션 연산과 유사한 값을 갖게 될 것이다.

그런데 우리가 논의했던 전치 컨볼루션 연산과 행렬 곱셈의 관계는 무엇인가? 간단한 행렬 곱셈을 사용하여 출력 이미지 크기를 어떻게 줄였는지를 알기 전까지는, 그 역과정을 이해하기가 매우 어렵다.

자, 이제 다른 방향으로 가고 싶다고 가정해 보자. 우리는 한 행렬에 있는 하나의 값을 다른 행렬에서 9개의 값에 연결하기를 원한다. **일-대-다**의 관계이다. 이것은 마치 컨볼루션 연산을 뒤집는 것과 같은 것이며, 이것이 전치 컨볼루션의 주요 아이디어이다.

2×2 행렬에서 4×4 행렬로 가고 싶다고 해보자. 이 경우, 우리는 16×4 행렬을 사용할 것이다. 여기에 더해 1대 9의 관계를 유지하고자 한다.

컨볼루션 행렬 C(4×16)를 C.T(16×4)로 전치한다고 가정하자. 우리는 행렬 C.T(16×4)와 열 벡터(4×1)을 행렬곱셈하여 (16×1)의 출력 벡터를 얻을 수 있다. 전치된 행렬은 출력에서 하나의 값을 9개의 값에 연결한다. 다음 이미지는 행렬 곱셈으로 전치 컨볼루션을 묘사한다.

T

0	1	2	3	4	5	6	7	8	9	10	11	12	13	14	15
1	4	1	0	1	4	3	0	3	3	1	0	0	0	0	0
0	1	4	1	0	1	4	3	0	3	3	1	0	0	0	0
0	0	0	0	1	4	1	0	1	4	3	0	3	3	1	0
0	0	0	0	0	1	4	1	0	1	4	3	0	3	3	1

컨볼루션 커널: 16×4

⊗

T

2	1	4	4

입력 이미지: 4×1

=

T

2	9	6	1	6	29	30	7	10	29	33	13	12	24	16	4

출력 이미지: 16×1

2	**9**	**6**	**1**
6	**29**	**30**	**7**
10	**29**	**33**	**13**
12	**24**	**16**	**4**

앞의 도표는 완성된 전치 컨볼루션을 보여준다. 비록 이것이 **전치 컨볼루션**이라고 불린다고 할지라도, 기존의 어떤 컨볼루션 행렬을 취해서 전치된 버전을 사용한다는 것을 의미하지는 않는다. 주 요점은 입력과 출력의 연관성이 표준적인 컨볼루션 행렬에 비해 역방향(다대일 연관성보다는 일대다 연관성)으로 처리된다는 것이다.

우리는 텐서플로우의 전치된 컨볼루션 층을 이용하여 이 전치 컨볼루션 연산을 수행할 것이다. 생성기의 코드 구현에 들어가기 전에, 우리는 생성기 모델의 한 가지 핵심 측면인 **배치 정규화**에 대해 더 논의할 필요가 있다.

배치 정규화

입력을 신경망의 층을 통해 전파할 때, 우리는 같은 층에서 다른 가중치 값을 얻는다. 이것은 단일 계층이 임의의 출력 범위를 생성할 수 있다는 것을 의미한다. 활성화가 ReLU 함수인 경우 출력 값이 0~∞ 사이일 수 있으므로 최적화기의 수렴이 복잡해질 수 있다. 활성화 함수에서 출력 값을 제한하기 위해 배치 정규화를 사용한다.

배치 정규화 계층의 기능은 매우 간단하다. 입력의 배치 평균과 배치 표준 편차를 계산한다. 그런 다음 배치 평균을 배치에서 빼서 표준 편차로 나눈다. 이는 배치 평균 주변의 텐서 값을 정규 공간으로 집중화한다.

역전파 중에는, 정규화의 영향을 제거하기 위해 이 계층은 그 연산을 역으로 행한다. 즉, 먼저 표준 편차를 곱한 다음(전방 패스 중에 계산) 배치 평균을 입력에 더한다.

이 계층은 두 가지 훈련 가능한 매개변수를 가지고 있다. 하나는 배치 평균이고 다른 하나는 배치 표준 편차다. 이 두 가지는 배치 정규화가 사용된 각 계층에 대해 계산될 것이다. 우리 코드에서의 배치 정규화를 위해 텐서플로우의 배치 표준 층을 사용할 것이다.

우리는 이제 구현에 포함될 두 가지 새로운 개념을 모두 알게 되었다. 이제 우리 생성기의 코드를 작성할 시간이다. 시작하자:

```
def Generator(z, prob=keep_prob, is_training=is_training,ksize=5):
    #Z: is the random input vector.
    #PROB: is dropout probability
    #IS_TRAINING: flag is for batch norm layer
    #KSIZE: is convolution kernel size
    #We will use leaky ReLU activation
    activation = LeakyRelu
    #Add a regularization parameter for batch norm layer
    momentum = 0.99
    #Define the variable scope for generator
    with tf.variable_scope("generator", reuse=None):
        x = z
```

```
#we will define neurons for the dens layer,
#there are two value d1 and d2 it will be used,
#for reshaping flatten output of dense layer into 2D matrix
d1 = 4
d2 = 1
#Define our first dense layer
x = tf.layers.dense(x, units=d1 * d1 * d2, activation=activation)
#Add a dropout with defined probability
x = tf.layers.dropout(x, prob)
#Here we add our batch normalization layer with regularization
x = tf.contrib.layers.batch_norm(x, is_training=is_training,
                                 decay=momentum)
#Now we will reshape our flatten tensor into 2D tensor
x = tf.reshape(x, shape=[-1, d1, d1, d2])
#Resize the matrix with height and width = 7
x = tf.image.resize_images(x, size=[7, 7])
#Now we will perform transposed convolution here with 64 filters of
#5X5,Stride will be 2 with 'same' padding so upsampling will be
#done here tensor of 7X7 will be resized to 64X14X14
x = tf.layers.conv2d_transpose(x, kernel_size=ksize, filters=64,
                               strides=2, padding='same',
                               activation=activation)
#Add some dropout again
x = tf.layers.dropout(x, prob)
#Here will be our second batch norm layer
x = tf.contrib.layers.batch_norm(x, is_training=is_training,
                                 decay=momentum)
#Add another convolution layer with exact same hyper parameter
#as previous
#So one more upsampling will happen here,
#output will have size of 64X28X28

x = tf.layers.conv2d_transpose(x, kernel_size=ksize, filters=64,
                               strides=2, padding='same',
                               activation=activation)
#Add another dropout layer
x = tf.layers.dropout(x, prob)
#Here will be our third batch norm layer
x = tf.contrib.layers.batch_norm(x, is_training=is_training,
                                 decay=momentum)
#This will be our third transposed convolution layer,
```

```
#this time stride size=1 so no upsampling will happen here
#output size of the tensor will be 64X28X28
x = tf.layers.conv2d_transpose(x, kernel_size=ksize, filters=64,
                               strides=1, padding='same',
                               activation=activation)
#Our final dropout layer
x = tf.layers.dropout(x, prob)
#Final batch norm layer
x = tf.contrib.layers.batch_norm(x, is_training=is_training,
                                 decay=momentum)
#Final convolution with single filter of 5X5
#stride size =1 so no upsampling,
#output tensor size will be 1X28X28
#Sigmoid activation will be used here
x = tf.layers.conv2d_transpose(x, kernel_size=ksize,
                               filters=1, strides=1,
                               padding='same',
                               activation=tf.nn.sigmoid)
#Return the Generator model
return x
```

전체 코드 리스트를 훑어보면 코드에 설명문을 많이 남겼기 때문에 그 과정을 쉽게 이해할 수 있을 것이다. 생성기의 전 과정을 다음 단계로 요약할 수 있다.

마지막 계층을 제외한 모든 활성화에 대해 Leaky ReLU를 사용할 것이다.

1. 생성기가 무작위 1D 벡터로 입력을 받기 때문에 가중치 곱셈을 이용하여 원하는 크기로 다시 변환해야 한다. 이것을 위해, 우리는 응용에 맞게 밀집된 층에서 몇 개의 뉴런을 선택할 것이다. 여기서, 우리는 네 개의 뉴런으로 시작한다.
2. 다음으로, 드롭아웃 확률이 20%인 드롭아웃 층이 있는데, 판별기를 훈련시키는 동안 행해진 것과 유사한 방식으로 네트워크로부터 중복을 감소시킨다.
3. 그런 다음, 배치 정규화 계층을 사용하여 입력 텐서를 정규화한다. 이것은 배치의 표준 편차와 함께 배치 평균 주위에 입력 지점을 분배한다.
4. 다음으로, 우리는 우리의 1D 벡터를 2D 이미지 행렬로 변환하여 컨볼루션 연산을 적용할 것이다. 우리는 단순히 1D 벡터를 4×4 행렬로 변환하는 것

으로 이것을 할 것이다.

5. 우리는 이제 전치 컨볼루션 연산을 적용할 준비가 되었지만, 그전에 4×4 행렬의 크기를 조정해서 7×7 행렬로 변환할 것이다. 필터 수는 64개로 5×5가 될 것이다. 여기의 컨볼루션 보폭은 2개가 될 것이며, 이것은 입력 텐서의 크기를 2배 증가시켜 출력 시 64×14×14 텐서를 제공한다.
6. 우리는 이제 한 쌍의 드롭아웃과 배치 정규화 계층을 더 추가할 것이다.
7. 실제 이미지(28×28)보다 텐서(14×14)가 여전히 작기 때문에 최소한 하나 이상의 업 샘플링 이 필요하다. 이 때문에 이전 컨볼루션 층과 동일한 컨볼루션 구성을 사용하여 64×28×28의 출력을 생성시키도록 할 것이다.
8. 이제 필터 크기가 64×5×5인 세 번째 컨볼루션 층을 추가할 것이다. 그러나 이번에는 보폭은 1이 될 것이고, 따라서 여기서는 업 샘플링이 이루어지지 않는다. 텐서의 출력 크기는 64×28×28이 될 것이다.
9. 이 시점에서, 우리의 최종적인 컨볼루션 층에 대한 준비가 되었다. 이것은 우리의 64×28×28 텐서를 1×28×28로 변환시킨다. 그러나 이 전에 한 쌍의 드롭아웃과 배치 정규화 계층을 더 추가할 것이다.
10. 마지막으로 5x5의 필터 1개로 최종 컨볼루션 층을 추가한다. 이것은 1×28×28의 출력 행렬을 제공하며, 이것은 우리의 실제 입력과 정확히 같은 크기이다. 여기서는 시그모이드 활성화를 이용하여 0부터 1까지의 범위에서 출력 값을 내도록 할 것이다.

최종 계층의 출력은 우리의 판별기의 입력으로 공급될 것이다. 이것이 진짜 이미지인지 가짜 이미지인지 우리의 판별기가 결정한다. 다음 다이어그램은 본 코드에 구현된 생성기 모델을 나타낸다.

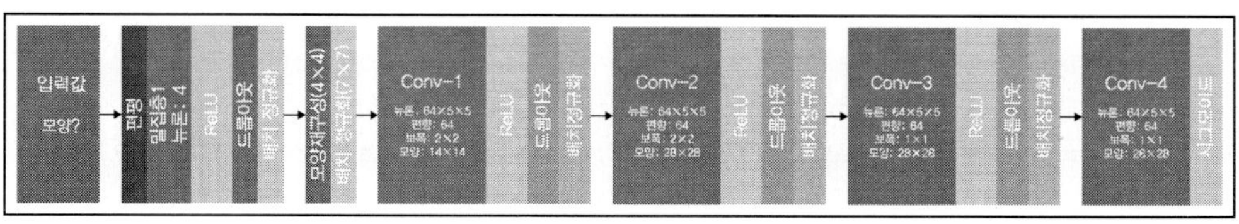

GAN-2D

이제 한 클래스의 모든 부품을 결합하여 GAN 모델을 만들어야 할 때다. 이 클래스는 몇 가지 사소한 차이점을 제외하면 1D GAN 아키텍처에서 본 것과 거의 같을 것이다. 이 클래스는 네트워크를 훈련하는 데 필요한 모든 매개변수를 포함한다. 구현은 다음과 같다.

```
from tensorflow.contrib.layers import apply_regularization
from tensorflow.contrib.layers import*
class GAN():
    def __init__(self):
        #Lets start with defining the batch size.
        #it will same for noise and real data
        self.batch_size = 196
        self.n_noise = 196
        #We need to create 2 place holders to hold the data values for
        #noise and data
        self.X_in = tf.placeholder(dtype=tf.float32,
                                   shape=[None, 28, 28],
                                          name='X')
        self.noise = tf.placeholder(dtype=tf.float32,
        shape=[None,self.n_noise])
        #Here we call our generator to generate false data
        #we need to define dropout probability and training mode.
        self.g = Generator(self.noise, keep_prob, is_training)
        #Here we will create two discriminator models.
        #these two will share same parameters(weights and biases).
        #one will operate on real data while other is on fake one.
        self.d_real = Discriminator(self.X_in)
        self.d_fake = Discriminator(self.g, reuse=True)
        #Separate the trainable variables for both generator as well as
        #discriminator
        self.vars_g = [var for var in tf.trainable_variables()
                       if var.name.startswith("generator")]
        self.vars_d = [var for var in tf.trainable_variables()
                       if var.name.startswith("discriminator")]
        #Here we will apply some regularization on weights of
        #generator and discriminator
        self.d_reg = apply_regularization(l2_regularizer(1e-6),self.vars_d)
```

```
    self.g_reg = apply_regularization(l2_regularizer(1e-6),self.vars_g)
    #We will use binary cross entropy loss to measure the performance
    #of our discriminators, output label will be zero for fake data
    #and one for real data.
    self.loss_d_real = binary_cross_entropy(tf.ones_like(self.d_real),
                                                    self.d_real)
    self.loss_d_fake = binary_cross_entropy(tf.zeros_like(self.d_fake),
                                                    self.d_fake)
    #Here we will calculate the loss for both networks
    self.loss_g =
        tf.reduce_mean(binary_cross_entropy(tf.ones_like(self.d_fake),
                                                    self.d_fake))
    self.loss_d = tf.reduce_mean(0.5 * (self.loss_d_real +
                                        self.loss_d_fake))
    #Let's update the graphs
    self.update_ops = tf.get_collection(tf.GraphKeys.UPDATE_OPS)
    #Now its time to train the networks
    with tf.control_dependencies(self.update_ops):
        #Total loss of Discriminator with regularization
        total_loss_d = self.loss_d + self.d_reg
        #Total loss of Generator with regularization
        total_loss_g = self.loss_g + self.g_reg
        #Set the learning rate
        lr = 0.00015
        #We will use RMSprop with SGD for training the networks
        self.optimizer_d = tf.train.RMSPropOptimizer(learning_rate=
                lr).minimize(total_loss_d, var_list=self.vars_d)
        self.optimizer_g =tf.train.RMSPropOptimizer(learning_rate=
                lr).minimize(total_loss_g, var_list=self.vars_g)
```

코드를 주의 깊게 살펴보면 우리가 아직 논의하지 않은 알 수 없는 함수를 발견할 수 있다. 놓쳤다면 돌아가서 자세히 보아라. 알 수 없는 함수는 이진 교차 엔트로피 함수다.

이진 교차 엔트로피의 코드는 다음과 같다.

```
def binary_cross_entropy(x, z):
    #X: Expected output of network
    #Z: Actual output of the network
    #Define a small value epsilon prevent log(0) error
```

```
    eps = 1e-12
    #Calculate the loss
    return (-(x * tf.log(z + eps) + (1. - x) * tf.log(1. - z + eps)))
```

이제 GAN 아키텍처를 만들었으니, 우리의 다음 단계는 GAN을 훈련시키는 것이다.

2D 데이터 생성을 위한 GAN 모델 훈련

이제 GAN 모델을 훈련시키고 우리가 손으로 쓴 숫자를 배울 수 있는지 아닌지 알아봐야 할 시간이다. 다음 단계에 따라 모델을 훈련할 것이다.

1. 텐서플로우 세션을 생성하고 생성된 모든 변수를 초기화한다.
2. 반복 1회 당 196개의 이미지 배치를 훈련한다.
3. 현재 훈련모드에 있기 때문에, 배치 정규화 계층에 대한 매개변수를 훈련해야 하므로 2개 모델 모두에 대한 훈련 플래그를 설정한다.
4. 우리는 NumPy의 난수 발생기를 사용해서 균등 분포 벡터를 만들고, 그것을 우리 생성기의 입력으로 사용할 것이다. 마찬가지로, 텐서플로우 패키지와 함께 제공되는 데이터베이스 데이터 세트인 **Modified National Institute of Standards and Technology**[MNIST](https://en.wikipedia.org/wiki/National_Institute_of_Standards_and_Technology)에서 실제 이미지를 가져올 것이다.
5. 또한, 우리는 동일한 매개변수를 공유하는 두 개의 판별기를 만들 것이다. 하나는 실제 샘플을 받아들일 것이고 다른 하나는 생성기의 출력을 받아들일 것이다.
6. 우리는 성능 평가를 위해 이진 교차 엔트로피 손실을 사용하고, 그 다음에 매개변수 최적화를 위하여 이 손실을 RMSprop 최적화기에 전달할 것이다.
7. 훈련 중에는 네트워크들 중의 어떤 한 부분도 다른 쪽에 비해 더 강력한 것이 되지 않도록 주의할 것이다. 이 균형은 조건을 사용하여 유지될 것이다. 생성기와 판별기의 손실값을 지속적으로 감시하고, 생성기의 손실이 판별기의 손실보다 적으면, 손실의 균형이 잡힐 때까지 생성기의 훈련을 중지한다. 우리는 판별 훈련을 위해서도 같은 일을 할 것이다.
8. 50회 반복 후 손실값을 모니터링한 후 생성기를 이미지 배치에 대해 시험한다.

9. 그리고 나서 우리는 생성기에 의해 생성된 재구성을 시각화하기 위해 이미지 몽타주를 사용할 것이다.

다음은 전체 훈련 과정에 대한 코드 조각이다.

```
from tensorflow.examples.tutorials.mnist import input_data
mnist = input_data.read_data_sets('MNIST_data')
def train(model):
    #We will start with creating a tensorflow session
    sess = tf.Session()
    #Initialize all the variables
    sess.run(tf.global_variables_initializer())
    #And hit the training loop
    for i in range(60000):
        #Set training flag on for batch normalization
        train_d = True
        train_g = True
        #Set Drop out probability
        keep_prob_train = 0.6 # 0.5
        #Here we will create random data to input generator
        n = np.random.uniform(0.0, 1.0,
                              [model.batch_size,
                              model.n_noise]).astype(np.float32)
        #And here we will fetch input data from tensorflow
        batch = [np.reshape(b, [28, 28])
                 for b in mnist.train.next_batch(batch_size=
                                                 model.batch_size)[0]]
        #Lets start training by executing the session
        d_real_ls,d_fake_ls,g_ls,d_ls = sess.run([model.loss_d_real,
                                                  model.loss_d_fake,
                                                  model.loss_g,
                                                  model.loss_d],
                                                 feed_dict={model.X_in:
                                                            batch,
                                                            model.noise:
                                                            n,
                                                            keep_prob:
                                                     keep_prob_train,
                                                   is_training:True})
```

```
#Each epoch will give us loss by discriminator for real
#and fake data take mean of it
d_real_ls = np.mean(d_real_ls)
d_fake_ls = np.mean(d_fake_ls)
g_ls = g_ls
d_ls = d_ls
#Here we will set some conditions so our discriminator
#can not be strong than generator or vice versa
#We will use the flags to stop training the discriminator or
#generator
if g_ls * 1.5 < d_ls:
    train_g = False
    pass
if d_ls * 2 < g_ls:
    train_d = False
    pass
#Here we will limit the training
if train_d:
    sess.run(model.optimizer_d,
             feed_dict={model.noise: n,
                        model.X_in: batch,
                        keep_prob: keep_prob_train,
                        is_training:True})
if train_g:
    sess.run(model.optimizer_g,
             feed_dict={model.noise: n,
                        keep_prob: keep_prob_train,
                        is_training:True})
#Lets print out the results here
#we will print all the losses after every 50 epochs
if not i % 50:
    print (i, d_ls, g_ls, d_real_ls, d_fake_ls)
    if not train_g:
        print("not training generator")
    if not train_d:
        print("not training discriminator")
    #Let's test the trained generator after every 50 iterations
    gen_img = sess.run(model.g,
             feed_dict = {model.noise: n,
                          keep_prob: 1.0,
                          is_training:False})
```

```
        #Here we will plot all the images of a single batch in montage
        #form
        imgs = [img[:,:,0] for img in gen_img]
        m = montage(imgs)
        gen_img = m
        plt.axis('off')
        plt.imshow(gen_img, cmap='gray')
        plt.draw()
        plt.pause(0.00001)
```

이제 네트워크 출력을 시각화하기 위한 이미지 몽타쥬 생성 코드를 작성하자.

```
def montage(images):

    #Lets start by checking whether we have got an array or list
    if isinstance(images, list):
        #If list is there convert it into an array
        images = np.array(images)

    #Get shape of the input array
    img_h = images.shape[1]
    img_w = images.shape[2]
    #Calculate grid size
    n_plots = int(np.ceil(np.sqrt(images.shape[0])))
    #Create an array of ones from calculated grid size
    m = np.ones((images.shape[1] * n_plots + n_plots + 1, images.shape[2] *
                                                n_plots + n_plots + 1)) * 0.5
    #Start plotting images on the grid one by one
    for i in range(n_plots):
        for j in range(n_plots):
            this_filter = i * n_plots + j
            if this_filter < images.shape[0]:
                this_img = images[this_filter]
                m[1 + i + i * img_h:1 + i + (i + 1) * img_h,
                  1 + j + j * img_w:1 + j + (j + 1) * img_w] = this_img
    return m
```

다른 에포크를 사용하여 우리의 생성기에 의해 생성된 결과를 시각화해보자:

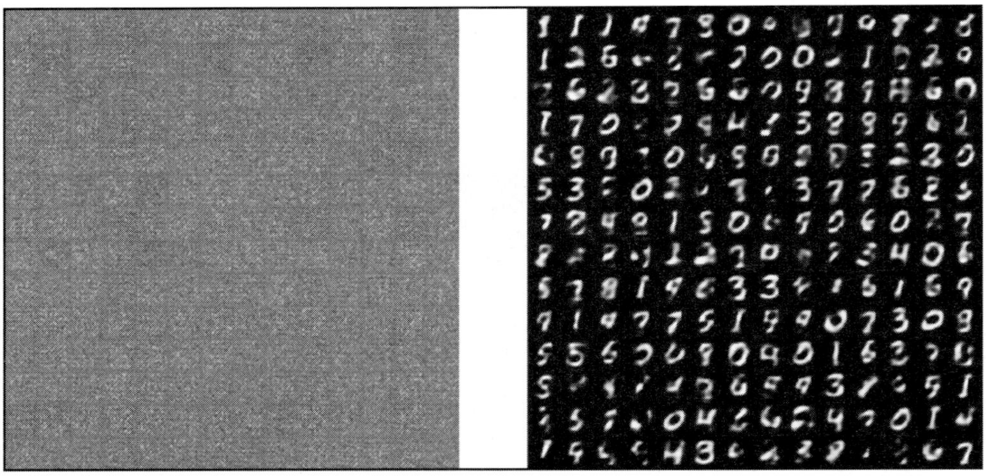

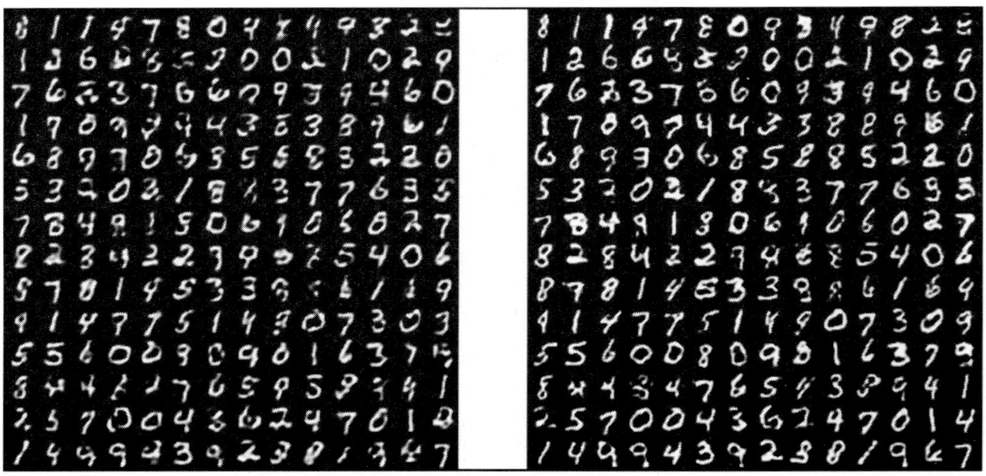

반복 횟수에 따라 생성기에서 생성 된 출력 (반복은 왼쪽에서 오른쪽으로, 위에서 아래로 증가 함)

됐다! 이미지 데이터 세트에 대한 GAN을 성공적으로 만들었다. 우리의 네트워크는 심층 신경망이 되기에는 너무 작지만, 여전히 많은 능력을 가지고 있고, 우리는 그 것으로부터 여전히 매우 좋은 결과를 얻고 있다.

그래서 어떻게 생각하는가? 우리가 GAN을 이용해서 가짜 티켓을 만들 수 있을까? 할 수 있을 것 같다! 가짜 티켓을 만들기 위한 GAN은 더 많은 필터와 많은 훈련 샘플을 가진 더 많은 복잡한 층을 포함하는 더 복잡한 구조를 필요로 할 것이다. 하지만 그것은 여전히 가능하다! 나중의 장에서 볼 수 있듯이 GAN의 응용은 훨씬 더 많지만, 이 특정 문제의 구현의 관점에서, 우리는 여기서 일단 중지할 것이다. 다음 절에서는 업계에서 다양한 작업에 사용되는 다양한 유형의 GAN에 대해 간략히 설명하기로 한다.

GAN 동물원

현재, GAN에 관한 문헌이 엄청나게 많다. 이 절에서는 GAN을 현실에서 적용하는 방법을 배울 수 있도록 가장 좋은 사례 몇 가지를 선정할 것이다.

BiGAN - 양방향 GAN

양방향 생성 대립망 BiGAN은 제프 도나휴Jeff Donahue 등(2017년)에 의해 제안되었다. BiGAN의 목표는 데이터를 잠재된 공간에 투영할 수 있는 역매핑을 배우는 것이다. 기존의 GAN은 GAN이 데이터의 기본 구조를 학습할 수 있는 능력을 가지고 있다는 것을 알고 있음에도 불구하고, 훈련 데이터처럼 보이는 새로운 데이터 샘플 생성만을 배운다. 이것은 우리가 데이터의 유용한 형상 표현을 추출하기 위해 전통적인 GAN을 사용할 수 없다는 것을 의미한다. BiGAN들은 바로 이 문제를 해결하는 데 초점을 맞춘다.

BiGAN의 구조는 다음 다이어그램에 표시되어 있다.

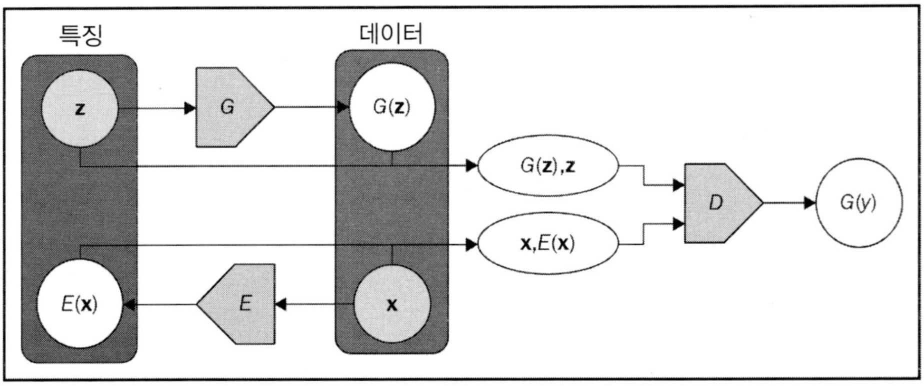

BiGAN에서는 데이터에서 특징 공간으로 되돌리는 방법 $E(x)$를 배우기 위해 인코더 E를 추가한다. 판별기 D는 데이터 공간(x 또는 $G(z)$뿐만 아니라 데이터와 잠재 공간(x, $E(x)$ 대 $G(z)$, z)도 구별해야 한다. BiGAN의 문헌에서 저자들은 생성기 G와 인코더 E 사이에 직접적인 연결이 없는데도 불구하고 암호기와 생성기가 함께 학습하여 판별기를 속여야 한다는 것을 보여준다.

BiGAN 프레임워크에서 가장 흥미로운 점은 이것이 비지도 접근법이며 여전히 데이터의 특징 표현을 배울 수 있다는 것이다. 또한 BiGAN의 저자들은 시각적 특징 학습을 위한 기존의 지도학습 접근방식과 경쟁할 수 있는 표현을 BiGAN이 어떻게 제공할 수 있는지를 증명하기 위해 그들의 문헌에서 분류, 탐지 및 세분화의 많은 예를 보여준다.

CycleGAN

CycleGAN은 이미지 대 이미지 변환을 자동으로 수행하는 것을 배우는 새로운 GAN 변형이다. X와 Y라는 두 가지 이미지 집합이 주어졌을 때, CycleGAN은 X 집합의 이미지를 변환하여 Y 집합이 되게 하여 $G(X)$의 이미지가 Y의 이미지와 구별되지 않도록 한다. 흥미로운 생각은 이것이 비지도 학습이며 우리는 정렬된 이미지 쌍의 훈련 세트가 필요하지 않다는 것이다. 예를 들어, CycleGAN은 말의 이미지를 얼룩말의 이미지로 변환하는 것을 배울 수 있고, 그 반대도 배울 수 있다.

Cycle-Consistent Adversary Networks를 사용한 짝 지어지지 않은 이미지-이미지 변환의 CycleGAN 구조는 다음 다이어그램에 나와 있다.

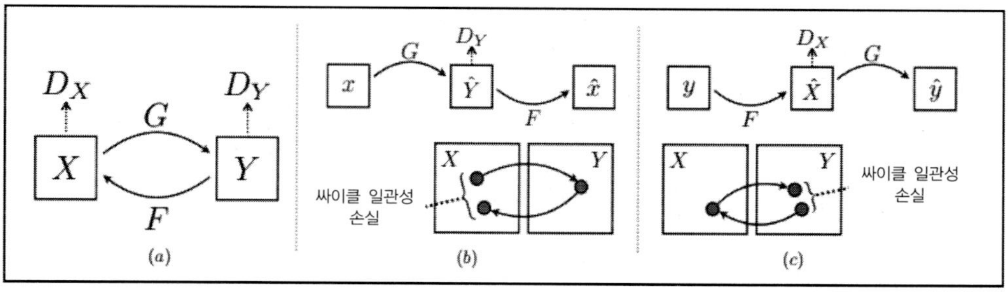

CycleGAN에서 저자들은 $G: X \rightarrow Y$와 $F: Y \rightarrow X$의 두 가지 매핑 함수를 소개했다. Dx와 Dy라는 두 가지 판별기도 있다. 그 외에도, 그들은 우리가 다른 도메인으로 변환했다가 다시 되돌아오는 이미지가 원래 이미지와 같도록 싸이클-일관성 손실을 추가했다. CycleGAN에 대한 자세한 내용은 JunYan Zhu 등의 "*Unpaired Image-to-Image Translation using Cycle-Consistent Adversarial Networks*"(2017년 3월 30일 제출(v1 at https://arxiv.org/abs/1703.10593v1), 최종 수정은 2018년 2월 19일)을 참고하라.

GraspGAN – 심층 로봇 물건잡기

GraspGAN은 시뮬레이션된 환경에 기초한 환경의 합성 데이터를 생성하기 위해 GAN을 적용하는 또 다른 새로운 GAN 변형이다.

이 문제의 목표는 로봇을 훈련시켜 물체를 잡는 것이다. 이 문제가 제시하는 한 가지 문제는 훈련을 위한 라벨이 된 데이터 세트를 만들기에는 너무 비용이 많이 든다는 것이다. 따라서 저자들은 시뮬레이터를 만들고 가능한 실제 경험을 제공하는 합성 데이터를 생성했다. *Using Simulation and Domain Adaptation to Improve Efficiency of Deep Robotic Grasping*이라는 제목의 논문에 있는 다음 그림은 실제 이미지와 거의 동일한 합성 이미지를 보여준다.

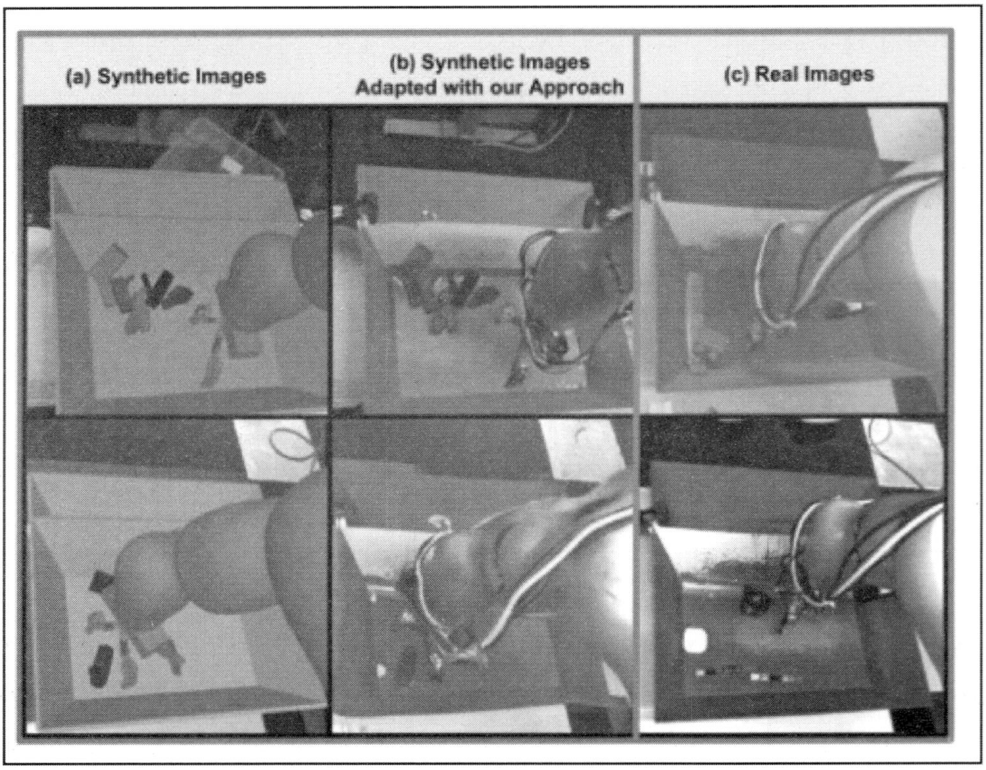

품질 향상을 위한 GAN의 점진적 성장

2018년 테로 케라스Tero Kerras 등이 제안한 GAN의 새로운 훈련 방식이다. 이 접근법은 이전 접근법보다 훨씬 큰 1024×1024 크기의 사실적인 이미지를 생성할 수 있다. 이 접근법에서는 생성기와 판별기를 모두 1024×1024 크기로 직접 훈련시키는 대신 4×4 픽셀의 낮은 공간 해상도로 시작한다. 그런 다음 생성기와 판별기에 새로운 층을 점진적으로 추가하고 훈련 과정을 시작한다. 기존의 모든 층은 그 과정 내내 여전히 훈련할 수 있다. 다음 다이어그램은 훈련 과정과 오른쪽에 실제적으로 생성된 이미지를 보여준다.

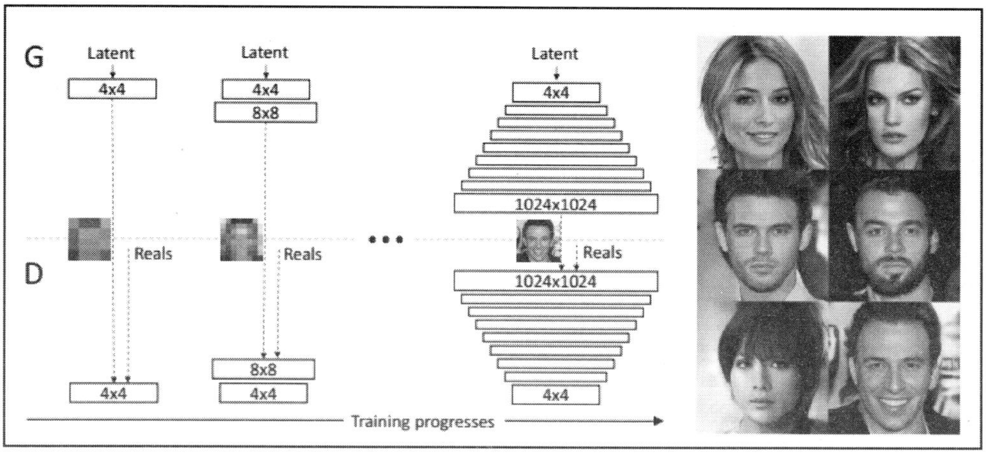

요약

GAN에 대해서는 여기 까지지고, 나중에 논의할 것이 훨씬 더 많이 있을 것이다. 우리는 가짜 파티 티켓을 만들면서 GAN 여행을 시작했다. 이것이 어려운 작업이었다는 것을 여러분들에게 납득시키기 위해, 우리는 먼저 GAN이 어떻게 가짜 1D 샘플을 만드는 것을 도울 수 있는지 살펴보았다. 그런 다음 1D GAN 파일에 단계별 코드를 구현하여 세부적으로 살펴보았다.

우리는 나중에 이미지의 세계로 뛰어들었고, 거기서 우리는 CNN의 가능성을 열어 두었다. 우리는 CNN을 생성기 뿐만 아니라 판별기로도 사용했다. 이 논의의 일환으로, 우리는 또한 전치 컨볼루션과 배치 정규화라는 중요한 개념을 살펴보았다. 우리는 이러한 개념을 사용하여 MNIST 필기체 숫자를 자체적으로 생성할 수 있는 매우 효과적인 생성기 모델을 만들었다. 마침내, 우리는 그 분야에서 꽤 인기 있는 몇몇 독특한 GAN 아키텍처들을 보았다. 우리는 향후 장에서도 GAN를 사용하도록 노력할 것이다.

그때까지, 나는 당신이 우리가 여기서 논의한 코드를 구현해 볼 것을 강력히 권장한다. 그렇게 하면 그 개념들을 깊이 이해할 수 있을 것이다. 다음 장에서 보자!

다음 장에서는 두 개의 서로 다른 영역의 정보를 융합하여 흥미로운 응용에 사용하는 개념을 소개할 것이다. 우리는 텍스트와 시각 정보를 융합하여 이미지의 내용을 분석하여 텍스트 설명을 만들 수 있는 이미지 캡션 생성기를 만들 것이다.

08

다중모드 학습

앞 장에서는 가짜 티켓을 만들 수 있는 능력을 주는 알고리즘을 살펴봤다. 이 장에서는 다중모드 학습multimodal learning에 대해 살펴본다.

다중모드 학습은 로켓 과학이 아니다. 재미있는 예를 하나 들어보겠다. 당신이 마을에서 사진전에 참석하고 있고 전세계에서 온 건축, 야생동물 등의 사진들이 몇 장 있다고 가정하자. 당신의 친구가 당신에게 야생동물 사진 중 하나에 대해 간략하게 설명해 달라고 부탁했는데 당신은 사진 속의 동물이 무엇인지 전혀 모르기 때문에 당신은 그 사진을 묘사하기조차 시작할 수 없다. 얼마나 당황스럽나. 내가 당신에게 이미지를 읽고 자동으로 이미지 설명을 생성할 수 있는 알고리즘을 제공했다면 도움이 될 수 있을까? 컴퓨터 알고리즘이 사진에서 무슨 일이 일어나고 있는지 말해줄 수 있을까? 정답은 그렇다이다. 그것은 가능하다. 우리는 이 장에서 다중모드 학습을 이용하여 이것을 하는 방법을 배울 것이다.

우리는 이 장에서 다음 주제를 다룰 것이다.

- 다중모드 학습 정의
- 다중모드 학습 이해
- 이미지 캡션 생성기 이해

다중모드 학습이란?

다중모드, 영어로 멀티모달Multimodal이란 실제로 함께 합쳐진 두 단어, 즉 멀티multi와 모달modal이다. 여기서 주목하라. 모델이 아니라 모달이다. 모달modal은 분포를 의미하는 mods에서 나온다. 이전에 통계학에서 가우스 분포(이전 장에서도 이를 보았다)를 본 적이 있을 것이다. 가우스 분포는 다음과 같이 보인다.

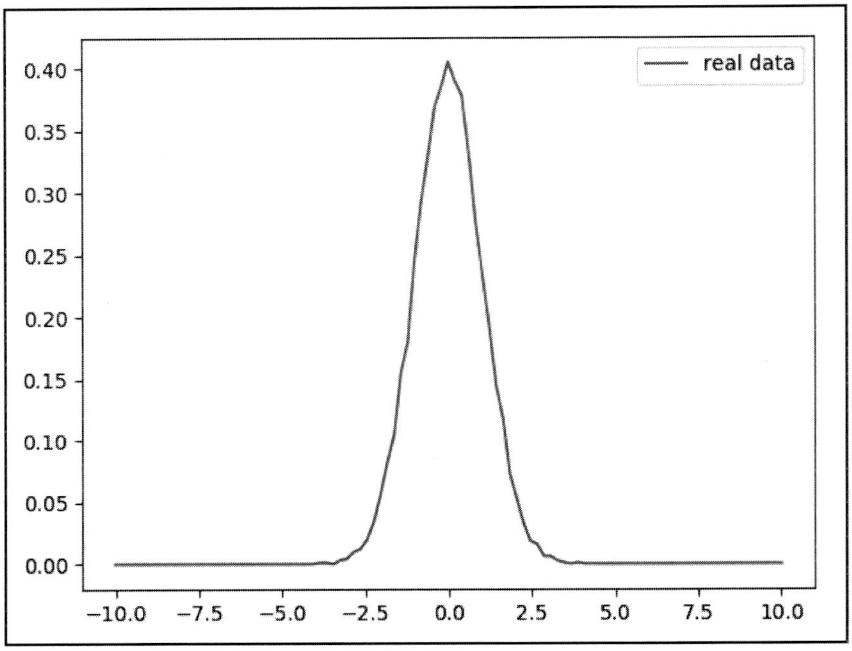

앞의 도표에서 하나의 평균(0)을 가진 가우스 분포가 하나뿐임을 알 수 있다. 이 다이어그램에 다른 평균 값을 추가한다고 가정하자. 가우스 분포는 이제 다음과 같이 보일 것이다.

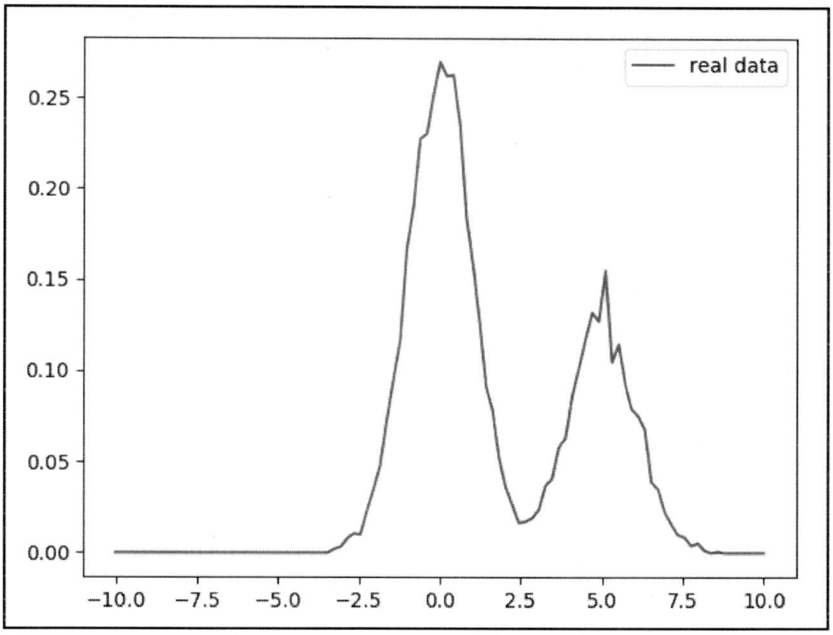

앞의 도표는 두 개의 분포, 하나는 평균이 0, 표준 편차가 1이고, 다른 하나는 평균 5와 표준 편차가 1로 구성된 양봉 가우스 분포를 보여준다. 이 분포는 2개의 분포가 있기 때문에 양봉 분포로 알려져 있다. 그것은 또한 다봉 데이터 분포이기도 하다.

다중모드 학습

현실에서 우리가 다중모드 학습에 대해 이야기할 때, 우리는 실제로 다봉 분포를 가지고 있는 정보에 대해 이야기하고 있다. 대부분의 경우, 서로 다른 분포에 대한 정보의 출처가 다르다.

의미 있는 출력을 생성하기 위해 서로 다른 영역의 정보를 융합하고 함께 처리하는 것이 가능하다. 예를 들어, 우리가 컴퓨터 비전 분야에서 일을 할 때, 우리는 거의 모든 영상 장치가 가지고 있는 간단한 CMOS 센서를 사용하여 이미지에서 색과 강도 정보를 얻을 수 있다. 이것은 우리에게 전경과 배경 물체에 대한 정확한 정보를 제공하기 위해 사용될 수 있다. 색이나 강도에 대한 정보를 IR 센서나 스테레오 카메라 배열에서 얻을 수 있는 깊이에 대한 정보와 결합할 수 있다. 이러한 종류의 시스템은 RGB-D 시스템으로 알려져 있으며 다중모드 정보의 좋은 예다.

그러나 우리의 과제는 정보 검색으로 끝나지 않는다. 우리는 의미 있는 결과를 얻기 위해 이 정보를 처리할 필요가 있다. RGB-D 정보의 딥러닝을 이용한 객체 분할을 예로 들 수 있다. 또 다른 예로는 오디오와 시각적 소스의 정보를 융합하고 효과적인 언어 처리 작업을 위해 이것을 사용하는 것이다. 또는, 우리는 시각적 소스와 텍스트 소스의 정보를 융합하여 이미지에 대한 설명을 생성할 수 있다. 우선 분야의 기본부터 알아보자.

다중모드 학습 아키텍처

우리가 이미 논의한 바와 같이 기계학습 알고리즘을 사용하여 의미 있는 결과를 내기 위해 서로 다른 영역의 정보를 처리하는 것을 다중모드 학습이라고 한다. 다음 다이어그램은 도메인의 융합을 보여준다.

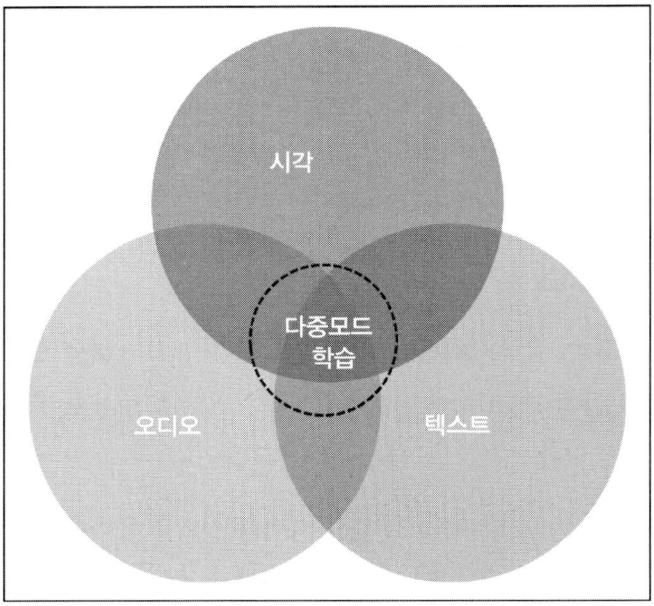

앞의 도표는 세 개의 서로 다른 영역에서 정보의 융합을 보여준다.

- **시각**: 이미지 분류 또는 객체 위치 지정과 같은 시각적 정보(이미지)를 처리한다.

- **텍스트**: 언어 처리 작업에서 텍스트 정보를 처리하며, 단어 또는 문자 예측을 한다.
- **오디오**: 이것은 음성 처리와 관련이 있다.

이 모든 정보를 함께 결합함으로써, 우리는 몇 가지 흥미로운 분류 체계들을 만들 수 있다. 우리는 이 장에서 이것들 중 하나를 시도해 볼 것이다.

우선, 우리는 장난감 코드를 만들어 어떻게 여러 소스의 정보를 사용하여 다중모드 학습 모델을 만드는 것이 가능한지를 볼 것이다.

파이썬 환경을 열고 `multimodal_toy.py`라는 이름으로 파이썬 파일을 만들자.

우리는 다음이 필요할 것이다.

- 적어도 두 개의 정보 소스
- 각 소스에 대한 정보 처리 모델
- 조합된 정보를 학습하기 위한 모델

두 번째 포인트에 나열된 정보 처리 모델은 실제로 특징 추출기 네트워크다. 그것은 입력 데이터에서 의미 있는 특징을 추출하는 일을 담당할 것이다. 예를 들어, 입력이 이미지인 경우 특징 추출기는 이미지의 패턴이나 물체에 관한 특징을 추출한다.

다음 다이어그램은 다중모드 정보 분석을 위한 전형적인 아키텍처를 보여준다.

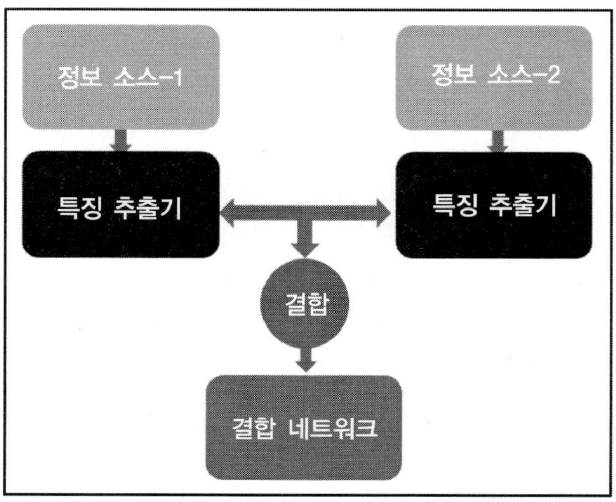

앞의 아키텍처에서 볼 수 있듯이, 우리는 두 소스의 정보 사이에 상관관계가 없기 때문에 두 개의 다른 특징 추출기를 사용한다. 대부분의 경우, 두 소스는 서로 다른 영역, 즉 시각 및 텍스트가 될 것이다.

정보 소스

이제 이 블록들을 파이썬 파일에 넣어보자. 이를 위해, 우리는 장난감 데이터 세트를 생성하여 각각 다른 평균과 분산을 가진 두 개의 가우스 분포의 형태로 두 개의 정보 소스를 만들 것이다. 정보 생성부터 시작해 보자. 우리는 한 분포를 시각적 소스로, 다른 한 분포를 텍스트 소스로 간주할 것이다. 코드는 다음과 같다.

```
#Number of Sample points
n = 400

#Probability of distribution
p_c = 0.5

#Let's generate a binomial distribution for class variable
#It will divide the 50% samples in both class 1 and class 0
c = np.random.binomial(n=1, p=p_c, size=n)

#Our two information sources will be 2 bivariate Gaussian distributions
#So we need to define 2 mean values for each distribution
#Mean values for Visual dataset

mu_v_0 = 1.0
mu_v_1 = 8.0

#Mean values for textual dataset
mu_t_0 = 13.0
mu_t_1 = 19.0

#Now we will generate the two distributions here
x_v = np.random.randn(n) + np.where(c == 0, mu_v_0, mu_v_1)
x_t = np.random.randn(n) + np.where(c == 0, mu_t_0, mu_t_1)

#Let's normalize data with the mean value
x_v = x_v - x_v.mean()
```

```
x_t = x_t - x_t.mean()

#Visualize the two classes with the combined information
plt.scatter(x_v, x_t, c=np.where(c == 0, 'blue', 'red'))
plt.xlabel('visual modality')
plt.ylabel('textual modality');
plt.show()
```

앞의 스크립트를 실행하면 다음과 같이 출력된다.

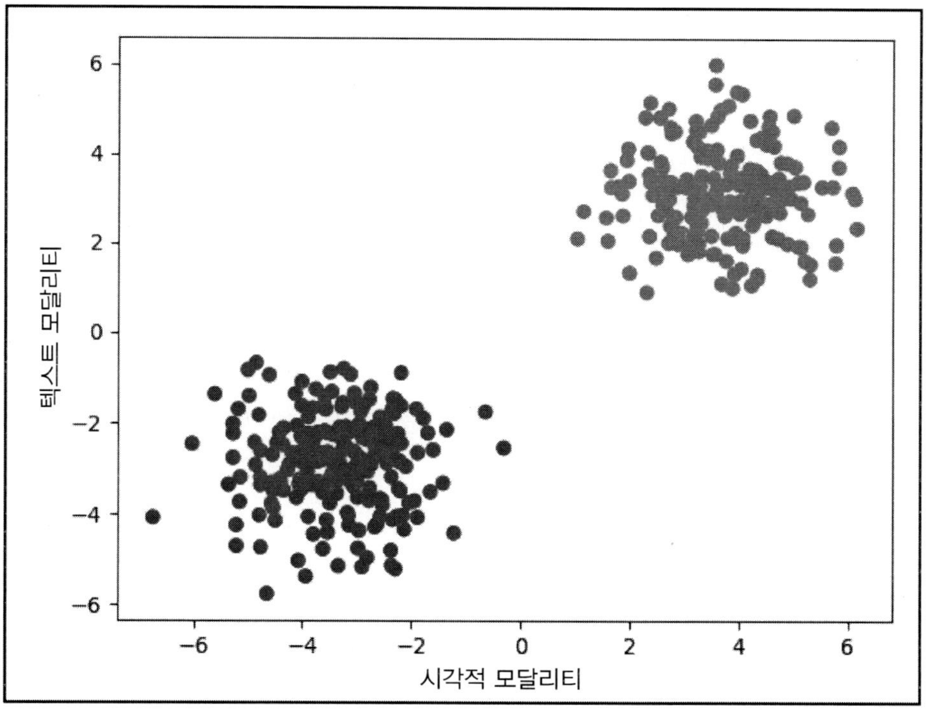

앞의 도표에서 볼 수 있듯이, 우리는 두 가지 색상으로 표시된 두 가지 클래스 값을 가지고 있다. 두 클래스는 두 가지 모달리티를 결합하여 생성되었다. x축에서는 시각적 모달리티를 볼 수 있고 y축에서는 텍스트 모달리티가 나타난다. 앞의 도표에서 어떤 점을 선택했을 때, 그것의 클래스는 두 가지 양식의 조합된 정보에 의해 추정된다.

우리는 이제 앞의 분포에서 샘플을 추출할 수 있다. 추론 과제에 대해서는, 앞의 분포로부터 정보 데이터를 작성한다. 이것은 다음과 같이 행해진다.

```
#Define the number of points in the sample set
resolution = 1000

#Create a linear sample set from the visual information distribution
vs = np.linspace(x_v.min(), x_v.max(), resolution)

#Create linear sample set from the textual information distribution
ts = np.linspace(x_t.min(), x_t.max(), resolution)

#In the following lines we will propagate these sample points to create
#a proper dataset, it will help to create a pair
vs, ts = np.meshgrid(vs, ts)

#Here we will flatten our arrays
vs = np.ravel(vs)
ts = np.ravel(ts)
```

앞의 스크립트는 우리에게 두 개의 다른 소스(가우스 분포)에서 생성된 정보를 가진 1차원 배열을 제공할 것이다. 일단 샘플이 확보되면, 우리는 두 정보 소스에 대한 특징 추출기를 만들 준비가 되어 있다.

특징 추출기

이제 이 정보를 처리하는 데 사용될 특징 추출기를 설계할 것이다. 우리는 이 일을 위해 두 개의 신경망을 만들 것이다. 하나는 시각 정보를 처리하고 다른 하나는 텍스트 정보를 처리한다. 다음 코드 조각이 먼저 정보를 추출할 것이다. 우리는 정보를 결합한 후 최종 분류기에게 전달하여 결합된 정보를 훈련 데이터에 따라 분류할 것이다. 다음 코드 조각은 나중에 아키텍처에서 필요한 유용한 변수를 생성한다.

```
#Let's start with creating variables
#It will store the visual information
visual = tf.placeholder(tf.float32, shape=[None])

#This will store textual information
textual = tf.placeholder(tf.float32, shape=[None])

#And the final one will be responsible for holding class variable
target = tf.placeholder(tf.int32, shape=[None])

#As we are working wit a binary problem
NUM_CLASSES = 2

#We will use fixed number of neuron for every layer
HIDDEN_LAYER_DIM = 1
```

보다시피, 우리는 먼저 소스로부터 데이터를 저장하는 변수를 만들었다. 우리는 또한 클래스 값들을 저장할 변수를 만들었다. 이것은 장난감 데이터 집합이기 때문에, 우리는 각 계층에 하나의 뉴런을 사용함으로써 네트워크 아키텍처를 매우 단순하게 만들 것이다.

다음 코드에서는 시각 정보 처리를 위한 특징 추출기를 구현할 것이다.

```
#This is our Visual feature extractor,
#It will be responsible for extraction of useful features,
#from visual samples, we will use tanh as activation function.
h_v = tf.layers.dense(tf.reshape(visual, [-1, 1]),
                      HIDDEN_LAYER_DIM,
                      activation=tf.nn.tanh)
```

이 네트워크를 이미지 분류나 객체 인식 문제에 사용되는 이미지 처리 네트워크라고 생각할 수 있다. 네트워크를 단순하게 유지하기 위해, 우리는 어떤 컨볼루션 층도 사용하지 않았다; 우리는 대신 tanh 활성화 함수를 가진 밀집된 뉴런 층을 사용할 것이다.

다음으로, 우리는 텍스트 정보를 처리하기 위한 네트워크를 구현할 것이다.

```
#This is our Textual feature extractor,
#It will be responsible for extraction of useful features,
#from visual samples, we will use tanh as activation function.
h_t = tf.layers.dense(tf.reshape(textual, [-1, 1]),
                      HIDDEN_LAYER_DIM,
                      activation=tf.nn.tanh)
```

이 네트워크를 순환 신경망 또는 텍스트 예측에 가장 널리 사용되는 네트워크 중 하나인 LSTM으로 생각할 수 있다. 여기서, 우리는 시각적 특징 추출기에 사용된 것과 유사한 구조를 정밀하게 할 것이다.

결합 네트워크

이제 다음 코드로 두 네트워크에서 전송되는 정보를 결합하자.

```
#Now as we have features from both the sources,
#we will fuse the information from both the sources,
#by creating a stack, this will be our aggregator network
fuse = tf.layers.dense(tf.stack([h_v, h_t], axis=1),
                     HIDDEN_LAYER_DIM,
                     activation=tf.nn.tanh)
```

코드에서 보듯이, 처리된 정보의 스택을 만들었다. 여기서 정보융합이 일어난다. 이 네트워크는 또한 이전 두 네트워크와 유사하다. 유일한 차이점은 스택에 축적된 정보의 형태로 네트워크에 입력되는 점이다.

우리는 이제 이 스택의 정보를 처리할 준비가 되었다. 다음은 결합 네트워크의 일부다.

```
#Flatten the data here
fuse = tf.layers.flatten(fuse)

#Following layers are the part of the same aggregator network
z = tf.layers.dense(fuse,HIDDEN_LAYER_DIM,activation=tf.nn.sigmoid)
```

```
#This one is our final dens layer which used to convert network output
#for the two class
logits = tf.layers.dense(z, NUM_CLASSES)

#We want probabilities at the output, sigmoid will help us
prob = tf.nn.sigmoid(logits)
```

보다시피, 우리는 단지 몇 개의 층을 더 추가했다. 여기서는 어떤 화려한 일도 일어나지 않는다. 우리는 출력에 시그모이드 확률을 사용하는 반면, 손실 계산을 위해 활성화 함수가 없는 단순한 밀집층을 사용한다.

우리는 이 모든 코드 조각들을 하나씩 multimodal_toy.py 파일에 넣어야 한다. 우리는 이제 네트워크의 성능을 분석하여 그에 따라 가중치를 훈련시킬 필요가 있다. 이를 위해서는 손실 함수를 정의할 필요가 있을 것이다. 우리는 시그모이드 교차 엔트로피를 사용하여 네트워크에 의한 손실을 계산할 것이다. 이것은 다음과 같이 쓸 수 있다.

```
#We will use Sigmoid cross entropy as the loss function
loss = tf.losses.sigmoid_cross_entropy(multi_class_labels=
                                        tf.one_hot(target, depth=2),
                                        logits=logits)
```

이러한 손실을 최적화하기 위해, 우리는 적응형 모멘텀을 가진 확률적 경사 하강 또는 ADAM 최적화기를 사용할 것이다. 이 최적화기는 네트워크에 의한 손실을 줄이는 데 효과적일 것이다. 코드는 다음과 같다.

```
#Here we optimize the loss
optimizer = tf.train.AdamOptimizer(learning_rate=0.1)
train_op = optimizer.minimize(loss)
```

우리는 이제 모든 것을 마련해 놔서 우리의 아키텍처를 훈련시킬 준비가 되었다. 신경망 훈련을 담당하는 함수를 빠르게 작성하자.

```
def train(train_op, loss,sess):
    #TRAIN_OP: optimizer
    #LOSS: calculated loss
    #SESS: Tensorflow session
    #First initialize all the variables created
    sess.run(tf.global_variables_initializer())
    #We will monitor the loss through each epoch
    losses = []
    #Let's run the optimization for 100 epochs
    for epoch in range(100):
        _, l = sess.run([train_op, loss], {visual: x_v,
                                            textual: x_t,
                                            target: c})

        losses.append(l)
    #Here we will plot the training loss
    plt.plot(losses, label='loss')
    plt.title('loss')
```

이제 텐서플로우 세션을 생성하고 다른 매개 변수와 함께 훈련 함수에 전달할 것이다. 다음 행에서 우리는 세션을 실행하고 다른 가우스 분포에서 추출한 샘플을 사용하여 네트워크를 훈련시킬 것이다. 우리는 이미 이 샘플들을 추출했다.

```
#Create a tensorflow session
sess = tf.Session()

#Start training of the network
train(train_op, loss,sess)

#Run the session
zs, probs = sess.run([z, prob], {visual: vs, textual: ts})
```

앞의 스크립트를 실행하면 모델은 손실 최적화를 위한 훈련을 시작한다. 우리는 각 에포크의 손실 값을 포함하는 목록을 만들고 있는데, 이것은 우리의 모델들이 훈련되고 있는지 여부를 감시하는데 도움을 줄 것이다.

훈련 기간 동안 우리의 손실이 어떻게 나타나는지 보자:

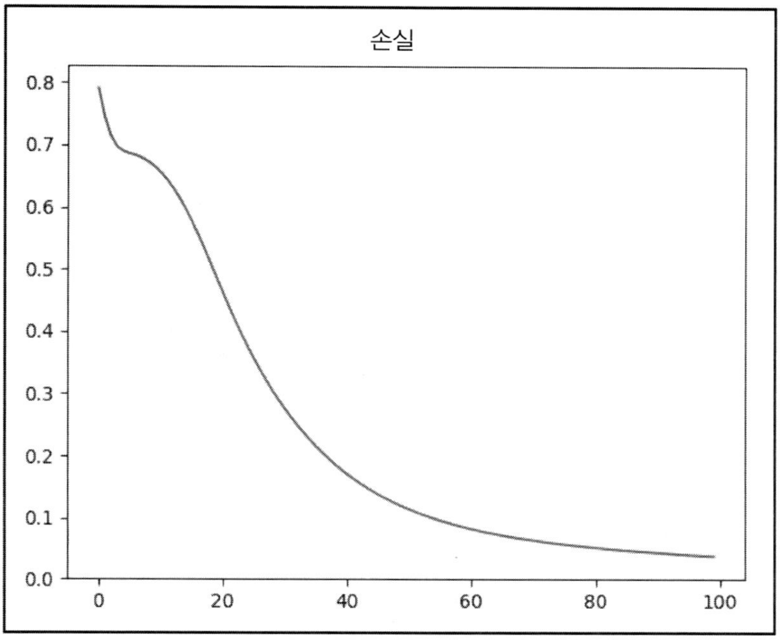

x축에는 에포크의 수를 표시하고 y축에는 서로 다른 손실 값을 표시한다. 우리가 100 에포크 동안 네트워크를 훈련시켰기 때문에, 여러분은 우리의 모델들이 얼마나 잘 배우고 있는지를 보여주는 아주 멋진 곡선이 있다는 것을 볼 수 있다. 손실 가치의 감소는 모델 성능의 개선 가능성을 보여준다. 이것을 우리의 분포에 대해 시각화하기 위해서, 정보 소스 주변의 결정 경계를 만들 간단한 함수를 작성할 필요가 있을 것이다.

다중모드 아키텍처가 얼마나 잘 작동하는지 확인해 보자:

```
def plot_evaluations(evaluation, cmap, title, labels):
    #EVALUATION: Probability op from network
    #CMAP: colormap options
    #TITLE: plot title
    #LABELS: Class labels
    #First we will plot our distributions as we have done previously
    plt.scatter(((x_v - x_v.min()) * resolution / (x_v - x_v.min()).max()),
```

```
                ((x_t - x_t.min()) * resolution / (x_t - x_t.min()).max()),
                c=np.where(c == 0, 'blue', 'red'))
    #Give the titles to our plots by labeling the axes
    plt.title(title, fontsize=14)
    plt.xlabel('visual modality')
    plt.ylabel('textual modality')
    #Here we will create a color map to draw the boundaries
    plt.imshow(evaluation.reshape([resolution, resolution]),
               origin='lower',
               cmap=cmap,
               alpha=0.5)
    #Let's put a color bar to create a fancy looking plot
    cbar = plt.colorbar(ticks=[evaluation.min(), evaluation.max()])
    cbar.ax.set_yticklabels(labels)
    cbar.ax.tick_params(labelsize=13)
```

이제 우리의 함수를 불러 결정의 경계를 그려볼 준비가 되었다. 이 코드는 다음과 같다.

```
#We will plot the probabilities
plot_evaluations(probs[:, 1],
                 cmap='bwr',
                   title='$C$ prediction',
                   labels=['$C=0$', '$C=1$'])

#Show the plots over here
plt.show()
```

다음은 결정경계를 보여주는 이 코드라인의 결과물이다.

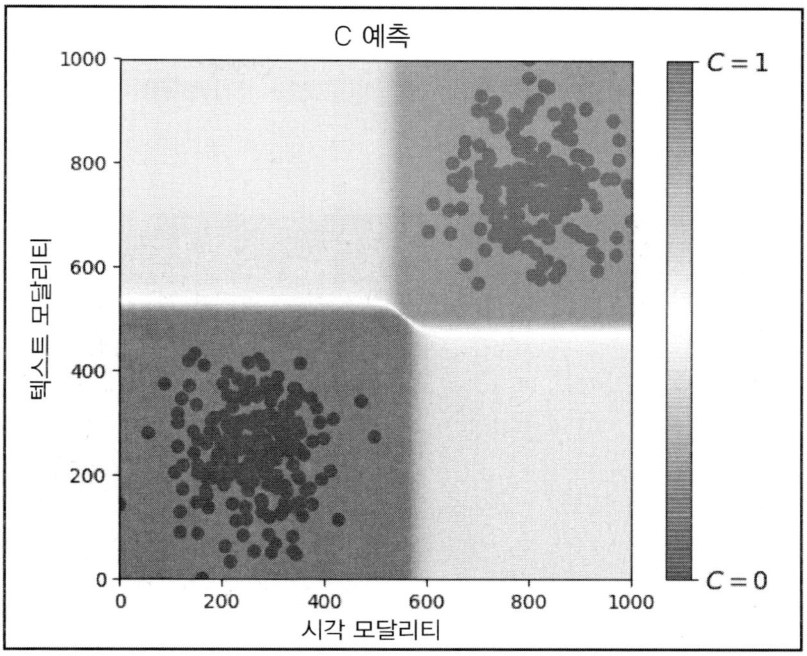

이것이 바로 이 네트워크로부터 원하는 것이다. 보다시피, 우리는 두 가지 다른 소스에서 수집한 정보를 처리하고 다른 클래스의 샘플을 정확하게 분류했다. 이것이 다중모드 학습의 방법이다: 우리는 정보를 수집하고 그것을 결합하여 놀라운 결과를 얻는다. 이 소개가 다중모드 학습의 개념을 이해하기에 충분하다고 생각하고, 이제 이 영역을 살펴보려고 한다. 다음 절에서는 이미지 캡션 생성기로 알려진 이미지 설명 생성기를 구현해야 한다는 이 장에서 앞에서 설명한 문제를 해결하고자 한다. 본격적으로 해보자.

이미지 캡션 생성기

다중모드 학습에 대해 이야기할 때, 우리는 두 개의 다른 소스에서 나온 정보를 병합하려고 한다. 우리는 이미지 캡션 생성을 위한 해결책을 제공하기 위해 다중모드 학습을 시도할 수 있다. 이미지 캡션은 꽤 흥미로운 애플리케이션이며 로봇 관련 작업에 널리 사용되는 알고리즘이다. 기본적으로, 그것은 어떤 장면의 이미지를 기계에게 보여주고 기계는 당신에게 이미지 안에서 실제로 일어나고 있는 것을 말하려고 노력하는 것을 포함한다. 그것은 자연어 처리의 매혹적인 영역이다.

우선, 결과물이 무엇인지를 결정하자. 우리가 다중모드 아키텍처에서 원하는 것이 무엇인지는 다음 사진에서 이해할 수 있다.

정원에서 빨간 색 프리즈비를 가지고 놀고 있는 개 한마리

앞의 사진을 기계에 제시하면, **정원에서 빨간 색 프리즈비를 가지고 놀고 있는 개 한마리** 라는 설명이 생성된다는 것을 알 수 있다. 어떻게 기계가 우리에게 알려지지 않은 장면에 대해 말해줄 수 있을까?

요즘은 심층 학습 모델(컨볼루션 망)을 이미지 분류와 인식 또는 객체 위치추적 등 다양한 컴퓨터비전 애플리케이션에서 볼 수 있다. 마찬가지로 텍스트 생성, 단어 예측, 심지어 시를 쓰는 데도 순환 신경망을 사용할 수 있다. 그러면 이 두 모델을 병합하면 어떻게 되는 걸까? 캡션 생성기를 만들 수 있는가?

우리는 이미지 정보를 처리하기 위한 하나의 모델과 텍스트 데이터를 처리하기 위한 다른 모델을 만들 수 있다. 그리고 나서 우리는 우리의 프레임워크의 입력 이미지에 새로운 텍스트를 생성하기 위해 두 세트의 정보를 결합할 수 있다. 다음의 것들을 사용할 것이다.

- 데이터 세트

- 시각적 특징 추출기
- 텍스트 특징 추출기
- 결합된 특징들을 처리할 수 있는 모델

앞의 요소들을 결합하고 적절한 처리를 거치면 캡션 생성기를 만들 수 있다.

지금까지는 우리가 필요한 것만 논의했을 뿐 어떻게 하느냐는 논의하지 않았다. 이제 시작하자.

데이터 세트

이런 종류의 문제에서는 장난감 데이터 세트를 만드는 것도 정말 어려운 일이기 때문에, 우리는 이 작업을 위해 준비된 적절한 데이터 세트를 얻는 것으로 시작할 것이다. 교육 목적으로, 당신은 이 작업에 `flickr8K` 데이터 세트를 사용할 수 있다. 이 데이터 세트는 온라인 사진 공유 플랫폼인 플리커[Flickr]의 도움을 받아 일리노이 대학의 컴퓨터 과학 도메인에 의해 작성되었다. 이미지 설명을 사용한 이미지 순위 지정 작업용으로 만들어졌다. 데이터 세트는 8,000개 이상의 이미지를 포함하고 있으며 각 이미지에는 5개의 설명이 있으며, 이 설명은 서로 다른 관점에서 장면을 설명한다. 이 8,000개의 이미지는 이미 훈련, 시험, 검증 세트로 분류되어 있다. 당신은 모델을 훈련할 수 있고 그 성능은 당신의 개인적인 사용을 위한 검증과 시험 세트 모두에 대해 시험할 수 있다.

데이터를 다운로드하려면 웹사이트(https://forms.illinois.edu/sec/1713398)에 간단한 양식을 작성해야 한다. 이것은 당신의 연락처 정보를 수집할 것이고 다운로드 링크를 이메일로 보낼 것이다. 거기서 데이터 세트를 다운받을 수 있다. 약 1 GB의 디스크 공간이 소요될 것이다.

시각적 특징 추출기

이미지 특징 추출 작업을 위해 우리는 심층 CNN을 사용할 것이다. CNN을 사용하는 주요 이유는 지역 수용장(가중치 공유를 사용함)과 풀링 연산 때문이다. 이러한 용어에 대한 자세한 내용은 7장 생성적 대립망을 참조하라.

우리는 CNN을 사용함으로써 입력 이미지의 보다 강건한 특징을 얻을 수 있다. 이는 CNN이 계층적 순서로 특징을 학습하기 때문이다. 이는 CNN의 초기 계층이 이미지의 가장자리나 모서리와 같은 기본적인 특징에 대해 배우는 반면, 더 깊은 계층은 개체의 모양과 패턴과 같은 추상적인 특징에 대해 배운다는 것을 의미한다. 이것은 더 정확한 정보를 제공함으로써 결합기 네트워크에 도움을 줄 수 있다.

우리는 옥스포드의 시각 기하학 그룹이 개발한 CNN을 사용할 것이다. 이 네트워크들은 VGG-nets로도 알려져 있다. 계층 수가 다른 다양한 VGG-net 이 있다. 우리는 13개의 컨볼루션 층과 3개의 완전히 연결된 층을 가진, 그중 작은 VGG-16을 사용할 것이다. 이 네트워크에는 VGG-19와 VGG-21의 두 가지 변형이 더 있다. 이 네트워크들은 2014년 이미지 네트 대회의 우승자가 되었다.

다음 다이어그램은 VGG-16용 네트워크 아키텍처를 보여준다.

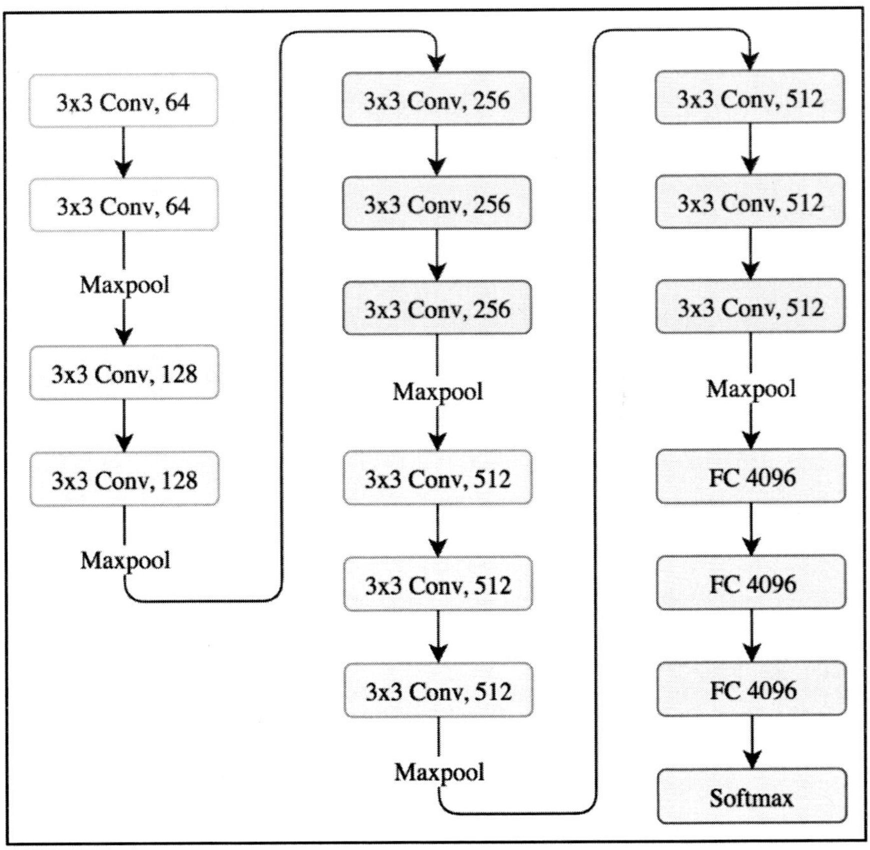

아키텍처에서 볼 수 있듯이 모든 컨볼루션 커널의 크기는 3×3이지만 필터의 수는 계층에 따라 다르다. 컨볼루션 층들 사이에 몇 개의 최대 풀링층을 볼 수 있으며, 네트워크의 모든 활성화 함수는 ReLU이다. 오른쪽에는 각각 4,096개의 가중치를 가진 세 겹의 밀집층이 있다. 최종 층에는 소프트맥스 분류기가 있다. 이 네트워크 아키텍처를 자세히 이해하려면 https://arxiv.org/abs/1409.1556에서 찾을 수 있는 이 네트워크의 작성자가 작성한 문서를 참조하라. 이 논문은 네트워크의 다양한 빌딩 블록에 대한 매우 심층적인 분석을 제공하며, 이것은 결국 여러분 자신의 버전을 만드는 데 도움이 될 것이기 때문에 이 논문을 살펴보기를 강력히 권장한다.

특징 추출과 관련된 마지막 참고 사항 중 하나는 VGG-16만 사용할 필요는 없다는 것이다. 다양한 종류의 잔존 네트워크residual network나 구글 인셉션Google Inception과 같은 다양한 딥러닝 아키텍처를 테스트할 수 있다.

텍스트 특징 추출기

특징 추출기는 실제로 프로세서 네트워크에 가깝기 때문에 이 네트워크에 대해 매우 정확한 용어는 아니다. 우리는 이것을 이용하여 라벨로 표시된 설명을 배우고 이미지에 대한 설명을 만들기 위해 텍스트 데이터를 생성하도록 할 것이다.

우리는 이 네트워크를 만들기 위해 LSTMLong Short Term Memory 장치를 사용할 것이다. 이것은 순서 기반 연산과 같이 자신의 미래나 과거 상태에 따라 좌우되는 과제에 사용되는 순환 신경망의 일종이다. 이들은 가중치와 함께 작은 메모리 유닛을 가지고 있는 특별한 종류의 네트워크로, 그들은 입력의 이전 상태를 배울 수 있다. 이 때문에 텍스트 생성, 기계 번역, 음성 인식 등 자연어 처리 작업에 적합하다.

다음 다이어그램은 기본 RNN 네트워크 과정을 보여준다.

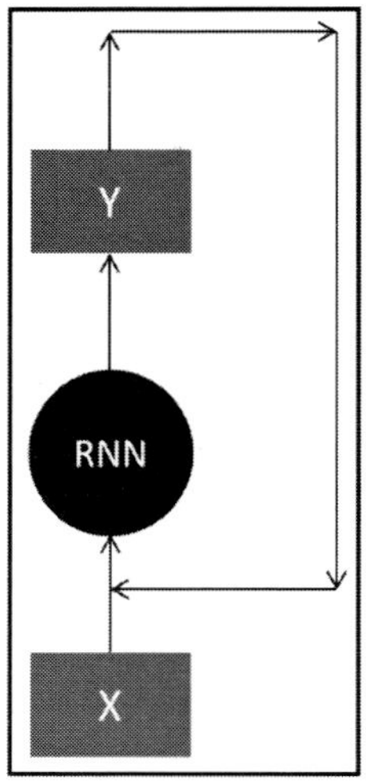

앞의 도표에서 볼 수 있듯이, 우리는 네트워크 출력을 다시 공급했는데, 이것은 네트워크가 순차열을 배우는 데 도움을 주기 때문이다.

텍스트 생성은 항상 이전 입력 통계에 의존한다. 의미 있는 문장을 만들려면 특정한 단어 순서가 되어야 한다. 이 주제에 대해 자세히 알아보려면, LSTM에 대해 설명하는 5장, 자연어의 계산적 이해를 참조하라. LSTM 네트워크를 만들기 전에 입력 텍스트에서 많은 전처리를 해야 한다. 우리는 우리의 네트워크가 훈련 중에 어려움을 겪지 않도록 간결한 어휘를 만들어야 한다. 우리는 또한 문자 데이터에서 대문자, 구두점 및 기타 서식을 제거할 필요가 있다. 이것은 간단하지만 강력한 LSTM 모델을 디자인하는 데 도움이 될 것이다.

두 개의 정보 처리기를 다 만든 후에, 우리는 이제 우리의 결합 모델을 연구할 필요가 있다.

결합기 모델

이 네트워크는 두 특징 추출기에서 얻은 결합 정보를 처리하는 완전히 연결된 신경망이 될 것이다. 결합기 신경망의 입력은 VGG 망에서 생성된 시각 정보와 LSTM 네트워크에서 처리된 텍스트 정보로 구성된 벡터다. 이 네트워크는 소프트맥스 확률을 발생시키며, 이것은 결국 우리에게 단어 벡터를 제공하고 이미지에 대한 캡션을 생성하는데 도움을 줄 것이다. 지금까지, 우리는 우리가 필요로 하는 것에 대해 이야기했고, 당신은 우리가 어떻게 캡션 생성기 아키텍처를 설계할 것인지에 대한 아이디어를 가지고 있다. 이제 이 과정에 뛰어들어야 할 때다.

캡션 생성기 아키텍처

자체적으로 캡션 생성기를 구축하기 위해 우리는 순수한 텐서플로우 구현을 사용하지 않고, 대신 케라스 API를 사용할 것이다. 이 API는 백엔드에서 텐서플로우를 사용하므로 간접적으로 작업할 것이다. 그것은 우리가 일을 깔끔하고 단순하게 유지하도록 도와준다. 이전 장에서는 이미 케라스를 사용했으므로, 이 API를 사용하는 방법에 대한 아이디어를 얻으려면 그 내용을 참조하기 바란다.

진행하기 전에 일리노이 대학에서 제공하는 링크(https://forms.illinois.edu/sec/1713398)에서 이미지 데이터 세트를 다운로드해야 한다. 로컬 디렉터리에 보관하자. 여기에는 이미지 데이터가 들어 있는 `Flicker8k_dataset`라는 폴더와 모든 이미지에 대한 텍스트 설명이 들어 있는 `Flickr8k_text`라는 폴더가 두 개 포함될 것이다. 이 폴더에는 여러 텍스트 파일이 있는데, 이 파일에는 훈련 이미지 이름, 테스트 이미지, 검증 이미지 등이 포함되어 있어, 모델의 성능을 측정할 수 있다. 이 데이터는 8,000개 이상의 이미지를 가지고 있으며 크기는 약 1 GB이다.

VGG 네트워크를 자체적으로 처음부터 교육하는 것은 어려운 작업이므로, 텐서플로우 저장소의 미리 훈련된 가중치를 사용하여 입력 이미지의 특징을 생성할 것이다. 처음 특징 추출기 모듈을 실행하면 이러한 가중치는 로컬 드라이브에 자동으로 다운로드되며 나중에 사용할 수 있게 된다. 가중치의 파일 크기는 약 500 MB이며, 다운로드 시간은 네트워크 속도에 따라 달라진다.

앞에서 언급한 바와 같이, 우리는 모든 텍스트 사전 처리 및 이미지 처리 작업을 위하여 코드에서 케라스 API를 광범위하게 사용할 것이다. 우리는 그 과정 중에서 이 연산들에 대해 논의할 것이다. 일단은 시행부터 하자.

우리는 이전과 비슷한 방식으로 시작할 것이다. 먼저 ImageCaptionGenerator.py라는 이름의 파이썬 파일을 만드는 것으로 시작할 것이다. 필요한 라이브러리를 모두 가져오자. 구현 중에 각 라이브러리에 대해 논의할 것이므로 이 라이브러리를 뭐라고 부를지 걱정하지 말라.

라이브러리 가져오기

우리는 Keras와 NumPy와 같은 모든 패키지를 가져오는 것으로 시작할 것이다. 대부분의 라이브러리는 도메인 의존성 때문에 기계학습 세계에서 흔하지 않다. 현재 한 번에 두 개의 도메인에서 작업하고 있으므로 다음 라이브러리를 사용할 것이다.

```
#Pickle will be use to load and store the data
from _pickle import load
from pickle import dump

#OS will help us to get files from the directory
from os import listdir

#String will handle text processing operations
import string

#For using VGG architecture, Keras will be used
from keras.applications.vgg16 import VGG16
from keras.applications.vgg16 import preprocess_input

#Callbacks will be use to choose model configurations
from keras.callbacks import ModelCheckpoint

#Following will help us to create and load Models
from keras.models import Model, load_model

#We will use Keras for various image processing tasks
from keras.preprocessing.image import img_to_array
from keras.preprocessing.image import load_img

#Keras will help us in text related operations too
from keras.preprocessing.sequence import pad_sequences
```

```
from keras.preprocessing.text import Tokenizer

#We will use Keras utilities for one hot encoding
from keras.utils.np_utils import to_categorical

#To visualize the model created
from keras.utils.vis_utils import plot_model

#Finally numpy for algebra operations
from numpy import argmax
```

시각 특징 추출

이제 이미지 데이터에서 시각적 특징을 추출하는 첫 번째 함수를 만들 것이다. 우리는 전체 이미지 데이터에서 특징을 추출하여 향후 사용을 위해 디스크에 저장할 것이다. 이렇게 하면 훈련 프로세스에서 특징 추출 오버헤드가 제거되며, 결과적으로 더 빠른 훈련을 할 수 있다.

VGG 네트워크는 입력으로 세 개의 채널이 있는 224×224의 이미지 크기를 예상한다. 출력 시, 훈련된 인스턴스에 대한 소프트맥스 확률을 생성한다. 우리는 실제로 이미지 분류 작업에 관심이 없기 때문에 출력 확률은 필요하지 않다. 대신 소프트맥스 분류기가 이미지를 분류할 수 있는 기능에 관심이 있다. 이를 위해서는 가중치를 로드한 후 네트워크에서 소프트맥스층을 제거해야 하는데, 이 경우 네트워크의 출력단부에서 4,096개 요소의 출력 벡터가 나온다. 다음 코드를 사용하여 모든 이미지에 대해 이 벡터를 저장할 것이다.

```
# Extract features from each image in the directory
def extract_features(directory):
    #DIRECTORY: is the path of image data
    # Load the VGG-16 model from keras
    model = VGG16()
    # Remove the final layer so we can have features at the end
    model.layers.pop()
    # Re-structure the model after modification
```

```
    model = Model(inputs=model.inputs, outputs=model.layers[-1].output)
    # Let's see how our modified model looks
    print(model.summary())
    # In the following loop we will extract features from images
    # and create a dictionary so the key of the dictionary will be
    # the image name and the key value will be the extracted feature vector
    #This is our feature directory
    features = dict()
    #Let's run the loop
    for name in listdir(directory):
        # Load an image from file
        filename = directory + '/' + name
        image = load_img(filename, target_size=(224, 224))
        # Convert the image pixels to a numpy array
        image = img_to_array(image)
        # Reshape data for the model
        image = image.reshape((1, image.shape[0], image.shape[1],
                              image.shape[2]))
        # Now we will prepare the image for the VGG model
        # this pre-processing will convert images in a compatible
        # form for the VGG network.
        image = preprocess_input(image)
        # Now it's time to extract the features
        feature = model.predict(image, verbose=0)
        # Once we get the features, we will put them into the dictionary
        image_id = name.split('.')[0]
        features[image_id] = feature
        print('>%s' % name)
    # Return final feature vector
    return features
```

이제 이 함수를 테스트할 시간이다.

```
# Here we will define our data directory
data_dir = 'E:/FlickerData/'

# Let's run the above function to extract features from all images
directory = data_dir+'Flicker8k_dataset'
features = extract_features(directory)
```

```
print('Extracted Features: %d' % len(features))

# Dump the extracted features on the disk
dump(features, open(data_dir+'features.pkl', 'wb'))
```

본 모델의 아키텍처는 다음과 같다.

```
_________________________________________________________________
Layer (type)                 Output Shape              Param #
=================================================================
input_1 (InputLayer)         (None, 3, 224, 224)       0
_________________________________________________________________
block1_conv1 (Conv2D)        (None, 64, 224, 224)      1792
_________________________________________________________________
block1_conv2 (Conv2D)        (None, 64, 224, 224)      36928
_________________________________________________________________
block1_pool (MaxPooling2D)   (None, 64, 112, 112)      0
_________________________________________________________________
block2_conv1 (Conv2D)        (None, 128, 112, 112)     73856
_________________________________________________________________
block2_conv2 (Conv2D)        (None, 128, 112, 112)     147584
_________________________________________________________________
block2_pool (MaxPooling2D)   (None, 128, 56, 56)       0
_________________________________________________________________
block3_conv1 (Conv2D)        (None, 256, 56, 56)       295168
_________________________________________________________________
block3_conv2 (Conv2D)        (None, 256, 56, 56)       590080
_________________________________________________________________
block3_conv3 (Conv2D)        (None, 256, 56, 56)       590080
_________________________________________________________________
block3_pool (MaxPooling2D)   (None, 256, 28, 28)       0
_________________________________________________________________
block4_conv1 (Conv2D)        (None, 512, 28, 28)       1180160
_________________________________________________________________
block4_conv2 (Conv2D)        (None, 512, 28, 28)       2359808
_________________________________________________________________
block4_conv3 (Conv2D)        (None, 512, 28, 28)       2359808
_________________________________________________________________
block4_pool (MaxPooling2D)   (None, 512, 14, 14)       0
_________________________________________________________________
```

```
block5_conv1 (Conv2D)              (None, 512, 14, 14)          2359808
_________________________________________________________________
block5_conv2 (Conv2D)              (None, 512, 14, 14)          2359808
_________________________________________________________________
block5_conv3 (Conv2D)              (None, 512, 14, 14)          2359808
_________________________________________________________________
block5_pool (MaxPooling2D)         (None, 512, 7, 7)            0
_________________________________________________________________
flatten (Flatten)                  (None, 25088)                0
_________________________________________________________________
fc1 (Dense)                        (None, 4096)                 102764544
_________________________________________________________________
fc2 (Dense)                        (None, 4096)                 16781312
=================================================================
Total params: 134,260,544
Trainable params: 134,260,544
Non-trainable params: 0
_________________________________________________________________
Extracted Features: 8092
```

보다시피, 마지막 줄에는 8092개의 이미지가 들어있기 때문에 우리는 이미지 특징의 거대한 사전을 가지고 있다. 이 파일은 130 MB의 디스크 공간을 차지할 것이다.

이제 시각적 특징 추출기로부터 이미지 특징을 확보했으므로, 텍스트 데이터를 사전 처리하여 LSTM과 결합된 네트워크를 훈련하는 데 사용할 수 있어야 한다.

텍스트 처리

다음 함수는 이미지 설명 파일을 메모리에 로드한다. 각 사진에는 고유한 식별자가 있으며, 이 식별자는 설명의 사진 파일 이름과 텍스트 파일에 사용된다. 우리는 텍스트 파일을 처리하기 위해 파이썬의 내장 함수 `file`을 사용할 것이다.

```
# Following function will load the text file
def load_doc(filename):
    #FILENAME: is the name of image description file
    # We will open the file in read only mode
```

```
    # so that we can not alter the content.
    file = open(filename, 'r')
    # Read the contents
    text = file.read()
    # Close the original file
    file.close()
    # Return the descriptions
    return text
```

앞의 함수가 문서를 로드한 후, 파일에서 설명을 로드하기 시작해야 한다. 다음 함수는 설명을 로드 하는데 도움이 될 것이다. 우리는 코드 라인 사이에 빈 공간이 없도록 할 것이다. 이 함수는 로드된 설명의 사전을 반환한다. 사전의 키는 이미지 이름이 되고 키 값은 이미지의 설명이 된다. 우리의 경우, 각 이미지에 대해 다섯 가지 설명이 있다.

```
# Extract descriptions for images
def load_descriptions(doc):
    #DOC: loaded document
    # Create an empty dictionary to hold descriptions
    mapping = dict()
    # Start to process each line
    for line in doc.split('\n'):
        # Split line by white space. It will give us
        # each word separately in a list-like structure
        tokens = line.split()
        #We will not consider a line with a single character
        if len(line) < 2:
            continue
        # As the first word of each line is the image id,
        # We will break the line in two parts,
        # Image id and description
        image_id, image_desc = tokens[0], tokens[1:]
        # Remove file extension from image name
        image_id = image_id.split('.')[0]
        # Join all the words back and form the line
        image_desc = ' '.join(image_desc)
        # Create key if not present
        if image_id not in mapping:
            mapping[image_id] = list()
```

```
        # Insert descriptions as key values in respective keys
        mapping[image_id].append(image_desc)
    #Return dictionary for further processing
    return mapping
```

우리는 이제 사전의 형태로 우리의 설명을 가지고 있으며, 우리는 어떤 이미지에서든 한 줄의 코드로 어떤 설명에도 접근할 수 있다. 우리의 다음 과제는 우리가 단어 벡터를 만드는 데 도움을 줄 간결한 어휘를 만들 수 있도록 이 설명들을 깨끗이 하는 것이다. 우리는 이 장에서 나중에 이것에 대해 토론할 것이다.

다음 함수에서는 실제 전처리가 시작된다. 다음 단계가 수행된다.

1. 모든 대문자를 소문자로 변환할 것이다. 그렇게 하여 apple, Apple, 그리고 APPLE은 모두 우리의 분류기에 동일한 것으로 된다.
2. 다음과 같은 모든 구두점을 제거할 것이다: 이중 콜론(:), 쉼표(,), 세미콜론(;). 이렇게 하면 어휘의 크기가 줄어들 것이다.
3. 설명에서 a와 s와 같은 단일 문자를 제거할 것이다.
4. 마지막으로, 설명에서 모든 숫자 값을 제거할 것이다.

이 작업을 한 후에, 우리는 문장을 만들기 위해 모든 단어들을 다시 합칠 것이다. 이 내용을 어떻게 할 수 있는지 코드를 작성해 보자.

```
#The following function will clean the descriptions
def clean_descriptions(descriptions):
    #DESCRIPTIONS: is the dictionary that contains image descriptions
    # We prepare a translation table which contains all the punctuation
    table = str.maketrans('', '', string.punctuation)
    # Let's iterate with different descriptions
    for key, desc_list in descriptions.items():
        # Here we will work on each description
        for i in range(len(desc_list)):
            # Extract description
            desc = desc_list[i]
            # Split it into words (tokenize)
            desc = desc.split()
```

```
        # Convert to all letters in lower case
        desc = [word.lower() for word in desc]
        # Remove punctuation from each token
        desc = [w.translate(table) for w in desc]
        # Remove words with a single character, like
        # hanging 's' and 'a'
        desc = [word for word in desc if len(word)>1]
        # Remove tokens with numeric values
        desc = [word for word in desc if word.isalpha()]
        # Join all the words again to store them
        desc_list[i] = ' '.join(desc)
```

이상적으로, 우리는 가능한 한 표현력 있으면서도 작은 어휘를 원한다. 어휘가 작으면 더 빨리 훈련할 수 있는 작은 모델이 생길 것이다.

마지막으로, 이미지 식별자와 설명의 사전을 descriptions.txt라는 새로운 파일에 저장할 수 있다(한 줄에 하나의 이미지 식별자 및 설명 포함). 다음 코드는 save_descriptions() 함수를 정의하는데, 식별자-설명 매핑이 포함된 사전과 파일 이름을 지정하면 매핑을 파일에 저장한다.

```
# save descriptions to file, one per line
def save_descriptions(descriptions, filename):
    #DESCRIPTIONS: Cleaned descriptions dictionary
    #FILENAME: filename to store description onto disk
    #Create a list to store different lines
    lines = list()
    #Iterate to each descriptions
    for key, desc_list in descriptions.items():
        #Put the description with image name in a different line
        for desc in desc_list:
            lines.append(key + ' ' + desc)
    #Join all the lines in a single document
    data = '\n'.join(lines)
    #Open a file with the defined filename with write permissions
    file = open(filename, 'w')
    #Write the data into the file
    file.write(data)
```

```
    #Close the file
    file.close()
```

설명 데이터를 전처리하기 위한 세 가지 함수를 모두 테스트해 보자.

```
#File name to store cleaned descriptions
filename = data_dir+'Flickr8k_text/Flickr8k.token.txt'

#Load descriptions using 'load_doc'
doc = load_doc(filename)

#Parse descriptions using 'load_descriptions'
descriptions = load_descriptions(doc)

#Print the size of loaded descriptions
print('Loaded: %d ' % len(descriptions))

#Here we will clean the descriptions
clean_descriptions(descriptions)

#Save the descriptions to the file
save_descriptions(descriptions, data_dir+'descriptions.txt')
```

이 코드를 실행하면 다음을 얻는다:

```
Loaded: 8092
```

저장된 설명 파일을 보면 각 설명이 동일한 이미지 이름을 갖는 다른 행으로 쓰여 있음을 알 수 있다. 이것은 우리가 하나의 이미지로 복수의 설명을 훈련하려고 할 때 분류기의 훈련 동안 우리에게 도움이 될 것이다. 최종 파일은 다음과 같이 보일 것이다.

```
1131932671_c8d17751b3 boy is jumping on bed
1131932671_c8d17751b3 boy jumped up from the green bed
1131932671_c8d17751b3 boy jumps from one bed to another
1131932671_c8d17751b3 small child is jumping on bed
1131932671_c8d17751b3 the boy in blue shorts is bouncing on the bed
```

이제까지 한 것을 정리해 보면:

- 시각적 특징을 추출하는 함수를 만들었고,
- 이미지 설명을 로드하고 정리하는 함수를 만들었다.

훈련 및 테스트를 위한 데이터 준비

우리는 캡션 생성기 모델을 설계할 준비가 거의 되어 있지만, 이를 수행하기 전에 서로 다른 데이터 세트를 준비할 수 있는 세 가지 도우미 함수를 더 갖춰야 한다. 기억한다면 Flickr8k_text 폴더에 여러 개의 텍스트 파일이 있는데, 하나는 훈련 이미지 이름들을 포함하는 것이고, 두개는 이미지 이름들을 개발하고 테스트하기 위한 것이다. 우리는 이 파일에서 이미지 이름을 읽고 파일 ID의 부분집합을 만들 수 있는 함수, 이 부분집합 파일을 읽고 훈련, 테스트 및 검증 세트를 위한 이미지 특징의 부분집합을 만들 수 있는 함수, 그리고 동일한 파일에 대해 전처리된 설명을 읽을 수 있는 함수 등 세 가지 함수가 필요하다.

이미지 이름의 부분집합을 만드는 것부터 시작하자.

```
# load a pre-defined list of image names
def load_set(filename):
    #FILENAME: is file name which contains image names
    #Load the file from the disk
    doc = load_doc(filename)
    #Create an empty list to store the image names
    dataset = list()
    #Process line by line
    for line in doc.split('\n'):
        # Skip empty lines
        if len(line) < 1:
            continue
        # Get the image name
        identifier = line.split('.')[0]
        dataset.append(identifier)
    #Return subset
    return set(dataset)
```

이전 파일명을 사용하여 전처리된 이미지 설명을 로드해야 한다. 우리는 또한 라인의 시작 전에 startseq라는 단어를, 줄의 마지막 단어 뒤에 endseq라는 단어를 넣음으로써 각 라인에 시작과 끝 플래그를 추가할 것이다. 이 플래그들은 LSTM이 언제 캡션을 생성하기 시작하고 언제 끝내야 하는지를 알 수 있도록 도와줄 것이다.

이것은 다음과 같이 하면 된다.

```
# Load clean descriptions into memory
def load_clean_descriptions(filename, dataset):
    #FILENAME: file name of cleaned descriptions
    #dataset: is file with image names created by load_set
    # Load cleaned descriptions
    doc = load_doc(filename)
    #Create empty list to store sub set of description
    descriptions = dict()
    #Let's iterate with different lines
    for line in doc.split('\n'):
        # Create words by splitting lines
        tokens = line.split()
        # Split id from description
        image_id, image_desc = tokens[0], tokens[1:]
        # Skip images not in the set
        if image_id in dataset:
            # Create list
            if image_id not in descriptions:
                descriptions[image_id] = list()
            # Put start and end flag to each description
            desc = 'startseq ' + ' '.join(image_desc) + ' endseq'
            # Store modified description
            descriptions[image_id].append(desc)
    #Return descriptions
    return descriptions
```

이제 시각적 특징의 부분집합을 생성하는 함수를 만들어 보자.

```
# load photo features
def load_photo_features(filename, dataset):
    #FILENAME: filename containing image features
```

```
    #load all features
    all_features = load(open(filename, 'rb'))
    #Create subset
    features = {k: all_features[k] for k in dataset}
    return features
```

세 가지 함수를 모두 테스트해 보자.

```
#Load training dataset
filename = data_dir+'Flickr8k_text/Flickr_8k.trainImages.txt'
train = load_set(filename)
print('dataset: %d' % len(train))

#Create description subset of training description
train_descriptions = load_clean_descriptions(data_dir+'descriptions.txt',
train)
print('Descriptions: train=%d' % len(train_descriptions))

#Create feature sub set for training images
train_features = load_photo_features(data_dir+'features.pkl', train)
print('Photos: train=%d' % len(train_features))
```

실행 후에는 다음과 같이 보일 것이다.

```
dataset: 6,000
Descriptions: train=6,000
Photos: train=6,000
```

이제 필요한 데이터 세트를 모두 생성했으므로 준비가 되었는가? 그렇지 않다: 어떤 기계학습 모델도 문자열을 입력으로 받아들일 수 없다. 오직 숫자 값만 줄 수 있다. RNN도 숫자 값만을 입력으로 취할 수 있다! 우리는 케라스의 라이브러리를 이용해서 이 단어들을 숫자 값으로 변환할 수 있다. 그러나 우리는 그 함수에 단어를 직접 공급할 수 없기 때문에 약간의 도우미 함수가 필요할 것이다.

이 데이터를 인코딩하는 첫 번째 단계는 단어에서 고유한 정숫값으로의 일관된 매핑을 만드는 것이다. 케라스는 로드된 설명 데이터에서 이 매핑을 배울 수 있는 Tokenizer 클래스를 제공한다.

다음 코드는 설명의 사전을 문자열 목록으로 변환하는 데 사용되는 to_line() 함수를 정의한다. 로드된 사진 설명 텍스트에 Tokenizer를 장착하는 create_tokenizer() 함수도 들어가 있다.

```
# Convert a dictionary of clean descriptions to a list of descriptions
def to_lines(descriptions):
    #DESCRIPTIONS: descriptions dictionary
    #Create an empty list to store descriptions
    all_desc = list()
    #Iterate through the dictionary keys and extract all descriptions
    for key in descriptions.keys():
        #Append all description one by one
        [all_desc.append(d) for d in descriptions[key]]
    #Return the description list
    return all_desc
```

이 기능에 6,000개의 이미지의 설명을 입력하면 30,000개의 설명 목록이 생성된다. 이는 각 이미지가 데이터 세트에 5가지 설명을 담고 있기 때문이다.

우리는 이제 설명에 Tokenizer를 맞출 준비가 되었다. 케라스는 심층 학습을 위한 텍스트 문서 작성을 위한 Tokenizer(https://keras.io/preprocessing/text/#tokenizer) 클래스를 제공한다. Tokenizer를 작성한 다음 원시 텍스트 문서 또는 정수 인코딩된 텍스트 문서에 맞추어야 한다.

일단 장착된 Tokenizer는 문서에 대해 배운 내용에 대해 질의하는 데 사용할 수 있는 네 가지 특성을 제공한다:

- word_counts: 단어와 빈도 사전
- word_docs: 단어와 문서 빈도 사전
- word_index: 단어와 고유하게 할당된 정수 사전
- document_count: 토크나이저에 맞추는 데 사용된 총 문서 수

다음 함수는 우리를 위해 이 작업을 한다. 입력 시, 우리는 to_line 함수에 의해 목록 형태로 변환된 설명을 제공할 것이다. 각각의 단어를 고유한 정수로 바꿀 것이다. 우리는 이 Tokenizer를 우리의 프로젝트에서 반복해서 사용할 것이다.

```
# Fit a Tokenizer given caption descriptions
def create_tokenizer(descriptions):
    #DESCRIPTIONS: descriptions dictionary
    #Convert all descriptions in the list form
    lines = to_lines(descriptions)
    #Create tokenizer object from Keras
    tokenizer = Tokenizer()
    #Here we will fit a tokenizer on text data
    tokenizer.fit_on_texts(lines)
    #Return tokenizer
    return tokenizer
```

다음 코드는 설명 집합에 대해 Tokenizer를 생성한다.

```
#Prepare tokenizer

#We will call create tokenizer here for training descriptions
tokenizer = create_tokenizer(train_descriptions)

#This is our vocabulary size
vocab_size = len(tokenizer.word_index) + 1
print('Vocabulary Size: %d' % vocab_size)

#Store the tokenizer for re use
dump(tokenizer, open(data_dir+'tokenizer.pkl', 'wb'))
```

실행 결과는 다음과 같다.

```
Vocabulary size: 7579
```

이것은 우리의 설명 데이터 집합에 7,579개의 고유 단어가 있다는 것을 의미한다. 우리는 지금 훈련 자료 준비의 마지막 부분에 있다. 앞에서 언급한 바와 같이, 텍스트 처리에 LSTM을 사용할 것이며, LSTM은 순차열을 가지고 일하므로, 데이터 세트를 순차열의 형태로 변환할 필요가 있다. 사례의 도움을 받아 이해해 보자.

RNN은 순차열 학습에 매우 적합한 피드백 메커니즘을 가지고 있다. 네트워크가 다음과 같이 아주 간단한 문장을 배우기를 원한다고 가정하자.

A white dog is running on the beach

우리 모델에 대한 데이터를 단순하게 유지하기 위해, 우리는 관사(a와 the), 구두점, 그리고 특수 문자를 사용하지 않을 것이다. 네트워크가 이 문장을 배우도록 하려면, 먼저 문장의 시작점과 끝점을 알아야 한다. 따라서 우리는 여기에 두 개의 플래그를 추가할 것이다.

startseq white dog is running on beach endseq

우리의 네트워크는 이제 문장을 배울 준비가 되었다. 우리는 우선 입력으로 `startseq`를 주어 우리의 네트워크가 이것이 문장의 시작임을 알 수 있도록 한다. 우리의 네트워크는 각각의 입력에 대해 학습할 출력이 필요하다. `startseq`의 경우 목표 출력은 white이다. 이제, 우리는 네트워크 입력에 이전 출력물과 함께 두 번째 단어를 주어 이 두 단어가 순서대로 배열되었음을 이해한다. 자, 이제 입력은 `startseq white`가 될 것이고 우리의 목표 출력은 dog이다. 네트워크에 대한 다음 입력은 이전 입력과 함께 dog이므로 `startseq white dog`처럼 될 것이다. 우리는 endseq에 도달할 때까지 한 번에 하나의 단어(이전 출력)의 증분으로 순차열을 계속 제시할 것이다. 이 시점에서, 우리의 네트워크는 모든 순차열을 배웠다. 우리는 그 과정을 다음과 같이 요약할 수 있다.

```
X (text sequence),                                          y (word)
startseq,                                                   white
startseq, white,                                            dog
startseq, white, dog,                                       is
startseq, white, dog, is,                                   running
startseq, white, dog, running,                              on
startseq, white, dog, running, on,                          beach
startseq, white, dog, running, on, beach                    endseq
```

이것은 우리의 네트워크가 오직 하나의 소스로부터 정보를 기대하는 경우에 해당된다. 그러나 자막 생성 과제에 대해서는 정보원이 하나 더 있어 일이 더 어려워진다. 이 경우 순차열은 다음과 같아야 한다.

```
X1        X2 (text sequence),                               y (word)
Image     startseq,                                         white
Image     startseq, white,                                  dog
Image     startseq, white, dog,                             is
Image     startseq, white, dog, is,                         running
Image     startseq, white, dog, running,                    on
Image     startseq, white, dog, running, on,                beach
Image     startseq, white, dog, running, on, beach,         endseq
```

데이터 세트의 각 설명에 대해 동일한 종류의 순차열을 생성해야 한다. 우리는 이러한 순차열을 만들기 위한 함수를 작성할 필요가 있고, 그 다음 우리는 Tokenizer를 사용하여 이러한 순차열을 숫자 값으로 변환할 필요가 있을 것이다.

다음 코드가 이 작업을 수행한다.

```
#Create multiple sequences from description data
def create_sequences(tokenizer, max_length, descriptions, photos):
    #TOKENIZER: to convert words into numerical values
    #MAX_LENGTH: length of largest sentence for our classifier
    #DESCRIPTIONS: image descriptions
    #PHOTOS: image features
    #Let's start with creating empty list to store our sequences
    #for both input features and output word for each input
    X1, X2, y = list(), list(), list()
    # Walk through each image identifier
    for key, desc_list in descriptions.items():
        # Walk through each description for the image
        for desc in desc_list:
            # Here we will encode our sequences
            seq = tokenizer.texts_to_sequences([desc])[0]
            # Split one sequence into multiple X,y pairs
            for i in range(1, len(seq)):
                # Split into input and output pair
                in_seq, out_seq = seq[:i], seq[i]
```

```
            # Pad input sequence so every sequence will have equal
            #length
            in_seq = pad_sequences([in_seq], maxlen=max_length)[0]
            # Encode output sequence using one hot encoding
            out_seq =to_categorical([out_seq],num_classes=vocab_size)[0]
            # Store input and output sequences into list
            X1.append(photos[key][0])#Image
            X2.append(in_seq)# Input Descriptions
            y.append(out_seq)# Output Descriptions
    #Return sequences
    return np.array(X1), np.array(X2), np.array(y)
```

순차열의 최대 길이를 알아내기 위해, 이 작업을 위한 작은 스크립트를 작성할 수 있다.

```
# Calculate the length of the description with the most words
def max_length(descriptions):
    #DESCRIPTIONS: image descriptions
    #Convert descriptions in lines
    lines = to_lines(descriptions)
    #And measure the length of a sequence
    return max(len(d.split()) for d in lines)
```

이제 훈련 순차열을 만들 준비가 되었다. 다음과 같은 코드 라인을 사용하여 이 작업을 수행할 것이다.

```
# Determine the maximum sequence length
max_length = max_length(train_descriptions)
print('Description Length: %d' % max_length)

# Prepare sequences
X1train, X2train, ytrain = create_sequences(tokenizer,
                                                    max_length,
                                                    train_descriptions,
                                                    train_features)
```

이 코드 스크립트는 모든 순차열을 처리하는 데 오랜 시간이 걸릴 것이다. 순차열 생성이 완료되면 이전 함수를 실행할 때 어떤 일이 발생하는지 살펴보자.

```
# Print new size of sequences
print('Sequence Size: %d' % len(X1train))
Sequence Size: 357307
```

이제 검증 데이터 세트에 대해 동일한 순차열을 생성하여 모델을 훈련한 후 성능을 측정해야 한다.

```
# Load test set
filename = data_dir+'Flickr8k_text/Flickr_8k.devImages.txt'
test = load_set(filename)
print('dataset: %d' % len(test))

# Descriptions
test_descriptions = load_clean_descriptions(data_dir+'descriptions.txt', test)
print('Descriptions: test=%d' % len(test_descriptions))

# Image features
test_features = load_photo_features(data_dir+'features.pkl', test)
print('Photos: test=%d' % len(test_features))

# Prepare sequences
X1test, X2test, ytest = create_sequences(tokenizer,
                                         max_length,
                                         test_descriptions,
                                         test_features)
```

지금까지 수행한 작업을 다시 요약해 보자.

- 이미지 및 텍스트 데이터 세트가 있다.
- 시각적 특징 추출기가 있다.
- 텍스트 정보 프로세서가 있다.
- 훈련 및 테스트를 위한 토큰화된 데이터 세트가 있다.

남은 것은 이 모든 정보를 처리하고 입력 이미지에 대한 캡션을 생성하는 모델이다.

캡션 생성기 모델

우리의 모델은 이미지 캡션 생성에 관한 마크 탄티Mark Tanti 등(https://arxiv.org/pdf/1708.02043.pdf)의 논문에서 언급된 병합 모델에 기반을 두고 있다. 병합 모델의 구조는 다음 다이어그램에 표시된 것과 유사하다.

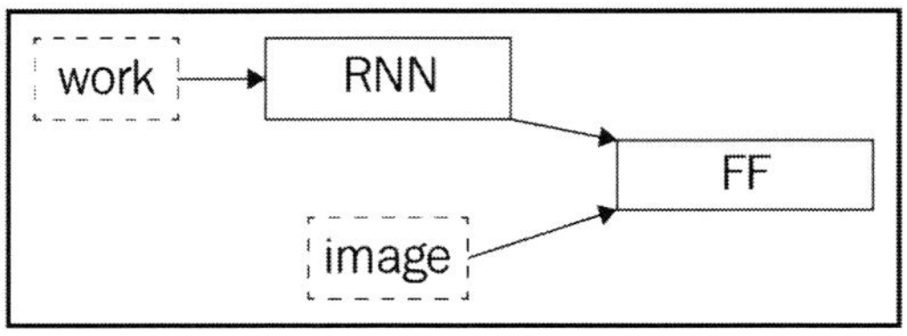

우리는 같은 작업 흐름으로 일하고 있다. 이 과정을 다음과 같이 요약할 수 있다.

- **이미지 특징 추출기**: 이 모델은 `ImageNet` 데이터 세트에서 사전 훈련을 받은 16층 VGG 모델이다. 우리는 VGG 모델로 사진을 사전 처리했으며(출력 계층 없음) 이 모델에 의해 예측된 추출 특징을 입력으로 사용할 것이다.
- **순차열 프로세서**: 이것은 텍스트 입력을 처리하기 위한 단어 임베딩 계층이고 그 다음에 LSTM RNN 층이 있다.
- **디코더**(더 나은 이름 필요): 특징 추출기와 순차열 프로세서 모두 고정 길이 벡터를 출력한다. 이것들은 서로 합쳐져 밀집층에 의해 처리되어 최종 예측을 한다.

이미지 특징 추출기 모델은 입력 사진 특징들이 4,096개의 원소를 갖는 벡터로 되어 있을 것으로 예상한다. 이것들은 밀집층에 의해 처리되어 사진이 256 원소 표현으로 바뀌어진다.

순차열 프로세서 모델은 패딩된 값을 무시하기 위해 마스크를 사용하는 임베딩 계층에 공급되는 미리 정의된 길이(34단어)의 입력 시퀀스를 예상한다. 그 다음 256개의 메모리 유닛을 가진 LSTM 계층이 뒤따른다.

두 입력 모델 모두 256 원소 벡터를 생성한다. 또한, 두 입력 모델 모두 25% 드롭아웃 형태로 정규화를 사용한다. 이는 이 모델 구조가 매우 빠르게 학습하기 때문에 훈련 데이터 세트의 과적합을 줄이기 위한 것이다.

디코더 모델은 덧셈 연산을 사용하여 두 입력 모델에서 벡터를 병합한다. 그리고 나서 이것은 밀집된 256개의 뉴런 층에 공급된다. 마지막으로, 순차열에 있는 다음 단어에 대한 전체 출력 어휘에 대해 소프트맥스 예측을 하는 최종 출력 밀집층에 공급된다.

그러나 LSTM 계층 직전에 임베딩 계층을 사용할 것이므로, 여기에 들어가기 전에 단어 임베딩에 대해 간단히 논의해 보자.

단어 임베딩

요약하면, 단어 임베딩은 밀집 벡터 표현을 사용하여 단어와 문서를 표현하기 위한 접근법이다. 이는 보다 전통적인 단어가방Bag of Words 모델 인코딩 방식보다 개선된 것으로, 단어가방 모델에서는 각 단어를 표현하거나 전체 어휘를 표현하는 벡터 내에서 각 단어에 점수를 부여하는 고차원의 희소 벡터가 사용되었다. 어휘가 방대하고, 주어진 단어나 문서가 대부분 0 값으로 구성된 큰 벡터에 의해 표현되기 때문에 이러한 표현은 희소sparse하다.

대신에, 단어 임베딩에서는 단어들이 밀집 벡터로 표현되는데 여기서는 벡터가 단어를 연속 벡터 공간으로 투영한 것을 나타낸다. 벡터 공간 내의 특정 단어의 위치는 텍스트에서 배우고 그 단어를 둘러싼 단어에 기반한다. 학습된 벡터 공간에서 단어의 위치를 그것의 임베딩이라고 한다.

텍스트에서 단어 임베딩에 사용되는 두 가지 인기 있는 방법이 있다.

- Word2Vec
- GloVe

이러한 세심하게 설계된 방법 외에도 단어 임베딩은 심층 학습 모델의 일부로 학습될 수 있다. 이는 더 느린 접근 방식이 될 수 있지만, 모델을 특정 훈련 데이터 세트에 맞추는 일을 한다. 우리의 경우 케라스 단어 임베딩 계층을 사용할 것이다.

케라스 단어 임베딩 계층은 입력 데이터를 정수 인코딩하여 각 단어가 고유한 정수로 표시되도록 요구한다. 이 데이터 준비 단계는 케라스와 함께 제공되는 Tokenizer API를 사용하여 수행할 수 있다.

임베딩 계층은 무작위 가중치로 초기화되며, 훈련 데이터 세트의 모든 단어에 대한 임베딩을 배우게 된다.

다양한 방법으로 사용할 수 있는 유연한 계층이다.

- 나중에 다른 모델에서 저장하여 사용할 수 있는 단어 임베딩을 익히기 위해 단독으로 사용할 수 있다.
- 모델 자체와 함께 임베딩이 학습되는 딥러닝 모델의 일부로 사용할 수 있다.
- 사전 훈련된 단어 임베딩 모델을 로드하는 데 사용될 수 있으며, 전이 학습의 일종이다.

임베딩 계층은 네트워크의 첫 번째 은닉층으로 정의되는데 세 개의 인자를 제시해야 한다.

- `input_dim`: 이것은 텍스트 데이터에 있는 어휘의 크기다. 예를 들어 데이터가 0-10 사이의 값으로 인코딩된 경우 어휘의 크기는 11단어가 될 것이다.
- `output_dim`: 이것은 단어가 임베딩될 벡터 공간의 크기다. 그것은 각 단어에 대한 이 계층의 출력 벡터의 크기를 정의한다. 예를 들어 32, 100, 혹은 더 클 수 있다. 문제에 대해 서로 다른 값을 테스트하여 보라.
- `input_length`: 이것은 케라스 모델의 모든 입력 계층에 대해 정의한 입력 순차열의 길이이다. 예를 들어, 당신의 모든 입력 문서가 1,000개의 단어로 구성되어 있다면, 이것은 1,000이 될 것이다.

임베딩 계층의 출력은 단어의 입력 순차열(입력 문서)에서 각 단어에 대해 하나의 임베딩이 있는 2D 벡터다.

이제 캡션 생성를 위한 우리의 심층 학습 모델을 설계할 때가 되었다. 다음과 같이 보일 것이다.

```
# Define the captioning model
def define_model(vocab_size, max_length):
    #VOCAB_SIZE: Number of unique words
    #MAX_LENGTH: maximum length of sequence
    # Feature extractor model
    inputs1 = Input(shape=(4096,))
```

```
fe1 = Dropout(0.25)(inputs1)
#Compress the size of 4096 feature vector to 256
fe2 = Dense(256, activation='relu')(fe1)
# Sequence model
inputs2 = Input(shape=(max_length,))
# Add a word embedding layer to learn vector representation
# of that word
se1 = embedding(vocab_size, 256, mask_zero=True)(inputs2)
se2 = Dropout(0.25)(se1)
# Add a LSTM layer to process the word vector
# LSTM will predict next word of the sequence
# Here it is independent of image.
se3 = LSTM(256)(se2)
# Decoder model
# This model will responsible to predict a word against
# an image and a sequence.
# First we will combine a image and a sequence
# predicted by LSTM
decoder1 = add([fe2, se3])
# And we will process the combined information here
decoder2 = Dense(256, activation='relu')(decoder1)
outputs = Dense(vocab_size, activation='softmax ')(decoder2)
# Here we will define input and output variable layers of our model
model = Model(inputs=[inputs1, inputs2], outputs=outputs)
#We will compile our model with cross entropy loss and
#Adaptive momentum variant of stochastic gradient descent
model.compile(loss='categorical_crossentropy', optimizer='adam')
# Let's our model parameters
print(model.summary())
#Plot model to visualize it and store on to local disk
plot_model(model, to_file=data_dir+'model.png', show_shapes=True)
#Return the created model
return model
```

코드 전체에 몇 가지 설명문을 남겼다. 자세히 읽어보면 모든 과정을 이해할 수 있을 것이다. 다음과 같은 요점으로 요약할 수 있다.

- 두 개의 정보 소스에 대해 두 개의 입력 계층을 정의하는 것으로 시작할 것이다.
- 시각적 특징 행렬을 4,096에서 256으로 압축하기 위해 하나의 밀집층을 추가

할 것이다.

- 우리는 텍스트 순차열을 처리하기 위해, 그것들을 임베딩 계층을 사용하여 단어 벡터로 변환할 것이다. 그 다음에 LSTM 층을 둔다.
- LSTM 층은 순차열들에 대한 출력을 예측한다.
- 이제 시각 정보(밀집층의 출력)와 텍스트 정보(LSTM의 출력)를 결합하여 두 개의 계단식 밀집층으로 처리한다.
- 최종 밀집층의 출력은 소프트맥스 확률 함수가 된다.

마지막 계층을 제외한 모든 활성화에 대해 ReLU를 사용할 것임을 기억하자. 우리는 또한 과적합을 막기 위해 25%의 드롭아웃 확률을 사용할 것이다. 최적화기는 적응형 모멘텀 기반 SGD를 사용하여 훈련되는 범주형 교차 엔트로피 함수가 될 것이다.

우리의 모델은 다음과 같이 보일 것이다.

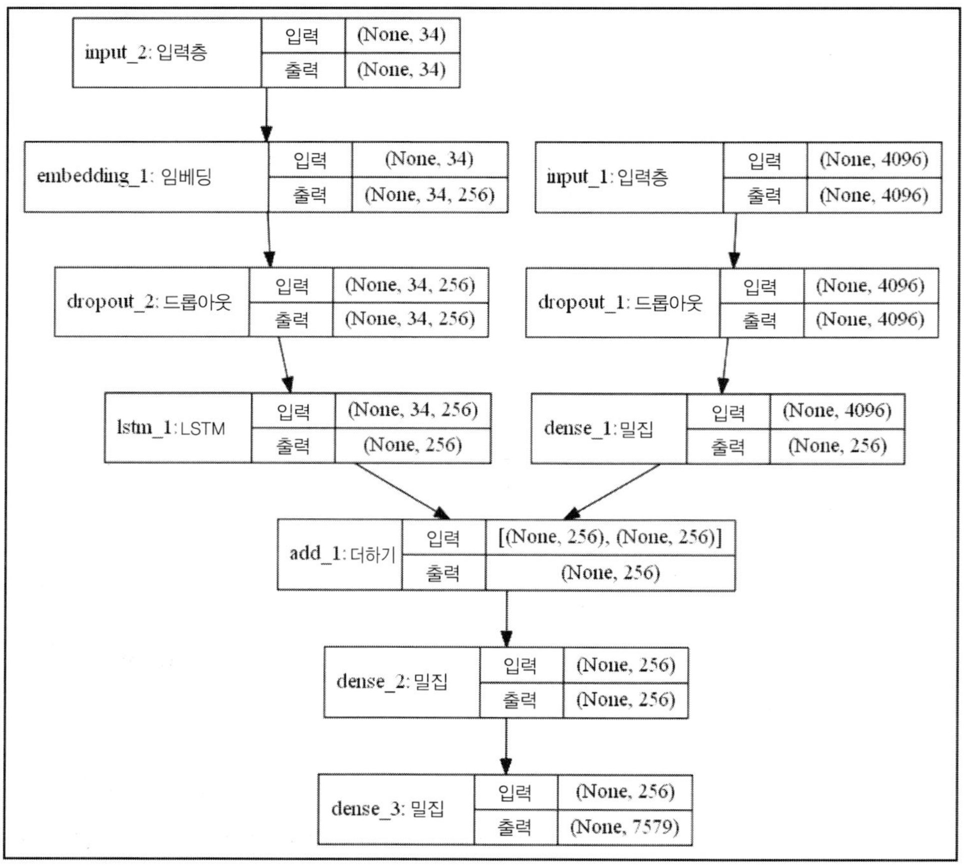

이제 우리의 캡션 생성기 모델을 훈련할 시간이다. 다음 구성을 이용할 것이다.

- 우리는 20에포크 동안 우리의 모델을 훈련시킬 것이다. 내 컴퓨터의 경우, 각 에포크는 약 30분이 걸렸다.
- 우리는 모델 매개변수 저장에 대한 검증 손실을 모니터링할 것이다.
- 손실이 줄어들 때마다, 우리의 모델을 에포크 번호와 분류기에 의해 만들어진 손실과 함께 저장할 것이다.

```
# Let's fit our model
# First we will create our model
model = define_model(vocab_size, max_length)

# Define checkpoint callback so we can store model onto disk
# we will store our model whenever validation loss of model
# will less than previous loss.
filepath = data_dir+'model-ep{epoch:03d}-loss{loss:.3f}-
val_loss{val_loss:.3f}.h5'
checkpoint = ModelCheckpoint(filepath, monitor='val_loss',
                             verbose=1, save_best_only=True, mode='min')

# Fit model our model for 20 epochs
model.fit([X1train, X2train], ytrain, epochs=20,
          verbose=2, callbacks=[checkpoint],
          validation_data=([X1test, X2test], ytest))
```

모델 요약을 인쇄하여 모델의 매개변수를 확인해 보자.

```
____________________________________________________________________________
Layer (type)                 Output Shape        Param #    Connected to
============================================================================
input_2 (InputLayer)         (None, 34)          0
____________________________________________________________________________
input_1 (InputLayer)         (None, 4096)        0
____________________________________________________________________________
embedding_1 (embedding)      (None, 34, 256)     1940224    input_2[0][0]
____________________________________________________________________________
dropout_1 (Dropout)          (None, 4096)        0          input_1[0][0]
```

```
_____________________________________________________________________________
dropout_2
(Dropout)                   (None, 34,256)      0          embedding_1[0][0]
_____________________________________________________________________________
dense_1
(Dense)                     (None, 256)         1048832    dropout_1[0][0]
_____________________________________________________________________________
lstm_1
(LSTM)                      (None, 256)         525312     dropout_2[0][0]
_____________________________________________________________________________
add_1
(Add)                       (None, 256)         0          dense_1[0][0]
lstm_1[0][0]
_____________________________________________________________________________
dense_2
(Dense)                     (None, 256)         65792      add_1[0][0]
_____________________________________________________________________________
dense_3
(Dense)                     (None, 7579)        1947803    dense_2[0][0]
=============================================================================
Total params: 5,527,963
Trainable params: 5,527,963
Non-trainable params: 0
_____________________________________________________________________________
```

당신의 컴퓨터에서 이 모델을 훈련시키려면 당신의 시스템에 적어도 16 GB의 RAM과 고급 GPU가 있어야 한다. 왜냐하면 우리의 데이터 세트가 크기 때문이다. 이 이하의 구성이 있는 경우 케라스 데이터 생성기를 사용하여 데이터 집합에서 여러 개의 작은 배치를 생성해야 한다. 이렇게 하면 점진적 학습 모드에서 분류기를 훈련시켜 메모리 요구량을 줄일 수 있다. 이것은 그 자체로 별개의 주제이기 때문에, 우리는 이 장에서 이것에 대해 자세히 설명하지 않을 것이다.

다음으로 분류기 테스트를 시작하자.

1. 디스크에서 가장 낮은 검증 손실로 훈련된 모델을 로드한다.
2. 이미지를 로드하고 시각적 특징을 추출한다.
3. 텍스트를 순차열로 변환하기 위한 Tokenizer를 로드 한다. 순차열의 첫 번째

단어는 startseq이다.

4. 이 순차열을 패딩하여 길이가 모델 입력과 호환되도록 한다.
5. 시각 특징과 순차열을 리스트 형태로 결합하여 다음 단어를 예측하는 분류기로 보낸다. 이 단어는 확률 값을 가지므로 최대 확률 인덱스를 찾아 문자열로 변환해야 한다. 이 인덱스를 사용하여 토큰화기는 우리에게 그 단어가 무엇인지 말해줄 수 있다.
6. 우리는 분류기의 예측이 endseq가 아닌 동안 이러한 단계를 반복할 것이다.

이를 위해 다음과 같이 테스트 함수과 작은 도우미 함수를 작성할 것이다.

```
# Generate a description for an image
def generate_desc(model, tokenizer, photo, max_length):
    #MODEL: trained caption generator model
    #TOKENIZER: to map word to integer and integer to word
    #PHOTO: Image features
    #MAX_LENGTH: maximum sequence length with model trained earlier
    # Our initial word for the sequence
    in_text = 'startseq'
    # Start iterating for the sequence
    for i in range(max_length):
        # Integer encode input sequence
        sequence = tokenizer.texts_to_sequences([in_text])[0]
        # Pad input
        sequence = pad_sequences([sequence], maxlen=max_length)
        # Predict next word with image and previous sequence as input
        yhat = model.predict([photo,sequence], verbose=0)
        # Get maximum probability index
        yhat = argmax(yhat)
        # Convert index into word using tokenizer
        word = word_for_id(yhat, tokenizer)
        # Stop is there is no predictions
        if word is None:
            break
        # Append predicted words to the sequence
        in_text += ' ' + word
        # Stop if we predict the end of the sequence
        if word == 'endseq':
            break
```

```
    #Return the generated caption
    return in_text
```

word_for_id() 도우미 함수를 제외하고, 논의된 단계 모두를 함수로 구현하였다. 다음을 추가하자.

```
# Map an integer to a word
def word_for_id(integer, tokenizer):
    #INTEGER: Maximum probability index
    #TOKENIZER: tokenizer for word mapping
    #Search the word using index value
    for word, index in tokenizer.word_index.items():
        #If found a match return the word
        if index == integer:
            return word
    #If no match found return NONE
    return None
```

이제, 시험 이미지에 대한 캡션을 예측할 시간이다. 나는 우리의 모델이 우리에게 예측을 만들어낼 수 있는지 없는지를 알아보기 위해 내 카메라에 찍힌 이미지를 선택할 것이다.

테스트를 위해 웹에서 임의로 이미지를 선택하고 분류기를 테스트할 것이다. 나는 단지 4에포크 동안 분류기를 훈련시켰고 나는 3.612의 검증 손실 값을 받고 있다. 이것은 매우 높다: 그럴듯 한 분류기를 얻기 위해서는 더 높은 예측 정확도를 얻을 수 있도록 최소 10에포크 동안 분류기를 훈련시켜야 한다.

디스크에 Test 폴더를 만들고 테스트 이미지를 example.jpg로 넣을 것이다. 우리는 그것에 대한 캡션을 얻도록 노력할 것이다.

다음은 우리의 입력 이미지이다:

```
# Load the tokenizer
tokenizer = load(open(data_dir+'tokenizer.pkl', 'rb'))

# Define the max sequence length (from training)
max_length = 34

# Load the model
model = load_model(data_dir+'model-ep004-loss3.468-val_loss3.818.h5')

# Load and prepare the visual features
photo = extract_features(data_dir+'example.jpg')

# Generate description
description = generate_desc(model, tokenizer, photo, max_length)

#Import opencv library to load original image
import cv2

#Read Image
im = cv2.imread('X:/Test/example.jpg')
```

```
#Put Description on the Image
im =
cv2.putText(im,description,(5,300),cv2.FONT_HERSHEY_DUPLEX,0.6,(0,0,0))

# Write image into the directory
cv2.imwrite('X:/Test/example_result.jpg',im)

# Show Image
cv2.imshow('',im)
cv2.waitKey()

#Print description
print(description)
```

스크립트를 실행하고 결과를 확인하자.

Voila! 입력 이미지의 캡션을 생성했다: **startseq dog is running through the grass endseq**

이것이 바로 우리가 궁극적으로 원하는 것이다. 축하한다 — 이제 이미지 캡션 생성기를 성공적으로 구현했다!

요약

이 장은 다중모드 학습의 꽤 간단한 이론적 예에서 출발했기 때문에 특히 흥미진진했다. 그런 다음 우리는 동일한 데이터 집합에서 두 개의 분포를 갖는 비틀기로 가우스 분포를 위한 다중모드 알고리즘을 구현하려고 했다. 여기서부터 기계학습 모델의 일반화를 높이기 위한 정보융합 개념에 대해 알아보았다. 우리는 또한 단순한 가우스 분포를 위한 클래스 경계를 성공적으로 만들었다.

그런 다음 우리는 다중모드 학습의 개념을 좀 더 깊이 이해하기 위해 상당히 복잡한 문제에 뛰어들었다. 복수의 정보 소스를 심층적으로 이해할 수 있는 이미지 캡션 생성에 대해 살펴보았다. 우리는 시각적 영역과 텍스트 영역 모두에 관한 다양한 개념에 대해 토론했다. 또한 VGG 아키텍처를 간략하게 살펴보고 LSTM 유닛과 함께 작업하는 방법을 살펴보았다. 텍스트 정보를 사전 처리하고 다양한 함수를 구현하여 문제를 단계별로 단순화하였다. LSTM 장치의 입력을 생성하기 위한 단어 임베딩 계층에 대해 배웠고, 이미지 캡션 생성의 작업 모델을 성공적으로 구현했다.

나는 당신이 각각의 코드 조각들을 살펴보고 그것을 혼자서 구현해 보기를 강력히 권장한다. 나는 또한 당신이 코드를 더 잘 이해할 수 있도록 우리의 GitHub 저장소에서 코드 사본을 얻을 것을 추천한다.

이것이 끝이 아니다, 친구들. AI 분야에는 배울 것이 많이 있다! 다음 몇 장에서는 의료 및 금융 영역 내에서 AI의 심도 깊은 적용에 대해 논의할 것이다. 그때까지, 배우는 것을 즐기라!

다음 장에서는 AI 애플리케이션 개발에 사용할 수 있는 다양한 하드웨어에 대해 설명하기로 한다. CPU로 시작해서 GPU, ASIC, TPU로 주제를 확장하겠다. 우리는 소프트웨어 기술과 함께 하드웨어 기술이 어떻게 발전해 왔는지 볼 것이다.

09

GPU에서 양자 컴퓨팅으로의 전환 – AI 하드웨어

TensorFlow

지금까지 우리는 다양한 기계학습 기술에 대해 많은 이야기를 나누었다. 우리는 어떻게 AI가 핀테크, 의료, 컴퓨터 비전 등 다양한 분야에 걸쳐 응용될 수 있는지 살펴보았다. 이러한 각각의 응용에 대해, 우리는 매우 기본적인 모델에서 훨씬 더 복잡한 모델에 이르기까지 여러 종류의 신경망을 구축해 보았다.

우리 네트워크의 복잡성은 항상 우리가 해결하려고 하는 문제의 유형에 달려있다. 비전과 관련된 작업의 경우, 우리는 단순한 신경망을 사용해서는 매우 정확한 결과를 얻을 수 없다. 우리는 MNIST 자릿수 분류 문제에 대한 일반적인 순방향 신경망 분류기를 만들었고, 어떻게 컨볼루션 신경망이 그 성능을 상당히 크게 능가하는지를 보았다. 비트코인 가격 예측을 위해 LSTM 기반의 순환 신경망을 사용했다. 이것은 특정 문제에 대해 우리가 특정 네트워크를 설계해야 한다는 것을 보여준다.

대부분의 경우, 데이터의 복잡성은 우리가 선택하는 네트워크 아키텍처의 종류에 영향을 미치는 주요 요인이다. 그러나 시스템에 그래픽 처리장치GPU나 그래픽 카드가 설치되어 있지 않고, 대신 PC에서 복잡한 신경망을 훈련하는 것을 선택한 경우, 훈련에 오랜 시간이 걸릴 수 있음을 대비해야 한다 — 일반 CPU에서는 VGG-16 컨볼루션 신경망은 성능이 발휘되기까지 3주가 걸릴 수 있다. 그러나 너무 서둘러 현재 시스템을 폐기하지는 말라. TPUTensor Processing Unit를 통해 네트워크를 훈련하기 위해 구글 클라우드Google Cloud에서 컴퓨터 인스턴스를 대여할 수 있다.

이 용어들을 전에 들어본 적이 없다면, 이 장은 여러분이 이 용어들에 대해 배우는 데 도움을 줄 것이다. 우리는 기계학습 기반의 문제를 해결하기 위해 사용되는 인프라에 대해 이야기할 것이다. 우리는 CPU로 시작해서 다른 플랫폼에 대해서도 배울 것이다.

AI 응용이 점점 더 널리 알려짐에 따라, 특히 테라바이트의 데이터를 처리하는 더 빠른 처리 시스템에 대한 수요가 증가하고 있다. 예를 들어, 구글은 초당 약 40,000개의 검색을 처리한다. 이는 하루에 약 35억 개의 검색과 연간 약 1조 2천억 개의 검색, 즉 하루에 수 테라바이트의 데이터를 검색하는 것과 맞먹는다. 일반 GPU를 사용하여 이렇게 많은 데이터를 처리할 수는 없다.

소프트웨어 기술이 발전함에 따라 하드웨어는 동일한 속도로 업데이트되어야 하며 그렇지 않으면 가설과 실제 솔루션 사이에 큰 격차가 있을 것이다. 이런 격차를 극복하기 위해 업계에서는 하드웨어 관련 연구에 수십억 달러를 투자하고 있다. 그 결과는 놀라웠다. PC나 노트북보다 1억 배 이상 빠른 속도로 데이터를 처리할 수 있는 **양자 프로세서 장치**QPU가 시장에 출시됐다. 우리는 이 장에서도 이것에 대해 이야기할 것이다:

- 컴퓨터의 간략한 역사
- CPU와 GPU는 무엇인가?
- ASIC와 TPU란 무엇인가?

컴퓨터 – 평범한 이야기

컴퓨터가 발명된 이후, 연구자들은 그 어느 때보다도 더 작고 빠르게 만들기 위해 열심히 연구해 왔다. 최초의 컴퓨터는 1831년에서 1871년 사이에 찰스 배비지에 의해 만들어졌다. 비인간 컴퓨터를 만드는 프로젝트는 1800년대 유럽 역사에서 매우 중요한 역할을 했던 바로 그 프랑스인인 나폴레옹 보나파르트에 의해 시작되었다.

간략한 역사

모든 것은 1790년에 나폴레옹이 낡은 측정 시스템을 새로운 황실 측정 시스템으로 대체하면서 시작되었다. 당시 컴퓨터는 기계가 아니라 인간이었다. 그들의 일은 세금 계산과 같은 다른 종류의 수학 과제에 대해 다양한 계산을 수행하는 것이었다. 그들은 다른 사람들이 참고할 수 있는 표의 형태로 계산을 기록하곤 했다. 구식에서 신식 측정 시스템으로 변환하기 위해, 나폴레옹은 거의 10년 동안 인간 컴퓨터를 사용하여 이 시스템을 표 형식으로 변환했다. 그러나, 그는 결코 이 표들을 출판할 기회를 얻지 못했다; 그것들은 나중에 프랑스 과학 아카데미의 일부가 되었다.

1819년 찰스 배비지는 미출판된 표를 볼 기회를 얻었다. 그는 이런 종류의 계산을 하기 위해 기계를 사용하는 아이디어를 생각해 냈다. 그는 차동 엔진을 만들었는데, 이 엔진은 반복적으로 덧셈을 하여 복잡한 계산을 수행할 수 있었다. 1832년, 그는 표를 만드는 기계를 대중에게 선보였다. 이 일이 있은 후, 그는 결코 뒤를 돌아보지 않았다.

얼마 후 배비지는 더욱 복잡한 컴퓨팅 시스템인 분석 엔진을 만들 생각을 했다. 이것은 혁명적인 아이디어였다. 왜냐하면 그것은 현대의 컴퓨터 시스템과 매우 유사하기 때문이다. 분석 엔진은 **중앙처리장치**와 메모리 요소의 두 가지 중요한 구성요소를 가지고 있었다. 당시 CPU는 mill(제분소)로, 메모리는 store(저장소)로 통했다. 이 시스템에 입력 신호를 수신하기 위해 추가된 세 번째 장치는 reader(판독기)로 알려져 있다.

불행하게도, 이 시스템은 그것의 무거운 무게와 복잡성 때문에 부분적으로만 개발되었지만, 그 아이디어는 배비지를 **컴퓨터의 아버지**로 만들었다. 1991년, 런던의 과학 박물관은 이 아이디어를 완전히 작동하는 형태로 전환하려고 시도했다. 그 시스템은 길이가 11피트였고 높이가 7피트였다. 이것의 부품은 8000개, 무게는 15톤이었다.

이 책의 첫 장은 현대 AI 기술의 아버지로 여겨지는 앨런 튜링에 대해 간략하게 설명하고 있다. 그는 영국 출신의 과학자였고 수학자였다. 그는 제2차 세계대전에서 연합군이 승리하는 데 도움을 준 컴퓨터 과학 분야에 공헌한 것으로 잘 알려져 있다. 그는 독일어 메시지에 숨겨진 다양한 기호를 해독할 수 있는 기계를 발명했다.

이로써 연합군은 적군의 다음 번 공격 계획에 대해 미리 알 수 있었다. 독일인들은 메시지를 다양한 기호로 암호화할 수 있는 기계를 사용하고 있었다. 그 메시지들은 에니그마enigma라고 알려진 또 다른 유사한 기계에 의해서만 해독될 수 있었다. 이러한 암호를 해독하기 위해 튜링은 많은 순열과 조합을 적용하여, 해독하지 못 했으면 무차별 공격이라 알려진, 메시지를 해독하는 전기 시스템을 발명했다. 이 기계의 이름을 Bombe라고 지었다.

앨런 튜링Alan Turing은 과학자들이 진정한 컴퓨터를 발명하는 방향으로 일하도록 도와준 그의 개념으로 인해 현대 컴퓨터 과학의 아버지로 알려져 있다. 이 가설은 흔히 튜링 머신이라고 한다. 튜링 머신은 매우 단순했고 0, 1, " "(스페이스)의 세 가지 기호만 사용하여 복잡한 알고리즘을 시뮬레이션할 수 있었다. 이것은 현대의 이진법과 상당히 유사하다. 따라서 이것은 이진 코드의 형태로 정보를 수신할 수 있고 간단한 지시사항을 사용하여 정보를 처리할 수 있는 전자 시스템을 만드는 중요한 단계를 나타낸다. 이것은 현대 컴퓨터와 프로그래밍에 대한 주요한 돌파구로 여겨졌다.

알다시피 1940년대까지 디자인된 모든 컴퓨터는 사실 다양한 종류의 기계적인 또는 전자기계 시스템이었다. 그 후 미국의 물리학자 존 모클리John Mauchly가 획기적인 발전을 이루었다. 그는 처음으로 디지털 컴퓨터의 아이디어를 생각해 낸 사람이었다. 그의 제안이 진행되고 있는 동안, 그는 모클리의 시제품으로서 하드웨어 시스템을 설계할 수 있었던 또 다른 뛰어난 인물 존 에커트John Eckert를 만났다. 그들은 함께 최초의 범용 컴퓨터인 ENIACElectronic Integrator and Computer을 발명했다. ENIAC은 1947년 미군이 그들의 탄도 테스트를 위해 사용하였다.

이 컴퓨터 시스템의 성공 이후, 모클리와 에커트는 컴퓨터 제조 회사를 설립했다. 이 회사를 통해, 그들은 BINACBinary Automatic Computer와 최초의 상용 컴퓨터인 UNIVACUniversal Automatic Computer이라는 두 개의 매우 인기 있는 컴퓨터 시스템을 설계했다.

중앙처리장치(CPU)

CPU는 트랜지스터로 만들어졌으며, 트랜지스터는 전류와 전압의 매우 기본적인 원리에 따라 작동한다. 트랜지스터를 스위치로 사용하여 한 전압 단계의 신호를 차단하고 다른 전압 단계로 전달할 수 있다. 이 성질로 인해 과학자들이 AND, OR, NAND와 같은 논리 게이트를 만들 때 트랜지스터를 사용하게 되었다. 이러한 논리 게이트는 이것들을 사용하여 어떤 종류의 함수도 만들어 낼 수 있기 때문에 우리 컴퓨터 시스템의 심장과 영혼이라고 말할 수 있다.

현대 컴퓨터에는 수십억 개의 논리 게이트가 사용되고 있다. 처음에 CPU가 개발되었을 때 트랜지스터의 크기는 꽤 커서 종종 CPU를 방보다 크게 만들었다. 그들은 또한 너무 많은 전력을 소비했다. 실리콘 웨이퍼 기술이 발전하면서 트랜지스터의 크기가 아주 작아져서 1제곱 센티미터 미만의 면적에 10억 개의 트랜지스터를 넣을 수 있게 되었다. 이로써 결국 전력 소비와 공간 소비 문제가 해결되었다.

트랜지스터의 수와 프로세서의 성능은 비례한다: 고성능 프로세서를 원한다면 많은 트랜지스터가 필요하다. 컴퓨터는 펄스 발생기를 사용하여 트랜지스터에 고전압(1)인지 저전압(0)인지를 신호한다. 프로세서는 클럭 주파수 또는 클럭 속도로 알려진 펄스의 주파수에 비례하는 작동을 수행하며, 헤르츠로 측정한다. **클럭 속도**가 높을수록 프로세서의 속도가 빨라진다.

오늘날 우리는 **멀티코어** 프로세서로 알려진 하나의 칩에서 여러 개의 프로세서를 찾을 수 있다. 그것은 우리가 CPU에서 병렬연산을 할 수 있도록 해주며, 이것은 더 빠른 속도로 논리연산을 수행하는데 도움을 준다. 코어가 많을수록 작업을 더 빨리 수행할 수 있다.

다음은 중앙처리장치의 개략도이다.

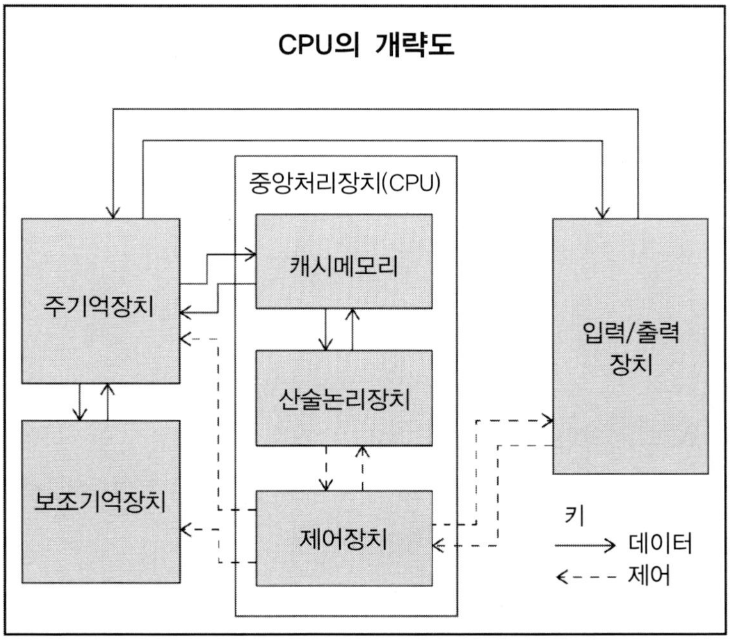

보다시피 CPU는 다양한 부분으로 이루어져 있다. 이러한 부분에는 **산술논리장치**ALU, 제어장치, 캐시 메모리, 메인 메모리, 보조기억장치 및 입력 및 출력장치가 포함된다. 우리는 주로 기계학습 과제를 수행하는 데 중요한 부분에 집중할 것이다. ALU와 제어장치를 프로세서로 함께 논의한 다음 메인 메모리 또는 RAM과 보조기억장치, 또는 **하드 디스크 드라이브**HDD에 대해 논의할 것이다.

우리는 프로세서가 다양한 연산을 수행한다고 언급했다. 그런데 어떤 연산을 수행하며 무엇을 해야 할지를 어떻게 알 수 있을까. 이 과정은 지하철 매장에서 좋아하는 식사를 주문하는 것과 비슷하다. 어떤 빵을 원하는지, 어떤 채소를 원하는지, 어떤 소스를 넣어야 하는지 알려줘야 한다. 프로세서를 가지고도 비슷한 종류의 일을 할 필요가 있다. 이 작업은 컴퓨터가 수행해야 할 다양한 작업에 대한 지침을 포함하는 **컴퓨터 프로그램**에 의해 수행된다. 여러 프로그램을 결합하여 단일 프로그램으로 만들었을 때 **소프트웨어**라고 한다. 모든 컴퓨터 시스템에는 시스템의 다양한 다른 소프트웨어와 하드웨어 자원을 관리할 책임이 있는 특정 소프트웨어가 있다. 이 소프트웨어는 **운영체제**Operating System, OS로 알려져 있다.

CPU의 또 다른 중요한 측면은 한 번에 읽거나 쓸 수 있는 비트 수이다. 인텔의 8085는 8비트 데이터를 처리할 수 있는 최초의 범용 프로그램 가능 프로세서였다. 8085의 큰 성공 후, 16비트 데이터를 처리할 수 있는 8086이란 후계자를 출시했다. 요즘은 32비트 프로세서 아키텍처와 **64비트 프로세서 아키텍처**를 쉽게 찾을 수 있다. 32비트 시스템은 최대 32비트 주소만 처리할 수 있기 때문에 매우 제한된 양의 랜덤 액세스 메모리(Windows의 경우 약 4 GB RAM)로 작동할 수 있다. 반면에 64비트 시스템은 훨씬 더 많은 양의 RAM을 처리할 수 있다. 예를 들어, 나의 컴퓨터는 256 GB의 RAM을 가지고 있다.

RAM은 컴퓨터 시스템의 또 다른 중요한 부분이다. 컴퓨터의 프로세서는 RAM으로부터 데이터를 가져오고, 그 위에서 다른 작업을 수행하며, 그 결과를 RAM에 다시 저장한다. 이 연결은 이중, 또는 양방향 연결이다. RAM은 핀과 핀을 병렬로 연결하여 CPU에 직접 연결하므로 RAM과 CPU 사이의 입력 및 출력 작업이 매우 빠르다. 대용량 데이터 세트를 처리하려면 RAM 크기가 더 커야 한다.

목록에 있는 다음 중요한 항목은 HDD이다. 모든 데이터를 저장할 수 있는 곳이다. 컴퓨터 시스템은 모든 데이터(운영체제와 관련된 데이터까지)를 스토리지에 저장하고, 데이터를 처리해야 할 때마다 먼저 RAM에 액세스한 다음 스토리지에 액세스한다. 이 동작은 순차적 동작이다. 오늘날 솔리드 스테이트 드라이브(SSD)는 데이터 스토리지 작업에 자주 사용된다. SSD는 기계적으로 움직이는 부품이 없기 때문에 HDD보다 작고 가볍다. 반면에 기존의 HDD는 디스크를 사용한다. SSD는 HDD보다 훨씬 빠르지만 동시에 더 비싸다. 그들은 범용 저장장치의 미래일 수도 있다.

CPU에 대해 토론하는 동안 사람들은 종종 **메인보드**라는 매우 특별한 구성 요소를 무시한다. CPU를 구입할 때 메인보드를 중요하게 여기는 사람은 없지만, 가장 중요한 것은 프로세서와 RAM을 포함하여 CPU의 모든 구성 요소를 담을 메인보드라는 것을 기억하라. 메인보드에서 더 높은 메모리 RAM을 삽입할 수 없다면 프로세서가 이 RAM을 사용할 수 있더라도 RAM은 시스템에 아무런 도움이 되지 않는다. 메인보드는 CPU에 추가할 수 있는 그래픽 카드 수, 사용할 수 있는 RAM 종류 등을 결정한다.

컴퓨터 시스템을 구축하는 데 필요한 몇 가지 핵심 요소들이 더 있지만, 우리는 이 책에서 이들에 대해 논의하지 않을 것이다.

우리가 이미 보았듯이, 컴퓨터의 개발은 모두 1940년대에 시작되었다. 그 이후로, 우리는 많이 발전했는데, 하드웨어 기술의 새로운 발명품들이 과학자들로 하여금 더 작고 더 강력한 컴퓨터 시스템을 개발할 수 있게 해주었기 때문이다. 우리는 이제 쉽게 주머니에 넣을 수 있지만 원래의 크고 무거운 시스템보다 적어도 1만 배나 더 강력한 스마트 기기 시대에 이르렀다. 일반 노트북에서 많은 연산을 할 수 있는 단계에 이르렀기 때문에, 이와 같은 노트북과 PC를 인공지능 애플리케이션을 훈련하고 배치하는 데도 사용할 수 있다는 점을 언급할 필요가 있다.

기계학습을 위한 CPU

우리가 하고 싶은 것은 기계학습 작업을 위한 시스템을 구축하는 것이다. 앞 절에서는 프로세서, RAM, 메인보드 및 HDD의 네 가지 중요한 구성 요소에 대해 설명하였다. 강력한 기계학습 시스템을 구축하기 위해서, 우리는 이 네 가지 요소들을 주로 연구할 필요가 있다. 그것들을 어떻게 적절하게 구성할지 살펴보자.

메인보드

우리는 메인보드를 고르는 것부터 시작할 것이다. 이름에서 알 수 있듯이 메인보드는 그

위에 전체 CPU 아키텍처가 구축되는 장치다. 다음과 같은 구성 요소로 구성된다.

- North Bridge로 알려진 메모리 컨트롤러 허브
- South Bridge로 알려진 I/O(입력/출력) 연산 허브
- 클럭 발생기 및 프로세서
- RAM 슬롯
- PCI Peripheral Component Interconnect, 모뎀 및 기타 연결용 버스 슬롯
- GPU를 넣을 수 있는 그래픽 카드 슬롯
- HDD, 시스템 ROM, 키보드 및 마우스를 연결할 수 있는 슬롯

다음 도표는 일반적인 메인보드의 도식을 보여준다.

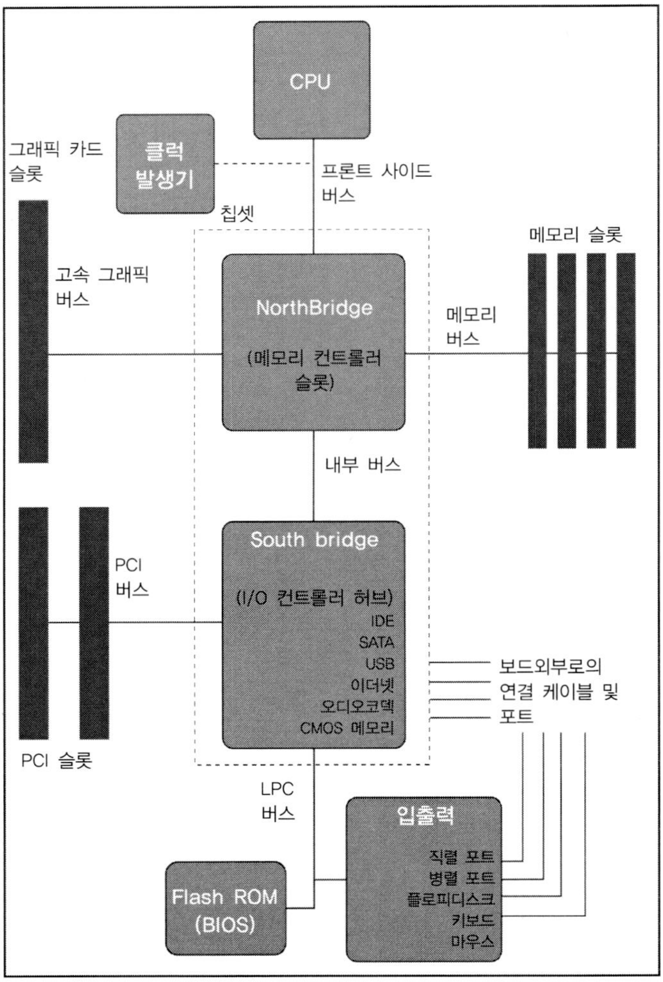

시스템을 업그레이드해야 할 때 메인보드가 매우 중요한 요소가 될 수 있다. 미래 지향적인 메인보드를 구입하지 않았다면, ML 알고리즘 개발에 필요한 두 가지 매우 중요한 구성 요소인 RAM이나 **GPU(그래픽 처리장치)**를 업그레이드할 수 없을 것이다.

우리는 이 장의 뒷부분에서 GPU에 대해 이야기할 것이다. 현재로서는 RAM 업그레이드가 메인보드의 아키텍처에 의해 어떤 영향을 받을 수 있는지 생각해 보자. 메인보드에 최대 4 GB의 RAM을 지원할 수 있는 단일 슬롯이 있다고 가정해 보자. 이 경우에는 슬롯이 더 없기 때문에 RAM을 추가할 수 없다. 그것을 위한 핀 구성이 없기 때문에 8 GB RAM으로 대체할 수 없다. 나는 여기서 개인적인 경험으로 말하고 있다; 내 노트북에는 최대 8 GB의 RAM만 넣을 수 있는 RAM 슬롯이 한 개 밖에 없었다. 내 노트북에 두 개의 8 GB RAM 슬롯이 있는 메인보드가 있다면, 나는 간단히 8 GB RAM을 빈 슬롯에 넣어 시스템에 12 GB의 RAM(4 GB + 8 GB)의 능력을 제공할 수 있었다.

메인보드에 GPU 카드를 추가할 수 있는 슬롯이 없다면, 당신은 결코 당신의 시스템에서 심층 컨볼루션망을 훈련시킬 수 없을 것이다. 메인보드는 ML 기반 시스템을 구축할 때 선택할 수 있는 매우 중요한 구성 요소다.

최소 16 GB의 메모리를 지원하는 RAM 슬롯을 최소 2개 제공할 수 있는 메인보드를 추천한다. 또 다른 중요한 요인은 메인보드가 현재의 메인보드보다 적어도 한 세대를 더 지원해야 4년 후에 시스템을 업그레이드할 수 있다는 것이다. 이렇게 하면 많은 돈을 절약할 수 있을 것이다. 또한 메인보드에는 최소 8 GB의 메모리를 지원하는 GPU 슬롯이 2개 이상 있어야 한다. 이를 통해 두 GPU를 동시에 사용하여 모델을 교육하거나 테스트할 수 있다. 8 GB의 그래픽 카드에서 매우 깊은 컨볼루션망을 훈련시킬 수 있다.

프로세서

ML 작업에 적합한 프로세서를 선택하는 데 필요한 사양에 대해 이야기해 보자.

클럭 속도

이미 논의한 바와 같이 **클럭 속도**가 더 높은 프로세서는 훨씬 더 빠른 속도로 계산을 수행한다. ML 시스템의 권장 클럭 속도는 **2기가헤르츠**(GHz)보다 높다. 클럭 속도가 1.7

GHz인 것도 가능하지만, 더 낮은 속도의 시스템은 함수 최적화(분류기 훈련) 중에 어려움을 겪을 수 있다.

코어 수

멀티 코어 시스템에 대해 이미 설명했다. 멀티 코어 시스템은 당신의 클럭 속도가 권장 수준에 미치지 못하는 경우에 도움이 될 수 있다. 멀티 코어 프로세서는 기본적으로 둘 이상의 CPU를 가지고 있으며, 모든 CPU는 서로 다른 작업을 수행하기 위해 함께 동기화된다. CPU는 작업을 여러 부분으로 나누고 각 부분에 프로세서의 코어를 제공하는 스케줄러와 연결된다. 이 과정은 멀티쓰레딩으로 알려져 있다.

예를 들어, 당신이 1000회 반복하는 `for … loop`를 실행해야 하고, 시스템에는 네 개의 코어가 있다고 가정해 보자. 250번의 반복으로 4개의 코어를 모두 로드할 수 있으며, 동시에 수행될 것이다. 마지막에는 나중에 네 개의 코어에서 모두 수집된 결과를 더할 수 있다.

이제 **SGD**Stochastic Gradient Descent 알고리즘을 사용하여 ML 모델을 훈련한다고 가정하자. 최적화를 위해 멀티쓰레딩을 사용할 수 있는데, 이는 당신의 분류기를 일반적인 시스템보다 4배 빠르게 훈련할 수 있다는 것을 의미한다. 멀티쓰레딩의 성능을 활용하려면 시스템에 최소 4개의 코어가 있어야 한다.

프로세서의 기능에 영향을 미칠 수 있는 또 다른 요인은 그 크기와 그것이 소비하는 전력량이다. 프로세서 크기가 크면 더 많은 전력을 소비하고 CPU가 너무 많은 열을 발생시켜 시스템의 성능이 저하되는 것을 발견할 수 있다.

아키텍처

32비트 또는 64비트 CPU 아키텍처로 작업할 수 있다. 하지만 새로운 시스템을 구입하려면 64비트 시스템을 택하는 것이 좋다. 그것은 32비트 시스템보다 훨씬 더 많은 메모리를 다룰 수 있다. 또 다른 아주 중요한 것은 **텐서플로우**에 사용할 수 있는 32비트 버전이 없다는 것이다. ML 애플리케이션 개발에 사용할 시스템을 찾고 있다면 64비트 시스템을 구입해야 한다.

RAM

우리가 논의한 바와 같이, 시스템 프로세서는 항상 데이터 입력과 출력을 위해 RAM과 통신한다. 이 통신은 병렬로 되어 있어 직렬 통신보다 빠르다. 시스템의 RAM이 대용량 데이터 세트를 한 번에 로드할 수 있는 경우 전체 데이터 세트에서 직접 모델을 교육할 수 있다. 그러나 데이터 세트가 RAM에 맞지 않으면 시스템의 스토리지를 사용하고 데이터 세트의 작은 부분을 사용하여 분류기를 교육해야 한다. RAM과 스토리지 간의 데이터 통신은 직렬로 되어 있어 속도가 느리다. 이것은 훈련 시간에 큰 영향을 미칠 것이다. 데이터 세트를 한 번에 메모리에 로드할 수 없기 때문에 RAM이 낮은 또 다른 문제는 멀티쓰레딩을 효율적으로 수행할 수 없다는 것이다.

나는 당신이 적어도 8 GB의 램을 사용하는 것을 추천한다. 메인보드가 슬롯 하나를 더 지원하면 다른 슬롯에 2 GB 또는 4 GB RAM을 넣을 수 있으므로 ML 시스템의 처리능력과 성능이 향상된다.

HDD 및 SSD

이미지 데이터 세트를 자주 사용한다면 스토리지 문제에 직면했었을 수 있다. 일반적으로 이미지 기반 데이터 세트는 시스템의 HDD에서 수 기가바이트의 공간을 차지한다. 다양한 애플리케이션으로 작업하려면 필요한 스토리지 양이 기하급수적으로 증가할 것이다. 엄청난 디스크 공간을 필요로 하는 또 다른 활동은 당신의 심층 신경망의 네트워크 가중치를 훈련시키는 것이다. 모델을 훈련할 때 대개 고정된 간격 동안 훈련된 모델의 스냅샷을 저장한다. 즉, 1,000분의 1초 동안 모델을 훈련하고 50분의 1초마다 모델 스냅샷을 저장하면 디스크에 20개의 모델 복사본이 저장된다. 모델이 약 150 MB의 공간을 차지한다면, 이 20개 모델은 약 3 GB의 공간을 차지할 것이다.

원하는 모든 용도로 사용할 수 있도록 HDD에 최소 1TB의 공간이 있어야 함을 권장한다. 오늘날 스토리지 장치는 이전보다 훨씬 저렴하기 때문에 시스템에 1 TB 또는 2 TB의 HDD를 쉽게 추가할 수 있다. 시스템에 SSD를 추가하려면 권장하는 크기는 500 GB이지만 최소한 250 GB 이상은 되어야만 한다. 이렇게 하면 입력 및 출력 작업이 빨라지고, 결과적으로 훈련 및 테스트 속도가 빨라진다.

운영체제(OS)

어떤 OS를 사용하든 상관없다. 거의 모든 기계학습 프레임워크는 윈도우, 리눅스(및 우분투), 애플 맥 OS X와 같은 주요 운영체제에서 사용할 수 있다. 어떤 OS를 선택하느냐는 전적으로 당신에게 달려있다. 어떤 사람들은 윈도우 OS에서 더 편안함을 느끼는 반면, 다른 사람들은 우분투나 리눅스를 선호한다.

하지만, 만약 당신이 MacBook을 사용한다면, 그것은 약간의 하드웨어 업그레이드 제한을 가지고 있다는 것을 덧붙이고 싶다. Mac에 투자하기 전에 적절한 조사를 수행해야 한다. 어떤 사람들은 리눅스나 우분투에서 복잡한 신경망을 다루는 것이 더 쉽다고 생각한다.

왜냐하면 그것은 그들에게 Caffe, 텐서플로우, PyTorch 등과 같은 서로 다른 딥러닝 프레임워크로 작업할 수 있는 유연성을 주기 때문이다. 나는 개인적으로 윈도우에 Caffe 라이브러리를 만드는 것이 조금 어렵다고 생각한다. 그러나 Docker 도구 상자를 사용하여 이 문제를 해결할 수 있다. 10장 텐서플로우 서빙에서 도커 사용법을 살펴보겠다.

이것들은 ML 개발 시스템을 설계하는 데 필요한 기본적인 CPU 하드웨어 요건이다. 오늘날 기계학습은 상당히 발달된 단계에 있기 때문에, 당신은 종종 컨볼루션 신경망을 배치해야 하는 응용분야에서 일을 할 수 있다. CNN을 훈련시키고 배치하기 위해서는 하나 이상의 GPU가 필요하다. 우리는 이 문제를 다음 절에서 더 논의할 것이다.

그래픽 처리장치(GPU)

CPU에 대해 이야기할 때, 멀티코어 프로세서가 무엇인지 살펴보았다. 20개의 코어를 가진 워크스테이션을 쉽게 찾을 수 있으며, 이러한 워크스테이션은 상당히 효율적으로 작동한다. 그러나 더 많은 코어를 원한다면, 보통 전용 GPU는 적어도 100개의 코어를 가지고 있을 수 있으며, 이는 수천 개의 쓰레드를 병렬로 실행할 수 있다. 전용 병렬 작업을 위한 GPU에는 수만 개의 코어가 있을 수 있으며, 이 코어는 CPU보다 최소 500배 이상 빠르게 프로그램을 실행할 수 있다. 다음 다이어그램은 CPU와 GPU의 일반적인 차이를 보여준다.

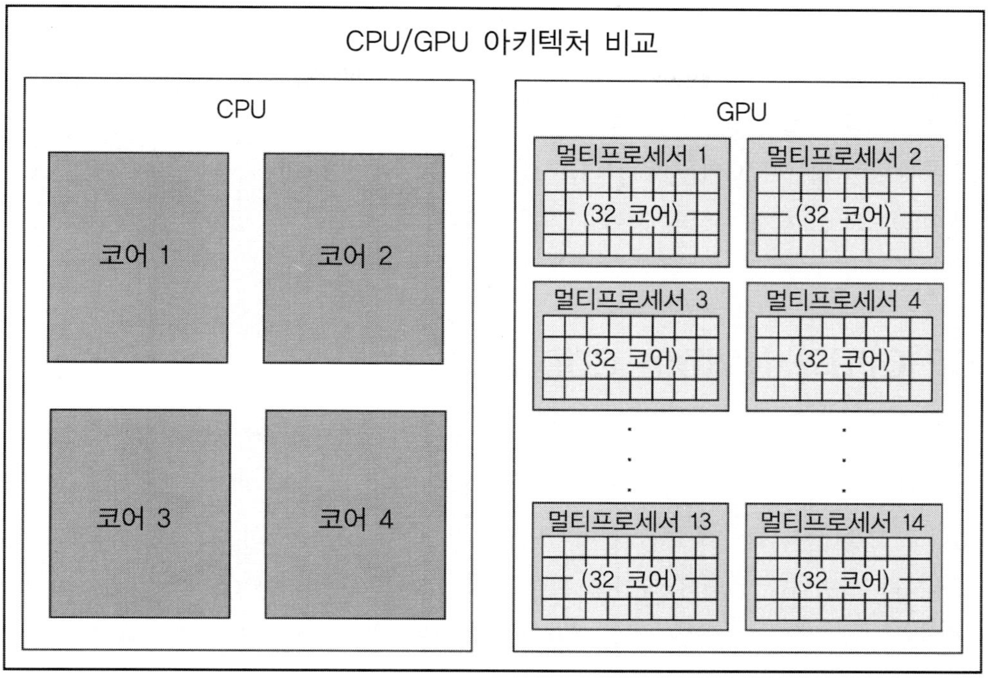

초기의 GPU는 특히 게임 경험을 향상시키기 위해 3D 그래픽을 처리하기 위해 개발되었다. 그것들은 그래픽 렌더링과 게임 물리학 계산에 사용되었는데 광범위한 계산이 필요했다. 초당 30프레임에서 60프레임까지 높은 속도로 데이터 프레임을 렌더링하려면 CPU가 처리하기 어려운 처리 능력이 많이 필요하다. GPU에서는, 각 코어가 하나의 작업자로 일한다. 앞에서 본 멀티쓰레딩 방식과 유사한 작업을 여러 작업자에게 할당할 수 있다. 우리가 만든 각각의 쓰레드들은 코어에서 실행된다. 이것은 처리 능력을 크게 향상시킨다.

GPU는 비싼가? 이게 재미있는 부분이다. GPU가 범용 작업에 사용되기 전에 사람들은 병렬 처리를 위해 여러 CPU의 클러스터를 사용했다. 이를 위해서는 적절한 환경을 설정해야 하는데, 전체 클러스터를 실행하려면 상당한 공간과 전력이 필요하다. 이것은 많은 돈이 들었다. 그러나 GPU는 약간 다르다. 코어 수가 1,000개 이상이 되는 한개의 GPU는 일반 CPU의 메인보드에 쉽게 넣을 수 있으며, 컴퓨터의 프로세서가 실행되는 것과 동일한 전원 공급 장치에서 실행될 수 있다. 이를 통해 공간 및 전력 효율적인 솔루션이 될 수 있다.

GPU의 비용에 관한 원래의 질문으로 돌아가자. GPU는 컴퓨터 클러스터보다 훨씬 싸다. GPU는 병렬 작업만 수행하도록 설계되었기 때문에 CPU로 사용할 수 없으므로 GPU에 대한 작업을 지시하고 스케줄링할 수 있는 CPU가 있어야 한다. GPU는 CPU의 슬레이브에 지나지 않는다. GPU는 CPU의 지시를 따른다. 이것이 GPU가 더 싼 이유다. 300달러 미만으로 1200개 이상의 코어를 가진 GPU를 쉽게 구할 수 있다.

GP-GPU와 NVIDIA CUDA

나는 프로그래밍 목적으로 GPU 지원 노트북을 사기 위해 컴퓨터 가게에 간 적이 있다. 가게 주인은 나에게 물었다. "어떤 종류의 게임을 하고 싶니?" GPU를 프로그래밍할 수 있다고 그를 설득하는 데 한 시간이 걸렸다. 요즘, 상황이 상당히 많이 변했다. GPU는 게임보다 광범위한 컴퓨터 작업에 훨씬 자주 관여한다. 이러한 GPU는 현재 GPGPU General Purpose Graphics Processing Unit로 알려져 있다. GP-GPU는 플러그 앤 플레이 장치일 뿐이다. 컴퓨터의 메인보드 슬롯에 넣고 드라이버 소프트웨어를 다운로드하면 바로 시작할 수 있다.

GPU 기술을 주로 다루는 컴퓨터 하드웨어 회사인 NVIDIA는 GPU 프로그래밍을 매우 쉽게 만든다. 그들은 GPU를 간단하게 프로그래밍할 수 있는 C-기반 애플리케이션 인터페이스를 개발했다. 이 API는 CUDA Compute Unified Device Architecture로 알려져 있다. 그것은 병렬 컴퓨팅 플랫폼이다.

CUDA 플랫폼은 컴퓨터의 GPU에 직접 접속할 수 있는 소프트웨어 계층으로 볼 수 있다. C-기반 API인 만큼 명령 집합은 C와 매우 유사하다. 만약 당신이 C나 C++로 프로그램 하는 것을 좋아한다면, 당신은 그것이 매우 쉽고 흥미롭다는 것을 알게 될 것이다. 이 API는 자바(JCUDA wrapper로), 파이썬(PyCUDA wrapper로), Fortran 개발자도 사용할 수 있다.

2007년 초에 CUDA 소프트웨어 개발 키트SDK가 출시되었다. 이후 윈도, 리눅스(Ubuntu, RedHat)와 MacOS X 등 모든 주요 운영체제를 지원하는 GPU 프로그래머의 첫 번째 선택이 되었다. 그러나 이 API에는 한 가지 제한이 있다. G8x 시리즈의 NVIDIA GPU 카드에만 사용할 수 있다. 그럼에도 불구하고, CUDA는 다음을 포함하여 전통적인 GPU

API에 비해 계산에 많은 이점을 가지고 있다.

- 코드에서 임의의 메모리 주소를 읽을 수 있는 분산된 읽기 기능이 있다.
- 연산 뿐만 아니라 다양한 디버깅과 프로파일링 용도로도 사용할 수 있는 다양한 라이브러리를 포함하고 있다. 또한 다양한 컴파일 도구들을 포함하고 있다.
- 통일된 메모리 아키텍처를 가지고 있다.
- 여러 개의 쓰레드가 동일한 메모리 위치를 공유할 수 있다.
- GPU에서 더 빠른 IO 작업을 가능하게 한다.
- 다양한 논리연산(비트별) 및 정수 산술연산을 수행할 수 있으며, 여기에는 정수 텍스처 룩업도 포함된다.

OpenCL 및 OpenGL처럼 GPU 프로그래밍에 사용할 수 있는 다른 API들도 있다. CUDA는 메모리 및 처리 제어 측면에서 GPU 아키텍처에 직접 액세스할 수 있도록 해주므로 다른 아키텍처보다 훨씬 사용하기 쉽다.

cuDNN

cuDNNCUDA Deep Neural Network은 CUDA 기반 GPU-가속 라이브러리이다. 그것은 당신이 당신의 GPU를 기계학습 용도로 사용할 수 있게 해준다. cuDNN은 일반적인 루틴을 위해 잘 맞추어진 구현을 제공하며, 여기에는 다양한 종류의 컨볼루션 연산(전방과 후방 모두), 풀링, 정규화 및 다양한 종류의 활성화 계층이 포함된다. cuDNN은 NVIDIA Deep Learning SDK(https://developer.nvidia.com/deep-learning-software)의 일부다.

다양한 딥러닝 연구자와 다른 기계학습 프레임워크 개발자들은 고성능 GPU 가속화를 얻기 위해 cuDNN에 의존한다. cuDNN은 프로그램을 사용하는 GPU 성능 튜닝에 시간을 소비하기 보다는 다른 소프트웨어 애플리케이션의 개발을 위해 신경망을 훈련하고 그들의 아키텍처를 조정하는데 집중할 수 있도록 한다. cuDNN은 Caffe2(https://www.caffe2.ai/), MATLAB(https://www.mathworks.com/solutions/deeplearning.html), Microsoft Cognitive Toolkit(https://www.cntk.ai/), TensorFlow(https://www.TensorFlow.org/), Theano(http://deeplearning.net/software/theano/)와 PyTorch(http://pytorch.org/) 등의 널리 쓰이는 딥러닝 프레임워크를 가속화한다.

cuDNN을 최대 용량으로 사용하려면 호환되는 버전의 CUDA를 설치해야 한다. CUDA와 cuDNN 라이브러리 모두 NVIDIA의 공식 웹 사이트에서 쉽게 다운로드할 수 있다.

다음은 NVIDIA의 공식 웹사이트에서 확인할 수 있는 cuDNN 라이브러리의 주요 기능이다.

- 풀링, LRN, LCN, 배치 정규화, 드롭아웃, CTC, ReLU, Sigmoid, softmax 및 tanh과 같은 많은 공통 계층 유형의 전방 및 후방 경로
- 컨볼루션 신경망을 위해 고안된 교차 상관관계를 포함한 전방과 후방 연결 루틴
- LSTM 및 GRU 순환 신경망(RNN) 및 지속 RNN^Persistent RNN
- FP32 및 FP16(텐서 코어) 데이터 유형을 이용한 전후방 패스 및 UINT8(볼타 이상)을 이용한 전방 패스
- 4D 텐서의 임의 차원 순서화, 스트라이딩 및 부분영역. 이것은 어떤 신경망 구현에도 쉽게 통합된다는 것을 의미한다.
- 텐서 변환 함수
- 컨텍스트 기반 API로, 멀티쓰레딩을 쉽게 할 수 있다.

만약 우리가 더 빠른 속도를 원한다면? 구글은 이를 위한 솔루션을 개발했다. **텐서 처리 장치**^Tensor Processing Unit. 우리는 이것들을 다음 절에서 자세히 볼 것이다.

ASIC, TPU, FPGA

ML 개발자들이 매우 복잡하고 매우 깊은 신경망 훈련이 ML 애플리케이션 개발에 병목 현상이라는 것을 발견했을 때, 구글은 해결책을 고안했다. 그들은 고속 최적화를 달성하기 위해 TPU를 개발했다.

구글은 2016년 처음으로 TPU를 선보였다. TPU는 신경망을 사용하는 ML 애플리케이션의 개발을 위해 특별히 설계된 독점 프로세서다. 그것은 **ASIC**^Application Specific Integrated Circuit의 일종이다. 다음 절에서 ASIC에 대해 간단히 논의하겠다.

ASIC

명칭에서 알 수 있듯이 ASIC은 특정 유형의 작업을 수행하도록 설계된 특수 회로로, 범용 애플리케이션의 개발에 사용하기 어렵다. ASIC은 새로운 용어가 아니다. 1980년대에 영국의 가전회사인 싱클레어 리서치가 상업적인 목적으로 게이트 어레이 회로를 사용하기 시작하면서 도입되었다. 이전에는 스위칭을 위해 다양한 논리 연산을 수행하는 단순한 8비트 시스템이었다.

임베디드 산업이 성장하고 여러 가지 디자인 도구들이 수년에 걸쳐 발전함에 따라, ASIC에서 가능한 복잡성과 기능성은 하나의 칩에 약 5,000개의 논리 게이트에서 1억개 이상의 논리 게이트로 성장했다. 현대의 ASIC은 전체 마이크로프로세서, ROM, RAM, 플래시 메모리 및 컴퓨터 시스템의 다른 구성요소들을 포함할 수 있다. ASIC은 **SoC** System-on-a-chip라고도 한다. 디지털 ASIC 설계자는 Verilog 또는 VHDL과 같은 특정 하드웨어 설명 언어HDL를 사용하여 ASIC의 기능을 설명한다.

오늘날 ASIC은 스마트폰 칩, 스마트 TV, 안드로이드 박스, 오디오 처리 장치 등 다양한 가전 제품을 만드는 데 사용되고 있다. 비트코인 채굴 시스템은 복잡한 ASIC 시스템의 한 예다. 비트코인 채굴에 사용되는 ASIC은 특별히 설계된 메인보드와 전원공급장치를 단일 장치로 구성한 것이다. 이것은 단순히 특수 제작된 기계가 아니라 칩 레벨에서 시작하여 의도적으로 설계되고 특별히 개발된 하드웨어이다.

일반적으로 채굴은 특정 숫자를 찾아 극도로 복잡한 계산을 실행하는 과정이다. 그것은 무작위 번호를 찾는 것과 비슷하다. ASIC 채굴기든 GPU에 기반을 둔 채굴장치든 마법의 숫자에 도달하기 전에 수백만 개의 계산을 거쳐야 한다.

비트코인과 같은 시스템에서는, 그 숫자를 처음 발견한 사람은 비트코인 형태로 보상을 받는다. 우리는 비트코인과 암호화에 대해 12장, 비즈니스에서의 AI 응용에서 기계학습을 어떻게 사용할 수 있는지에 대해 토론할 것이다.

ASIC 채굴기들은 그래픽 카드 또는 CPU 기반 채굴 시스템과 다르다. GPU와 CPU는 둘 이상의 작업을 수행하도록 설계된 더 일반적인 종류의 하드웨어다. 암호 화폐를 채굴하는 것이 임무일 때, 정말로 중요한 것은 당신이 채굴하려는 통화가 당신이 하드웨어와 전력 소비에서 지출할 것 이상의 가치가 있어야 한다는 것이다. 이 이득은 생각보다 적을지도 모른다. 왜냐하면 암호화폐를 채굴하는 것은 매우 비쌀 수 있다. 먼저 이 작업을 위한 하드웨어를 구입하는 데 비용이 많이 들 수 있으며, 채굴 작업에 사용할 수 있는 일부 시스템은 이를 실행하는 데 필요한 전기료로 연간 수천 달러가 든다.

채굴 하드웨어의 선택은 전력소비뿐만 아니라 비용 면에서 시스템의 효율성에 크게 좌우된다. 여기에서 ASIC 채굴기가 의미있다. 고속 계산을 수행하도록 설계되었기 때문에, ASIC은 개인이나 집단이 사용할 수 있는 특정 암호 해시 알고리즘을 해결하도록 요구하는 작업에 적합하다. ASIC은 매우 강력하고 에너지 효율적인 방법으로 높은 해시율을 제공한다; 그들은 범용 기계보다 훨씬 적은 전력을 사용한다.

고성능과 저전력 소비의 조합은 ASIC을 범용의 하드웨어보다 훨씬 경제적인 선택으로 만든다. 그렇기 때문에 비트코인, 라이트코인 등 다양한 암호화폐의 경우 ASIC 채굴이 가장 적절한 기술이다.

이제 관심 주제인 TPU로 돌아가 보자.

TPU

이미 논의한 바와 같이, TPU는 신경망 기반 기계학습 과제를 수행하도록 특별히 설계된 ASIC의 일종이다. 개인이 직접 이용할 수는 없지만 클라우드 기반 서비스로 활용할 수 있다. 구글은 게임, 특히 바둑Go을 하기 위해 TPU를 사용해왔다; 그들의 ML 시스템은 바둑 게임에서 이세돌 세계 챔피언을 이겼다. 그들은 또한 체스나 쇼기 같은 규칙 기반 게임을 하기 위해 TPU를 사용했다. 구글의 ML 시스템은 강화 학습 기반의 시스템을 사용하여 게임을 배우고 한다. 하나의 TPU가 구글 포토Google photo에서 1억 장 이상의 사진을 처리할 수 있다는 사실이 당신을 놀라게 할 수도 있다. 구글은 또한 검색 엔진 RankBrain에 TPU를 사용하여 검색 결과를 제공한다.

기술적으로, TPU는 주로 8비트 정밀도로 낮은 정밀도 계산을 수행하도록 설계되었다. GPU와 비교할 때, TPU는 와트당 초당 입출력 연산IOPS이 더 높다. 또한 주로 게임을 위한 3D 데이터 렌더링에 사용되는 래스터화나 텍스처 매핑을 위한 어떤 종류의 하드웨어 구성품도 가지고 있지 않다. 이를 통해 TPU는 GPU의 30배 이상의 성능을 제공할 수 있어 주목할 만하다. TPU의 속도 최적화를 통해 엄청난 계산량을 필요로 하는 최첨단 심층 신경망, 특히 순환 신경망과 컨볼루션 신경망을 실행할 수 있다. TPU 프로젝트의 기술 팀장인 노옴 주피Norm Jouppi는 구글이 2006년부터 신경망을 위한 ASIC을 연구하기 시작했지만 2013년이 되기 전에는 급선무는 아니었다고 한다. 그 후, 그 팀은 그 프로젝트를 열심히 했다. 주피는 또한 ASIC 개발은 보통 몇 년이 걸리지만, 이 경우 팀이 매우 열심히 일했기 때문에 15개월 안에 시스템을 설계하고 배치할 수 있었다고 말한다.

왜 TPU가 신경망 기반 애플리케이션의 개발에서 그렇게 세상을 바꾸는 현상이 되었는가? 먼저 신경망이 어떻게 출력을 단계적으로 예측하는지 생각해 보자.

두 개의 은닉층, 하나의 입력 계층과 하나의 출력 계층이 있는 다음 순방향 네트워크를 고려해 보자:

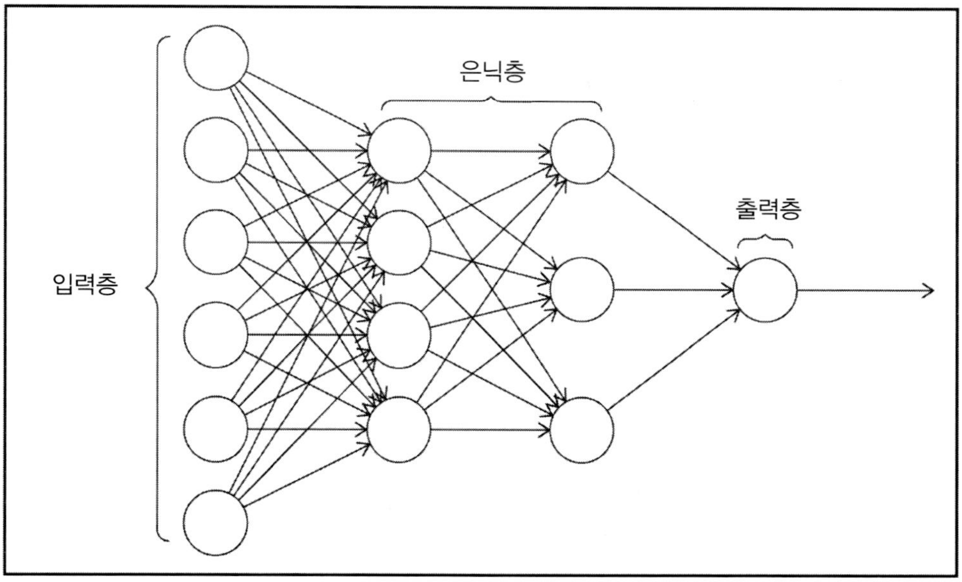

한 층의 뉴런과 다음 층 사이의 연결은 가중치 연결이다. 즉, 첫 번째 층에서 한 개의 뉴런이 어떤 값이라도 다음 뉴런으로 전달하면 연결 가중치(W)와 곱하여 다음 층으로 전달한다는 것이다. 입력값과 가중치의 곱셈은 간단하다.

$$y = W * X + b$$

여기서 W는 연결의 가중치고, b는 편향, X와 y는 각각 입력값과 출력값이다.

은닉층에서 뉴런이 이전 계층으로부터 입력을 받을 때, 이것은 이전 계층에서 은닉층까지의 모든 가중치 연결의 합이다. 이 연산은 다음 다이어그램에 나와 있다.

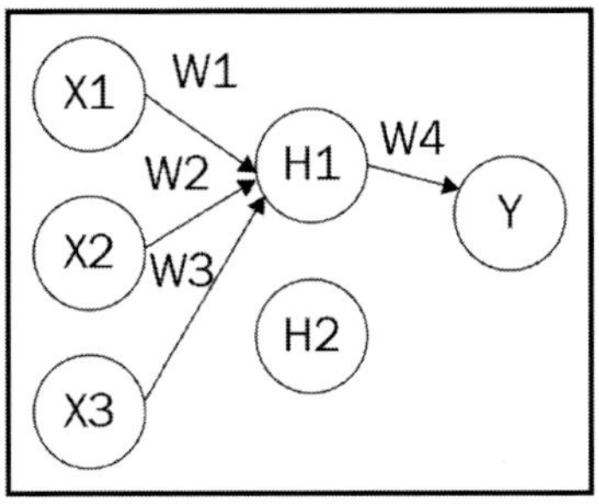

앞의 도표는 H1에서 수신한 입력값의 계산을 보여준다. 이것을 확대하면 다음과 같은 방정식이 나온다.

$$H_1 = X_1 * W_1 + X_2 * W_2 + X_3 * W_3$$

이것을 다음과 같이 요약할 수 있다.

$$H_{jl} = \sum X_{il-1} * W_{kl}$$

여기서 i와 j는 각각 $l-1$과 l층의 i와 j번째 뉴런이다. k는 $l-1$과 l층 사이의 k번째 가중치다. 이 방정식은 우리가 은닉층에 있는 어떤 뉴런의 입력을 추정할 수 있게 해준다.

뉴런 H1의 출력에 대해 이야기해 보자. 이것은 앞 단락에서 본 바와 같이 곱셈의 합이 되어야 한다. 그러나 여기에는 한 가지 문제가 있다: 만약 우리가 곱셈의 합을 네트워크 상의 어떤 뉴런의 출력물로 선택한다면, 그것은 매우 큰 숫자일 수도 있고, 음수일 수도 있다. 정의된 범위 내에서 숫자를 유지하기 위해, 우리는 입력 번호를 정의된 범위 내로 변환하는 활성화 함수를 사용할 것이다. 시그모이드(로지스틱), tanh, softmax 등과 같이 이용할 수 있는 여러 가지 유형의 활성화 함수가 있다. 활성화 함수는 미분가능해야 한다. 왜냐하면 경사하강법과 같은 그레디언트 기반 방법이 가중치 학습 과정 중에 관여하기 때문에 활성화 함수의 도함수를 계산해야 할 필요가 있기 때문이다.

뉴런에 활성화를 적용한 후 출력은 다음과 같이 변할 것이다.

$$H_{jl} = activation\left(\sum X_{il-1} * W_{kl}\right)$$

이 연산들은 각각의 뉴런에 반복적으로 적용될 것이다. 전체 과정을 다음 세 가지 연산으로 요약할 수 있다.

- 입력과 가중치 값 사이의 **곱셈**
- 다음 계층에 집계하기 전에 현재 계층의 모든 곱셈 값의 **합**
- 합한 값에 대한 **활성화** 함수를 적용

보다시피 3개의 입력 노드가 있을 때 각 뉴런에 대해 수행되는 3개의 곱셈, 3개의 덧셈, 1개의 활성화 작업이 있다. 구글은 출력 결과를 얻는 데 필요한 가중치 수를 확인하기 위해 여러 LSTM 네트워크, CNN, MLP^MultiLayer Perceptron^ 모델들을 살펴보았다. 이 결과는 꽤 충격적이었다. 그것들은 다음 표에 요약되어 있다.

신경망 종류	계층 수	가중치 수
MLP0	5	20 million
MLP1	4	5 million
LSTM0	58	52 million
LSTM1	56	34 million
CNN0	16	8 million
CNN1	89	100 million

앞 표에서 볼 수 있듯이 5개 계층 MLP 네트워크의 경우 가중치는 2000만 개, 89개 레이어인 CNN의 경우 1억 개이다. 이러한 네트워크에서 예측 결과를 얻으려면 얼마나 많은 계산이 필요한지 생각해 보라.

일반 CPU 또는 GPU는 높은 정밀도(16비트 또는 32비트)를 갖는 부동 소수점 계산을 수행한다. 이것은 상당히 많은 메모리와 처리 능력을 필요로 한다. 반면에 TPU는 정량화라는 방법을 사용하여 이 16비트 또는 32비트 정밀도 값을 출력 성능에서 무시할 수 있는 저하를 가진 8비트 정밀도로 감소시킨다. 이렇게 되면 메모리와 계산의 총량이 크게 줄어든다. 따라서 TPU는 CPU와 GPU보다 훨씬 빠르고 전력 효율이 높아진다.

다음은 TPU의 블록 다이어그램이다.

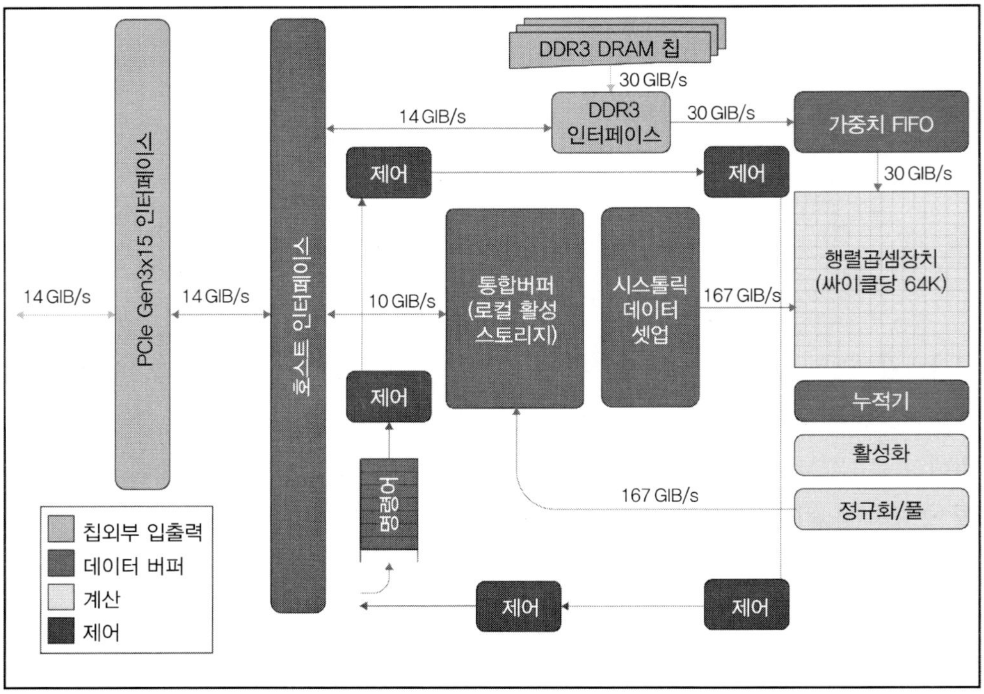

TPU는 계산에 다음의 자원을 사용한다:

- **행렬 곱셈 장치**Matrix Multiplier Unit, MXU: 행렬 연산을 위한 65,536개의 8비트 곱셈-덧셈 장치
- **통합 버퍼**Unified Buffer, UB: 레지스터로 작용하는 24MB의 SRAM
- **활성화 유닛**Activation Unit, AU: 고정배정식 활성화 함수

이러한 장치를 제어하기 위해, 구글은 다양한 다른 신경망 추론들에 대한 명령 집합을 정의했다. 다음 표에는 몇 가지 명령들이 나와 있다.

TPU 명령어	연산
`Read_Host_Memory`	메모리에서 데이터 읽기
`Read_Weights`	메모리에서 가중치 읽기
`MatrixMultiply, MatrixConvolve`	곱셈 및 컨볼루션 연산
`Activate`	활성화 함수적용
`Write_Host_Memory`	호스트메모리에 결과 쓰기

Google은 로컬 시스템에서 TPU에 액세스할 수 있는 두 가지 다른 방법을 제공한다. TPU에 네트워크 그래프와 세션을 전달하는 텐서플로우 라이브러리를 사용하거나 API를 사용할 수 있다. 다음은 로컬 기계에서 TPU로 연결되는 소프트웨어 스택이다.

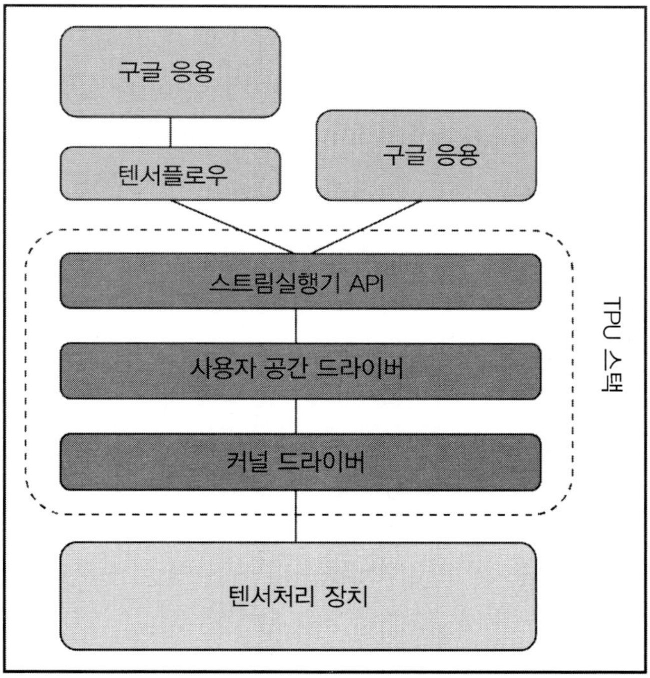

수축기 배열(Systolic Array)

수축기 배열이라는 용어는 인간의 심장의 수축기 순환에서 유래한다. 구글이 이 이름을 사용하는 이유는 꽤 흥미롭다. 이를 이해하기 위해 먼저 CPU가 배열에서 계산을 수행하는 방법을 살펴보자. CPU는 다른 레지스터(메모리 단위)에 값들을 저장하고, CPU의 ALU는 명령 집합을 사용하여 다른 레지스터에 액세스하여 값들을 읽고 다른 산술 연산들을 수행한다. 이러한 명령은 또한 계산 후 결과를 어디에 두어야 하는지도 알려준다. CPU가 이러한 작업을 순차적으로 수행함에 따라 값을 순차적으로 읽고 연산하고 저장한다. 이러한 연산과 부품은 칩 면적뿐만 아니라 많은 전력을 필요로 한다.

반면에 MXU는 입력 값을 한 번 읽고 이를 레지스터에 저장하지 않고 여러 가지 다른 작업에 재사용한다. TPU는 계단식으로 연결된 많은 ALU로 구성되어 있기 때문에, 이 경우 칩 면적도 줄어들고 값을 서로에게 전달하는 데 지연 시간이 덜 필요하므로 에너지 효율이 높다. 이 설계는 우리의 심장이 피를 펌프질하는 방식과 유사하게, 데이터가 전체 칩에 파동으로 흐르기 때문에 수축기라고 알려져 있다. MXU에서 특정 유형의 수축기 배열이 매트릭스 곱셈을 수행하기 위해 에너지 및 면적 효율에 최적화되었으며 범용 연산에는 권장되지 않는다. 이는 효율성과 훨씬 더 높은 작동 밀도를 대가로 레지스터, 제어 및 운영 유연성을 제한하는 공학적 절충방식의 일종이다. 데이터는 다음과 같은 방식으로 MXU로 흐른다.

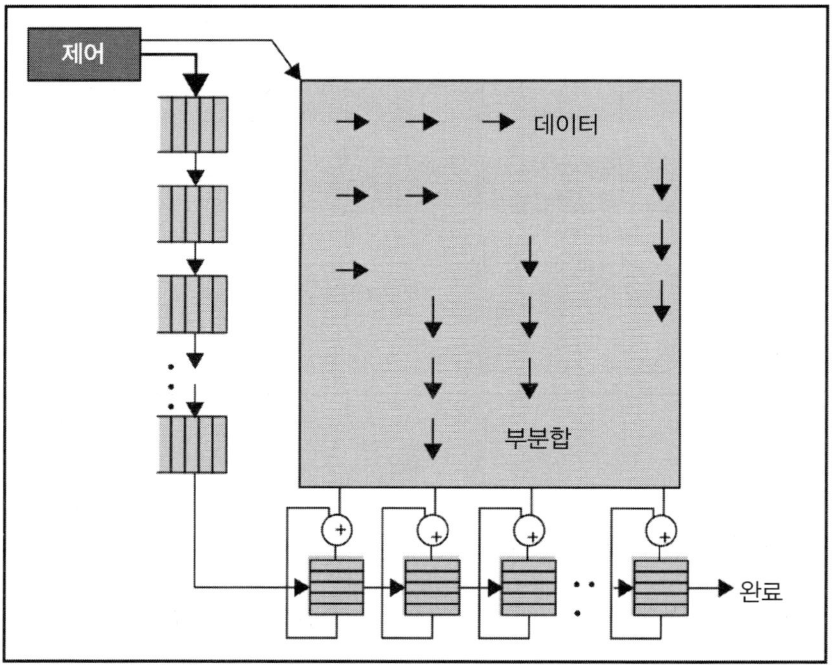

TPU 행렬 곱셈 장치는 총 65,536(256×256)개의 ALU를 포함하는 수축기 배열 메커니즘을 가지고 있다. 이는 TPU가 매 사이클마다 8비트 정수에 대해 65,536개의 곱셈과 덧셈을 처리할 수 있다는 것을 의미한다. TPU는 700 MHz에서 실행되기 때문에 매트릭스 단위로 4.5*E^{13} 곱셈 연산(65,536×70,000,000) 또는 초당 92 Teraops(92×10^{12})를 계산할 수 있다. 이를 통해 TPU는 **사이클당 최대 128,000개**의 작업을 수행할 수 있으며, 반면 같은 주기 동안 GPU는 약 10,000개의 작업을 수행할 수 있고, CPU는 겨우 10개의 작업을 수행할 수 있다.

이것은 TPU를 매우 강력하고 효율적으로 만든다. 시스템에 고성능 GPU 카드가 없는 경우 Google 클라우드로 이동하여 응용 프로그램을 개발하려면 TPU를 대여하라.

기계학습 분야에서 꽤 인기 있는 용어가 하나 더 있는데 바로 FPGA이다. FPGA가 무엇인지, ASIC과 어떻게 다른지 살펴보자.

FPGA(Field programmable gate arrays)

FPGAField-Programmable Gate Array는 컴퓨터 하드웨어 분야에서 새로운 것이 아니다. 그들은 ASIC과 거의 같은 시간 동안 존재해왔다. ASIC과 마찬가지로 FPGA도 전용, 애플리케이션 기반, 사용자 지정 가능한 하드웨어다. 프로그래밍 가능한 논리 성분을 포함하는 반도체 소자로 생각할 수 있다. 이러한 요소들은 논리 블록으로 알려져 있다. 논리 블록은 프로그램 가능한 상호연결을 가지고 있다. 즉, **하드웨어 설명 언어**HDL를 사용하여 서로 다른 논리 블록 간의 연결을 프로그래밍할 수 있다. 상호연결을 프로그래밍하는 것은 일회성 과정이다. 일단 논리 블록 사이의 상호연결을 굽고 나면, 당신은 그것들을 바꿀 수 없다.

기계학습을 위한 FPGA도 TPU와 유사한 저정밀 연산을 사용하므로 GPU에 비해 더 높은 속도 최적화를 달성할 수 있다. 최근 인텔은 FPGA 분야에 진출하여 인텔 아리아10과 스트라틱스10 등 그들 자체의 FPGA를 만들고 있다. 이들은 저정밀 연산을 사용하여 NVIDIA의 타이탄 X 파스칼 GPU를 능가했다.

현재 FPGA가 GPU 및 TPU와 경쟁하는데 있어서 가장 큰 도전과제는 바로 전용 기계학습 라이브러리의 부재이다. 반면 CUDA 기반의 CuDNN은 GPU 기반의 ML 개발에 사용할 수 있고 텐서플로우 API는 TPU를 사용할 수 있게 한다.

ASIC은 현재 다양한 애플리케이션 개발 수준에서 볼 때 속도와 최적화 면에서 FPGA를 누르고 있지만, FPGA 분야에서 인텔과 마이크로소프트와 같은 대기업들의 최근 발전은 그것들도 장래성이 있다는 것을 보여준다.

우리는 과거의 컴퓨터와 현재의 컴퓨터에 대해 이야기해 왔다. 이제 미래의 컴퓨터에 대해 이야기할 시간이다. 양자 컴퓨터에 대해 논의해 보자.

양자 컴퓨터

양자라는 용어는 물리학에서 직접 유래한다. 그것은 주로 동시에 여러 상태의 입자들을 다룬다. 만약 당신이 당신의 물리학 수업에서 빛의 특성에 대해 배웠다면, 당신은 빛의 이중성을 기억할 것이다. 입자(빛의 광자 또는 패킷)인 동시에 파동으로 볼 수 있다.

과학자들은 이 이론을 물리학에서 컴퓨터 세계로 옮기기 위해 노력하고 있다. 알다시피 컴퓨터는 이진수를 사용하여 작동하는데 여기서 비트는 1(ON) 또는 0(OFF)을 나타낼 수 있다. 이 두 가지 표현을 동시에 가질 수는 없다. 우리는 컴퓨터 시스템의 기본적인 빌딩 블록이 트랜지스터라는 것을 보았다. 연구진은 이제 트랜지스터의 크기를 줄여 원자의 법칙을 적용할 수 있을 정도로 작게 만들 계획이다. 20세기의 가장 위대한 과학자 중 한 명인 리차드 파인만Richard P. Feynman에 의하면, "아주 작은 규모의 것들은 당신이 직접 경험한 것이나… 당신이 본 것과 같은 것처럼 행동하지 않는다."(Six Easy Pieces, p.116)

알다시피 일반 컴퓨터의 기본 요소는 레지스터, 비트, 여러 논리 게이트 등이다. 이것들은 인간에 의해 쓰여진 프로그램이나 알고리즘에 대해 동작한다. 양자 컴퓨터는 일반 컴퓨터와 같은 종류의 요소를 갖추고 있다. 그러나 비트 대신에 양자 컴퓨터는 양자 비트, 즉 **큐비트**qubit를 가지고 있다. 큐비트는 일반 컴퓨터의 비트와는 상당히 다르게 작동한다. 큐비트는 0 또는 1 중 하나를 저장할 수 있고, 동시에 둘 모두를 저장할 수 있다. 이것은 물리학의 중첩의 개념 때문에 가능한 것으로, 많은 다른 파동의 조합으로 생성되는 어떤 파동도 모든 원래 소스에서 나온 정보를 포함하고 있다는 것이다. 큐비트는 여러 상태를 동일한 방식으로 나타내기 위해 중첩의 원리를 사용한다.

이 컴퓨터가 여러 상태를 동시에 가질 경우, 동시에 처리할 수 있어 정보를 병렬로 처리하는 것과 비슷하다. 이 병렬로 인해 양자 컴퓨터는 일반 컴퓨터보다 100만 배 더 빨리 정보를 처리할 수 있을 것으로 추정된다.

정말 양자 컴퓨터를 만들 수 있을까?

실제로 레이저 빔, 전자기장 또는 전파와 같은 다른 장비를 사용하여 원자를 포함하고 상태를 변경하는 몇 가지 방법이 있다. 한 가지 방법은 양자점Quantum Dots을 이용하여 큐비트를 만드는 것인데, 이 양자점은 반도체의 나노 단위의 작은 입자로 전자나 홀hole 같은 개별 전하 운반체를 제어할 수 있다.

또 다른 방법은 이온 트랩이라고 불리는 것으로 큐비트를 만드는 것인데, 여기서 원자의 전자를 추가하거나 떼어내어 이온을 만드는 것이다. 그런 다음 일종의 레이저 스포트라이트에 안정적으로 잡고 레이저 펄스로 다른 상태로 뒤집는 것이다. 대신, 우리는 큐비트를 광공각 내부의 광자로 취급할 수 있는데, 이것은 아주 작은 거울 사이의 공간이다. 이것 또한 레이저의 원리다.

그러나 양자 컴퓨팅의 전체 분야는 여전히 대체로 추상적이고 이론적이기 때문에 우리가 정말로 알아 두어야 할 것은, 다른 상태들로 존재할 수 있고 그들 사이에 전환될 수 있는 원자나 다른 양자 규모의 입자에 의해 큐비트는 저장된다는 것이다.

그렇다면 문제는 우리가 양자 시대로부터 얼마나 멀리 떨어져 있는가 하는 것이다.

양자시대에서 얼마나 멀리 떨어져 있는가?

양자 컴퓨터는 여전히 대부분 이론적이다. 그럼에도 불구하고, 우리는 양자 기계를 이해하기 위한 약간의 고무적인 진전을 이루었다. 2000년에는 두 가지 중요한 돌파구가 있었다. 먼저 MIT 교수인 아이작 추앙(http://feynman.mit.edu/ike/homepage/index.html)은 5개의 불소 원자를 사용하여 간단한 5큐비트의 양자 컴퓨터를 만들었다. 같은 해에 로스 알라모스 국립 연구소의 연구원들은 액체 방울을 사용하여 7큐비트 기계를 만드는 방법을 알아냈다. 5년 뒤인 2005년 인스브루크 대학의 연구원들이 추가로 큐비트를 추가해 큐바이트(8비트)를 조작할 수 있는 최초의 양자 컴퓨터를 만들었다. 이것들은 꽤 유망하고 중요한 첫걸음이었다.

다음 몇 년 동안, 다양한 연구소의 연구원들은 이 시스템에 더 많은 큐비트를 추가하는 더 많은 실험을 발표했다. 2011년까지 캐나다의 한 회사 **D-Wave Systems**(https://www.dwavesys.com/)은 128 큐비트 양자 컴퓨터를 만들었다고 발표했다. 3년 뒤인 2014년 구글은 D-Wave의 접근방식을 기반으로 자체 양자 컴퓨터를 개발하기 위해 학계 팀을 만들 것이라고 발표했다. 2015년 3월 구글 팀은 양자 연산에 한 걸음 더 다가섰다고 발표했다. 2016년 MIT의 아이작 추앙을 비롯한 인스브루크 대학의 과학자들은 15의 소인수를 계산할 수 있는 5큐비트의 이온 트랩 양자 컴퓨터를 공개했다. 이러한 모든 발전은 언젠가 이러한 종류의 기계의 확장 버전이 완전한 암호화 시스템으로 발전할 수 있다는 것을 보여준다.

이 분야의 이러한 성취가 대단히 중요하다는 것에는 의심의 여지가 전혀 없으며, 양자 기술이 때가 되면 컴퓨팅 혁명을 일으킬 것이라는 더 많은 격려를 향해 서서히 조짐이 커지고 있다. 마이크로소프트는 2017년 12월, 양자 응용 프로그램 설계 및 개발을 위해 특별히 개발된 새로운 컴퓨터 언어 Q#을 포함하는 완전한 양자 개발 키트(https://blogs.microsoft.com/ai/future-quantum-microsoft-releases-free-preview-quantum-development-kit/)를 선보였다. 2018년 초 D-wave는 양자 전력을 클라우드 컴퓨팅 플랫폼으로 롤아웃하는 계획을 발표했는데, 이는 혁명적이다. 몇 주 후에 구글은 72 큐비트 배열을 기반으로 한 양자 프로세서인 Bristlecone을 발표했다(https://ai.googleblog.com/2018/03/a-previewof-bristlecone-googles-new.html).

이 모든 것은 매우 흥미진진하다. 그럼에도 불구하고, 현재는 전체 분야에 있어서 아주 초창기여서, 많은 연구자들은 그 분야에서 아직 더 해야 할 많은 것들이 있고 실용적인 양자 컴퓨팅 기반 시스템을 얻는 데 수십 년이 걸릴 수도 있다는 데 동의했다.

요약

우리는 AI와 기계학습 분야에서 혁명적일 수 있는 현대 하드웨어에 대해 꽤 많이 배웠다. 우리는 나폴레옹의 마음속에서 기계에 대한 아이디어가 떠올랐을 때부터 출발했다. 우리는 찰스 배비지가 어떻게 그의 차동 엔진과 분석 엔진을 고안해 냈는지 보았다. 그것은 연구원들이 완전한 기능을 하는 컴퓨터 시스템을 만들 수 있는 길을 열어주었다. 프로세서, RAM, HDD 등 다양한 컴퓨터 하드웨어 세부 사항에 대해 알아 보았다. 또한 ML 애플리케이션 개발 시스템을 구축하기 위한 권장 구성을 보았다.

그리고 나서, 우리는 GPU를 살펴보았고 왜 GPU가 ML 기반 솔루션에서 매우 인기가 있는지 알게 되었다. 우리는 NVIDIA CUDA, GPU 프로그래밍 API, 그리고 신경망 기반 솔루션 개발을 위해 거대한 연구자 커뮤니티에 의해 사용되는 cuDNN에 대해 배웠다. 또한 GPU 기반 ML 애플리케이션 개발 시스템을 구축하기 위해 권장되는 하드웨어 요구 사항을 살펴보았다.

나중에, 우리는 훨씬 더 빠른 클라우드 기반 시스템인 TPU를 살펴보았다. TPU의 기본 작동에 대해 배웠고 ASIC에 대해서도 배웠다. ASIC이 ML 애플리케이션에 어떻게 유용할 수 있는지도 보았다. 우리는 또한 FPGA가 어떻게 현재 트렌드로 발전하고 있는지에 대해 조금 논의했다.

마지막으로, 우리는 양자 컴퓨터에 대해 배웠는데, 만약 당신이 물리학 배경지식이 없다면 꽤 어려워 보였을지도 모른다. 양자 컴퓨팅의 기본과 그것이 어떤 종류의 약속을 제시하는지 살펴보았다.

산업에서 하드웨어와 소프트웨어 측면에서 많은 발전이 있어, 우리를 더 나은 라이프스타일로 이끌고 있다. 오직 시간만이 우리가 미래에 어디로 향할지 알려 줄 수 있다. 최상을 기대하고 계속 배우자.

다음 장에서는 대부분의 사람들이 우리의 솔루션을 사용할 수 있도록 훈련된 모델을 서버에 배치하는 방법에 초점을 맞출 것이다. 우리는 텐서플로우 서빙에 대해 배울 것이고 로컬 서버에 매우 간단한 모델을 배치할 것이다.

10

텐서플로우 서빙

이 장에서는 다음과 같은 주제를 자세히 살펴보기로 한다.

- 텐서플로우 서빙이란?
- 텐서플로우 설치 및 실행
- 서빙 모델에 대한 연산
- gRPC란?

텐서플로우 서빙이란?

제4장 컴퓨터 비전 및 지능부터 제7장 생성적 대립망까지 다양한 애플리케이션에 대한 딥러닝 모델을 만들고 훈련하는 방법에 대해 살펴보았다. 이러한 모델을 어떻게 배포하여 애플리케이션이 다른 사용자에게도 유용하게 할 수 있는지 궁금해 본 적이 있는가?

텐서플로우는 이런 종류의 문제에 대한 완벽한 해결책을 제공한다. 우리는 생산 환경에서 모델을 쉽고 빠르게 배포할 수 있는 텐서플로우 라이브러리인 텐서플로우 서빙TensorFlow Serving(https://www.tensorflow.org/serving/)을 사용할 것이다. 그것은 우리가 어떤 다른 서비스를 어떻게 배치할 것인가와 크게 다르지 않다. 또한 별도의 수정 없이 다양한 텐서플로우 모델들과 함께 사용할 수 있다.

다음 다이어그램은 이 기능이 어떻게 작동하는지 보여준다.

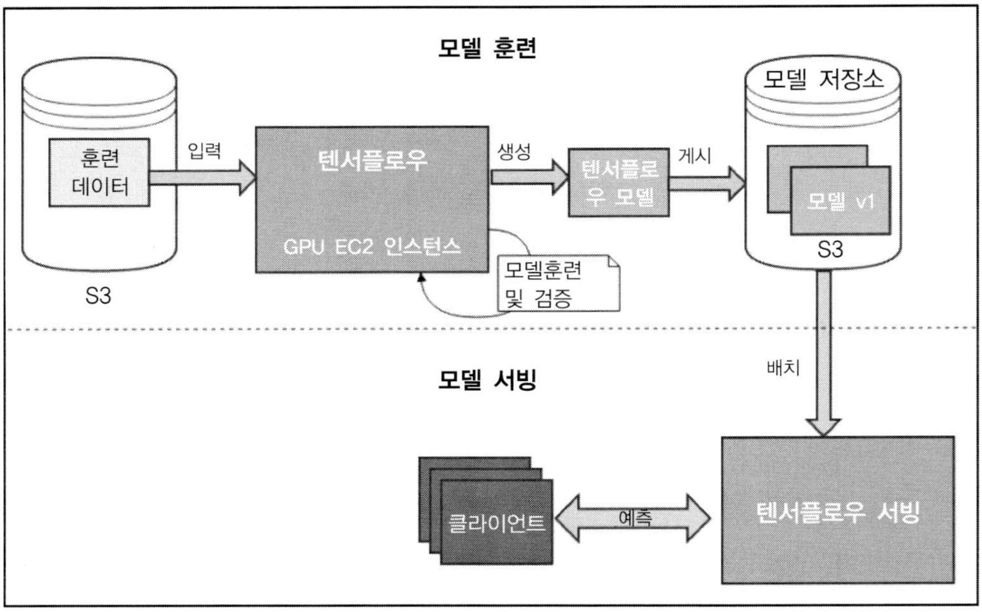

우리는 항상 이 데이터를 사용하여 훈련 데이터를 생성하고 모델을 훈련하는 것으로 시작한다. 그런 다음 텐서플로우 서빙 라이브러리를 사용하여 클라이언트에게 훈련된 모델을 배포할 것이다.

배치를 진행하기 전에, 우리는 모델의 배치 과정에서 사용될 몇 가지 용어를 배울 필요가 있다.

텐서플로우 서빙의 기본에 대한 이해

텐서플로우 서빙의 아키텍처를 이해하려면 다음 개념들이 필수적이다. 이러한 개념에 대한 자세한 설명은 텐서플로우 서빙의 공식 페이지(https://www.tensorflow.org/serving/architecture_overview)에서 찾을 수 있지만, 나는 당신이 아키텍처를 더 잘 이해할 수 있도록 여기서 그것들을 단순화하였다.

서버블(servables)

서버블[servable]은 데이터 세트의 훈련 또는 검증 중에 생성되는 텐서플로우 세션이다. 또는, 8장 다중모드 학습의 이미지 캡션 생성 응용에서 보았듯이 단어 임베딩 또는 어휘에 사용되는 일종의 룩업 테이블일 수 있다.

서버블은 텐서플로우 서빙의 중심 개념이다. 그것들은 클라이언트들이 계산을 할 때 사용하는 기본적인 객체들이다. 이것은 모델의 조회 또는 추론 형태일 수 있다.

서버블의 크기와 세밀한 정도는 원래 유동적이다. 그것은 룩업 테이블의 한 조각에서부터 단일 모델 또는 여러 추론 모델의 투플에 이르는 어떤 것이든 될 수 있다. 서버블은 어떤 유형 및 어떤 종류의 인터페이스일 수 있는데, 다음과 같은 향후 개선사항을 구현할 수 있게 해 준다:

- 서로 다른 결과 스트리밍
- 다른 실험적 API
- 비동기식 운영 모드로 사용할 수 있음.

서버블은 자체 라이프 사이클을 관리할 수 없다.

전형적인 서버블에는 다음이 포함될 수 있다:

- 세션 인스턴스인 텐서플로우 `SavedModelBundle` `(TensorFlow:: Session)`
- 단어 임베딩 또는 단어 검색에 사용할 수 있는 조회표

서버블 버전

텐서플로우 서빙은 단일 서버 인스턴스의 전체 수명 동안 하나 또는 다중의 서버블 버전을 처리할 수 있는 기능을 가지고 있다. 이것은 가중치, 새로운 알고리즘 구성 및 기타 데이터를 허용한다. 이 데이터는 일정 기간 동안 로드할 수 있다. 버전들은 하나 이상의 서버블 버전을 함께 로드할 수 있도록 하며, 이는 연속적인 롤아웃을 구현할 수 있음을 의미한다. 서빙 시간 동안, 클라이언트들은 특정 모델에 대해 최신 버전이나 특정 버전 ID를 요청할 수 있다.

버전은 우리가 다른 버전의 모델을 유지하도록 도와준다. 이미지를 10가지 클래스로 분류할 수 있는 모델을 훈련한다고 가정해 보자. 어느 시점에서, 클래스 두 개가 더 추가된 클래스 중의 하나로 입력을 분류하기 위해 모델을 재훈련하고 싶은데, 이 모델의 정확도가 약간 저하되었다. 이때 일부 클라이언트들은 대신 이전 버전의 모델을 원할 수 있다. 여기서 버전은 유용하게 사용된다.

서버블 스트림을 이용해 순서대로 된 복수의 버전도 이용할 수 있다. 이것은 버전 번호에 따라 버전을 순서대로 정렬한다.

모델

텐서플로우 서빙에서는, **모델**은 하나 이상의 서버블로 표현된다. 기계학습 모델에는 하나 이상의 알고리즘(학습된 가중치 포함)과 룩업 또는 임베딩 테이블도 포함될 수 있다.

혼합 모델은 다음과 같은 형태 중 하나일 수 있다.

- 서로 다른 독립적인 서버블
- 하나의 복합 서버블

또한 서버블은 모델의 일부에 해당할 수 있다. 예를 들어, 다양한 텐서플로우 서빙 인스턴스에서 거대한 조회 표를 공유할 수 있다.

소스

소스Source는 다른 플러그인 모듈이다. 그들의 일은 서버블을 찾아 제공하는 것이다. 모든 소스는 여러 개의 서버블 스트림을 제공할 수 있다. 소스는 모든 버전에 대해 하나의 로더Loader 인스턴스를 제공할 책임이 있다.

소스용 텐서플로우 서빙의 인터페이스는 임의의 스토리지 시스템에서 서비스를 검색할 수 있다. 텐서플로우 서빙은 일반적인 레퍼런스 소스 구현으로 구성된다. 예를 들어 소스는 RPC(**원격 프로시저 호출**)와 같은 메커니즘에 접근할 수 있다. 그들은 또한 파일 시스템을 폴링할 수도 있다.

기본적으로, 서빙 수명주기는 텐서플로우 서빙이 디스크에 있는 모델을 인식할 때마다 시작된다. 소스 구성 요소는 그것을 관리하고 로드해야 하는 새 모델을 감지할 책임이 있다. 그것은 항상 새로운 모델 버전이 디스크에 도착했는지 확인하기 위해 파일 시스템을 감시한다. 새로운 버전을 발견하면, 그것은 모델의 특정 버전에 대한 로더를 만드는 것으로 진행한다.

로더

서버블의 수명주기는 로더Loader에 의해 관리된다. Loader API는 특정 학습 알고리즘, 데이터 또는 관련된 제품 사용 사례와 독립적인 공통 인프라를 허용한다. 서버블 로드 및 언로드용 API는 로더에 의해 조절된다.

로더에는 모델에 대한 모든 필요한 지식이 포함되어 있다. 여기에는 모델을 로드하는 방법과 모델에 필요한 자원을 추정하는 정보가 포함된다. 이러한 자원은 시스템에서 요청한 대로 RAM과 GPU 메모리를 포함한다. 로더에는 또한 포인터가 들어 있는데, 포인터는 로딩에 도움이 되는 모든 필요한 메타데이터와 함께 디스크에서 사용할 수 있는 모델을 가리키고 있다.

로더를 생성한 후 소스는 이를 관리자Manager에게 전송하는데, 이를 요청aspired 버전이라고 한다.

요청 버전

요청 버전은 기본적으로 로드되고 준비되어 있어야 하는 서버블 버전들의 집합이다. 소스는 한 번에 하나의 서버블 스트림에 대해 이 서버블 버전 집합을 통신할 책임이 있다. 소스는 관리자에게 다른 요청 버전의 새로운 목록을 제공하며, 이는 서버블 스트림에 대한 이전 목록을 대체한다. 관리자는 목록에 더 이상 없는 이전에 로드된 버전을 언로드한다.

관리자

서버블의 전체 수명주기를 다루는 주요한 책임은 관리자에게 있다. 여기에는 다음 작업이 포함된다:

- 서버블 로드
- 서버블 서빙
- 서버블 언로드

이것 외에도, 관리자들은 또한 다른 소스에 귀를 기울이고 특정 디스크에 있는 모든 버전을 추적한다. 그들은 이러한 소스에 의해 이루어진 다양한 요청을 이행하려고 노력한다. 특별한 상황에서 관리자들은 특정한 요청버전의 로딩을 거부할 수 있다. 이러한 상황으로는 필요한 자원이 사용불가인 경우가 포함될 수 있다. 관리자들은 또한 적절하다고 여겨질 때마다 언로드 작업을 지연시킬 수 있는 힘을 가지고 있다. 예를 들어, 관리자는 적어도 하나의 버전이 항상 로드된다는 것을 보장하는 정의된 정책에 따라 새로운 버전이 로딩될 때까지 기다렸다가 소스를 언로드할 수 있다.

이를 더 잘 이해하기 위해 다음 시나리오를 자세히 살펴보자.

관리자가 소스의 요청 버전을 받으면, 서빙 과정을 진행한다. 이 시점에서 두 가지 가능성이 있다.

- 첫 번째 가능성은 첫 번째 모델 버전이 이미 배치되어 있는 것이다. 이때 관리자는 필요한 모든 자원을 그 시점에 사용할 수 있도록 할 것이다. 이 후, 관리자는 로더에 고시를 하고, 그 후에 모델을 적재한다.
- 두 번째 가능성은 기존 모델의 새로운 버전을 진행하는 것이다. 이 경우, 관리자는 버전 정책 플러그인이 실행되기 전에 해당 플러그인을 검색해야 한다. 이것은 버전 정책이 매니저에게 새로운 모델 버전을 로드하는 과정이 어떻게 진행되는지를 알려주는 것이기 때문에 필수적인 단계다.

특히, 관리자가 새로운 버전의 모델을 로드할 때, 가용성 또는 리소스를 유지할 지는 우리에게 달려 있다. 첫 번째 경우, 우리는 들어오는 클라이언트 요청에 대해 시스템이 사용 가능한지 확인하는 데 더 관심이 있다. 우리는 관리자가 새 그래프를 새 가중치로 나타낼 수 있도록 로더에게 허용한다는 것을 이미 알고 있다.

이제, 우리는 동시에 로드되는 동일한 모델의 두 버전을 가지고 있다. 그런 다음 관리자는 로딩이 완료된 후에만 이전 버전을 언로드한다. 두 모델 사이를 안전하게 전환할 필요가 있다.

반면에, 만약 다른 자원을 절약하고 새로운 버전을 위한 여분의 공간을 확보하려는 경우 원한다면, 우리는 이러한 자원들을 보존하는 것을 선택할 수 있다. 가용성에 있어서 약간의 지연이 생기는 대신 메모리를 절약하기 위해 매우 무거운 모델을 가지고 있는 경우에 이것은 꽤 유용할 수 있다.

마지막에, 클라이언트가 모델에 대한 핸들을 요청하면, 관리자는 핸들을 서버블에게 반환한다.

다음 다이어그램은 배포 프로세스를 보여 준다.

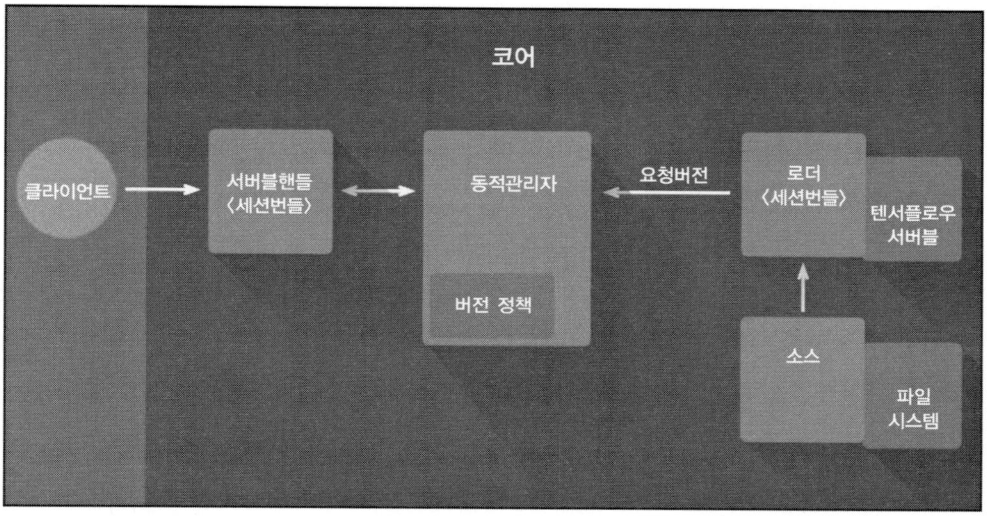

우선 매우 간단한 텐서플로우 모델을 만들고 서빙 메커니즘을 사용하여 서빙해 보자.

텐서플로우 서빙 설치 및 실행

텐서플로우 서빙을 실행하려면 도커(Docker) 툴박스가 필요하다. 이를 통해 가상 이미지를 사용하여 단일 시스템에서 다양한 종류의 가상 환경을 실행할 수 있다. 도커 툴박스는 공식 웹사이트(https://docs.docker.com/toolbox/toolbox_install_window/)에서 다운로드할 수 있는 오픈소스 소프트웨어다.

도커의 가상 이미지는 미니 운영체제로 작동한다. 그것들은 일반적으로 가상 OS를 실행하는 데 필요한 중요한 동적 라이브러리를 포함하는 .exe 파일이다. 이 이미지들을 도커에 로드할 수 있고 그리고 그것을 당신의 컴퓨터에 있는 실제 OS와는 독립적으로 실행할 수 있다. 예를 들어 도커 툴박스를 사용하여 윈도우 시스템에서 리눅스 환경을 실행할 수 있다. 이 논의를 진행하기 전에 가상시스템VM과 컨테이너라는 두 가지 용어를 알아봐야 한다.

가상시스템

가상시스템Virtual Machine은 하드웨어의 기능을 서로 다른 사용자 간에 공유할 수 있도록 하드웨어를 분할하도록 해준다. 이는 별도의 서버나 시스템으로 나타난다는 것을 의미한다. 기술적 용어로, 그것들은 하나의 서버를 여러 서버로 변환하는 데 도움이 되는 물리적 하드웨어의 추상화 유형이다. 하이퍼바이저를 사용하면 단일 시스템에서 실행할 수 있는 여러 VM을 만들 수 있다. 각 VM은 OS, 애플리케이션 및 다른 프로그램을 실행하는 데 필요한 바이너리와 라이브러리의 전체 복사본을 가질 수 있다. 하드 디스크의 수십 기가바이트 공간을 차지할 수 있으며 일반적으로 부팅 속도가 상당히 느리다. VM 아키텍처는 다음 다이어그램을 참조하여 이해할 수 있다.

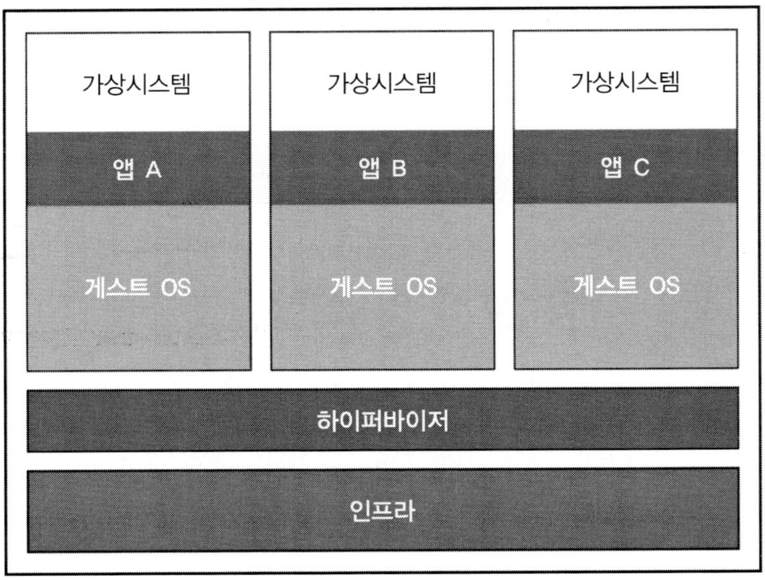

컨테이너

컨테이너는 OS 가상화에 도움이 된다. 이를 통해 OS를 서로 다른 가상화된 구획으로 분할하여 컨테이너 애플리케이션을 실행할 수 있다. 좀 더 기술적인 접근방식을 취하면, 컨테이너는 코드와 다른 의존성을 함께 패키징하는 애플리케이션 계층의 추상화라고 말할 수 있다. 여러 컨테이너를 동일한 기계에서 실행할 수 있다. 각 컨테이너는 사용자 공간에서 독립적인 프로세스로 실행되기 때문에 OS 커널을 공유한다. 공간 최적화에 컨테이너를 사용하는 것의 장점은 VM보다 더 적은 공간을 차지한다는 것이다. 또한 더 많은 애플리케이션을 처리할 수 있으며 더 적은 수의 VM 및 OS를 필요로 한다. 컨테이너의 구조는 다음 도표와 같다.

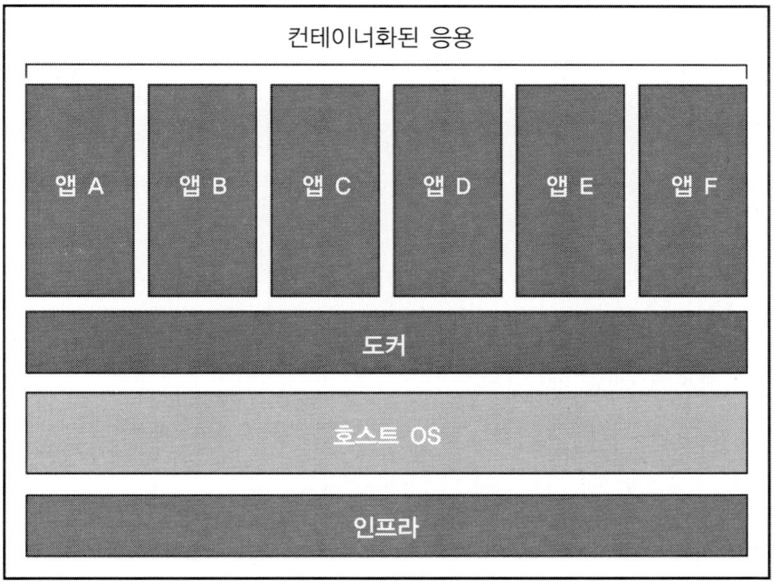

도커 툴박스를 사용한 설치

도커 컨테이너는 가상 이미지를 로드하고 컴퓨터의 OS에서 독립적으로 실행한다. 우리는 텐서플로우 서빙을 실행하는 것과 비슷한 것을 할 것이다. 우리는 도커 컨테이너에 텐서플로우 서빙 응용 프로그램의 컨테이너화된 응용 이미지를 로드하고 이를 실행하여 모델을 제공할 것이다.

먼저 도커 툴박스를 시스템에 설치하고 GitHub 저장소에서 텐서플로우 서빙 이미지를 끌어 온다. 도커 툴박스를 설치한 다음, 그것을 실행한다. 명령줄에 다음 코드 라인을 입력하여 웹에서 텐서플로우 서빙 이미지를 끌어 온다.

```
docker pull TensorFlow/serving
git clone https://github.com/TensorFlow/serving
```

이제 저장소가 로컬 디스크로 복제되고 모델을 서빙할 준비가 되었다.

모델 서빙 연산

간단한 덧셈 연산을 담당하는 기본 텐서플로우 모델을 만드는 것부터 시작할 것이다. 나중에, 당신은 필요에 따라 어떤 복잡한 모델도 제공할 수 있는 동일한 단계를 따를 수 있다. 지금 당장은, 우리는 모델 서빙의 기본 개념으로 우리의 관심을 돌릴 것이다.

모델 생성

다음 코드 라인은 모델을 생성한다.

```
# First we will import the TensorFlow library
import TensorFlow as tf
# Here we will define the flags to store our model. These flags will help
us # to maintain the repository. It will automatically assign the
# version numbers to our models
tf.app.flags.DEFINE_integer('model_version', 1, 'version number of the model.')
tf.app.flags.DEFINE_string('work_dir', '/tmp', 'Working directory.')
FLAGS = tf.app.flags.FLAGS
  # Name the place holder
placeholder_name = 'a'
# We will do a simple scalar addition operation
operation_name = 'add'
# Let's create a placeholder to store the input number
a = tf.placeholder(tf.int32, name=placeholder_name)
```

```
# The input number will be added to a constant 10
b = tf.constant(10)
# Whenever an input comes we will add a constant to that
add = tf.add(a, b, name=operation_name)
# The next step is to create a session which can perform
# the above task.
# Run a few operations to make sure our model works
with tf.Session() as sess:
    #Let's call our model to do an addition
    c = sess.run(add, feed_dict={a: 2})
    print('10 + 2 = {}'.format(c))
    # One more time
    d = sess.run(add, feed_dict={a: 10})
    print('10 + 10 = {}'.format(d))
```

볼 수 있듯이, 우리의 모델은 단순히 입력 숫자에 상수를 더한다. 이제 이 모델을 서빙할 것이다.

모델 저장

모델을 정확하게 서빙하는 것은 우리가 모델을 어떻게 저장하는가에 기반한다. 그것은 특정한 형식이 필요하다. 이를 위해서는 서빙 지침을 따라야 한다.

앞의 예에서는 기본 텐서플로우 그래프에 입력값, 상수 및 연산(덧셈)을 저장하는 플레이스홀더를 만드는 것으로 시작했다. 그런 다음 덧셈 작업을 실행하기 위한 세션을 생성했다. 여기서는 이 코드 배포를 위해 API 끝단에 저장할 수 있다. 웹 기반 애플리케이션 배포에 사용되는 웹 프레임워크인 플라스크Flask나 팔콘Falcon과 같은 파이썬 프레임워크로 작성할 수 있지만, 다음과 같은 이유로 우리는 이것을 하지 않을 것이다.

- 우리의 모델이 복잡하면 CPU에서 느리게 실행될 수 있다. 속도 최적화를 위해 GPU로 실행할 수 있다. API 마이크로 서비스를 사용하면 일반 CPU에서는 정상적으로 실행될 수 있지만 다른 하드웨어에서는 실행하기가 어려울 수 있다.
- 도커 이미지에서 무거운 텐서플로우 모델을 잘 최적화하지 않은 경우 CPU, 메모리 또는 컨테이너 이미지 크기와 같은 다른 시스템 리소스를 예기치 않게

사용할 수 있다.

- 만약 당신의 서비스가 다른 텐서플로우 버전에 쓰여진 다른 모델을 사용한다면, 그것들은 파이썬 API에서 동시에 관리하기 어려울 것이다.

이러한 문제에 대한 가능한 해결책은 모델을 API로 포장wrap하는 것일 수 있다. 이렇게 하면 각 모델에 대한 서비스가 제공되고 다른 하드웨어에서 서로 다른 서비스를 실행할 수 있다. 텐서플로우 서빙 ModelServer는 여기에서 유용하다.

이제 이 모델을 저장할 시간이다. 다음 단계를 따르면 된다.

1. 첫째, **입력** 및 **출력** 텐서를 고려해야 한다.
2. 그런 다음 입력 및 출력 텐서를 사용하여 **시그니처 정의**를 생성한다. 모델 작성자는 시그니처 정의를 사용하여 서버가 로드할 수 있는 모델을 저장한다.
3. 이제, 지정된 경로에 모델을 저장하여 서버가 모델을 거기서 로드할 수 있도록 한다.

이러한 작업을 수행하기 전에 먼저 어떤 노드가 입력이고 어떤 노드가 출력인지 파악해야 한다. 우리는 a + b의 형태로 덧셈만 하는 아주 간단한 수학 모델을 가지고 있는데, 여기서 b는 상수다. 만약 우리가 상수를 교체한다면, 우리는 이것을 a + 10 형식으로 쓸 수 있을 것이다. 입력 텐서는 a:0으로, 출력 텐서는 add:0으로 쉽게 가져갈 수 있다.

다음 코드에서는 입력 및 출력 텐서를 얻은 다음 모델을 저장하는 데 사용할 시그니처 정의를 만들 것이다.

```
# Pick out the model's input and output
    a_tensor = sess.graph.get_tensor_by_name(placeholder_name + ':0')
    sum_tensor = sess.graph.get_tensor_by_name(operation_name + ':0')
    model_input = build_tensor_info(a_tensor)
    model_output = build_tensor_info(sum_tensor)
    # Create a signature definition for tfserving
    signature_definition = signature_def_utils.build_signature_def(
        inputs={placeholder_name: model_input},
        outputs={operation_name: model_output},
        method_name=signature_constants.PREDICT_METHOD_NAME)
```

우리는 텐서 a와 add 연산에 placeholder_name과 operation_name이라는 이름을 사용하였다. 모델의 입력과 출력의 이름으로 어떤 종류의 문자열이나 사용할 수 있다. 텐서플로우는 이미 명명 목적에 사용될 수 있는 몇 가지 상수를 정의했다. 이러한 상수는 signature_constants.py 파일(https://github.com/tensorflow/tensorflow/blob/master/tensorflow/python/saved_model/signature_constants.py).에서 찾을 수 있다. 거기에서 **예측**을 위한 상수, **분류**를 위한 상수, **회귀**의 상수 3종을 발견할 수 있다. signature_constants.py를 살펴보면, 입력과 출력 상수를 input과 output으로만 명명하였음을 알 수 있다.

여기에 a와 add를 사용하여 텐서플로우 상수를 지정할 필요가 없도록 할 것이다. 복수의 입력과 복수의 출력으로 모델을 작성하는 경우, 변수의 이름을 직접 지어야 한다.

시그니처 정의를 작성할 때에는 method_name에 대해 텐서플로우에서 정의한 문자열을 사용해야 한다. 이것이 세 번째 파라미터다. 이것은 예측(predict) 메소드 또는 회귀(regress) 메소드 중의 한 종류여야 한다. signature_constants.py 파일에서 이러한 메소드 이름을 CLASSIFY_METHOD_NAME, PREDICT_METHOD_NAME, REGRESS_METHOD_NAME으로 찾을 수 있다.

일단은 모델을 저장하는 데 집중하자. 우리는 그 모델을 빌더[builder]에게 저장하도록 경로를 전달할 것이다. 우리는 모델명을 모델 버전으로 추가할 것이다. 모델을 재훈련할 때마다 오름차순의 숫자를 사용해야 한다.

텐서플로우에 의해 정의된 상수를 빌더에게 전달하여야 한다. 그런 다음 이전 코드에서 만든 시그니처 정의를 전달하여 모델을 저장해야 한다. 우리는 다음과 같은 코드로 이것을 할 것이다.

```
# Let's create a model builder which has a specified path
# to store our model
export_path_base = sys.argv[-1]
export_path = os.path.join(
    tf.compat.as_bytes(export_path_base),
    tf.compat.as_bytes(str(FLAGS.model_version)))
print('Exporting trained model to', export_path)
```

```
builder = tf.saved_model.builder.SavedModelBuilder(export_path)
builder = saved_model_builder.SavedModelBuilder('Pathe to simple model')
# Build a graph containing TensorFlow session which contains all
# the variables.
builder.add_meta_graph_and_variables(
    sess, [tag_constants.SERVING],
    signature_def_map={
        signature_constants.DEFAULT_SERVING_SIGNATURE_DEF_KEY:
            signature_definition
    })
# Save the model so we can serve it with a model server
builder.save()
```

모델을 저장할 디렉토리는 SavedModelBuilder에 의해 생성되는데 이미 존재하지 않는 경우에만 생성된다. FLAGS.model_version은 모델 버전을 지정할 것이다. 이전 모델의 새 버전을 내보낼 때마다 더 큰 정수 값을 지정해야 한다. 각 버전은 주어진 경로에 있는 다른 하위 디렉토리에 저장되며, 이것은 버전 제어에 도움이 될 것이다. 다음의 인자와 함께 add_meta_graph_and_variables()를 사용하여 메타그래프와 변수를 빌더에 추가할 수 있다.

- sess는 텐서플로우 세션이다. 그것은 우리가 내보낼 훈련된 모델을 포함하고 있다.
- tags는 메타그래프을 저장하는 데 사용되는 태그들의 집합이다. 이 경우 서빙에 그래프를 사용할 생각이므로 미리 정의된 SavedModel 태그 상수들 중 서빙 태그를 사용한다. 자세한 내용은 tag_constants.py(https://github.com/tensorflow/tensorflow/blob/master/tensorflow/python/saved_model/tag_constants.py)와 관련된 텐서플로우 API(https://www.tensorflow.org/api_docs/python/tf/saved_model/tag_constants)를 참조하라.
- signature_def_map은 사용자가 제공한 키의 맵을 지정하여 TensorFlow::SignatureDef 에 대한 시그니처를 생성하는데, 이는 메타그래프에 추가될 수 있다. 시그니처는 어떤 유형의 모델을 내보낼 것인지, 그리고 추론을 실행할 때 바인딩할 입력 및 출력 텐서를 지정한다.

일단 우리가 성공적으로 우리의 모델을 디렉토리에 저장하고 나면, 우리는 이제 이 모델을 제공할 준비가 되었다.

모델 서빙

모델을 서빙하기 전에 원하는 형식으로 저장해야 한다. 이를 위해서는 앞서 작성한 코드 블록을 실행해야 한다. 도커 툴박스에서 다음 단계를 수행할 것이다. 단순성을 위해 BasicModel.py 파일을 텐서플로우 서비스 개발자가 보관해 온 폴더와 동일한 폴더에 저장했다. 다음과 같이 파이썬 스크립트를 실행할 것이다.

```
$python /TensorFlow_serving/example/BasicModel.py\
TensorFlow_serving/models/basic/
```

앞의 줄에서는 단순히 파이썬 스크립트를 실행하고 사용자가 제공한 위치에 모델을 저장하고 있다. 이 라인을 성공적으로 실행하면 다음과 같은 출력을 얻을 수 있다.

```
10 + 2 = 12
10 + 10 = 20
Exporting trained model to b'TensorFlow_serving/models/basic/1
```

폴더에 무엇이 있는지 확인해보자.

```
$ ls models/mnist
  1
```

FLAGS.model_version의 기본값은 1이므로 해당 하위 디렉토리 1이 생성되었다.

하위 디렉토리의 각 버전에는 다음 파일들이 들어 있다:

- saved_model.pb는 직렬화된 TensorFlow::SavedModel이다. 여기에는 모델에 대한 하나 또는 그 이상의 그래프 정의와 시그니처 등과 같은 모델의 메타데이터가 포함될 수 있다.

- **변수**는 그래프의 직렬화된 변수를 저장하는 파일이다.

이제 텐서플로우 모델을 디렉토리로 내보낼 수 있으며 로드할 준비가 되었다.

일단 우리가 원하는 형태의 모델을 얻으면, 우리는 그것을 제공할 준비가 되어 있다. 이를 위해 우리는 다시 한번 도커 툴박스를 사용할 것이다. 다음 명령어를 작성하여 모델 서빙을 한다.

```
docker run -p 8500:8500  \
  --mount type=bind,source=$(pwd)/models/basic,target=/models/basic \
  -e MODEL_NAME=BasicModel -t TensorFlow/serving &
```

여기에서 코드 작성을 시작하기 전에 가져온 서빙 이미지를 사용할 것이다.

-p 옵션은 도커에게 내부 포트 8500을 로컬 호스트의 포트 8500에 매핑하도록 지시한다. 이 옵션을 생략하면, 우리의 모델 서버는 컨테이너 안에 있는 포트 8500에서 우리의 모델을 제공할 것이다. 이는 포트 주소에서 서버를 찾을 수 없기 때문에 컴퓨터에서 서버로 요청을 보낼 수 없다는 것을 의미한다.

다음으로, 도커는 모델과 변수 디렉토리를 정의된 MODEL_NAME으로 보관해 온 원본 디렉토리에서 모델을 탑재할 것이다.

우리는 이제 텐서플로우 서빙을 사용하여 모델을 서비스하고 있다! 불행하게도 우리가 실행하고 있는 모델 서버는 HTTP 서버가 아니라 gRPC 서비스(https://grpc.io/)인데 텐서플로우의 기본값이다. 다음 절에서 gRPC에 대해 간략히 설명하겠다.

gRPC란?

사용자가 정의된 UI에서 '친구 표시' 단추를 클릭할 때 모든 친구의 상태를 볼 수 있도록 도와주는 앱이 있다고 가정하자. 클릭이 확인되면 클라이언트는 서버에 다른 요청을 보내지 않고 getFriends() 함수를 직접 호출한다. 보다시피, 서버로부터 어떤 종류의 연결 요청을 보내고 유지할 필요가 없기 때문에, 서버로부터 어떤 함수를 호출하는 것도 매우 간단해진다. gRPC가 하는 일을 자세히 살펴보자.

gRPC의 공식 웹페이지에는 다음과 같이 쓰여 있다:

> "gRPC에서 클라이언트 애플리케이션은 마치 로컬 객체인 것처럼 다른 기계의 서버 애플리케이션에서 직접 메소드를 호출할 수 있어 분산 애플리케이션과 서비스를 쉽게 만들 수 있다. 많은 RPC 시스템에서와 마찬가지로 gRPC는 서비스 정의 아이디어에 기반하여 매개변수와 반환 유형을 사용하여 원격으로 호출할 수 있는 방법을 지정한다."

우리의 모델이 서버에 있고 원격으로 액세스하고 싶기 때문에, 우리는 gRPC를 사용하여 predict 메소드를 호출하는 파이썬 클라이언트를 작성할 필요가 있으며, 최종적으로 서버의 모델을 통해 실행된다.

클라이언트 애플리케이션 작성부터 시작하자.

모델 서버 호출

우리 모델은 정의된 포트에서 실행되고 있다. 이제 파이썬 클래스를 사용해서 ping할 시간이다. 프로덕션 클라이언트에서 가져온 이름인 `ProdClient`라는 파이썬 파일을 열고, 유용한 패키지를 가져오는 것부터 시작하자.

```
# We will start by importing the libraries
import logging
import time
# grpc will be required for communication
import grpc
from grpc import RpcError
# predict_client will help us to use the client services
# without having TensorFlow on the client system
from predict_client.pbs.prediction_service_pb2 import PredictionServiceStub
from predict_client.pbs.predict_pb2 import PredictRequest
from predict_client.util import predict_response_to_dict, make_tensor_proto
#Next, we will define the class name and the constructor that will take the
required input arguments.
```

```
# Let's write a ProdClient class
class ProdClient:
    def __init__(self, host, model_name, model_version):
            # The input to the class will be the host id,
        # the model's name, and its version
                # Load the value in self so that it will be
        # visible to each definition in the package
        self.logger = logging.getLogger(self.__class__.__name__)
        self.host = host
        self.model_name = model_name
        self.model_version = model_version
```

지금, 서버에서 모델을 실행하는 것을 담당할 우리 클래스에 predict 함수를 추가해 보자. 호스트 포트의 ID, 모델 이름 및 버전 등 모델 실행에 필요한 모든 관련 정보를 포함하는 로거를 생성한다.

```
# Here will be the predict method that will load the model and
# make predictions for us whenever it gets called
    def predict(self, request_data, request_timeout=10):
      # SELF: is the class variable
    # REQUEST_DATA: is the input to the model
    # REQUEST_TIMEOUT: is the time in seconds after which the
      request will end
            # Start with logger information
      self.logger.info('Sending request to tfserving model')
      self.logger.info('Host: {}'.format(self.host))
      self.logger.info('Model name: {}'.format(self.model_name))
      self.logger.info('Model version: {}'.format(self.model_version))
```

이제 호스트 이름을 사용하여 통신 채널을 생성하여 모델에 대한 gRPC 요청을 생성해야 할 시점이다. 우리는 그 응답을 로거에 기록할 것이다. 이것은 다음과 같이 할 수 있다.

```
# Create gRPC client and request
        t = time.time()
        channel = grpc.insecure_channel(self.host)
```

```
        self.logger.debug('Establishing insecure channel took:
                                        {}'.format(time.time() - t))
        # We will check the time taken for each operation
        t = time.time()
    stub = PredictionServiceStub(channel)
self.logger.debug('Creating stub took: {}'.format(time.time() - t))
t = time.time()
request = PredictRequest()
self.logger.debug('Creating request object took:
{}'.format(time.time() - t))
```

이제 모델의 이름을 정의하고 요청에 모델의 버전을 넣을 것이다.

```
        # Here we will define the model name
        request.model_spec.name = self.model_name
        # Specific version of the model
        if self.model_version > 0:
            request.model_spec.version.value = self.model_version
        t = time.time()
        # Put inputs in the request
        for d in request_data:
            tensor_proto = make_tensor_proto(d['data'], d['in_tensor_dtype'])
            request.inputs[\d['in_tensor_name']].CopyFrom(tensor_proto)
        self.logger.debug(\
            'Making tensor protos took: {}'.format(time.time() - t))
```

이제 모델에 요청을 보낼 준비가 완료되었다:

```
        # Now we are ready for prediction, the following line will help us:
          try:
                t = time.time()
                predict_response = stub.Predict(request,
                                    timeout=request_timeout)
                self.logger.debug(\
                'Actual request took: {} seconds'.format(time.time() - t))
                predict_response_dict = \
                predict_response_to_dict(predict_response)
```

```
            keys = [k for k in predict_response_dict]
            self.logger.info('\
            Got predict_response with keys: {}'.format(keys))
            return predict_response_dict
        except RpcError as e:
            self.logger.error(e)
            self.logger.error('Prediction failed!')
        return {}
```

클라이언트 쪽에서의 모델 실행

명령줄에서 이 클래스를 호출해 보자.

```
from predict_client.prod_client import ProdClient
    client = ProdClient('localhost:8500, 'simple', 1)
    req_data = [{'in_tensor_name': 'a', 'in_tensor_dtype': 'DT_INT32', 'data': 2}]
    client.predict(req_data)
```

이것은 우리의 모델을 서버에서 실행할 것이다. 앞의 코드 라인을 실행할 때 실제로 어떤 일이 벌어지는지 보자.

- 우리는 클라이언트을 import하는 것으로부터 시작할 것이다. `ProdClient`는 모델 서버에 요청을 보내기 위해 사용하는 클라이언트이다.
- 이제 **호스트**, **모델 이름**, **버전**을 클라이언트의 생성자에게 전달하여 클라이언트가 어떤 서버와 통신해야 하는지 알 수 있도록 할 것이다.
- 우리의 모델을 이용하여 예측을 하려면, 우리는 몇 가지 요청 데이터를 보내야 한다. 클라이언트가 이미 알고 있듯이 `localhost:8500`의 서버는 어떤 모델도 호스팅할 수 있다. 여기서, 우리는 우리의 입력 텐서와 그들의 데이터 유형을 고객에게 알리고, 우리의 모델에 맞는 데이터를 보낼 필요가 있다.
- 다음으로 `'in_tensor_name': 'a'`는 앞에서 정의한 시그니처 정의다. `tf.int32` 데이터 유형을 사용해야 하므로 텐서플로우와 독립적으로 문자열 `'DT_INT32'`를 사용할 것이다.

- 이제 client.predict를 호출하고 서버로부터 다음 응답을 받을 것이다.

```
{'add': 12}
```

제대로 동작했다. 이것이 우리가 모델에서 원하는 것이다. 입력 데이터에 10을 더했다. 이 예는 텐서플로우 모델을 생성하고 텐서플로우 서빙 프레임워크를 사용하여 제공하는 것이 얼마나 쉬운지를 보여주었다.

요약

이 장에서는 텐서플로우 서빙 프레임워크와 주요 개념을 살펴보는 것으로 시작했다. 그리고 나서 우리는 더 나아가 입력 숫자에 상수를 더하는 것과 같은 매우 기본적인 텐서플로우 모델을 만드는 것을 수행해 보았다. 이러한 개념을 이해하기 위해서는 항상 기초부터 시작해야 한다. 그런 다음 도커 툴박스에 대해 알아보고 텐서플로우 서빙을 사용하여 가상 서버에서 모델을 실행하는 데 어떤 도움이 되는지 살펴보았다. 나중에 우리는 서버에서 모델을 성공적으로 실행하도록 돕는 파이썬 클라이언트를 구축하였다.

자세한 내용은 프레임워크의 공식 문서를 참조하면 되고, 이 문서는 서빙 목적으로 보다 복잡한 모델을 구축하는 데 도움이 된다.

다음 장에서는 AI를 의료에 활용하는 방법에 대해 설명한다. 우리는 더 나은 의료 솔루션을 제공하는 데 도움이 될 다양한 기술적 진전에 대하여 살펴보게 될 것이다. 우리는 어떻게 유방암을 감지할 수 있는 신경망을 훈련시킬 수 있는지 볼 것이다. 또한 스마트폰 센서의 데이터를 활용해 동작 인식에 의해 사용자의 활동을 추적할 수 있는 신경망을 구현해 볼 것이다.

11

의료 분야 AI 응용

TensorFlow

이 장의 제목에서 알 수 있듯이 여기서 논의할 주제는 의료이다. 이 영역은 인간의 생존에 직접적으로 영향을 미치기 때문에 AI 기반 애플리케이션뿐만 아니라 인프라에서 계측기에 이르는 영역에도 민감한 분야이다.

종양이 양성인지 악성인지 알아내는 알고리즘 프레임워크를 만든다고 가정해 보자. 환자의 나머지 치료는 우리의 프레임워크에 의해 내려진 진단에 달려 있을 것이다. 한번 잘못된 예측을 하면 엄청난 문제를 일으킬 수 있다. 이 예는 이 주제의 가치를 판단하는 데 도움이 될 것이다.

이 장에서는 AI를 이용하여 의료 전문가를 어떻게 도울 수 있는지 살펴본다. 우리는 AI가 어떻게 의료 산업에서 이용될 수 있는지, 이 분야에서 일할 때 어떤 과제에 직면하는지, 그리고 가장 중요한 것은 우리가 스스로 무엇을 할 수 있는지를 볼 것이다. 우리는 이 장에서 다음 주제에 대해 논의할 것이다.

- 의료 분야에서의 AI 현황
- 의료 분야에서 AI의 당면과제
- 의료 분야에서 AI의 응용

의료 분야에서의 AI 현황

우리가 인터넷에서 본 바와 같이, 의료 분야는 다른 어떤 산업보다 현대의 딥러닝 기법에 의해 더 긍정적인 영향을 받아왔다. 우리는 지금 알고리즘이 매일 생명을 구하는 세상에 살고 있다. 아이폰은 피부암(https://itunes.apple.com/gb/app/skinvision-detect-skin-cancer/id545293136?mt=8)을 감지할 수 있고, 스마트워치도 심장 활동을 관찰함으로써 뇌졸중을 감지하는 데 도움을 줄 수 있다.

다음 그림은 AI와 의료 분야의 두 영역의 현대적 협력을 보여준다.

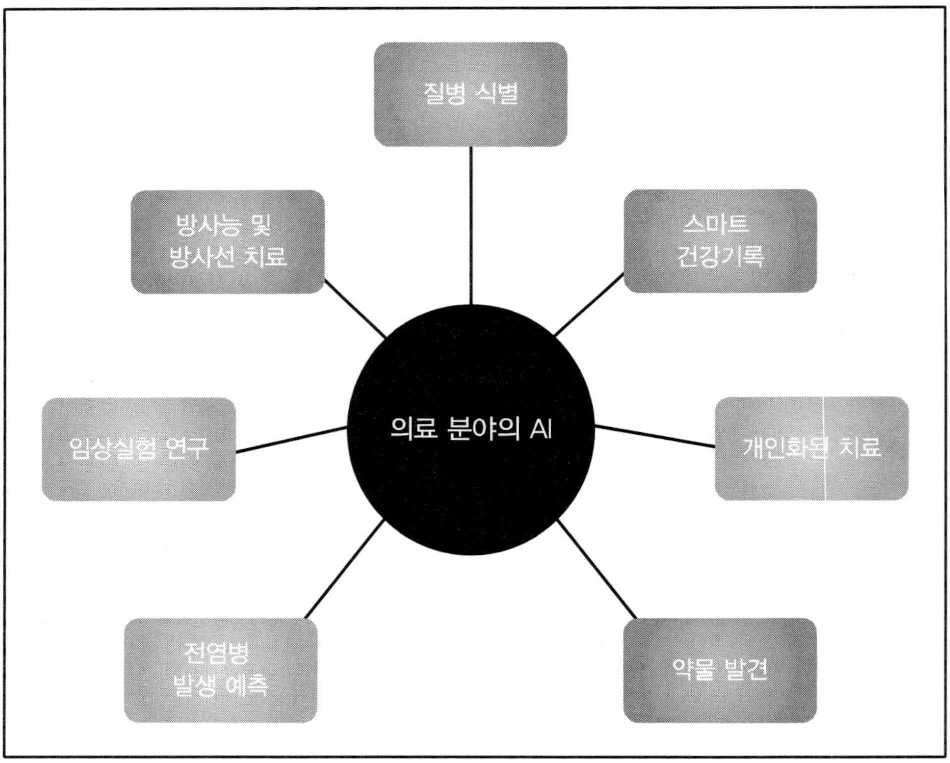

이 장에서는 이러한 응용들을 좀 더 심도 있게 이해하기 위해 노력할 것이다. 다음 애플리케이션에 대해 간략하게 설명하여 어떻게 AI가 의료 분야에서 다양한 과업을 수행하는데 이용되고 있는지 알아보자.

- **질병 식별**은 진단을 다룬다. 그것은 제약 분야의 여러 영역에서 수행될 수 있

다. 여기에는 동물들에게 특정 약물을 특정 용량으로 투여 하고 의사들은 그 효과를 분석하려고 하는 사전 독성학적 영역이 포함된다. 이 경우, 질병은 장기간의 약물 복용으로 인해 발생한다. 이런 분석을 위해서는 상당히 피곤한 작업인 전슬라이드 분석을 거쳐야 한다. 컴퓨터 비전은 이러한 슬라이드 이미지를 분석하고 질병뿐만 아니라 이상 징후를 발견하는 데 도움이 된다. 다른 경우로, 의사들은 약물의 물리적 또는 화학적 반응을 위해 분석 데이터 시트를 준비하고, 나중에 기계학습 시스템이 데이터에서 질병을 식별하려고 한다. 현재 IBM(왓슨)과 구글(딥마인드) 등 대형 업체들은 질병 식별 모듈에 많은 시간과 자원, 돈을 투자하고 있다.

- **스마트 전자 건강 기록**은 환자 건강 기록 관리를 다룬다. 여기에는 환자 기록에 기초한 문서 클러스터링뿐만 아니라 문서 분류도 포함된다. 문서 분류에는 광학 문자 인식 또는 메타데이터 기반 문서 클러스터링과 같은 많은 분야들이 포함된다. AI의 또 다른 장점은 해당 지역의 환자 기록을 분석해 특정 지역의 질병을 예측할 수 있다는 점이다. 이것은 말라리아나 뎅기열 같은 질병에 매우 유용할 수 있다.
- **구글의 클라우드 비전 API**는 이 분야에서 가장 중요한 혁신 중 하나이다. 그것은 딥러닝 기술에 기반을 두고 있다. 또한 MIT의 임상 기계학습 그룹도 차세대 지능형 전자 건강 기록을 만들어 이 분야를 발전시키기 위해 상당한 노력을 기울이고 있다.
- **개인화된 치료**, 즉 예측 분석과 결합된 개별 건강 데이터를 기반으로 한 보다 효과적인 치료 역시 뜨거운 연구 분야로 더 나은 질병 평가와 밀접한 관련이 있다. 이 영역은 현재 의사들이 제한된 진단 세트에서 선택하거나 증상과 유전 정보에 기초하여 환자의 위험을 추정할 수 있도록 하는 지도학습 방식이 지배적이다. 이 애플리케이션에는 스마트워치와 같은 웨어러블 센서에 의해 수집된 데이터의 분석도 포함된다. 스마트워치는 심박수, 혈액 산소 수준, 칼로리 수치 등 센서 데이터를 지속적으로 분석하는 알고리즘을 사용하는 바이오센서를 탑재했다. 이것은 뇌졸중의 증상을 감지하는 데 도움이 될 수 있다. IBM(왓슨)은 이 분야에 많은 투자를 하고 있으며 바이오센서 기술에 큰 진전이 있었다. 현재 개인화된 데이터를 입수하고 관리하는 것이 쉬우므로, 향후 10년은 이 영역에 있어서 매우 중요할 것이다.

- **약물 발견**은 의료 분야에서 기계학습이 가장 효과적이라는 것을 입증하는 분야 중 하나이다. 우리 몸의 기본 구성 요소는 단백질이며 인간에게 알려진 단백질은 100만 개가 넘는다. 이것은 당신이 약을 먹을 때마다, 그 약의 분자는 자신의 화학적 특성에 따라 우리 몸에 존재하는 특정한 종류의 단백질과 결합한다는 것을 의미한다. ML 알고리즘은 약물에 반응할 수 있는 잠재적인 단백질 그룹을 예측하는 데 도움을 줄 수 있다. 이것은 약의 분자의 화학적 특징을 분석함으로써 이루어질 수 있다. 이 분야의 주요 그룹은 MIT(클리닉 리서치 그룹)와 마이크로소프트(프로젝트 하노버)이다. 슈뢰딩거와 영국 로열 소사이어티를 포함한 다른 연구진들도 이 분야에서 상당한 성공을 거두었다.
- **전염병 발생 예측**은 전혀 다른 종류의 데이터 분석을 다룬다. 이것은 위성, 역사 정보, 웹, 소셜 미디어 업데이트를 포함한 많은 출처의 데이터를 사용한다. 이 과정을 이해하기 위해 말라리아 예측의 예를 들어보자. 말라리아의 성장을 위해서는 기온, 평균 강우량, 양성반응의 수 등 바이러스 요인을 고려한다. 이러한 유형의 데이터 수집은 여러 가지 다중 작업을 수반하므로 복잡한 작업이 된다. ProMed-mail은 질병 행동을 감시하는 데 도움을 주는 제품 중 하나이다. 이 프로그램은 새로 발생하는 질병을 감시하고 실시간으로 발병 보고서를 제공하기 위한 인터넷 기반의 보고 프로그램이다. 이 데이터를 사용하여 HealthMap과 같은 일부 조직은 지리적 차이에 기반하여 질병 발생에 대한 경고를 제공하려고 한다.
- **임상 실험 연구**는 약물 분자의 임상 실험에 적합한 후보를 찾는 것을 포함한다. 적합한 후보를 찾기 위해서는 현재 정보와 과거 정보가 모두 필요하다. 그것은 또한 유전적 정보와 지리적 정보를 모두 포함한다. 이는 부적합한 후보들을 제거함으로써 임상시험의 막대한 비용을 줄일 수 있게 한다.
- **방사선학과 방사선 치료**는 암을 연구하는 영역이다. 이 영역은 세포가 암인지 양성인지를 확인하는 것을 다룬다. 암은 신체의 기본 구성 요소, 즉 단백질에 따라 좌우되는, 억제할 수 없는 세포의 돌연변이다. 단백질의 오작동은 암으로 이어진다. 알고리즘은 100만개 이상의 단백질 중에서 어떤 단백질이 오작동할 가능성을 가지고 있는지를 알아내는 데 도움을 준다.
- **구글**DeepMind은 런던대학병원University College London Hospital, UCLH과 협력해 방사선 치료 개선에 도움이 되는 건강조직과 암조직의 차이를 검출할 수 있는 기계학

습 알고리즘을 개발하고 있다. DeepMind와 UCLH는 분할 프로세스의 속도를 높여 건강한 구조가 손상되지 않으면서 방사선 치료 계획의 정확도를 향상시킬 수 있도록 ML을 적용하는 작업을 하고 있다.

이 모든 발전이 정말 좋게 들리지만, 이 분야에서는 연구를 상당히 어렵게 만들 수 있는 몇 가지 도전과제가 있다. 나 역시 이 장을 쓰는 동안 이러한 도전에 직면했다. 의료 분야에서 어떤 도전 과제에 직면할 수 있는지 알아보자.

의료 분야에서 AI의 당면 과제

의료 분야를 다룰 때 다음과 같은 당면 과제가 중요하다.

- 의료 데이터는 개인적인 것이며 접근이 쉽지 않기 때문에 데이터 거버넌스가 주요 이슈다. 사생활에 대한 우려 때문에 일반인들이 자료 공개를 경계하고 있다고 보는 것은 하나의 논리일 뿐이다. 건강 데이터에 대한 상업적 접근에 대한 일부 조사에서는 응답자의 약 17%만이 자신의 익명화된 데이터를 연구를 포함하여 제3자와 공유하는 것에 결코 동의하지 않는 것으로 나타났다. 그런데 믿어달라, 애플리케이션 개발을 위한 상용 데이터 세트를 얻는 것은 매우 어렵다. 나는 이 책에 포함할 상업적 데이터 세트를 찾는 데 있어서 엄청난 도전에 직면해 왔다.
- 약물 개발에 대한 엄격한 규정을 충족시키기 위해서는 보다 투명한 알고리즘이 필요하다. 사람들은 말하자면 블랙박스를 들여다 볼 수 있어야 하고, 기계적인 결론에 대한 인과적 추론을 이해할 수 있어야 한다. 제약산업에 관한 한 규제는 장벽 역할을 한다. 이것들을 따르는 것은 시간, 노력, 그리고 돈을 소비한다. 제품을 검증하여 시장에 내놓는 것은 쉬운 일이 아니다. 기계학습의 구현에 관한 한, 약물 개발에서 엄격한 규제는 그 결과에 대한 인과적 설명을 제공할 수 없는 일부 알고리즘의 블랙박스 특성 때문에 특히 어려울 수 있다. 이러한 투명성의 결여는 결과가 매우 정확하더라도 이해에 영향을 미칠 수 있다.
- 또 다른 문제는 데이터 과학 자원에 관한 것인데, 제약 회사들이 현재 이질적

이고 분리된 데이터를 포함하는 레거시 시스템으로 구성되어 있기 때문이다. 데이터를 공유할 수 있는 능력을 증가시키려면 이러한 시스템을 합리화하고 연결해야 한다. 또한 기존 데이터에서 최대 가치를 도출하는 데 필요한 기술과 분석을 개발할 수 있는 인력이 부족하다.

- 제약회사의 사고방식도 중요하다. 많은 제약회사들은 이상적인 미래 상태를 파악해야만 빅데이터 분석 능력 향상에 투자하는 것이 타당할 것이라고 믿는다. 이것의 근본 원인은 단지 많은 양의 데이터를 활용하는 데 있어서 개선을 함으로써 높은 가치를 얻는 제약회사의 사례가 거의 없다는 사실에 있다. 그들의 망설임을 더 악화시키는 것은 그들이 빅데이터 변경 프로그램을 추진할 경우 규제 기관과의 상호 작용이 증가하는 것에 대한 우려이다.

이러한 것들은 의료 분야에서 흔히 볼 수 있는 몇 가지 도전 과제들이며, 오직 시간만이 이러한 문제를 해결할 수 있는 유일한 요소이다. 일단 더 많은 상용 데이터 세트의 소스들이 확보되면, 알고리즘은 더욱 빠르게 개발될 것이다. 특히 기계학습 알고리즘의 작동 방법에 대한 우리의 이해가 향상되었기 때문이다.

예를 들어, 우리는 컨볼루션 신경망의 다양한 층에서 나온 결과를 쉽게 시각화하고 재현할 수 있지만, 전문가들이 기계를 신뢰할 수 있도록 여전히 개선의 여지가 있다. 이러한 알고리즘이 이러한 복잡한 문제를 해결할 수 있을 정도로 성숙되면 이 문제는 해결될 것이다.

이것은 의료 분야에 대한 좋은 소개였고, 이제 응용 부분에 대해 자세히 알아볼 때가 되었다. 우리는 이전 장에서 얻은 지식을 사용하여 기계학습 알고리즘, 주로 신경망을 사용하여 의료 영역의 복잡한 문제를 해결할 것이다.

의료에서 AI의 응용

이론은 항상 혁신적 마인드를 지루하게 하는데, 바로 응용 부분으로 들어가 보자.

이 절에서는 의료 분야의 서로 다른 영역에서의 문제에 대한 몇 가지 해결책을 제시하고자 한다.

우리는 질병 식별의 범위 안에 드는 유방암 식별의 예로부터 시작할 것이다. 이어 스마트폰에서 수집한 데이터에 대한 활동인식을 실시하는 첨단 시나리오로 나아갈 것이다. 이것은 우리가 개인화된 치료 분야를 더 자세히 살펴보는 데 도움이 될 것이다.

질병 식별 - 유방암

가장 간단한 형태로의 암은 억제할 수 없는 세포의 돌연변이로 정의될 수 있다. 유방에서 이런 일이 일어나면 유방암으로 알려져 있다. 세계적으로 유방암은 암에 의한 사망원인 다섯 번째로, 폐암, 위암, 간암, 대장암 다음으로 가장 흔한 것이다. https://www.cancer.net/cancer-types/breast-cancer/statistics/2015에 의하면, 미국에서 약 266,120명의 여성이 침습성 유방암 진단을 받게 되며, 63,960명의 여성이 시투situ 유방암 진단을 받는다. 미국에서 약 2,550명의 남성들이 유방암 진단을 받을 것이다. 올해 유방암으로 인한 사망자는 4만1400명(여성 40만920명, 남성 480명)으로 추산된다. 또한 40세 이상의 여성들 사이에서 가장 흔한 형태의 암이기도 하다.

위의 사이트에 의하면, 미국 전역에서 유방암은 여성에게서 가장 흔한 형태의 암이며, 또한 여성에게서 (폐암 이후) 두 번째로 흔한 암 사망의 원인이다. 2007년에 유방암은 미국에서 약 40,910명의 사망자를 냈다(암 사망의 7%, 전체 사망자의 거의 2%) 미국의 여성들은 일생 동안 유방암에 걸릴 확률이 8분의 1이다. 이들이 유방암으로 죽을 확률은 33분의 1이다.

1970년대 이후로 유방암에 걸린 사람들이 더 많다. 유방은 남성과 여성에 있어서 동일한 조직으로 구성되어 있기 때문에 유방암은 남성에게도 흔하지는 않지만 발생한다.

이 소개로 의사가 병의 확산을 억제하고 바로 치료를 시작할 수 있도록 이러한 질병을 초기 단계에서 감지하는 것이 얼마나 중요한지 알 수 있다. 이것은 매년 수백만 명의 생명을 구할 수 있다.

문제의 복잡성을 줄이기 위해, 우리는 질병을 식별하는 대신에 종양의 종류를 식별하도록 노력할 것이다. 우리는 입력 인스턴스를 악성 또는 양성 클래스로 분류할 것이다. 당신의 이해를 위해, **양성 종양**은 주변 조직을 침범하거나 몸 전체에 퍼지지 않는 종양이다. **악성 종양**은 주변 조직을 침범하거나 몸 전체에 퍼질 수 있는 종양이다.

데이터 세트

UCI Machine Learning Repository(https://archive.ics.uci.edu/ml/datasets/Breast+Cancer+Wisconsin+%28Diagnostic%29)에서 데이터 세트를 다운로드할 수 있다. 이 데이터는 무료로 사용할 수 있지만 약간의 사전 처리가 필요하다.

이 데이터는 어떤 특정한 파일 형식으로도 존재하지 않는다. 우리는 그것을 복사해서 브라우저에서 직접 텍스트 파일로 붙여 넣어야 한다. 둘째로, 이 데이터 세트의 입력 인스턴스에 대한 목표target 변수는 악성의 경우 M, 양성의 경우 B의 범주형 값을 갖는다.

우선 데이터를 텍스트 파일로 복사하고 파일 형식을 .csv로 변환하여 파이썬의 라이브러리를 사용하여 csv 입력에 대해 작동하고 데이터 세트를 매트릭스 형태로 로드할 수 있도록 하겠다. 도움을 위해 사전 처리된 csv 파일을 이 책의 GitHub 저장소에 두었다. 거기서 쉽게 다운로드할 수 있다.

바로 코드로 들어가자. BreastCancerIdentification.py이라는 파이썬 파일을 생성하고 다음과 같은 몇 가지 유용한 라이브러리를 가져오는 것으로 시작하자.

```
#Let's start with downloading and load our dataset in matrix form
#Import Pandas to manage dataset
import pandas as pd
#Import TensorFlow to get the file from given URL
import tensorflow as tf
#Import NumPy for all mathematics operations on numerical data
import numpy as np
```

우리는 여기에서 처음으로 판다스Pandas를 사용한다. 판다스는 관계형 데이터나 라벨로 표시된 데이터를 쉽고 직관적으로 사용할 수 있도록 설계된 빠르고 유연하며 표현력 있는 데이터 구조를 제공하는 파이썬 패키지이다.

판다스는 파이썬에서 실용적이고 실세계의 데이터 분석을 위한 기초적인 고급 빌딩 블록이 되는 것을 목표로 한다. 또한, 그것은 어떤 언어에서도 사용할 수 있는 가장 강력하고 유연한 오픈 소스 데이터 분석/조작 도구가 되는 것을 더 폭넓은 목표로 가지고 있다. 이것은 이미 이 목표를 향해 잘 나아가고 있다.

우리는 데이터 세트를 원래의 형태로 저장할 수 있는 자유를 주는 판다스 데이터프레임을 가지고 작업할 것이다. 즉, 데이터 세트에 숫자가 아닌 값이 포함되어 있다면 데이터 매트릭스를 numpy 배열로 저장하는 것을 걱정할 필요가 없다. 데이터프레임에 특징 이름을 유지하여 읽기의 용이성과 이해도를 높일 수 있다. 이와 더불어 데이터프레임에 다른 대수 연산 및 색인을 직접 적용할 수 있으며, 이를 numpy 배열로 변환하지 않아도 된다.

이제 중요한 라이브러리를 가져온 후에는 텐서플로우 유틸리티를 사용하여 저장소에서 데이터를 읽고 Pandas read_csv 기능을 사용하여 변수에 로드할 것이다. 우리는 다음과 같은 단계로 이것을 할 것이다.

```
#Here's the name we'll give our data
data_name = 'wsbc.csv'
#Here's where we'll load the data from our github repo
data_url = 'https://github.com/PacktPublishing/'+\
  'Hands-on-Artificial-Intelligence-with-TensorFlow-Book/'+\
  'blob/master/Chapter_10/Data/wdbc.csv'
#Let's load the data from URL
file_name = tf.keras.utils.get_file(data_name, data_url)
#Load into a variable using Pandas read_csv
data = pd.read_csv(file_name, delimiter=',')
```

우리 데이터의 규모가 어떤지 보자.

```
#Let's verify the size of dataset
print('Number of Instances: %d\nNumber of attributes:
%d'%(data.shape[0],data.shape[1]))
Number of Instances: 569
Number of attributes: 33
```

569개의 인스턴스에 33개의 특징이 있음을 관찰할 수 있다. 하나의 특징은 해당 인스턴스의 출력 변수 또는 클래스가 될 것이다. 데이터 세트에 어떤 특징이 있는지 확인해 보자.

```
#Let's take a look name of all features
print(data.columns)
```

앞의 라인을 실행한 후, 결과적으로 다음과 같은 특징을 얻게 된다.

```
Index(['id', 'diagnosis', 'diagnosis_numeric', 'radius', 'texture',
       'perimeter', 'area', 'smoothness', 'compactness', 'concavity',
       'concave_points', 'symmetry', 'fractal_dimension', 'radius_se',
       'texture_se', 'perimeter_se', 'area_se', 'smoothness_se',
       'compactness_se', 'concavity_se', 'concave_points_se', 'symmetry_se',
       'fractal_dimension_se', 'radius_worse', 'texture_worst',
       'perimeter_worst', 'area_worst', 'smoothness_worst',
       'compactness_worst', 'concavity_worst', 'concave_points_worst',
       'symmetry_worst', 'fractal_dimension_worst'],
      dtype='object')
```

보다시피, 이것들은 세포의 특징들이다. 세포 면적, 직경, 질감 및 프랙탈 치수를 포함한 각 셀의 측정값이다.

이전 데이터 집합에서 몇 가지 특징을 선택하고 여기에 어떤 값들이 있는지 확인해 보자.

```
#Now we will select some features and see their values
features = ['radius','texture','smoothness', 'compactness',
'concavity','diagnosis']
#We will shuffle the dataset before visualization
data = data.reindex(np.random.permutation(data.index))
print(data.head(10)[features])
```

보다시피, 10개의 무작위 인스턴스에 대해 6개의 특징을 선택하여 숫자 값들을 시각화했다. 한 페이지에 모든 변수를 시각화하는 것이 어렵기 때문에 우리는 이 부분 집합을 선택했다. 어떤 모습인지 보자.

```
     radius   texture   smoothness   compactness   concavity   diagnosis
36   12.18    20.52     0.08013      0.04038       0.02383     B
223  13.51    18.89     0.10590      0.11470       0.08580     B
449  27.22    21.87     0.10940      0.19140       0.28710     M
280  11.62    18.18     0.11750      0.14830       0.10200     B
336  14.74    25.42     0.08275      0.07214       0.04105     B
436  12.77    22.47     0.09055      0.05761       0.04711     M
447  15.46    11.89     0.12570      0.15550       0.20320     M
```

367	16.02	23.24	0.08206	0.06669	0.03299	M
72	12.25	17.94	0.08654	0.06679	0.03885	B
301	13.16	20.54	0.07335	0.05275	0.01800	B

이 특징 테이블의 왼쪽 열은 인스턴스 번호이다. 우리는 여기서 셔플링의 효과를 분명히 볼 수 있다; 우리는 두 클래스의 값을 시각화할 수 있도록 데이터 세트를 셔플해 놓았다.

하지만 이것이 데이터 세트를 탐색하는 좋은 방법이라고 생각하는가? 물론 그렇지 않다—출력 클래스와 특징의 관계를 시각화하기 위해 적절한 **탐색적 데이터 분석**Exploratory Data Analysis, EDA을 수행해야 한다.

탐색적 데이터 분석(Exploratory Data Analysis, EDA)

이전 장에서는 주로 이미지나 텍스트 기반 데이터로 작업해 왔으며, 그것들은 인스턴스 자체를 시각화하면 쉽게 이해할 수 있다. 그러나 우리가 많은 차원을 가진 숫자적인 인스턴스만 가지고 있다면, 그것을 보는 것만으로 인간이 그 데이터 집합을 이해하는 것은 불가능하다. 이 때문에, 이러한 값을 그리는 것이 중요하다.

먼저 데이터 세트의 클래스 분포를 그려보자. 우리는 플롯을 만들 때 seaborn을, 그 플롯을 보여주는 데 matplotlib를 사용할 것이다. 이것은 다음의 코드 라인에서 볼 수 있다.

우리는 먼저 판다스의 데이터프레임에서 출력 변수를 추출한 다음 seaborn을 사용하여 카운트 플롯을 만들 것이다. Matplotlib이 시각화하는 데 도움이 될 것이다.

```
#We will use seaborn to create plots
import seaborn as sns
#Matplotlib will help us to draw the plots
import matplotlib.pyplot as plt
sns.set(color_codes=True)
#Let's extract the output variable using it's column name
y = data.diagnosis
#Here we will plot it, and count instances for different class
ax = sns.countplot(y,label="Count")
B, M = y.value_counts()
```

```
print('Number of Benign: ',B)
print('Number of Malignant : ',M)
#Here show the created plots
plt.show()
```

실행 후 다음과 같은 결과를 얻을 것이다.

```
Number of Benign: 357
Number of Malignant : 212
```

다음 그래프에서 클래스 분포를 볼 수 있다.

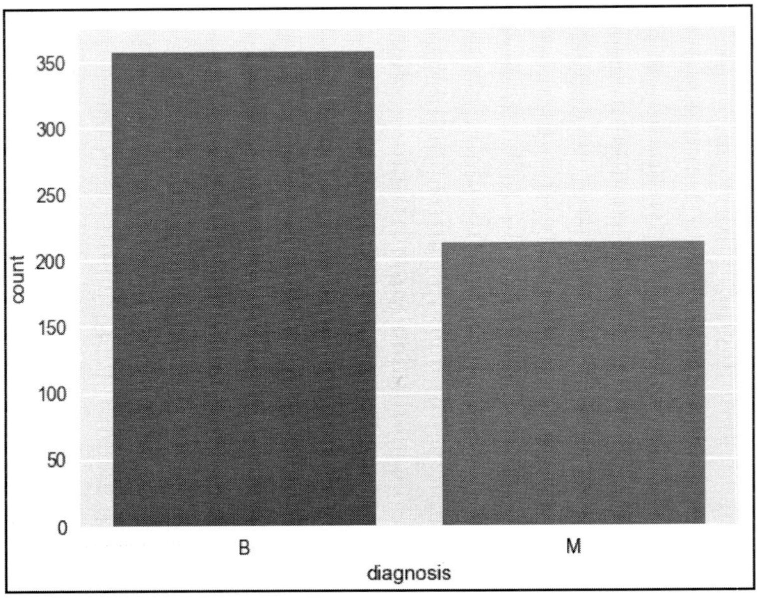

양성종양 357건, 악성종양 212건이 있는 것으로 알고 있지만, 우리 데이터 세트의 각 특징이 두 종류 모두에 대해 어떻게 작용하는지 이해할 수 있는가? 대답은 물론 그렇다이다 — 우리는 seaborn 바이올린 플롯의 도움으로 각 특징의 분포를 시각화할 수 있다. 하지만 이것들로 부터 무엇을 얻을 수 있을까? 바이올린 플롯은 단일 플롯에서 서로 다른 클래스에 대한 분포의 중심(평균)과 각 특징의 분산과 같은 통계적 측정치를 시각화하는 데 도움을 준다.

그러나 이러한 값을 표시하기 전에 데이터 집합에서 인스턴스 ID뿐만 아니라 진단 변수(diagnosis 및 diagnosis_numerical)를 모두 사용하여 열을 제거해야 한다. 다음 줄에서 특징에 대한 바이올린 플롯을 만들 것이다.

```
#We will plot the violin plot for 10 features
#in which we don't want id and output variable
#So we will drop the id and diagnosis column from our data
list = ['id','diagnosis']
x = data.drop(list,axis = 1 )
#Let's print first 10 features after removing the selected columns
print(x.columns[0:10])
```

이 코드를 실행한 후, 다음과 같이 수정된 특징 집합을 얻을 수 있다.

```
Index(['radius', 'texture', 'perimeter', 'area', 'smoothness',
'compactness',
       'concavity', 'concave_points', 'symmetry', 'fractal_dimension'],
      dtype='object')
```

이제 특징을 출력하기 전에 특징의 평균 및 표준 편차를 사용하여 데이터 집합을 정규화해야 한다. 이렇게 하면 다음 코드 조각에 표시된 것처럼 인스턴스가 0에서 1 사이로 강제된다.

```
#Output variable
data_dia = y
#Input variable
data = x
#Normalization of data
data_n_2 = (data - data.mean()) / (data.std())
#Select 10 features to visualize
data = pd.concat([y,data_n_2.iloc[:,0:10]],axis=1)
```

이제 데이터 집합이 수정되었다. 다음 과제는 클래스 변수에 대한 열이 동일하게 유지되도록 하되, 다른 모든 특징들은 열 대신 행으로 정렬되도록 데이터 집합을 다시 조정하는 것이다. 예를 보자.

우리의 원래 데이터는 다음과 같다.

	radius	texture	smoothness	compactness	concavity	diagnosis
36	12.18	20.52	0.08013	0.04038	0.02383	B
223	13.51	18.89	0.10590	0.11470	0.08580	B
449	27.22	21.87	0.10940	0.19140	0.28710	M
280	11.62	18.18	0.11750	0.14830	0.10200	B
336	14.74	25.42	0.08275	0.07214	0.04105	B
436	12.77	22.47	0.09055	0.05761	0.04711	M
447	15.46	11.89	0.12570	0.15550	0.20320	M
367	16.02	23.24	0.08206	0.06669	0.03299	M
72	12.25	17.94	0.08654	0.06679	0.03885	B
301	13.16	20.54	0.07335	0.05275	0.01800	B

그리고 우리는 이것을 다음과 같은 형태로 변환하고 싶다.

	diagnosis	features	value
0	B	radius	-0.685942
1	M	radius	0.727206
2	M	radius	0.968405
5660	B	fractal_dimension	0.483317
5661	M	fractal_dimension	2.583775
5662	M	fractal_dimension	-0.782907
5663	M	fractal_dimension	-1.095922

보는 바와 같이 출력 클래스에 대해 모든 특징을 나열하였다. 이 변환은 x 대 y의 방식으로 데이터를 표시하는데 도움이 될 것이다. 여기서 x는 클래스 변수이고 y는 특징을 나타낸다. 다음 코드 라인을 사용하여 이 작업을 수행해보자.

```
#Convert data into a form where, features can be separated on the basis
#of classes
data = pd.melt(data,id_vars="diagnosis",
               var_name="features",
               value_name='value')
```

이제 필요한 수정을 행하였고, 다음과 같이 특징 관계를 그려볼 수 있다.

```
#Figure dimensions
plt.figure(figsize=(10,10))
#Define Axes names
sns.violinplot(x="features", y="value", hue="diagnosis",
data=data,split=True, inner="quart")
#Rotate x axis numbers
plt.xticks(rotation=90)
#Show violin plot
plt.show()
```

앞의 코드에 대해 다음 그림을 얻는다.

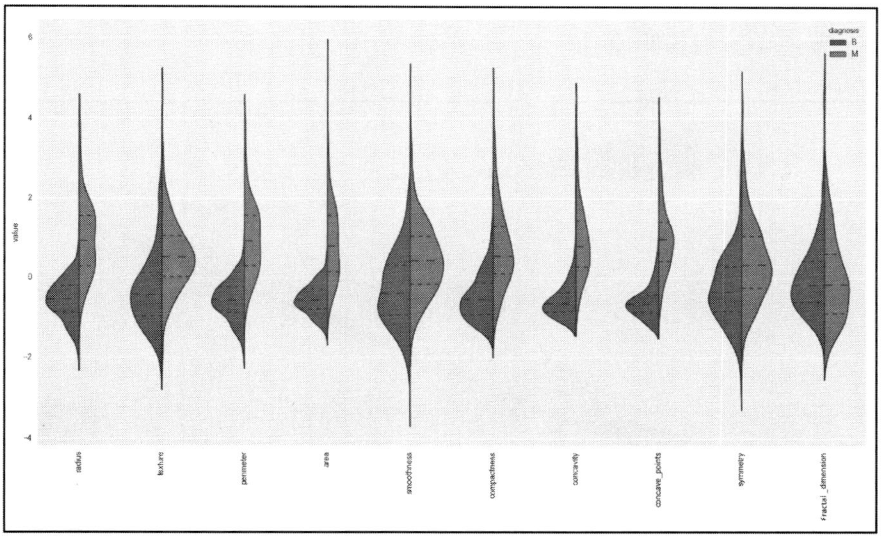

두 클래스에 대해 각 특징의 모듈을 시각화하는 것은 매우 쉬워진다. 이 그래프를 해석해 보자. texture와 perimeter 특징을 자세히 보면 그래프는 두 특징 분포의 중위수가 다르다는 것을 분명히 보여준다. 이는 분류 작업에서 이러한 특징이 얼마나 중요할 지를 보여준다. 이러한 그림은 특징 선택에 도움을 줄 수 있으며, 어떻게 클래스 중첩에 근거하여 중복된 특징을 제거할 수 있는지를 보여준다.

비슷한 종류의 분석은 박스 플롯을 사용해서도 할 수 있지만, 불행하게도 이런 종류의 분석은 우리에게 특징 사이의 관계를 말해 줄 수 없다. 특징 간의 관계를 알아내기 위해서는 서로 다른 특징의 상관관계를 그려볼 필요가 있다. 상관관계는 중복되는 특징들을 식별하는데 도움을 줄 수 있다. 두 가지 특징이 높은 상관관계를 가지고 있다면, 우리는 그 중 하나를 쉽게 제거할 수 있다.

두 특징 사이의 상관관계를 시각화하기 위해 다음과 같이 seaborn의 pairplot()을 사용할 수 있다.

```
#Joint Plot for correlation
sns.jointplot(x.loc[:,'concavity_worst'],
              x.loc[:,'concave_points_worst'],
              kind="regg", color="#ce1414")
plt.show()
```

앞의 실행 결과는 다음과 같다.

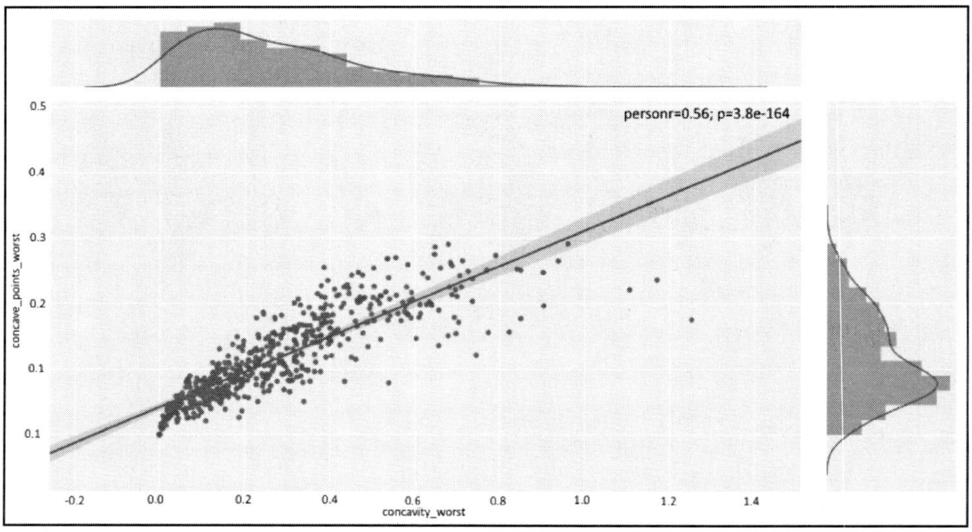

앞의 그림에서 이 두 변수 사이의 피어슨Pearson 상관 계수는 0.86(1이 최대값)이다. 이는 이 두 변수의 상관성이 매우 높고, 필요할 경우 한 변수를 제거할 수 있다는 것을 의미한다.

두 개 이상의 변수와의 관계를 분석하려면 어떻게 해야 할까? 이것을 위해 우리는 쌍 격자 그림을 사용할 수 있다. 몇 가지 변수를 그려보고 흥미로운 것을 찾을 수 있는지 보기 위해 그들의 상관관계를 살펴보자.

우리는 두 개의 다른 특징 집합에 대해 두 쌍의 그림을 그릴 것이다. 한 쌍의 그림은 높은 상관관계가 있는 특징들로 구성되며, 다른 한 쌍은 상이한 특징들로 구성된다.

```
#Let's plot correlation using grid plot
#We will use white background
sns.set(style="white")
#We will choose three features for this task
df = x.loc[:,['radius','perimeter_worst','area_worst']]
#Let's plot pairplot for correlation between above three
sns.pairplot(df)
#Let's plot altogether
plt.show()
```

여러 변수 사이의 상관관계는 다음과 같다.

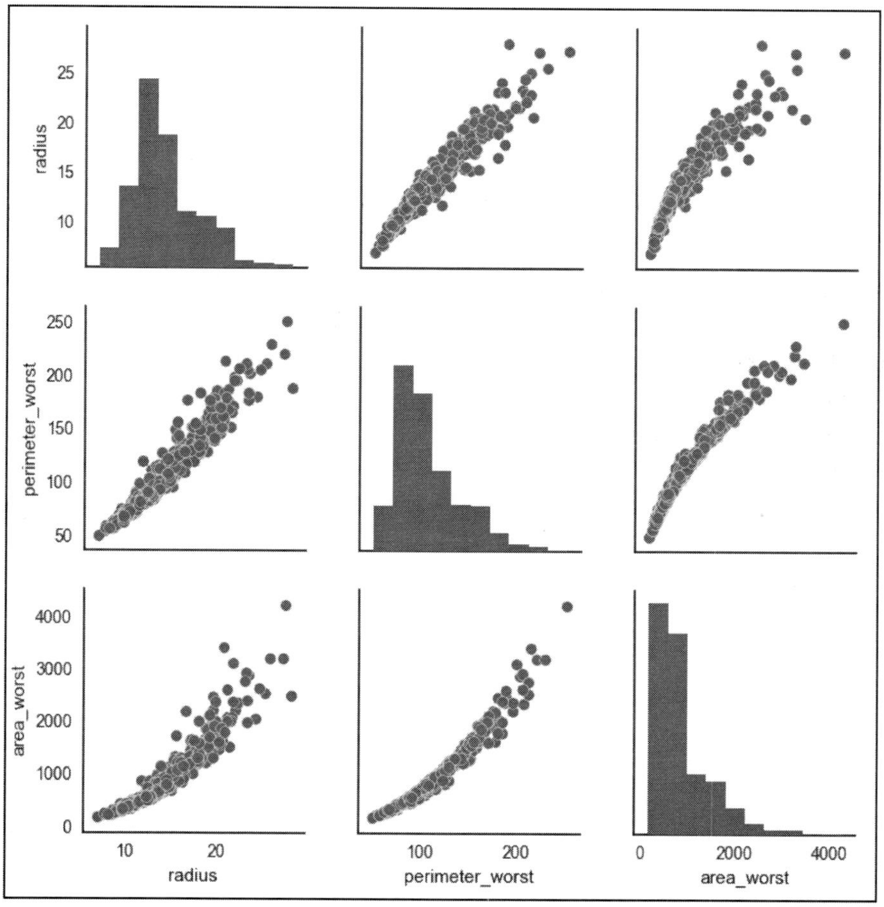

이것은 어떻게 이해될 수 있는가? 몇 가지 간단한 트릭의 도움을 받으면 그리 어렵지 않다! 이전 격자의 하단 삼각형은 위쪽 삼각형의 정확한 거울 이미지이기 때문에 그 중 하나에 집중해야 한다. 이 경우, 우리는 낮은 것을 선택할 것이다. 우리는 산점도scatter plot를 해석하는 방법을 배울 필요가 있다.

산점도의 모든 점이 대각선 직선을 따르는 경우, 이는 매우 상관성이 높다는 것을 의미한다. 이는 radius 대 `perimeter_worst` 및 `perimeter_worst` 대 `area_worst`의 이전 플롯의 경우에 해당된다. 이러한 점들이 대각선 직선을 따르지 않는 경우, 이는 이 특징들 사이에 상관관계가 적다는 것을 의미한다.

앞의 그리드에서 왼쪽 상단 모서리에서 오른쪽 하단 모서리로 대각선으로 가는 그래프는 우리가 비교하고 있는 각 특징의 히스토그램일 뿐이다.

좀 더 명확한 이해를 위해 상관관계가 적은 특징을 그려보고 산점도에서 시각화할 수 있는 실제 차이가 무엇인지 살펴보자. 다음 코드 라인은 우리를 위해 이것을 해줄 것이다.

여기서 radius, compactness, texture의 비교를 보게 될 것이다. 이것은 다른 종류의 모달리티이다.

```
#We will choose three features for this task
df = x.loc[:,['radius','compactness','texture']]
#Let's plot pairplot for correlation between above three
sns.pairplot(df)
#Let's plot altogether
plt.show()
```

앞의 코드에서 여러 변수 간의 상관관계에 대한 다음 그림을 얻는다.

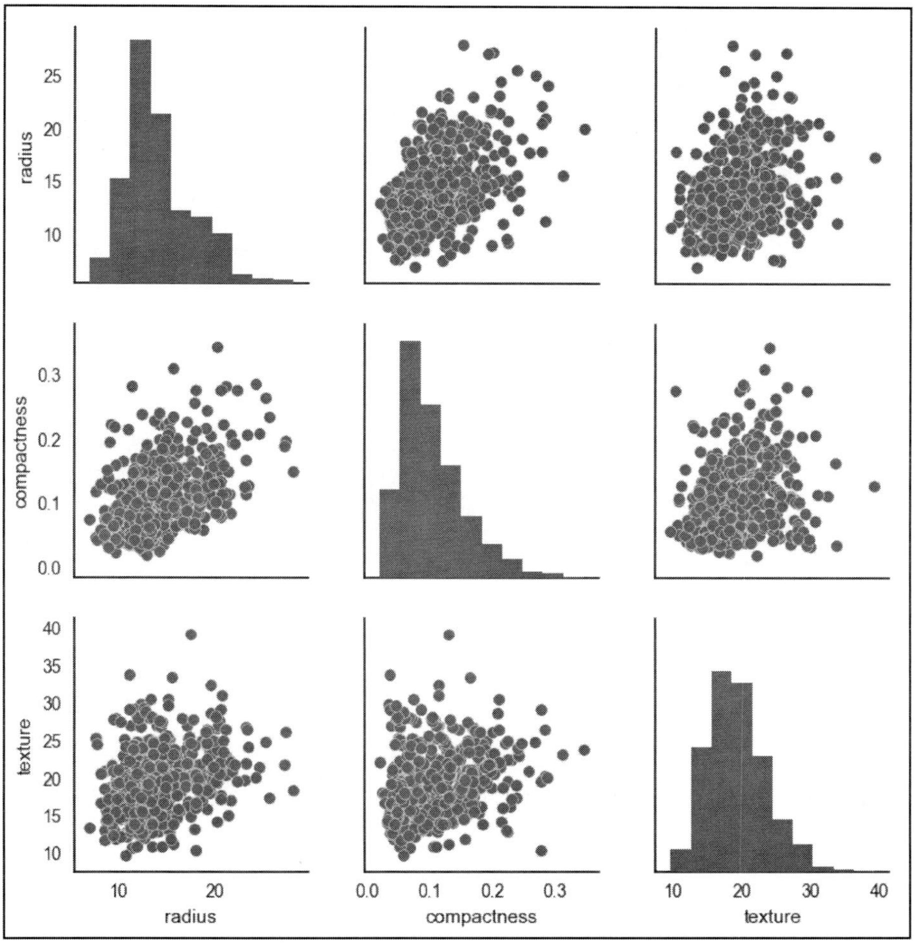

이 결과는 상관도 높은 특징들과는 많이 다르다.

이제 모든 변수들 사이의 상관관계를 한 번에 보고 싶다면? 우리는 이것을 위해 seaborn을 사용할 수 있다. 다음에서 어떻게 하는지 보자.

```
#Now let's plot correlation between all the features
#Define figure size
f,ax = plt.subplots(figsize=(10, 10))
#Create correlation plot using seaborn
sns.heatmap(x.corr(), annot=True, linewidths=.5, fmt= '.1f',ax=ax)
#plot the correlations
plt.show()
```

이 코드에 대해서 다음 그림을 얻을 수 있다.

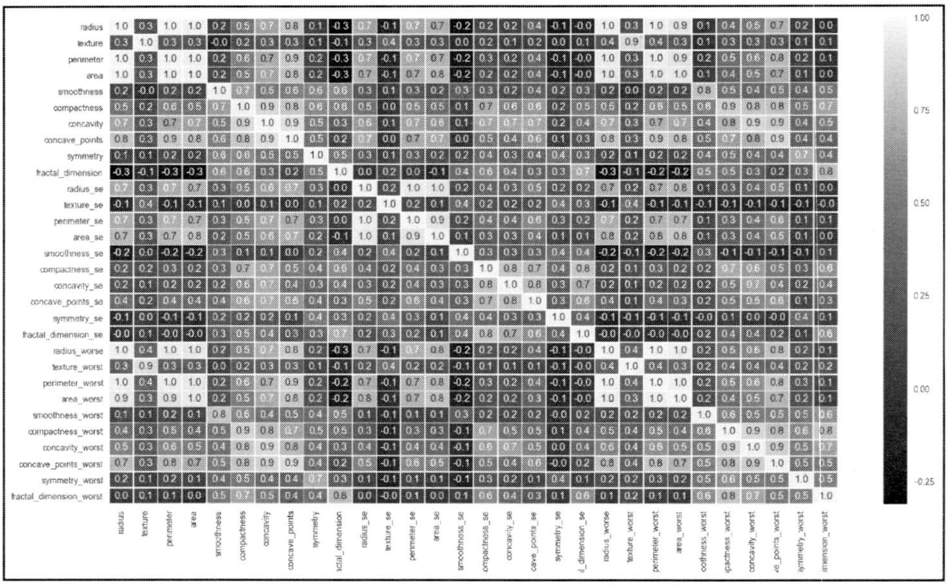

앞의 도표는 특징들 사이의 상관관계에 대한 몇 가지 흥미로운 통계를 보여준다. 그림을 자세히 관찰하면 상관 계수가 1인 특징이 많이 나타나는데, 이는 최대치이다.

세포의 면적, 둘레 또는 반지름과 같은 기하학적 특징(또는 모양 특징)은 상관관계가 가장 높은 것으로 보인다.

이 분석은 특징 차원을 크게 줄이는 데 도움을 줄 수 있다. 상관관계가 90% 이상인 특징을 제거하기로 하면 특징 수를 50% 줄일 수 있다. 그러나 상관 계수 때문에 특징을 제거하는 것은 좋은 방법이 아니다. 대신에, 우리는 더 간결한 분석을 해야 한다. 왜냐하면, 많은 경우, 모든 특징을 유지하는 것이 매우 도움이 될 수 있기 때문이다. 특히 특이치들을 식별하는 데 그렇다.

이제, 우리가 EDA에 대해 많은 이야기를 했으니, 분류를 향해 나아가야 할 때다.

EDA가 통계적 특성을 사용하여 특징 집합을 관찰하는 데 어떻게 유용할 수 있는지 살펴보았다. 데이터 세트의 다양한 특징을 분석할 수 있는 더 많은 기법이 있다. 우리는 일반적인 데이터 분석 프레임워크에서 상당히 효과적인 몇 가지를 논의하였다. 이제 우리는 EDA를 사용하여 특징 선택을 어떻게 할 수 있는지 알게 될 것이다. 이렇게 하면 데이터 세트에 대한 효율적인 분류 모델 구축이 가능해진다.

특징 선택

EDA로부터 우리는 다른 특징들 사이의 관계에 대해 알 수 있게 된다. 우리는 두 클래스에서 중복되는 특징을 보여주는 바이올린 플롯을 살펴보았다. 상관 분석은 가능한 중복 특징을 찾는 것을 도와준다.

EDA 과정을 통해, 우리는 분류기들이 클래스를 예측하는 데 있어서 그다지 중요하지 않은 특징들의 목록을 준비할 수 있다. 이를 위해 우리는 상관 계수에 기초하여 데이터 세트에서 일부 특징을 제거할 것이다.

상관관계가 매우 높은 특징들을 확인했기 때문에 이들이 중복된 특징이라고 가정하고 데이터세트에서 삭제할 수 있다. 다음 코드에 표시된 대로 특징 목록을 준비하자.

```
These features may be redundant;
drop_list1 = ['perimeter','radius','compactness','concave_points',\
'radius_se','perimeter_se','radius_worse','perimeter_worst',\
'compactness_worst','concave_points_worst','compactness_se',\
'concave_points_se','texture_worst','area_worst']
```

이들을 제거하기 위해 다음의 코드라인이 필요하다.

```
#Let's remove the redundant features
data = x.drop(drop_list1,axis = 1)
print(data.columns)
```

이렇게 하면 다음과 같은 선택한 특징의 목록이 나온다.

```
Index(['texture', 'area', 'smoothness', 'concavity', 'symmetry',
       'fractal_dimension', 'texture_se', 'area_se', 'smoothness_se',
       'concavity_se', 'symmetry_se', 'fractal_dimension_se',
       'smoothness_worst', 'concavity_worst', 'symmetry_worst',
       'fractal_dimension_worst'],
    dtype='object')
```

보다시피 33가지 특징으로 시작했는데, 이 중 2가지가 출력 변수였고, 이들 16가지 특징을 얻고 끝났다. 이것은 엄청난 양의 감소로, 결과의 정확성에 영향을 미치지 않는 한 유용하다.

특징 선택은 모델 구축 프로세스의 한 부분이다. 그러나 모든 애플리케이션에 필요한 것은 아니므로 별도의 부분으로 취급할 것이며 EDA 코드 조각과 메인 코드를 혼합하지 않을 것이다.

물론, 데이터 로딩과 정규화의 과정은 EDA 기반 분류를 하거나 아니나 동일할 것이다. 목적은 우리의 코드를 덜 복잡하게 만드는 것이므로 여기서는 분류기 구성 코드를 함수로 유지하겠다. 우리는 EDA가 필요할 때마다 이것을 사용할 수 있다.

이제 분류기 구축 과정부터 보자.

분류기 구축

분류기를 구축하려면 지정된 리포지토리 링크에서 데이터 세트를 메모리에 로드한 다음 로드된 데이터 세트에 특징 선택을 적용해야 한다. 이 과정은 다음과 같다.

```
#Here's where we'll load the data from our github repo
data_url = 'https://github.com/PacktPublishing/'+\
           'Hands-on-Artificial-Intelligence-with-TensorFlow-Book/'+\
           'blob/master/Chapter_10/Data/wdbc.csv'
#Let's load the data from URL
file_name = tf.keras.utils.get_file(data_name, data_url)
#Load into a variable using pandas read_csv
data = pd.read_csv(file_name, delimiter=',')
#We will shuffle the dataset before visualization
data = data.reindex(np.random.permutation(data.index))
#Let's keep a copy of our dataset
data_train_test = data.copy()
#Selected Features
features = ['texture', 'area', 'smoothness', 'concavity', 'symmetry',
             'fractal_dimension', 'texture_se', 'area_se', 'smoothness_se',
             'concavity_se', 'symmetry_se', 'fractal_dimension_se',
             'smoothness_worst', 'concavity_worst', 'symmetry_worst',
             'fractal_dimension_worst']
```

```
#Feature Selection process
data = data[features]
```

이 과정에서는 특징이 선택된 데이터 세트를 준비한다. 우리는 이제 데이터 세트에 정규화를 적용할 것이다. 특징 평균을 사용하여 데이터 세트를 중앙화하고 특징의 표준 편차를 사용하여 범위를 분산시킬 것이다. 이렇게 하면 분류기가 쉽게 수렴할 수 있을 뿐 아니라 특이점의 영향을 피하여 일반화된 분류기를 만들 수 있게 된다.

다음 코드 라인이 이 일을 한다.

```
#Data normalization
data = (data - data.mean()) / (data.std())
```

우리는 이제 분류기를 만들 준비가 거의 다 되었다. 이에 앞서 데이터 세트를 훈련과 테스트 샘플로 나눠야 한다. 이것은 우리가 분류기의 성능을 측정하는데 도움이 될 것이다. 우리는 훈련용 데이터 80%와 검증을 위해 나머지 20%를 유지할 것이다. 검증 데이터 세트에 대한 분류기의 성능은 다음을 사용하여 측정한다.

```
# The data needs to be split into a training set and a test set
# We will use 80% data for training and 20% for testing the trained model
training_instances = .8
#Let's divide Train and Test data into two matrices
total_instances = len(data)
training_set_size = int(total_instances * training_instances)
test_set_size = total_instances - training_set_size
print('Training Instances: %d\nTest Instances:
%d'%(training_set_size,test_set_size))
```

이 코드를 실행하면 다음 출력을 얻을 수 있다.

```
Training Instances: 455
Test Instances: 114
```

따라서 455개의 사례로 분류기를 훈련시키고 114개의 사례로 테스트할 것이다. 이것은 적절한 테스트 세트다. 실제 시나리오에서는 수백 가지 이상의 테스트 사례를 권장한다. 이제 데이터 세트에서 훈련 및 테스트 샘플을 추출하고 이 단계에서 다음과 같은 특징 선택을 적용할 것이다.

```
#Now let's divide our dataset in train and test set
#Before that define our output variable
labels = ['diagnosis_numeric']
#Selected Features
features = ['texture', 'area', 'smoothness', 'concavity', 'symmetry',
            'fractal_dimension', 'texture_se', 'area_se', 'smoothness_se',
            'concavity_se', 'symmetry_se', 'fractal_dimension_se',
            'smoothness_worst', 'concavity_worst', 'symmetry_worst',
            'fractal_dimension_worst']
#Feature Selection process
data = data[features]
```

이제 특징이 선택된 데이터 세트를 확보했다. 훈련 및 테스트 세트에 대해 별도로 정규화할 필요가 없도록 데이터 세트를 한 번 정규화하자.

```
#Data normalization
data = (data - data.mean()) / (data.std())
```

이제 다음과 같이 훈련 및 테스트 샘플을 구성하자.

```
#Training Set
training_features = data.head(training_set_size)[features].copy()
training_labels = data_train_test.head(training_set_size)[labels].copy()
#Test Set
testing_features = data.tail(test_set_size)[features].copy()
testing_labels = data_train_test.tail(test_set_size)[labels].copy()
```

이제 분류기를 구축할 준비가 다 되었다. 테스트 데이터 세트뿐만 아니라 사전 처리된 훈련 데이터 세트도 있다. 먼저 우리 분류기에 대해 좀 이야기해보자.

우리는 텐서플로우 추정기를 사용하여 분류기를 만들 것이다. 이전에는 이들을 사용하지 않았기 때문에, 지금이 그들을 가지고 작업하기 시작할 좋은 시간이다.

텐서플로우 추정기

추정기Estimator API는 기계학습 프로그래밍을 크게 단순화하는 고급 텐서플로우 API이다. 추정기는 다음 작업을 캡슐화한다.

- 훈련
- 평가
- 예측
- 서빙용 내보내기

추정기는 다음과 같은 이점을 제공한다.

- 이러한 기능을 통해 모델을 변경하지 않고도 로컬 호스트나 분산된 다중 서버 환경에서 추정기 기반 모델을 실행할 수 있다. 더욱이, 추정기 기반 모델은 재코딩할 필요 없이 CPU, GPU 또는 TPU에서 실행될 수 있다.
- 추정기는 모델 개발자 간의 공유 구현을 단순화한다.
- 고도의 직관적인 코드로 최첨단 모델을 개발할 수 있다. 간단히 말해서 낮은 수준의 텐서플로우 API보다 일반적으로 추정기로 모델을 만드는 것이 훨씬 쉽다.
- 추정기는 tf.layer에 기초한다. 이것은 그들의 맞춤화를 단순화하는데 도움이 된다.
- 추정기들은 그래프를 만든다.
- 추정기는 다음의 것들을 어떻게 언제 수행할 것인지 제어하는 안전한 분산 훈련 루프를 제공한다.
  - 그래프 작성
  - 변수 초기화
  - 대기열 시작
  - 예외 처리
  - 체크포인트 파일 생성 및 장애 복구
  - 텐서보드에 대한 요약 저장

추정기를 사용하여 응용 프로그램을 작성할 때 모델에서 데이터 입력 파이프라인을 분리해야 한다. 이 분리는 서로 다른 데이터 세트로 실험하는 것을 단순화한다.

이것은 추정기들이 하는 것이다. 추정기를 가지고 작업할 때는 정의된 입력 포맷으로 작업해야 하는데, 이는 입력 추정기를 사용하여 분류기에 입력을 공급해야 한다는 것을 의미한다.

텐서플로우를 이용한 DNN

우리는 3개의 은닉층, 입력과 출력에 2개의 층(총 5개)을 갖는 심층 신경망 추정기를 만들 것이다. 첫 번째 은닉층은 10개의 뉴런, 두 번째는 20개의 뉴런, 마지막은 10개의 뉴런으로 구성할 것이다. 입력 계층은 특징의 수와 같은 비훈련 연결을 갖는 반면, 출력 계층은 출력 변수를 원-핫 인코딩 형식으로 변환할 필요가 없도록 바이너리 출력을 갖는다.

우리의 신경망은 다음과 같이 보일 것이다.

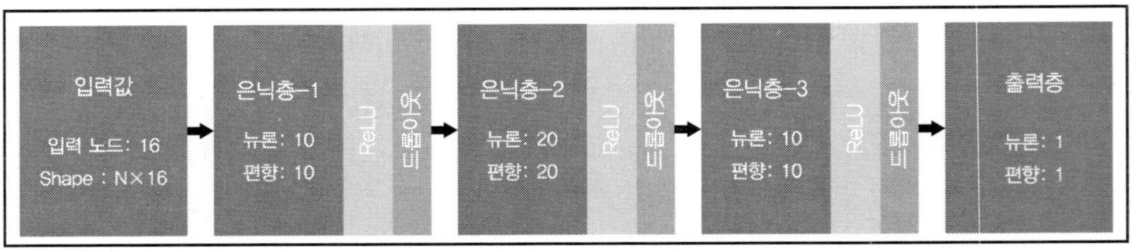

다음은 우리 분류기의 구조적 세부사항이다.

- 분류기는 각각 10개, 20개, 10개의 뉴런을 가진 3개의 훈련 가능한 은닉층을 포함하여 11개의 층으로 구성되어 있다.
- 우리는 각각의 은닉층의 활성화 함수로 ReLU를 사용할 것이다.
- 각 은닉층 뒤에 드롭아웃 층이 도입되어 과적합을 줄인다. 데이터 세트가 매우 작을 경우 드롭아웃을 사용할 것을 강력히 권장한다. 우리는 25%의 드롭아웃 확률을 사용할 것이다.

이 모든 것들을 단계적으로 우리 코드에 넣자. 우리는 다음과 같이 분류기에 대한 하이퍼 파라미터 설정부터 시작할 것이다.

```
#We will create a DNN classifier using TensorFlow
#With 3 hidden layers of following size
```

```
hidden_units_spec = [10,20,10]
#Here we will define number of output classes
n_classes_spec = 2
#Let's define number of training steps
steps_spec = 2000
#The number of epochs
epochs_spec = 25
```

훈련된 모델과 체크포인트들을 저장할 출력 디렉토리를 정의하여야 한다.

```
#We will store model and checkpoints in a temporary folder
#remember that whenever you do a new training session delete
#temporary folder, so it will not create any conflicts
model_path = "tmp/model"
```

훈련 과정에 참여할 특징 이름을 정의해야 한다.

```
#As we are training a DNNClassifier
#It requires to define columns names before creating the classifier
#So we will do it with the help of our feature's list we created earlier
feature_columns = [tf.feature_column.numeric_column(key)
                   for key in features]
```

그리고 이제 다음과 같이 DNN 분류기를 초기화해야 한다.

```
#Here we will define our classifier
print('Creating Classifier...')
classifier = tf.estimator.DNNClassifier(feature_columns=feature_columns,
                                        hidden_units=hidden_units_spec,
                                        activation_fn=tf.nn.relu,
                                        dropout = 0.25,
                                        n_classes=n_classes_spec,
                                        model_dir=model_path)
```

추정기를 가지고 작업하고 있으므로 텐서플로우 API의 입력 추정기 함수를 사용하여 훈련 및 테스트 샘플을 호환 가능한 형식으로 변환해야 한다.

```
#Now as we have our training and testing data in form of
#pandas data frame, we need to convert it into TensorFlow tensor,
#TensorFlow input function will help us to do the same
print('Creating Inputs...')
train_input_fn = tf.estimator.inputs.pandas_input_fn(x=training_features,
                                                     y=training_labels,
num_epochs=epochs_spec,
                                                     shuffle=True)
```

이제 분류기를 훈련할 준비가 되었다.

```
#Let's Train the model using the classifier.
print('Classifier Training...')
classifier.train(input_fn=train_input_fn, steps=steps_spec)
```

훈련을 마치고 테스트 데이터를 사용하여 모델을 평가할 때가 되었다. 분류기를 평가하기 위해서는 정확도와 혼동 행렬이라는 두 가지 방법을 사용할 것이다.

우리는 텐서플로우 추정기 evaluate 함수를 사용하여 정확도를 계산할 것이다. 혼동 행렬을 계산하기 위해 우리는 Scikit-learn 혼동 행렬 클래스를 사용할 것이다.

먼저 테스트 입력을 추정기 형태로 변환해 보자.

```
#We need to convert test data frame also in the tensor form
#we will do the same with using TensorFlow input function
print('Testing Classifier...')
test_input_fn = tf.estimator.inputs.pandas_input_fn(x=testing_features,
                                                    y=testing_labels,
                                                    shuffle=False)
```

이제 텐서플로우 Estimator 함수를 사용하여 분류기의 성능을 평가해보겠다.

```
#Let's evaluate the classifier on test data
accuracy_score = classifier.evaluate(input_fn=test_input_fn)["accuracy"]
print("Accuracy on test set = {}".format(100*accuracy_score))
```

이제 혼동 행렬을 계산하자.

```
#For evaluation of our classifier we will use confusion matrix
from sklearn.metrics import confusion_matrix
#Import seaborn to create plots
import seaborn as sns
#Matplotlib to show the plots
import matplotlib.pyplot as plt
#Get predictions
predictions = list(classifier.predict(input_fn=test_input_fn))
#Convert predictions in readable format
predictions = [p["class_ids"] for p in predictions]
#Create confusion matrix
cm = confusion_matrix(testing_labels,predictions)
```

다음은 결합된 평가의 결과이다.

```
Accuracy on test set = 100.0
```

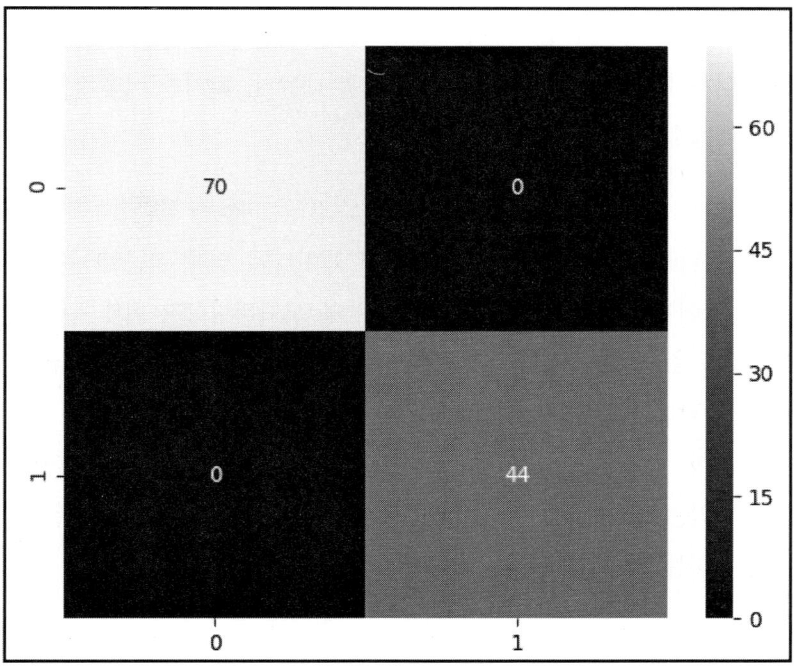

테스트 세트에서 100% 정확도를 확보했다. 단 하나의 오분류도 없다! 100% 정확도를 얻지 않았다고 하더라도 걱정하지 말고 몇 번 더 훈련 세션을 실행해 보라. 우리의 결과는 다른 초기화 설정으로 인해 다를 수 있다.

이제 종양이 악성인지 아닌지 확인할 수 있다. 우리는 자체 텐서플로우 API를 사용하여 의료 애플리케이션을 성공적으로 구현했으며, 또한 EDA와 관련된 매우 유용한 개념을 배웠다.

다음 절에서는 또 다른 흥미로운 응용 프로그램을 실행하는 방법을 배울 것이다.

인간 동작 인식

우리는 휴대전화, 컴퓨터, 웨어러블 센서를 포함한 스마트 기기 세계에 살고 있다. 스마트폰은 우리 시대의 가장 보편적인 장치다: 우리는 보통 뛰든, 걷든, 오르든, 아무것도 하지 않든 간에 거의 모든 시간에 지니고 있다. 우리는 하루의 거의 80%를 스마트폰과 함께 보낸다.

그렇다면 스마트폰으로 전임 간호사를 교체해 일상 활동을 모니터링하고 나쁜 습관까지 경고할 수 있을까? 삼성전자 연구개발팀에서도 같은 질문이 나왔고, 이들은 우리 스마트폰을 활동 모니터로 활용하는 독특한 아이디어를 내놨다. 하지만 어떻게 활동을 모니터링하는 것이 가능할까?

오늘날 거의 모든 스마트폰은 가속도계, 자이로스코프, GPS를 포함한 여러 개의 센서를 가지고 있다. 우리는 휴대폰 메모리를 통해 이 데이터에 쉽게 접근할 수 있다. 이것은 과학자들에게 아이디어를 제공했다: 우리의 활동을 모니터링하기 위해 우리의 일상생활을 수행하는데 도움을 주는 이 같은 센서를 사용하는 것이 어떨까? 스마트폰에 존재하는 가속도계는 자유낙하와 관련하여 단말기가 경험하는 가속도를 측정하는데 사용된다. 핸드셋을 어떤 방향으로든 이동하면 센서로부터 얻은 데이터의 스파이크로 이어진다. 움직임이 없으면 얻는 데이터는 0이 된다. 이 센서를 사용하는 목적은 세 축에 대한 장치의 방향을 결정하는 것이다.

핸드셋의 세로 또는 가로 방향을 결정하거나 화면이 위 또는 아래를 향하는지 이해하는 것은 이 센서의 도움을 받아 수행된다. 따라서 가속도계는 사람이 움직이는지 아닌지를 우리에게 알려줄 수 있고 또한 다른 움직임을 추적할 수 있다.

자이로스코프도 방향 정보를 제공하는 센서인데, 자이로스코프가 이것을 더 정밀하게 한다는 점이 유일한 차이점이다. 이 센서 덕분에 안드로이드의 포토 스페어Photo Sphere 카메라 기능은 전화기가 얼마나 회전했는지, 어느 방향으로 회전했는지 알 수 있다. 구글의 스카이 맵Google's Skymap에서도 어느 별자리를 가리키는지 알 수 있다.

이 두 개의 센서는 활동을 추적하는 데 매우 중요하다. 우리가 모르는 활동을 어떻게 추적할 수 있는가? 모니터링을 시작하기 전에 센서 데이터를 사용하여 활동을 식별해야 함은 분명하다.

센서로 얻은 데이터를 이용해 활동인식을 수행할 수 있는 신경망을 설계할 예정이다. 다음 그림은 활동을 인식하는 일반적인 방법이다.

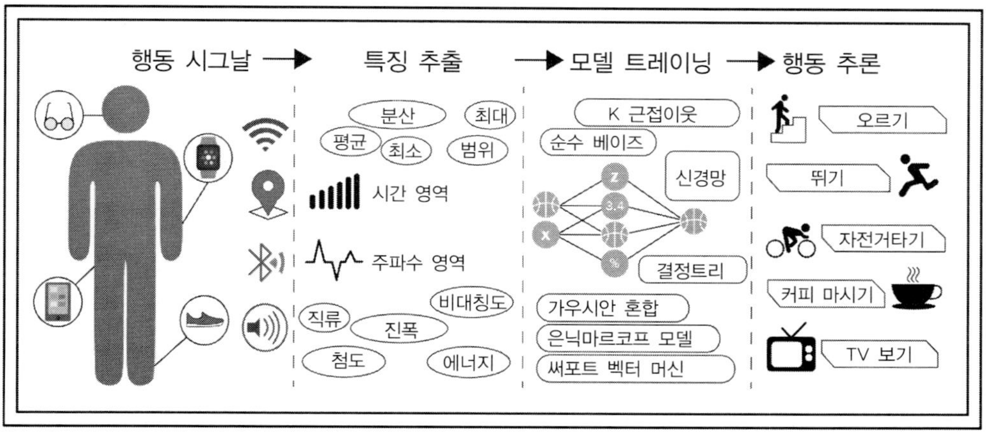

다음 단계는 활동 인식 모델을 자세히 이해하는 데 도움이 될 것이다.

1. 첫째, 웨어러블 센서(가속계 또는 자이로스코프)에서 신호를 수신한다.
2. 그런 다음 이러한 센서가 시간 또는 주파수 종속적일 수 있는 특징을 생성할 때, 우리는 입력 신호를 필터링하고 특징 추출에 의해 기계가 사용할 수 있는 형태로 데이터를 변환할 필요가 있다. 이러한 특징들은 주로 통계적 분포에 기초한 특징들이다.
3. 그런 다음 우리는 통계적 모델이나 신경망 기반 분류 모델을 훈련시켜 추출된 특징에 기초하여 다른 활동을 분류할 수 있다.

4. 마지막으로, 우리는 이 모델을 메모리에 상주하면서 더 많은 추적 가능한 활동을 식별하는 애플리케이션의 형태로 배치할 수 있다.

그렇다면 어떤 활동을 식별할 것인가. 그리고 어떻게 할 것인가? 우리는 삼성 리서치에 의해 이미 만들어진 데이터 세트를 사용할 것인데, UCI ML 데이터 세트 저장소(https://archive.ics.uci.edu/ml/datasets/SmartphoneBased+Recognition+of+Human+Activities+and+Postural+Transitions)에서 다운로드할 수 있다. 다운로드 시간이 좀 걸릴 수 있으므로 이 데이터 세트를 다운로드하기 시작하자. 80메가바이트 정도 되고 압축 파일이기 때문에 압축을 풀고 파일을 추출해야 한다.

데이터 세트

이 데이터 세트는 19-48세의 연령대 내에서 30명의 지원자 그룹을 대상으로 수행한 실험에 의해 생성되었다. 그들은 세 개의 고정 자세(서 있고, 앉아 있고 누워 있음)와 세 개의 역동적인 활동(보행하고, 계단을 내려가고, 계단을 올라가는 것)의 여섯 가지 기본 활동으로 구성된 일련의 활동을 수행했다.

이 실험에는 정적 자세 사이에의 자세 전환도 포함되어 있었다: 서있다 앉는 것, 앉았다 서는 것, 앉았다 눕는 것, 누워있다 앉는 것, 서있다 눕는 것, 누워있다 서는 것. 실험 실행 당시 참가자 전원이 스마트폰(삼성 갤럭시S2)을 허리에 차고 있었다.

그들은 기기에 내장된 가속도계와 자이로스코프를 사용하여 50 Hz의 일정한 속도로 3축 선형 가속도 및 3축 각속도를 포착했다. 실험은 데이터를 수동으로 라벨링할 수 있도록 비디오로 녹화되었다. 획득한 데이터 세트는 무작위로 두 세트로 분할되었으며, 여기서 자원자의 70%는 훈련 데이터를 생성하기 위해 선택되었고 30%는 테스트 데이터를 생성하기 위해 선택되었다.

센서 신호(가속계 및 자이로스코프로부터)는 노이즈 필터를 적용하여 사전 처리한 다음, 50% 겹침(128개의 판독치/윈도우)으로 2.56초의 고정 폭 슬라이딩 윈도우에서 샘플링했다.

중력과 신체-동작 성분이 있는 가속도 센서로부터의 신호는 버터워스 로패스 필터Butterworth low-pass filter를 사용해 신체 가속도와 중력으로 분리되었다. 중력은 저주파 성분만 있는 것으로 가정하여 0.2 Hz 컷오프 주파수를 가진 필터를 사용하였다. 각 윈도우에서 561개 특징의 벡터를 시간 및 주파수 영역에서 변수를 계산하여 구했다.

다음 도표는 인간 활동의 상징적 특징을 묘사하고 있다.

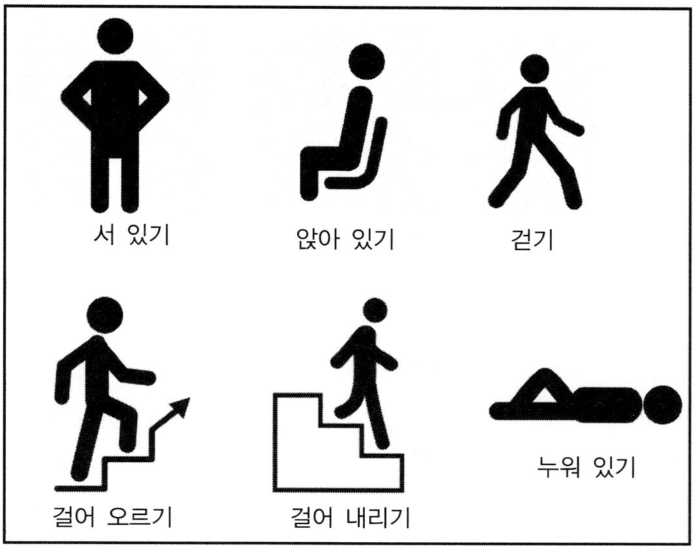

지금쯤이면 데이터 다운로드가 완료되었을 것이다. 파일을 추출하면 원시 데이터, 훈련 데이터, 테스트 데이터용 폴더 3개를 찾을 수 있을 것이다. 활동 라벨, 특징 이름, 특징 정보, README 정보 등에 대한 텍스트 파일이 4개 있을 것이다.

센서 신호

README 파일에서 앞서 쓰여진 요약을 찾을 수 있다. 우리는 데이터 해석에 더 관심이 있다; 특징features 이름 파일을 열면 다음과 같이 쓰여진 특징 이름을 발견할 것이다.

```
tBodyAcc-Mean-1
tBodyAcc-Mean-2
tBodyAcc-Mean-3
tBodyAcc-STD-1
tBodyAcc-STD-2
tBodyAcc-STD-3
tBodyAcc-Mad-1
```

```
tBodyAcc-Mad-2
tBodyAcc-Mad-3
```

이것을 이해하도록 노력하자.

이 데이터베이스의 선택된 특징은 가속도계와 자이로스코프 3축 원시 신호(tAcc-XYZ 및 tGyro-XYZ)에서 나온 것으로, 자이로스코프 특징들은 시간 영역 신호일 때 접미사 Gyro와 그 앞에 t를 붙여 나타내고, 가속기 신호에 대해서도 비슷하게 한다. 이러한 시간 영역 신호(시간을 나타내는 접두어 't'로 표시)는 50 Hz의 일정한 속도로 캡처되었다. 그런 다음 중앙값 필터와 코너 주파수가 20 Hz인 3차 저역 버터워스 필터를 사용하여 필터링하여 노이즈를 제거했다.

마찬가지로 가속도 신호는 코너 주파수가 0.3 Hz인 또 다른 저역 통과 버터워스 필터를 사용하여 신체 및 중력 가속도 신호(tBodyAcc-XYZ 및 tGravityAcc-XYZ)로 분리되었다. 이것은 다른 신호에 영향을 미치는 중력 신호를 피하기 위해 수행된다.

그 후, Jerk 신호(tBodyAccJerk-XYZ 및 tBodyGyroJerk-XYZ)를 얻기 위해 신체 선형 가속도와 각속도를 시간에 따라 도출했다. 이러한 3차원 신호의 크기는 유클리드 노옴(tBodyAccMag, tGravityAccMag, tBodyAccJerkMag, tBodyGyroMag 및 tBodyGyGyroJerkMag)을 사용하여 계산되었다.

마지막으로 fBodyAcc-XYZ, fBodyAcc-Jerk-XYZ, fBodyGyro-XYZ, fBodyGyro-XYZ, fBodyAccJerkMag, fBodyGyroMag 및 fBodyGyroJerkMag를 생성하는 일부 신호에 빠른 푸리에 변환Fast Fourier Transform, FFT이 적용되었다. 'f'는 주파수 도메인 신호를 나타낸다.

이러한 신호는 각 패턴에 대한 특징 벡터의 변수를 추정하기 위해 사용되었다. -XYZ는 X, Y, Z 방향으로 3축 신호를 나타내기 위해 사용된다.

이 센서는 다음과 같은 신호를 생성한다.

```
tBodyAcc-XYZ
tGravityAcc-XYZ
```

```
tBodyAccJerk-XYZ
tBodyGyro-XYZ
tBodyGyroJerk-XYZ
tBodyAccMag
tGravityAccMag
tBodyAccJerkMag
tBodyGyroMag
tBodyGyroJerkMag
fBodyAcc-XYZ
fBodyAccJerk-XYZ
fBodyGyro-XYZ
fBodyAccMag
fBodyAccJerkMag
fBodyGyroMag
fBodyGyroJerkMag
```

특징 추출

지금, 우리의 신호는 주파수와 시간 정보의 거대한 벡터들이기 때문에, 우리는 특징 집합을 더 간결하게 만들기 위해 그것들로부터 중요한 특징들을 추출할 필요가 있다. 우리는 신호 데이터에서 통계적 특징을 다음과 같이 추출할 것이다.

mean() : 평균값

std() : 표준편차

mad() : 중위수 절대편차

max() : 배열에서 최대값

min() : 배열에서 최소값

sma() : 신호 크기 영역

energy() : 에너지 측정. 제곱의 합을 값의 수로 나눈 값

iqr() : 사분위 범위

entropy() : 신호 엔트로피

arCoeff() : 버그 차수가 4인 자기회기

correlation() : 두 신호 사이의 상관계수

maxInds() : 가장 큰 크기를 가진 주파수 성분의 인덱스

meanFreq() : 평균 주파수를 얻기 위한 주파수 성분 가중 평균

skewness() : 주파수 영역 신호의 편중도

kurtosis() : 주파수 영역 신호 대역의 첨도

bandsEnergy() : FFT의 64개 빈 내에서 주파수 간격의 에너지

angle() : 두 벡터 사이의 각도

또한 다음과 같은 추가적인 특징을 추출할 것이다.

```
gravityMean
tBodyAccMean
tBodyAccJerkMean
tBodyGyroMean
tBodyGyroJerkMean find
```

전체 특징 목록을 알려면 특징 이름 파일을 봐야 한다. 561개의 특징을 발견할 것이다.

볼 수 있듯이, 우리는 많은 특징 데이터를 가지고 있다. 이 데이터는 우리가 이해해야 할 몇 가지 새로운 특징을 가지고 있다. 이 데이터 집합에 대해 빠른 EDA를 수행할 것이며, 이는 암 데이터 집합에 대해 수행한 것과 약간 다를 것이다.

탐색적 데이터 분석(EDA)

구현을 시작하려면 HAPT_EDA.py.이라는 파이썬 파일을 빠르게 생성하자. HAPT는 인간 활동과 자세 전환Human Activity and Posture Transitions의 약칭이다.

EDA이기 때문에 데이터 세트 관련 작업에는 판다스를, 플롯 생성에는 seaborn을, 그리고 matplotlib를 사용하여 플롯을 시각화할 것이다. 데이터 세트를 로드하는 것부터 시작하겠다.

다운로드가 완료되면 추출된 폴더에서 다음 파일을 찾을 수 있다.

- RawData
- Test:
  - subject_id_test.txt

- X_test.txt
- y_test.txt

* Train:
  - subject_id_train.txt
  - X_train.txt
  - y_train.txt
* activity_labels.txt
* features.txt
* features_info.txt
* README.txt

RawData라는 폴더에는 각 실험참가자의 센서 데이터가 포함되어 있다. Test와 Train 폴더에는 텍스트 형식의 훈련 및 테스트 데이터 파일이 들어 있다. 두 폴더 모두 실험참가자 ID가 있으므로 어떤 훈련 또는 테스트 인스턴스가 어느 실험참가자에 속하는지 확인해야 하는 경우, 해당 항목에 대한 인스턴스 행 색인을 사용하면 된다. activity_labels.txt 파일은 각 활동이 숫자에 할당된 조회 테이블이다. features.txt 파일에는 561개의 특징 이름이 모두 포함되어 있으며 features_info.txt는 특징에 관한 관련 정보를 제공한다. README.txt에는 데이터 세트를 해석하는 방법에 대한 정보가 포함되어 있다.

먼저 데이터 세트를 메모리에 로드하여 데이터 세트에 대한 EDA를 수행해 보자.

```
#We import pandas for dataset operations
#Matplotlib to show plots
from matplotlib import pyplot as plt
#Numpy for algebraic operations as well as,
#for loading and storing text files
import numpy as np
#Seaborn to create plots
import seaborn as sns
#Load training data and labels from disk using numpy
X_tr = np.loadtxt('E:/HAPT dataset/Train/X_train.txt',
delimiter=' ').astype(np.float64)
```

```
Y_tr = np.loadtxt('E:/HAPT dataset/Train/y_train.txt').astype(np.int32)
print('Size of Training Data: ',np.shape(X_tr))
```

이 코드를 실행하여 훈련 데이터 세트의 shape을 확인해 보자.

```
Size of Training Data: (7767, 561)
```

이것은 우리의 훈련 세트에 561개의 특징을 가진 7,767개의 샘플이 있다는 것을 의미한다. 이제 시험 데이터를 로드하고 shape을 확인해보자.

```
#Load test data and labels from disk using numpy
X_test = np.loadtxt('E:/HAPT dataset/Test/X_test.txt',
delimiter=' ').astype(np.float64)
Y_test = np.loadtxt('E:/HAPT dataset/Test/y_test.txt').astype(np.int32)
print('Size of Testing Data: ',np.shape(X_test))
Size of Testing Data: (3162, 561)
```

데이터 세트를 완벽하게 로드했다. 이제 여러 클래스 인스턴스들을 시각화하기 위해 동작 라벨을 로드해야 한다.

```
#Load Activity names
activity_labels = np.genfromtxt('E:/HAPT
dataset/activity_labels.txt',dtype='str')
print(activity_labels)
[['1' 'WALKING']
 ['2' 'WALKING_UPSTAIRS']
 ['3' 'WALKING_DOWNSTAIRS']
 ['4' 'SITTING']
 ['5' 'STANDING']
 ['6' 'LAYING']
 ['7' 'STAND_TO_SIT']
 ['8' 'SIT_TO_STAND']
 ['9' 'SIT_TO_LIE']
 ['10' 'LIE_TO_SIT']
 ['11' 'STAND_TO_LIE']
 ['12' 'LIE_TO_STAND']]
```

순차적 라벨을 붙인 동작은 12가지다. 데이터를 플롯할 때 이 라벨을 사용할 것이며, 이 라벨 표를 조회 표로 사용하여 분류기의 예측을 문자 데이터로 변환할 수 있다.

시각화를 위해 각 개별 실험참가자와 특징 이름의 동작을 분석할 수 있도록 실험참가자 ID를 신속하게 로드해 보자.

```
#Load Subject IDs
subject_ids = np.loadtxt('E:/HAPT
dataset/Train/subject_id_train.txt').astype(np.int64)
#Load Feature names
feature_names = np.genfromtxt('E:/HAPT dataset/features.txt',dtype='str')
print('Feature Names: ',feature_names[:15])
Feature Names: ['tBodyAcc-Mean-1' 'tBodyAcc-Mean-2' 'tBodyAcc-Mean-3'
'tBodyAcc-STD-1'
'tBodyAcc-STD-2' 'tBodyAcc-STD-3' 'tBodyAcc-Mad-1' 'tBodyAcc-Mad-2'
'tBodyAcc-Mad-3' 'tBodyAcc-Max-1' 'tBodyAcc-Max-2' 'tBodyAcc-Max-3'
'tBodyAcc-Min-1' 'tBodyAcc-Min-2' 'tBodyAcc-Min-3']
```

여기에서 우리는 여러 특징 이름들을 볼 수 있다. 시범적으로 15개의 특징 이름만 인쇄했다.

우리는 이제 클래스 불균형이 얼마나 있는지 알 수 있도록 클래스 분포를 그려 볼 것이다. 이것은 우리가 분류기를 훈련시킬 충분한 자료를 가지고 있는지 여부를 결정하는데 도움을 줄 것이다. 클래스 불균형이 높으면 과적합되지 않게 할 수 있는 적절한 분류기를 선택해야 한다. 이것은 높은 분산 트레이드오프로 이어질 것이다. 클래스 확률을 살펴보자.

```
#Set plot context for font size
sns.set_context("paper",
rc={"font.size":1,"axes.titlesize":1,"axes.labelsize":1})
#Let's see class distributions for all activities
ax = sns.countplot(Y_tr,label="Count")
ax.set(xticklabels=activity_labels)
plt.show()
```

다음 그림은 이전 코드에서 획득한 활동 분포를 보여준다.

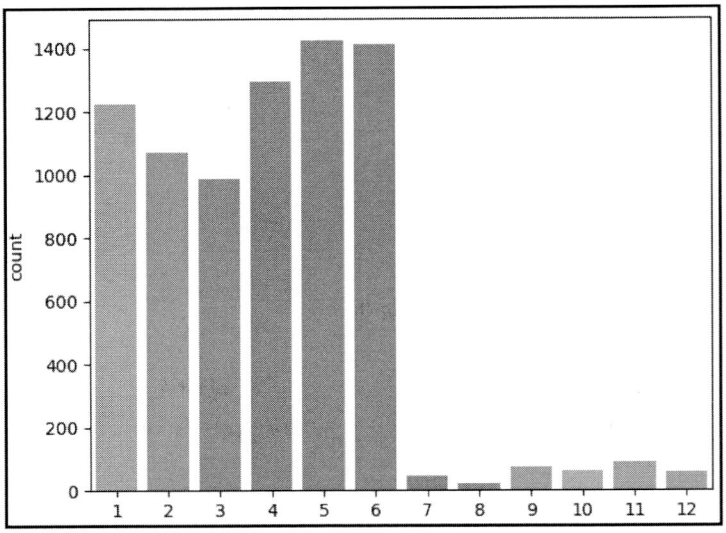

앞에서 살펴본 바와 같이 우리의 훈련 데이터 세트에 현저한 클래스 불균형이 있다. 처음 여섯 개의 클래스인 걷기, 계단 오르기, 계단 내려가기, 앉기, 서 있기, 누워 있기는 꽤 잘 분포되어 있다. 그러나 서있다 앉기, 앉았다 서기, 앉았다 눕기, 누웠다 앉기, 서있다 눕기, 누웠다 서기 등의 자세 전환은 훨씬 덜 흔하다.

이 클래스 분포 분석에서 얻을 수 있는 요점은 다음과 같다.

- 우리는 그런 경우에 클래스 불균형을 쉽게 처리할 수 있는 신경망을 사용해야 한다.
- 우리는 네트워크의 훈련 중에 배치 정규화나 드롭아웃과 같은 규제를 사용해야 한다.
- 우리는 네트워크가 더 많은 인스턴스를 가진 클래스에 과적합되지 않도록 최적의 배치 크기로 훈련해야 한다.

다음으로, 개별 실험참가자에 대한 특징 분산을 살펴볼 것이다. 각 클래스의 처음 두 가지 특징에 대한 분산을 분석하려 한다. 이 특징들은 오직 한 개인만을 위해 기록되었다.

특정 실험참가자에 대한 인스턴스를 찾기 위해 실험참가자 ID 파일을 사용할 것이다.

```
#We will pick subject number 5 to see variation in different activity
#for first two features
#Lets extract indices of subject id
sub_id = 5
ids = np.where(subject_ids==sub_id)[0]
#Extract rows for subject_id from training data and labels
subject_10_X = X_tr[ids[0]:ids[-1],:]
subject_10_Y = Y_tr[ids[0]:ids[-1]]
print('Number of samples of subject: ',np.shape(subject_10_X))
Number of samples of subject: (323, 561)
```

실험참가자 ID 5의 경우 323개의 인스턴스가 있다. 모든 323개 표본에서 이 ID의 처음 두 특징의 변동을 살펴보자. 처음 두 가지 특징은 각각 x와 y 차원에서의 가속도계 평균이다.

```
#Set plot context for font size
sns.set_context("paper",
rc={"font.size":1,"axes.titlesize":1,"axes.labelsize":1})
#Let's plot value variation of 2 features for each activity
fig = plt.figure(figsize=(12,12))
ax1 = fig.add_subplot(211)
ax1 = sns.stripplot(x=subject_10_Y, y = subject_10_X[:,0], jitter=True)
ax1.set(xticklabels=activity_labels)
ax2 = fig.add_subplot(212)
ax2 = sns.stripplot(x=subject_10_Y, y = subject_10_X[:,1], jitter=True)
ax2.set(xticklabels=activity_labels)
plt.show()
```

다음 다이어그램은 처음 두 특징의 변화를 보여준다. 이러한 산점도들을 자세히 관찰하면, 우리는 마지막 여섯 가지 활동들에서 분산이 크다는 것을 알게 될 것이다. 이것은 다른 활동들 사이에 클래스가 중복될 가능성을 증가시키며, 이는 우리의 분류기들에게 어려움을 야기시킨다.

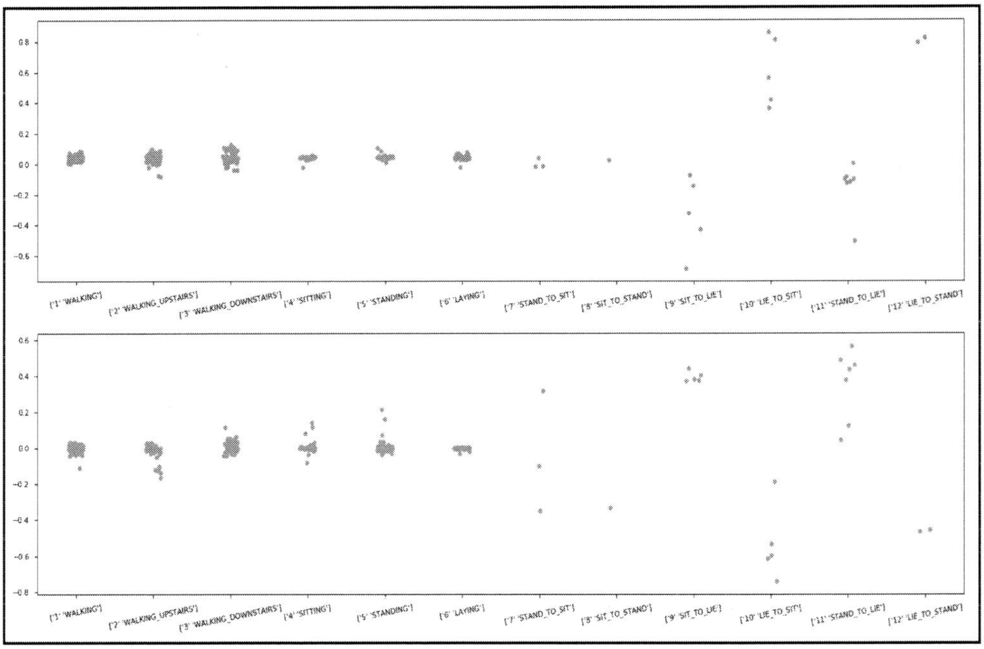

이 그래프는 또한 신경망이 그러한 비선형 데이터 집합에 훨씬 더 나은 선택임을 보여준다. 이 때문에, 우리는 주어진 문제를 해결하기 위해 텐서플로우에 인공 신경망을 구현할 것이다.

특징 변동이 높기 때문에 분류기에서 높은 정확도를 얻을 것으로 기대할 수는 없지만, 90% 이상의 정확도를 얻기 위해 최선을 다하겠다.

여기 데이터 시각화 기술이 하나 더 있다. 우리는 이제 분류 네트워크의 실질적인 구현으로 나아가야 한다. 우리는 신경망을 위한 데이터 준비부터 시작해서 분류기를 설계하는 부분으로 나아갈 것이다.

데이터 준비

분류 작업에 대한 데이터 준비는 EDA 과정에서 수행한 것과 거의 동일할 것이다. 우리는 먼저 Numpy를 사용하여 그 데이터를 프로그램의 메모리에 로드하는 것으로 시작하려 한다. 이 과정은 이전 과정과 동일하기 때문에, 여기서는 너무 자세하게 설명하지 않겠다.

```
#Import keras for one hot encode
import keras
#Numpy for algebraic operations as well as,
#for loading and storing text files
import numpy as np
#Load training data and labels from disk using numpy
X_tr = np.loadtxt('E:/HAPT dataset/Train/X_train.txt',
                  delimiter=' ').astype(np.float64)
Y_tr = np.loadtxt('E:/HAPT dataset/Train/y_train.txt').astype(np.int32)
#Load test data and labels from disk using numpy
X_test = np.loadtxt('E:/HAPT dataset/Test/X_test.txt',
                    delimiter=' ').astype(np.float64)
Y_test = np.loadtxt('E:/HAPT dataset/Test/y_test.txt').astype(np.int32)
```

여기서는 실험참가자 ID와 클래스 라벨 파일이 분류기 설계 부분에 필요하지 않기 때문에 로드하지는 않을 것이다.

우리는 훈련과 테스트에서 우리의 목표 벡터를 원핫 인코딩하기 위해 케라스를 임포트 했다. 이것은 우리가 클래스 단위의 출력확률을 얻는 데 도움이 될 것이다.

어떻게 진행되는지 보자.

```
#Use Keras utility to convert
#output variables into one hot encode
Y_tr = keras.utils.to_categorical(Y_tr-1)
Y_test = keras.utils.to_categorical(Y_test-1)
```

자세히 살펴보면, 두 출력 변수에서 1을 뺀 것이다. 우리의 클래스의 값이 0이 아니라 1에서 시작하기 때문에 이렇게 하고 있다. 그래서 이러한 변수를 변환할 때 케라스는 기본적으로 클래스 0을 포함하는데, 이에 따라 12클래스가 아닌 13클래스로 이루어진다.

분류기 설계

EDA가 비선형 데이터 세트에 적합하게 신경망 분류기를 사용할 것을 권장함에 따라, 우리는 텐서플로우에 두 개의 은닉층을 가진 신경망을 구현할 것이다. 우리는 ReLU를 활성화 함수로 사용할 것이며, 정규화를 위해 드롭 아웃층을 사용할 것이다. 우리의 아키텍처는 다음과 같이 보일 것이다.

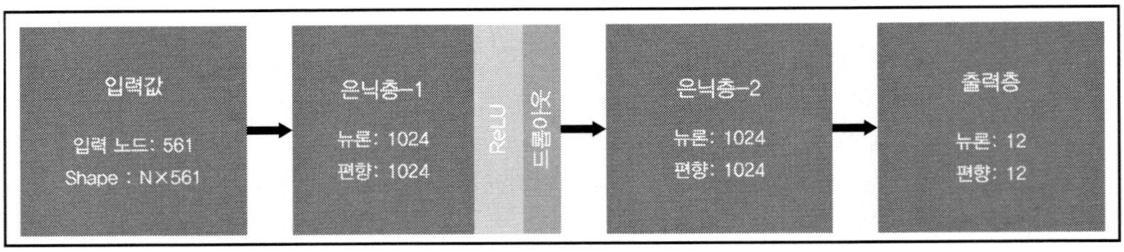

앞의 신경망에서 관찰한 바와 같이 다음과 같은 사실을 알 수 있다.

- 우리는 특징의 수와 같은 561개의 입력 노드를 가지고 있다.
- 첫 번째 은닉층은 ReLU를 가진 1,024개의 뉴런과 하나의 드롭아웃 층을 가지고 있다. 우리는 여기서 50%의 드롭아웃을 사용할 것이다.
- 두 번째 은닉층은 1,024개의 뉴런을 가질 것이지만, 여기서는 어떤 활성화 함수나 드롭아웃도 사용하지 않을 것이다(즉, 선형 활성화).
- 우리의 최종 계층은 12개의 출력 뉴런을 가질 것이고, 이것은 12개의 클래스를 위한 출력을 생성할 것이다. 이것은 훈련할 때 라벨 배열을 원핫 매트릭스로 제공해야 한다는 것을 의미한다.

따라서 HAPT_NN.py이라는 파이썬 파일을 만들어 다음의 코드로 함수 neural_net()을 삽입할 것이다.

```
#TensorFlow to build the classifier
import tensorflow as tf
#Neural Network
def neural_net(X):
    #Let's first define number of neurons in hidden layers
    nhidden = 1024
    #We need to create weight and bias variable
    #in form of TensorFlow tensors
    #for first hidden layer, there will be a
    #weight matrix with 561X1024 dimension
    #we will initialize network weights and bias from normal distribution
```

```
    W1 = tf.Variable(0.001*np.random.randn(561,nhidden).astype(np.float32),
                     name='weights')
    b1 = tf.Variable(0.001*np.random.randn(nhidden).astype(np.float32),
                     name='bias')
    #For second hidden layer number of neuron will be same as previous
    #weights in this layer will also be initialized from normal
    #distribution
    W2 = tf.Variable(0.001*np.random.randn(nhidden,12).astype(np.float32),
                     name='weights')
    b2 = tf.Variable(0.001*np.random.randn(12).astype(np.float32),
                     name='bias')
    #So this is our first hidden layer with W1 and B1
      #we will use relu as activation with dropout
    h0 = tf.nn.dropout(tf.nn.relu(tf.matmul(X,W1) + b1), dropout)
    #Finally second hidden layer which will generate predictions
    pred = tf.matmul(h0,W2)+b2
    #Return predictions
    return pred
```

데이터 세트를 로드하고 분류기를 만들었으니 다음으로 해야 할 일은 텐서플로우 환경을 만드는 것이다. 알다시피, 텐서플로우로 작업할 때, 우리의 데이터 값을 보유하기 위해 몇 가지 변수와 플레이스홀더placeholder를 만들어야 한다.

시작해 보자. 먼저, 입력 및 출력 변수를 저장할 두 개의 플레이스홀더를 만들 것이다.

```
#TensorFlow to build the classifier
import tensorflow as tf
#We will start by creating place holders for
#Input as well as output variables
x = tf.placeholder('float', [None, 561])
y = tf.placeholder('float')
```

네트워크 드롭아웃을 사용할 것이므로, 하나의 플레이스홀더를 생성하여 확률값을 가지고 있도록 할 필요가 있다.

```
#As we will be using dropout in our network
#We need to create one placeholder for that
```

```
dropout = tf.placeholder(tf.float32,[])
```

그럼 이제 우리 분류기를 어떻게 훈련시킬지 보자.

분류기 훈련

우리는 **확률적 경사 하강**SGD 알고리즘을 사용하여 분류기를 훈련시키려고 하는데, 좀 현대적인 방법으로 **적응적 모멘텀**(ADAM 기반) SGD를 사용할 것이다. 이것은 우리가 학습율의 최적치를 찾는데 시간을 낭비하는 것을 피할 수 있도록 도와줄 것이다.

손실 함수는 기본적으로 로그 기반 손실 함수인 범주형 교차 엔트로피가 될 것이다. ADAM 최적기를 사용하여 이를 최소화하도록 노력할 것이다.

다음과 같은 함수가 이 작업을 수행할 것이다.

```
def train_neural_network(x):
    #Let's create and initialize our neural network first
    prediction = neural_net(x)
    #Here we will define our cost function
#We will be using cross entropy for calculating the loss
#between actual and predicted values
    loss = tf.nn.sigmoid_cross_entropy_with_logits(labels=y, logits=prediction)
    cost = tf.reduce_mean(loss)
    #Let's call our optimizer
    optimizer = tf.train.AdamOptimizer().minimize(cost)
    #Create a TensorFlow session here
    sess = tf.InteractiveSession()
    #Before starting training of our network
    #we need to initialize all the variables
    #created so far.
    tf.global_variables_initializer().run()
    #We will run training loop for 1000 epochs
    for epoch in range(1000):
        loss = 0
        #Let's start cost function optimization
```

```
        #We will use 50% dropout probability
        _, c = sess.run([optimizer, cost],
                        feed_dict = {x: X_tr, y: Y_tr, dropout:0.5})
        loss += c
        #Print training status after 100 epochs
        if (epoch % 100 == 0 and epoch != 0):
            print('Epoch', epoch, 'completed out of', 1000,
                  'Training loss:', loss)
    #Once training completed we need to check performance
    #of trained network
    #Let's see how much instances our network successfully classified
    correct = tf.equal(tf.argmax(prediction,1), tf.argmax(y,1))
    #On the basis of number of correct prediction we can get accuracy
    #of our network
    accuracy = tf.reduce_mean(tf.cast(correct, tf.float32), name='op_accuracy')
```

이 함수를 실행하고 그 정확도를 확인해 보자.

```
#Let's start training of our classifier
train_neural_network(x)
Epoch 100 completed out of 1000 Training loss: 0.06869250535964966
Epoch 200 completed out of 1000 Training loss: 0.026242759078741074
Epoch 300 completed out of 1000 Training loss: 0.014924143441021442
Epoch 400 completed out of 1000 Training loss: 0.009997222572565079
Epoch 500 completed out of 1000 Training loss: 0.007330700289458036
Epoch 600 completed out of 1000 Training loss: 0.005800022277981043
Epoch 700 completed out of 1000 Training loss: 0.0041691516526043415
Epoch 800 completed out of 1000 Training loss: 0.003301241435110569
Epoch 900 completed out of 1000 Training loss: 0.0028064025100320578
```

좋은 뉴스다 — 우리의 분류기는 초기 에포크부터 수렴하기 시작한다. 자세히 살펴보면, 훈련이 진행됨에 따라, 우리의 분류기는 50%의 드롭아웃 확률을 가진 드롭아웃 층을 가지고 있음에도 불구하고 꽤 빨리 학습한다.

이제 우리의 네트워크를 평가할 시간이다. 이것에 훈련 및 테스트 데이터를 제공하고, 본 데이터와 보지 않은 데이터에서 얼마나 뛰어난 성능을 발휘하는지 확인해 보자.

```
#Let's run accuracy check for training and testing dataset
print('Train set Accuracy:', sess.run(accuracy, feed_dict =
                                        {x: X_tr, y: Y_tr,dropout:1}))
print('Test set Accuracy:', sess.run(accuracy, feed_dict =
                                        {x: X_test, y: Y_test,dropout:1}))
```

결과는 다음과 같다.

```
Train set Accuracy: 0.999485
Test set Accuracy: 0.945604
```

우리는 보지 않은 데이터 세트에서 94.5%의 인스턴스를 정확하게 분류하고 있어 성능 향상의 큰 가능성을 보여주고 있다. 더 많은 은닉층을 추가하거나 현재 은닉층의 뉴런 수를 증가시킴으로써 이것을 개선하려고 해볼 수 있다. 이러한 결과를 개선하는 것이 가능하니 가서 실험해 보기 바란다.

요약

이 장은 모두 의료 영역에서 AI를 사용하는 것에 관한 것이었다. 우리는 AI의 현황을 살펴봄으로써 우리의 여정을 시작했는데, 의료 전문가들이 많은 도전을 극복하는 데 도움을 주고 있는 ML 영역의 아주 유망한 응용 분야들이 있음을 보았다. 그런 다음 AI 자체의 당면과제에 대해 살펴보았는데, 그중에서도 데이터 수집이 가장 큰 과제라고 장담할 수 있다. 그러나 희망을 잃지 말자. Kaggle 경진대회(https://www.kaggle.com/competitions)에서 꽤 우수하고 실용적인 의료 데이터 세트를 얻을 수 있다, 나는 이것을 위해 UCI MLrepo(https://archive.ics.uci.edu/ml/index.php)를 이용했다. 여기서부터 실질적인 구현을 향한 우리의 여정이 시작되었다.

우리는 유방암에 대해 논의했고 그것을 발견하기 위한 모델을 준비했다. EDA를 살펴본 결과 데이터 세트를 완전히 이해할 수 있었고, 이것이 기능 선택 작업에 도움이 되었다. 이로 인해 우리는 종양이 암인지 아닌지를 확인할 수 있는 고성능 신경망을 만들게 되었다.

그 후 우리는 현대의 건강관리 동반자로 자리를 옮겼다. 우리는 하루 종일 인간의 활동을 모니터링하는 데 도움이 될 수 있는 인간 동작 인식을 선택했고, 그것이 우리의 개인적인 건강을 어떻게 도울 수 있는지 살펴보았다. 우리는 범위를 동작 인식으로만 제한했고, 우리가 매우 비선형적인 데이터 집합을 다루고 있었기 때문에 EDA는 더 나은 분류기를 선택할 수 있도록 다시 한번 도움을 주었다. 또한 텐서플로우를 사용하여 신경망을 구현했으며, 테스트 데이터 세트에서 잘 수행되었다.

이제 이 데이터 세트를 다운로드하여 코드를 실행해 보라. 이것은 당신이 이 개념들을 더 잘 이해하는데 도움을 줄 것이다.

다음 장에서는 금융전문가들이 AI를 사업영역에 구현할 수 있도록 시도해 보겠다.

참고문헌

Dua, D. and Karra Taniskidou, E. (2017). UCI Machine Learning Repository [http://archive.ics.uci.edu/ml]. Irvine, CA: University of California, School of Information and Computer Science.

12

비즈니스에서의 AI 응용

며칠 전에, 나는 지역 비즈니스 회의에 갔었다. 나는 사업가도 아니고, 가까운 장래에 창업할 계획도 없지만, 투자 분야에서 야심차게 창업을 한 친구 한 명과 함께 회의에 참석했다. 회의 도중 여러 가지 논의가 있었지만, 특히 한 가지가 눈에 띄었다. 핀테크에서의 AI다. AI가 매출, 서비스, 생산성, 리스크 관리 등 사업역량을 높이는 데 도움이 될 수 있다는 것이다. 모두가 우리 앞에서 일어나고 있는 기술적 변화를 볼 수 있듯이, 이것은 정말 유망한 영역이다.

학회에서 돌아온 후, 내 친구는 나에게 이 주제에 대한 더 많은 정보와 그것을 자신의 사업에 어떻게 사용할 수 있는지 물어보았다. 이번 장에서는 AI가 구현될 뿐만 아니라 매력적으로 작용하고 있는 몇 가지 흥미로운 응용 분야를 살펴볼 것이다. 이 기술이 어떻게 기업들을 훨씬 더 효율적으로 성장시키는데 도움을 주고 있는지 살펴보자.

이 장에서는 다음 주제들에 대해 알아본다:

- 비즈니스에서의 여러 AI 응용
- 블록체인이란 무엇이며, 어떻게 AI와 결합하여 비즈니스를 강화할 수 있는가?
- 알고리즘 거래 및 암호화폐 가격 예측
- 신용 카드 사기 탐지
- 리스크 관리 및 신용 카드 채무 불이행 탐지

비즈니스에서의 AI 용용

현재, 모든 사람들은 인터넷에서 제공되는 매력적인 할인으로 시간과 돈을 절약하기 위해 상점에 가는 것보다 온라인 쇼핑을 선호한다. 어떤 제품을 선택하면 "이 상품을 본 고객들은 다음의 것들도 함께 보았습니다"와 같은 제목 아래 다른 제품에 대한 다양한 링크가 표시된다. "이 상품과 관련된 스폰서 제품" 등과 같은 대체 제목에서 더 많은 링크를 찾을 수도 있다. 다음 예제를 살펴보자. 예를 들어 www.amazon.in에서 Python Machine Learning by Example을 검색할 때 다음 링크들을 얻는다.

여기서 볼 수 있듯이, 아마존은 우리의 검색과 관련된 기계학습 영역의 다른 책들을 살펴보라고 제안하고 있다.

- **추천 엔진**: 앞의 과제에 사용되는 기술을 **추천 엔진**이라고 한다. 오늘날 거의 모든 전자상거래 회사들은 고객들에게 점점 더 많은 제품을 사도록 권장하기 위해 추천 엔진을 사용한다. 회사들은 다른 고객들 사이의 상관관계를 확인하기 위해 당신의 과거 구매와 검색 이력을 모니터링한다. 만약 당신의 구매와 검색과 높은 상관관계를 가진 고객이 확인되면 아마존은 당신이 과거에 구매한 아이템을 그들에게 추천할 것이다.

- **감성 분석**: 아마존은 당신에게 관련 제품을 제안할 뿐만 아니라, 사용자들이 그들의 여러 제품에 대해 제출한 피드백에 대해서도 알려줄 수 있다. 한 회사가 새로이 **상장 IPO**Initial Public Offering 할 때마다 증권사들은 트위터 같은 소셜 네트워킹 플랫폼에 이에 대한 반응을 올리기 시작한다. 많은 증권사들은 그들의 IPO가 성공할지 실패할지 결정하기 위해 트윗 분석을 사용한다. 이것은 **감성 분석**이라고 알려져 있는데, 기계학습 알고리즘을 사용하여 트윗의 내용이 긍정적인지 부정적인지를 결정한다.

  이것은 비즈니스 영역에 국한되지 않는다. 정치인들은 트위터의 데이터 분석을 통해 다가오는 선거에서 그들의 성과를 예측하기 위해 같은 기술을 사용한다. AI는 또한 과거 데이터에 기초한 단순한 알고리즘을 사용하여 상품이나 암호화폐 같은 다른 거래의 주가나 가격을 예측하는 데 유용할 수 있다. 이것을 **알고리즘 거래**라고 한다. 이와 함께 AI는 부동산의 위치와 규모를 활용해 집값을 예측해 부동산 영역을 변화시키고 있다. 이런 종류의 예측은 **회귀 분석**의 범주에 속한다.

  ML 알고리즘은 경제 분야에서도 유용하다. 그것들은 또한 당신의 거래 내역을 분석함으로써 당신에게 신용카드의 사기거래에 대해 경고하는 데 사용될 수 있다. 이것은 **사기 탐지**라고 알려져 있고 이용할 수 있는 다양한 종류의 소프트웨어가 있다. ML은 또한 은행이 그들의 계좌에서 채무 불이행할 수 있는 고객을 식별하도록 도울 수 있으며, 이는 리스크관리 범주에 속한다. ML은 은행이 고객의 과거 거래 내역을 토대로 고객에게 신용 카드를 발급하는 것, 즉 신용 승인 절차를 도울 수 있다. ML 알고리즘은 다양한 다른 용도들도 가지고 있다. 그들은 뉴스 인기를 결정하는 데 이용될 수 있다. 그래서 그들은 그에 따라 그들의 콘텐츠를 제공할 수 있다. 또 다른 분야에서는 IBM의 가장 야심찬 AI 왓슨 프로젝트가 개인의 사건 이력에 따라 법률 자문을 제공할 수 있다. **챗봇**은 사용자와 상호작용하여 다양한 상황에서 도움을 줄 수 있는 지능형 기계다. 애플의 시리, 마이크로소프트의 코타나, 구글 어시스턴트도 AI를 이용해 약속 일정을 잡거나 전화와 메일에 응답하는 등 일상 업무를 돕는다.
- 이 논의를 다음 도표로 요약할 수 있다.

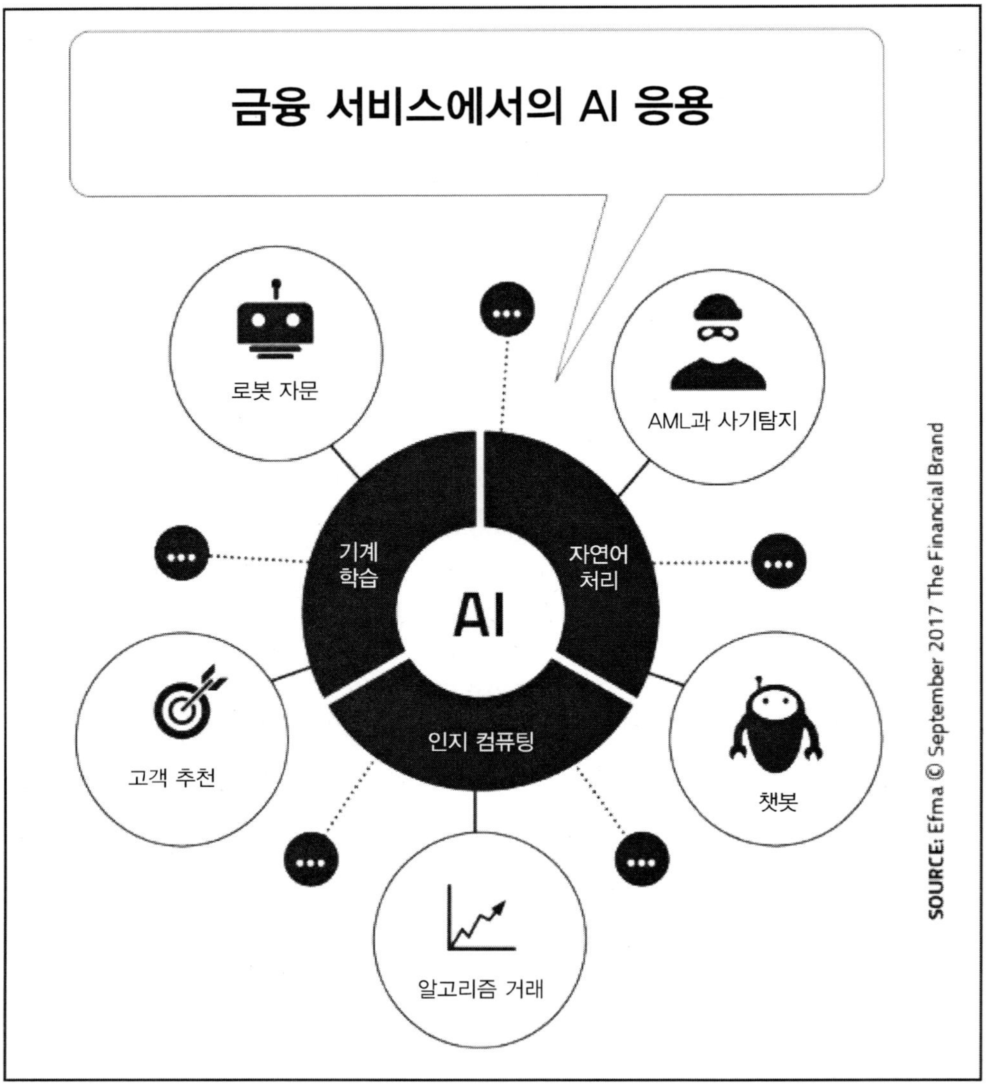

여기서 볼 수 있듯이, 금융서비스에서 AI의 적용 범위는 어마어마하다. 블록체인이라는 까다로운 기술에 대해 토의하는 것부터 시작해 보자.

블록체인

고대에는 사람들이 돈보다는 물건을 사용하여 거래하곤 했다. 예를 들어, 만약 내가 석유를 사고 싶다면, 나는 그 대가로 곡식을 제공할 것이다. 약 700년 전, 통화는 표준화된 거래 방식이 되었고, 우리는 오늘날에도 여전히 같은 전통을 따르고 있다.

하지만, 2010년, 상황은 바뀌기 시작했다. 시장에 새로운 종류의 디지털 통화가 도입되었는데, 이 통화는 보다 분권적이면서 안전한 거래 방법이라고 주장했다. 이 디지털 화폐는 암호화폐의 일종인 **비트코인**으로 알려져 있었다. 현재 라이트코인, 네임코인, 에테르튬과 같은 유사한 방식으로 사용할 수 있는 많은 종류의 암호화폐가 있다.

만약 당신이 인터넷에서 무언가를 사고 싶다면, 당신은 이제 전통적인 돈 대신 비트코인을 사용하여 거래를 할 수 있다. 암호화폐에 관해 흥미로운 점은 그것들이 은행에 의해 관리되지 않고, 따라서 중앙 당국에 의해 통제되지 않는다는 것이다. 이것이 그들을 분권형으로 만드는 것이다. 이러한 통화의 또 다른 중요한 특징은 만약 당신이 충분한 시간과 계산력을 가지고 있다면 당신이 직접 통화들을 만들 수 있다는 것이다.

비트코인은 블록체인blockchain과 같은가? 그렇지는 않다. 왜 그런지 한번 보자.

친구에게 해외로 돈을 보내야 한다고 가정해 보자. 거래의 표준 방식은 제3자 은행일 것인데, 이 은행은 당신의 거래를 검증하고 수수료를 취한 다음, 당신의 친구계좌로 돈을 송금할 것이다. 이것은 다음 도표에 나와 있다.

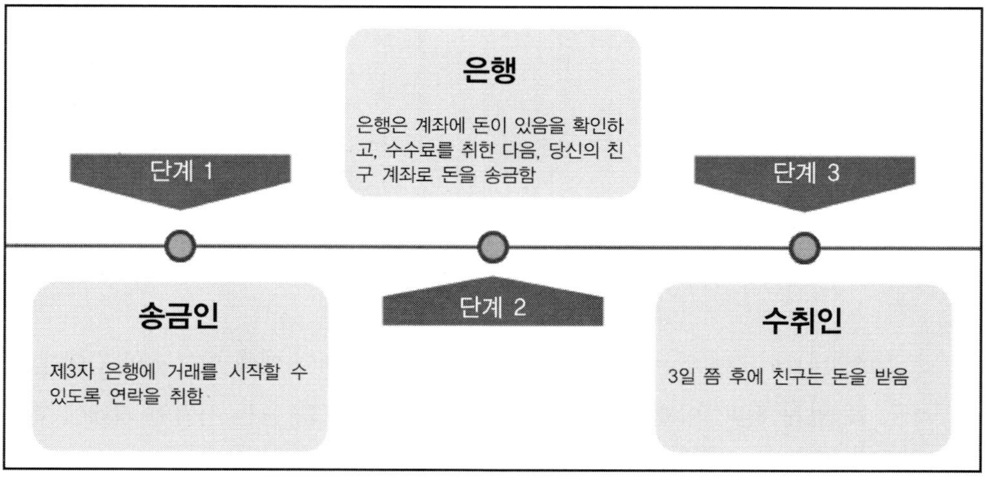

이 거래 방식에는 두 가지 문제점이 있다.

- 거래에서 수수료를 챙길 제3의 은행이 있어야 하기 때문에 투명성이 없다.
- 아주 느린 거래 과정이다.

이것을 개선하기 위해 무엇을 할 수 있을까? 다음의 예를 생각해 보자.

중앙 집중형 원장

거래 네트워크에 네 명의 친구(A, B, C, D)가 있다고 가정해 보자.

1. A는 50달러를 가지고 있고 그 중 25달러를 그의 친구 B에게 보내고 싶어한다. A는 이 거래를 추적하기 위해 원장을 개시한다. 네트워크에 있는 모든 사람들은 그들이 원할 때마다 이 원장을 볼 수 있다. A가 B에게 25달러를 송금하면, 그들은 상세 거래내역으로 원장을 갱신한다.

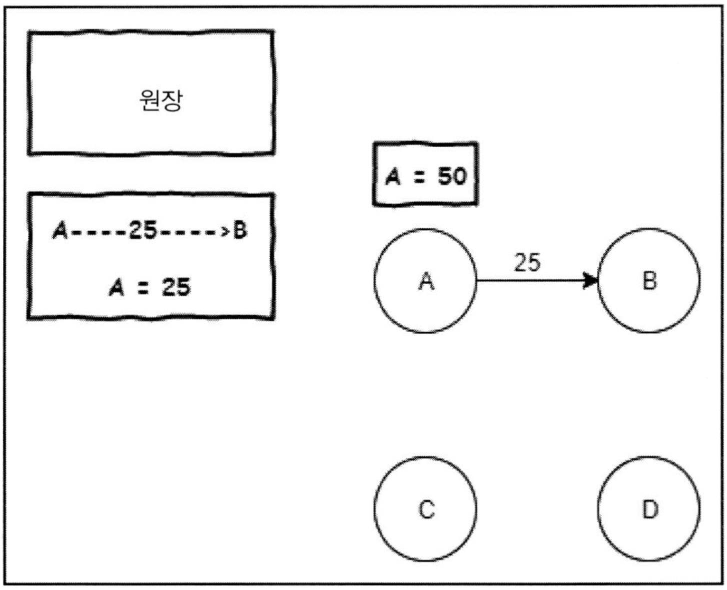

2. 이 네트워크에 있는 사람 모두 A에서 B로의 거래에 대해 알고 A의 잔액에 대해 알게 된다. 이제 B는 20달러를 D에게 송금하고, 모든 사람이 거래에 대해 업데이트하도록 원장을 업데이트한다.

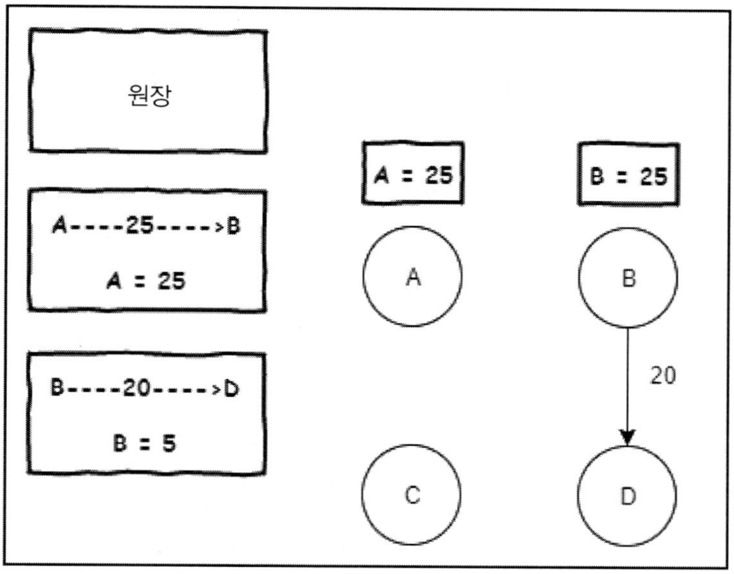

3. 이 일이 끝나면 A는 C에게 30달러를 보내려고 한다. 그러나 A가 충분한 돈이 없다는 것은 누구나 알고 있어서, 이 거래는 일어나지 않는다.

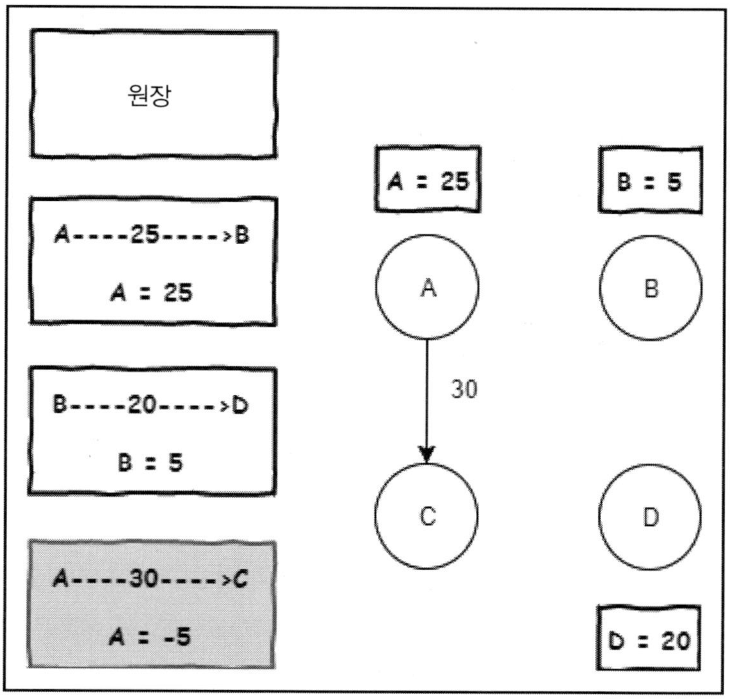

우리가 알 수 있듯이, 모든 거래는 제3자를 포함하지 않고 이루어졌기 때문에 시스템의 투명성이 높아진다. 이 역시 검증하기가 매우 쉬워서 송금에 지연이 없기 때문에 더 빠른 거래 방식이다. 이러한 유형의 거래는 다음 다이어그램에 요약되어 있다.

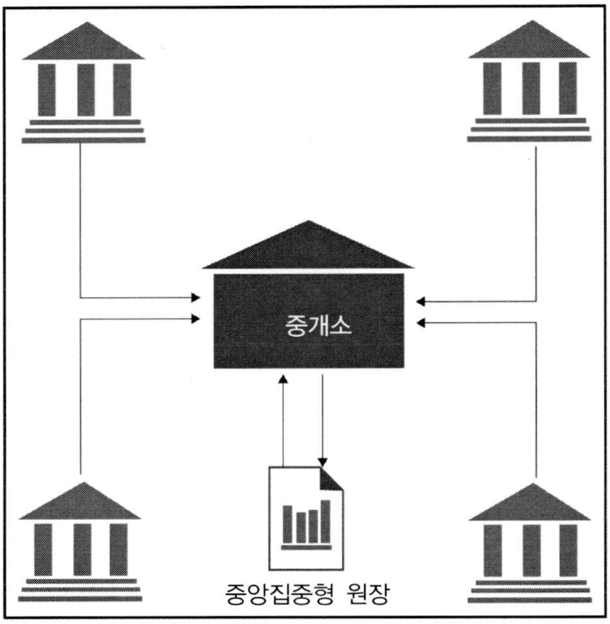

보다시피 이 프로세스는 여전히 중앙 집중식이며, 이는 모든 사람이 모든 거래 후에 원장을 업데이트해야 한다는 것을 의미한다. 이 의존성을 제거하기 위해 우리는 분산된 원장을 채택할 것이다.

분산형 또는 분권형 원장

이 명칭에서 알 수 있듯이, 이 과정에는 다수의 원장이 포함된다. 네트워크의 각 사용자는 자신의 원장을 유지하고 업데이트해야 한다. 이 원장들은 **블록**으로 알려져 있다. 어떻게 작동하는지 보자.

1. 우리는 25달러를 A가 B로 보내는 앞과 같은 거래로 시작할 것이다. 이번에는 모든 사람이 원장의 개별 사본을 가지고 있는데, 이 사본은 각 거래 후에 갱신되어야 한다. 이것은 다음과 같이 보일 것이다.

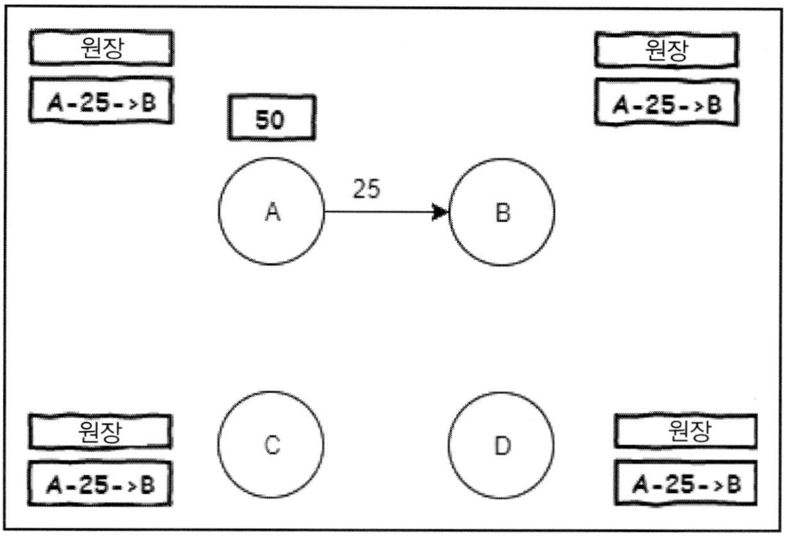

2. B에서 D로 보내는 거래에 대해서는, 다음과 같은 원장의 업데이트가 이루어질 것이다.

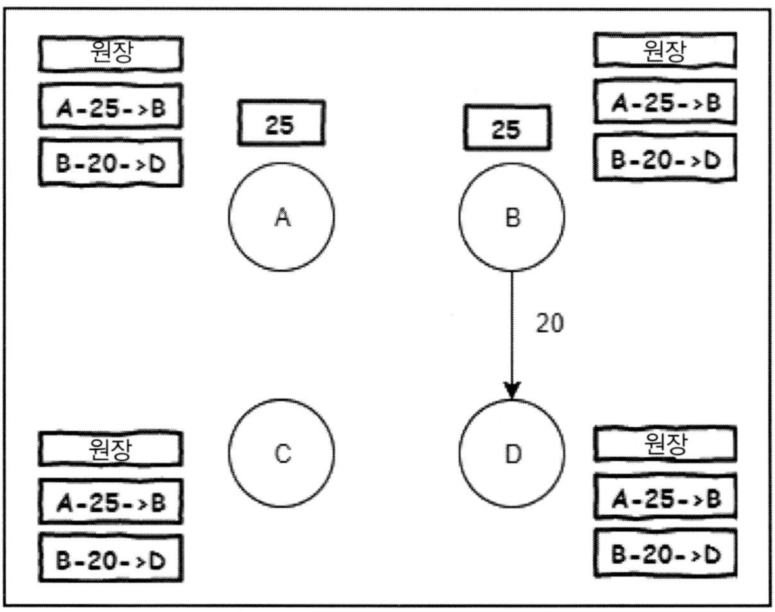

3. 만약 잘못된 거래가 일어나려고 한다면, 이것은 다음과 같이 개별 원장에 반영될 것이다.

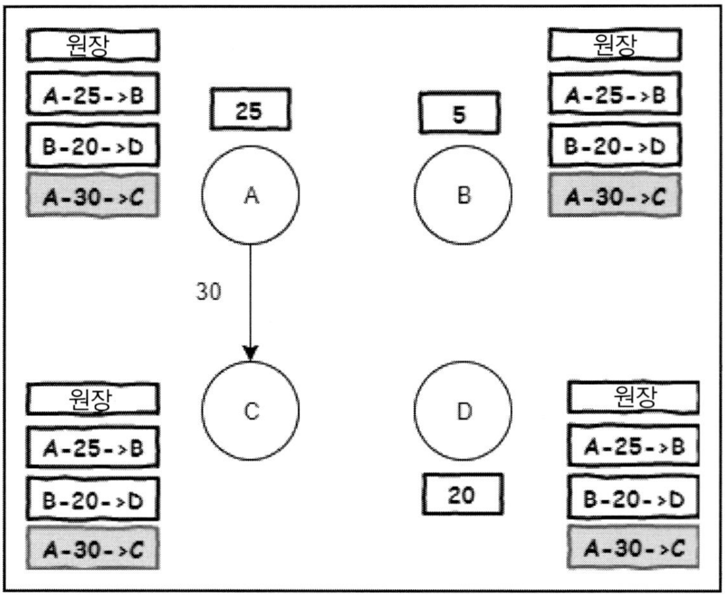

이 과정은 다음 다이어그램에 요약되어 있다.

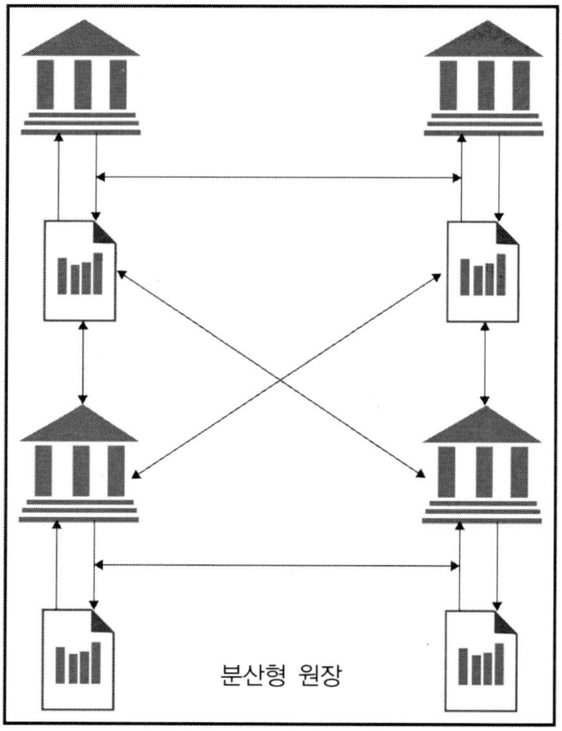

이 모든 것이 블록체인과는 어떻게 연관되어 있는가? 각 개인이 어떻게 자신의 원장을 갱신하는지 자세히 살펴보자.

채굴자

거래가 시작될 때마다 거래 요청을 자세히 설명하는 메시지가 네트워크의 각 노드로 전달된다. 노드가 이 요청을 받으면 원장을 업데이트한다. 그러나 그것은 그렇게 간단하지 않다. 접근 키가 없는 한 노드는 원장에 새 항목을 생성할 수 없다. 접근 키는 일종의 무작위 번호인데, 그것을 얻으려면 극도로 복잡한 알고리즘을 풀어야 한다. 이 알고리즘 솔루션은 엄청난 연산 능력을 요구하므로, 이 작업을 수행할 수 있는 노드는 몇 개뿐이다. 이 노드는 **채굴자**miner라고 알려져 있다.

이 채굴자들은 다른 채굴자들보다 빨리 키를 얻을 수 있도록 방정식을 풀기 위해 서로 경쟁한다. 일단 채굴자가 접근 키를 얻으면, 거래를 검증하고 원장을 업데이트할 수 있다. 일단 원장이 업데이트되면, 다른 노드와 채굴자들은 이 업데이트에 대한 통지를 받고 그들의 오래된 원장을 새로운 원장으로 교체한다.

앞에서 논의한 바와 같이 이 원장들은 블록으로도 알려져 있다. 업데이트된 블록을 사용할 수 있을 때마다 네트워크의 각 노드는 블록을 업데이트하고 이전 블록 위에 추가해야 한다. 이렇게 하면 블록의 체인이 생성되며, 여기에서 블록체인이라는 이름이 나왔다. 여기서 각 블록은 체인에 있는 이전의 모든 블록의 정보를 포함하고 있다. 이것은 체인의 블록을 교체하는 것이 거의 불가능하기 때문에 이루어진 거래들이 안전함을 보장하는 것이다. 이제 비트코인에 대해 살펴보자.

비트코인

우리는 채굴자들이 블록 정보를 업데이트 할 수 있는 키를 얻기 위해 어떻게 서로 경쟁하는지를 보았다. 그런데 왜 이런 짓을 하는 걸까? 왜 그들은 키를 채굴하는데 그렇게 많은 노력과 연산력을 쏟는가? 답은 간단하다. 그들이 생성하는 각각의 접근 키에 대해 채굴자들은 비트코인 형태로 인센티브를 받는다. 비트코인으로 이루어지는 모든 거래는 블록체인으로 기록된다. 누가 먼저 방정식을 풀든 새로운 비트코인을 얻는다. 이 과정은 비트코인 채굴이라고도 한다.

비트코인의 공급은 유한하다. 2100만 비트코인 밖에 없을 것이다. 현재 1630만 비트코인이 채굴되어 거래되고 있다. 마지막 비트코인은 2140년까지 채굴될 것이다. 그 이후에는 새로운 비트코인을 채굴할 수 없다. 현재 비트코인 네트워크의 채굴력은 세계 5대 슈퍼컴퓨터를 합친 것보다 300배 이상 강력하다. 방정식을 풀려면 이제 수백 대의 강력한 컴퓨터를 동시에 사용해야 한다.

비트코인의 가격 이력을 미국 달러로 보면 이 암호화의 가치가 2010년 0.0015달러에서 2018년 7월 8436달러로 높아진 것을 보면 놀랄지도 모른다. 인터넷에서 쉽게 비트코인 가격 변동을 볼 수 있다.

블록체인과 AI

분권형 원장 전략의 구현에 AI가 어떻게 도움이 될 수 있는가? AI와 블록체인 간의 주요 차이점을 살펴보자.

AI의 특징은 다음과 같다:

- AI는 인간을 대신하여 교육된 추측을 하는 기계 개념을 말한다.
- 기계가 훈련 데이터 세트를 처리함으로써 학습한다.
- AI는 가장 가능성이 높은 실제의 방향을 향하는 확률론적 방법에 기초한다.
- AI 알고리즘은 분류나 회귀와 같이 특정한 목적에 필수적이다.

블록체인은 특징은 다음과 같다:

- 블록체인은 검증, 영구성, 그리고 더 큰 확실성 및 제어에 관한 것이다.
- 블록체인은 불변의 검증 가능한 원장을 사용한다.
- 기회는 예측 분석을 사용하여 발견된다. 이러한 기회는 거래에 사용되는 것과 유사한 방식으로 블록체인에 의해 검증된다.
- 블록은 사용자의 ID와 해당 거래의 유효성을 확인한다. 이 유효성 확인 과정은 자동으로 수행되며, 체인이 수행하는 범위까지 거슬러 올라가는 감사 추적

이 생성된다.

- 블록체인 알고리즘은 거래를 영구적으로 검증하고 기록하는 수단일 뿐이다.
- 블록체인 데이터는 누가, 언제, 어떤 이유로, 그리고 얼마나 많은 일을 했는지에 대한 정형화된 언급이다.

블록체인은 정확한 기록 유지, 인증, 송금 업무 수행에 신경을 쓰는 반면 AI는 의사결정에 신경을 쓴다. AI는 패턴에 접근하고 이해하려고 노력하여 자율적인 상호작용을 촉진한다.

AI와 블록체인 모두 쉽게 상호작용을 할 수 있는 공통적인 특징을 갖고 있다.

그들이 공유하는 주요 특징들은 다음과 같다:

- **데이터 공유**: 분산형 데이터베이스는 많은 사용자들 간의 데이터 공유를 의미한다. 마찬가지로 AI는 빅데이터와 데이터 공유에 기반을 두고 있다. 따라서 더 많은 데이터가 분석되면 예측과 알고리즘 생성에 있어 AI의 효능이 획기적으로 향상된다.
- **보안**: 높은 가치를 수반하는 블록체인 거래에 있어서는 보안이 중요한 측면이다. 네트워크 보안은 네트워크 프로토콜을 부과함으로써 이루어진다. AI의 경우 정보 처리와 의사결정이 수반되기 때문에 높은 수준의 보안이 매우 중요하다. 그래야 기계에 대한 잘못된 입력을 만들 수 있는 해커들에게 기계가 속아 넘어갈 가능성을 배제할 수 있기 때문이다.
- **신뢰**: 신뢰는 어떤 새로운 첨단 기술도 계속 작동시키는 바퀴다. 블록체인과 AI는 모두 중요한 결정을 내리거나 처리하기 위해 기계 대 기계 간 신뢰가 필요하다. 또한, 이용자들은 서로 신뢰하고 거래 프로세스를 수행하는 기술을 필요로 한다.

블록체인 및 AI 활용 사례

AI와 블록체인 기술을 함께 통합할 수 있는 다양한 활용 사례에 대해 논의해 보자.

데이터의 오픈 마켓

앞서 기술한 바와 같이, AI의 발전을 위해서는 데이터가 필요하고 여러 출처로부터의 데이터가 필요하다. 그러나 페이스북, 구글, 아마존 같은 AI 연구개발을 수행할 수 있는 데이터 소스가 크거나 AI를 프로세스에 적용할 수 있는 대형 업체와 달리, 다른 곳들은 대규모 데이터 소스에 접근할 수 없다.

하지만 블록체인에 피어-투-피어 기술이 포함됨에 따라 대량의 오픈 소스 데이터 소스가 생성되고 분산 등록부를 사용하여 액세스되고 있다. 데이터 특허의 시대는 끝났다.

대규모 데이터 관리 메커니즘

이용 가능한 데이터를 확보하는 것은 단지 한 단계일 뿐이며, 데이터를 관리하는 것은 또 다른 도전이다. 현재 이용 가능한 데이터는 약 1.3제타바이트로 추정되며, 그 수는 여전히 빠르게 증가하고 있다. 인공지능AI 하위 분야인 인공범용지능Artificial General Intelligence, AGI은 독립적 에이전트들이 자신의 환경과 상호작용하는 데 도움이 되는 피드백 제어 시스템을 모델링한다.

분산형 시스템에 데이터를 저장하면 기존의 중앙 스토리지 허브에 비해 몇 가지 이점을 얻을 수 있다. 이 시스템은 자연재해가 발생할 때 매우 유용할 수 있다. 이는 하나의 스토리지 허브가 운영 중단되더라도 분산형 블록체인 시스템이 장애물 없이 또는 사용자가 하나의 데이터 스토리지 허브가 파괴되는 것을 인식하지 않고 계속 작동하도록 보장한다. 분산된 데이터 스토리지는 또한 해킹 당하기가 덜 용이하다.

보다 신뢰할 수 있는 AI 모델링 및 예측

우리 컴퓨터 시스템이 기본으로 하는 원리는 GIGO Garbage In Garbage Out인데, 이는 조작한 데이터를 제공하면 출력물 역시 변조될 가능성이 높다는 것을 의미한다. 때때로 이것은 결과나 산출물을 조작하기 위해 기업들이 의도적으로 행하기도 하지만, 때로는 오작동이나 유사한 상황으로 인해 의도하지 않게 일어날 수도 있다.

모델은 검증된 데이터 세트에서만 생성할 수 있다. 이는 취약점을 탐지하는 데 도움이 되며 문제점 해결의 필요성을 줄이는 데 도움이 된다. 그리고 블록체인에서 데이터는 항상 추적 가능하고 감시할 수 있다.

데이터와 모델의 사용에 대한 통제

우리가 소셜 미디어에 무언가를 게시할 때, 우리는 그 게시물에 대한 권리를 소유한다. 마찬가지로 블록체인에서는 계약을 맺을 때도 같은 거래가 따른다. AI와 데이터 모델에서는 데이터 사용을 제한할 수 있고 액세스 권한을 부여할 수 있다. 블록체인은 네트워크상의 정보공유를 용이하게 할 수 있고, 정보에 접근할 수 있는 허가가 비트코인처럼 암호화폐 플랫폼에서 전송된다.

여기 SingularityNET에 의해 AI 시장으로 알려진 블록체인과 AI가 결합된 실용적 활용 사례가 있다. 이것은 AI 서비스의 분산된 시장을 위한 일련의 스마트 계약을 체결한 프로토콜이다. SingularityNET에 의하면 블록체인 기술은 거래 및 부기 기능으로 인해 SingularityNET 상의 네트워크 거래를 관리하는 데 있어서 이상적인 도구가 된다. 그것은 당신이 토큰과 교환하여 사용할 수 있는 네트워크를 위한 AI 서비스를 추가할 수 있게 해준다. 블록체인 기반의 프레임워크는 서로 그리고 외부 고객과 상호 작용하도록 설계되어야 한다. 다음 도표는 네트워크의 아키텍처를 보여준다.

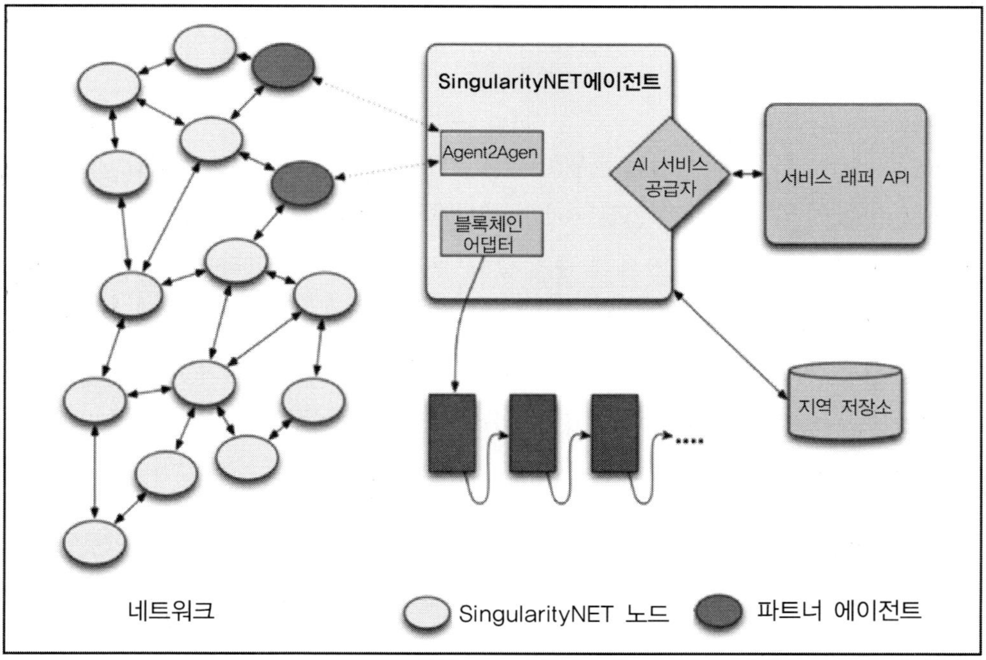

이 프레임워크를 이해하면 이제 데이터 세트의 액세스 권한을 제어할 수 있다. 본질적으로, 이 기술은 프라이버시가 최우선인 산업에서 유용하다. 이 두 가지 기술 모두 인기가 있으며, 이 두 가지 기술의 조합이 큰 이점을 제공한다. 이것으로 우리는 분권형 시스템이 인간의 활동을 더 잘 이해하고 더 나은 모델이 만들어지는 미래를 상상할 수 있다.

알고리즘 거래

암호화폐나 주식의 가격과 같은 어떤 종류의 시장 데이터도 예측할 수 있는 기계학습 모델을 만들 수 있다는 것을 우리는 믿기 어려울지도 모른다. 그러나 이것은 알고리즘 거래를 이용하여 가능하다. 이 용어는 단순히 거래 분야에서 통계 알고리즘을 사용하는 것을 가리킨다.

요즘은 기계학습 모델을 만드는 것이 꽤 쉽다. 케라스나 텐서플로우 같은 라이브러리 덕분에, 점점 더 많은 사람들이 알고리즘 거래에 관여하고 있다는 것을 의미한다. 알고리즘 거래의 영역은 주로 주식이나 상품의 가격을 예측하는 것과 같이 거래 시장과 관련된 여러 결과를 예측하기 위해 배치될 수 있는 통계 및 기계학습 모델을 다룬다. 또한 1년 동안의 강우량이 상품 시장 거래에 어떤 영향을 미칠 수 있는지 등 여러 조건에 근거하여 구체적인 시장의 행동방식을 분석하는 데도 사용할 수 있다. 이 모든 것이 알고리즘 거래에 해당된다.

기계는 엄청난 메모리와 컴퓨팅 파워로 인해 어떤 인간보다 훨씬 더 뛰어난 기록 데이터를 처리할 수 있다. 이것은 어떤 거래의 행위라도 분석하는데 사용될 수 있으며, 이익에 기반한 기회를 최대화하는 데 도움을 줄 수 있다. 컴퓨터 알고리즘은 인간이 간과할 수 있는 매우 미묘한 시장 행동방식에 초점을 맞출 수 있다. 컴퓨터가 주도하는 거래 모델은 유동성 기회를 파악하기 위해 주식시장의 모든 견적과 거래를 분석함으로써 정보를 지능적인 거래 결정으로 바꾼다. 알고리즘은 사전에 작성되기 때문에 필요할 때 자동으로 실행된다. 알고리즘 거래에는 세 가지 주요 이점이 있다:

- **속도**: 이 거래는 여러 지표를 동시에 실행함으로써 1초도 안 되어 이루어진다. 실행이 빠른 속도로 진행되기 때문에, 좋은 가격에 좋은 기회를 얻을 수 있다.
- **정확성**: 알고리즘을 이중 점검하여 주문이 올바르게 이루어졌는지 확인한다.

이것은 잘못된 의사결정을 내리는 인간의 실수를 피할 수 있게 한다. 알고리즘은 또한 모델의 타당성을 확인하기 위해 역시험이라 불리는 과정에서 과거 데이터에 대해 실행될 수 있다. 이를 통해 사용자는 모델에서 발생할 수 있는 결함을 제거할 수 있다.

- **비용 및 시간 절감**: 거래는 알고리즘 자체에 의해 감시되기 때문에, 거래자들은 주식에 대한 후속 조치를 자주 취할 필요가 없다. 이렇게 하면 시간과 비용이 절약되어 다른 기회를 탐색할 수 있다. 게다가, 이 알고리즘 모델들은 24시간 이용 가능하다.

그러나 알고리즘 거래에는 다음과 같은 단점도 있다.

- **높은 변동성**: 알고리즘은 과도한 변동성을 유발하고 유동성을 저해하는 시장 상황의 변화에 반응할 때 매수-매도 스프레드를 확대하거나 거래를 중단할 수 있다.
- **체인 반응**: 글로벌 시장에서의 높은 통합으로 인해, 한 시장의 둔화는 다른 시장과 자산 부류들로 옮겨져 연쇄 반응을 일으킨다. 이것이 미국의 서브프라임 모기지 사태에서 일어난 일이다.
- **잘못된 알고리즘**: 결함이 있는 알고리즘은 오류 거래와 시장 조작의 리스크를 내포하여 매우 짧은 시간 내에 수백만 건의 손실을 야기한다.
- **시장의 불균형**: 몇몇 거래자들이 주문을 실행하는 정교한 기술을 습득할 수 있는 수단을 가지고 있지만, 다른 거래자들은 여전히 수동으로 거래하고 있다. 이로 인해 시장에서 단편화가 일어나 단기 유동성이 생긴다.

따라서 비트코인 가격을 예측할 수 있는 모델을 만드는 것이 가능한가 하는 의문이 남는다. 이 내용은 다음 절에서 살펴보도록 하겠다.

암호화폐 가격 예측

현재, 수백만 명의 사람들을 괴롭히는 세 가지 질문이 있다. 먼저, '왕좌의 게임'이 끝나면 누가 철좌에 앉을 것인가? 둘째, AI가 결국 우리 일자리를 뺏을 것인가? 그리고 셋째, 내일 비트코인 가격은 얼마일까?

첫 번째 질문에 대한 답은 조지 R.R. 마틴만이 대답할 수 있다. 두 번째 답은 '아니오'이다. ―AI는 일자리 날치기가 아니라 지원 도구가 될 것이다. 마지막으로, 마지막 질문에 답하자면, 그렇다, 우리는 심층 신경망을 만들 수 있다. 순환 신경망은 비트코인 가격이나 다른 어떤 암호화폐 가격을 예측하는 데 사용될 수 있다. 시작해 보자!

우리는 LSTM 모델을 활용할 것이다. 이것은 시계열 데이터(또는 영화나 문장과 같이 시간적, 공간적 또는 구조적 질서가 있는 모든 데이터)에 잘 맞는 특정한 유형의 딥러닝 모델이다. 근본적인 이론을 이해하려면 먼저 8장 다중모드 학습을 읽어보기를 권한다.

데이터 세트

이 작업에 사용할 수 있는 데이터 세트의 종류는 다양하다. 어떤 데이터 세트는 분 단위로 변하는 가격을 가지고 있고, 다른 데이터 세트는 일 단위로 변하는 가격을 가지고 있다. 우리는 구현을 위해 일 단위 데이터 세트를 선택할 것이다. 여기서 중요한 것은 수천 개 또는 수백만 개의 행이 아닌 수백 개의 행을 가질 것이기 때문에 우리가 충분한 데이터를 가지고 있지 않을 수 있다는 것이다. 딥러닝에서는 어떤 모델도 심각한 데이터 부족을 극복할 수 없기 때문에, 우리는 웹사이트에서 최신 데이터를 로드할 수 있도록 코드를 설계할 것이며, 데이터는 시간이 지남에 따라 증가할 것이다.

우리는 이 코드를 일반화된 암호화폐 가격 예측 변수로 구현할 것이기 때문에 몇 번의 수정만으로 다른 통화의 가격을 예측할 수 있을 것이다. 우리는 CoinMarketCap이 소유한 데이터 세트를 사용할 것인데, 이 웹사이트는 다양한 암호화폐에 대한 과거 데이터를 호스팅하기 때문이다. 이름만 URL에 입력하면 어떤 통화에 대해서도 데이터를 로드할 수 있다.

우리는 주피터 노트북에서 이 코드를 작성 것이다. 이것은 http://jupyter.org/에서 다운로드할 수 있다. 또는 아나콘다를 사용하여 파이썬 환경을 설치한 경우 아나콘다의 설치 폴더에 있는 스크립트 폴더에서 간단히 찾을 수 있다. 우리는 주피터를 사용하고 있는데 왜냐하면 그것이 데이터를 더 잘 시각화해주기 때문이다. 주피터가 데이터 그대로 시각화하는데 도움을 주기 때문에 우리는 이 과제에서 표로 된 데이터를 다룰 것이다.

먼저 CryptoPricePredictor.ipynb라는 이름의 주피터 노트북 파일을 만들어 보자. 계산에 필요한 패키지를 가져올 것이다.

1. 신경망 생성과 최적화를 위해 텐서플로우 백엔드를 가진 케라스를 사용할 것이다.
2. 데이터 세트와 관련된 작업에 판다스를 사용할 것이다.
3. 줄거리를 만들고 시각화하기 위해 matplotlib를 사용할 것이다.
4. 매트릭스 기반 연산을 위해 NumPy를 사용할 것이다.
5. mpl_toolkits를 사용하여 나중에 코드에서 살펴볼 흥미로운 줄거리를 만들 것이다.

이 모든 것을 다음과 같이 노트북에 가져오자:

```
# Import datetime to operate on dates in the dataset

import datetime
# Time will help us to get the date and time of the current system
import time
# Matplotlib is used to create plots
import matplotlib.pyplot as plt
# Initialize the figure size so that we get large plots
# that can be visualized well
plt.rcParams['figure.figsize'] = [15, 10]
# We will use pandas to load and clean the dataset
import pandas as pd
# Keras will be used to create an LSTM network
# We will be using a Tensorflow backend in Keras
from keras.layers import Activation, Dense
from keras.layers import Dropout
from keras.layers import LSTM
from keras.models import Sequential
# MPL tool kit will help us to create special plots
# we will see their use in the end
from mpl_toolkits.axes_grid1.inset_locator import mark_inset
from mpl_toolkits.axes_grid1.inset_locator import zoomed_inset_axes
# Finally, Numpy for algebraic calculations
import numpy as np
```

여기에 쓰여진 코드가 잘 설명되어 있기 때문에 사용하기 쉬울 것이다. 나는 당신이 스스로 코드 라인을 작성하는 것을 강력히 권장한다. 이것은 당신이 전체 과정의 개념을 이해할 수 있도록 정말 도움이 될 것이다.

이제 CoinMarketCap 웹 사이트에서 데이터 세트를 가져와야 한다. 이것은 다음과 같이 행해진다.

```
# Let's define the URL to pull the data from the website
URL = ["https://coinmarketcap.com/currencies/bitcoin/"+
       "historical-data/?start=20130428&amp;end="+
       time.strftime("%Y%m%d")]
# Here, we pull the data from the web
bitcoin_market_info = pd.read_html(URL[0])[0]
# Convert the date string to the correct date format
bitcoin_market_info = \
bitcoin_market_info.assign(Date=pd.to_datetime(bitcoin_market_info['Date']))
# When Volume is equal to '-', convert it to 0
# otherwise we will get NaN in the dataset
bitcoin_market_info.loc[bitcoin_market_info['Volume']=="-",'Volume']=0
# Convert to int
bitcoin_market_info['Volume'] = \
bitcoin_market_info['Volume'].astype('int64')
# Sometimes, coinmarketcap starts returning asterisks in the column names
# so we need to remove those asterisks if they are present
bitcoin_market_info.columns = \
bitcoin_market_info.columns.str.replace("*", "")
# Look at the first few rows
print(bitcoin_market_info.head())
```

	Date	Open	High	Low	Close	Volume	Market Cap
0	2018-08-07	6958.32	7146.56	6748.24	6753.12	4682800000	119643646094
1	2018-08-06	7062.94	7166.55	6890.54	6951.80	3925900000	121430864537
2	2018-08-05	7031.08	7102.77	6940.70	7068.48	3679110000	120869247490
3	2018-08-04	7438.67	7497.49	6984.07	7032.85	4268390000	127859350021
4	2018-08-03	7562.14	7562.14	7328.65	7434.39	4627150000	129965898111

지금까지 모든 것이 좋아 보인다. 우리는 성공적으로 데이터 세트를 메모리에 로드했다. 데이터 프레임에는 날짜, 해당 날짜의 비트코인 시작가, 해당 날짜에 획득한 최고가 및 최저가, 종가, 수량, 시장 상한 등 7개의 열이 있다. 비트코인 가격 기록을 빠르게 확인해 보라. 이것은 일별 데이터 집합이므로, 7개월마다 다음과 같이 가격 변동을 살펴볼 것이다.

```
# We will add 'bt_' to all the columns
# in case you work with other currencies too
bitcoin_market_info.columns =\
[bitcoin_market_info.columns[0]]+\
['bt_'+i for i in bitcoin_market_info.columns[1:]]
# Let's plot the dataset
fig, (ax1, ax2) = plt.subplots(2,1, gridspec_kw ={'height_ratios':[3, 1]})
# Create labels for x and y axes
ax1.set_ylabel('Closing Price ($)',fontsize=12)
ax2.set_ylabel('Volume ($ bn)',fontsize=12)
ax2.set_yticks([int('%d000000000'%i) for i in range(10)])
ax2.set_yticklabels(range(10))
# Dates as the labels of x-axis
# We will plot the data for the prices at every 7 months.
ax1.set_xticks([datetime.date(i,j,1)
                for i in range(2013,2019) for j in [1,7]])
ax1.set_xticklabels('')
ax2.set_xticks([datetime.date(i,j,1)
                for i in range(2013,2019) for j in [1,7]])
ax2.set_xticklabels([datetime.date(i,j,1).strftime('%b %Y')
for i in range(2013,2019) for j in [1,7]])
ax1.plot(bitcoin_market_info['Date'].astype(datetime.datetime),
        bitcoin_market_info['bt_Open'])
ax2.bar(bitcoin_market_info['Date'].astype(datetime.datetime).values,
       bitcoin_market_info['bt_Volume'].values)
fig.tight_layout()
plt.show()
```

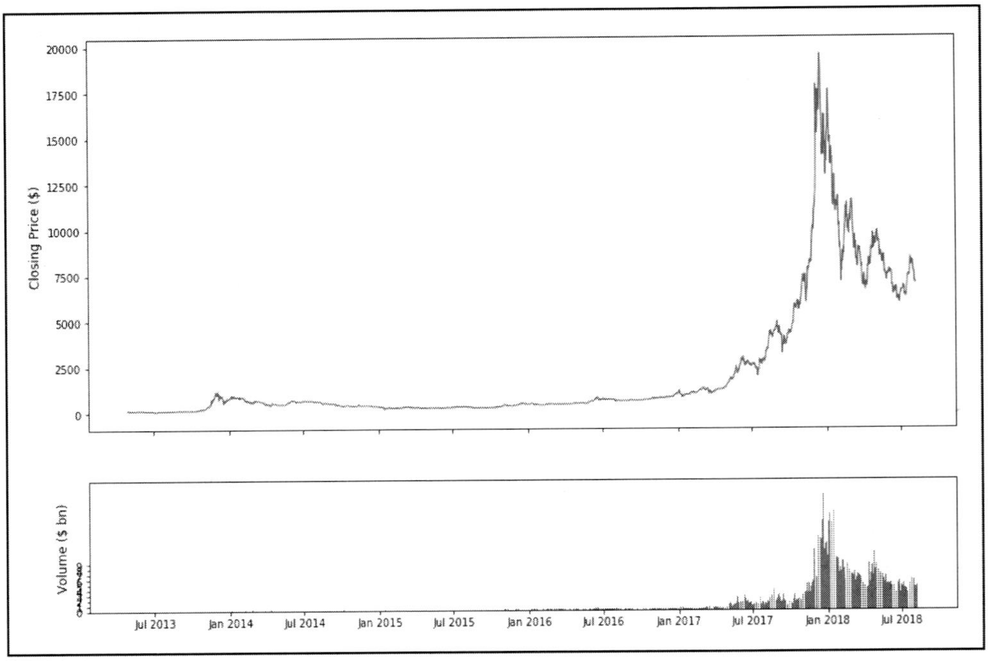

여기서 우리는 두 가지 그림이 있는 것을 볼 수 있다. 첫 번째는 2013년 7월 이후 이 통화의 가격이 어떻게 변했는지를 보여준다. 비트코인 가격은 2018년 1월에 약 19,000 USD로 치솟았고, 이 그래프는 이 통화의 기하급수적인 성장을 보여준다. 두 번째 그림은 2013년 이후 거래된 통화량을 보여준다. 예상했던 대로, 그 두 그림 사이에는 상당한 상관관계가 있다.

보다시피 2016년까지 비트코인 가격에는 큰 변화가 없다. 2016년 1월 전과 후로 데이터 세트를 분할하자. 우리는 또한 주어진 날짜에 비트코인의 종가와 시가의 차이를 알 수 있는 새로운 특징을 만들 것이다. 앞에서 말했듯이, 우리는 이 코드를 일반화된 암호화폐 예측기로 취급할 것이다. 데이터 세트가 여러 개 있는 경우 데이터에서 특정 통화를 선택할 수 있도록 특징에 접두사를 추가하려 한다. 이러한 특징들은 다음과 같이 추가된다.

```
# Let's store our data frame in another variable
market_info = bitcoin_market_info
# Let's get the data from 2016 onwards
market_info = market_info[market_info['Date']>='2016-01-01']
# Here you can define other coins too
# for example Ethereum
```

```
coins = 'bt_'
kwargs = { coins+'day_diff': lambda x: (x[coins+'Close']
                                         -x[coins+'Open'])
         /x[coins+'Open']}
market_info = market_info.assign(**kwargs)
# Let's print the data
market_info.head()
```

우리의 새로운 데이터 프레임은 다음과 같이 보일 것이다.

	Date	bt_Open	bt_High	bt_Low	bt_Close	bt_Volume	bt_Market Cap	bt_day_diff
0	2018-08-07	6958.32	7146.56	6748.24	6753.12	4682800000	119643646094	-0.029490
1	2018-08-06	7062.94	7166.55	6890.54	6951.80	3925900000	121430864537	-0.015736
2	2018-08-05	7031.08	7102.77	6940.70	7068.48	3679110000	120869247490	0.005319
3	2018-08-04	7438.67	7497.49	6984.07	7032.85	4268390000	127859350021	-0.054555
4	2018-08-03	7562.14	7562.14	7328.65	7434.39	4627150000	129965898111	-0.016893

지금까지 모든 것이 좋아 보인다. 지능적인 통화예측기를 구축하려면 몇 가지 훈련과 테스트 샘플을 만들어야 한다. 이것들은 우리가 예측 변수의 성능을 확인하는 데 도움이 될 것이다.

우리는 시계열 데이터 세트를 가지고 작업하고 있는데, 이것은 시간순서로 된 샘플을 가지고 있다는 것을 의미한다. 따라서 타임 스탬프를 변경해서는 안 되며 단순히 임의의 날짜로부터 무작위 샘플을 선택할 수는 없다. 대신 순차적으로 샘플을 뽑아야 한다. 이를 위해 데이터 집합을 분할하는 날짜를 선택하여 해당 날짜 이전의 데이터를 훈련 세트로 사용하고 그 이후의 데이터를 테스트 세트로 사용할 수 있도록 할 것이다.

우리는 2017년 6월 1일을 사용할 것이다. 우리는 훈련용으로 이 날짜 이전의 데이터를, 테스트용으로 이 날짜 이후의 데이터를 선택할 것이다. 이것은 다음과 같이 행해진다.

```
# To create an ML model, we need to have training and test set
# So that we can evaluate the performance of our model
# We will choose prices before June 2017 as training data
# and prices after that as test data.
```

```
# We cannot randomly split the dataset for training and testing
# as this is a time series dataset, so the time position is very important
split_date = '2017-06-01'
# Let's plot the training and testing data together
ax1 = plt.axes()
ax1.set_xticks([datetime.date(i,j,1) for i in range(2013,2019) for j in [1,7]])
ax1.set_xticklabels('')
# Training data
ax1.plot(market_info[market_info['Date'] <
split_date]['Date'].astype(datetime.datetime),
          market_info[market_info['Date'] < split_date]['bt_Close'],
          color='#B08FC7', label='Training')
# Testing data
ax1.plot(market_info[market_info['Date'] >=
split_date]['Date'].astype(datetime.datetime),
          market_info[market_info['Date'] >= split_date]['bt_Close'],
          color='#8FBAC8', label='Test')
ax1.set_xticklabels('')
ax1.set_ylabel('Bitcoin Price ($)',fontsize=12)
# Plot the data
plt.tight_layout()
ax1.legend(bbox_to_anchor=(0.03, 1), loc=2, borderaxespad=0., prop={'size': 14})
plt.show()
```

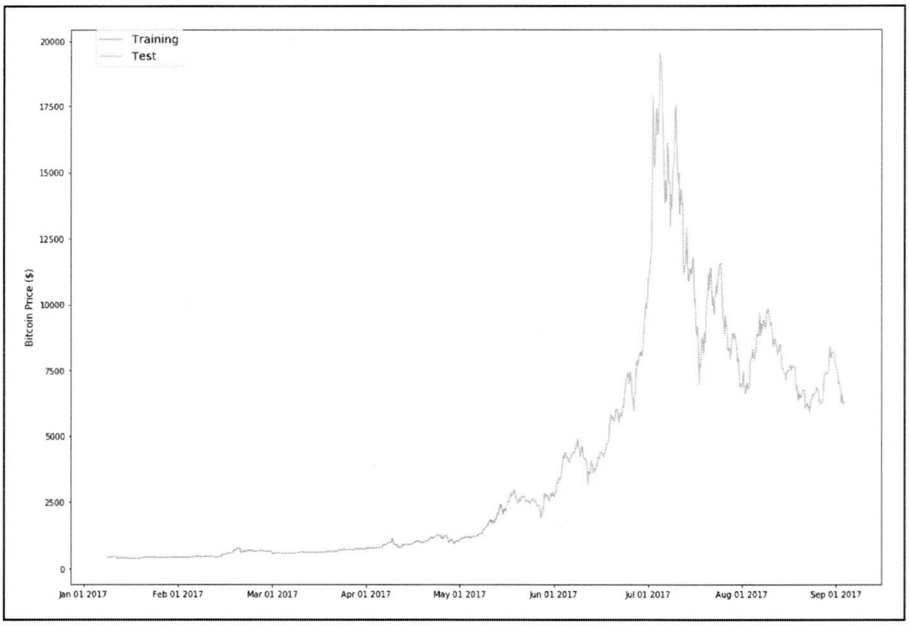

보다시피, 이 분할은 훈련 샘플과 테스트 샘플 간의 큰 차이를 보여준다. 훈련 데이터는 비트코인이 상당히 저렴했을 때의 가격이고 테스트 데이터의 가격은 훨씬 높기 때문이다. 우리 모델이 얼마나 정확하다고 생각하는가?

비트코인 가격 예측을 위한 단순 지연 모델

이를 테스트하기 위해 우리는 우선 매우 단순한 지연 모델을 구축할 것이다. 지연 모델은 시계열 데이터 세트에 적용할 수 있는 회귀 모델이다. 우리가 사용하려는 것과 같은 매우 기본적인 지연 모델에서, 우리는 오늘의 가격을 어제의 가격으로 대체하는 것 만으로 예측할 것이다. 기본 지연 모델의 방정식은 다음과 같다.

$$PredictedPrice_t = ActualPrice_{t-1}$$

지연 모델이 데이터 세트에 미치는 영향을 살펴보자.

```
# We will start with the simplest model
# trivial lag model: P_t = P_(t-1)
# We will try to visualize the effect of the model
# on price prediction
# First, we will create the date axis for the plot
ax1 = plt.axes()
ax1.set_xticks([datetime.date(2017,i+1,1) for i in range(12)])
ax1.set_xticklabels('')
# We will plot the actual data first
ax1.plot(market_info[market_info['Date']>=
split_date]['Date'].astype(datetime.datetime),\
market_info[market_info['Date']>= \
split_date]['bt_Close'].values, label='Actual')
# Now the predicted data
ax1.plot(market_info[market_info['Date']>=\
split_date['Date'].astype(datetime.datetime),\
market_info[market_info['Date']>=\
datetime.datetime.strptime(split_date, '%Y-%m-%d') -\
datetime.timedelta(days=1)]['bt_Close'][1:].values, label='Predicted')
ax1.set_ylabel('Bitcoin Price ($)',fontsize=12)
ax1.legend(bbox_to_anchor=(0.1, 1), loc=2, borderaxespad=0., prop={'size': 14})
```

```
ax1.set_title('Simple Lag Model (Test Set)')
fig.tight_layout()
plt.show()
```

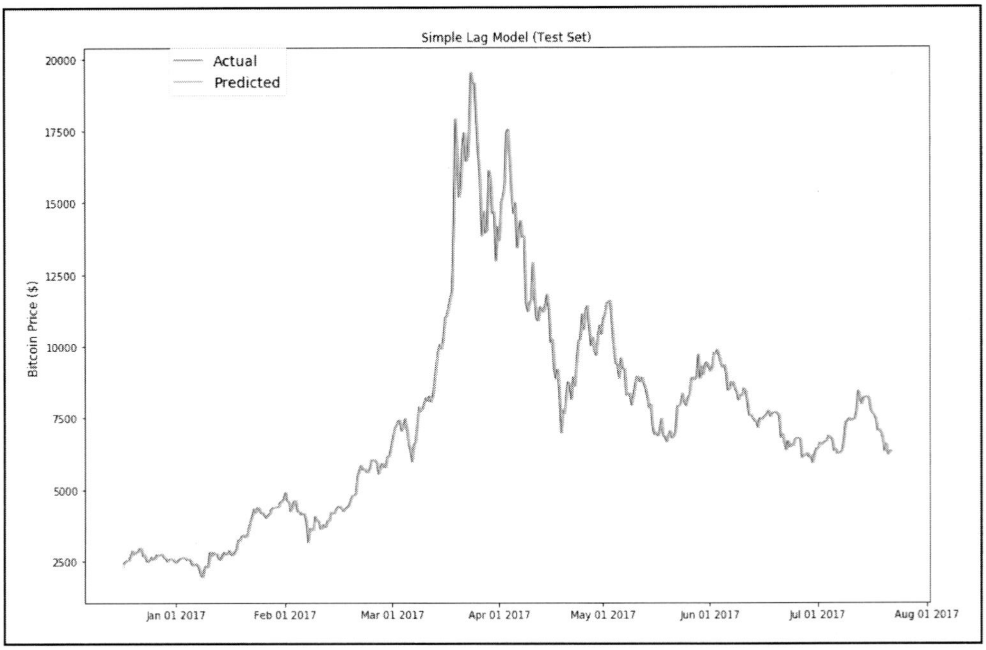

예상했던 대로, 지연 모델은 하루의 지연으로 트레이드를 따르고 있다. 그러나 이 시장은 주식시장과 비슷하게 임의의 변화율로 변한다. 이 경우 기본 지연 모델에 랜덤 오차를 추가함으로써 이 하루 지연을 보완하는 데 도움이 될 수 있다. 이것은 무작위 보행 모델이라고 알려져 있으며, 다음과 같이 보일 것이다.

$$PredictedPrice_t = ActualPrice_{t-1} * e$$

e의 경우 데이터 세트 자체의 평균 및 표준 편차를 사용하여 생성되는 정규 분포의 값을 사용할 것이다.

우리는 다음과 같이 새로운 모델 방정식을 쓸 수 있다.

$$PredictedPrice_t = ActualPrice_{t-1} * e, e\, N(\mu, \sigma)$$

다음 코드 라인을 사용하여 이 새로운 무작위 보행 지연 모델의 출력을 시각화할 수 있다. 우선 가격 이력이 정상적인 분포를 따르고 있는지 아닌지 살펴봐야 한다. 우리는 가격의 히스토그램을 그려 이것을 확인할 수 있다. 이 히스토그램은 100개의 빈으로 생성된다.

```
# Let's plot the histogram of price history
# to check whether the data is following normal distribution
ax1 = plt.axes()
ax1.hist(market_info[market_info['Date']< \
        split_date]['bt_day_diff'].values, bins=100)
ax1.set_title('Bitcoin Daily Price Changes')
plt.show()
```

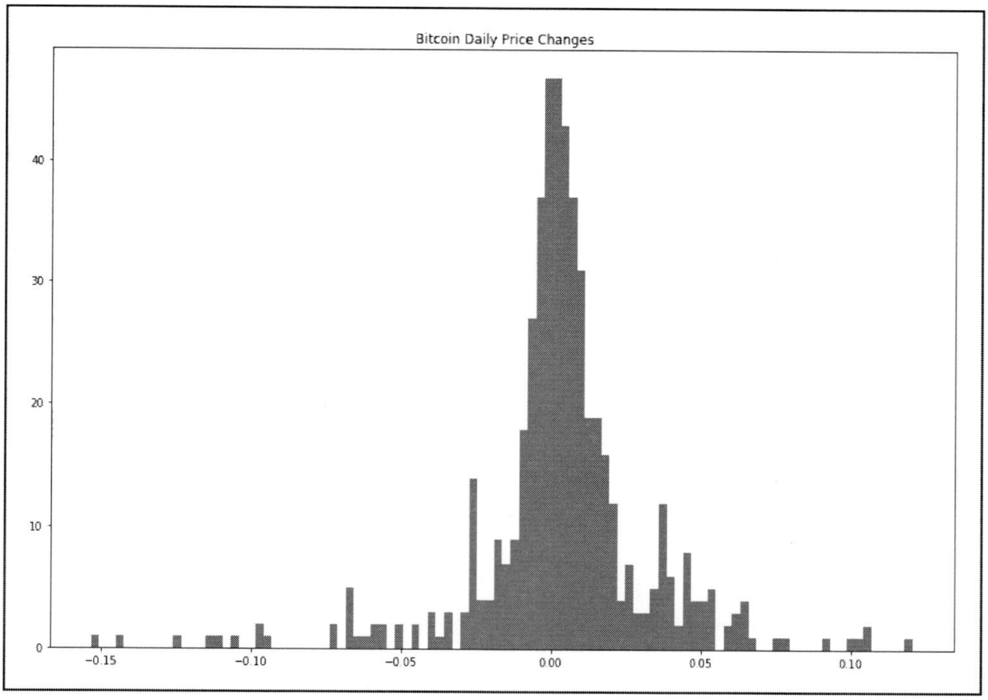

이상적인 정규 분포에 매우 가까운 것으로 보이는데, 이는 장 개시와 장 마감의 가격 차이가 전형적인 가우스 분포를 따르고 있다는 것을 의미한다. 이는 분포의 평균과 표준편차를 사용하여 무작위 보행을 만들 수 있다는 것을 의미한다. 이 무작위 보행을 지연 모델에 추가하여 실제 값에 대한 예측을 플롯해 보자.

```
# Let's plot the result of the random walk model
np.random.seed(50)
# Extract the mean and the standard deviation of the price history
bt_r_walk_mean, bt_r_walk_sd = \
np.mean(market_info[market_info['Date']< \
                      split_date]['bt_day_diff'].values), \
         np.std(market_info[market_info['Date']< \
                              split_date]['bt_day_diff'].values)
# Let's create a normal distribution
# using the mean and the standard deviation
bt_random_steps = \
np.random.normal(bt_r_walk_mean, bt_r_walk_sd,\
    (max(market_info['Date']).to_pydatetime() - \
    datetime.datetime.strptime(split_date, '%Y-%m-%d')).days + 1)
# Create axes
ax1 = plt.axes()
ax1.set_xticklabels([datetime.date(2017,i+1,1).strftime('%b %d %Y')
                       for i in range(12)])
# Plot the actual and predicted data
ax1.plot(market_info[market_info['Date']>= \
            split_date]['Date'].astype(datetime.datetime),
          market_info[market_info['Date']>= \
            split_date]['bt_Close'].values, label='Actual')
ax1.plot(market_info[market_info['Date']>= \
            split_date]['Date'].astype(datetime.datetime),
          market_info[(market_info['Date']+ \
              datetime.timedelta(days=1))>= \
                  split_date]['bt_Close'].values[1:] *
          (1+bt_random_steps), label='Predicted')
ax1.set_title('Single Point Random Walk (Test Set)')
ax1.set_ylabel('Bitcoin Price ($)',fontsize=12)
ax1.legend(bbox_to_anchor=(0.1, 1), loc=2,
            borderaxespad=0., prop={'size': 14})
```

```
plt.tight_layout()
plt.show()
```

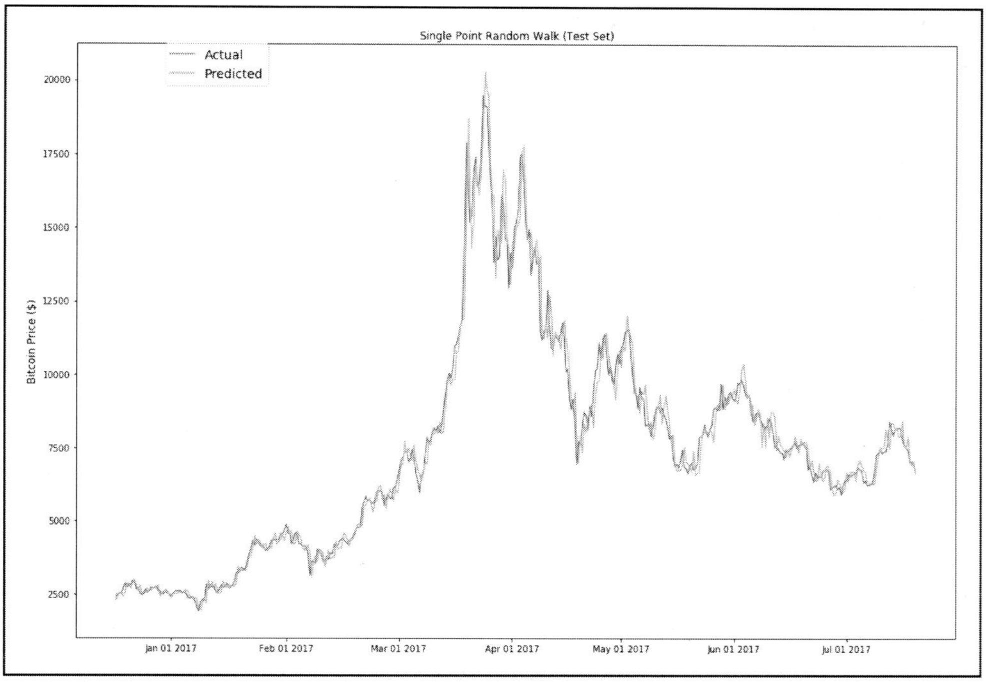

우리 모델이 효과가 있는 것 같다. 그것은 특히 2017년 4월 동안 시세의 하락과 고공행진을 상당히 잘 따르고 있다. 그렇다면, 아주 기본적인 지연 모델이 통화 가격을 예측할 수 있다면, 우리는 왜 복잡한 신경망을 구축할 필요가 있을까 하는 의문이 남는다.

앞의 예는 단일 점 무작위 보행 모델의 전형적인 예다. 전날의 가격을 이용해 하루의 가격을 예측할 수 있다는 뜻이다. 미래의 한 점에 대해서만 예측을 할 수 있는 모델은 종종 오해의 소지가 있을 정도로 정확하다. 오류가 이후의 예측으로 이어지지 않기 때문이다. 오차가 얼마나 큰지 상관없이 모든 점에서 본질적으로 리셋된다. 모델은 실제 가격을 입력 받는다. 비트코인 랜덤워크는 특히 속기 쉬운데, y축의 스케일이 상당히 넓어 예측선이 상당히 부드럽게 나타나기 때문이다.

불행하게도, 단일 점 예측은 시계열 모델을 평가할 때 꽤 흔하다. 더 좋은 아이디어는 다중 점 예측을 사용하여 정확도를 측정하는 것이다. 이렇게 하면 이전 예측의 오류는 리셋되지 않고 그 대신 후속 예측에 의해 규합된다. 그러므로, 잘못된 모델들은 더 무거운 벌칙을 받는다. 수학적 용어로 이것은 다음과 같이 표현할 수 있다.

$$PredictedPrice_t = PredictedPrice_{t-1} * e, e \sim N(\mu, \sigma) \ and \ PredictedPrice_0 = Price_0$$

무작위 보행 모델을 통해 전체 테스트 세트에 대해 종가를 예측해 보자. 우리는 전체 시간 단계에서 우리 모델에 의해 발생한 오류를 고려하여 이것을 할 것이다. 이 작업은 다음과 같이 수행할 수 있다.

```
# Let's create a list for coin prices
bt_random_walk = []
# Here we will create a random walk model
for n_step, bt_step in enumerate(bt_random_steps):
    if n_step==0:
        bt_random_walk.append(market_info[market_info['Date']< \
        split_date]['bt_Close'].values[0] \ * (bt_step+1))
    else:
        bt_random_walk.append(bt_random_walk[n_step-1] * (bt_step+1))
# Create axes
ax1 = plt.axes()
ax1.set_xticklabels([datetime.date(2017,i+1,1).strftime('%b %d %Y')\
                      for i in range(12)])
# Plot the actual and predicted data
ax1.plot(market_info[market_info['Date']>= \
                      split_date]['Date'].astype(datetime.datetime),
         market_info[market_info['Date']>= \
                      split_date]['bt_Close'].values, label='Actual')
ax1.plot(market_info[market_info['Date']>= \
                      split_date]['Date'].astype(datetime.datetime),
         bt_random_walk[::-1], label='Predicted')
ax1.set_title('Full Interval Random Walk')
ax1.set_ylabel('Bitcoin Price ($)',fontsize=12)
ax1.legend(bbox_to_anchor=(0.1, 1), loc=2, \
           borderaxespad=0., prop={'size': 14})
plt.tight_layout()
plt.show()
```

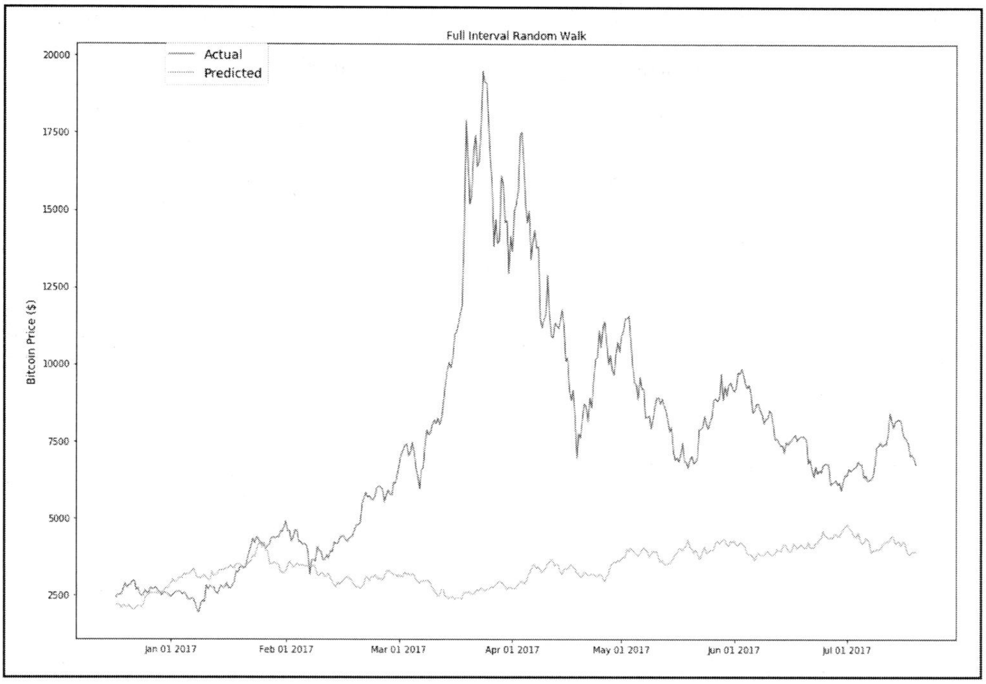

그래프에서 볼 수 있듯이, 우리의 예측은 완전히 무작위적이며 우리가 난수 생성기에 대해 선택한 시드 값에 전적으로 의존한다. 이는 예측 기준에 대해 단일 점을 사용하여 출력을 예측하는 모델에 의존해서는 안 된다는 것을 의미한다.

그렇다면, 다음 가격점을 예측하기 위해 어떻게 복수의 포인트를 선택할 수 있을까? 순차적인 데이터 집합을 가지고 있기 때문에, 우리는 신경망을 이용할 수 있다. 다중모드 학습에 관한 장에서 순차 데이터 예측을 살펴보았다. 거기서 텍스트 생성을 위하여 **순환 신경망**RNN을 사용했는데, 텍스트 데이터를 숫자 데이터로 변환하기 위해 단어 임베딩을 사용하였다. 여기서 우리가 수치 데이터를 가지고 있기 때문에, 이 네트워크는 가격 예측에도 사용될 수 있다. 우리는 8장에서 논의된 LSTM 네트워크를 구현할 것이다. 계속하기 전에 해당 장을 살펴보라.

비트코인 가격 예측용 LSTM

우리가 알고 있는 것처럼 메모리 요소가 들어 있는 RNN의 일종으로 순차 데이터를 학습할 수 있다. 순차 데이터를 학습할 수 있기 때문에, LSTM은 단어 예측이나 텍스트 요약과 같은 텍스트 관련 애플리케이션에 가장 적합하다. LSTM은 또한 비전 분석과 비디오 스트림에도 사용될 수 있다. 그것은 비디오를 요약하는 장면을 선택할 수도 있다. 이 기술은 IBM 왓슨이 영화 예고편을 만들기 위해 사용하였다.

우리의 과제를 위한 신경망을 만들기 전에 데이터 세트를 일부 변경해야 하는데, 가격 예측 네트워크에 상당히 도움이 될 것이다.

데이터 전처리

우리는 다음과 같이 변경할 것이다.

- LSTM은 입력으로 순차 데이터를 요구하므로 이 작업을 위해 데이터를 사전에 처리해야 한다. 우리는 이미 순차적인 데이터 세트를 가지고 있기는 하다. 하지만 데이터 프레임을 보면, 우리의 데이터는 가장 최근의 데이터에서부터 가장 오래된 데이터의 순서로 되어 있다는 것을 알 수 있는데, 그 반대 순서가 되어야 한다.
- 우리는 분류기를 일반화된 것으로 만들기를 원하기 때문에, 표본에 대하여 사용자 정의 열 이름을 새로 만들 것이다. 이렇게 하면 여러 통화로 동시에 작업할 때 원하는 화폐를 쉽게 고를 수 있게 된다.
- 데이터 집합이 정렬된 후에는 별로 도움이 되지 않을 것이므로 날짜 열을 삭제하겠다.
- 우리는 `'open'`, `'high'`, `'lows'`, `'market_cap'`, `'day_difference'` 열을 없앨 것이다. 그리고 해당 날짜의 종가와 고가의 차이를 나타내는 `'close_off_high'` 열을 추가할 것이다. 이 숫자를 −1에서 1 사이의 값으로 정규화할 것인데, 여기서 −1은 종가가 일일 최저가와 같다는 것을 의미하고, 1은 종가가 일일 최고가와 같았음을 의미한다. 또 고가와 저가의 차이를 시작가로 나눈 `'volatility'` 열을 추가하기로 했다.
- 우리는 앞의 지연 모델과 달리, 예측하기 위해 여러 개의 입력 지점을 선택할 것이다. 이를 위해 여러 개의 입력 샘플로 구성된 여러 개의 입력 샘플 블록을 만들어야 한다.

딥러닝 모델들은 마구 변하는 입력들을 좋아하지 않는다. 이 열을 보면, 어떤 값들은 −1

에서 1 사이인 반면, 다른 값들은 수백만의 스케일에 달한다. 우리의 입력이 어느 정도 일치하도록 자료를 정규화시킬 필요가 있다. 일반적으로 −1과 +1 사이의 값을 원한다. 'off_high'와 'volatility' 열은 그대로 괜찮다. 나머지 열은 윈도우의 첫 번째 값으로 입력을 정규화할 것이다. 데이터 세트를 사전 처리하는 것으로부터 구현을 시작하자.

코드에 다음 줄을 추가하여 방금 설명한 내용대로 변경하자.

```
# Here we will edit the data frame contents
# we will add 'close_off_high' and 'volatility' columns here
coins = 'bt_'
kwargs = { coins+'close_off_high': lambda x: 2*(x[coins+'High']- \
                x[coins+'Close'])/(x[coins+'High']-x[coins+'Low'])-1,
          coins+'volatility': lambda x: (x[coins+'High']-\
                x[coins+'Low'])/(x[coins+'Open'])}
market_info = market_info.assign(**kwargs)
# As the original data frame consists of dates in descending order,
# we need to reverse the order
model_data = market_info[['Date']+\
            [coins+metric for metric in \
             ['Close','Volume','close_off_high','volatility']]]
# Here the sorting takes place
model_data = model_data.sort_values(by='Date')
print(model_data.head())
```

앞의 코드 라인을 실행한 후 다음 출력을 얻는다.

	Date	bt_Close	bt_Volume	bt_close_off_high	bt_volatility
949	2016-01-01	434.33	36278900	-0.560137	0.020268
948	2016-01-02	433.44	30096600	0.250597	0.009641
947	2016-01-03	430.01	39633800	-0.173865	0.020827
946	2016-01-04	433.09	38477500	-0.474265	0.012649
945	2016-01-05	431.96	34522600	-0.013333	0.010391

우리의 LSTM 모델은 이전 데이터를 사용하여 특정 통화의 다음날 종가를 예측할 것이다. 우리는 며칠 전의 데이터까지 접근할 지를 결정해야 한다. 우리는 다소 자의적임에도 불구하고 멋진 단위 수인 10일을 택할 것이다. 우리는 윈도우라고 불리는 10일의 연속된 데이터로 구성된 작은 데이터 프레임을 만들어야 한다. 첫 번째 윈도우는 훈련 세트의 0-9번째 행(파이썬은 인덱스는 0부터)을 포함하고, 두 번째 창 윈도우는 1-10 행을 가진다. 작은 윈도우 크기를 고르는 것은 우리가 모델에 더 많은 윈도우들을 제공할 수 있다는 것을 의미한다. 단점은 복잡한 장기적 행동들이 존재한다면 모델이 그러한 행동을 감지하기에 충분한 정보를 가지고 있지 않을 수 있다는 것이다.

데이터에서 `'Date'` 열을 삭제하고 각 블록에 10개의 샘플로 샘플 블록을 생성하자.

```
# Now we don't need the date columns anymore
# we will drop them and create a training and test dataset
training_set, test_set = model_data[model_data['Date']<split_date]\
, model_data[model_data['Date']>=split_date]
training_set = training_set.drop('Date', 1)
test_set = test_set.drop('Date', 1)
# We need to create samples for the input to the LSTM network
# we will create a set of 10 instances as a sample for the LSTM
window_len = 10
coin = 'bt_'
norm_cols = [coin+metric for metric in ['Close','Volume']]
# Let's create the LSTM training data here
LSTM_training_inputs = []
# We will create multiple samples of a defined size (10 in our case)
for i in range(len(training_set)-window_len):
    temp_set = training_set[i:(i+window_len)].copy()
    for col in norm_cols:
        temp_set.loc[:, col] = temp_set[col]/temp_set[col].iloc[0] - 1
    LSTM_training_inputs.append(temp_set)
# The model output is the next price normalized to the 10th previous
closing price
LSTM_training_outputs = (training_set['bt_Close'][window_len:].values\
                        /training_set['bt_Close'][:-window_len].values)-1
# One sample looks as follows
print(LSTM_training_inputs[0])
```

앞의 코드를 실행한 후 다음 결과를 얻을 것이다.

	bt_Close	bt_Volume	bt_close_off_high	bt_volatility
949	0.000000	0.000000	-0.560137	0.020268
948	-0.002049	-0.170410	0.250597	0.009641
947	-0.009946	0.092475	-0.173865	0.020827
946	-0.002855	0.060603	-0.474265	0.012649
945	-0.005457	-0.048411	-0.013333	0.010391
944	-0.012019	-0.061645	-0.003623	0.012782
943	0.054613	1.413585	-0.951499	0.069045
942	0.043515	0.570968	0.294196	0.032762
941	0.030576	-0.110282	0.814194	0.017094
940	0.031451	-0.007801	-0.919598	0.017758

여기서 볼 수 있듯이, 각 샘플 블록에는 10개의 샘플이 있다. 우리는 `'Close'`와 `'Volume'` 열의 값을 0에서 1 사이로 정규화했다.

우리는 테스트 데이터를 생성하기 위해 유사한 단계를 따를 것이다. 이렇게 하면 데이터 세트의 성능을 평가하는 데 도움이 된다.

```
# To check the model performance, we need to create
# a test set similar to the way in which we created the training set.
LSTM_test_inputs = []
for i in range(len(test_set)-window_len):
    temp_set = test_set[i:(i+window_len)].copy()
    for col in norm_cols:
        temp_set.loc[:, col] = temp_set[col]/temp_set[col].iloc[0] - 1
LSTM_test_inputs.append(temp_set)
# Similarly for test outputs
LSTM_test_outputs = (test_set['bt_Close'][window_len:].values\
                    /test_set['bt_Close'][:-window_len].values)-1
```

우리는 LSTM 네트워크를 만들기 위해 백엔드에 텐서플로우가 있는 케라스를 사용할 것이다. 이는 입력으로 Numpy 배열과 잘 작동하므로 다음과 같이 훈련 및 테스트 데이터를 NumPy 배열로 변환할 것이다.

```
# I find it easier to work with numpy arrays rather than pandas dataframes
# especially as we now only have numerical data
LSTM_training_inputs = [np.array(LSTM_training_input) for
LSTM_training_input in LSTM_training_inputs]
LSTM_training_inputs = np.array(LSTM_training_inputs)
LSTM_test_inputs = [np.array(LSTM_test_inputs) for LSTM_test_inputs in
LSTM_test_inputs]LSTM_test_inputs = np.array(LSTM_test_inputs)
```

이제 네트워크를 구축할 준비가 되었다.

LSTM 분류기 구축

우리는 하나의 LSTM 층과 하나의 밀집 층을 가진 매우 단순한 LSTM 네트워크를 만들 것이다. 모델의 구성은 다음과 같다.

앞의 도표에서 볼 수 있듯이, 이 구조는 다음과 같은 특징으로 구성되어 있다.

- 10 × 4의 2차원 입력 샘플을 가진 입력 계층
- LSTM 층에 25% 확률로 드롭아웃
- 1,024개의 뉴런을 갖는 하나의 은닉 LSTM 층

단 하루의 가격을 예측하고 있기 때문에, 우리는 선형 활성층이 있는 하나의 뉴런으로 구성된 출력 밀집층을 선택할 것이다. 만약 우리가 하루 이상 예측을 원한다면, 우리는 출력 라벨뿐만 아니라 출력 계층의 뉴런의 수를 바꿀 필요가 있다.

다음과 같이 네트워크를 생성하자.

```
# Its now time to create our LSTM model
# We will write a method as follows
def build_model(inputs, output_size, neurons,
                activ_func="linear",
                dropout=0.25,weights_path=None):
    # Start by creating a sequential model object
    model = Sequential()
    # Create a LSTM layer with a defined size
    model.add(LSTM(neurons, input_shape=(inputs.shape[1], inputs.shape[2])))
    # Add some dropout to prevent overfitting of the model
    model.add(Dropout(dropout))
    # Add a dense layer with linear activation
    model.add(Dense(units=output_size))
    model.add(Activation(activ_func))
    # If you have already trained weights, it can load them
    if weights_path is not None:
        model.load_weights(weights_path)
    # Return the compiled model for training
    return model
```

우리의 네트워크는 이제 훈련을 시작할 준비가 되었다.

LSTM 분류기 훈련

우리는 다음의 구성으로 분류기를 훈련할 것이다.

- 32개의 샘플 블록의 입력 배치 크기를 사용할 것인데, 따라서 각 배치의 크기는 32 × 10 × 4가 될 것이다.
- 손실 함수로 **평균 절대 오차**MAE가 사용된다. 우리의 네트워크는 이 손실을 최소화하기 위해 노력할 것이다.
- ADAMADAptive Momentum을 이용한 확률적 경사 하강 알고리즘을 가중치 훈련을 위한 최적화기로 사용할 것이다.
- 우리는 50에포크 동안 우리의 모델을 훈련시킬 것이다.

모델을 신속하게 구성하고 훈련을 시작하자.

```
# random seed for reproducibility
np.random.seed(202)
# Initialize model architecture
bt_model = build_model(LSTM_training_inputs,
                       output_size=1,
                       neurons = 1024)
# We will train our model using SGD with ADAM optimizer
loss="mae"
optimizer="adam"
bt_model.compile(loss=loss, optimizer=optimizer)
# Train model on data
bt_history = bt_model.fit(LSTM_training_inputs, LSTM_training_outputs,
                          epochs=50, batch_size=32, verbose=2,
                          shuffle=True)
# After training, save the model on disk
bt_model.save('BitcoinPrediction.h5')
```

각 에포크에서 손실 이력을 그려보고 어떤 일이 일어나는지 살펴보자.

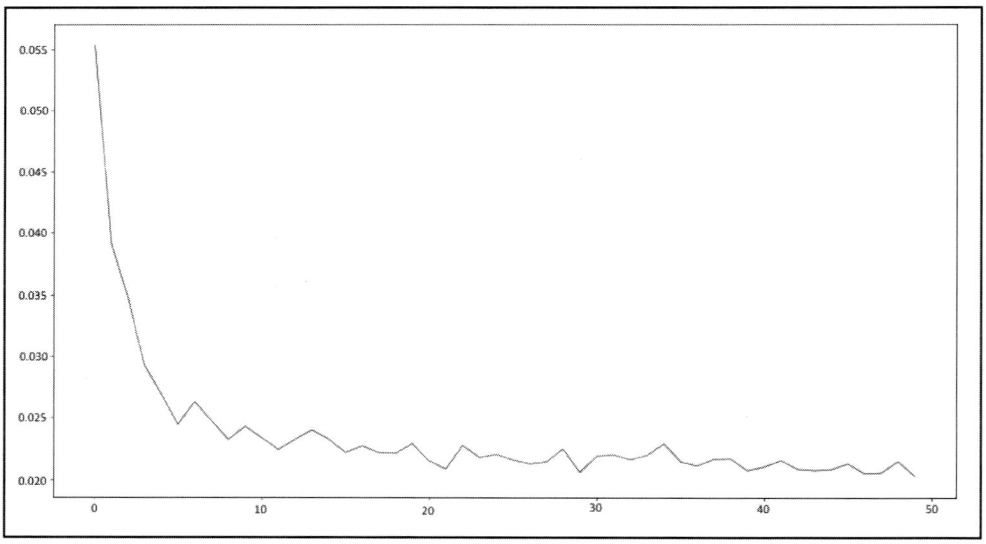

앞의 도표는 각 에포크에서 손실이 감소하고 있어 우리의 모델이 데이터를 매우 잘 배우고 있음을 보여준다. 우리 모델의 성능을 평가하기 위해서는 시험 데이터뿐만 아니라 훈련에서도 실행해서 높은 편향과 높은 분산과 같은 상이한 절충에 대한 아이디어를 얻

을 수 있어야 한다.

디스크에서 모델을 로드하고 두 데이터 세트에서 모두 테스트해 보자. 우리는 시각화를 사용하여 차이를 평가할 것인데, 모형의 예측과 실제 값의 차이를 보기 위해 윈도우를 줌할 수 있는 특별한 그림을 만들 것이다.

우리는 이런 종류의 시각화를 위해 mpl_toolkits를 사용할 것이다. 이것은 우리가 흥미로운 플롯을 만들 수 있게 해준다.

다음 코드 라인을 사용하여 모델을 로드하고 훈련 데이터에 대한 플롯을 작성해 보자.

```
# Visualize the model performance by plotting the actual and predicted
# values
# We will plot the values over a small window
# It will be quite interesting and new
# We will the plot and grab axis
fig, ax1 = plt.subplots(1,1)
# Create the axes for the plot
ax1.set_xticks([datetime.date(i,j,1)\
                for i in range(2013,2019) for j in [1,5,9]])
ax1.set_xticklabels([datetime.date(i,j,1).strftime('%b %Y') \
                     for i in range(2013,2019) for j in [1,5,9]])
# Let's plot the actual data
ax1.plot(model_data[model_data['Date']< \
         split_date]['Date'][window_len:].astype(datetime.datetime),
         training_set['bt_Close'][window_len:], label='Actual')
# Plot the predicted data
ax1.plot(model_data[model_data['Date']<\
         split_date]['Date'][window_len:].astype(datetime.datetime),
         ((np.transpose(bt_model.predict(LSTM_training_inputs))+1) *\
           training_set['bt_Close'].values[:-window_len])[0],
         label='Predicted')
# Set titles for the plot
ax1.set_title('Training Set: Single Timepoint Prediction')
# Set a label for y-axis
ax1.set_ylabel('Bitcoin Price ($)',fontsize=12)
```

앞의 코드는 실제 값 대 예측 값에 대한 그림을 만든다. 다음 행에서는 분류기의 실제 값과 예측 값 사이의 평균 절대 오차를 계산한다.

```
# Plot the mean absolute error for the defined window size
ax1.annotate('MAE: %.4f'%np.mean(np.abs((np.transpose\
                        (bt_model.predict(LSTM_training_inputs))+1)-
            (training_set['bt_Close'].values[window_len:])/\
            (training_set['bt_Close'].values[:-window_len]))),
             xy=(0.75, 0.9), xycoords='axes fraction',
            xytext=(0.75, 0.9), textcoords='axes fraction')
ax1.legend(bbox_to_anchor=(0.1, 1), loc=2,
           borderaxespad=0., prop={'size': 14})
```

이제 그림 위로 줌가능 윈도우를 만들어 특정 값들의 집합의 줌인된 버전을 보여주게 할 것이다. 여기서 예측 값뿐만 아니라 실제 값 위에 이 윈도우을 만들어야 한다. 다음 코드 라인을 사용하여 이 작업을 수행하자.

```
# Here is the interesting part
# We will create a zoomed-in window for a small section of the price history
# to check how well our model fits on the training data
# zoom-factor: 2.52, location: center
axins = zoomed_inset_axes(ax1, 2.52, loc=10, bbox_to_anchor=(400, 307))
axins.set_xticks([datetime.date(i,j,1)\
                  for i in range(2013,2019) for j in [1,5,9]])
# Plot the actual data in the zoomed window
axins.plot(model_data[model_data['Date']< \
             split_date]['Date'][window_len:].astype(datetime.datetime),
         training_set['bt_Close'][window_len:], label='Actual')
# Plot the predicted data in the zoomed window
axins.plot(model_data[model_data['Date']< \
        split_date]['Date'][window_len:].astype(datetime.datetime),
         ((np.transpose(bt_model.predict(LSTM_training_inputs))+1) *\
           training_set['bt_Close'].values[:-window_len])[0],
         label='Predicted')
# Set axes values
axins.set_xlim([datetime.date(2017, 2, 15),
                datetime.date(2017, 5, 1)])
axins.set_ylim([920, 1400])
axins.set_xticklabels('')
mark_inset(ax1, axins, loc1=1, loc2=3, fc="none", ec="0.5")
plt.show()
```

앞의 코드를 실행한 후 다음과 같은 출력을 얻는다.

우리 모델은 데이터 세트에 상당히 적합하다. 훈련 데이터의 출력은 우리의 단순한 지연 모델과 비슷해 보이지만, 우리가 단일 점 기반 예측으로 작업하고 있지 않다는 것을 명심하라. 따라서 이것은 보다 일반화되고 신뢰할 수 있는 예측 변수다. 또한 0.0197의 평균 절대 오차를 얻고 있는데, 이것은 매우 낮다. 테스트 데이터에 대한 결과를 플롯하고 내일 비트코인 종가 예측이 가능한지 살펴보자.

```
# Plot results on the test data
fig, ax1 = plt.subplots(1,1)
# Set axes properties
ax1.set_xticks([datetime.date(2017,i+1,1) for i in range(12)])
ax1.set_xticklabels([datetime.date(2017,i+1,1).strftime('%b %d %Y')\
                     for i in range(12)])
# Create a plot of the actual values for the defined time period
ax1.plot(model_data[model_data['Date']>= \
                    split_date]['Date'][10:].astype(datetime.datetime),
         test_set['bt_Close'][window_len:], label='Actual')
# Load and test the model on the test data and create a plot
```

```
ax1.plot(model_data[model_data['Date']>=\
                    split_date]['Date'][10:].astype(datetime.datetime),
         ((np.transpose(bt_model.predict(LSTM_test_inputs))+1) *\
           test_set['bt_Close'].values[:-window_len])[0],
         label='Predicted')
# Calculate the mean absolute error and plot it
ax1.annotate('MAE:
%.4f'%np.mean(np.abs((np.transpose(bt_model.predict(LSTM_test_inputs))\
+1)-(test_set['bt_Close'].values[window_len:])/\
                                        (test_set['bt_Close'].values[:-
window_len])))),
              xy=(0.75, 0.9), xycoords='axes fraction',
              xytext=(0.75, 0.9), textcoords='axes fraction')
ax1.set_title('Test Set: Single Timepoint Prediction',fontsize=13)
ax1.set_ylabel('Bitcoin Price ($)',fontsize=12)
ax1.legend(bbox_to_anchor=(0.1, 1), loc=2, borderaxespad=0., prop={'size': 14})
# Plot the results
plt.show()
```

앞의 코드를 실행한 후 다음과 같은 출력을 얻는다.

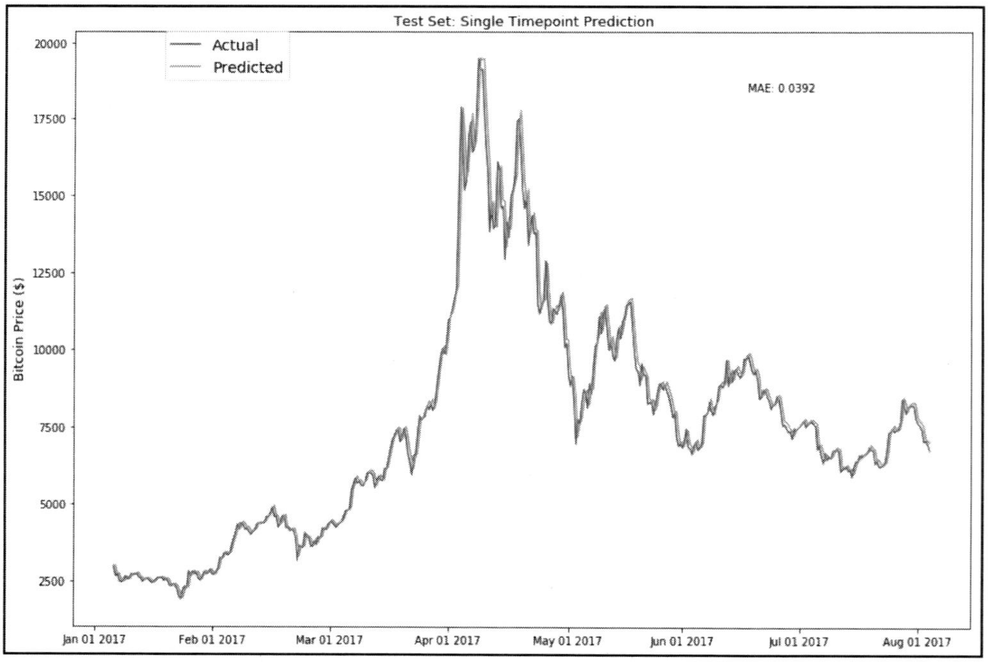

매일 비트코인 종가를 예측할 수 있는 괜찮은 분류기를 확보한 것으로 보인다. 우리는 이 모델을 하루 이상 연장하여 예측치를 산출할 수 있고, 다른 통화의 가격을 예측하는 것으로 조정할 수도 있다.

사기 탐지

이 책의 이 부분을 쓰는 동안 나는 은행에서 전화를 받았다. 그들은 내가 유청 여덟 병을 주문한 사람인가 하고 확인하고 있었다. 나는 얼른 아니라고 말하고, 왜 그렇게 생각하냐고 물었다. 그들은 잠재적으로 악의적인 거래에 표시를 하고, 고객이 구매를 인증하도록 요구하는 통지 시스템을 갖추고 있다고 나에게 알려주었다. 나는 은행에 거래 거부를 요청했고 내 돈이 나가지 않게 해준 것에 대해 감사했다. 이로 인해 나는 이 시스템이 은행과 고객 모두에게 얼마나 도움이 되는지 생각하게 되었다.

앞서 언급한 것과 같은 프로그램들은 이상 징후 탐지 프로그램으로 알려져 있다. 이들은 고객의 은행 이력을 이용하여 특이한 거래를 식별하는 것을 목표로 한다. 다른 예를 생각해 보자. 식료품, 연료, 옷 등 평소 쇼핑할 때 신용카드를 사용했다고 가정해 보자. 이 모든 거래들은 은행의 데이터 세트에 디지털로 저장된다. 누군가가 당신의 신용카드 세부사항을 손에 넣고 그것을 고가의 상품들을 사는 데 사용한다고 상상해 보라. 이러한 거래는 당신의 거래 기록에 따라 동일한 종류의 거래로 간주되지 않기 때문에 잠재적으로 악의적인 것으로 플래그가 지정될 것이다. 이를 위해 프로그램을 어떻게 만들 수 있는지 살펴보자.

오토인코더를 이용한 신용카드 부정행위 적발

이 절에서는 신용카드에 의한 비정상적인 거래를 식별하기 위해 노력할 것이다. 우리는 이 작업에 새로운 종류의 알고리즘인 오토인코더를 사용할 것이다. 우리는 텐서플로우 백엔드를 가진 케라스를 이용한 AE를 구현할 것이다. 이 구현을 진행하기 전에 AE에 대해 간략하게 논의해 보자.

오토인코더(AE)

AE는 또 다른 종류의 신경망이다. **인공신경망**ANN에서 사용했던 것처럼 역전파back-propagation을 이용한 확률적 경사 하강과 같은 비슷한 종류의 최적화 알고리즘을 이용하여 이들을 훈련시킬 필요가 있다.

만약 그것들이 단지 다른 종류의 ANN이라면, 왜 우리는 그들을 AE라고 부르는가? AE의 출력이 그것을 일반적인 신경망과 다르게 만드는 것이다. 간단히 말해서, AE는 훈련을 받은 것과 거의 같은 입력 정보를 얻으려고 노력한다. 아이덴티티 함수를 배우려고 한다는 뜻이다. 따라서 AE의 출력은 훈련된 입력과 유사하다. 이는 다음 다이어그램에서 확인할 수 있다.

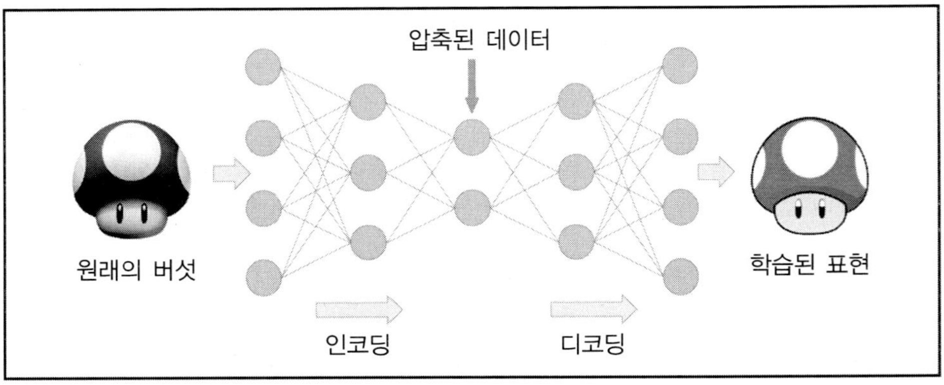

AE는 입력 표현을 여러 클래스로 분류하는 대신에 그것을 재구성하기 위해 배운다. 즉, AE의 출력은 회귀 분류기처럼 연속적이 될 것이다.

AE는 두 부분으로 나뉜다. 한 부분은 데이터 차원이 감소된 압축된 형태로 데이터를 인코딩하는 역할을 한다. 다른 부분은 압축된 정보를 원래의 형태로 복호화하는 역할을 한다.

즉, AE는 압축 및 압축 해제 함수가 다음과 같은 특성을 갖는 데이터 압축 알고리즘이다.

- **데이터별**: AE는 훈련을 받은 데이터와 유사한 데이터만 압축할 수 있다. 사람의 얼굴을 훈련시킨 AE는 현대식 건물의 이미지에는 잘 수행되지 않을 것이다. 이것은 AE와 MP3와 같은 압축 알고리즘의 차이를 보여준다. MP3와 같은 압축 알고리즘은 일반적인 소리에 대한 가정을 가지고 있지만 특정 유형의 소

리에 대해서는 그렇지 않다.

- **손실**: JPEG 또는 MP3 파일에서 볼 수 있는 것과 같이 압축된 출력이 원래 입력에 비해 저하됨을 의미한다.
- **예시로부터 자동으로 학습**: 적절한 훈련 데이터를 가지고 있다면, 특정 유형의 입력에서 잘 수행될 알고리즘의 전문화된 인스턴스를 훈련하는 것이 쉽다. 그것은 어떤 새로운 공학을 필요로 하지 않는다.
- **잡음제거**: 데이터에서 소음을 제거하기 위해 AE를 사용할 수 있다.

그것들은 또한 이미지를 매끄럽게 하는데 사용될 수 있다. 또한 오토인코더라는 용어가 사용되는 거의 모든 맥락에서 압축과 압축해제 함수는 신경망으로 구현된다.

우리는 이상 징후 탐지 작업에 AE를 사용할 것이다.

AE를 이용한 이상 징후 탐지

AE가 이상 징후 검출에 어떻게 사용될 수 있는지 살펴보자. AE는 입력 표현을 상당히 잘 배울 수 있기 때문에, 우리는 균일 데이터와 이상 징후 사이의 구별의 척도로서 실제와 재구성된 출력의 차이, 또는 AE에 의해 발생한 오차를 이용할 수 있다. 만약 재구성이 완벽하다면, 그것은 우리의 AE가 데이터를 매우 잘 알고 있다는 것을 의미하기 때문에 오차가 적을 것이다. 그러나 재구성이 매우 좋지 않다면, 그것은 AE가 이전에 데이터를 본 적이 없기 때문에 오차가 클 것이고 그 데이터는 변칙적인 것으로 분류될 수 있다는 것을 의미한다. 다음 다이어그램은 낮은 재구성 오류가 있는 훈련 데이터를 보여준다.

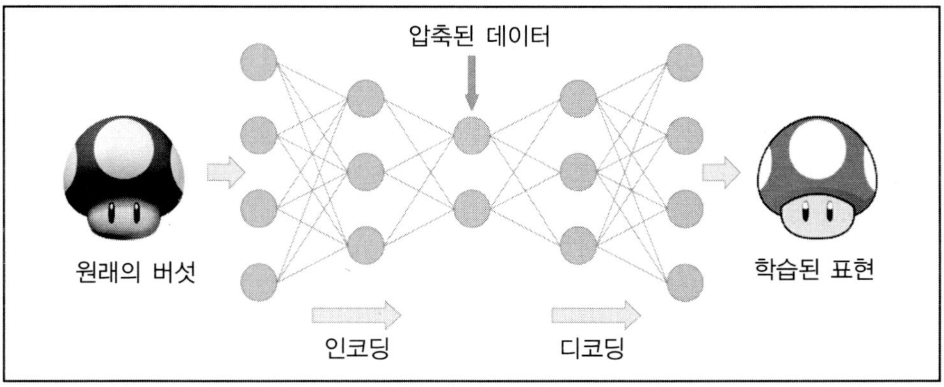

다음 이미지는 높은 재구성 오류를 나타내는 비정상적인 데이터를 포함하고 있다.

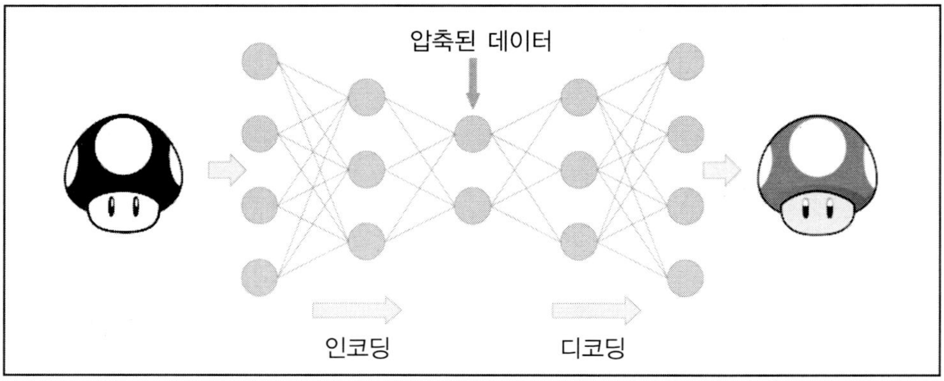

여기서 볼 수 있듯이, 만약 우리의 네트워크가 빨간 버섯에 대해 훈련을 받았다면, 그것은 검은 버섯에 대해 높은 재구성 오류를 발생시킬 것이다. 이 오류는 우리에게 그 입력이 이상인지 아닌지를 알려줄 것이다.

이제 신용카드 사기 탐지 응용 프로그램을 실행해 보자. 항상 그렇듯이, 우리는 우리의 데이터 세트를 이해하는 것으로 시작할 것이다.

데이터 세트

신용카드 사기 탐지 데이터 세트는 Kaggle(https://www.kaggle.com/mlg-ulb/creditcard-fraud)에서 다운로드할 수 있다. 이 데이터 세트는 브루셀 자유대의 안드레아 달 포졸로Pozzolo 박사가 만들었다(Andrea Dal Pozzolo, Olivier Caelen, Reid A. Johnson and Gianluca Bontempi. Calibrating Probability with Undersampling for Unbalanced Classification. In Symposium on Computational Intelligence and Data Mining (CIDM), IEEE, 2015). 데이터 세트에는 2013년 9월 유럽 카드 소지자의 신용카드 거래가 포함되어 있다. 이틀에 걸쳐 발생한 거래를 담고 있다. 총 284,807건의 거래 중 부정 거래가 492건 있다. 데이터 집합은 매우 불균형적이다. 즉, 부정행위가 전체 거래의 0.172%를 차지한다.

이 데이터 세트는 **주성분 분석**PCA 변환의 결과로서 숫자형 입력 변수만 포함하고 있다. PCA는 데이터를 압축하는 데 사용되는 차원 축소 알고리즘이다. 불행하게도, 기밀보안

문제로 인해, 우리는 그 데이터에 대한 원래의 특징이나 더 많은 배경 정보를 제공할 수 없다. 특징 V1에서 V28은 PCA로 얻은 주성분이다. PCA로 변환되지 않은 특징은 'Time'과 'Amount' 뿐이다. 'Time' 특징은 각 거래와 데이터 세트의 첫 번째 거래 사이에 경과된 시간(초)을 포함한다. 'Amount' 특징은 거래 금액이며, 예시 의존적이고 비용에 민감한 학습에 사용할 수 있다. 'Class' 특징은 반응 변수로서 사기 발생 시 값 1을 사용하고 그렇지 않으면 0을 사용한다.

링크에서 데이터 세트를 다운로드하는 것을 잊지 말자. 데이터 세트의 크기는 약 147 MB가 될 것이다. 우리는 작업에 필요한 패키지를 import 하는 것으로 시작할 것이다. CreditCardFraudDetection.py 이름으로 파이썬 파일을 생성하고 다음 줄을 추가하여 필요한 패키지를 가져온다.

```
# We will call Keras
callbacks to monitor the classifier
from keras.callbacks import ModelCheckpoint
# Import layers to construct the neural network
from keras.layers import Dense, Dropout,Layer
# Network type
from keras.models import Sequential
# To fix the size of all figures
from pylab import rcParams
# We will use sklearn to create training and testing data
# and for normalization of the dataset
from sklearn.model_selection import train_test_split
from sklearn.preprocessing import StandardScaler
# matplotlib to create different plots
import matplotlib.pyplot as plt
# Pandas for dataset related operations
import pandas as pd
# Seaborn to create distribution plots
import seaborn as sns
# Numpy for matrix-based operations
import numpy as np
```

코드에서 나중에 필요할 몇 가지 매개변수를 초기화하자. 항상 그렇듯이 이 코드는 설명문이 잘되어 있으며, 한 줄씩 읽으면 이해하기 쉽다.

```
# Let's initialize some parameters
sns.set(style='whitegrid', palette='muted', font_scale=1.5)
rcParams['figure.figsize'] = 14, 8
RANDOM_SEED = 42
LABELS = ["Normal", "Fraud"]
```

여기서 seaborn 플롯의 매개변수들, matplotlib의 플롯 크기, 난수 생성기의 시드값, 정상과 사기 클래스에 대한 라벨을 초기화했다.

다음 몇 줄에서 우리는 데이터 세트를 판다스 데이터 프레임에 로드하고 matplotlib를 사용하여 클래스 분포를 플롯할 것이다.

```
# Let's load
the dataset into the memory
df = pd.read_csv("creditcard.csv")
print(df.shape)
(284807, 31)
# Let's check the class distribution first
count_classes = pd.value_counts(df['Class'], sort = True)
count_classes.plot(kind = 'bar', rot=0)
plt.title("Transaction class distribution")
plt.xticks(range(2), LABELS)
plt.xlabel("Class")
plt.ylabel("Frequency");
plt.show()
```

앞의 코드를 실행한 후 다음 결과를 얻을 것이다.

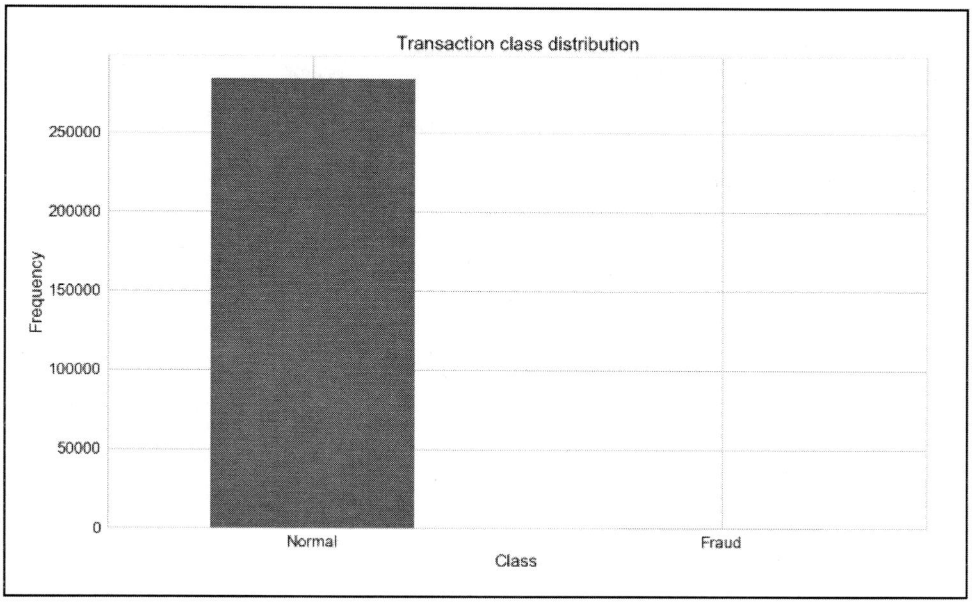

마치 클래스 하나가 없는 것처럼 보인다. 일반 사례(28만4315건)보다 사기 사건(492건)이 적기 때문에 두 클래스 모두 같은 값의 범위로 보여주는 것은 거의 불가능하다.

한 가지는 분명하다; 우리는 매우 불균형적인 데이터 세트를 가지고 있다. 즉, 지도학습 알고리즘으로 작업하는 것은 매우 어려울 것이라는 것을 의미한다. AE는 비지도 알고리즘이므로 이 데이터세트에 적합한 선택이다.

다음 코드 행을 사용하여 두 클래스에 대한 기본 통계를 살펴보자.

```
frauds = df[df.Class == 1]
normal = df[df.Class == 0]
print(frauds.shape)
(492, 31)
print(normal.shape)
(284315, 31)
# Print stats for fraud cases
print(frauds.Amount.describe())
count    492.000000
mean     122.211321
std      256.683288
```

```
min         0.000000
25%         1.000000
50%         9.250000
75%       105.890000
max      2125.870000
Name: Amount, dtype: float64
```

앞의 표는 사기 사건의 피해자에 대한 통계를 보여준다. 보다시피 총 492건의 사례가 있다. 이것들은 평균 122.211달러이며, 표준편차는 256.68로 꽤 높다. 이렇게 큰 분산이 실제 클래스 사례와 높은 중첩을 야기할 수 있기 때문에 이것은 뚜렷한 의사결정 경계를 식별할 때 몇 가지 문제를 일으킬 수 있다.

실제 거래량을 살펴보자.

```
print(normal.Amount.describe())
count 284315.000000
mean        88.291022
std        250.105092
min          0.000000
25%          5.650000
50%         22.000000
5%          77.050000
max      25691.160000
Name: Amount, dtype: float64
```

정상 사례의 경우 284,315개의 인스턴스가 있다. 여기서 평균 거래금액은 88.29달러로 사기사건보다 적다. 실제 사례의 경우 표준 편차가 상당히 높다.

두 거래 사이의 시간이 많은 정보를 제공하지 않기 때문에 데이터 세트에서 삭제할 수 있다. 또한 'amount' 변수를 정규화시켜 네트워크 수렴이 잘 되도록 하겠다. 이러한 일반적인 사전 처리 단계를 적용한 후에는 데이터 세트를 훈련 및 테스트 샘플로 나눌 것이다. 이 단계는 다음과 같다.

```
# Drop the time column from the data as it is not very useful
data = df.drop(['Time'], axis=1)
# Here we will normalize the data using the standard scaler from sklearn
data['Amount'] = \
StandardScaler().fit_transform(data['Amount'].values.reshape(-1, 1))
# Let's create training and testing sets from the dataset
# we will choose 80% of the data for training and 20% for testing
X_train, X_test = train_test_split(data,
  test_size=0.2,
  random_state=RANDOM_SEED)
X_train = X_train[X_train.Class == 0]
X_train = X_train.drop(['Class'], axis=1)
y_test = X_test['Class']
X_test = X_test.drop(['Class'], axis=1)
X_train = X_train.values
X_test = X_test.values
print(X_train.shape)
(227451, 29)
```

이제 22만7천451건의 훈련 데이터가 있으며, 나머지는 분류기의 성과를 평가하는 데 사용될 것이다. 여기서는 사기 사건을 이용하여 분류기를 훈련하지 않을 것이며, 따라서 미지의 (사기) 사례에 대해 더 높은 재구성 오류를 얻을 수 있을 것이다.

AE 아키텍처

우리가 이미 논의한 바와 같이, AE는 특별한 종류의 신경망에 지나지 않는다. 우리의 신경망은 3개의 밀집된 은닉층, 2개의 정규화를 위한 드롭 아웃층, 그리고 각각 입출력용 2개의 층을 가진 순차적인 깊은 신경망이 될 것이다. 우리는 모든 은닉층에 대하여 ReLU를 사용하고, 출력 계층에는 선형 유닛을 사용할 것이다. 우리의 입력 데이터에도 약간의 음수 값이 있기 때문에 우리는 출력에서 ReLU를 사용할 수 없다.

네트워크 아키텍처는 다음과 같다.

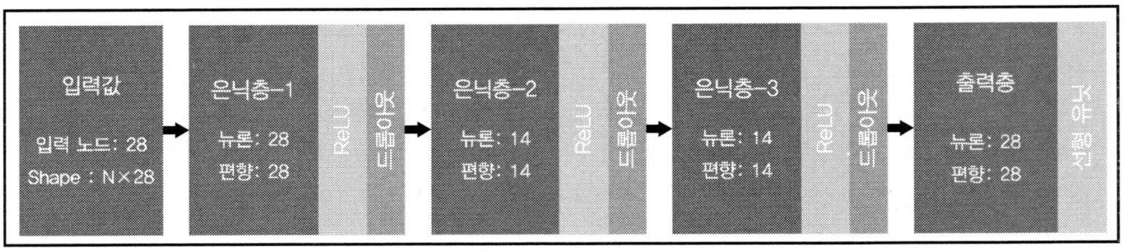

이 AE를 만들기 위한 함수를 작성하자:

```
# The following method creates our AE
def AutoEncoder(input_dim,encoding_dim,drop,weights=None):      #INPUT_DIM:
is the input size
    #ENCODING_DIM: is the hidden layer size
    #DROP: Dropout for regularization
    #WEIGHTS: If the pre-trained weights are available
    # We will create a sequential network
    net = Sequential()
    # Our input layer
    net.add(Layer(input_shape=(input_dim, )))
    # Let's first add a hidden layer with relu activation
    net.add(Dense(encoding_dim, activation="relu"))
    # Add some drop-out for regularization
    net.add(Dropout(drop))
    # Second hidden layer
    net.add(Dense(int(encoding_dim / 2), activation="relu"))
    net.add(Dropout(drop))
    # Third hidden layer
    net.add(Dense(int(encoding_dim / 2), activation='relu'))
    # Output layer
    net.add(Dense(input_dim, activation='linear'))
    # If the trained weights provided a load into the network
    if weights is not None:
        net.load_weights(weights)
    # Return the network
    return net
```

AE가 입력 데이터를 재구성하도록 훈련할 준비가 되었다.

AE 훈련

우리는 네트워크의 하이퍼 파라미터를 정의함으로써 AE 훈련을 시작할 것이다. 하이퍼 파라미터의 값은 다음과 같다.

- 첫 번째 은닉층의 뉴런 수는 28개가 될 것이다.
- 마지막 두 개의 은닉층에서의 뉴런의 수는 각각 14개가 될 것이다.
- 드롭아웃 확률은 네트워크의 과적합을 방지하기 위해 10%로 설정될 것이다.
- 우리는 평균 제곱 오차를 손실 함수로 사용할 것이다. 우리의 네트워크는 훈련 중에 이것을 최소화하기 위해 노력할 것이다.
- 어댑티브 모멘텀을 이용한 확률적 경사 하강이 최적화기로 사용된다.
- 우리는 256개의 배치 크기를 가진 100개의 에포크 동안 네트워크를 훈련시킬 것이다.

다음 줄을 우리의 코드에 추가하여 이러한 점들을 구현하자.

```
# Define hyper-parameters for the AE
#Input dimension
input_dim = X_train.shape[1]
# Number of neurons in the first hidden layer
encoding_dim = 28
# We will use 10% dropout
drop = 0.10
# We will train the classifier for 100 epochs
nb_epoch = 100
# with 256 samples in a batch
batch_size = 256 #32
# Optimizer
opt = 'adam'
# Cost function to minimize
loss_func = 'mean_squared_error'
# Model name
model_name = "autoencoder_weights.h5"
```

다음 행에서는 AE 방법을 사용하여 네트워크를 생성하고 정의된 하이퍼 파라미터로 컴파일한다. 그런 다음 AE 훈련을 시작한다.

```
# Let's create the AEhere
autoencoder = AutoEncoder(input_dim, encoding_dim, drop)
# We will compile the model by defining the optimizer and loss function
autoencoder.compile(optimizer=opt,
                    loss=loss_func,
                    metrics=['accuracy'])
# The model checkpoint will help us in monitoring the AE's training
checkpointer = ModelCheckpoint(filepath=model_name,
                               verbose=0,
                               save_best_only=True)
# Let's train our AE here
history = autoencoder.fit(X_train, X_train,
                     epochs=nb_epoch,
                     batch_size=batch_size,
                     shuffle=True,
                     validation_data=(X_test, X_test),
                     verbose=2,
                     callbacks=[checkpointer]).history
```

분류기의 훈련 요약을 플롯해 보자.

```
# We will plot the training summary in the following lines
loss,val_loss = history['loss'],history['val_loss']
epochs = range(0,len(loss))
ax = plt.axes()
ax.set_xlabel('Epochs',fontsize=12)
ax.set_ylabel('Loss',fontsize=12)
ax.plot(epochs,loss)
ax.plot(epochs,val_loss)
ax.set_title('Autoencoder Training Summary')
plt.legend(['train', 'test'], loc='upper right');
plt.show()
```

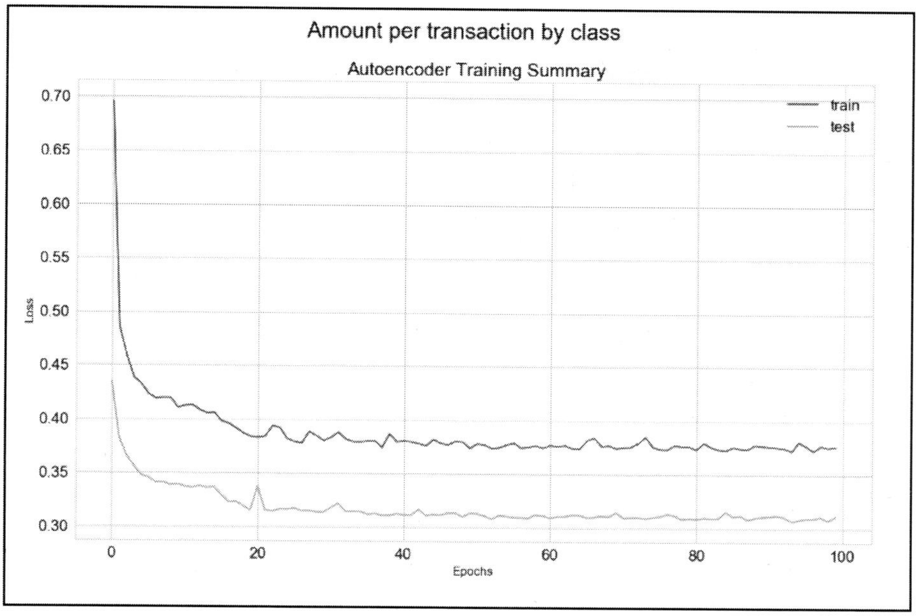

보다시피, 훈련과 테스트 손실은 모두 큰 편향 없이 같은 종류의 곡선을 따른다. 우리의 분류기가 과소적합이나 과적합이 아니어서 적절한 테스트 정확도를 제공할 수 있을 것이다.

우리 분류기를 테스트 세트로 시험해 보자. 우리의 분류기는 학습된 입력 내용을 재구성하도록 훈련되어 있기 때문에, 우리는 그것을 사기나 정상적인 경우를 직접적으로 분류하는 데 사용할 수 없다. 대신, 재구성 오류를 인스턴스 분류에 대한 척도로 사용할 것이다. 테스트 세트의 오류를 계산하고 통계를 살펴보자.

```
# Now is the time to test the classifier
autoencoder = AutoEncoder(input_dim, encoding_dim,
                          drop,'autoencoder_weights.h5')
predictions = autoencoder.predict(X_test)
# Calculate the reconstruction error between the input and the output
mse = np.mean(np.power(X_test - predictions, 2), axis=1)
# Let's look at the behavior of the reconstruction error
error_df = pd.DataFrame({'reconstruction_error': mse,
                         'true_class': y_test})
print(error_df.describe())
  reconstruction_error    true_class
```

```
count     56962.000000    56962.000000
mean          0.307041        0.001720
std           1.375394        0.041443
min           0.024482        0.000000
25%           0.130933        0.000000
50%           0.198664        0.000000
75%           0.304401        0.000000
max          93.491394        1.000000
```

이제 다음 코드를 사용하여 정상 및 사기 클래스에 대한 오류를 살펴보기로 하자.

```
# Error for the normal classes
fig,(ax1,ax2) = plt.subplots(2,1)
normal_error_df = error_df[(error_df['true_class']== 0)]
ax1.set_title('Reconstruction error for Real and Fraud Transactions')
ax1.set_ylabel('Number of Transaction')
_ = ax1.hist(normal_error_df.reconstruction_error.values, bins=10)
# Error for the fraud class
fraud_error_df = error_df[error_df['true_class'] == 1]
ax2.set_ylabel('Number of Transaction')
ax2.set_xlabel('Error Bins')
_ = ax2.hist(fraud_error_df.reconstruction_error.values, bins=10)
plt.show()
```

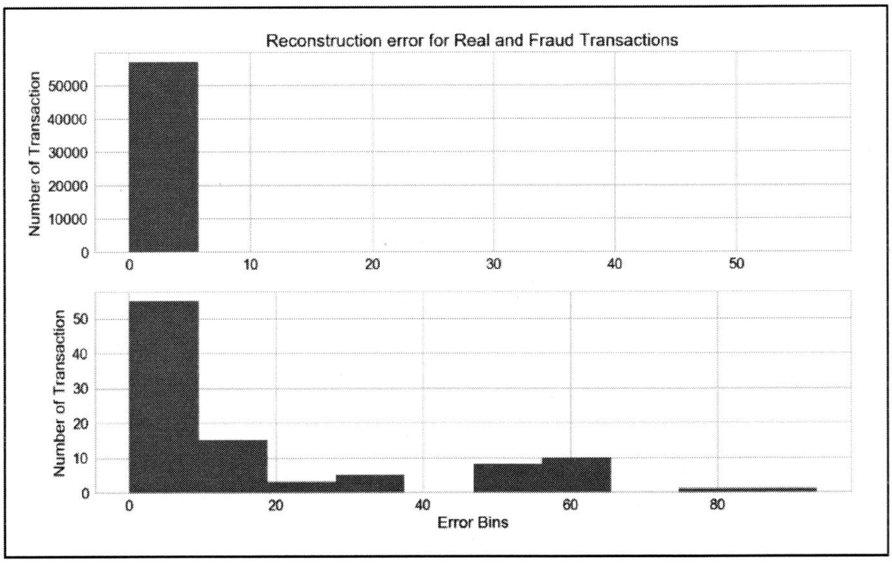

우리가 볼 수 있듯이, 1행의 부분도표는 실제 거래에 대한 재구성 오류 히스토그램을 보여주는데, 이것은 예상한 바와 같다. 50,000건 이상의 거래에서 최대값의 10% 미만의 오차가 발생하여 알려진 데이터의 재구성이 양호함을 알 수 있다. 사기성 거래의 경우 오류가 다른 빈에 퍼지며 오류가 더 많은 거래들이 있음을 알 수 있다. 이는 재구성 오류의 임계값을 사용하여 부정 거래와 실제 거래를 구분할 수 있음을 보여준다.

다음 몇 줄에서, 우리는 부정 거래와 실제 거래를 구별할 수 있는 한계값을 설정할 것이다. 이 임계값은 두 등급 사이의 결정 경계로 작용할 것이고, 혼동 행렬을 사용하여 분류기의 성능을 평가할 것이다.

```
# Let's see how a confusion matrix will help us
# to understand the performance of our classifier
from sklearn.metrics import confusion_matrix
# We need to define a threshold value
# that will classify the input value into
# one of the class
threshold = 2.5
# Let's visualize our decision boundary to see
# how easy it is discriminate the data
groups = error_df.groupby('true_class')
fig, ax = plt.subplots()
for name, group in groups:
ax.plot(group.index, \
group.reconstruction_error, marker='o', \
ms=3.5, linestyle='',label= "Fraud" if name == 1 else "Normal")
ax.hlines(threshold, ax.get_xlim()[0], ax.get_xlim()[1],\
colors="r", zorder=100, label='Threshold')
ax.legend()
plt.title("Reconstruction error for different classes")
plt.ylabel("Reconstruction error")
plt.xlabel("Data point index")
plt.show();
# Here we will create a confusion matrix
# It will help us to get information related to
# false positives
y_pred = [1 if e > threshold else 0 for e in
error_df.reconstruction_error.values]
conf_matrix = confusion_matrix(error_df.true_class, y_pred)
```

```
plt.figure(figsize=(12, 12))
sns.heatmap(conf_matrix, xticklabels=LABELS, \
yticklabels=LABELS, annot=True, fmt="d");
plt.title("Confusion matrix")
plt.ylabel('True class')
plt.xlabel('Predicted class')
plt.show()
```

우리의 결정 경계는 다음과 같다.

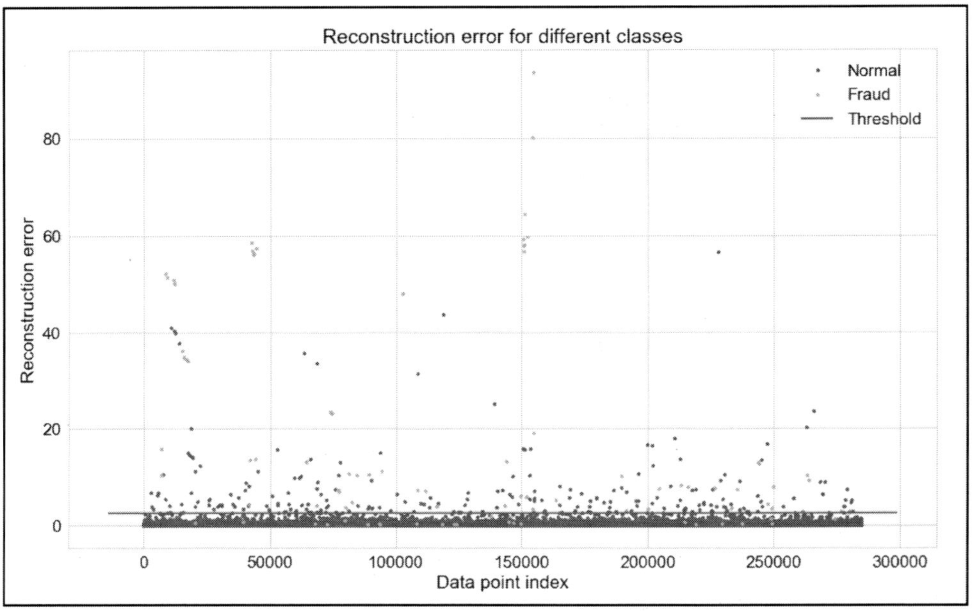

그리고 우리의 혼동 행렬은 다음과 같다.

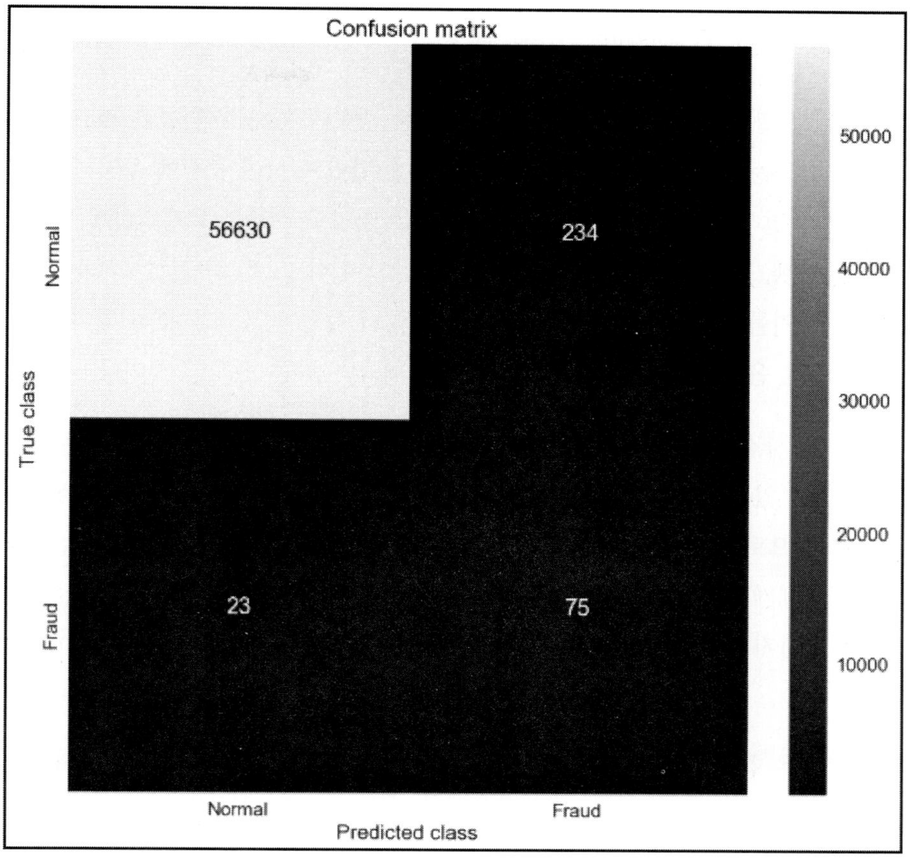

보다시피 총 98건의 사기 거래가 있었다. 이들 중 75건은 사기 클래스로 완벽하게 분류된 반면 23건은 오분류됐다. 마찬가지로 56,864건의 실거래가 있었는데, 이 중 56,630건이 정확하게 분류되었고 234건이 부정확했다.

이 결과는 꽤 인상적이다. 우리는 더 많은 에포크를 통한 분류기 훈련, 배치 크기 변경, 임계값 변경 등을 통해 정확도를 향상시킬 수 있다. 이러한 모든 변화를 시도하고 더 이상의 개선이 이루어질 수 있는지 확인하는 것이 중요하다.

앞의 예에서 우리는 케라스에서 아주 간단한 심층 AE를 만들어 비사기 거래의 모습을 재구성해 보았다. 우리는 모델에게 많은 단일-클래스의 사례(정상거래)들을 주었고, 그것은 다소 새로운 사례들이 같은 클래스에 속하는지 아닌지를 구별하는 방법을 배웠다.

리스크 관리

리스크risk라는 말을 들으면 누구나 정신을 차리는 경향이 있다. 사람들은 리스크와 위험danger을 연결하는데, 이것은 부분적으로 사실이다. 만약 당신이 주식에 투자하려고 한다면, 당신은 특별히 리스크가 있는 것을 할 때에는 아마도 신중하게 생각하게 될 것이다. 이 원칙은 은행, IT, 국방, 언론 등 모든 분야에 적용된다. 모든 사람들은 그들의 사업에서 이익을 얻기를 원한다. 그러나 더 높은 이익은 더 높은 리스크를 통해 일어난다는 말이 있다. 어떤 옵션을 선택하겠는가? 내가 당신이라면 AI를 선택할 것이다!

인생의 모든 사건에는 어느 정도 리스크가 따른다. 간단히 말해서, 리스크는 어떤 일이 일어날 수 있는 확률과 그것이 일어날 경우 발생할 수 있는 손상이나 손실의 정도를 조합한 것으로 볼 수 있다. 모든 사람들은 이 리스크를 피하고 싶어한다. 은행은 채무 불이행자에게 대출을 해주고 싶어하지 않으며, 투자자는 리스크가 높은 주식에 투자하기를 원하지 않으며, 학생은 항상 시험에 나올 확률이 더 높은 알고리즘에 초점을 맞춘다.

그러므로, 남은 문제는, 리스크 관리란 무엇인가? **리스크 관리**는 리스크를 인식하고, 리스크를 최소화하고 관리하기 위한 방법을 개발하는 과정이다. 이를 위해서는 리스크에 대한 노출을 식별하고, 우선순위를 정하고, 처리하고, 통제하고 모니터링하는 방법이 개발되어야 한다. 리스크 관리에서는 리스크가 발생할 가능성과 발생할 수 있는 손실이나 손상의 심각성 또는 양에 대해 리스크를 평가하는 과정을 따른다.

리스크 관리 시스템에는 다음과 같은 단계들이 있다.

- 리스크 식별
- 평가/분석
- 처리/조치
- 모니터링 및 리뷰
- 리스크 통제

이 과정을 다음 도표로 요약할 수 있다.

각 프로세스에 대해 간략하게 설명하자.

- **리스크 식별**: 리스크를 해결하려면 리스크를 식별할 수 있어야 한다. 이것은 리스크 등록부에 데이터를 수집함으로써 이루어진다. 한 가지 기술은 브레인스토밍 또는 브레인라이팅brain writing이다. 이것은 집단이 문제를 보도록 하는 더 구조화된 방법이다. 이를 위해, 당신은 주위의 자원으로부터 도움을 구할 수 있으며, 그들은 당신의 팀, 동료, 또는 다른 이해당사자가 될 수 있다. 기본적으로, 실무 경험을 가진 개인들을 찾고, 정보를 수집하여 잠재적 리스크를 식별하고 해결할 수 있도록 인터뷰를 설정한다. 프로젝트를 진행하는 동안 발생할 수 있는 문제의 모든 측면을 파악하라. 이것은 모든 프로젝트, 심지어 과거의 프로젝트에 대해서도 행해져야 한다. 당신은 잠재적 리스크 목록이 크게 확장되는 것을 보게 될 것이다.

  또는 기계학습 알고리즘을 배치할 수 있다. 기계학습 알고리즘은 주제에 관한 적절한 과거 데이터가 이용 가능한 경우 리스크를 식별할 수 있다. 우리는 이것에 대해 장 후반부에서 논의할 것이다. 리스크 식별에는 고객 행동 분석, 제품 및 서비스(신용카드 또는 직불카드 등), 비즈니스 관행 또는 전달 방법이 포함된다.

- **리스크 분석**: 리스크 등록부에 잠재적 리스크 목록이 쌓인 후, 이제 매개변수의 행렬을 정의하고 목록에 있는 리스크가 프로젝트에 미치는 영향을 분석할 수 있다. 또한 리스크가 발생할 가능성도 주목할 필요가 있다. 이 정보는 또한 당신의 리스크 등록부에 들어가야 한다.

  리스크를 분석하는 것은 쉬운 일이 아니다. 항상 놓치는 정보가 있을 것이다. 그러나 비록 정보는 복잡하지만, 대부분의 산업체들은 당신의 분석에 도움을 줄 수 있는 유용한 가이드들을 가지고 있다. 당신 회사는 이것을 위한 프로세스 프레임워크를 가지고 있을지도 모른다. 또한 정성적 분석뿐만 아니라 정량적 전략도 항상 사용한다.
- **리스크 처리 또는 조치**: 이것이 바로 행동으로 옮겨지는 단계다. 이것은 리스크를 긍정적이거나 부정적으로 분류하는 것으로부터 시작한다. 각각의 주요 리스크는 그것을 완화시킬 어떤 계획을 가지고 있어야 한다. 그 계획은 침투성 비상 계획이어야 하고, 그러면 당신은 우선순위에 따라 조처를 취할 수 있다. 리스크를 추적할 책임이 있는 사람과 통신하고 리스크를 해결하기 위해 어떤 계획을 실행할지 함께 결정한다.
- **리스크 모니터링**: 만약 당신이 리스크를 모니터링할 누군가를 지정하지 않는다면 리스크를 식별하고 평가하는 당신의 모든 노력은 헛수고다. 사실 이것은 애초에 리스크를 열거할 때 해야 할 일이다. 특정 리스크가 발생하는 경우 누가 특정 리스크를 식별해야 하는지 고려한다. 그 사람은 또한 그 해결 과정을 관장할 책임이 있다.

  그 이니셔티브의 진행상황을 추적하지 않고 그저 리스크와 싸우기 위해 병력을 편성할 수는 없다. 여기에 모니터링의 역할이 있다. 그 리스크를 "소유"하는 자는 그것의 진행 상황을 추적하는 데 책임이 있다. 새로운 리스크의 파악 및 모니터링과 관련하여 프로젝트의 전반적인 진행 상황을 정확하게 파악할 수 있도록 최신 상태를 유지하는 것이 중요하다. 무엇을 선택하든 항상 투명해야 한다는 것을 기억하라. 프로젝트의 모든 사람들이 무슨 일이 일어나고 있는지 알고, 무엇을 경계해야 하는지 알고, 그 과정을 관리하는데 도움을 줄 수 있도록 하는 것이 최선이다.
- **리스크 통제**: 마지막 단계는 리스크를 통제하는 것이다. 어떤 리스크를 가질 수 있는지 확인하고, 분석을 완료하고, 적절한 조치를 취했으며, 현재 리스크

를 모니터링하고 있다. 그 모든 과정은 리스크 통제의 산하에 있다. 이것은 새로운 리스크가 발생할 가능성이 있을 때마다 쉽게 회피하거나 제거할 수 있도록 전체 시스템을 감시하는 것을 포함한다.

리스크 관리에 대해 자세히 논의하였으니, 리스크 관리의 가장 중요한 프로세스 중 하나인 리스크 식별에 대해 이야기해 보자.

신용카드의 채무불이행 탐지

이것은 앞에서 살펴본 것과는 매우 다른 문제다. 예를 가지고 간단히 논의해 보자.

내 오랜 친구 중 한 명인 란짓은 국제 은행에서 신용카드사로 일하고 있었다. 그의 직업 프로필은 그가 고객을 찾아서 그들이 은행의 서비스를 이용하도록 장려할 것을 요구했다. 이런 분야에서 일할 때, 당신은 종종 매달 말 전에 특정한 고객 목표들을 충족시켜야 한다. 목표를 달성하면 일종의 경제적 인센티브를 받게 된다. 란짓의 일은 이러했다.

며칠 전 란짓의 매니저가 그를 불러 신용카드를 추천한 이전 고객들에 대해 물었다. 그는 은행의 컴퓨터 시스템에서 그들이 은행의 신용카드를 받을 자격이 없다는 것을 발견했지만, 그들은 포트폴리오를 확인하지 않고 신용한도가 매우 높은 카드를 배정받았다고 말했다. 고객들의 기록은 대부분 시스템에서 제대로 유지되지 않았다.

조사 후, 란짓는 그 사기 행각을 벌인 혐의로 유죄 판결을 받았고 후에 직무 정지 처분을 받았다. 하지만 은행의 컴퓨터 시스템은 어떻게 그 고객들이 그 카드들을 받을 자격이 없다는 것을 알았을까? 우리가 이 절의 시작에서 논의했듯이, 아무도 그들의 사업에 손실을 끼치고 싶어하지 않는다. 이 은행은 그들의 컴퓨터에 리스크 관리 시스템을 설치했는데, 이 시스템은 여러 리스크 요소를 식별하는 역할을 했다. 이러한 리스크 요소 중 하나는 고객 행동 분석이었다. 이 시스템은 각 고객의 과거 데이터를 모니터링하여 채무불이행 가능성이 높은 고객을 식별하려고 한다. 데이터는 인구통계적이며 연령, 성별 또는 고용 상태와 같은 정보를 포함할 수 있다.

우리는 이제 은행에서 사용하는 것과 유사한 해결책을 고객 데이터를 사용하여 잠재적인 신용카드 디폴트(채무불이행)를 식별하는 방법을 배울 것이다.

데이터 세트

고객들이 재정적인 어려움에 직면할 때, 그것은 보통 한번에 일어나지 않는다. 결제 지연, 고객 서비스 문의, 제품에 대한 문의, 웹이나 모바일 앱의 다른 검색 패턴 등 최종 결과를 예측하는 데 활용할 수 있는 지표가 있다. 이러한 패턴을 사용함으로써, 고객에게 더 나은 서비스를 제공하고 은행 리스크를 줄이기 위해 프로세스를 방지하거나 최소한 안내할 수 있다.

우리가 사용할 데이터 세트는 UCI ML 저장소(https://archive.ics.uci.edu/ml/datasets/default+of+credit+card+client)에서 찾을 수 있다. 2005년 4월부터 2005년 9월까지 대만의 채무불이행, 인구통계학적 요인, 신용자료, 지급 이력, 신용카드 고객의 청구서 명세서에 관한 정보를 담고 있다. 30,000개의 인스턴스에 대해 총 24개의 변수가 있다. 첫 번째 변수는 특별히 유용하지 않은 고객 ID이고 마지막 변수는 클래스이다. 따라서 예측을 하기위해 총 22개의 변수를 가지고 있다.

`CreditCardDefault.py`이라는 이름의 파이썬 스크립트를 열고 다음과 같이 유용한 패키지 가져오기를 시작하자.

```
# Let's start by importing all required packages
# For directory related operations import OS
import os
# Keras to create neural network
from keras.callbacks import ModelCheckpoint
from keras.layers import Dense, Dropout, Layer
from keras.models import Sequential
from keras.utils import to_categorical
# sklearn for various data related operations
from sklearn.metrics import confusion_matrix
from sklearn.model_selection import train_test_split
from sklearn.preprocessing.data import StandardScaler
from sklearn.manifold import TSNE
# wget will help us to download data from the repository
import wget
# matplotlib for visualization of plots
import matplotlib.pyplot as plt
# Numpy for matrix related operations
```

```
import numpy as np
# pandas for dataset related operations
import pandas as pd
# Seaborn for creating heat maps
import seaborn as sns
```

모든 패키지를 import하고 나면 데이터 경로를 정의하고 UCI 저장소에서 데이터를 다운로드한다. 우리는 또한 일부 열의 이름을 바꿀 것이다. 먼저, 몇 가지 플롯 관련 매개변수를 초기화할 것이다.

```
# Let's initialize the parameters for the plots
plt.rcParams['figure.figsize'] = (20.0, 20.0)
plt.rcParams.update({'font.size': 10})
plt.rcParams['xtick.major.pad']='5'
plt.rcParams['ytick.major.pad']='5'
plt.style.use('ggplot')
```

이제 URL에서 데이터를 가져오자.

```
# Define the directory to store the dataset
datadir = './data'
# If the directory is not available, create it
if not os.path.exists(datadir):
    os.makedirs(datadir)
# Get the dataset from the UCI repository
url = 'https://archive.ics.uci.edu/ml/machine-learning-databases\
/00350/default of credit card clients.xls'
# Get the full path to store the data
filename = os.path.join(datadir, 'default of credit card clients.xls')
# Download the data if it is not on the disk
if not os.path.isfile(filename):
    wget.download(url, out=filename)
# Read the downloaded data into a pandas dataframe
df = pd.read_excel(filename, header=1)
```

몇 열의 이름을 다시 붙이고 클래스 변수를 추출하자.

```
# Here we will rename the columns
df.columns = [x.lower() for x in df.columns]
df = df.rename(index=str, columns={"pay_0": "pay_1"})
# Drop the customer ID
df = df.drop('id', axis=1)
print(df.columns)
# Let's see the number of variables
print("Explanatory variables: {}".format(len(df.columns)-1))
print("Number of Observations: {}".format(df.shape[0]))
# Get the class variable
df['target'] = df['default payment next month'].astype('category')
# Create a 'target' column for our own convenience
print("Target variable: \
'{}' -> '{}'".format('default payment next month', 'target'))
```

변수와 관련된 정보를 살펴보자.

```
------------------------------------------------------------------------
    Name                        Explanation
    --------------------------------------------------------------------
    limit_bal                   Amount of the given credit (NT dollar):
                                it includes both the
                                individual consumer credit
                                and his/her family
                                (supplementary) credit.
    sex                         Gender
                                (1 = male; 2 = female)
    education                   Education
                                (1 = graduate school; 2 = university;
                                3 = high school; 4 = others)
    marriage                    Marital status
                                (1 = married; 2 = single; 3 = others)
    age                         Age (years)
    pay_1 - pay_6               History of past payment.
                                Past monthly payment records
                                From April to September, 2005 as follows:
                                pay_1 = the repayment status in September, 2005
```

```
                         pay_2 = the repayment status in August, 2005
                         ...
                         pay_6 = the repayment status in April, 2005
                         The measurement scale for the repayment status
                         is:
                         -1 = pay duly;
                         1 = payment delay for one month
                         2 = payment delay for two months
                         ...
                         8 = payment delay for eight months
                         9 = payment delay for nine months and above
bill_amt1-bill_amt5      Amount of bill statement (NT dollar).
                         bill_amt1 = amount of bill statement
                         in September, 2005
                         bill_amt2 = amount of bill statement
                         in August, 2005
                         ...
                         bill_amt6= amount of bill statement
                         in April, 2005
pay_amt1-pay_amt6        Amount of previous payment (NT dollar)
                         pay_amt1 = amount paid in September, 2005
                         pay_amt2 = amount paid in August, 2005
                         ...
                         pay_amt6 = amount paid in April, 2005
--------------------------------------------------------------------
```

성별, 연령, 혼인 여부, 교육 정도 등 다양한 인구통계학적 데이터 변수가 존재한다. 신용한도, 전월의 각종 고지서 금액, 전월의 납부일 등 재무 데이터와 관련된 여러 변수들이 있다.

우리는 클래스 분포를 시각화하면서 분석을 시작할 것이다. 다음 코드 라인을 사용한다.

```
# Let's check the class distribution first
LABELS = ['Normal','Default']
count_classes = pd.value_counts(df['target'], sort = True)
count_classes.plot(kind = 'bar', rot=0)
plt.title("Transaction class distribution")
plt.xticks(range(2), LABELS)
```

```
plt.xlabel("Class")
plt.ylabel("Number of Instances");
plt.show()
```

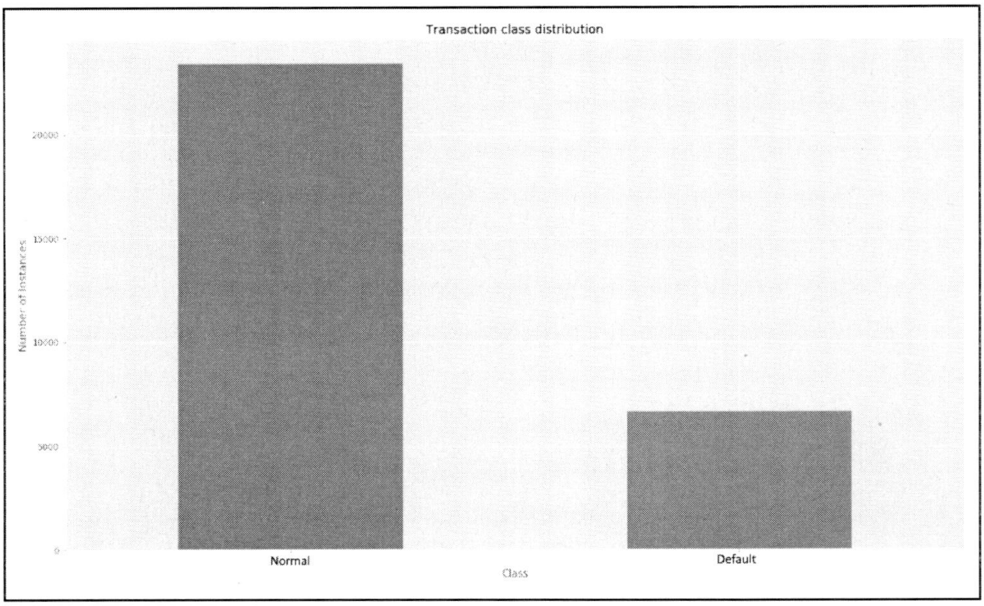

정상 사례의 수가 채무 불이행 사례보다 상당히 많은 또 다른 불균형 데이터 집합을 갖고 있는 것으로 보인다. 기계학습 작업에 대한 데이터 세트를 획득하는 것은 어렵다는 점에 유의하자. 총 30,000개의 계정 중 22.13%만이 채무 불이행 클래스이다. 그러나 이것은 그리 나쁘지 않다—우리는 여전히 이 데이터를 사용할 수 있다.

인구통계학적 값이 최종 결과에 어떤 영향을 미치는지 살펴보자.

```
# Now let's see how demographic information affects the
# output variable.
# We will choose 'Sex', 'Marriage' and 'Age' information for this
df_copy = df.copy()
df_copy['sex'] = df['sex'].astype('category').cat.rename_categories(['M', 'F'])
df_copy['marriage'] =
df['marriage'].astype('category').cat.rename_categories(['na', 'married',
'single', 'other'])
```

```
df_copy['age_cat'] = pd.cut(df['age'], range(0, 100, 10), right=False)
fig, ax = plt.subplots(1,3)
fig.set_size_inches(20,5)
fig.suptitle('Defaulting by absolute numbers, for various demographics')
d = df_copy.groupby(['target', 'sex']).size()
p = d.unstack(level=1).plot(kind='bar', ax=ax[0])
d = df_copy.groupby(['target', 'marriage']).size()
p = d.unstack(level=1).plot(kind='bar', ax=ax[1])
d = df_copy.groupby(['target', 'age_cat']).size()
p = d.unstack(level=1).plot(kind='bar', ax=ax[2])
plt.show()
```

'sex' 변수는 다음과 같이 보인다.

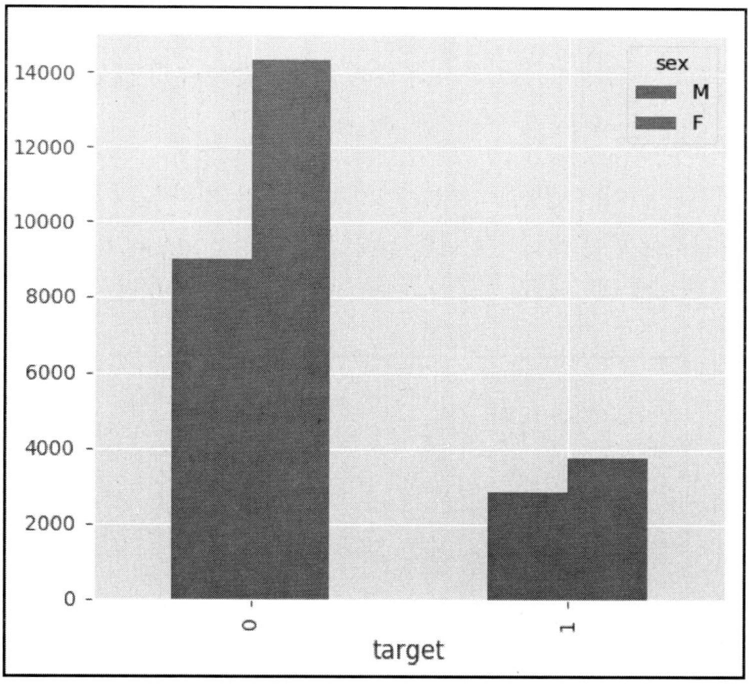

앞의 분포도는 여성이 정상 계좌와 채무 불이행 계좌의 수가 더 많음을 시사한다. 혼인 여부 분포를 보자:

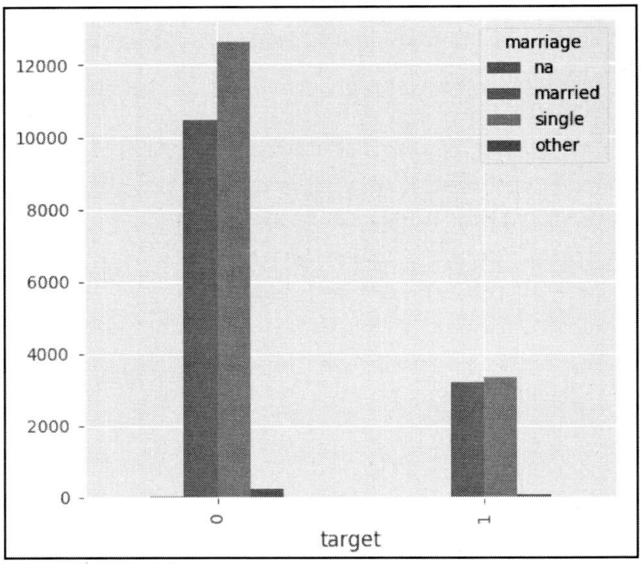

이것 또한 흥미롭다. 결혼한 사람과 미혼인 사람도 비슷한 수의 채무 불이행 계정을 가지고 있지만, 미혼인 사람들은 거의 선두를 달리고 있다.

연령이 최종 결과에 어떤 영향을 미치는지 보자. 연령은 범주 값이 아니기 때문에 그것을 빈으로 변환하여 연령 데이터를 범위 형태로 나타낼 수 있도록 해야 한다. 우리는 각 빈에 10년의 간격을 두고 20세에서 80세까지 범위를 만들 것이다.

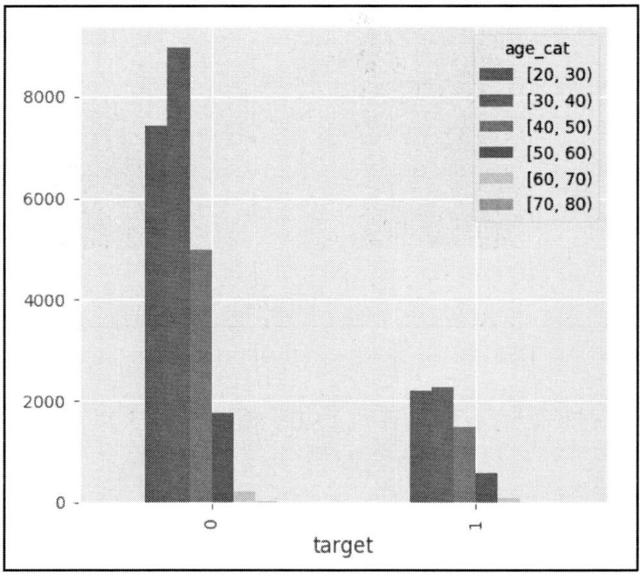

이것은 꽤 유익하다. 보다시피 40세까지 체납자가 더 많다. 이것은 이해할 수 있다; 40세 이후, 대부분의 사람들은 확립된 삶을 살고, 따라서 재정적으로 더 편안하다. 이것은 우리 자료에 반영되어 있다.

분류기 작성으로 나아가기 전에 한 번 더 확인을 해 보자. 우리는 정상 계좌와 채무 불이행 계좌 사이의 클래스의 중첩을 시각화하려고 노력할 것이다. 이것은 이 데이터 집합이 우리의 분류기에게 얼마나 어려울지 알려줄 것이다.

단, 다차원 데이터 집합을 가지고 있다는 점에 유의해야 한다. 이 데이터를 2D 그림에서 시각화하기 위해, 우리는 이 데이터의 크기를 줄여 2D로 만들 수 있다. 이 기법은 차원 축소로 알려져 있으며 데이터 과학계에서 꽤 유명하다.

이 작업에는 **t-분산 확률적 이웃 임베딩**t-Distributed Stochastic Neighbor Embedding, t-SNE을 사용할 것이다. t-SNE는 특히 고차원 데이터 세트의 시각화에 적합한 차원 축소 기법이다. 그것은 데이터 세트의 강력한 2차원 맵의 기회를 제공하기 때문에 기계학습 분야에 널리 보급되었다. 우리의 경우, 우리는 예측 정확성에 대한 기대를 설정하기 위해 그 맵을 먼저 정성적으로 살펴보려 한다. 즉, 우리의 데이터 집합이 섞여진 것으로 보이거나 중복되는 것이 많다면, 우리의 신경망이 60~70%의 정확도를 달성해도 실망하지 않을 것이다. 다음 내용을 살펴보자.

```
# Create a data frame without the target variable
train_test = df.drop('target',axis=1)
# extract the target variable
y = df['target']
# Apply normalization on the dataset
train_test = StandardScaler().fit_transform(train_test)
# Create a t-SNE object for two components
tsne = TSNE(n_components=2,random_state=0)
# Fit transform
x_test_2d = tsne.fit_transform(train_test)
# In the next few lines we will plot a scatter plot
# to show class overlap
color_map = {0:'red', 1:'blue'}
plt.figure()
for idx, cl in enumerate(np.unique(y)):
```

```
    plt.scatter(x = x_test_2d[y==cl,0],
                y = x_test_2d[y==cl,1],
                c = color_map[idx],
                label = cl)
plt.xlabel('X in t-SNE')
plt.ylabel('Y in t-SNE')
plt.legend(loc='upper left')
plt.title('t-SNE visualization of test data')
plt.show()
```

앞의 코드를 실행한 후, 다음과 같은 출력을 얻는다.

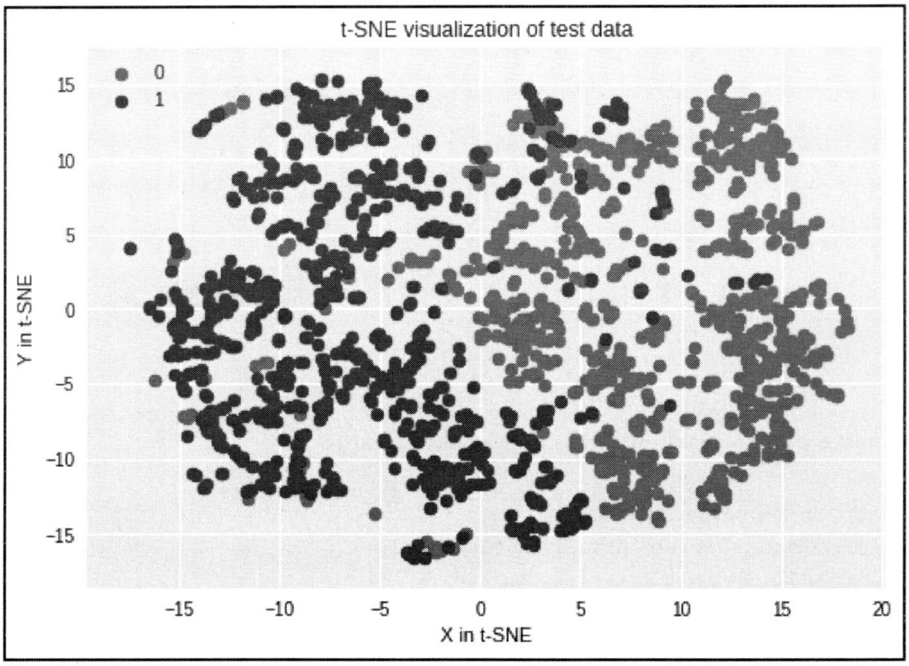

이것은 문제다 — 클래스들이 매우 높은 중첩을 가지고 있다. 보다시피, 클래스 간에는 뚜렷한 결정 경계가 없기 때문에 우리의 분류기가 매우 높은 정확성을 달성하지 못할 것임을 시사한다.

다음으로 넘어가서 우리가 무엇을 할 수 있는지 보자.

분류기 만들기

이 과업을 위해 분류기망을 만들 것이다. 우리는 두 개의 은닉층, 한 개의 입력층과 한 개의 출력층, 그리고 은닉층 사이에 있는 한 개의 드롭아웃 계층으로 이루어진 다섯 개 계층의 신경망을 훈련시킬 것이다. 우리 네트워크의 아키텍처는 다음과 같다.

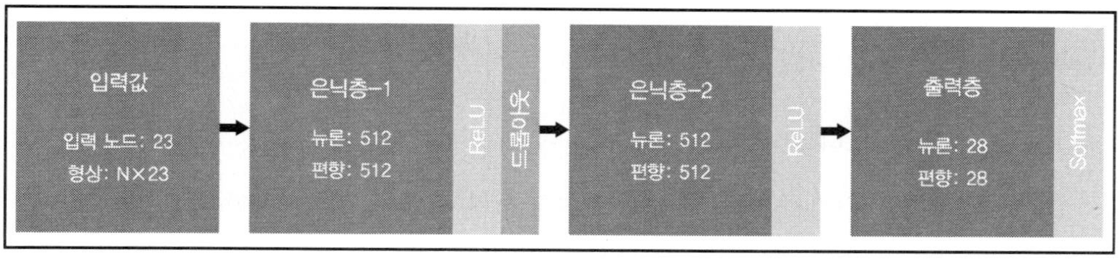

이 네트워크를 구현하려면 다음 코드 라인을 활용하자.

```
# The following method creates our network
def NeuralNetwork(input_dim,encoding_dim,drop,weights=None):
    #INPUT_DIM: is input size
    #ENCODING_DIM: is hidden layer size
    #DROP: Drop-out for regularization
    #WEIGHTS: If pre-trained weights are available
    # We will create a sequential network
    net = Sequential()
    # Our input layer
    net.add(Layer(input_shape=(input_dim, )))
    # Lets add the first hidden layer with relu activation
    net.add(Dense(encoding_dim, activation="relu"))
    # Add some dropout for regularization
    net.add(Dropout(drop))
    # Second hidden layer
    net.add(Dense((encoding_dim), activation="relu"))
    # Output layer
    net.add(Dense(2, activation='softmax'))
    # If trained weights are provided, load them into the network
    if weights is not None:
        net.load_weights(weights)
    # Return the network
    return net
```

분류기 훈련

우리는 sklearn을 이용한 훈련과 테스트 데이터의 작성부터 시작할 것이다. 분류 네트워크를 사용할 예정이므로 케라스의 'to_categorical' 함수로 출력 변수를 원-핫 인코드 형식으로 변환해야 한다. 그 후에, 우리는 네트워크에 대한 몇 가지 하이퍼 파라미터들을 정의할 것이다.

하이퍼 파라미터는 다음과 같다.

- 두 개의 은닉층의 뉴런 수는 512개가 될 것이다.
- 드롭아웃 확률은 네트워크의 과적합을 방지하기 위해 25%로 설정될 것이다.
- 우리는 범주형 크로스 엔트로피를 손실 함수로 사용할 것이다. 우리의 네트워크는 훈련 중에 이것을 최소화하기 위해 노력할 것이다.
- 어댑티브 모멘텀을 이용한 확률적 경사 하강이 최적화기로 사용된다. 우리는 512개의 배치 크기로 150에포크 동안 네트워크를 훈련시킬 것이다.

따라서 다음 라인을 코드에 추가하여 다음 사항을 구현해 보자.

```
# Define hyper-parameters for the network
#Input dimension
input_dim = X_train.shape[1]
# Number of neurons in the first hidden layer
encoding_dim = 512
# We will use 25% dropout
drop = 0.25
# We will train the classifier for 100 epochs
nb_epoch = 150
# with 512 samples in a batch
batch_size = 512
# Optimizer
opt = 'adam'
# Cost function to minimize
loss_func = 'categorical_crossentropy'
# Model name
model_name = "network_weights.h5"
```

우리는 이제 분류기를 만들고 훈련시킬 준비가 되었다. 다음 행에서, 분류기 개체를 만들고 그것에 대한 하이퍼 파라미터들을 설정할 것이다. 최대 훈련 정확도의 분류기를 저장한다.

```
# Let's create the net here
net = NeuralNetwork(input_dim, encoding_dim, drop)
# We will compile the model by defining the optimizer and loss function
net.compile(optimizer=opt,
                     loss=loss_func,
                     metrics=['accuracy'])
# The model checkpoint will help us to monitor the net training
checkpointer = ModelCheckpoint(filepath=model_name,
                               verbose=0,monitor='acc',
                               save_best_only=True)
# Let's train our network here
history = net.fit(X_train, Y_train_cat,
                  epochs=nb_epoch,
                  batch_size=batch_size,
                  shuffle=True,
                  validation_data=(X_test, Y_test_cat),
                  verbose=2,
                  callbacks=[checkpointer]).history
# We will plot the training summary in the following lines
loss = history['loss']
epochs = range(0,len(loss))
ax = plt.axes()
ax.set_xlabel('Epochs',fontsize=12)
ax.set_ylabel('Loss',fontsize=12)
ax.plot(epochs,loss)
ax.set_title('Network Training Summary')
plt.legend(['train'], loc='upper right');
plt.show()
```

앞의 코드를 실행한 후 다음과 같은 출력을 얻는다.

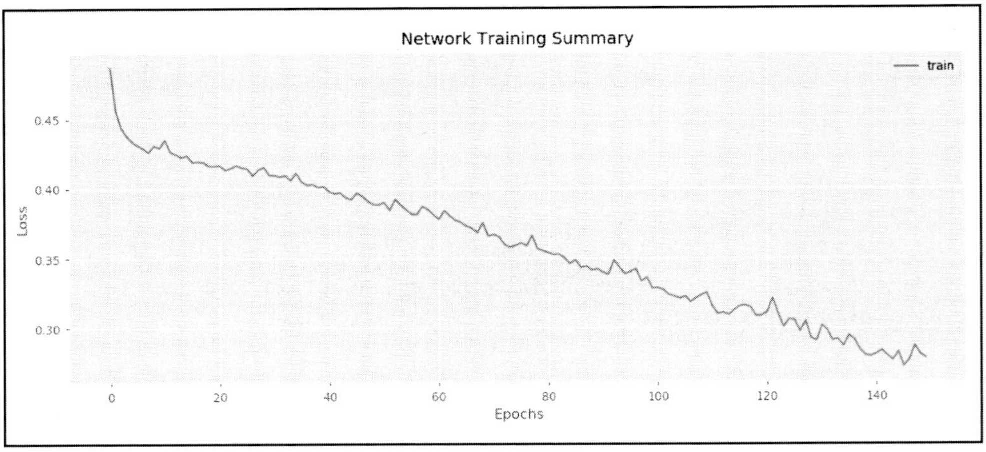

이것은 좋아 보이지만, 우리의 분류기는 훈련 데이터 세트에 잘 수렴되지 않았다. 이것은 우리가 매우 겹치는 데이터 세트를 가지고 있기 때문에 예상된 것이었다. 분류기의 성능을 평가하기 위한 혼동 행렬을 그려 보자.

```
# Load the classifier to get predictions at the output
test_net = NeuralNetwork(input_dim, encoding_dim, drop,
weights='network_weights.h5')
prediction = test_net.predict(X_train)
predictions = np.argmax(prediction, axis=1)
# Plot confusion matrix here
conf_matrix = confusion_matrix(Y_train, predictions)
plt.figure(figsize=(12, 12))
sns.heatmap(conf_matrix, xticklabels=LABELS, yticklabels=LABELS,
annot=True, fmt="d");
plt.title("Confusion matrix")
plt.ylabel('True class')
plt.xlabel('Predicted class')
plt.show()
```

앞의 코드를 실행한 후 다음과 같은 출력을 얻는다.

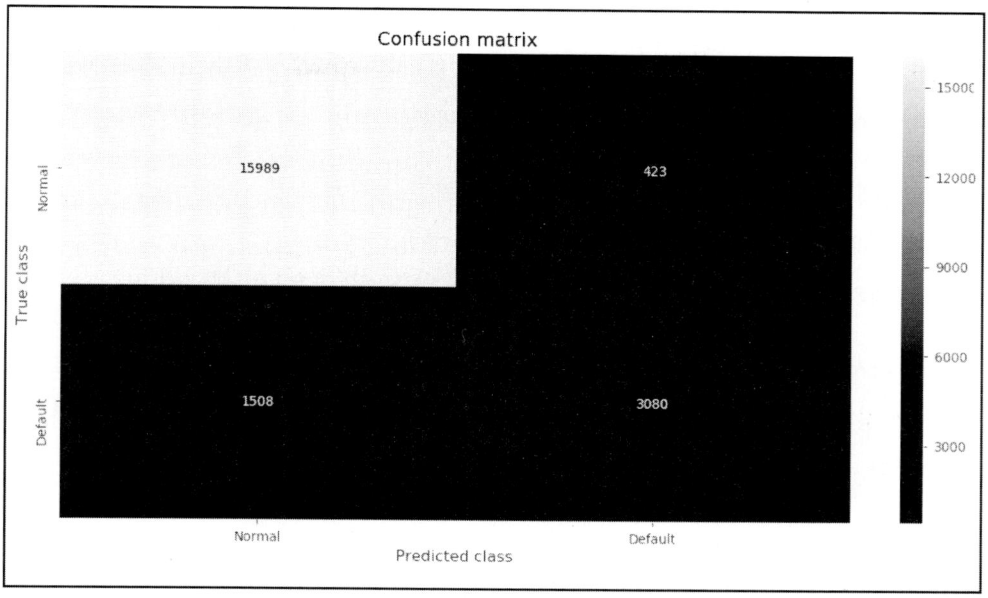

보다시피, 150에포크 동안 우리의 분류기를 훈련시킨 후에 양 클래스에서 많은 거짓 긍정과 거짓 부정인 것들이 나타난다. 이것은 훈련 정확도가 약 88%임을 보여주는데, 좋은 숫자는 아니다. 기본 클래스에 대한 훈련 사례가 더 이상 없으면 테스트 데이터에 대한 이 정확도를 향상시킬 가능성이 별로 없다.

본 절의 목적은 ML 알고리즘을 사용한 리스크 관리의 개요를 제공하는 것이었다. 리스크 식별과 관련된 여러 데이터 세트에 대해 이 접근방식을 확장할 수 있으며, Kaggle의 개인 정보 보호 정책 때문에 여기서 사용할 수 없는 리스크 관리 데이터 세트를 Kaggle에서 더 많이 찾을 수 있다. 다양한 리스크 식별 데이터 세트에 대해 이 알고리즘을 사용해 보기를 권장한다.

요약

우리는 이 장에서 방대한 양의 내용들을 다뤘다. 핀테크 영역에서 가능한 다양한 응용을 살펴보았고, 알고리즘 거래, 사기 탐지, 리스크 관리 등 다양한 기술에 대해 배웠다.

블록체인 알고리즘과 AI와 함께 정교한 분권형 시스템을 만드는 방법도 논의했다. 분산된 원장의 작동 방식을 살펴보고 블록체인에서 새로운 블록을 만드는 것이 어떻게 비트코인이나 에테르툼과 같은 강력한 분산 통화 체계로 보일 수 있는지를 고려했다.

블록체인에 대한 논의를 마친 후, 우리는 알고리즘 거래에 대해 살펴보았다. 우리는 알고리즘 거래가 무엇인지 그리고 그것의 사용 사례에 대해 토론했고, 우리는 암호화폐 가격을 예측하기 위한 작업 프레임워크를 만들었다.

그리고 나서 우리는 신용카드 사기에 대해 토론했다. 불균형 데이터 세트에 매우 효과적인 이상 징후 탐지 프레임워크를 구현했다. 우리는 사기 탐지에 대해 아주 좋은 정확도를 얻었다.

마지막으로, 우리는 사업에서 리스크 관리의 중요성을 살펴보았다. 우리는 개인의 신용카드 채무 불이행 리스크를 식별하기 위한 리스크 식별 알고리즘을 개발했다. 데이터 세트에 대한 탐색적 데이터 분석을 적용하여 사용 가능한 데이터 세트가 중복되는 데이터가 많아 분류 정확도가 떨어지는 것으로 나타났다.

우리는 이 책을 읽어준 독자 모두에게 감사하며 이 책을 마무리 짓고 싶다. 우리는 이 책이 AI와 관련된 기본적인 개념을 포괄하기를 바란다. 전반적으로, 우리는 인공지능을 위한 실용적인 응용을 많이 배웠고, 우리는 여러분 모두가 이 장에서 논의된 모든 코드를 여러분 스스로 구현할 것을 권장하고 싶다. 이것은 당신이 개념을 잘 이해하는데 도움이 될 것이다. 명심하라. 연습은 완벽을 만든다!

찾아보기

F

G

H

I

J

K

L

M

N

ㅎ